Frontiere Einaudi

www.einaudi.it

ISBN 978-88-06-22365-6

Corrado Augias

Le ultime diciotto ore di Gesú

Einaudi

Le ultime diciotto ore di Gesú

Introibo

Qualche anno fa il teologo cattolico dissidente Hans Küng, nel suo saggio *Essere cristiani*, si chiese quale raffigurazione potesse meglio avvicinarsi a Gesú di Nazareth, il giovane profeta giustiziato su un patibolo romano a Gerusalemme in un anno convenzionalmente datato 33 della nostra èra.

«Quale immagine è quella autentica? Il giovane imberbe, bonario pastore dell'arte catacombale paleocristiana, oppure il barbuto trionfante imperatore cosmocratico della tarda iconografia relativa al culto imperiale aulico, rigido, inaccessibile, minacciosamente maestoso sullo sfondo dorato dell'eternità? È il Beau Dieu di Chartres o il misericordioso salvatore tedesco? È il Cristo re, giudice del mondo troneggiante in croce sui portali e nelle absidi romaniche? Un uomo dolente raffigurato con il crudo realismo del Cristo sofferente di Dürer e nell'unica raffigurazione superstite di Grünewald? È il protagonista della disputa di Raffaello dalla impassibile bellezza o l'umano moribondo di Michelangelo? È il sublime sofferente di Velázquez o la figura torturata dagli spasimi del Greco? Sono i ritratti salottieri impregnati di spirito illuministico di Rosalba Carriera o di Unfrich, in cui si muove un elegante filosofo popolare, oppure le edulcorate rappresentazioni del cuore di Gesú nel tardo barocco cattolico? È il Gesú del XVIII secolo il giardiniere o il farmacista che somministra la polvere della virtú, o il classicistico Redentore del danese Thorvaldsen, che scandalizzò il suo compatriota Kierkegaard eliminando lo scandalo della croce? È il Gesú mite ed esausto dei nazareni tedeschi e francesi o dei pre-raffaelliti inglesi o è il Cristo calato in ben altre atmosfere dagli artisti del XX secolo, Nolde, Picasso, Matisse, Chagall?»

L'elenco potrebbe continuare considerate le migliaia di variazioni che la figura di Gesú ha ispirato nel corso dei secoli: benevola, drammatica, ammonitrice, regale, straziata, piena di speranza, di fiducia, amichevole, fraterna, annichilita dalla morte. All'elenco di Küng si potrebbero aggiungere i film che lo hanno raccontato: Pier Paolo Pasolini, Zeffirelli, Scorsese, Mel Gibson, la sterminata bibliografia che si occupa di lui.

Due cause spiegano questi infiniti ritratti cosí diversi l'uno dall'altro. La prima è che Gesú è una di quelle figure sacre che ognuno è libero di immaginare secondo i suoi desideri e le sue speranze. La seconda è che sappiamo cosí poco di lui che nessun ritratto, nessuna fantasia, può essere considerata lontana dalla realtà poiché una «realtà» semplicemente non esiste; su di lui non sapremo mai piú di quanto già non sappiamo, cioè poco o niente – i testi che lo raccontano sono frutto piú della fede che della storia.

Neanche questo però è del tutto vero. C'è una realtà che trascende il resoconto dei fatti storicamente accertati; può essere immaginata sorretti dalla fede, se c'è; altrimenti dal fascino della sua figura che riguarda tutti, siano o no credenti secondo la fede. Nello sfuggente profilo storico del personaggio resta comunque un elemento di solida certezza: Gesú non s'è limitato a dettare un messaggio, lo ha incarnato con la sua intera vita – e con la morte.

Negli anni in cui visse, e in quelli che seguirono la sua fine, di lui s'è parlato pochissimo: brevi e rari tratti in alcuni testi, accenni frettolosi per lo piú connotati dall'indifferenza quando non da giudizi negativi sui suoi seguaci. Tacito scrive che erano detestati dalla plebe a causa delle loro nefandezze, considerati «portatori di una malefica superstizione». Poche righe, non c'è granché d'altro. Uno dei tanti enigmi che circondano questa figura è infatti come mai da un repertorio cosí scarno e non sempre positivo sia potuto scaturire un culto diffuso nel pianeta che, dopo piú di venti secoli, conta ancora milioni di seguaci.

Anche in questo caso si possono indicare almeno un paio di ragioni. Una è certamente legata alle circostanze della sua morte cosí come i seguaci l'hanno divulgata. La morte umiliante di una grande personalità, l'assassinio di un innocente vittima di un'ingiustizia, diventa spesso premessa per una memoria duratura e commossa. Caratteristica comune a molti eroi tragici è di non poter dominare la propria vita, anzi di esserne travolti. L'altra ragione riguarda non piú lui ma un uomo di straordinari volontà e ingegno, Paolo di Tarso, capace di trasformare gli sparuti e spauriti seguaci di una delle tante sette ebraiche nei fondatori di una delle grandi religioni dell'umanità.

Le molte incertezze che circondano lo svolgimento del dramma hanno sempre suscitato interpretazioni controverse, nei secoli passati e oggi. Nel luglio 2013 Dola Indidis, avvocato keniota ex portavoce della magistratura di quel paese, ha fatto ricorso alla Corte internazionale dell'Aia per chiedere l'annullamento della sentenza di condanna a morte di Gesú. A suo giudizio il verdetto di Ponzio Pilato è frutto di un «processo selettivo e malevolo» che ha violato i diritti dell'imputato. L'avvocato Indidis ha citato in giudizio l'imperatore Tiberio, gli anziani del Sinedrio ebraico, re Erode, la Repubblica italiana e lo Stato di Israele.

Fra i motivi del ricorso: scorrettezza giudiziale, abuso d'ufficio, parzialità e pregiudizio. Per la cronaca: il tribunale dell'Aia si è dichiarato incompetente a prendere in esame il ricorso.

Di parere opposto il professor José María Ribas Alba (insegna Diritto romano all'università di Siviglia) che, sempre nel 2013, ha pubblicato un saggio ampiamente documentato, *Proceso a Jesús* (Almuzara editore), dove, sulla base degli elementi noti, sostiene che nel procedimento, nonostante si intrecciassero nell'accusa colpe di tipo politico e altre di natura religiosa, venne sostanzialmente rispettata la procedura romana applicabile in una provincia occupata.

Se i fatti di tanti secoli fa, alonati di leggenda e coperti dal pesante mantello della teologia, accadessero ai nostri giorni, è probabile che ne leggeremmo in dispacci d'agenzia piú o meno di questo tenore:

JERUSHALAYIM - *All'imbrunire del giorno 14 del mese primaverile di Nisan, antivigilia della festività di Pesach, un reparto della polizia del Tempio ha arrestato il profeta Joshua ben Joseph Ha-Nozri, artigiano e guaritore, in base ad accuse non interamente note che paiono alludere a un comportamento nocivo all'integrità e alla sicurezza del paese. L'arresto è avvenuto in un orto collocato sulla collina detta degli ulivi, al di là del fiume Cedron. Uno dei seguaci ha ferito con un colpo di spada un servo del sommo sacerdote ma la resistenza è stata debole. I seguaci, favoriti dall'oscurità, si sono rapidamente dileguati.*

JERUSHALAYIM - *Voci insistenti davano per certo già da giorni che ci sarebbe stata una qualche forma di repressione nei confronti dell'artigiano e profeta Joshua Ha-Nozri – Gesú di Nazareth. All'inizio della settimana costui aveva fatto ingresso in città attraverso Porta Susa, accolto da manifestazioni di tripudio tali da impensierire sia le autorità del Tempio sia i funzionari romani. La folla dei manifestanti, forse infiltrata da estremisti, lo ha accolto con entusiastiche grida di incitamento. I sostenitori piú ferventi sono arrivati a gettare i mantelli lungo la strada perché il profeta potesse incedervi; altri gridavano «Osanna»; alcuni imprudenti lo hanno addirittura invocato come «un re venuto nel nome del Signore». Gli eccessi non sono sfuggiti ai numerosi informatori infiltrati tra la folla, è possibile che proprio quel tipo di accoglienza sia tra le cause del recente provvedimento. Secondo altre fonti, vicine alla dirigenza del Tempio, ha anche suscitato scandalo il comportamento del sopraddetto Ha-Nozri il quale, sulla spianata del Tempio, ha dato in escandescenze rovesciando alcuni banchi dei cambiavalute e dei venditori di animali per i sacrifici. Nello scompiglio, oltre a ingenti danni, si sono avuti, stando a fonti attendibili, tre feriti e una dozzina di contusi.*

ULTIMA ORA - *Apprendiamo, da fonti vicine alla presidenza del Tempio, che l'arrestato sarà interrogato nel corso stesso della notte.*

URGENTE - *Apprendiamo che, alle ore 15 del 15 Nissan 3793, ha cessato di vivere l'artigiano ribelle Joshua ben Joseph Ha-Nozri, condannato a morte secondo la procedura romana della crocifissione. Non ancora del tutto precisate le motivazioni della condanna.*

I dispacci sarebbero formulati in termini schematici simili a questi. Poche righe confuse nel cumulo di notizie che scorrono senza sosta sugli schermi dei computer in ogni angolo del pianeta e che raramente arrivano alle prime pagine. Ennesima riprova, se mai ce ne fosse bisogno, dell'inconoscibilità del presente.

In realtà, l'arresto avvenuto in un angolo periferico del Mediterraneo era uno «scoop» mondiale. Il fatto avrebbe avuto enormi ripercussioni, cambiato la percezione che una larga parte del genere umano ha di se stessa, del rapporto con gli altri e con la trascendenza. Come quel trascurabile evento abbia potuto suscitare un'eco durevole di tale portata, ecco un altro aspetto sul quale vale la pena di riflettere se si prescinde da una comoda spiegazione di tipo «provvidenziale».

Tutto s'è svolto in un pugno d'ore, come dicono i cronisti, tra diciotto e venti. Dal tramonto di un giorno al primo pomeriggio del successivo. In modo affrettato, per lo piú nottetempo o alle prime luci del mattino, in almeno tre sedi diverse.

Un processo celebrato in base a quali accuse? Secondo quale rito? Chi aveva ordinato l'arresto e perché? Soprattutto: chi aveva il potere di convalidare il provvedimento emettendo la sentenza finale? Tutto è molto incerto. I pochi testi che parlano dell'evento, già confusi in partenza, sono stati in seguito piú volte manipolati; per di piú sono privi di intenti biografici o storici, anche perché nessuno dei testi è stato scritto da testimoni diretti dei fatti. Il loro scopo è tessere le lodi del personaggio, non farsi specchio della sua vita secondo criteri attendibili.

I pochi dati disponibili ci permettono solo di sapere che il condannato era un uomo pio, di forte fede, tendenzialmente mite anche se, in alcune occasioni, ha ceduto a scatti d'ira o gridato frasi minacciose. Un uomo del popolo, figlio di un modesto artigiano e di una casalinga, autodidatta, pervaso d'amore per tutte le creature, per la natura e per la divinità. Come molti altri profeti della sua epoca, si diceva certo che fossero imminenti la fine dei tempi e il giudizio finale.

Al centro di questa fitta e confusa trama c'è ovviamente la sua figura. Insieme a lui però, c'è un altro uomo che merita grande attenzione: il procuratore romano per la Giudea Ponzio Pilato. È lui il motore dell'azione. Con un sí o con un no avrebbe potuto arrestare il corso degli eventi, o indirizzarlo verso un esito diverso. Agí invece come agí per cui l'arresto, brutalmente eseguito come accade sempre in questi frangenti, si concluse con una condanna a morte.

Debolezza? Pavidità? O al contrario senso dello Stato e del diritto? Oppure somma indifferenza per la sorte di uno dei tanti facinorosi di quella piccola provincia ribelle cosí lontana da Roma?

Ecco un'altra serie di domande che chiedono risposta prima di arrivare al cuore della storia, rappresentato dall'uomo che si lascia prendere senza opporre resistenza, quasi presagisse, o auspicasse, ciò che sarebbe accaduto.

Nemmeno il procuratore di Roma ha lasciato molte tracce di sé. Gli scarni riferimenti che lo riguardano narrano di un uomo rozzo, autore di gesti inutilmente provocatori, segnati dall'arroganza, o dalla stupidità. Invece, può gettare una qualche luce supplementare sulla vicenda descrivere – o immaginare – ciò che accadde in quelle poche ore dal punto di vista delle autorità romane.

Il procuratore disponeva di una piccola corte, di consiglieri giuridici e militari, di una sia pur modesta forza militare. Soprattutto dopo i primi gesti avventati non si sarebbe mosso senza aver consultato i suoi esperti. Tanto piú che i rapporti con il legato di Siria Lucio Vitellio, suo superiore diretto, erano pessimi e doveva cercare di non aggravarli ulteriormente; era concreto il rischio di mettere a repentaglio la permanenza in una carica che dobbiamo presumere fruttuosa.

Sicuramente emise una sentenza di morte in base a valutazioni complesse, soppesando cioè rischi e convenienze, le ragioni del diritto e quelle della politica, misurando gli esiti che la decisione poteva avere sull'ordine pubblico e sui rapporti con le autorità imperiali.

In una storia raccontata mille volte nessuno ha mai dato il giusto peso a questo aspetto, che merita invece maggiore attenzione, se non altro per illuminare alcuni passaggi altrimenti inspiegabili.

Un ultimo elemento che merita una piú accurata valutazione è il clima che regnava in quei giorni nella città santa di Gerusalemme, le circostanze in cui l'arresto venne eseguito, alla vigilia dell'importante festività di Pesach, che celebra la liberazione del popolo ebraico dalla schiavitú d'Egitto. Giorni di forte tensione spirituale ma anche politica, di nervosismo, di pericoli resi piú acuti dall'immensa folla concentrata in città e nella spianata del Tempio.

È possibile raccontarla questa storia? Il termine inglese *fiction* lo traduciamo in genere con narrativa; è una definizione povera; *fiction* deriva dal latino *fictio*, il quale è a sua volta legato al verbo «fingere», che offre numerosi significati: figurarsi, immaginare, supporre, ipotizzare. Scrive Cicerone nel *De Oratore*, «animo et cogitatione fingere», ovvero «raffigurarsi nella mente e nel pensiero». Con parziale arbitrio se ne può ricavare l'estensione «sognare». Anche perché qualunque storia è almeno in parte una bugia – o un sogno.

I

Nei giorni che precedono la festività, Gerusalemme e il Tempio sono gremiti di pellegrini venuti da ogni parte. Considerato che l'affollamento può facilitare il gesto inconsulto di qualche fanatico, che non ci vuole molto a mobilitare le folle mediterranee, il procuratore ha ritenuto opportuno lasciare l'abituale, piacevole residenza di Cesarea sulle rive del Mediterraneo per salire in città. Ha preso alloggio nel palazzo di Erode il Grande, passa una buona parte della giornata nel quartier generale della fortezza Antonia, dove sono acquartierate le truppe. La massiccia torre si erge a ridosso del Tempio, in pratica dominandone il lato nord-occidentale.

Come accade sempre quando grandi masse di persone si concentrano in un luogo, si nota in giro eccitamento e nervosismo, un ininterrotto viavai da e verso i vasti cortili che circondano l'edificio centrale dedicato alla divinità. Due file ininterrotte di pellegrini si accalcano e si urtano, nel caldo intenso, nella polvere sollevata da centinaia di piedi in movimento. I venditori di animali per sacrifici, piú numerosi del solito, hanno aperto i loro banchetti, disteso strati di paglia dove le bestie attendono legate o impastoiate che qualcuno le acquisti per immolarle. Colombe, tortore, agnelli emettono ciascuno il suo verso in una caotica implorazione pietosa. I loro lamenti si mescolano all'alto vociare della folla. Un rombo continuo, un brontolio sopra il quale si levavano gridi o gemiti improvvisi.

Ogni mattina e ogni sera si sacrifica un agnello, il suo sangue viene sparso dai sacerdoti, si rinnova il patto, si obbedisce a quanto ordina Esodo 29, 38-39: «Ecco ciò che tu offrirai sull'altare, due agnelli di un anno ogni giorno, per sempre. Offrirai uno di questi agnelli al mattino, il secondo al tramonto».

Il caldo si fa opprimente, con il lento avanzare del giorno il disagio è accresciuto da una luce divenuta abbacinante, nel ronzio incessante delle mosche attirate dagli escrementi degli animali. Nonostante sia tempo di primavera, la temperatura è cosí elevata che nemmeno il buio della notte riesce a mitigarla. Da parecchi giorni soffia da sud-est uno sgradevole vento caldo e umido; incolla le vesti sollevando un'impalpabile polvere che filtra ovunque aumentando il senso di soffocamento, deposita su ogni oggetto un velo giallastro, il colore del deserto.

È necessaria grande fermezza d'animo per mantenere una capacità di controllo adeguata alle circostanze. Mescolati in quell'immensa folla di pellegrini ci sono maghi, astrologi, indovini, un buon numero di profeti, alcuni assassini.

Pilato pensa di averla questa fermezza. Da dieci anni presidia con alcuni reparti della XII Legione, Fulminata, quello sperduto avamposto. Il grosso delle truppe si trova in Siria, agli ordini del governatore Vitellio.

Dieci anni sono un lungo periodo, soprattutto se passato a contatto con gente che non capisce, fanatici ostinati che pretendono di adorare un unico Dio, come se la complessità del mondo e dell'animo umano potessero essere affidate a una sola divinità in grado di comprendere quell'immenso e caotico tutto; col passare degli anni ha visto le rughe del viso diventare cosí profonde da avere qualche difficoltà a radersi, ha anche visto invecchiare sua moglie Claudia Valeria Procula, che però sopporta i disagi con maggiore pazienza, anche perché in quella torrida regione il suo carattere è cambiato radicalmente; Pilato si chiede a volte che cosa vi abbia contribuito, se l'età, la solitudine, la lontananza dall'abituale ambiente di corte.

Al suo attivo il procuratore conta il notevole aumento della fortuna personale. L'ha favorita l'esercizio oculato di una specie di diritto di saccheggio di cui ogni amministratore romano si ritiene titolare. Basta essere accorti, non commettere gli errori fatti da uno stupido pretore di Sicilia, Gaio Licinio Verre, che con ruberie esagerate e maldestre ha dato modo a Cicerone di sfoggiare una fastosa oratoria, condannandosi con la sua goffa avidità all'esilio.

Il clima e il cibo pessimo, il costante malumore gli hanno procurato un dolore allo stomaco diventato via via piú insistente; talora le fitte lo trafiggono come un aculeo, lo costringono ad alzarsi nel mezzo della notte nel tentativo di attenuarle passeggiando mentre si massaggia il ventre con lenti movimenti circolari. Non sempre funziona. Non lo consola nemmeno un po' ricordare che anche Virgilio ha sofferto dello stesso male. Il suo medico a Roma saprebbe trovare un rimedio, ammesso che sia ancora vivo. Gli ha mandato una lettera mesi prima, chiedendo consiglio, ma non ha mai ricevuto risposta.

Gli spalti della fortezza dominano il cortile del Tempio. Se s'inerpicasse fin lassú potrebbe avere un controllo panoramico sul flusso dei pellegrini, sull'andamento dell'ordine pubblico; quel caldo infernale, quella luce d'acciaio gli tolgono ogni voglia di farlo. Si dirige invece verso la sala delle udienze dove le finestre, su due lati contrapposti, facilitano la circolazione dell'aria. Lungo il percorso risponde fiaccamente al saluto delle sentinelle che presentano le armi. Invidia l'energia di quei giovani soldati che prestano un servizio di venticinque anni per la gloria di Roma, spinti anche loro dalla possibilità di un soldo supplementare che gli assicuri, alla fine, un pezzo di terra dove crescere i figli e almeno a quelli, forse, un futuro migliore.

S'è appena seduto quando entra il centurione Kyrillos, consigliere militare, con le notizie del giorno.

– Prima che apri bocca, buone o cattive?

– Buone e cattive, come sempre, non le ho pesate.

Kyrillos è di origine greca, a volte gioca un po' con le parole violando la secchezza del linguaggio militare. Può farlo perché ha condiviso con il procuratore un rischioso passato. Un giorno Pilato, al comando di una coorte, stava per essere sopraffatto in un corpo a corpo; l'intervento fulmineo di Kyrillos risultò decisivo per salvargli la vita. Da quel momento Pilato lo ha voluto con sé, considerandolo uomo di assoluta fiducia. Il centurione però nutre per lui un affetto ondeggiante; se l'obbedienza è fuori discussione, i sentimenti variano secondo i momenti, spesso incrinati dagli evidenti limiti nel discernimento politico di Pilato.

Kyrillos, per esempio, aveva sconsigliato di costruire un acquedotto utilizzando i fondi del Tempio. Il procuratore obiettava che era un'opera fatta nell'interesse della città e dello stesso Tempio, che a Roma si sarebbe fatto cosí e che tutti avrebbero approvato il progetto in nome del benessere e dell'igiene. Il centurione aveva replicato che Gerusalemme non era Roma né le priorità degli Ebrei erano le stesse di quelle dei Romani. S'era quasi spinto al limite dell'insubordinazione; solo un gesto d'imperio del procuratore aveva posto fine alla disputa. Questo intricato legame consente a Kyrillos una libertà di comportamento inconcepibile per chiunque altro. Pilato gliela concede perché lo considera un uomo astuto, capace di non oltrepassare i confini della gerarchia, di fermarsi in tempo.

– Dammi prima quelle cattive.

– Nella sesta coorte abbiamo degli uomini ammalati. Pare che una delle prostitute fosse infetta, ne ha contagiati parecchi. – Coglie l'occhiata interrogativa di Pilato. – È stata ammonita severamente. Credo che non la rivedremo piú. Un carro di vettovaglie in arrivo dalla costa s'è ribaltato lungo la collina, il carico è quasi tutto perduto, il conducente e due cavalli sono morti. Un legionario intervenuto a sedare una rissa è stato ferito da un fanatico, l'assalitore è stato giustiziato sul posto.

– Reazioni?

– Nessuna, al momento. Pare che l'uomo fosse odiato da molti.

– Queste cose in genere succedono subito, ma possono anche covare sotto la cenere.

Pilato lancia un'occhiata al cielo là fuori, nuvole piatte come lame, bianche, accecanti.

– Sotto la cenere ci sono tante di quelle cose, una piú una meno…

– Un informatore ci ha fatto sapere che la polizia del Tempio sta per arrestare un profeta particolarmente agitato.

Pilato muove con fastidio la mano come se volesse scacciare una mosca.

– Che se la sbrighino tra loro.

– L'altro giorno, quando è arrivato in città, l'hanno accolto con manifestazioni di entusiasmo.

– Ho udito le urla, sarebbe lo stesso?

– È entrato a dorso di un asino, però mi dicono che l'apparenza umile non deve ingannare, potrebbe essere una mossa tattica, pare che sia molto determinato.

– Abbiamo altre notizie su di lui?

– L'uomo sarebbe amato dalla plebe. Soprattutto nelle campagne.

– I contadini qui non contano niente, se è cosí…

– Però tra quelli che l'hanno accolto non c'erano solo contadini inurbati o pellegrini venuti da fuori.

– Avvisa la guardia, prometti un po' di soldi alle spie. Voglio essere informato, sono giorni complicati.

La noiosa routine del comando, le miserie di ogni guarnigione, i soldati malati e quelli in forza; due ammutinati messi ai ferri, forse impazziti per il caldo o contagiati da un morbo; a parte l'incidente del carro, c'è stata qualche smagliatura logistica nei vettovagliamenti in arrivo dalla costa; da due mesi non arrivano piú i rifornimenti di *garum*, salsa provvidenziale di cui i soldati sono ghiotti, che rende mangiabili anche i cibi piú insipidi. Ora poi c'è anche la piccola noia supplementare del ribelle acclamato dalla folla; questione aperta: potrebbe finire tutto lí o avere un seguito. I Romani non hanno mai amato l'Oriente: il lusso, i piaceri, la languida morbosità della loro vita, il culto egiziano per la morte, i fanatici religiosi.

– Siamo gente di ferro, noi, – pensa Pilato.

Si liberò di quei pensieri con un gesto, trafitto dal mal di stomaco; esercitare l'imperio, applicare la legge, riscuotere i tributi per alimentare lo smisurato ventre di Roma. Non un passo piú in là, mai piú. L'idea di far costruire un acquedotto gli era sembrata un buon gesto distensivo. Non l'avesse mai fatto.

Fuori, la luce è diventata ancora piú bianca; nonostante le grandi aperture contrapposte, dal loggiato non arriva un filo d'aria.

È possibile che Ponzio Pilato abbia avuto in questo modo la prima notizia di un fatto che tutto sommato dovette sembrargli trascurabile? È possibile. I dialoghi diretti in un racconto storico dovrebbero aggiungere un soffio di vita a eventi che potrebbero sembrare troppo lontani. Presentano il rischio di un certo artificio perché in realtà nessuno sa in che modo un centurione o consigliere militare si rivolgesse al procuratore; soprattutto nessuno sa fino a che punto i fatti narrati nelle Scritture corrispondano alla reale successione degli eventi, trattandosi di testi al servizio di un'ideologia e non, come opinione ormai prevalente, di una biografia sia pure apologetica.

Molti, comunque, considerano ancora attendibili quei testi ricavando, da questa fiducia, un senso di rassicurazione e di speranza.

La piccola provincia della Giudea gode di pessima fama a Roma, è considerata un perenne focolaio di agitazioni e di rivolte. Fra tutte le genti che le legioni hanno soggiogato, dal rovente deserto di Libia al gelo delle foreste germaniche, quel piccolo popolo è sempre stato considerato irriducibile.

Pilato deve l'incarico alla benevolenza di Lucio Elio Seiano, prefetto del pretorio, uomo ambiziosissimo. È stato a lungo il favorito di Tiberio fino a quando non è caduto in disgrazia e, per ordine dell'imperatore, strangolato. Ma queste cose accadranno di lí a qualche anno, al momento nemmeno il piú illuminato degli àuguri saprebbe prevederle.

Ci si è chiesti perché Seiano si sia adoperato per affidare a Pilato l'incarico. Una possibile risposta è che, da consumato uomo di potere, avesse capito che Pilato sarebbe stato un docile strumento al servizio della sua politica fortemente antiebraica. Anche Pilato è uomo di notevoli ambizioni, però è rozzo. Basta pensare a quali condizioni ha accettato di prendere in moglie Claudia Procula, con alle spalle una tumultuosa vita amorosa. D'altra parte è cosí che si cerca di diventare potenti, rendendosi utili a uomini che potenti lo sono già. Inviando Pilato, Seiano probabilmente contava proprio sulla sua rozzezza per assestare una lezione agli irrequieti abitanti della Giudea.

Il grande pensatore Filone d'Alessandria, contemporaneo di Gesú, nella sua *Legatio ad Gaium* dà del procuratore una descrizione assai negativa, descrivendolo «per natura inflessibile, capriccioso e scontroso»; gli rimprovera «la corruttibilità, la violenza, le rapine, brutalità e torture, ripetute condanne a morte senza processo, una insopportabile crudeltà».

I vangeli, al contrario, lo descrivono nobilmente lacerato, nel momento in cui dovrà emettere un giudizio su quel profeta. Vedremo perché il giudizio di Filone sia da preferire.

Pilato si appoggia alla protezione di Seiano anche per meglio resistere all'evidente ostilità di Vitellio, astuto governatore della Siria, suo superiore diretto, abile uomo di corte. Se dobbiamo credere a Svetonio, pare sia stato proprio Vitellio a introdurre l'uso di venerare l'imperatore come una divinità. Bisogna avere un sommo sprezzo del ridicolo per lasciarsi andare a tali eccessi. Si deve fare affidamento sull'altrettanto immensa vanità che in genere invade gli uomini di potere. Infatti succede spesso che una sconfinata adulazione si combini con un'immensa vanità.

C'era anche stato, bisogna aggiungere, l'esempio dato dal grande Ottaviano Augusto, che aveva fatto «dio» il padre adottivo Giulio Cesare (Divus Julius). Insomma, nulla è mai semplice in questa storia.

Al momento Pilato ritiene che il favore di Seiano sia una sufficiente garanzia. La sua benevolenza s'è spinta al punto da autorizzarlo a condurre con sé la moglie, contravvenendo alla radicata tradizione che vuole i rappresentanti di Roma trasferirsi da soli nelle sedi di destinazione.

Questi precedenti avranno un peso sui drammatici avvenimenti cui stiamo per assistere, fanno anzi parte delle premesse indispensabili per capire gli sviluppi della vicenda.

Le inquietudini del procuratore della Giudea non son ubbie dettate dal suo scontento o dalle crudeli fitte allo stomaco. I rapporti tra gli Ebrei e gli occupanti romani sono effettivamente pessimi da ogni punto di vista: militare, religioso, dei costumi. Gli Ebrei vedono i Romani come empi conquistatori, sensuali, dissoluti e violenti, l'incarnazione dell'idolatria. Giudicano ridicole approssimazioni del divino le loro scadenti deità che riflettono ogni umano difetto, incomparabili con il valore assoluto del loro ineffabile solitario iddio, incorporeo e invisibile, puro, benedetto, eterno spirito.

A un ebreo è proibito entrare nelle loro case, nessuno vuole venire a contatto con loro, anche il solo stringergli la mano è considerato un gesto riprovevole. In queste condizioni dover versare le imposte a chi le esige per conto degli occupanti è un dovere penosissimo. Gli esattori, chiamati pubblicani, sono considerati peccatori dal Talmud; sono Ebrei ma collaborano con i Romani, nessun vero ebreo siederebbe mai a tavola con loro, in tribunale la loro testimonianza non è ammessa.

Anche la faccenda delle imposte avrà un peso non trascurabile nella vicenda.

II

In una situazione di cosí precari equilibri, Pilato ha commesso gesti improvvidi, sia stata arroganza o superficialità. La storia dell'acquedotto non è il suo solo errore. Esodo 20, 4 ordina: «Non ti farai idolo né immagine alcuna di ciò che è lassú nel cielo né di ciò che è quaggiú sulla terra». Pilato ha sfidato anche questo precetto facendo esporre nella città santa, segretamente, di notte, gli stendardi con l'immagine dell'imperatore divinizzato. Sapeva che ci sarebbero state reazioni, sapeva che i suoi predecessori avevano evitato di infliggere un tale affronto a un popolo vinto; volle sfidare quello che riteneva un pregiudizio, senza immaginare probabilmente una reazione di tale portata. Una folla immensa marciò fino alla sua residenza di Cesarea Marittima; lo scongiuravano di rimuovere le insegne, gridavano il loro sdegno e il loro dolore. Pilato rifiutò; cedere alle richieste sarebbe stata, disse, un'offesa a Cesare. Sei giorni e sei notti i dimostranti restarono stesi al suolo. Racconta Flavio Giuseppe nelle sue *Antichità giudaiche* che al settimo giorno il procuratore «armò e dispose le truppe in posizione, ed egli stesso andò alla tribuna. Questa era stata costruita nello stadio per nascondere la presenza dell'esercito che era in attesa. Quando i Giudei cominciarono a rinnovare la supplica, a un segnale convenuto, li fece accerchiare dai soldati minacciando di punirli subito di morte qualora non ponessero fine al tumulto e non ritornassero alle loro case».

Questa scena è già drammatica, il suo finale è addirittura agghiacciante: «Quelli allora si gettarono bocconi e si denudarono il collo protestando che avrebbero di buon grado accolto la morte piuttosto che violare i precetti della loro legge». Flavio Giuseppe dice anche come andò a finire: «Pilato, stupito dalla forza della loro devozione alle leggi, fece rimuovere prontamente le immagini da Gerusalemme e le fece riportare a Cesarea».

Pilato perse dunque la sfida, stupida come tutti i gesti politici di cui non si è capaci di valutare le conseguenze. Una contesa cosí aspra sicuramente alimentò ostilità e diffidenza reciproche; per quanto lo riguarda, accrebbe certamente il suo già cocente desiderio di rivalsa. Non gli riuscí di ottenerla; al contrario, altri due gesti dissennati contribuirono ad accrescere difficoltà e risentimento.

Claudia gli era apparsa di fronte all'improvviso, di buon mattino, sola, senza ancelle, coperta solo da una tunica di tessuto leggero, i capelli pettinati alla moda greca di Alessandria, odorosa di eliotropio. Pilato la fissò stupito, solo di rado, a quell'ora poi, si faceva vedere nella sala dove sbrigava i suoi incarichi.

– Sembri spaventata, – non poté fare a meno di osservare.

– Ho sognato.

– Può un sogno procurare un tale spavento? Non lo sai che i sogni sono aria, sono nulla. Vanno e vengono, al mattino scompaiono e la vita continua.

– Questo sogno riguarda te –. Claudia, agitata, cercava e contemporaneamente sfuggiva il suo sguardo. Pilato fissò sua moglie sgomenta, volle rassicurarla.

– Claudia, solo i superstiziosi credono ai sogni. Quel tempo è finito. Noi siamo qui per affermare la legge di Roma, fondata sulla ragione.

– Non è cosí, non è cosí, – ripeteva Claudia tenendo lo sguardo a terra. – I sogni ahimè... sono capaci di svelare molte cose.

– Allora dimmi che cosa hai sognato.

– Ho sognato che mi trovavo davanti a una porta sbarrata, forse questa stessa del palazzo. Il sovrano era andato a caccia e stava inseguendo una gazzella...

Pilato scoppiò a ridere. – Ma ti rendi conto? Come fai a non vedere che non potevi trovarti in due posti contemporaneamente?

Claudia era cosí compresa del suo racconto che forse nemmeno udí la domanda.

– Quando la gazzella arriva davanti alla porta si ferma e mi guarda con gli occhi cosí espressivi, tipici di questi animali che sembrano quasi capaci di piangere. È come se volesse chiedere il mio aiuto. In quel momento, proprio quando il sovrano sta scoccando la freccia per ucciderla, tu apri la porta e compari...

Claudia s'arrestò come se rievocare il resto le desse una pena insopportabile. Pilato trattenne a stento uno sbadiglio. Non voleva offendere sua moglie ma il racconto gli pareva insensato. Stava perdendo tempo con le paure di una donnetta.

– La freccia invece di colpire la gazzella, trafigge te.

– Menomale che si tratta solo di un sogno. Puoi stare tranquilla, so come difendermi dalle frecce e anche dal resto; dovresti saperlo anche tu, che sei amica di questa gente.

Perché Pilato ha chiuso il colloquio con quell'allusione? La piú malevola diceria su Claudia Procula, certamente calunniosa, racconta un passato disonorevole. Sua madre Giulia, figlia di Augusto, aveva sposato in terze nozze Tiberio. Tale la sua dissolutezza che il padre Augusto l'aveva bandita da Roma mandandola in esilio a Ventotene anche se, a detta di alcuni, la causa del provvedimento fu di natura politica, non sessuale. In quell'isola di pietre e di sale, in una solitudine resa ancora piú crudele dalle severe disposizioni imperiali, Giulia aveva dato alla luce una bambina, Claudia Valeria appunto, avuta da uno dei suoi numerosi amanti. Quando Claudia ebbe raggiunta la pubertà, Giulia la mandò a suo marito Tiberio perché ne accompagnasse lo sviluppo e si facesse suo mentore. Che tipo di guida potesse rappresentare un uomo come Tiberio è facile intuire; secondo diffuse dicerie, già sul volto gli si leggeva «una sfrenata lussuria». Del resto anche il gesto di Giulia potrebbe avere motivazioni sordide. Mandando in «dono» a Tiberio una fanciulla in fiore come Claudia, quella donna impudica sperava di rientrare – a quel prezzo – nelle grazie dell'imperatore e marito, ponendo cosí fine all'orribile, solitario esilio in un'isola degna dimora delle capre.

Claudia era dunque cresciuta a quella scuola. Dicono che i cortigiani tremassero all'idea che un giorno, per riparare a una gravidanza indesiderata, l'imperatore ordinasse a qualcuno di loro di sposarla per salvarne la reputazione. Ogni timore ebbe però fine quando un volontario si offrí di prenderla in moglie: Ponzio Pilato. Ordinò per lei i gioielli piú ricercati e alcune indovine caldee, le piú rinomate, vennero pagate perché, al passaggio della giovane donna, gridassero che un cavaliere romano spasimava per lei, un uomo che gli astri le avevano certamente destinato per la sua felicità.

Secondo altre voci incontrollate, ebbe un peso nella vicenda anche un'influente ebrea romana di nome Anna che cominciò a parlarle della sua misteriosa religione, insegnando a Claudia che Dio, il solo vero dio, avrebbe presto mandato un liberatore per riscattare il popolo ebraico e forse l'intero genere umano, dalla sua miseria.

Voci, chiacchiere di oziose matrone o di credule giovinette, cedimenti alla superstizione, non c'è quasi nulla di certo nelle vicende di questi personaggi.

Le stesse voci riferiscono però che, una volta diventata moglie del procuratore della Giudea, Claudia avrebbe cambiato atteggiamento; quasi a compensare il comportamento brutale di suo marito, avrebbe dimostrato amicizia verso il popolo assoggettato, fosse o no frutto degli insegnamenti di Anna. Le dicerie riportano soprattutto che l'età e i disagi l'avevano trasformata. Le dissolutezze giovanili erano diventate una quieta fede nelle divinità, nella ricerca di un'intima tranquillità dell'animo. Non era raro sorprenderla china nella lettura di testi dei piú accreditati pensatori.

Claudia è scesa nel giardino interno della residenza. Ha rifiutato la compagnia delle ancelle, passeggia sola nei viali odorosi di mirto, le pietruzze di fiume scricchiolano sotto i suoi passi, le cime dei cipressi si flettono al soffio di una brezza leggera, il cielo è già velato di bianco. Riparando con una mano gli occhi dal sole, scorge due colombi che tubano sotto una gronda, evidentemente sentono anche loro la primavera. Dopo gli alberi di melograno dai bei fiori vermigli si erge, circondata a metà da una vasca colma d'acqua, la statuetta bronzea del dio Mercurio. Claudia siede sul bordo della vasca in una posa involontariamente sensuale. Ha ancora indosso la tunica di leggero tessuto, che sedendosi s'è aperta lasciandole scoperte le gambe. Si rivolge silenziosamente al dio per chiedergli qualcosa che non osa confessare nemmeno a se stessa. È capace di molte cose questo giovane iddio. Al momento di lasciare Roma, sul molo di Ostia, Pilato e lei hanno sacrificato insieme al suo altare invocandolo come protettore dei viaggi e dei viaggiatori. Il suo aiuto è stato efficace, sono arrivati felicemente al porto di Cesarea; Pilato è sbarcato accolto dalle alte note stridule delle buccine, con la coorte schierata. In quel momento Claudia s'è sentita attraversare da un moto di orgoglio e d'amore; ha dato anche lei un contributo per quell'incarico, pagando di persona.

Sono passati dieci anni e di quell'orgoglio non c'è piú traccia, forse nemmeno dell'amore. Adesso però alla slanciata effigie di Mercurio che brilla al sole chiede un altro dono, ancora piú impegnativo. Sa che il dio è anche messaggero dei sogni; se è stato lui a portarle quel presagio di morte, vuole chiedergli se davvero anticipi un possibile futuro o se debba considerarlo aria, un nulla, come ha detto Pilato.

Sotto questa domanda tutto sommato innocente se ne nasconde però un'altra ancora piú impegnativa: se debba lasciar vivere il legame cosí logoro, cosí insoddisfacente con suo marito. Sono passati dieci anni dal giorno del loro arrivo, nella luce di quella mattina con i vessilli al vento e le trombe lucenti. Quando le ancelle la pettinano e la truccano ha tempo per guardarsi lungamente allo specchio, vede lentamente sfiorire la sua bellezza, logorata piú dalla noia che dagli anni. La sola variazione di giorni sempre uguali è il trasferimento da Cesarea a Gerusalemme. Di tanto in tanto sbarca un qualche funzionario o senatore e allora riesce ad avere novità sulla vita a corte, in città, prima che ricominci l'eterno ritorno dei giorni.

Vedendola cosí scontenta Pilato le ha organizzato un giorno un viaggio verso oriente. Il saliscendi tra le colline brulle del deserto di Giudea, la vista sconfinata senza ombra di vita l'hanno terrorizzata. Al tramonto del secondo giorno, quando i soldati non avevano ancora finito di montare la sua tenda per la notte, ha imposto al centurione di rientrare, immediatamente, senza aspettare nemmeno l'alba.

Adesso però il dio è distratto o forse gli sta chiedendo una previsione troppo difficile. Prova a rivolgergli la stessa domanda variandone la forma, ma nemmeno cosí ottiene una riposta.

Gioca con l'acqua facendo correre la mano sulla sua superficie. Se il dio tace potrebbe forse chiedere consiglio all'unico uomo che sembra in grado di darle soccorso. Si chiama Caio Quinto Lucilio, è uno scrittore, almeno cosí si dice. Dovrebbe però aprirgli il suo animo, mettere a nudo i suoi piú segreti pensieri e non sa se di lui possa fidarsi fino a questo punto. Claudia ha troppa esperienza di corti e di cortigiani; era ancora una bambina e aveva già imparato a diffidare.

III

Nell'anno 2004 suscitò molte polemiche un film di Mel Gibson sulla Passione di Gesú. I tormenti ai quali lo sventurato profeta era stato sottoposto venivano narrati con il piú cruento realismo. Durante la fustigazione si vedevano brandelli di pelle e stille di sangue saltare in aria a ogni colpo di nerbo. Nel buio della sala, si trattava di un'anteprima riservata alla stampa, sedevo accanto a un ecclesiastico visibilmente, e giustamente, emozionato. A un certo punto, rivolto forse a me o forse solo per dare sfogo a un incontenibile moto dell'animo, esclamò a mezza voce: «Proprio cosí, andò proprio cosí».

Certo che andò cosí. I nostri tempi sono spietati ma quelli lo erano in misura ancora maggiore. Oggi nessuno al mondo oserebbe far combattere uomini seminudi contro belve tenute lungamente a digiuno. Anche se non ci sono dubbi sul successo che uno spettacolo del genere potrebbe avere.

Allora, in quella feroce primavera, andò cosí. La fustigazione era prevista dalla procedura, precedeva di poco il supplizio.

Il supplizio della croce, dove si finiva lentamente soffocati, è uno dei piú crudeli strumenti di morte mai inventati. Schiavi ribelli, traditori, nemici del popolo e di Roma venivano crocifissi a centinaia; interminabili file di croci fiancheggiavano le strade: su ognuna era inchiodato il corpo palpitante di un uomo che cercava disperatamente di morire per sottrarsi al tormento.

Andò cosí, dunque; quell'ecclesiastico nel suo sgomento aveva ragione. Ma perché andò cosí?

Dobbiamo tornare sulla storia dell'acquedotto. Dopo l'affronto dei vessilli con l'immagine divinizzata dell'imperatore, il procuratore aveva progettato di aumentare la fornitura di acqua a Gerusalemme. Un'idea ambiziosa, a suo modo lungimirante, attraverso la quale voleva probabilmente dimostrare la grande abilità romana che eccelleva soprattutto nella costruzione di strade, ponti e acquedotti. Nessun popolo al mondo aveva mai osato costruzioni altrettanto grandiose, e complesse. Per finanziare il progetto, l'incauto procuratore attinse ai fondi del tesoro del Tempio, una specie di confisca forzosa in una riserva considerata sacra. Non appena l'atto sacrilego divenne noto, la città venne attraversata da una fiammata di violenza. Il popolo intero sembrò rovesciarsi nelle strade in una dimostrazione di protesta senza precedenti. Pilato ordinò di schierare un numero di uomini sufficiente a reggere l'urto. Scrive Flavio Giuseppe che i soldati romani non erano in uniforme ma rivestivano «abiti giudaici sotto i quali ognuno portava un randello». Quando venne ordinata la carica molti morirono sotto i colpi, altri si salvarono fuggendo, «terrorizzata dalla sorte delle vittime, la folla ammutolí».

Se qualcuno pensa che con metodi del genere si riesca a tenere a bada una provincia irrequieta, sbaglia. Con questi metodi si riesce a reprimere una manifestazione, però si pongono anche le premesse per ulteriori e peggiori guai, si alimentano le fazioni piú estreme, si danno argomenti a chi invoca un inasprimento dello scontro.

Pilato cercò di giustificarsi per la sua avventatezza, sostenne che, insieme all'acqua piú abbondante, intendeva portare in città una dimostrazione della superiore civiltà di Roma. Quanto alla repressione, disse che le poche truppe ausiliarie di cui disponeva lo obbligavano a spegnere subito con durezza ogni moto di ribellione prima che divampasse, finendo fuori controllo.

Il governatore della Siria Lucio Vitellio era stato ad ascoltarlo con il labbro leggermente arricciato, come se godesse per quelle giustificazioni che umiliavano il suo sottoposto. Ogni tanto batteva sullo scrittoio la bacchetta d'avorio che stringeva nella destra, provocando un rumore secco, molto irritante.

– Se disponessimo in Giudea di un'intera legione, le cose potrebbero migliorare notevolmente, si potrebbero graduare meglio le azioni. La sola presenza delle truppe servirebbe da ammonimento, – aggiunse Pilato.

Il legato di Siria nemmeno accennò a una risposta.

Gesú era un uomo pio, benevolo verso gli altri, consapevole della condizione del suo popolo, attento nella sua rischiosa predicazione a evitare i tranelli che gli venivano tesi di continuo; non piace a tutti il suo tentativo di dare un volto nuovo alla religione ebraica avvicinandola ai piú miseri, alle donne, ai bambini.

Dovremmo considerarlo un agitatore? Probabilmente, al di là delle sue intenzioni, lo era nei fatti. Il ritorno a Dio, come egli lo predica, dovrebbe derivare da un moto interno di esseri umani toccati dalla grazia. Egli rispetta la Torah, ma intende completarla a suo modo e per riuscirvi non esita a scontrarsi con le gerarchie religiose e con i piú diffusi luoghi comuni. Il vangelo gnostico di Tommaso (versetto 60) dice: «Colui che non odierà il padre e la madre non potrà divenire mio discepolo, e i suoi fratelli e le sue sorelle e (non) prenderà la sua croce con me, non sarà degno di me». In Luca 12, 51 leggiamo: «Non crediate che io sia venuto a portare la pace sulla terra; non sono venuto a portare la pace ma la spada. Sono venuto infatti a dividere il figlio dal padre, la figlia dalla madre, la nuora dalla suocera». Su questo punto il vangelo di Tommaso (versetto 17) è ancora piú crudo: «Gli uomini certamente credono che io sia venuto a portare la pace nel mondo, essi non sanno che io sono venuto a portare sulla terra le discordie, il fuoco, la spada, la guerra».

È un uomo pio ma è anche un uomo aspro, difficile, come chiunque senta fin nel profondo del suo essere il senso di una missione che può arrivare a squassare i rapporti tra gli uomini e i fondamenti di una società. Predilige i poveri, lo ripetono tutti. Tommaso 59: «Beati i poveri perché vostro è il Regno dei Cieli!»; Luca 6, 20: «Beati voi, poveri, perché vostro è il Regno di Dio»; Matteo 5, 3: «Beati i poveri di spirito perché loro è il Regno dei Cieli». Ma di quali poveri sta parlando? Il testo greco dice *ptochò*, che non è l'indigente, è il mendico, il vagabondo, il miserabile, colui che non ha casa né cibo. Gli *ptochoi* sono il portato dell'ingiustizia sociale, gli scarti umani che il «sistema» (diremmo oggi) rifiuta ed espelle.

Piú si cerca nelle vicende di quella provincia e nella vita di quest'uomo, piú si scoprono possibili motivi di ostilità nei suoi confronti. La tragedia che s'è consumata in quelle poche ore diventa cosí piú comprensibile, ma anche piú complicata di come i testi edificanti tendono a rappresentarla.

Dopo la storia degli stendardi e dell'acquedotto, ci è anche nota una terza ragione di attrito fra Pilato e i Giudei di Gerusalemme. Il procuratore aveva fatto innalzare in quello che era stato il palazzo di Erode alcuni scudi dorati contenenti il nome dell'imperatore. Una delegazione guidata da uomini di spicco delle famiglie erodiane andò a protestare; questa volta però Pilato volle dare prova di fermezza e respinse le loro richieste. Secondo fonti non certe, la delegazione, delusa e irritata, fece arrivare le sue lamentele a Vitellio in Siria perché le trasmettesse a Roma. Tiberio andò in collera, irritato da queste stupide provocazioni che mettevano a repentaglio la sola cosa che gli interessasse davvero: la riscossione delle imposte.

Il riferimento alle famiglie erodiane introduce un ulteriore elemento nel nostro racconto.

Le moltitudini tumultuavano in piazza ma le delegazioni presso il procuratore o addirittura nei palazzi imperiali di Roma erano guidate da loro: i principi erodiani, discendenti ed eredi di Erode detto il Grande, re di Giudea sotto il protettorato romano.

Dopo la vittoria di Ottaviano nella battaglia di Azio, l'astuto Erode ha la prontezza di schierarsi dalla sua parte; ha capito che quel trentenne di corporatura esile, malfermo in salute, ha dalla sua l'avvenire. Vince la scommessa e in cambio d'una supina fedeltà gli si concede di restare sul trono.

Erode sarà detto il Grande, ma nulla lo accomuna a un Alessandro a un Pompeo. È un fantoccio di Roma, si muove nell'ambito dei suoi limitati poteri, attento a non irritare chi esercita il vero imperio. Sa che il minimo errore può costargli la carica. Il timore lo rende sospettoso, diffida di chiunque, si dice che abbia fatto uccidere due suoi figli temendo che complottassero contro di lui. È probabilmente la sua notoria crudeltà che fa raccontare a Matteo la strage di tutti i bambini neonati per eliminare colui che avrebbe potuto contendergli il trono. Muore a Gerico, dove ha fatto edificare un ippodromo e un anfiteatro, a settantasette anni, dopo trentasette di regno. Era l'anno 3757 per il calendario ebraico, 749 dalla fondazione di Roma, 4 a.C. secondo la datazione occidentale.

Tre figli ereditano i suoi domini e di fatto dipendono anche loro da Roma: Archelao ha il governo della Giudea e della Samaria; Erode Filippo la Batanea; Erode Antipa, con il titolo di tetrarca, ha, a soli diciassette anni, la Galilea.

Poiché è un altro protagonista dei fatti che stanno per accadere, vale la pena di conoscerlo meglio.

Durante un soggiorno a Roma Erode Antipa, nonostante sia già sposato, intreccia una relazione con Erodiade, moglie di suo fratello Erode Filippo. Quando lascia Roma per rientrare a Cesarea, la porta con sé e, una volta in patria, la sposa. Le nozze suscitano enorme scandalo, è il matrimonio di un concubino per di piú incestuoso; cosí la legge mosaica considera il connubio con una cognata che non fosse già vedova.

Un profeta di nome Giovanni, detto il Battista, denuncia questo abominio. Ad alta voce proclama l'impurità del sovrano e di Erodiade, rimasta concubina e adultera anche dopo le nozze.

Piú volte Erodiade chiede a suo marito di mettere a tacere quella voce odiosa.

Erode si limita a farlo arrestare, esita a mandarlo a morte temendone la popolarità. Cede però all'inganno. Durante una festa a palazzo, la figlia adolescente che la donna ha avuto dall'unione precedente danza seminuda in maniera cosí sensuale che Erode, vinto dalla lussuria, le promette in dono qualunque cosa chieda, foss'anche la metà del regno. Secondo la tradizione la fanciulla si chiama Salome. Non chiede oro né gioielli. Istruita da sua madre chiede la testa del Battista. Erode deve rispettare il giuramento: manda a far decapitare Giovanni. La sua testa viene portata su un piatto d'argento nella sala del banchetto. Sembra che la perfida fanciulla, nel vederla, abbia riso.

In questo covo di banditi e di vipere sta per giocarsi la vita di Joshua.

Quale infanzia era stata la sua? Miryam siede accanto al fuoco finendo di mondare le erbe che vuole mettere a bollire per il pasto serale. Fissa con occhi incantati, pieni d'orgoglio, il suo bambino che sta accanto al padre e lo osserva attento mentre sta piallando una tavola, sembra voler assorbire i suoi gesti. Di tanto in tanto Joseph solleva il legno per esaminare in controluce il drittofilo, che la superficie abbia un livello uniforme senza avvallature o fuori squadra che rendano difficile combinarla con gli altri pezzi già pronti. Sa Joseph che, secondo la Legge, il primo dovere di un padre è trasmettere ai figli la propria arte. Egli è carpentiere, sogna che quel bambino cosí attento un giorno possa impugnare gli stessi strumenti con altrettanta abilità.

Infatti alza di tanto in tanto gli occhi e lo guarda, è il piú piccolo nella tribú di quattro fratelli e due sorelle che hanno tutti nomi bellissimi e si chiamano Giuda, Iosetos, Giacomo e Simone; le due ragazze Lisia e Lidia. Joseph è contento di loro, stanno per prendere una loro strada; non nasconde però di avere per Joshua una predilezione speciale anche se, al contrario degli altri, assomiglia cosí poco a lui e una circostanza inquietante circonda la sua nascita; non è mai riuscito a parlarne con la sua sposa.

Alza allora lo sguardo verso Miryam che siede quieta accanto al fuoco; le erbe hanno cominciato a bollire insieme ai condimenti e alle spezie, la stanza si va riempiendo del buon odore di cibo che tra poco consumeranno. La guarda con amore, sente d'amarla ora che il suo volto comincia a mostrare i segni degli anni, ancora di piú di quando Miryam è giunta vergine nella sua casa ed è stata sposa obbediente, rispettosa della Torah, attenta alle faccende domestiche e alla cura del bambino che ha allattato e accudito come la piú tenera delle madri.

C'è però sempre stato un angolo della sua mente che Miryam ha tenuto chiuso, riservato a lei sola, un lato segreto del cuore al quale Joseph, nonostante gli anni e i figli, la tenerezza e le difficili prove che insieme hanno superato, non ha mai avuto accesso. Lo ha rispettato considerando un dono del cielo che a un uomo già anziano, qual era al momento delle nozze, la benevolenza divina abbia destinato in moglie una giovinetta di tale bellezza, di cosí buon carattere.

Joshua aiuta suo padre a far scivolare a terra dal banco di lavoro la tavola ormai finita. Le sue membra sono ancora gracili però si muove bene, bilancia con molta abilità il peso, vuole accostare con cautela la tavola al suolo in modo che gli angoli non si scheggino.

Joshua guarda sua madre che ha seguito con ammirazione la manovra, Miryam lo ricambia con uno sguardo pieno d'amore.

La mensa attorno alla quale siedono, Joseph ha voluto costruirla con un legno d'insolito spessore. Qualche volta ci batte sopra la mano con forza, ammirato dal suono cupo e fermo che ne trae: basta quell'onda grave a dirne la solidità. Aveva voluto che il luogo dove siedono due volte al giorno, insieme ai figli che si trovano in casa, rendesse già al tatto un'idea di stabilità, quella della famiglia che è riuscito a tenere unita nonostante il cruccio segreto che non l'ha mai abbandonato.

Parla poco Joseph, solo le parole essenziali, prega in cuor suo che Joshua cresca da buon ebreo rispettoso della legge stabilita dai Padri e che Miryam un giorno, o una notte, gli poggi il capo sul petto aprendogli finalmente per intero il suo cuore per rivelargli, sposo ormai anziano, ciò che per tutti quegli anni ha taciuto. Attorno alla tavola di pino cosí ben costruita, il piú delle volte siedono adesso solo loro tre.

La minestra è cotta, Miryam ne sta riempiendo le ciotole. Siedono invocando sul cibo la benedizione divina, Joseph spezza il pane, cominciano muti a mangiare.

Un altro timore angustia Joseph mentre assapora, insieme al gusto della buona zuppa preparata da Miryam, quella scena di pace domestica; teme che quell'armonia possa non durare, insidiata da un qualche pericolo. Fissa sua moglie e il figlio bambino augurandosi di poter contemplare ancora a lungo quella scena prima che la luce dell'esistenza scompaia per sempre come ora sta scomparendo dalla loro povera stanza dopo che il sole è calato dietro la gobba della collina. L'asino nella stalla emette un raglio breve e irato, angustiato forse da un sogno o dalla fame. Ridono insieme di quella inquietudine; il fieno è già pronto, appena avranno finito di mangiare Joshua andrà a portarglielo.

Gli uccelli della notte hanno cominciato i loro richiami cupi e sommessi, tutto va riempiendosi di ombre.

– Vuoi che accendiamo una lucerna, Joseph? – chiede con premura Miryam.

IV

Un giorno che passeggiava lungo la riva luminosa del Mediterraneo, le caviglie lambite da una debole risacca, Caio Quinto Lucilio s'era chiesto quanto a lungo sarebbe rimasto in quell'esilio in parte imposto, in parte suggerito dalla prudenza. Non era la prima volta che si poneva la domanda. Aveva lasciato Roma, finché era in tempo, dopo essere stato coinvolto in un'intricata storia di amori legati al talamo imperiale. Cesarea non era certo l'inospitale orrida Tomi dove il poeta Ovidio, pochi anni prima, aveva penosamente chiuso i suoi giorni. Cesarea al confronto era una città scintillante; il suo, ufficialmente, era un incarico decoroso. In teoria sarebbe potuto rientrare a Roma in ogni momento dopo aver assolto i vaghi compiti che gli erano stati affidati. La prudenza suggeriva però di pazientare fino a quando l'atmosfera politica non fosse cambiata e del suo errore fosse impallidito il ricordo. Questo faceva sí che alla domanda tante volte ripetuta: per quanto ancora? Rispondesse cauto tra sé: ancora un po'. Provava a volte una nostalgia quasi dolorosa per Roma: certi angoli della città, certi amori o amicizie, gli anni lontani dell'infanzia con la profonda pace che li aveva accompagnati; un sentimento che però si mescolava spesso a un senso di repulsione per i cambiamenti brutali che si erano succeduti dopo la morte di Ottaviano Augusto.

Anche per rimediare a queste spinte contrastanti e all'inquietudine, aveva aggiunto all'approssimativo incarico di far eseguire rilievi topografici all'interno e lungo le coste, una ricerca sua personale. Cercava di approfondire quale fosse il rapporto di quel popolo con la fine della vita, vale a dire con la possibilità che parte di un individuo sopravvivesse all'ultima scintilla dello sguardo, all'estremo respiro. Gli avevano riferito opinioni contrastanti.

In un antichissimo libro, pregno di una misteriosa saggezza, da loro chiamato *Koheleth*, ovvero il predicatore, aveva letto parole terribili che dicevano: «Il destino degli uomini e quello delle bestie è identico: come muoiono queste muoiono quelli; c'è un solo soffio vitale per tutti. Non esiste superiorità dell'uomo rispetto alle bestie, perché tutto è vanità. Tutti sono diretti vero un'uguale dimora: tutto viene dalla polvere, tutto ritorna nella polvere».

Anche la sapienza è vanità diceva l'anonimo autore del testo; anche la sapienza è «come inseguire il vento», chi accresce il sapere, accresce il dolore. Su questo Lucilio non era molto d'accordo; vero che una maggiore sapienza di rado porta una piú grande serenità, ma vero altresí che una ragionevole saggezza può aiutare a vivere con dignità, senza l'aiuto degli dèi, contando sulla propria retta coscienza. Questo pensiero per la verità non l'aveva mai davvero completato poiché lo portava inevitabilmente a ripensare al suo comportamento e alla precipitosa partenza da Roma, cosí simile a una fuga. Sarebbe dovuto restare? affrontare le conseguenze del suo errore? S'era ripromesso piú volte di ponderare meglio le sue idee sull'argomento.

Intanto però era molto attratto da ciò che andavano predicando i numerosi profeti che si aggiravano per i villaggi, coperti di pelli d'animale o semplicemente di stracci, che gridavano nelle piazze con la voce arrochita dallo sforzo, gli occhi arrossati dalla mancanza di sonno, magri da far paura. Aiutandosi con quel po' di aramaico che aveva imparato e con i suggerimenti del suo giovane amico Shimon, era andato talvolta ad ascoltarli. Vestito di abiti anonimi, il volto semicoperto da un cappuccio, attento a non aprire bocca, aveva cosí potuto vedere la forza di parole che spingevano l'uditorio alle lacrime o alla furia, gesti di pietà e altri come scagliati in aria, spinti dall'ira. Un ribollire di passioni dove si mescolavano motivi politici e civili ad altri di pura, disincarnata spiritualità. Entrambi però sospinti da una forza di cui a Roma non aveva mai visto l'eguale. In quel tumulto capace di infiammare gli animi, sempre piú spesso, con sorpresa, aveva udito la parola «resurrezione». Dov'era finito l'insegnamento del *Koheleth*?

Shimon metteva a repentaglio la vita per andarlo a trovare, quasi sempre di notte, furtivo. A Gerusalemme non avrebbe osato farlo ma anche a Cesarea era rischioso frequentare la casa di un pagano come Lucilio; i veri Ebrei disprezzavano chiunque fosse troppo accondiscendente con gli occupanti, compresi i sacerdoti del Tempio che molti consideravano pronti a chinare la schiena pur di mantenere il posto: c'era chi arrivava a chiamarli servi di Cesare. Il rapporto tra loro era diverso, quale interesse poteva avere Shimon a frequentare uno sradicato intellettuale in disgrazia, spedito con compiti imprecisi presso una ridicola corte di provincia?

La verità è che amavano entrambi quei colloqui notturni, in pratica clandestini, i gesti affettuosi che si scambiavano conversando, mangiando piccoli dolci intrisi di un miele squisito. Incontri interrotti al termine della notte; la prudenza costringeva Shimon ad allontanarsi prima che facesse giorno.

Il giovane parlava greco, del latino conosceva solo le espressioni correnti udite in strada dai soldati, spesso deformate dai loro accenti barbarici. In compenso, sillabando lentamente, aveva preso a insegnare a Lucilio la sua lingua cosí strana: suoni gutturali, aspri, che potevano diventare d'improvviso dolcissimi, un fruscio lieve sotto il palato. Ridevano insieme quando Lucilio, cercando d'imitarli, sbagliava pronuncia alterando il significato di una parola. A volte bastava una minima sfumatura nel tono per rendere un termine irriconoscibile. Shimon però approfittava di quei momenti anche per spiegargli qualche aspetto di una fede che affondava in un remoto passato, maturata nella sofferenza e nell'esilio, ostinatamente tramandata di generazione in generazione, ritualizzata in gesti ormai immutabili. Un giorno che Lucilio lo interrogava sul peso dato alla sopravvivenza, Shimon aveva risposto che nella sua religione solo pochi in realtà credevano a una possibile vita al di là della morte. Si trattava per lo piú dei seguaci di una setta chiamata dei Perushim, i separati, i farisei.

– Per me io penso piuttosto a una possibile prosecuzione delle idee, degli affetti, alla vita e alla memoria dei figli e dei nipoti. Nessuno è mai davvero morto, – aveva concluso timidamente, – fino a quando qualcuno serba il suo ricordo –. In definitiva aveva lasciato Lucilio con i suoi dubbi.

Shimon non aveva mai accettato denaro né altre ricompense. A poco a poco Lucilio aveva cominciato ad amarlo; era chiaro che nessuno dei due avrebbe mai ricavato un vantaggio da quel rapporto, il solo piacere stava nel mettere a confronto due vite che sembravano correre per piú di un aspetto parallele.

Un pomeriggio, nel suo alloggio che apre sulla sconfinata distesa del mare, influenzato da quanto ha udito nel pomeriggio in una piazza di mercato, Lucilio ha cominciato a scrivere una lettera a un amico.

«Che cos'è la morte? È davvero la fine o è un passaggio? Io non temo di finire, perché sarebbe come non aver mai cominciato, né di passare, perché in nessun luogo starò in uno spazio piú angusto di quello presente. Quando mi sembrerà opportuno, taglierò il vincolo che mi lega a questo corpo...»

Arrivato a questo punto, però, getta via la lettera, infastidito dall'ipocrisia che sente aleggiare sulle sue stesse parole. Si può mentire con tutti, anche con un amico, ma non con se stessi. Scrivere è come svolgere un dialogo interiore, è necessaria la piú assoluta trasparenza – in quelle righe mancava. Di quale coraggio stava parlando? Era fuggito da Roma e non aveva animo bastante per farvi ritorno. Temeva che cosa? Il laccio del boia stretto alla gola, la perdita dei privilegi, un compromesso umiliante? Poteva uno come lui evocare il coraggio?

Lucilio si alza dallo scrittoio, turbato dai suoi pensieri, esce sulla terrazza che affaccia sul mare. Il sole sta scomparendo nell'acqua, affiora la metà del disco, come la bocca di una fornace che sarà presto spenta. Dall'ala del palazzo dove alloggia Ponzio Pilato comincia a venire molta luce, nota un concitato movimento di servi che stanno accendendo le ultime torce di resina, ci saranno ospiti a cena. Non è stato invitato, non sa se deve rammaricarsene. Partecipare a un interminabile banchetto, nel suo stato d'animo, sarebbe stato penoso; il fatto che nessuno gli abbia chiesto di prendervi parte però è un brutto segnale. Pilato non lo ama, quando si incontrano nessuno dei due sa mai di che parlare. Scambiano poche frasi convenzionali e si allontanano con reciproco sollievo.

A chi credere, al *Koheleth*, predicatore del nulla, o ai Perushim che alla fine dei giorni prevedono la resurrezione? La morte è una fine o un transito? O addirittura un «ritorno» ai segreti luoghi da cui tutto proviene e dove tutto torna? Quella terra e quel popolo stanno scuotendo le sue certezze, gli stessi insegnamenti avuti dai maestri epicurei. Da loro ha imparato ad apprezzare la serena bellezza del mondo, a non temere gli dèi preferendogli un amore profondo per la natura dove uomini, donne, animali, piante, pietre fanno parte di un tutto che non ha confini né scopo per cui la vita va vissuta con gratitudine, finché c'è, senza temere la morte. Non c'è nulla, dicevano i maestri, al di là di quella soglia fatale dalla quale nessuno ha mai fatto ritorno.

La verità è che l'edificio sul quale ha cercato di poggiare la sua esistenza è diventato pericolosamente instabile. Gli tornano in mente le parole di un poeta morto da pochi anni e assai rimpianto. Il suo nome era Quinto Orazio Flacco e aveva scritto che chi attraversa i mari cambia il cielo che ha sopra la testa, ma non l'animo. Nonostante lo abbia molto amato, pensa che in questo caso il poeta avesse torto. Attraversare il mare per lui ha voluto dire cambiare sia il cielo sia l'animo.

Caio Quinto Lucilio resta però, nonostante i suoi turbamenti, un cittadino romano. La sua idea è che la religione come l'ha vista e sbadatamente praticata nella prima giovinezza è anch'essa parte dell'identità civile; i riti sono collettivi, il loro fine è di garantire la benevolenza degli dèi verso lo Stato e i suoi cittadini. Molte persone hanno bisogno di questo tipo di rassicurazioni. Tiene a mente le parole di Cicerone, che nel suo *De Natura deorum* (2, 8) scrive: «Se vogliamo confrontare la nostra cultura con quella degli stranieri, risulterà che per parecchi aspetti siamo uguali o forse anche inferiori. Molto superiori invece per quel che riguarda la religione, cioè il culto degli dèi».

Il corteo trionfale che attraversa il Foro e sale al Tempio di Giove capitolino è una cerimonia nello stesso tempo religiosa, patriottica e politica. Celebra la vittoria di un condottiero su un popolo nemico i cui re, e i cui soldati sconfitti, seguono in catene il carro del trionfo, a capo chino, rassegnati alla morte imminente o alla schiavitú. Quale contrasto con le file ordinate dei legionari acclamati da tutti, fieri nelle loro armature; avanzano con pesante passo cadenzato lasciando sventolare i vessilli, le aquile d'oro brillano al sole, si levano argentini squilli di trombe.

Il fremito che percorre la folla è anch'esso religioso e civile; la patria è forte perché gli dèi la proteggono, i riti sono uno strumento perché la protezione continui.

Una parola che racchiude questi complessi stati d'animo è *pietas*. Sarebbe sbagliato tradurla con «pietà». La *pietas* allude a un sentimento di venerazione che include la patria, gli dèi, la famiglia. Enea che lascia Troia in fiamme avendo sulle spalle il vecchio padre Anchise e per mano il figlioletto Ascanio ne è l'immagine appropriata. Soprattutto se si pensa al destino che li attende, in quelle tre figure si vede simboleggiata la *pietas*.

In terra d'Israele, a Cesarea, Lucilio ha trovato una religiosità profondamente diversa. Alcune fasi dei riti e dei sacrifici possono sembrare simili ma le analogie sono solo apparenti. Diverso è il grado di partecipazione degli individui, diversi i sentimenti che i riti sono in grado di suscitare. La vecchina romana che accende una fiammella sotto l'immagine dei lari sicuramente accende nello stesso tempo una forte speranza dentro di sé; cosí la giovane sposa che si scopre incinta e si reca in un qualche tempio a implorare dalla dea protezione per il nascituro. Anche questi sono aspetti della spiritualità romana. A Roma però Lucilio non ha mai visto folle di due o trecento persone fremere alle parole di un uomo che parla invasato dal dio e sembra pazzo. Non si può troppo contare sulle religioni per incivilire il cuore degli uomini; tanto piú che non ha visto qui il connotato civile che si dà invece a Roma alla religiosità delle masse. I profeti parlano a volte della liberazione di Israele senza però dargli il significato politico che potrebbe avere a Roma. Questo scollamento tra la spiritualità individuale e la religiosità collettiva spiega l'apparente paradosso di un paese che è stato facile conquistare, ma che poi ha dimostrato un'insospettabile, indomabile, capacità di resistenza. Altri popoli hanno contrastato con piú efficacia le legioni di Roma; una volta sconfitti, però, si sono trasformati in tranquilli soggetti dell'impero. Non qui. Alla vittoria militare e all'esercizio del dominio non ha corrisposto una vittoria sulle coscienze degli individui. È stato occupato un territorio, non le menti dei suoi abitanti. Questo popolo non possiede un apparato militare che possa impensierire Roma, ma i singoli individui hanno dato prova di una tale ostinata resistenza da non avere l'uguale nelle altre province. È la loro spiritualità, quasi unica nel mondo, a renderli nello stesso tempo meno forti e piú tenaci. È un paradosso che Ponzio Pilato, ragionando da soldato, non ha mai capito. Lucilio ha pensato che gli sarebbe piaciuto discuterne con lui, esporre queste idee, sottolineare queste diversità, aiutarlo. La contraddizione però è sottile, estranea alla mentalità di un soldato. Si spiegano cosí gli errori che ha fatto, gli altri che certamente farà.

Claudia scorge Caio Lucilio intento a leggere le sue tavolette all'ombra del porticato. Le torna in mente che potrebbe chiedere a lui un parere sui sogni che l'hanno inquietata. Non vuole scendere troppo nei particolari, parlerà di sogni, in generale. È un uomo curioso Lucilio. Un giorno, parecchi anni prima, appena disceso da una nave, s'è presentato a Pilato mostrando le credenziali di geografo rilasciategli dal Senato. Lo hanno incaricato di sovrintendere ad alcuni rilievi sulla costa, a nord e a sud di Cesarea, di far eseguire misurazioni topografiche delle alture che circondano da tre lati Gerusalemme. Cosí ha cominciato. Lo si poteva vedere, poco dopo l'alba, avviarsi con due o tre muli carichi di strumenti, alcuni collaboratori, gli schiavi. In genere è vissuto appartato, controllando le mappe dei luoghi, di tanto in tanto aggiungendovi con grafia minuziosa le sue osservazioni, qualche disegno. Ha preso parte ai banchetti ufficiali mostrandosi un discreto conversatore anche in greco, appena appesantito da una certa inclinazione alla pedanteria: lunghe risposte, eccessivi dettagli, incurante della noia sempre piú evidente sul volto degli interlocutori. Claudia lo giudica un uomo tutto sommato affascinante; un tipico intellettuale romano, formalmente ossequiente però attento a lasciarsi margini di libertà; soprattutto sulla sua vita privata, a dispetto dei pettegolezzi che le ancelle le riferiscono. Il suo lavoro, però, da un po' di tempo sembra essere cambiato. La partecipazione alle spedizioni con i muli e gli attrezzi è andata diradandosi, i geografi partono da soli, Lucilio si limita a vistare i risultati. Lo si vede spesso confabulare con i sapienti gerosolimitani, spesso dalle navi postali sbarcano libri e carte che evidentemente aspettava.

Anche lui deve averla vista. Ha alzato gli occhi dalle tavolette rimanendo un attimo immobile, come se fosse ammirato dalla sua grazia: Claudia indossa una veste di seta raffinata, i capelli intrecciati girano piú volte intorno al capo come una corona, i piedi esili sono chiusi in calzature leggere che paiono d'oro.

Lei fa un cenno di saluto che sembra un invito.

– Che stavi leggendo con tanta intensità Lucilio?

– La lettera di un amico. Mi informa sulla condizione del teatro a Roma.

– Buona?

– Tutt'altro. È successo che, nonostante le esortazioni di Augusto a ridare vigore alle commedie, il teatro langue e le commedie non divertono piú nessuno.

– Il teatro non obbedisce agli ordini, è questo che vuoi dire?

– L'intento di Augusto era come sempre politico, vedeva nel teatro un mezzo per trasmettere velocemente messaggi a grandi masse. Ma al teatro il contatto col potere non fa bene.

– È la famosa libertà degli artisti?

– Se vuoi, sí. Guarda l'*Eneide*. Dove può volare liberamente Virgilio è immenso; quando deve servire l'idea imperiale… è passato quanto, mezzo secolo? Ci sono versi che sono già illeggibili.

Hanno cominciato a passeggiare attenti a non uscire dall'ombra amichevole del porticato.

– Non ti nascondo di essere turbata, Lucilio.

– Dall'*Eneide*?

– Non ancora, da un sogno.

Lucilio s'arresta fissandola. Sembra incuriosito.

– Sono materia scivolosa i sogni, – aggiunge. – Vanno maneggiati con cautela.

Claudia espone per sommi capi il sogno che ha fatto, la scena di caccia che coinvolge Pilato. Intanto sono arrivati nel patio interno con il piccolo giardino ben curato, al centro li accoglie il chiocciolio rassicurante della fontana con la statuetta di Mercurio. Un folto cespuglio di mirto offre la sua ombra.

– Pilato come ha reagito?

– Lo ha definito una sciocchezza.

Lucilio scuote il capo, dissente.

– Sarei di parere diverso. I sogni possono anche essere sciocchezze ma non li si può liquidare in fretta. Un grande studioso li distingue tra sogni profetici e semplici proiezioni di angosce che il sonno lascia affiorare.

Si volge a guardare Claudia, coglie il suo sguardo smarrito.

– Non sto cominciando uno dei miei sermoni. Divento noioso solo con le persone insopportabili, lo faccio apposta.

Claudia sorride, dunque la pedanteria di Lucilio cosí temuta da tutti in realtà è solo un gioco di difesa.

– Ti racconterò alcuni sogni senza secondi fini, diciamo per curiosità. Un tale ha sognato di vedere il proprio volto riflesso nella luna; un altro d'imboccare il proprio membro con pane e formaggio come se fosse un animale, una donna ha sognato di avere un occhio nella mammella destra. Sono curiosi i sogni.

– E il mio da dove verrà? Sarà forse un suggerimento degli dèi?

– Su questo non farei troppo affidamento. Gli dèi, ammesso che davvero ci siano, hanno altro cui pensare. Considera che la nostra mente non esiste né prima della nascita né dopo la morte. È nel breve tratto della vita che devi trovare una spiegazione.

Senza rendersene conto Lucilio ha tagliato netto i dubbi sulla morte che l'avevano assillato pochi giorni prima. Quella frase è uscita per conto suo: niente prima della vita, niente dopo, ha scelto l'idea del *Koheleth*, è tornato ai maestri.

– Quello che dici vale anche per i sogni profetici? – chiede Claudia.

– Le profezie sono il tentativo di gettare un lampo di luce verso l'avvenire ricavandolo da ciò che è già accaduto. Piú o meno un gioco di prestigio.

– Non credi nemmeno alle sibille, agli oracoli?

– Diffido, Claudia, quando si esce dalle quattro cose che bene o male padroneggiamo, è cosí facile darla a bere.

– Non mi piace quello che dici. Tingi tutto di nero, non alzi mai gli occhi al cielo, fai tutto troppo semplice.

– Ma è semplice, Claudia.

– Le assurdità delle religioni non sono semplici, né lo sono le illusioni d'amore.

– Di quale amore parliamo?

Claudia lo guarda, si rende conto di colpo che la domanda fa scivolare il dialogo su un tema che non ha voglia d'affrontare.

– Ci sono aspetti della vita che la tua «semplicità» non riesce a contenere.

– Può darsi. Del resto gli dèi sono stati inventati proprio per dargli un po' di senso, io però non riesco a vederli.

– Nemmeno quando ti si presentano nel folle disordine di un sogno?

– Nei sogni immaginiamo di rivivere le situazioni che ci hanno impegnato durante il giorno; che ci danno piacere o, al contrario, ci preoccupano. Anche gli animali sognano; ho visto cavalli ansimare come se fossero impegnati in una gara, cani da caccia fiutare l'aria, guaire inseguendo da fermi prede immaginarie. Gli adolescenti sognano una coetanea e bagnano la veste notturna e il letto. Non mi chiedere da dove vengano i tuoi sogni e se preludano a un qualche evento. Tieni anche conto che viviamo in un paese che non ci fa bene.

– Hai ragione, gli abitanti sono ostili. Siamo a Gerusalemme ma in realtà viviamo chiusi tra queste mura, con la paura di uscire. Non vedo l'ora di tornare a Cesarea.

– Intendevo dire l'aria di questi posti, la temperatura, il senso della spiritualità. È tutto cosí lontano dalla nostra vita religiosa cosí solare, cosí ingenua, al confronto.

– Adesso devo rientrare. Che delusione, hai parlato molto ma sui miei sogni non mi hai detto praticamente niente.

– È una responsabilità che non so affrontare. Abbi cura di tuo marito, lo vedo titubante in una carica e in un momento che non ammettono incertezze.

Claudia gli stringe la spalla alzandosi, è quasi una carezza.

– Mio marito cose cosí non me le ha mai dette, Lucilio.

V

Un corteo disordinato percorre il sentiero sassoso che scende dal monte, disseminato di cipressi e di ulivi contorti, supera su uno stretto ponte il fiume Cedron, risale sul versante opposto fino alla città bassa di Gerusalemme. Qualche ragazzo s'è mescolato agli uomini, tutti sono preda della medesima agitazione. Alcuni roteano i bastoni, qualche lama balena nell'aria bruna che verso il fondo della vallata diventa ancora piú oscura. Alzando lo sguardo si possono distinguere gli ultimi riflessi del sole morente che lambiscono la sommità del Tempio traendo deboli bagliori dalle lastre d'oro che ne ricoprono il tetto; del corso d'acqua invece, già invaso dall'ombra, si ode solo lo scroscio sul fondo diseguale e pietroso del letto. Qualche grido si leva di tanto in tanto senza poter capire se esprima ostilità o serva da richiamo. Al centro delle prime file, stretto tra alcuni guardiani del Tempio, c'è un uomo dal viso affilato, una corta barba ne accentua il pallore. Gli hanno legato alla vita una grossa corda da mandriano, i due che lo affiancano ne stringono le estremità tirandole ora da un lato ora da quello opposto, sembrano pervasi da un certo orgoglio per l'importanza del compito, certi di esercitare un giusto dovere. Da sotto l'orlo della tunica, sporca di sangue, escono le gambe nude e magre dell'uomo che cerca di mantenere un'andatura dignitosa; lo ostacolano i sassi del sentiero che la costrizione della fune non sempre gli permette di scansare.

Per passare la strettoia del ponte si devono assottigliare le file, molti spingono per avere la precedenza, il vocio aumenta, uno delle ultime file, respinto brutalmente, scivola lungo la ripa gridando delle ingiurie, agitando il pugno. Ora l'uomo dal viso affilato è solo con i suoi due guardiani, guarda dritto davanti a sé la fiancata del colle che dovranno risalire, le case basse, i sentieri cosparsi di rifiuti, i ricoveri degli animali, il fumo che esce dai comignoli e sparge nell'aria l'odore dei cibi che cuociono per la cena della vigilia. Dalle porte socchiuse filtra un po' di luce, nell'aria senza vento gli odori ristagnano mescolandosi a quelli delle stalle e degli escrementi. Da qualche porta s'affaccia una donna con le mani e gli avambracci bianchi di farina; il passaggio del sinistro corteo l'ha sorpresa mentre sta preparando le *matzah*, focacce di farina tonde e piatte senza lievito che devono bastare per tutta la settimana a venire. Dice il Deuteronomio per la festa di Pesach: «Non mangerai con essa pane lievitato, per sette giorni mangerai gli azzimi, pane di afflizione perché sei uscito in fretta dal paese d'Egitto».

Chi si è fatto sugli usci fissa muto il prigioniero, i guardiani, il corteo vociante che segue; illuminati di taglio da fiaccole e lanterne i volti si deformano assumendo sembianze spettrali. Qualcuno, un vecchio, riconosce il prigioniero, lo indica alla moglie venuta sulla soglia mentre s'asciuga le mani.

Le chiede se non assomigli a quello che due giorni prima ha rovesciato i banchi dei cambiavalute nel cortile del Tempio. La donna non sa che rispondere, dice solo: – Non lo riconosco, è pallido come un morto.

Un cieco, portato per mano da un ragazzetto, urla al passaggio, la bocca indurita dalla collera, il volto contratto: – Profeta di sventure!

Seminascosto nell'angolo di una stalla c'è un uomo pio; s'è tirato sul capo un lembo del mantello, flette ritmicamente il busto mentre bisbiglia tra sé i versetti dell'Esodo dedicati a Pesach, la festa per la liberazione che si sta per celebrare: «Quel giorno sarà per voi un memoriale, e lo celebrerete come festa del Signore: nelle vostre generazioni lo festeggerete come prescrizione perenne».

Anche se l'uomo ha parlato a voce molto bassa, come tra sé e sé, il prigioniero sembra aver udito: per la prima volta da quando è stato catturato il suo sguardo rassegnato s'accende, volge gli occhi verso di lui, il volto si apre a un timido sorriso. Uno dei guardiani tira bruscamente la corda per richiamarlo facendolo cadere, l'uomo punta una mano a terra, prontamente si rialza. Il guardiano però non è soddisfatto. Ferma la marcia, estrae una pezzuola e gli benda stretto gli occhi, ha scambiato il sorriso per un segno di complicità. Poco prima, al momento dell'arresto, ha visto che i compagni dell'uomo sono fuggiti ma pensa che il suo dovere sia d'impedire ogni segno d'intesa con possibili sostenitori. C'è già stato un ferito, uno dei seguaci del prigioniero, prima di fuggire, ha staccato l'orecchio a un guardiano con un colpo di spada.

Davanti all'ulteriore castigo della benda sugli occhi, legata cosí stretta da solcare la pelle, un uomo si fa avanti, ferma il corteo, stringe il mento del prigioniero fissandolo attentamente. Bisbiglia: – Ma tu non sei quello che è entrato a Gerusalemme e noi abbiamo steso i mantelli al tuo passaggio e gridato «Osanna»?

Un guardiano vorrebbe allontanarlo, lo minaccia con il bastone.

– Va' via, libera la strada, imbecille, non vedi che abbiamo fretta?

– Aspetta, lascialo rispondere.

Il prigioniero però non parla. – Dimmi, eri tu?

– Se anche ti dicessi... – non può continuare, i guardiani lo strattonano, è bendato e non vede piú il sentiero, barcolla, l'intruso viene ricacciato, gli assestano due colpi di bastone mentre già s'allontana.

La salita si fa aspra, il vociare s'è placato, bisogna risparmiare il fiato, il buio è piú fitto, le torce servono a poco. Come se fosse passato un ordine silenzioso, gli usci delle case ora sono chiusi, non c'è piú nessuno che assista al passaggio del corteo, due cani si contendono ringhiando un brandello di carne pescato nelle immondizie. Dall'interno di un abituro arriva il lamento di una donna. Chiede: – Perché, perché? – Una voce virile le risponde: – Non ti mescolare, donna. La giustizia passa sopra le nostre teste.

Gli uomini delle prime file si fermano a un bivio, confabulano, incerti sulla via da prendere. Uno di loro che sembra il capo indica con autorevolezza la strada di sinistra che porta alla residenza del sommo sacerdote.

Si deve cercare di capire perché i compagni dell'uomo sono fuggiti. Chi sono quei compagni? Perché si fanno sorprendere addormentati e subito fuggono? Sono galilei di umile condizione: operai, pescatori, artigiani. Lui li ha incontrati mentre erano intenti al loro lavoro, li ha guardati, ha detto: «Venite con me». Di getto, senza riflettere, vinti dal suo fascino, hanno abbandonato ogni cosa e lo hanno seguito. Ai pescatori ha detto: «Vi farò diventare pescatori di uomini». Ha dato una grande speranza a quegli uomini, ha fatto balenare davanti ai loro occhi un cambiamento totale, superiore ai disagi ai quali sarebbero andati incontro, al dolore procurato alle loro famiglie, che hanno abbandonato di punto in bianco. Non è solo questione di affetti ma anche di sopravvivenza pratica, soldi che vengono a mancare, il sostegno di un uomo che d'improvviso non c'è piú, in casa restano le donne, i genitori anziani che non sanno come si potrà andare avanti. Uno di loro risponde all'invito: «Sí, ti seguo, ma fammi prima salutare quelli di casa». Risponde: «Nessuno che ha messo mano all'aratro e poi si volge indietro è adatto per il Regno di Dio». La frase è strana, misteriosa, nello stesso tempo lampante, e crudele: o con me subito senza esitazioni, o niente.

Un giorno che invita un giovane a seguirlo, quello risponde: «Signore, fammi seppellire prima mio padre». Glielo chiede tremando, le mani giunte, suo padre è morto da poche ore, a casa le donne piangono attorno alla salma. La risposta è di durezza disumana: «Lascia che i morti seppelliscano i morti. Tu va' e annuncia il Regno di Dio». L'uomo non ha il coraggio di farlo, l'amore filiale e la Torah gli impediscono di abbandonare il corpo insepolto di un padre. La folla si allontana, l'uomo resta in lacrime sul ciglio della strada, vorrebbe seguirli ma non può. Occhi attenti hanno assistito alla scena. Quando un agitatore di anime riesce a raccogliere un cosí gran numero di persone l'impero sente la minaccia, le spie cominciano il loro lavoro.

Joshua Ha-Nozri – è di lui che si parla, è lui il prigioniero che scende bendato il monte degli Ulivi – spacca le famiglie, separa i figli dalle madri, i mariti dalle spose. C'è una missione da compiere, nessuna attività umana, nessun legame, nessun amore è piú importante. Bisognerà tornare su questa visione globale della missione da compiere, sarà lui stesso a chiarirne il senso, l'urgenza, nel corso di un drammatico colloquio notturno che siamo in grado di riferire.

Nei mosaici bizantini questi discepoli, strappati a umili lavori e alle famiglie, sono raffigurati come principi romani, rivestiti di abiti sontuosi e di gioielli. Il realismo crudo di Caravaggio (*La morte della Vergine*, 1604) li ritrae invece vecchi, coperti di poveri abiti sudici, quasi cenci. Quel quadro fece scandalo, ma aveva ragione Caravaggio. Cosí dovevano essere nella loro vita raminga, sorretti solo dal fascino dell'uomo che li guidava, dalla speranza dell'avvento di un mondo nuovo, Regno di Giustizia.

Qualcuno che conosceva le origini di quel *rabbi*, che aveva visto i genitori e la casa, diceva sottovoce, puntandosi un dito alla tempia, che quel figlio era diventato pazzo. Sua madre gli correva dietro per riportarlo a casa. Un giorno che parlava in una sala, al centro di una grande folla di persone, certi amici di famiglia si fanno largo fino a lui e lo avvertono: «Guarda che fuori ci sono tua madre e i tuoi fratelli che ti cercano».

Lui gira lo sguardo sulla folla che gremisce la stanza rendendo l'aria irrespirabile e annuncia: «Siete voi mia madre e i miei fratelli. Chiunque fa la volontà del padre mio che è nei cieli, egli è per me fratello, sorella e madre».

In termini di spoglia umanità viene da dire che nessuna fede giustifica una simile durezza. Ma l'umanità ha limiti che talvolta devono essere superati, anche se superarli può comportare notevoli rischi.

Il primo è che una speranza di tali dimensioni, quando venga delusa, si trasformi nel suo opposto, una cocente delusione, una sfiducia totale, la tentazione di lasciar perdere. Ha promesso grandi cose a uomini che gli hanno affidato la loro vita. Non hanno avuto niente, vedono accendersi e poi allontanarsi speranze simili alle loro, camminano raminghi, mangiano quando possono, attraversano i villaggi dormendo dove capita, di tanto in tanto il rabbi impone le mani e chi era ammalato sente di essere guarito. Loro però si aspettano altro per un cambiamento cosí faticoso della loro vita. Pensano alle famiglie lontane, a Israele che langue sotto un odioso dominio pagano, al Regno che non arriva, ai rischi che corrono. Giovanni, quello che battezzava con acqua, è stato giustiziato, ha avuto la testa mozzata, brutto segnale. Hanno paura. Per questo sono fuggiti quando hanno visto arrivare quelli con spade e bastoni per portare via il rabbi.

Un giorno che insegna nella sinagoga di Cafarnao si lascia andare a frasi che a molti sembrano folli, suicide. Dice che bisogna mangiare la sua carne e bere il suo sangue per avere la vita eterna. Quando odono quelle parole si guardano smarriti, bisbigliano tra loro, si chiedono che cosa mai stia dicendo. Qualcuno dice che è uscito di senno, che i suoi compaesani lo chiamano il pazzo. Joshua legge sui loro volti lo sgomento, sa da dove viene, li ammonisce e li rimprovera. Da allora però, riferisce Giovanni (6, 66), «molti dei suoi discepoli si tirarono indietro e non andavano piú con lui». Solo un'enorme fede o un estremo bisogno tollerano simili eccessi. Ma tutto ha un limite; nella notte decisiva, quando sono arrivati per arrestarlo, quelli che s'erano addormentati sfiniti dalla stanchezza e dall'angoscia si sono risvegliati di colpo, hanno capito che l'avventura è finita e con essa la speranza. Si sono riscossi dal sonno e sono fuggiti a perdifiato, correndo giú per le balze sassose del monte, in preda al terrore.

Testimonianza di Caifa, sommo sacerdote.

Nella mia qualità di sommo sacerdote del Tempio di Gerusalemme, genero del vecchio sommo sacerdote Anna, intendo riferire come si sono svolti i fatti quella notte; la piú penosa vigilia di Pesach mai affrontata, non solo da me ma dall'intero Sinedrio, dal popolo e dalla terra d'Israele.

Avevo dato ordine che il profeta Joshua figlio di Joseph, nato a Nazareth in Galilea, dopo i gravi disordini provocati al Tempio il giorno precedente, venisse portato al cospetto mio e del Sinedrio. L'amore per il Santo Benedetto non consente a nessuno di superare certi limiti. Joshua aveva rovesciato i banchi dei cambiavalute, fatto fuggire gli animali per i sacrifici, messo a soqquadro il cortile spaventando i numerosi pellegrini arrivati da ogni parte nella città santa per la festività. Gesti privi di ragione. Senza cambiavalute e senza animali per i sacrifici il Tempio non può funzionare, i fedeli giustamente direbbero che si è violata la Legge. Gesti inutili: scacciare i mercanti oggi significa vederli tornare domani perché cosí la Legge impone.

Avevo ordinato dunque che venisse portato al mio

cospetto. Contavo di poterlo ridurre alla ragione mostrandogli l'insensatezza di quanto aveva fatto. Purtroppo il mio ordine si è potuto eseguire solo al tramonto e non nelle ore del mattino come speravo. Il profeta s'è attardato con i suoi seguaci, poi ha consumato con loro una cena comune. Non volevo suscitare scandalo con quella convocazione, volevo anzi che l'ordine fosse eseguito con la discrezione massima. Solo nel tardo pomeriggio, quando il sole già inclinava verso le lontane acque del mare, il profeta s'è finalmente diretto in una località isolata, un orto detto Getsemani, seguito da un ristretto gruppo di persone. Il responsabile della polizia del Tempio m'informò subito che queste condizioni consentivano finalmente di eseguire la convocazione. Lo pregai di trattare il prigioniero con ogni cautela evitando eccessi o maltrattamenti. Il suo organismo era robusto, dava anzi prova di una grande energia quale solo una profonda fede nel Signore può spiegare; i ripetuti digiuni però e le faticose peregrinazioni attraverso il paese lo avevano ridotto a una spaventosa magrezza per cui si poteva escludere ogni pericolo di violenze.

Invece ci furono. Uno dei suoi seguaci, prima di fuggire, recise con un colpo di spada l'orecchio di uno dei miei uomini. Questo attacco creò ovviamente ulteriori tensioni in giornate già di per sé molto agitate che innervosiscono chi deve garantire ordine e sicurezza. Quando il prigioniero arrivò al mio cospetto vidi che aveva la tunica sporca di sangue. C'erano stati maltrattamenti? Il capo della squadra mi rassicurò, quel sangue non era il suo, era schizzato macchiandogli la veste durante i confusi scontri con i seguaci.

Era intanto scesa la notte. Nonostante la convocazione fosse stata fatta in gran fretta, nell'aula del consesso erano arrivati molti sinedriti e anche mio suocero Anna, che ha ricoperto a lungo la mia stessa carica. Non feci controllare il numero, non c'era il *plenum* ma di sicuro era presente la grande maggioranza dei settantuno membri. Ci eravamo riuniti in condizioni di urgenza dato lo stato di necessità dettato dalle circostanze.

La mia prima preoccupazione fu che si evitassero divisioni per correnti soprattutto tra sadducei e farisei, considerate le numerose diversità di opinione tra i due gruppi. Dovevamo valutare liberamente il caso ma restando uniti davanti al procuratore di Roma, rappresentante di una potenza straniera, un pagano estraneo ai nostri costumi e alla nostra santa religione.

Sapevamo che il profeta sarebbe dovuto comparire anche davanti al procuratore di Roma, per questo volevamo capirne le intenzioni, condurre una specie di inchiesta preliminare e in fin dei conti metterlo in guardia. Dovevamo accertare ciò che egli aveva fatto e detto al Tempio, con quale scopo percorresse i villaggi imponendo le mani e predicando cose che la Legge non prevede e anzi condanna. Volevo chiedergli, io personalmente, fino a che punto avrebbe portato queste provocazioni dottrinali. Questi aspetti del suo comportamento interessavano noi, certo non il procuratore, ma il procuratore avrebbe comunque potuto toccarli, se vi avesse ravvisato un riflesso in qualche modo politico.

S'è detto che abbiamo agito con precipitazione eccessiva, alla vigilia di un giorno festivo, in ore notturne. Non si tiene conto che Pilato era salito a Gerusalemme dalla sua abituale residenza di Cesarea, per controllare di persona la situazione nei giorni di festa; che presto, forse addirittura la mattina seguente, sarebbe ripartito e che tutto sarebbe diventato piú difficile e ancora piú pericoloso. Non eravamo certo in condizione di dettare al prefetto i tempi dei suoi spostamenti. Il mio dovere era difendere la potestà del Sinedrio. Questa e solo questa era la mia, la nostra, intenzione. Ne reclamo la congruità e l'innocenza.

Se i Romani avessero sospettato una nostra debolezza nei confronti dell'autore di cosí gravi disordini ne avrebbero approfittato per limitare ulteriormente la nostra residua autorità imponendo la loro legge; il tallone di ferro sotto il quale tenevano la nostra nazione sarebbe diventato ancora piú pesante.

Somma sciagura! Con quali forze, se questo fosse avvenuto, avrei potuto difendere il mio popolo dalla loro arroganza? Ecco perché a un certo punto gridai: «È meglio che un solo uomo muoia, piuttosto che tutto un popolo». Non è saggezza questa? Non è il compito di ogni uomo responsabile della vita di altri? Chi avrebbe il coraggio di contraddire un tale principio?

Ma devo prima raccontare alla fine di quale tormentoso percorso arrivai a quel grido.

VI

Il piccolo porto fenicio, detto Torre di Stratone per via dell'alta torre in cima alla quale il fuoco notturno orienta i naviganti, è diventato, per volontà di Erode il Grande, un grandioso scalo, il migliore della costa mediorientale, degno del nome col quale il sovrano vuole intitolarlo: Cesarea. Nell'anno 728 dalla fondazione dell'Urbe (25 a.C.) Ottaviano Augusto è al culmine del suo potere. Sei anni prima, ad Azio, ha sconfitto le flotte riunite di Antonio e di Cleopatra, regina d'Egitto. A nemmeno quarant'anni celebra il trionfo, chiude il Tempio di Giano ponendo termine alle guerre civili. Avrà il titolo di *imperator*, relegando nel passato la storia repubblicana, poco dopo prenderà anche quello di *Pater Patriae*. Nessuno prima di lui ha mai avuto di piú. Che un reuccio orientale gli intitoli una città e un porto per garantirsene il favore è, visto da Roma, un gesto che strappa un sorriso di compatimento.

Ci vogliono poco meno di dieci anni per completare i lavori. Opere grandiose: il grande molo protegge le navi all'ormeggio, un doppio acquedotto capta le sorgenti del monte Carmelo e rifornisce in abbondanza ippodromo e teatro, palazzi e fontane. Alla morte di Erode, Cesarea diventa capitale della Giudea, residenza dei procuratori romani, una città di costumi liberi, come sempre quelle di mare, di molteplici mescolanze: il porto affollato di imbarcazioni, le taverne invase dai marinai. Nelle stradine ristagnano gli odori forti delle spezie e dei pesci, la pece delle gomene e gli aromi dei cibi, abiti sudici e umanità accaldata; fin dalle prime luci sono gremite di Romani, Greci, Persiani, Assiri, neri dell'Africa, Babilonesi che si mescolano agli animali da soma, asini e cammelli. I loro escrementi sono rapidamente polverizzati dall'incessante scalpiccio. Una città frenetica che solo nelle ore centrali della giornata sembra rallentare quando, illanguidita dalla calura, pare rinchiudersi all'interno delle case e delle taverne, nell'oscurità del suk coperto dove i venditori di datteri, olive e fichi sonnecchiano davanti alle loro merci.

I lupanari sono numerosi ma le prostitute si offrono, seminude e a ogni ora, anche all'aperto: nelle strade e sul molo, sotto le arcate dell'acquedotto, negli ambulacri delle terme. I barbieri radono i clienti in mezzo alla strada, i cambiavalute fanno risuonare su una tavoletta le varie monete traendone un incessante allegro crepitio, i mendicanti mostrano piaghe e mutilazioni per impietosire i passanti, davanti a una taverna una cieca canta accompagnata dalle note aspre di un flauto suonato da una giovinetta. Né di giorno né di notte la città sembra avere tregua.

A Gerusalemme, i fedeli osservanti piangono su Cesarea, pregano perché la città del peccato sia incenerita dall'Onnipotente.

Nikephoros si fa largo nella folla, però con prudenza, attento che un qualche urto troppo brusco non gli strappi di dosso il mantello nel quale s'è avvolto. Non desidera essere riconosciuto, non per sé ma per la carica delicata che ricopre. La sua posizione eminente, dalla quale ricava privilegi, nella circostanza diventa un impaccio. È diretto alla casa dove si concede Fillide, famosa per assecondare ogni capriccio, cosí bella che può scegliere invece d'essere scelta, cosí ricca che dispone di un locale tutto per sé nel quale non deve mescolare il suo corpo a quello di altre cortigiane, quelle che si contendono i clienti gareggiando in oscenità. Da Fillide si fa anticamera prima di essere introdotti da una guardiana che sa chi deve far passare, chi respingere. Un eunuco colossale venuto dall'Alto Nilo garantisce che l'ordine sia rispettato; dicono che possa piegare una moneta con la forza delle dita.

Fillide dice d'avere vent'anni e forse non s'allontana troppo dalla verità; è nata in Macedonia ma ha trascorso a Roma gli anni della prima giovinezza; il suo latino è raffinato, un leggero accento lo arricchisce di un'eco esotica. Anche questo si paga, Fillide costa cara. Nel minuscolo giardino che si apre sul retro della casa fa crescere un mandorlo, lo mostra solo a chi sa apprezzare il vecchio mito della figlia di Sitone, re di Tracia, che aveva il suo stesso nome. Nikephoros entra e può finalmente liberarsi del mantello. La guardiana lo prende, tende la mano facendogli cenno d'attendere. L'uomo guarda il pallido cielo senza stelle, anche l'attesa fa parte del rito.

La vecchia torna, prende il denaro per la sua padrona e lo invita finalmente a entrare, è possibile che un'ombra furtiva sia appena sgusciata via.

La stanza è immersa nella semioscurità, dei tizzoni ardono in un braciere esalando un profumo intenso, quasi nauseante. Quando Nikephoros si è sbarazzato degli abiti quel profumo lo ha già stordito, barcollando s'appoggia a una parete. Fillide appare, una sottile riga rossa le solca il pube rasato, sparisce tra le gambe. Ama mostrarsi con la nudità di una statua, i seni pesanti dondolano nel movimento.

La ragazza prende una cetra e intona con soffice voce dei versi: – Che vuoi? Dillo. Se occorre venderò gli ultimi gioielli affinché una schiava premurosa colga ogni desiderio dei tuoi occhi, ogni lascivia delle tue labbra –. È bello che lo dica anche se non è vero. Trae un ultimo accordo, tace.

Nikephoros s'inginocchia e china il capo, lei sa come muoversi, siede a cavalcioni su di lui e gli preme il duro manico d'uno scudiscio sul collo, d'improvviso lo colpisce con violenza; l'uomo geme e si prostra, i colpi si abbattono con ritmo diseguale. Ora sul collo ora sulle natiche, alcuni leggeri e veloci che striano appena di rosso la pelle, altri pesanti, dolorosi, che aprono un solco. Fillide lo incita, gli percuote i fianchi con i talloni, aggrappata ai suoi capelli in un assurdo galoppo immobile. Il corpo di Nikephoros ora disteso sul pavimento è scosso dai sussulti, un rantolo strozzato gli sale alla gola, cerca di soffocarlo mordendosi la mano stretta a pugno. Lo assale il mal caduco, si rotola sul pavimento, schiumando, getta delle urla basse, come rantoli.

Fillide batte due volte le mani, entra il colossale nubiano, lo afferra saldamente fermandolo supino al suolo, lo percuote sul volto a mano aperta, colpi sonori. Attende che i sussulti si plachino prima d'allentare la presa ferrea su di lui. Nikephoros resta immobile, ansimante, col cuore che gli batte nelle tempie. Nessuno saprebbe dire quanto tempo è passato, nemmeno Fillide è rimasta indifferente al supplizio di cui è stata protagonista e spettatrice.

La donna si sdraia sul letto, ha caldo, l'esercizio l'ha stancata, ansima leggermente. Chiama la vecchia perché asciughi e pulisca. Nikephoros siede, la vecchia gli ha portato un panno tiepido col quale terge il sudore dal volto e dal petto, si netta il ventre.

– Vuoi possedermi, vuoi baciare la mia bocca? – gli chiede.

L'uomo non risponde.

Fillide ride, la diverte umiliare un potente che viene da lei per essere cosí duramente punito. Apre le gambe provocandolo, gli indica il luogo segreto dove la linea rossa affonda nella carne; poi di colpo si alza, gli si avvicina e prende a coccolarlo come un bambino avvicinandogli i capezzoli alla bocca.

– Vuoi bere? – chiede, – vuoi bere? – Accarezza i capelli madidi, bacia la sua fronte, si mostra intenerita, materna.

– Se vuoi possiamo galoppare ancora.

Nikephoros non reagisce, sembra esausto, allora lo costringe ad alzarsi, lo trascina sul letto, si stende su di lui, gli accarezza il sesso sussurrandogli: – Sento dire che Pilato vorrebbe attingere ancora una volta al tesoro del Tempio. Ne sai qualcosa?

Testimonianza di Caifa, sommo sacerdote (segue).

L'interrogatorio del profeta fu causa di enorme pena. Sgombero subito il campo da un'obiezione rituale. S'è detto che quella notte venne applicato il diritto secondo quanto prevedono i sadducei, corrente alla quale io stesso appartengo. Noi ci ritenevamo vincolati esclusivamente dai precetti della Torah scritta. I farisei, al contrario, attribuivano autorità divina anche alla Torah tramandata oralmente. La legge scritta impone che per un delitto capitale la colpa dev'essere suffragata da due o tre testimoni. Cosí infatti stabilisce Deuteronomio 19, 15: «Non si leverà un testimonio solo contro un uomo per una qualsiasi colpa o peccato; qualsiasi peccato uno abbia commesso, il fatto sarà stabilito sulla parola di due o di tre testimoni».

Alcuni testimoni vennero uditi quella notte ma risultarono inattendibili e furono respinti, questo esclude che si potesse provare l'eventuale colpa di quel profeta in base alla procedura dei sadducei. La verità è opposta. Del Gran Consiglio dei settantuno facevano parte sia sadducei sia farisei, ma la procedura adottata fu proprio quella dei farisei per la buona ragione che, altrimenti, essi non avrebbero partecipato e anche perché il popolo non avrebbe tollerato un comportamento diverso.

Ma c'è una questione preliminare che va considerata. Al momento della convocazione non si contestò un delitto al profeta Joshua. Al contrario, aprimmo la seduta cercando dei testimoni per esaminare insieme la possibilità che un qualche delitto fosse stato commesso.

Sapevamo che il giorno successivo il profeta sarebbe dovuto comparire di fronte al prefetto romano per essere giudicato sulla base della loro legge. A noi interessava chiarire altri aspetti, un possibile delitto punibile secondo la legge ebraica. Volevamo sgomberare il campo da questa eventualità proprio per alleggerire la sua posizione.

Quando lo interrogammo e parlammo con lui, nessuno contestò alcunché che avesse a che fare con il diritto dei Romani. La domanda diretta, brutale, su quel piano gliela pose Pilato, non noi.

Ci occupammo invece di ciò che aveva fatto e detto al Tempio, il nostro scopo era uno solo: impedire che i Romani mandassero sull'atroce patibolo della croce un ebreo, in particolare quell'ebreo cosí amato dal popolo. La seduta di quella notte ebbe lo scopo di tentare *in extremis* di salvarlo.

Perché salvarlo? Joshua era uno dei tanti nostri figli diventati precoci maestri di dottrina, nutriti di sogni messianici, certi dell'imminente fine del mondo. La nostra missione era importante oltre che per motivi umanitari, per concreto realismo nei rapporti con i pagani. Non dimenticate il mio grido! Noi dovevamo mantenere il favore e la fiducia del popolo, dovevamo impedire che il profeta venisse crocifisso, per questo lo interrogammo.

Al momento del suo ingresso a Gerusalemme, la folla lo aveva accolto con grida di giubilo eccessive. S'era gridato: «Benedetto colui che viene nel nome del Signore, il re d'Israele». Alcuni farisei s'erano avvicinati a lui esortandolo a calmare un entusiasmo che stava diventando pericoloso. Re d'Israele, sotto gli occhi delle spie romane disseminate ovunque, il comportamento della folla può facilmente diventare irresponsabile. Da quella dimostrazione di entusiasmo per un profeta venuto dal popolo avevamo capito che il giovane rabbi meritava il nostro sostegno, la nostra protezione: nonostante la sua imprudenza e i suoi eccessi non potevamo contrastare un cosí forte sentimento popolare. Per questo lo feci condurre alla presenza del Gran Consiglio: volevo metterlo in guardia. Respingo con tutta la mia forza che saremmo stati proprio noi a consegnare il profeta ai Romani. Un tale gesto, oltre che disumano, sarebbe stato un errore, avremmo ammesso la nostra incapacità di mantenere la legge e l'ordine tra gli Ebrei. Avremmo avuto tutti contro: il nostro popolo e i Romani.

Noi invece dovevamo convincere Gesú a collaborare con noi, distoglierlo dall'intenzione di rispondere con arroganza al prefetto romano condannandosi per cosí dire con le sue stesse parole. Volevamo che capisse che le sue aspirazioni religiose e messianiche contrastavano con la politica generale d'Israele e del Sinedrio in quei drammatici frangenti. Io personalmente volevo indurlo, quando si fosse trovato alla presenza del prefetto romano, a garantire a quel barbaro che avrebbe mantenuto una buona condotta – a costo di mettere da parte, temporaneamente, qualcuno dei suoi principî.

Per tutto il tempo in cui i testimoni deposero contro di lui il profeta restò silenzioso: taceva e non rispondeva alle domande.

Io in persona a un certo punto l'ho interrogato sui suoi discepoli e sulla sua dottrina. Mi ha risposto: «Ho parlato apertamente al mondo. Ho sempre insegnato nella sinagoga e nel Tempio dove si radunano tutti i Giudei, non ho mai detto nulla di nascosto. Perché dunque mi chiedi? Interroga coloro che hanno ascoltato, chiedigli che cosa ho detto. Tutti conoscono le mie parole».

A questo punto si è verificato l'incidente piú odioso della seduta. Una delle guardie s'è avvicinata al prigioniero e lo ha colpito al volto. A quel gesto inconsulto Gesú ha risposto dicendo: «Se ho parlato male dimostra dov'è il male. Se ho parlato bene perché mi percuoti?»

Gli chiesi: «Se sei tu l'unto del Signore, il Cristo, diccelo». Rispose: «Anche se ve lo dico non mi crederete, se vi interrogo non mi risponderete. Ma da questo momento starà il Figlio dell'uomo seduto alla destra della potenza di Dio».

In quel momento capii che era perduto, nulla lo avrebbe fatto recedere dalle sue posizioni, non i nostri ammonimenti, non il timore del supplizio. In un moto di scoramento e d'ira mi sono stracciato le vesti. Ho gridato con disperazione: «Avete sentito come bestemmia?» Già immaginando dove avrebbe potuto condurlo una tale ostinazione se l'avesse ostentata anche davanti al procuratore di Roma. Non fu la bestemmia a portarmi a quel gesto ma il fallimento dei miei sforzi per preservare quell'uomo dal destino che con le sue mani si stava preparando.

Avevo ordinato alla polizia del Tempio di prenderlo sotto la propria custodia, convocato il Consiglio in piena notte, dedicato un lungo tempo a sforzi che si rivelavano inutili. Io mi stracciai le vesti, quel poliziotto vinto dagli stessi impulsi lo colpí con uno schiaffo. È stato punito per quel gesto ma io posso capire quali sentimenti lo agitavano, non è facile rimanere padroni di sé in simili frangenti.

La stessa cosa si può dire del grido che si levò da molti dei partecipanti: «È reo di morte!» Non era una condanna, tanto meno un'esortazione. Era una constatazione. Intendevano dire che, agendo in quel modo, si condannava da sé a morte. Le parole che aveva detto suggellavano il suo destino, nessuna salvezza sembrava piú possibile.

La sola prova che posso dare a sostegno di ciò che affermo è la nostra lealtà: quando il profeta venne portato davanti al prefetto romano, nessuno di noi, ripeto nessuno, rivelò a quel pagano i fatti accaduti durante la notte.

Fin qui l'autodifesa di Caifa. Abile, indubbiamente. Illumina di luce diversa situazioni e momenti di dialogo, riuscendo spesso a rovesciarne il senso. Per secoli quelle frasi sono state lette come una condanna preventiva emessa dal Sinedrio prima ancora che Gesú comparisse, poco dopo l'alba, davanti a Ponzio Pilato.

Caifa le capovolge facendole diventare una precauzione presa nei confronti del profeta, diventato sospetto agli occhi delle autorità romane. Il sommo sacerdote è parte interessata, sente ovviamente il peso della riprovazione che da molte parti è stata avanzata nei confronti del Sinedrio e suoi in particolare. Ciò che dice va quindi preso con cautela e sottoposto, nei limiti del possibile, a verifica.

Non è facile. I testi che riportano quelle frasi sono stati piú volte manipolati; per di piú già in origine sono stati scritti con l'evidente scopo di alleggerire il piú possibile le responsabilità di Pilato e dei Romani, addossando il peso (l'onta) della condanna alle autorità giudaiche.

Quei testi, i vangeli, sono stati scritti negli anni Settanta, dopo la distruzione del Tempio, lo scempio dei sacri arredi, il furto della Menorah, quando i Romani sembrano confermarsi vincitori assoluti. Nei fatti non è cosí, ci saranno altri focolai di ribellione in Israele, ma ci vorrà piú di mezzo secolo perché divampino; un'altra guerra condotta da un altro generale. Non piú Tito ma Adriano. Per Israele sarà la catastrofe. Di Gerusalemme non resterà pietra su pietra, il suo stesso nome sarà cancellato per volontà di Adriano. Non piú Gerusalemme ma Aelia Capitolina.

C'è tempo perché tutto questo avvenga. Se restiamo al 70 e ai testi di cui parliamo, è evidente che gli estensori dei vangeli hanno tutto l'interesse ad accaparrarsi la benevolenza dei vincitori.

Dal suo punto di vista Caifa non ha tutti i torti a volersi difendere.

Tuttavia nella sua arringa c'è piú di una contraddizione. Ci sono fatti che non collimano; non con i testi, che possono essere stati alterati, ma con la verosimiglianza.

C'è modo di accertare meglio come sono andate le cose? Se rinunciamo a quel tanto di metodo storico che i testi ci consentono e poniamo mente alle parole di Cicerone citate all'inizio, «animo et cogitatione fingere», ovvero «raffigurarsi nella mente e nel pensiero», un modo – anche se con notevoli limiti – c'è.

VII

Testimonianza di Nicodemo, fariseo.

Mi chiamo Nicodemo, fariseo. Non nascondo le difficoltà che ha avuto Caifa nel presiedere un'assemblea cosí complessa. Ma non nascondo nemmeno che egli non ha detto l'intera verità. Potrei dire che l'ha adattata alle drammatiche circostanze di quella notte. Il Sinedrio è l'organo che rappresenta il nostro primato religioso, supremo amministratore di giustizia, in una parola incarna l'orgoglio nazionale ebraico. Presiederlo in quei giorni non era facile. Attorno al Tempio di cui il sommo sacerdote è il capo supremo si muoveva la vita di un popolo.

I Romani ne erano consapevoli, infatti – per garantirsene la fedeltà – si erano arrogati il diritto di nominare o di rimuovere dalla carica i sommi sacerdoti. Tenendogli sospesa sul capo la minaccia di una possibile rimozione si assicuravano tra l'altro una possibile fonte di lucro.

Caifa era stato scelto dal predecessore di Pilato, il prefetto Valerio Grato, nel 18. Pilato lo mantenne nel posto. Perché lo riteneva obbediente? Perché Caifa segretamente lo compensava? Perché suo suocero Anna aveva garantito per lui? Semplicemente per pigrizia? Non conosco la risposta. Posso addirittura pensare che sospetti del genere sporchino senza motivo la figura di Caifa. In un paese occupato brutalmente qual era la Giudea in quegli anni, gli animi si scaldano facilmente, i sospetti con altrettanta facilità corrono. So però, per certo, che Caifa conosceva bene la precarietà della sua posizione; serviva a poco essere nominato dai Romani se il popolo non ti riteneva degno dell'incarico. Sapeva che molti lo consideravano con sospetto, pronto cioè a collaborare con gli occupanti, un traditore; per un altro verso sapeva però di essere un punto di passaggio obbligato per il contatto con i Romani. Uno stretto sentiero ai due lati del quale s'aprivano incognite piene di pericoli.

Incombeva su di lui anche una seconda ragione d'insicurezza. Il titolare della piú alta carica religiosa e giurisdizionale era scelto per antica tradizione tra le piú nobili famiglie dei sadducei, una corrente spirituale che costituiva una specie di aristocrazia, per nascita o per denaro. Come accade in ogni paese occupato, i ricchi sono i primi a essere sospettati di connivenza con il nemico. Noi farisei invece ci sentivamo ed eravamo considerati piú vicini al popolo; la nostra aristocrazia, se posso chiamarla cosí, si fondava non sul denaro ma sulla conoscenza delle Scritture, eravamo intellettuali uniti da un amore cosí forte per la cultura da chiamarci tra di noi *chaverím*, cioè compagni. Da questo punto di vista potevamo davvero essere visti come *perushím*, separati.

Uno degli iniziatori della nostra dottrina era stato sotto il regno di Erode il Grande il pio maestro Hillel, rabbi sapientissimo, di venerata memoria. Conoscevamo bene i precetti della Legge ma eravamo anche tolleranti nella loro applicazione, umanizzandoli. Questo ci faceva amare dal popolo che amava anche il profeta Joshua, venuto anch'egli dal popolo, vicino non solo ai poveri ma anche ai peccatori. E alle peccatrici.

Sbaglia chi rappresenta noi farisei come ottusi osservanti ciechi a ogni umana esigenza. Quando si pose il problema se la Legge consentisse di fare il bene di sabato che cosa rispose Joshua? Rispose che salvare una vita vale piú del precetto che impone il riposo assoluto in quel giorno. Salvò e guarí e nessuno osò criticarlo perché il sabato è fatto per l'uomo, non l'uomo per il sabato.

Mi sono allontanato dal cuore dell'argomento. Volevo solo far capire quanto difficile fosse la situazione del sommo sacerdote per tentare di spiegare le ragioni del suo comportamento.

La seduta fu drammatica già prima che si arrivasse a chiuderla. Non avevo mai visto il Sinedrio in un tale stato di nervosismo: capannelli, voci alterate, volti contratti. Quando entrammo nell'aula, non ero nemmeno sicuro che mi avrebbero consentito di parlare, date le mie posizioni a difesa del profeta già manifestate nei giorni precedenti, ancora prima che si verificassero i gravi incidenti del Tempio. Come ho detto, noi farisei godevamo di vasta popolarità ma i sadducei, alleati e rivali nella maggioranza, avevano il controllo politico del Sinedrio e, quel che piú conta, controllavano il tesoro del Tempio nonché la maggior parte dei banchi dei cambiavalute e dei venditori di animali per i sacrifici. Sono elementi ai quali si pensa di rado che invece bisogna conoscere per capire che cosa accadde.

Prima di arrivare a questo devo però riferire un antefatto scusandomi per la digressione. Ho incontrato segretamente il rabbi Joshua dopo averlo visto in piazza in mezzo a una grande folla che lo acclamava. Mi condussero in una casa quando stava già annottando, la luce all'interno era fioca ma lo riconobbi ugualmente. Mi salutò con un sorriso che mi colpí profondamente. Dopo che ci fummo scambiati alcune frasi, ebbi l'ardire di chiedergli quale fosse la sua missione, se credeva davvero che fosse imminente l'arrivo del Regno che i Giudei aspettavano tra cento patimenti e con tanta ansia. Il rabbi dette una risposta che non capii. Disse: «Se uno non nasce nuovamente, non può vedere il Regno di Dio». Gli chiesi allora: «Come può un uomo nascere quando è vecchio? Può forse entrare di nuovo nell'utero di sua madre?» E il rabbi: «Se uno non nasce da acqua e da Spirito, non può entra-

– Qui siamo d'accordo, mi fa piacere che lo chiami «mare», anch'io lo considero cosí. Di chi sei figlio?

– Di Joseph il carpentiere.

– Perché ti hanno messo in catene?

– Non lo so.

Tutti avevano udito la risposta che l'uomo aveva dato a bassa voce, con rassegnazione.

Erode si rivolge alle guardie.

– Qual è l'accusa contro quest'uomo?

– Abbiamo avuto l'ordine di catturarlo ma non conosciamo l'accusa, – risponde uno di quelli.

Erode sembra perplesso, non sa come proseguire; c'è però tra gli invitati uno dei sommi sacerdoti; si fa largo nella piccola folla, si ferma ai piedi della pedana.

– Io conosco l'accusa. Quest'uomo ha bestemmiato, lo hanno udito mentre diceva di voler distruggere il Tempio fatto da mani d'uomo e di poterne costruire un altro non fatto da uomini. In tre giorni.

– Tre giorni? – Erode sembra d'improvviso divertito. Infatti, anche molti degli invitati ridono.

– Noi galilei siamo un po' spacconi ma tre giorni mi sembrano veramente pochi. Saresti davvero capace di farlo?

Il prigioniero non risponde nulla, tace guardando davanti a sé.

Alcuni invitati, annoiati dalla scena, lasciano la sala per andare a prendere un po' di fresco nel peristilio, l'aria è diventata davvero molto pesante.

In un angolo, seminascosta da un tendaggio, c'è Salome, attirata dal chiasso. Fissa il prigioniero con tale insistenza che i loro sguardi s'incontrano. Il profeta sa chi è. La perversa fanciulla che ha ottenuto la testa del suo maestro Giovanni come premio per la sua danza. Non c'è odio nel suo sguardo, forse curiosità o commiserazione, si limita a guardarla. Salome abbassa lo sguardo, poi si volta stizzita e lascia la sala.

– Non rispondi nulla? – chiede Erode. – Hai sentito che cosa testimoniano contro di te.

L'uomo volge in giro lo sguardo fissando, muto, alcuni dei presenti senza cambiare espressione.

Un altro sacerdote, dissimulato fino a quel momento nel gruppo degli invitati, si fa avanti.

– Non è quella l'accusa, tetrarca.

– Ah, no? Quale altra sorpresa abbiamo?

Il primo sacerdote accenna a un gesto di protesta, fa per esclamare qualcosa ma l'altro lo zittisce.

– La vera accusa è un'altra tetrarca, molto piú grave. Quest'uomo ha detto e ripetuto piú volte di essere il re dei Giudei.

– Avresti detto una tale enormità? – Erode adesso si sente piú sicuro. Di contese religiose capisce poco, ma se la faccenda si fa politica il terreno di discussione diventa piú solido.

– Vorresti per caso sedere qui, al mio posto? Vuoi che mi alzi e ti ceda il mio mantello? Vieni, accomodati –. Con un movimento istrionico il tetrarca accenna a togliersi il mantello dalle spalle, due servitori accorrono per aiutarlo ma lui li allontana con fastidio.

Ripete la domanda, l'uomo continua a tacere. Intanto un sospetto si fa lentamente strada nella mente del tetrarca leggermente alterata dal vino. Perché quei due volponi si contraddicono? Sono forse d'accordo per confondere le acque? O si tratta solo di due imbecilli? Ce ne sono parecchi tra i sacerdoti. Gente che quando la tiri fuori dalla ripetizione ossessiva delle formule rituali annega in un bicchier d'acqua. I motivi d'inquietudine comunque si moltiplicano. Erodiade lo sta guardando perplessa, lui teme le ire di quella donna, la sa capace di lanciare un'invettiva anche davanti agli ospiti, ci sono momenti in cui si pente d'averla sposata. Non sa piú quale decisione prendere.

Salome è ricomparsa, non si nasconde piú dietro il tendaggio, ha un abito adeguato alla circostanza che lascia scoperto l'inizio del seno, fissa il prigioniero con uno strano sorriso, muove le mani, fa ruotare le dita attorno alle tempie come se volesse aggiustare quei suoi splendidi capelli. Ma non è cosí.

«E se fosse solo un pazzo?» si chiede il tetrarca. Lo ripete ad alta voce, gridando.

– Quest'uomo è pazzo!

Non s'è mai imbattuto in una tale ostinazione. L'ipotesi della pazzia comincia a piacergli, gli dà la possibilità di aggirare le contraddizioni tra quei due lasciandogli ampie possibilità di manovra, un'accusa di follia è praticamente impossibile da confutare. Un brusio della sala accoglie il grido del tetrarca, l'ipotesi della follia sembra non dispiacere, può essere un modo per farla finita con quella penosa parentesi senza capo né coda e cominciare finalmente a mangiare. Le conversazioni sono riprese, i servi hanno portato altre bevande. Il ciambellano s'avvicina nuovamente all'orecchio di Erode che sembra apprezzarne il suggerimento.

– Mi dicono che sei capace di fare miracoli. Guarda che cosa ti stanno portando.

Sono entrate due coppie di servitori, portano sulle spalle quattro giare ben sagomate, barcollando sotto il peso.

– Sono piene d'acqua, – fa Erode. – Ti prego di trasformarla in vino, i miei ospiti bevono come spugne e siamo rimasti un po' a corto.

Il prigioniero ha abbassato la testa. Si copre un attimo il volto con le mani poi riprende la sua posizione, impassibile.

– Nemmeno questo vuoi fare? Mi dicono che in passato l'hai fatto. Lo fai per i tuoi amici e non per me? È questa la lealtà verso il tuo sovrano?

Il tono è derisorio ma vi affiora anche una percepibile vena d'irritazione. Erode non si diverte piú, comincia a stancarsi, sa che i suoi invitati, soprattutto Erodiade, lo stanno giudicando, ha paura di perdere il suo prestigio nel solitario duello con quello straccione. Teme che il silenzio di quello valga piú di tutte le sue parole. Quel manigoldo di Caifa ha voluto farlo complice dei suoi pasticci, ma a Gerusalemme comanda lui, che se la sbrogli da solo.

– Basta! – urla esasperato. – Toglietelo di mezzo, portatelo via.

Le guardie cominciano subito a legargli le mani dietro la schiena, il tetrarca li interrompe. Ha notato Salome che si sta nuovamente drappeggiando dietro il tendaggio. Allora indica un servo che dietro la pedana sorregge una fiaccola, il volto contratto in una smorfia di dolore per il peso e la prolungata immobilità.

– Tu, togliti il mantello e mettilo sulle sue spalle.

L'uomo obbedisce prontamente, felice di potersi muovere. Un paio di guardie lo aiutano a coprire le magre spalle del prigioniero con la ruvida lana del mantello.

– Sei un re ma stasera ti devi accontentare di questo.

A un suo cenno le guardie del Tempio trascinano via il prigioniero. Il brusio riprende, fa finalmente il suo ingresso un corteo di servitori che sorreggono le portate della cena.

XI

Da quando la sua unione con Miryam è finita, il vecchio Joseph vive da solo in una povera dimora sulle alture a oriente di Gerusalemme. Ha ancora forza sufficiente per fare qualche lavoro, sospinto del resto dalla necessità; con grande rammarico ha dovuto disfarsi dell'asino e delle due pecore, però ha conservato gli utensili, esegue lavori non molto impegnativi che gli consentono di tenersi in vita. Qualche gallina gli razzola ancora tra i piedi mentre pialla il legno e quelle becchettano, un po' per gioco, i trucioli che cadono dal banco.

Il colloquio con sua moglie sul quale ha continuato per anni a sperare non c'è mai stato, anche perché lui stesso non ha mai davvero premuto affinché ci fosse. L'ombra ha cosí continuato ad aleggiare, sospesa sul suo capo, fino a quando non ha deciso di farla scomparire cancellandola, insieme all'intera sua vita precedente. Sapeva che, cosí facendo, sarebbe uscito dalla storia della famiglia, dimenticato per sempre, da tutti. Ha però preferito l'oblio all'assillo del dubbio. Il racconto di Miryam, il sogno, la misteriosa voce dell'angelo erano una ricostruzione confusa, angosciosa nella sua approssimazione. Quel giorno Miryam era andata al pozzo a prendere acqua reggendo, secondo il costume del luogo, una brocca in equilibrio sulla testa. D'improvviso aveva udito una voce senza riuscire a capire da dove venisse. Solo quando era rientrata in casa le era apparso un angelo per dirle che avrebbe avuto un figlio e che doveva chiamarlo Joshua. I vicini avevano riso al racconto di una vergine che partorisce un bambino, alcuni si erano toccati la fronte, con un gesto di dileggio che Joseph aveva a lungo patito in silenzio. C'erano state occasioni in cui non aveva avuto il coraggio di voltarsi, nel timore di scoprire che qualcuno, alle sue spalle, stava ripetendo quel gesto. Era accaduto di peggio. Gente malvagia, spinta da invidia o da rancore, aveva messo in giro la voce che il padre del bambino fosse in realtà un soldato romano di nome Pantera. Non un figlio nato come tanti per errore o per caso, ma generato addirittura da un pagano oppressore.

In un primo momento aveva reagito con furore progettando addirittura di ripudiare Miryam, magari licenziandola in segreto, senza suscitare uno scandalo pubblico. L'aveva comperata da suo padre con un contratto ed era suo diritto farlo, secondo la Legge.

Poi in un sussulto di furore aveva cambiato idea. Sapeva chi era stato a mettere in giro quella diceria malvagia; una sera aveva affilato con cura l'ascia da carpentiere, l'aveva nascosta sotto la fascia che gli stringeva la vita e s'era avviato a chiedere o a fare giustizia. Lo aveva fermato Miryam sulla soglia, abbracciandolo senza dire una parola. Aveva poggiato la propria guancia contro la sua in un trepido gesto d'amore. Intanto con la mano aveva trovato l'ascia e l'aveva fatta cadere a terra. Il clangore del ferro aveva sciolto il grumo d'ira che l'aveva afferrato. Dopo di allora ha pensato che anche l'ombra si fosse dissolta, svanendo come la collera improvvisa di quella sera.

Abitando con Miryam ha continuato a desiderarla come impone la natura, ha pregato perché un qualche indizio gli dicesse che il sospetto era infondato, ha continuato a sperare in una prova definitiva sempre oscillando in un dubbio di volta in volta tormentoso o ridicolo che però non l'ha mai lasciato.

Sono passati molti anni da quei giorni. L'abbandono della casa e della moglie non ha diminuito in nulla l'amore che Joseph sente per quel figlio prodigioso, cosí diverso dagli altri, anche troppo diverso ha pensato qualche volta con un misto di orgoglio e d'inquietudine. L'ha visto ansioso d'imparare il suo stesso mestiere. Joseph, con la fierezza del buon artigiano e del buon ebreo che trasmette la sua arte alla discendenza, gli ha spiegato pazientemente come preparare un incastro, come incollare due tavole in modo che non possano piú separarsi, come costruire una seggiola comoda capace di reggere un grande peso. Il ragazzo lo ha guardato con i suoi occhi brucianti assimilando velocemente anche le istruzioni piú complicate.

Poi sono cominciate le sorprese. Una notte Joseph ha dovuto alzarsi oppresso dal mal di ventre. Per raggiungere la latrina bisognava uscire all'esterno superando la piccola stalla dell'asino. Mentre ne sfiorava la porta aveva visto una debole luce filtrare dalle connessure. S'era affacciato incuriosito e aveva scoperto suo figlio intento a leggere i sacri testi semireclino sulla mensola, alta sulla parete, dove d'inverno riponevano il fieno per l'animale.

– Che fai alzato a quest'ora?

– Avevo cominciato a leggere e non sono riuscito a smettere, padre.

– Dovresti dormire, domani sarai stanco, dobbiamo finire quel tavolo, siamo già in ritardo.

– Sarò pronto, padre, te lo prometto.

L'episodio piú sconcertante era avvenuto un anno dopo, quando il ragazzo aveva raggiunto i dodici anni ed era ormai pronto per il Bar Mitzvah, figlio anche lui del precetto. Ogni anno Joseph e la sua famiglia si recavano, insieme ad altre famiglie della comunità e a numerosi amici, a Gerusalemme per la festività di Pesach. Era un cammino allegro in mezzo alla natura risvegliata ancora una volta dal miracolo della primavera. Tutto era in fiore, i prati verdeggiavano dopo le piogge invernali. I gruppi procedevano vociando e ridendo, ogni tanto qualcuno intonava un canto al quale si rispondeva battendo le mani al ritmo dei passi e della melodia, s'intrecciavano i pettegolezzi, felici di salire alla città santa per commemorare la liberazione del loro popolo dalla schiavitú del faraone.

Nella confusione della festa e degli amici avevano perso di vista Joshua; quando avevano preso il cammino del ritorno senza riuscire a vederlo, avevano pensato sulle prime che il ragazzo si fosse unito ad un altro gruppo di amici. Solo dopo una giornata di viaggio Miryam e Joseph s'erano resi conto che il figlio prediletto non era con nessuno di loro. Col cuore pieno d'angoscia avevano lasciato la comitiva tornando precipitosamente a Gerusalemme. Dopo molte ricerche, dopo aver chiesto a decine di passanti se avevano visto quel certo ragazzo, erano finalmente riusciti a trovarlo. Joshua era in sinagoga intento a discutere con i rabbini piú anziani. Non poneva solo domande, obiettava alle risposte dei maestri, proponeva un'interpretazione diversa richiamando un argomento o un versetto che nessuno aveva ancora citato. Quelli lo guardavano stupiti ma anche diffidenti. Da dove veniva quel ragazzo nel quale sapienza e presunzione si mescolavano con tale giovanile sfrontatezza?

Miryam allora s'era avvicinata a lui col volto teso dall'ansia.

– Figlio, perché ci hai fatto questo? Tuo padre e io ti abbiamo cercato dappertutto, ti credevamo perduto.

– Perché mi avete cercato? Ormai sono grande, devo occuparmi delle cose del padre celeste.

Joseph era sobbalzato all'impudenza di quelle parole dette a una madre. Miryam, con il viso tra le mani, cercava di nascondere le lacrime davanti ai maestri che la guardavano compresi del suo sgomento. Alcuni di loro non nascondevano però un'espressione canzonatoria, quasi dicendo: te ne accorgerai, donna, quante pene ti può dare un figlio.

A Joseph le parole del ragazzo erano suonate incomprensibili. Anche ammesso che non fosse un offensivo rifiuto della sua paternità. Avrebbe voluto parlargliene, s'era ripromesso di farlo, un colloquio da uomo a uomo, una sera, loro due soli, finita la giornata, mentre si toglievano i lunghi grembiuli che usavano durante il lavoro. Gli anni però erano passati e quell'occasione non c'era mai stata. Intanto il ragazzo era diventato un uomo; anche lui, come già avevano fatto gli altri figli, aveva lasciato la casa per seguire un profeta di nome Giovanni che aveva ripreso a battezzare con acqua.

Nelle ultime luci del giorno che va morendo Joseph siede sulla soglia della sua povera casa. Passa lentamente una pietra ruvida sulla tavola per renderla liscia come avorio e piacevole al tatto. Non guarda la tavola però, i gesti sono ciechi, guidati dall'esperienza; guarda la collina degli ulivi di fronte a sé. Sa che suo figlio talvolta incontra lí i suoi seguaci. È diventato un rabbino sapiente, un profeta, un uomo molto amato e molto odiato, come tutti coloro che portano novità e infrangono l'inerzia della consuetudine. Trema per lui, come ha tremato in quel lontano giorno a Gerusalemme quando temeva d'averlo perduto per sempre. Guarda verso la sommità della piccola altura, sa che circa a quell'altezza si trova il luogo dove incontra talvolta quelli che ascoltano la sua parola.

Con l'oscurità che cresce, la sua attenzione è attirata da un confuso vociare che sale dal fondo della vallata. Una turba di persone sta attraversando il torrente, alcuni di loro sembrano armati. Joseph lascia cadere la tavola, aguzza la vista, si chiede perché, alla vigilia di una festa cosí gioiosa, quella folla sembri mossa dall'odio. Si chiede dove siano diretti, un presagio sinistro lo colma d'angoscia.

Si chiede anche se dovrebbe scendere per capire meglio di che si tratti.

Infatti si alza, ripone la tavola all'interno della stanza. Esita. L'angoscia si è trasformata in scoramento. Non sa che fare, teme, avvicinandosi, di veder confermata la sua premonizione, ha paura che il suo vecchio cuore non regga all'urto d'una conferma. Pensa anche che la sua esitazione dipenda non dai dubbi ma dalla viltà, avverte un moto di ribellione contro se stesso. Prende il bastone da viandante che lo sorregge sugli scoscesi sentieri della collina, è deciso ad andare. Poi si ferma, asciuga bruscamente una lacrima, rientra in casa per accendere il fuoco.

La febbre doveva averla abbandonata, Claudia prova ad alzarsi.

Sorretta dall'ancella Didia Clara tenta qualche passo per la stanza, barcollando per un leggero senso di vertigine.

– Forse dovresti mangiare qualcosa, – la esorta la fedele Didia.

– Meglio di no. Devo solo abituarmi al movimento. Dammi il braccio, usciamo sul terrazzo.

Il profondo blu della notte d'Oriente comincia a stemperarsi. Verso est, al di là del deserto di Giuda, affiora il profilo dei monti lontani con una piú intensa tonalità contro il cielo che accenna a schiarire. La prima brezza del crepuscolo agita le ramaglie delle palme facendo cadere qualche dattero.

– In una notte come questa m'invade una grande nostalgia per Roma.

Non sapeva perché avesse sentito il bisogno di confidare alla ragazza il suo sentimento. L'avevano forse spinta i profumi intensi che precedono l'alba, uccisi dal sole durante il giorno. Il grido lontano di uno sciacallo vagante in qualche uadi alla ricerca di cibo.

– Anche tu?

La ragazza accenna un gesto di diniego, solo quando Claudia le rivolge uno sguardo interrogativo aggiunge sottovoce: – Sono fidanzata.

Forse era arrossita, anche se nell'oscurità era difficile dirlo. Claudia sorride stringendole la mano con affetto quasi materno.

– Romano?

– È un *princeps prior*, comanda una coorte.

Anche lei aveva conosciuto il periodo in cui la presenza, la compagnia notturna di un uomo, faceva dimenticare ogni altra cosa. Quanti anni erano passati da Ventotene e poi dalla corte di Tiberio dov'era arrivata vergine non solo nel corpo ma nello spirito, ignara che le passioni d'amore possano mescolarsi cosí pericolosamente con le piú sordide lotte per il dominio su un'altra persona, per il conseguimento del potere.

Adesso si chiede, percorrendo su e giú il terrazzo al braccio dell'ancella paziente, che ruolo abbia avuto Ponzio nel cambiamento verificatosi in lei da qualche anno. Crede di poter dire che sia accaduto dopo l'arrivo in quella terra e a Gerusalemme; per l'influenza di una città che pare attraversata da ogni sorta di spiriti, compresi quelli malvagi. Le tornano alla mente le parole di Orazio citate da Lucilio: cambiare cielo forse aveva cambiato anche il suo animo.

Era passata attraverso le esperienze piú diverse. Aveva goduto il corpo di molti uomini e donne senza mai chiedersi perché. Lo facevano tutti, aveva solo imitato gli esempi che vedeva intorno a sé, il mondo nel quale era cresciuta, il solo che conoscesse. Aveva imparato a cogliere la muta richiesta di uno sguardo al quale si poteva o doveva solo acconsentire. S'era genuflessa davanti all'imperatore chiedendosi ogni volta se lui l'avrebbe mai invitata con uno sguardo a raggiungerlo nella sua stanza. Non era mai accaduto e ne era stata felice; c'erano ragazze che avrebbero ucciso per ricevere quell'invito.

Poi le avevano messo intorno Ponzio perché, prima che fosse troppo tardi, raccogliesse ciò che restava di lei ricomponendolo nella dignità di una matrona romana. Era un uomo di bell'aspetto, aveva partecipato con valore a varie imprese militari. Tra i suoi antenati c'era Lucio Ponzio Aquila, uno dei congiurati che avevano pugnalato Cesare alle idi di marzo. La prima volta che s'era spogliato davanti a lei aveva mostrato con fierezza la lunga cicatrice che gli attraversava il petto, un colpo di daga gli aveva squarciato la lorica durante la campagna contro i Parti.

– Ne porto ancora il segno come vedi, ma quell'uomo è morto, – aveva aggiunto con orgoglio, ridendo.

S'era resa conto presto delle debolezze di lui: sapeva di essere in ritardo nel *cursus honorum*, e aveva chiesto con insistenza a Seiano di essere assegnato a quella scomoda provincia per recuperare prima che cambiassero gli equilibri della corte e il suo protettore fosse tolto di mezzo, destino comune a molti.

O forse no, il momento in cui aveva davvero cominciato a pensare, c'era già stato a Roma, durante i suoi primi colloqui con Anna l'Ebrea. Le aveva rivelato alcuni segreti della sua misteriosa religione dove si credeva che esistesse un solo dio padrone di tutto, capace di tutto. L'idea l'aveva fatta sorridere ma la serietà con cui Anna parlava di quelle cose l'aveva anche spinta a riflettere. Non aveva mai visto nessuno dedicarsi ai culti con una tale partecipazione. Quel po' di attività religiosa alla quale era stata chiamata l'aveva lasciata indifferente allo stesso modo in cui erano indifferenti tutti quelli che aveva intorno. Gesti e formule che bisognava ripetere per abitudine, imitando i vicini, pensando ad altro. Qualche piccola vibrazione aveva sentito in sé o colto negli altri solo quando il culto era dedicato alla sua città, al suo potere, alla Dea Roma che da secoli ne assisteva le fortune.

Guardò la paziente fanciulla che accompagnava i suoi passi, muta, mezza addormentata. Non le aveva mai chiesto quanti anni avesse, pochi sicuramente, l'età senza pensieri in cui un uomo basta a riempire per intero l'orizzonte della vita.

– Mi puoi lasciare, adesso. Posso continuare da sola. Va' a dormire.

Da che cosa si vede che un personaggio è il protagonista di una storia? Dallo spazio che l'autore gli concede? Dalla qualità delle sue parole? Dal numero di episodi che lo riguardano? Dall'intensità dei suoi sentimenti? Se la storia che state leggendo ha un protagonista questi è il prigioniero che nelle «oscure latebre», come le chiama Claudia Procula, sta assaporando il calice della sua agonia spirituale che, prima ancora di quella fisica, lo attende. Però l'autore prova un certo ritegno a dilungarsi su di lui, ne teme l'altezza dello sguardo, l'insondabilità del pensiero.

Preferisce far parlare e muovere altri personaggi, in primo luogo i dominatori romani, mostrandoli attraverso fatti accertati che li descrivono e altri che, ragionevolmente, sarebbero potuti accadere. In genere la presenza e l'atteggiamento dei Romani vengono trascurati. È un errore. Non si può capire lo svolgimento dei fatti se non si dà il giusto rilievo alle truppe che occupavano quella provincia, agli incidenti da loro o a causa loro provocati, dall'atmosfera che la loro semplice presenza in quel territorio era in grado di creare.

L'attenzione di tutti è stata sempre concentrata su Gesú, com'è giusto che sia poiché è di lui che si parla, è lui che ancora parla a noi. Trascurare altri aspetti e protagonisti impedisce però di capire quali ragioni reali – si potrebbe dire «storiche» – portarono alla tragedia del Calvario. Quell'uomo si trovò a diffondere un messaggio fortemente innovativo (rivoluzionario?) in un ambiente per alcuni aspetti impreparato ad accoglierlo, per altri apertamente ostile, per altri ancora cosí profondamente corrotto da non riuscire nemmeno a prendere in considerazione novità di tale portata.

Anche se questo racconto tenta di descrivere soprattutto gli uomini e le donne che si mossero intorno a Gesú, ci sono però nella sua vita episodi che non possono in alcun caso essere ignorati. Tra quelli che meglio descrivono quell'uomo santo c'è il suo discorso o sermone detto «della Montagna». Ne riferisce lungamente il testo attribuito a Matteo.

Gesú vede una turba di persone che vogliono ascoltarlo, allora sale su una modesta altura, si siede, chiede a tutti di avvicinarsi e prende a parlare. Annuncia che considera beati i poveri in spirito, gli afflitti, i misericordiosi, quelli che hanno fame di giustizia, i perseguitati. In poche parole capovolge le regole, mette gli ultimi ai primi posti, rovescia le categorie consuete, sovverte l'ordine abituale, si comporta come un agitatore sociale. Proclama che gli operatori di pace saranno chiamati figli di Dio, che lui stesso se ne dice figlio.

Molte altre cose dice Gesú; si è seduto su quella pietra posta in alto perché tutti possano vederlo e, vedendolo, ascoltino meglio la sua voce. Parla dell'adulterio, parla dell'inutilità dei giuramenti perché il parlare di un uomo dev'essere «sí sí, no no» e «il di piú viene dal maligno». Grida la necessità del perdono e dell'amore che deve spingersi fino al limite inaudito di amare i propri nemici. Questo vuol dire scacciare la bestia che si nasconde nel cuore di ognuno, sopprimere l'istinto ereditato da un primitivo stato ferino, trasformare chi è capace di cogliere il messaggio in un figlio prediletto dello spirito.

Molte altre cose disse Gesú quel giorno: il modo in cui si deve pregare o come si deve fare un'elemosina, perché non si debbano giudicare gli altri, perché si debba rinunciare alla vendetta e anzi offrirsi senza difesa alle percosse, che vuol dire far toccare all'umana natura la sua totale sublimazione, la sua utopia. I precetti che proclama anticipano il Regno di Dio che ritiene imminente. Ciò che dice nega la realtà di un mondo in cui dominano principî e comportamenti opposti: menzogna e avidità, ingiustizia e odio.

Tutti coloro che lo hanno ascoltato in quella memorabile giornata sono rimasti muti e perplessi, tale la forza del suo insegnamento e l'autorità con la quale affermava precetti sconvolgenti che molti ascoltavano sbigottiti; la sua infatti è una visione della vita che solo alcuni spiriti magni sono stati capaci di accogliere e hanno tentato di seguire.

Ad almeno due di questi grandi spiriti dobbiamo accennare tralasciando momentaneamente le segrete del palazzo di Ponzio Pilato, l'infelicità di sua moglie Claudia, la doppiezza di Caifa, le perplessità di Caio Lucilio, la malinconica solitudine di Joseph, che ha visto il sinistro corteo risalire lungo la collina presagendo in cuor suo la tragedia.

Anche se per prudenza Gesú aveva detto di non essere venuto per abolire la Legge e i profeti ma solo per completarla, la verità è che in quella giornata, seduto su quella pietra alta sulla folla, aveva dettato una legge nuova, ridisegnato la natura umana in un tentativo di rinnovamento che non aveva mai conosciuto l'eguale. Sublime perché irraggiungibile. E viceversa.

Solo due esempi, dunque.

Giovanni Bernardone, figlio di Pietro, è il primo di questi spiriti. Venne al mondo nel 1182 in una quieta regione di piccoli borghi e di boschi, al centro d'una penisola chiamata Italia. La sua vita avrebbe dovuto essere segnata dalla normalità mercantile del figlio maschio di un agiato trafficante di tessuti. Sua madre avrebbe desiderato che si chiamasse Giovanni, suo padre impose però il nome di Francesco, ovvero «il francese», forse in omaggio alla regione della Provenza con la quale, commerciando in tessiture, aveva edificato la sua fortuna.

Quando lo spirito di Francesco venne invaso da Dio il suo comportamento e l'aspetto mutarono cosí radicalmente che i passanti, vedendolo aggirarsi per Assisi stravolto, lacero, pallido come un morto, cominciarono a tirargli pietre e manciate di terra; lo irridevano chiamandolo pazzo.

Nel suo percorso di santità c'è un momento in cui tutto diventa irrevocabile. Una scena che lascia sbalorditi, una decisione senza ritorno.

Suo padre Pietro deve rassegnarsi: quel figlio è ormai perso per la famiglia e per il mondo. Lo denuncia al vescovo. Davanti ai giudici, Francesco si sente ordinare: «Restituisci a tuo padre tutti i denari che hai... Dio non vuole che tu spenda a beneficio della Chiesa i guadagni di tuo padre».

Francesco prende quelle parole alla lettera, restituisce tutto, non solo i soldi, tutto ciò che ha, compreso ciò che lo riveste, tutto.

Scrive il suo biografo Tommaso da Celano: «Senza dire o aspettar parole, si toglie tutte le vesti e le getta tra le braccia di suo padre, restando nudo di fronte a tutti. Il vescovo, colpito da tanto coraggio e ammirandone il fervore e la risolutezza d'animo, immediatamente si alza, lo abbraccia e lo copre col suo stesso manto. Comprese di essere testimone di un atto ispirato da Dio al suo servo, carico di un significato misterioso».

Francesco si fa nudo come al momento della nascita perché la spoliazione appaia, nel modo piú esplicito, ciò che vuole essere: una completa, totale rinascita. Lui che era nato tra i primi si fa di sua volontà ultimo. Se c'è stato un momento in cui il Discorso della Montagna ha preso forma incarnandosi in un uomo, ciò è avvenuto con Francesco, in quel lontano giorno sulla piazza di Assisi.

Un'altra figura sembra aver colto lo spirito di quel Discorso. Il suo nome è Mohandas Karamchand Gandhi ma le folle sterminate, coperte di cenci, del subcontinente indiano lo hanno chiamato semplicemente «Mahatma», grande anima. Dopo il diploma va a studiare Legge in Inghilterra, diventa avvocato, si trasferisce in Sudafrica. Un giorno, mentre è in viaggio su un treno, un controllore lo scaccia dallo scompartimento di prima classe; ha un regolare biglietto ma è un indiano. Ha solo ventiquattro anni, non tollera l'affronto. Riunisce gli indiani di Pretoria e costringe le autorità del paese a scusarsi, garantendo che episodi del genere non accadranno piú.

Quando diventa un noto e ricco avvocato, fonda un giornale, conia e lancia una parola nuova: *Satyagraha*.

Preso alla lettera quel termine vuol dire «non violenza», disobbedienza civile, resistenza passiva. Ma c'è chi dice che nella lingua di Gandhi abbia un significato piú sottile, includa concetti come forza della verità, essenza dello spirito e che la sola aura di quelle quattro sillabe permetta d'intravedere un'alternativa morale all'oppressione e allo sfruttamento.

Quando fa ritorno in India si scontra con la cocciuta mentalità che sempre e ovunque caratterizza i conquistatori coloniali: gli Inglesi in India, gli Italiani in Libia, i Francesi in Algeria, i Russi in Polonia, gli Americani nella frontiera del West, i Romani a Gerusalemme. Annuncia di voler lottare con ogni forza contro la dominazione coloniale. Terrà fede all'impegno fino alla conquista dell'indipendenza, il 15 agosto 1947. È un uomo macilento, provato dal digiuno, spesso incarcerato; ha attraversato l'India coperto da una tunica bianca annodata ai fianchi e un paio di occhiali tondi di ferro sul naso – ma ce l'ha fatta. Ha applicato il metodo della non violenza, alle micidiali mitragliatrici inglesi ha opposto l'implacabile dolcezza della sua *Satyagraha*.

Anche Gandhi è stato toccato dal Discorso della Montagna pronunciato duemila anni prima in una terra soggetta, come la sua, a una brutale dominazione. In una raccolta di suoi scritti afferma: «Mi colpí indelebilmente che Gesú fosse arrivato quasi a dettare una nuova legge benché, naturalmente, avesse negato che il suo scopo era questo e non il consolidamento della vecchia legge mosaica. In realtà Egli l'aveva cambiata al punto da farne una legge nuova: non occhio per occhio, dente per dente, ma il prepararsi a ricevere due colpi quando se ne è ricevuto uno, a fare due miglia quando ne è stato richiesto uno [...]. Fu quel sermone a farmi amare Gesú [...]. Finché rimarrà una sola bocca affamata, finché Cristo non sarà davvero nato, dobbiamo continuare ad aspettarlo».

XIII

Il prigioniero, prostrato, sfiora il pavimento con la fronte. Nell'intensità della preghiera il corpo pare vibrare. Caio Lucilio fissa la torcia di resina a un anello confitto nel muro. Il riverbero della fiamma distoglie l'uomo dal suo rapimento. Si alza, vede Lucilio appoggiato alle sbarre del cancello, un'ombra avvolta nel mantello, un lembo gli copre il capo e una parte del volto.

– Chi sei? – chiede avvicinandosi.

– Mi hanno parlato di te.

– Non è servito a molto.

Nella sua tunica sporca di sangue l'uomo appare pallido anche nell'incerta luce guizzante. Lucilio si chiede a chi possa far paura un giovane uomo di cosí spaventosa magrezza; lo colpisce tuttavia la penetrante forza dello sguardo.

– Di che ti accusano?

– Non lo so.

Lo dice con tono sommesso come per scusarsi di non poter dare una risposta piú esauriente.

– Hai provocato disordini, sobillato le folle, contestato il potere di Cesare. Questo dicono.

– Ho solo ricordato che dobbiamo tutto alla benevolenza divina, tradirla è un peccato grave.

– Hai dato scandalo.

– Ho indicato un'alternativa possibile, una vita libera dagli istinti, dal desiderio di possesso. Alta.

– Perché stavi pregando?

– Per essere forte.

– Hai paura?

– Sí.

L'uomo continua a rispondere con voce ferma e sommessa senza particolari intonazioni, come se non parlasse di se stesso. A dispetto del tono spento della voce, Lucilio sente quale forte attrazione si sprigioni da lui, non attenuata nemmeno dall'elusiva brevità delle risposte. Dice di voler essere forte ma sembra chiaro che lo è già, nonostante la paura. Ostinato sicuramente.

– Vuoi fondare una nuova religione?

– Non l'ho mai detto. Anzi, ho detto che non voglio abolire la Legge o i profeti, non sono venuto ad abrogare ma a compiere.

– Non è facile crederti, ti dico la verità. Mi hanno riferito che una volta hai addirittura detto di voler impugnare una spada, fondare un regno.

L'uomo sorride mestamente, scuotendo un po' il capo.

– Non negarlo. Me l'hanno raccontato persone sincere.

– Tu sei romano, vero? Perché sei qui?

– Mi hanno incaricato di un certo lavoro ma da qualche tempo sto solo cercando di capire.

– Se davvero vuoi capire ci riuscirai; sta' attento al punto da cui parti.

– Non lo so, è tutto molto diverso e la mia condizione di romano non aiuta. Molti di voi chiedono solo di essere liberati dalla nostra presenza.

– Piú importante che liberarsi dai Romani è liberare le anime. Il regno di cui parlo non appartiene a questo mondo. Indico un'alternativa. Totale.

– Devi spiegarti meglio, è per quella spada di cui hai parlato che adesso ti accusano. Dicono che volevi farti re.

– Guardami: mi vedi davvero seduto su un trono con una corona in testa?

Fa una pausa fissando Lucilio. Domanda elementare ma aveva colto il punto: immaginare quell'uomo seduto su un trono era impensabile.

– Chi voleva intendere ha inteso, – aggiunge.

– Avresti dovuto scegliere meglio le parole allora, le persone con cui parlare.

– Ho parlato di tutto e con tutti, questo dovevo fare: prostitute, adultere, donne invasate, malati, ciechi. Ho parlato con Dio. Ora parlo con te.

– Mi dicono che secondo te il mondo sta per finire e che tutti risorgeranno. Ci credi davvero?

– Cosí è scritto.

– È scritto anche il contrario.

– Frutto della disperazione.

– Allora ti pongo un quesito: se una donna sposata resta vedova e poi sposa un altro marito e magari un terzo, di chi sarà moglie dopo la resurrezione?

– I figli di questo mondo prendono moglie e prendono marito; ma quelli che sono giudicati degni dell'altro mondo e della resurrezione dai morti non prendono moglie né marito; e nemmeno possono piú morire, perché sono uguali agli angeli e, come figli della resurrezione, sono figli di Dio.

– Dovrei ritenere vero quello che dici, per crederti.

– Se stai cercando di capire la verità devi viverla.

– C'è un destino sopra di noi.

– Il destino non è un fato ineluttabile. È saper leggere dentro di sé, riconoscersi.

L'uomo si avvicina al pesante cancello che li divide, poggia anch'egli le mani sulle sbarre stringendole con tale forza che le nocche sbiancano. Ora il suo viso con i segni delle percosse, coperto da un velo leggero di barba, è a pochi centimetri da quello di Lucilio.

– Questa è l'ultima volta che parlo davvero con un uomo, il poco che resta saranno parole inutili, risposte già date prima ancora di chiedere.

Grazie alla sua straordinaria capacità di attrazione, Joshua riesce a creare subito un rapporto con chiunque incontri, le persone piú umili e le piú elevate, mendicanti e dignitari, lebbrosi e intellettuali. Con ogni tipo di donna anche: le prostitute, le adultere, la donna invasata dai demoni, la samaritana al pozzo nonostante i difficili rapporti tra Samaritani e Giudei. Che cosa lo muove? Che si propone di fare? Un episodio dei piú illuminanti racconta come un giorno il fariseo Simone lo invitò a pranzo a casa sua. Joshua ha appena cominciato a mangiare quando entra una prostituta che, saputo della sua presenza, vuol rendergli omaggio. Infatti si presenta con un vasetto di unguenti profumati, si getta ai suoi piedi, comincia a bagnarli di lacrime per poi asciugarli con i suoi capelli che ha lunghi e sciolti sulle spalle. Bacia i piedi di Joshua e li cosparge di unguento. Il padrone di casa si risente per quella scena. Pensa tra sé: se quest'uomo fosse davvero un profeta saprebbe che la donna che lo sta toccando è una peccatrice. Non permetterebbe un contatto cosí impuro. Joshua intuisce i pensieri dell'uomo, sa che la Legge proibisce un contatto cosí intimo con una donna pubblica. Lo guarda e gli dice: «"Simone, sta' a sentire. Un tale aveva due debitori, uno gli doveva cinquecento shekel, l'altro cinquanta. Dato che i due non avevano di che restituire, decide di abbonare il debito a entrambi. Ti chiedo: chi dei due lo amerà di piú?" Simone risponde pronto: "Immagino quello cui ha condonato di piú". "Bravo Simone". Poi indicando la donna aggiunge: "Vedi questa donna? Sono entrato nella tua casa e tu m'hai dato acqua per i piedi; lei invece me li ha bagnati con le lacrime e li ha asciugati con i capelli. Tu non mi hai dato un bacio, lei invece me ne ha dati molti. Tu non mi hai cosparso il capo di olio profumato, lei mi ha cosparso i piedi di unguento. Per questo Simone ti dico: le sono perdonati i suoi molti peccati perché ha molto amato. Invece quello cui si perdona poco ama poco"».

Joshua afferma qui un principio di vita grandioso ma che le gerarchie di una qualunque Chiesa possono vedere come un pericolo. Il monaco ribelle Martin Lutero lo riprenderà piegandolo ai suoi fini. «Pecca fortiter, – afferma, – sed fortius crede». Pecca anche molto, ma credi ancora di piú. Dal peccato ci si riscatta dunque senza fare ricorso a chiese o sacerdoti, basta un rapporto diretto con la divinità che sa come leggere nel cuore di ognuno. La forza dell'amore e la forza della fede. Joshua apre anche questa strada senza troppo preoccuparsi se la terapia dell'amore da lui indicata viola la Legge e irrita i sacerdoti del Tempio; dimostra anche in questo una totale libertà incurante dei nemici potenti che giudicano intollerabile una tale predicazione e vanno accumulando prove contro di lui. Sa che potrà pagare cara quella libertà, ma non se ne cura.

L'episodio della prostituta che chiede aiuto ha dato origine a una distorsione di prospettiva per un'altra donna anch'essa bisognosa d'aiuto. Si chiama Maria e viene da Magdala, cittadina sul lago di Galilea, infatti la conosciamo come Maria Maddalena o semplicemente «la Maddalena», una delle figure piú misteriose e seducenti delle Scritture.

Chi fosse in realtà non lo sapremo mai, anche in questo caso le notizie sono scarse e vaghe, si prestano a numerose interpretazioni – infatti sono state interpretate nei modi piú diversi. Si è arrivati a dire che Maddalena sia stata la vera autrice del vangelo detto di Giovanni, che fosse lei quel discepolo amato piú degli altri di cui ripetutamente si parla. Secondo il vangelo gnostico di Filippo, Joshua baciava spesso Maddalena sulle labbra. Scrive: «La compagna del Salvatore è Maria Maddalena. Cristo la amava piú di tutti gli altri discepoli e soleva spesso baciarla sulla bocca. Gli altri discepoli ne furono offesi ed espressero disapprovazione. Gli dissero: "Perché la ami piú di tutti noi?"».

Nel famoso romanzo di Dan Brown Maria Maddalena diventa addirittura la sposa del profeta, madre dei suoi figli. È possibile? Tutto è possibile in una storia cosí frammentaria. È anche possibile che quei frequenti baci non avessero carattere erotico ma fossero baci rituali o santi che denotavano fratellanza e comunione di fronte a Dio; o addirittura che non di veri «baci» si trattasse ma solo di metafore che alludono, nella visione gnostica, all'unione di due eoni, spiriti.

Secondo una corrente cristiana di minoranza, Maddalena sarebbe stata a capo di una delle prime comunità, ipotesi fortemente contrastata da altri anche se la sua presenza ai piedi della croce dimostra che aveva sicuramente un peso nel piccolo gruppo dei seguaci di Joshua.

È inutile inseguire certezze tra queste numerose possibilità sulle quali gli specialisti continuano a dividersi; ognuna di queste poggia su poche frasi, interpretabili alla lettera o come metafora. La sola certezza è che nelle Scritture Maria Maddalena ha una rilevanza addirittura maggiore di quella della stessa madre di Gesú.

Alla sua importanza, testimoniata anche dall'abbondante iconografia che la riguarda, ha contribuito la sua identificazione con la prostituta che lava e asciuga i piedi di Gesú. Le due donne, verosimili protagoniste di episodi diversi, sono state fuse in un personaggio unico, si potrebbe dire per attrazione narrativa. Una donna che passa a una vita di santità dopo aver a lungo peccato nella carne è un personaggio seducente che può essere di notevole aiuto in una moralità sessualmente repressiva.

– Che vuol dire che io posso vivere la verità? – chiede Lucilio. Quelle parole gli sono sembrate importanti ma non riesce a coglierne il senso.

L'uomo lo fissa, gli afferra una mano, la stringe. Da quelle dita scarne che paiono già morte emana un calore di febbre.

– Conosco la tua vita, – risponde. – Le tue esperienze, le amicizie, i dubbi. Questo vuol dire. Devi affondare in te come una lama.

Joshua si allontana nel buio della cella, il passo è come svuotato, con una mano si sorregge alla parete.

– Aspetta, non te ne andare, – esclama Lucilio senza

rendersi conto dell'assurdità di parole come quelle rivolte a un prigioniero.

– Ti ascolto, – ha appoggiato la schiena alla parete, chinato il capo a terra, esausto.

– Mi hanno detto che hai parlato anche delle famiglie dicendo cose terribili: che volevi dividere il figlio dal padre, la nuora dalla suocera.

– È vero, l'ho detto, ma non nel senso in cui l'hanno inteso –. La voce suona di nuovo stanca, il tono impersonale come se stesse parlando di altri.

– Ora lo so, avrei dovuto spendere piú parole, farmi capire meglio, come hai detto tu. Quando ho affermato: «Colui che non odierà il padre e la madre non potrà divenire mio discepolo»; quando ho detto: «Non crediate che io sia venuto a portare la pace sulla terra, non sono venuto a portare la pace ma la spada»; quando ho detto: «Nemici dell'uomo saranno quelli di casa sua», intendevo che non voglio una fede chiusa nell'ambito di una famiglia dove spesso ci si perde nell'egoismo dei piccoli interessi e dei piccoli rancori: i figli, la terra, gli animali, gli schiavi, le lotte per la spartizione dei beni. Volevo sottrarre i giovani a questa logica oppressiva. Non voglio una fede che si limiti ai riti della sinagoga, alla ripetizione meccanica dei versetti, all'obbedienza formale della Legge con il cuore vuoto, senza spirito, senza slancio, senz'anima. Le strutture religiose diventano spesso uguali alle istituzioni politiche, creano gerarchie, poteri, interessi, circola denaro, si mercanteggiano favori, si parla e si scrive troppo. Io non ho mai scritto una parola – o forse sí, una volta l'ho fatto, ma una sola. Volevo che le mie parole fossero come il vento che in primavera porta con sé i semi e li deposita dove capita, i semi cadono, dove trovano terreno fertile attecchiscono e cresce la pianta e dove c'era il deserto può crescere una foresta. Al centro della mia religione, che è la religione dei padri e del libro santo, non c'è piú il Tempio ma la forza dello spirito, l'amore che muove il mondo e l'altre stelle. Sono stato acclamato dalle turbe ma i pochi che davvero mi seguivano cercando d'intendere la mia parola erano uomini poveri e semplici, hanno lasciato il poco che avevano per una vita raminga. Attraversavamo i villaggi, dormendo dove ci ospitavano, mangiando ciò che ci veniva offerto. Ma potevamo anche dormire sotto la tremula fiamma delle stelle uniti da una tale fiducia nel Santo Benedetto da non patire il freddo né la fame, invocando il suo nome e nel suo nome cercando di dare un po' di serenità agli afflitti.

Lucilio fissa sgomento il volto scarno ora leggermente arrossato dalla passione che ha messo in quelle parole. Si trova davanti a un pazzo che ha fatto di tutto per finire nella condizione in cui ora si trova.

– Ti rendi conto di che cosa hai fatto?

L'uomo lo fissa perplesso come se non capisse la domanda.

– Hai costruito la tua rovina. Ti sei messo contro tutti i poteri del tuo paese... e anche del mio. Non puoi demolire l'idea della famiglia o l'ordine sociale. È necessario che ci siano i ricchi, i meno ricchi e i poveri, i mercanti, i sacerdoti, i soldati, i filosofi e i ladri, di tutto questo vivono una città e un paese.

– Non il mio, Lucilio. Non quello per il quale vale la pena vivere, uomini consapevoli di che cosa voglia dire l'esistenza umana, compresi i bambini e le donne, i poveri, gli esclusi. Io voglio che i sani e gli ammalati, i poveri e i ricchi siedano uno accanto all'altro alla stessa mensa, spezzando lo stesso pane.

– Tu vuoi la tua rovina.

– Perché lo dici? Io voglio che il mondo si regga sull'amore. Se io non sono per me, chi è per me? E se io sono solo per me stesso, cosa sono? E se non ora, quando?

Anche Lucilio per la prima volta parla con tono concitato.

– Ma non ti rendi conto che dicendo queste cose metti

in pericolo equilibri complicati, rompi abitudini e convenienze? Ti contraddici: l'hai detto tu che le strutture religiose tendono a diventare uguali a quelle della politica. Come vuoi che reagiscano se ne comprometti l'esistenza?

– Voglio che le strutture religiose, proprio perché religiose, riscoprano la ragione profonda del loro stare nel mondo e si redimano.

– Ma com'è possibile che lo facciano se sono come tu le descrivi?

– Io ho rotto le loro catene, aperto una via.

– Joshua Ha-Nozri, lo ripeto: tu hai segnato la tua rovina.

– Ti racconterò una storia. I campi di un uomo molto ricco avevano dato un ottimo raccolto. L'uomo si chiese come fare per mettere da parte una tale abbondanza. Rispose: demolirò i miei magazzini, ne costruirò di piú grandi e vi raccoglierò tutto il grano e tutti i miei beni. Poi dirò a me stesso: anima mia, adesso possiedi molti beni per molti anni. Riposati, mangia, godi con gioia la vita. Ma ecco che gli appare Dio e gli dice: «Stolto, questa notte stessa la vita ti sarà tolta. A chi andrà quello che hai preparato?»

Lo fissa con quel suo sguardo acceso, dimentico della miseria, del destino che incombe su di lui, perso nella sua visione.

– Perché mi racconti questo? – chiede Lucilio.

– Perché la fine è vicina in ogni caso. C'è chi accumula tesori per sé e non arricchisce la sua vita davanti a Dio. La vita non vale per quanto è lunga ma per come viene vissuta. A nessuno è dato sfuggire alla morte poiché tutto ciò che è stato creato prima o poi perirà. Anzi, è la morte che dà valore alla vita, la rende nobile, consapevole.

Lucilio scuote il capo, ha capito finalmente il senso dell'apologo ma adesso sa anche che quell'uomo è davvero perduto.

– Non so se potrò fare qualcosa per te. Il poco che posso fare lo farò.

– Non ti dare troppa pena. Mi hai chiesto se ho paura.

Sí ho paura ma non delle sofferenze, di un'altra cosa. Temo che tutto ciò che ho fatto, il po' di bene che ho cercato di diffondere, sparisca con me. Ho paura di essere stato inutile perché parlare in nome dell'amore è piú difficile che vincere una guerra spietata.

S'erano uditi dei passi e il clangore di lame che cozzavano contro le armature, Lucilio s'affretta a soffocare la torcia in un bacile pieno di sabbia. Dalla sottile fessura posta sull'alto della parete filtra ormai la debole luce dell'alba.

Anche il profeta si volta a guardarla.

– Il giorno è spuntato, poche ore ancora.

Lucilio vorrebbe trovare una formula di congedo che comunichi la fratellanza, il desiderio di allontanare il destino che sente avvicinarsi insieme al passo ritmato dei soldati, amplificato dalle basse volte. Non gli riesce di trovare le parole, vengono alle labbra espressioni spente e confuse.

L'uomo capisce, sorride.

– Va' in pace Lucilio, tutto è compiuto.

XIV

Due ombre percorrono affiancate gli stretti vicoli della città vecchia. Devono coprire un buon tratto di strada prima di separarsi, ognuna diretta verso la sua dimora. Bisbigliano perché il silenzio della notte non dia eco alle loro parole portandole lontano. Anna dice a suo genero Caifa che il colloquio con il procuratore della Giudea gli è sembrato positivo, l'altro debolmente annuisce. Anna è contento della mossa finale che si è riservato. Sa di aver mentito: si è trattato di un arresto, non di una convocazione; circostanza innegabile: l'uomo è sotto custodia in una cella nel palazzo del procuratore. Lo stupido Pilato avrebbe potuto smentirlo immediatamente, non lo ha fatto, peggio per lui.

I confusi motivi religiosi esposti da Caifa erano solo colpi d'assaggio, una mossa per prendere tempo. Il punto cruciale era quello politico.

– Lo abbiamo stretto su un possibile crimine di lesa maestà, – sussurra Anna, – ora non può tirarsi indietro.

– Anche i motivi religiosi andavano presi in considerazione. Parliamo di uno straccione che frequenta i peccatori, senza autorità.

– Non la cerca, sta cercando di fare della povertà una forza.

– Se non hai autorità, carisma, come puoi guidare quelle pecore matte degli uomini? Un movimento senza un vero capo può creare solo turbamento. La nostra fede è diversa.

– Queste cose loro non le possono capire. Hanno una

religione grossolana fatta di divinità grottesche e oscene. Pensa a quella Venere, una prostituta. Pensa al capo degli dèi, Giove, un libertino che ogni tanto si trasforma in un cavallo o in un toro o in una pioggia d'oro per mettere incinta una donna terrestre. Sono cose per noi inconcepibili, è alta la nostra idea del sacro. Il Santo Benedetto, sia lode al suo nome, guarda lontano.

Caifa resta in silenzio sentendosi scavalcato, il vecchio ci tiene a far notare la sua superiorità. Prova a obiettare.

– Potrebbe ignorare il punto costringendo noi a denunciarlo pubblicamente. L'aureola del martirio spesso fa crescere la popolarità di un profeta.

– Quella fase è superata, ora è nelle sue mani, deve sbrigarsela lui.

– Potrebbe provocare reazioni di massa, giocando sul favore di cui gode.

– È una popolarità soprattutto rurale, in città non mi pare che sia cosí vasta.

– Non dimenticare l'accoglienza che ha avuto.

– I fanatici contano poco, si accendono e si spengono con la stessa velocità; aggiungo, con la stessa facilità.

– In ogni caso se il procuratore non cede alla nostra richiesta...

– ... Se non cede ricorriamo al governatore di Siria come abbiamo già fatto. Pilato lo sa, anche per questo starà attento. Se dovesse ripetersi l'incidente dei medaglioni, questa volta correrebbe un rischio estremo.

– Potrebbe farcela pagare.

– Lui conta poco. A Roma questa provincia non piace, se togliamo di mezzo qualche fanatico ce ne saranno riconoscenti, il resto è secondario.

Schermaglie. L'argomento principale che Anna teneva segreto, tacendone anche con suo genero Caifa, era un altro.

Durante la riunione notturna del Sinedrio aveva studiato con la piú grande attenzione l'atteggiamento dei presenti. L'accusa di tipo religioso o rituale chiaramente non funzionava, l'assemblea s'era divisa; qualcuno aveva parlato a favore del profeta ma anche tra coloro che avevano taciuto Anna sapeva per antica esperienza che se ne contavano parecchi favorevoli alle sue assurde tesi di rinnovamento; se le circostanze fossero peggiorate, se non avesse tenuto la situazione ben stretta nel pugno, sarebbero usciti allo scoperto. Dividere il Sinedrio voleva dire rischiare di perdere il controllo della maggioranza. La ragione per la quale aveva tirato in ballo la storia del «re dei Giudei» era dunque doppia. Da una parte scaricava su Pilato l'iniziativa, dall'altra metteva in campo un argomento che, trasferendo l'accusa dal campo religioso a quello politico, diminuiva le possibilità che il Sinedrio si dividesse.

Caifa rimugina tra sé le ultime parole; la mossa del suocero non lo ha convinto, soprattutto non gli è piaciuta; teme che, spiazzandolo in quel modo, abbia leso la sua immagine davanti al procuratore romano compromettendo la sua permanenza alla testa dell'istituzione. Non si governa un organismo cosí complicato senza avere le spalle ben coperte dal potere di Roma.

– Sono meno ottimista di te sull'esito dell'incontro, – sussurra ad Anna con un filo di voce, avvicinando addirittura la bocca all'orecchio dell'altro.

– Lascia lavorare il tempo.

– Anche questo mi preoccupa, tra poche ore spunterà il giorno, il tempo è poco.

– È tutto quello che ci serve.

Per il resto del tragitto non ci furono altre parole, solo il silenzio, spesso come un mantello di feltro. Con un rapido cenno di saluto, presero, poco dopo, ognuno la sua strada.

Nel buio della sua stanza, appena scalfito dalla tremolante fiamma d'una lucerna, Lucilio, reclino sul letto, è intento a leggere il proemio de *La natura delle cose* di Tito Lucrezio Caro. I versi di un autore morto da pochi decenni gli sembrano avere già una dimensione classica.

È una strana notte, abitata dalla presenza del prigioniero; la consueta quiete notturna è interrotta dall'eco di passi affrettati, qualche richiamo a voce troppo alta, un servo che attraversa correndo il patio interno;

> Madre degli Eneadi, voluttà degli uomini e degli dèi,
> alma Venere, che sotto gli astri vaganti del cielo
> popoli il mare solcato da navi e la terra feconda
> di frutti, poiché per tuo mezzo ogni specie vivente si forma,
> e una volta sbocciata può vedere la luce del sole.

Legge un'invocazione e una preghiera. Non ad Apollo però, a Venere, dea benigna che dispensa agli uomini il piacere e permette a tutto ciò che si muove sotto gli astri vaganti del cielo di continuare a vivere e a perpetuarsi. Lucilio sente in quei versi la forza della primavera, epifania divina, miracolo che ogni anno si ripete, a Roma, a Gerusalemme e in ogni angolo del mondo. Com'è preferibile, pensa, soggiacere alle leggi immutabili della natura invece che alla capricciosa volontà degli dèi. È Epicuro l'autore di questa rivoluzione. Mentre la vita umana giaceva oppressa dal grave peso della religione, lui per primo ha osato levare gli occhi sfidando il cielo, per primo s'è levato contro i fumi velenosi con i quali i celebranti ammantano i presagi, i loro incerti oracoli, le minacce di un eterno castigo.

Legge proprio questi versi nell'immenso poema, se ne sente partecipe soprattutto qui, in una città in cui si leva da ogni pietra il senso del divino con la seduzione e gli oscuri turbamenti che lo accompagnano.

Nel tepore della notte, Lucilio avverte acuta la nostalgia di Shimon dagli occhi di velluto che per prudenza è rimasto a Cesarea. «Israel, – gli ha spiegato una volta, – richiama l'idea di uno che lotta con Dio; questo caratterizza il mio popolo, la lotta con Dio, l'obbedienza e il contrasto con una divinità inconcepibile e ignota che ci impedisce la rassegnazione, ci porta alle divisioni e alla polemica, forzati a essere diversi, quindi mal tollerati per una fede che fuori di qui nessuno capisce».

– C'è in questo paese un antico costume per il quale chi governa può, in occasione di Pesach, liberare un prigioniero. Rientra nei miei poteri farlo, e potrei farlo da solo. Invece desidero chiedere il vostro parere...

Mentre pronuncia queste parole Pilato si rende conto che Claudia, nascosta in una rientranza del loggiato, lo sta fissando. Crede di scorgere un'espressione sgomenta nel suo sguardo. Rafforza il tono della voce.

– ... Intendo rinsaldare i legami che uniscono questo popolo al trono imperiale, la vostra umanità alla nostra. Mi rifaccio all'antica usanza dei *Concilia Plebis* ai quali, nella tradizione della nostra repubblica, erano affidate funzioni elettorali e giudiziarie.

Si schiarisce la gola, gridare in quel modo sotto un sole di piombo gli ha provocato una grande arsura. Claudia continua a fissarlo, immobile. Vede anche, poco discosto, Lucilio, leggermente sporto in avanti come per ansia.

– Vi chiamo a una scelta. Abbiamo in custodia due prigionieri che consideriamo meritevoli della vostra attenzione e del vostro giudizio. Un assassino e un profeta.

Dalla folla si leva un intenso brusio sovrastato da qualche grido.

– Un assassino di nome Bar Abbas; e un profeta di nome Joshua Ha-Nozri. Chi volete che io liberi?

Sulla spianata del cortile è sceso un silenzio pesante come un mantello. L'isolata voce di Pilato riverbera contro i muri. Anche i banditori adesso tacciono. Poi dal fondo si leva un grido indistinto, un altro, un altro ancora, le voci e le grida si moltiplicano, diventano un coro assordante, caotico. È come se quella gente non avesse aspettato altro, come se avesse saputo da sempre che sarebbe arrivato il momento liberatorio; non c'è piú bisogno che i provocatori inviati dai sommi sacerdoti seguitino ad accendere gli animi; sono stati sobillati per ore, ogni possibile insinuazione è stata martellata nelle teste. «Vogliamo Bar Abbas, – gridano cento bocche. – Libera Bar Abbas». Quelle cento bocche prendono a scandire il nome «Bar Abbas, Bar Abbas, Bar Abbas...»

Pilato approfitta del tumulto per bere in fretta qualche sorso d'acqua. Nel volgersi si rende conto che Claudia è sparita. Tenta di riprendere la parola. Intanto Kyrillos gli sussurra all'orecchio: – In guardia procuratore, chiudi in fretta. L'eccitazione della folla potrebbe sfociare in un tumulto.

Sempre a mezza voce Pilato risponde: – Fa' sentire le armi.

Kyrillos fa' segno al centurione di far percuotere gli scudi con le lance, è un avvertimento che conoscono. Nel silenzio finalmente ristabilito, la voce di Pilato, anche se indebolita, diventa udibile.

– Che devo fare dunque del vostro profeta?

Non c'è alcuna esitazione questa volta. Alla domanda risponde un boato, le parole non si distinguono piú, Pilato riesce solo a vedere, nelle prime file di gente in tumulto, le espressioni stravolte, i visi accesi dall'ira, i pugni che percuotono l'aria, gridano piú forte possibile: «Crocifiggi, crocifiggi!» Quando l'onda d'urto delle voci s'attenua, sente anche che qualcuno grida: «S'è fatto figlio di Dio», altri riprendono veementi l'accusa. Il procuratore pensa che sarà meglio non inserire nel rapporto a Roma quell'accusa insensata. Ma a un tratto, cogliendo con sapienza di tribuno una breve pausa di silenzio, una voce piú tonante delle altre grida parole che lo raggiungono come un colpo: «Se liberi il profeta non sei amico di Cesare».

È quello che temeva, il suggello. La vecchia insinuazione udita per la prima volta sulle labbra dei due volponi Anna e Caifa è tornata. Sicuramente l'ha lanciata, con voce di bronzo, un uomo da loro istruito. Tutti l'hanno udita, molti la riprendono. Adesso la folla scandisce «Cesare, Cesare, Cesare» come se spettasse a loro doverlo difendere contro chi ufficialmente lo rappresenta. Le parti si sono rovesciate, il ricatto non è piú una minaccia subdola mormorata a bassa voce in un luogo chiuso; è diventato un cappio pronto a chiudersi attorno alla sua gola. Se facesse giustiziare Barabba quelli ne farebbero un martire della loro lotta di resistenza. Meglio un'ingiustizia di un disordine, è una delle prime regole della politica. Lo sanno tutti che chi esercita il potere non può avere le mani pulite.

Lo sguardo che ha letto poco prima negli occhi di Claudia, quel misto di dolore e di sconcerto, lo spinge a violare ogni logica di governo in un ultimo disperato tentativo. Spera che lei, anche se non riesce piú a vederla, possa almeno udirlo. Si sporge, grida anche lui con tutto il fiato che ha.

– Devo crocifiggere il vostro re?

– Cesare è il nostro re!

Non c'è altro che possa fare. Rientra nella sala, accaldato, roco. Un servo si affretta a tergergli il sudore dal volto con delle bende tiepide, imbevute di essenze.

Kyrillos sembra inquieto, sta confabulando con il centurione. Nikephoros gli si avvicina battendo silenziosamente le mani con un'espressione raggiante.

– Giocata magnificamente, procuratore. Magistrale!

Lo guarda incerto nella confusione del momento, gli sembra che la gioia smodata di Nikephoros sia fuori luogo; gli erano sembrate diverse le sue intenzioni, aveva garantito un esito diverso. La proposta di scambio non doveva salvare il profeta?

Se per una volta potesse fare a meno degli adulatori che lo circondano.

Ma forse Nikephoros ha ragione, è comunque riuscito a scansare un dardo che stava per trafiggerlo. In gioco non c'erano solo le vite di Bar Abbas o di Joshua; anche la sua entrava nella partita.

Il prigioniero è rimasto immobile accanto a una colonna. Nella concitazione ci si è quasi dimenticati di lui. Guarda verso Pilato, ma è come se non lo vedesse, sembra terrorizzato, è solo.

– Vado a stendere la sentenza, – sussurra Nikephoros.

– Fatelo crocifiggere insieme a qualche condannato di diritto comune, – suggerisce Pilato sempre a bassa voce. – Meglio che non sia troppo evidente il significato politico dell'esecuzione.

XXI

Joseph s'aggira tra la folla accaldata, ancora in tumulto, gli odori pesanti sotto i caffetani sono intollerabili ma non se ne cura; ha perso di vista Pietro che forse è fuggito, nell'ansia di ritrovarlo non ha nemmeno udito ciò che il procuratore gridava dal loggiato malamente tradotto in aramaico. Sa solo che in quella folla molti vogliono che suo figlio sia ucciso. Trattiene le lacrime, non sa se fuggire anche lui o restare, intorno a sé vede solo volti alterati; sono quasi tutti uomini, non vede nemmeno una donna. Invece proprio la voce di una donna risuona nella sua mente, la forte figura di Rachele, moglie di Giacobbe, quando Geremia (31, 15-16) fa udire il suo lamento: «Pianto amaro, Rachele piange i suoi figli, rifiuta di essere consolata perché essi non ci sono piú». Il Santo Benedetto in realtà la consola: «Trattieni la voce dal pianto, i tuoi occhi dal versare lacrime, c'è un compenso per le tue pene». Fortunata Rachele morta dando alla luce Beniamino, fortunato è il genitore, pensa Joseph, che muore prima di veder morire suo figlio. Per lui fino all'ultimo giorno non ci sarà piú consolazione. Si sposta, passa da un capannello all'altro scontrandosi con i venditori d'acqua e di fichi che approfittano dell'assembramento per guadagnare qualcosa, anche se in quel giorno di vigilia non potrebbero farlo. Non cerca nemmeno piú Pietro, ha perso ogni speranza di trovarlo, non sarebbe di alcun aiuto.

Il procuratore si è ritirato, il velario è stato chiuso, sono rimasti solo i soldati con le loro lunghe lance, protetti dallo scudo, gli elmi colpiti dal sole mandano bagliori.

Piange quel figlio santo che ha tanto operato per il bene degli altri. Perché quegli oziosi non sono a casa a preparare la festa? Che Ebrei sono mai? Si sono radunati per mandare a morte un giusto. Perché sono lí? Chi li ha spinti, chi li ha pagati? Quale castigo meriterebbe lui per essere stato un cosí cattivo padre, smarrito nei suoi cupi, inutili dubbi. Avrebbe dovuto insistere fino a convincerlo, rimproverare Joshua dicendogli: «Segui il mestiere di tuo padre, non ti esporre in questo modo, non contare sulla gratitudine, nessuno ti sarà riconoscente per il bene che fai, ascolta tuo padre, chinati sull'opera». La gola gli si chiude al pensiero delle parole che non ha mai detto; sale il pianto al ricordo della dolce invocazione infantile: *abba*, padre, detta da quel figlio che lo guardava con una cosí accorata tenerezza, indaffarato intorno ai suoi strumenti; una volta aveva baciato la sua testa china sulla pialla e aveva detto: «Non ti affaticare troppo, padre. Non ti sono di molto aiuto, lo so. Cammino per il paese, c'è tanto da fare, cerco di lenire tante infelicità. Ma tu conta sui miei fratelli, fatti aiutare da loro, prenditi un po' di riposo». Gli aveva risposto: «Sei tu che fai troppo, non io che ho fatto questo tutta la vita». Joshua aveva sorriso cosí teneramente che il solo ricordo accresce il suo strazio.

Ora invece ha il sospetto che il suo povero figlio perduto abbia fatto non troppo ma troppo poco, tutte le parole dette e il bene profuso non sono serviti a niente. Bar Abbas ha combattuto e ucciso, la folla ha chiesto che torni libero. Ci sarà un verdetto, Joseph presagisce quale potrà essere, cento voci lo hanno reclamato, molti lo danno già per certo. Il suo vecchio cuore non regge, non vuole morire davanti a tutti, schiantato dalla sentenza, sulle pietre roventi di quel cortile. Lentamente retrocede verso il muro esterno. Qualcuno aveva cominciato a guardarlo con sospetto, osservando i suoi movimenti erratici, gli occhi gonfi di un pianto trattenuto. Meglio abbandonare lentamente la scena, non conosce nessuno e non vuole dover gridare la sua pena davanti a degli sconosciuti. Si appoggia allo stipite dell'arco che dà sulla strada, lentamente, con estrema cautela, scivola fuori. La notizia ugualmente lo raggiungerà, non lí però, meglio saperla quando sarà solo, sulla sua collina, libero di reagire come il cuore in quel momento gli detterà.

– Se lo condanniamo in base alla Lex Julia maiestatis, la procedura prevede che l'esecuzione sia preceduta dalla flagellazione.

Nikephoros indica il capoverso esatto del testo. Pilato annuisce svogliatamente, sa già come sarà il seguito. Staffili particolarmente dolorosi, muniti di palline di piombo all'estremità. Un trattamento rude che aiuti il condannato ad assaporare il peso della colpa.

È rientrato nella sala di lavoro, Claudia sta per raggiungerlo.

– Lasciatemi solo, – ordina.

– Ti sei coperto di ridicolo, – sibila lei entrando. Non è piú sgomenta, è furente.

Pilato le va incontro, si sente anche lui preda di una collera che non riesce a controllare. Fronteggia sua moglie, la sopravanza in statura di una buona spanna, è tentato di picchiarla.

– Osi dire una cosa del genere! Dopo che mi hai spinto tu a trattare con la folla, blandirla, cercare il suo consenso, far scegliere a loro, decidere!

– L'hai fatto cosí goffamente, vanno guidate le folle non si può diventare un bersaglio delle loro vendette, non dovevi proporre Barabba.

– Mi hai detto tu che il tuo sant'uomo gode di grande popolarità.

– Ma è la popolarità di un profeta. L'altro è un combattente, lo sai che non ci possono sopportare.

– Ecco dov'è finito il tuo intuito, sono bastati quattro scalmanati per farlo sparire.

– Un procuratore di Roma, il rappresentante di Cesare, che si fa marionetta in mano a un gruppo di straccioni.

Pilato la percuote, due volte, colpisce sul viso a piena mano, il cerchio dell'anello le lascia una striatura rossa sulla guancia. Claudia si tocca il volto, gli occhi si riempiono di lacrime e di collera, s'affretta verso la porta barcollando sulle calzature troppo alte.

– Sei tu la responsabile di questo errore! – le grida dietro Pilato.

Sulla fustigazione, le versioni dei vangeli sono contrastanti anche se il consigliere giuridico Nikephoros per una volta ha detto la verità: la Lex Julia maiestatis prevedeva che il condannato fosse frustato prima di essere crocifisso.

Dei quattro testi canonici, due – Matteo e Marco – si limitano a registrare l'episodio senza particolari notazioni anche se il testo di Matteo ha alcuni versetti piú degli altri – significativi e controversi – di cui ci dovremo occupare. Piú interessanti gli altri due testi, Luca e Giovanni, per la diversità delle motivazioni che danno. Luca scrive (23, 22) : «Ed Egli [Pilato] per la terza volta disse loro "Ma che male ha fatto costui? Non ho trovato nulla in lui che meriti la morte. Lo castigherò severamente e poi lo rilascerò"». Secondo Luca dunque, Pilato annuncia la fustigazione quasi volesse, con quel castigo, accontentare entro certi limiti la folla. È come se la flagellazione fosse tutta la pena che Pilato è disposto a infliggere allo sventurato Joshua. In realtà non accade nemmeno quello, la pena della frusta, alternativa a quella capitale, non viene applicata; di fronte alla folla che continua a gridare, il procuratore decide «che la loro richiesta sia eseguita», per cui «abbandona Gesú alla loro volontà» (23, 25).

Per Luca dunque Gesú non viene frustato ma mandato direttamente al patibolo.

Significato e andamento dell'episodio sono molto diversi nel testo di Giovanni. Pilato, dopo aver fatto flagellare Gesú, esce di nuovo sul loggiato e dice (19, 4 sgg.): «"Ecco, io ve lo conduco fuori perché sappiate che non trovo in lui alcuna colpa". Allora Gesú uscí, portando la corona di spine e il mantello di porpora. E Pilato disse loro "Ecco l'uomo!"». In questa versione il procuratore romano mostra il corpo martoriato dai colpi di staffile per impietosire la folla, vuole saziarla con lo spettacolo di quelle povere membra e che nessuno reclami piú la pena capitale poiché colpe tali da meritare la morte non ne ha trovate.

Al di là dei diversi significati, i testi canonici sono però uniti da un'ispirazione di fondo in base alla quale il procuratore romano è sempre descritto come colui che fa di tutto per salvare la vita del prigioniero e alla fine deve cedere per l'ostinazione della folla in tumulto.

La critica storica contesta la veridicità di questo episodio. I pochi testi che si occupano di Pilato lo descrivono come un uomo rozzo e collerico, avido e irresoluto, certo però non disposto a cedere alle richieste della piazza; ha mandato al supplizio della croce centinaia di persone senza averle nemmeno viste. Ammesso che si sia dovuto occupare di quel profeta, certamente lo ha fatto per ragioni gravissime che però i testi non precisano. Una possibile ipotesi è che sia rimasto impressionato dalla calda accoglienza popolare che Joshua ha avuto al momento del suo ingresso a Gerusalemme. Il desiderio di conoscere un uomo capace di sollevare un tale entusiasmo, unito alle accuse del capo del Sinedrio, potrebbe essere un ragionevole motivo per l'incontro e per il successivo processo.

Un altro motivo possibile sono i banchi rovesciati nel piazzale del Tempio, un gesto che cosí com'è raccontato ha poco senso tanto piú che la collocazione dell'episodio cambia. Giovanni lo cita all'inizio della vita pubblica del profeta, i tre sinottici alla sua conclusione, dunque possibile causa dell'arresto.

Nessuno sostiene che i redattori dei vangeli abbiano volutamente falsificato i fatti, è verosimile però che li abbiano riferiti basandosi sulle proprie convinzioni nonché sulle opportunità dettate dal momento.

Gesú ha vissuto e interpretato la sua morte alla luce d'una fede e d'una mentalità religiose. Egli si sentiva inviato da Dio, vedeva il suo tragico destino come un evento rilevante nella storia del popolo ebraico, un atto della volontà divina. I vangeli invece sono stati scritti parecchi decenni dopo lo svolgimento dei fatti che narrano. Il testo attribuito a Giovanni viene fatto risalire addirittura ai primi anni del II secolo. Dopo la distruzione del Tempio e della città di Gerusalemme operata dalle truppe di Tito (70 e.v.), dopo l'inizio di una massiccia diaspora, i redattori dei vangeli avevano tutto l'interesse a nobilitare la figura di Pilato facendone un protagonista benevolo che solo la ferocia della folla aveva costretto a prendere un'ingiusta decisione. I testi evangelici sono concepiti soprattutto per l'*intellighenzia* diremmo oggi «occidentale» divenuta destinataria del messaggio di una religione che, staccatasi dal ceppo ebraico, sta per acquisire una personalità sua propria con il nome di cristianesimo.

Gli autori dei testi, non potendo negare che era stato Pilato a mettere a morte Gesú, cercarono di dire che in realtà il procuratore era stato costretto a emettere quella sentenza dalla pressione di alcune autorità religiose giudaiche e di alcuni gruppi di fanatici da loro manovrati.

Quando portano nuovamente l'imputato alla sua presenza, Pilato non può reprimere un moto di ribrezzo. Il tormento dello staffile gli ha segnato il dorso cosí profondamente che in alcuni punti sembra di scorgere al fondo dei solchi le ossa sottostanti. Anche il viso è striato di sangue, l'occhio sinistro quasi completamente chiuso dai colpi. Pilato ha una lunga esperienza della sofferenza fisica; da soldato ha visto lo scempio dei corpi lasciati sul terreno dopo una battaglia, le mutilazioni, i rantoli dei feriti con il ventre squarciato che sorreggendo le proprie viscere implorano di essere finiti. Come procuratore ha firmato decine di sentenze di morte, non si contano i ribelli da lui inviati al supplizio della croce. In un lampo d'ira contro se stesso pensa che avrebbe dovuto rifiutare fin dall'inizio di occuparsi del caso di questo enigmatico profeta e taumaturgo. Se avesse delegato l'intera faccenda a Nikephoros la cosa sarebbe già stata risolta. Quei due volponi lo hanno attirato nel tranello. Si corregge: no, Claudia è stata determinante. Ha ceduto al capriccio di sua moglie col risultato di una seria rottura con lei e di trovarsi ora davanti questo rottame sanguinante che dovrà necessariamente far uccidere.

Kyrillos lo avvicina: – Quali sono gli ordini? –. Ha rivolto la domanda con secchezza militare ma Pilato conosce il suo uomo, sa che la vera domanda sarebbe: adesso che facciamo?

Deve simulare una chiarezza di idee, una fermezza che non ha.

– Mostriamolo alla folla cosí com'è. Ci penserò io stesso.

Quasi nudo, straziato dai flagelli, il volto tumefatto e irriconoscibile, l'uomo offre uno spettacolo raccapricciante, una vista peggiore di quella di un cadavere perché quest'uomo già morto continua a muoversi; solo lo sguardo, ciò che trapela dalle palpebre gonfie, conserva la lucidità che aveva prima che lo strazio avesse inizio.

– Agli ordini, – si limita a mormorare Kyrillos.

Pilato fa aprire nuovamente il velario, s'avvia verso il loggiato, con un movimento imperioso varca la soglia ed esce nella luce.

– Portate l'imputato, – ordina.

Il profeta ha di nuovo le mani legate dietro la schiena, le guardie lo afferrano per le braccia e lo trascinano all'aperto. Un boato saluta la sua apparizione, molti lo indicano a dito. Sembra muoverli piú la curiosità che la pena. Pilato con ampi gesti ordina di tacere; riesce alla fine ad avere un certo silenzio. Si appoggia alla balaustra sporgendosi.

– Ecco l'uomo! – grida.

Si aspetta un moto di compassione davanti a quella povera figura; si aspetta che chiunque lo abbia temuto come un possibile pericolo si ricreda. A chi potrà mai far paura un uomo cosí ridotto, cosí umiliato? Quella reazione non c'è. Passato un breve momento di sorpresa, la folla riprende a rumoreggiare, risuonano nuovamente le grida già udite «Crocifiggi! Crocifiggi!» E poi ancora quelle piú insidiose «Non è il nostro re»; e infine quella che teme piú di ogni altra: «Se lo liberi non sei amico di Cesare».

Pilato si volge e fa un brusco cenno al servo: che porti acqua. Quello fraintende; pensa che voglia tergersi il sudore e si precipita con delle bende umide e profumate.

– Acqua, imbecille! – sibila Pilato.

L'equivoco è presto sciolto. In due portano sul loggiato un bacile d'argento colmo d'acqua, lo poggiano cauti sulla balaustra. Pilato solleva fino al gomito i lembi della toga, alza teatralmente le mani mostrandole alla folla, poi le immerge nell'acqua come se intendesse lavarle. La folla s'è zittita, lo guarda stupefatta. Se intendeva colpire la loro immaginazione questa volta c'è riuscito, tutti hanno capito il significato della mossa.

Un servo gli porge un panno; mentre si asciuga le mani aggiunge alcune parole, la sua voce è molto alta, suona rotta e stridula

– Non sono responsabile di questo sangue, – urla.

Pensa di avere vinto. Dalla folla però si leva un'altra voce, quella dell'uomo che prima guidava i cori. È la voce di bronzo di un agitatore abituale

– Il suo sangue ricada su di noi e sui nostri figli! –. Molti applaudono, e gridano.

Lucilio si allontana lentamente invaso da un forte senso di nausea. Tutto è chiaro: Claudia è stata usata come un inconsapevole strumento di morte. Per ragioni che ignora, Nikephoros voleva che il profeta fosse ucciso e ha approfittato dell'ingenuità di lei, ha sfruttato la simpatia che la donna aveva nei confronti di Joshua; quanto a Pilato, ha solo confermato la sua inadeguata statura per l'incarico.

Il Senato gli ha dato da amministrare la provincia piú difficile dell'impero in obbedienza all'eterna legge che rende spesso cieche le scelte degli uomini. È accaduto a Roma dieci anni prima, ora si è ripetuto a Gerusalemme.

Spetterebbe a lui, probabilmente il solo ad aver intuito la manovra, tentare di scoprire le ragioni del comportamento di Nikephoros. Non ne ha alcuna voglia.

Ancora una volta gli è toccato in sorte il ruolo dello spettatore avvertito e impotente, era l'uomo che aveva visto piú lontano degli altri ma non ha potuto o saputo fare niente per evitare un'ingiustizia.

La vita e la morte lo hanno nuovamente rasentato senza che fosse in grado di muovere un dito. Quel povero profeta tra poche ore avrà cessato di vivere. Moriranno con lui le speranze che ha acceso, il messaggio che ha predicato, il bene che ha cercato di fare. Vinto dall'insensatezza di quanto è accaduto, gli torna in mente il tema di una possibile sopravvivenza dopo la morte capace, almeno nell'aldilà, di rimettere in pari i conti. Perché non si dovrebbe considerare una vita come un risultato completo in sé, il cui solo valore sta nell'arte di averla saputa vivere? Si potrebbe considerare questa riuscita come una sorta di immortalità, forse l'unica che sia davvero possibile immaginare. Si potrebbe cosí andare incontro alla morte nella fiducia di aver fatto qualcosa di buono, come sicuramente accadrà a quel povero profeta.

Quanto a lui, la scena ripugnante che s'è appena svolta sotto i suoi occhi lo ha convinto a rompere gli indugi: tornerà a Roma, affronterà il destino quale che sia, portando con sé un'amarezza dalla quale gli sarà difficile liberarsi.

Le ultime parole che abbiamo udito dalla folla, «Il suo sangue ricada su di noi e sui nostri figli!», si trovano nel vangelo di Matteo (27, 25). La maggior parte degli storici le considera scritte dal redattore del testo in odio verso gli Ebrei e per compiacere i Romani vincitori liberando Pilato da ogni colpa. Il redattore ha comunque esagerato scrivendo: «E tutto il popolo disse: “Il suo sangue sia sopra noi e sopra i nostri figliuoli”». Le parole «Tutto il popolo» rivelano l'intento propagandistico. Lo spazio davanti al *Praetorium* poteva contenere al massimo qualche decina di persone. Definire quel piccolo assembramento «tutto il popolo» non è legittimo nemmeno se l'estensore avesse voluto sottintendere «il popolo che poteva essere presente in quel luogo». Inverosimile anche la scena di Pilato che si lava teatralmente le mani. Un procuratore romano non si sarebbe abbandonato a un gesto rituale previsto dalla Bibbia nel caso di particolari omicidi commessi fuori della città, come spiega la Mishnah; un gesto estraneo alla procedura, inconcepibile per un romano.

Quelle parole inverosimili sono state uno dei fondamenti che hanno giustificato secoli di antisemitismo cattolico.

La maledizione che contengono è venuta meno solo nel XX secolo, vi hanno contribuito due papi: Giovanni Paolo II e Giovanni XXIII. Papa Roncalli con la Dichiarazione *Nostra Aetate* elaborata all'interno del Concilio Vaticano II ha aperto a un cammino di riconciliazione. In quel documento si legge: «E se le autorità ebraiche con i propri seguaci si sono adoperate per la morte di Cristo, tuttavia quanto è stato commesso durante la sua passione non può essere imputato né indistintamente a tutti gli Ebrei allora viventi, né agli Ebrei del nostro tempo». Nel 1985 è stato pubblicato il *Sussidio per una corretta interpretazione dell'ebraismo*, firmato dal cardinale Johannes Gerardus Maria Willebrands nel quale si legge l'affermazione definitiva: «Gesú è ebreo e lo è per sempre». Papa Wojtyla ha completato la revisione quando, visitando la sinagoga di Roma (13 aprile 1986), ha chiamato gli Ebrei «nostri fratelli maggiori».

XXII

Pilato si strappa di dosso il mantello gettandolo a terra, è oppresso dal caldo, dalla luce, dal rumore infernale della folla; in realtà è disgustato da se stesso. Ordina che tutti i tendaggi vengano tirati, anela al buio. Lo stomaco è in fiamme, le fitte gli tolgono quasi il respiro, si passa inutilmente la mano sul ventre. Quando gli portano un bacile colmo d'acqua gelata vi immerge le braccia fin quasi ai gomiti, avverte con sollievo che la temperatura del sangue lentamente scende, le vene, turgide, vanno perdendo rilievo. Nello stesso tempo cerca di recuperare lucidità. La sentenza di morte è stata pronunciata, Nikephoros è intento a stendere il verbale che dovrà essere inviato a Roma. Dovrà rivederlo con attenzione, in un rapporto del genere si possono nascondere cento trabocchetti. Sentenze di morte ne ha firmate molte, questa però è particolare, vi sono implicati il sommo sacerdote e quella vecchia canaglia di suo suocero. Pilato non dimentica con quanta astuzia lo hanno giocato nella storia dei medaglioni: voleva rendere omaggio all'imperatore e sono riusciti a farlo biasimare dall'imperatore. A raccontarlo non ci si crederebbe. Non deve succedere mai piú.

Si sente meglio, ha recuperato un po' di equilibrio, anche per questo sente aumentare la sua collera.

– Convocate il sommo sacerdote! – grida.

– Con la prima stella comincerà la loro festa, – obietta l'egiziano Ofir.

– La prima stella è lontana, comunque lo voglio qui. Mandatelo a prendere con la forza se serve. Subito!

Le urla gli hanno giovato, si sente meglio, gli parlerà duramente, forse ordinerà anche il suo arresto. Il suo mandato gli dà un potere discrezionale su un gran numero di esseri umani, quando pensa al potere di cui dispone si sente invadere da un sentimento di esaltazione.

Capisce di aver perso il controllo, è dalla notte precedente che non ha un attimo di tregua, adesso il sole è alto, la giornata è ancora lunga. Claudia è sparita, sicuramente risentita nei suoi confronti, ci sarà tempesta ma ora non ha tempo di occuparsene. S'impone la calma.

– Intanto fate venire Nikephoros, – ordina.

Dal cortile sale un trapestio, si levano voci, qualcuno grida degli ordini, rumore di ferri trascinati al suolo, zoccoli che battono il lastricato, un nitrito. Pilato indovina che cosa sta accadendo: si organizza il corteo che scorterà il condannato al supplizio. Kyrillos ha pensato di chiedere l'appoggio di un drappello di cavalleria. Non era previsto, segno che teme qualcosa. I seguaci del profeta potrebbero attaccare lungo il percorso.

È arrivato Nikephoros, scivola in silenzio col suo passo da cortigiano. Ha con sé la pergamena. Solo ora Pilato s'accorge di una cupa lividura sulla tempia e parte della guancia.

– Che è accaduto lí? – chiede.

Il consigliere scansa la domanda.

– Ho urtato contro lo stipite della porta.

Un'evidente menzogna. Decide di lasciar correre.

– Leggi! – ordina.

Il consigliere Nikephoros schiarisce la voce, attacca con una sgradevole cantilena per dare maggiore solennità alle parole.

– In data odierna, venerdí 14 del mese di Nisan, vigilia della festività di Pesach, in accordo con le usanze di questa provincia di Giudea governata dall'eminente Ponzio Pilato in nome dell'augusto imperatore...

– Salta, vai al punto.

– ... Il carpentiere Joshua Ha-Nozri, originario della Galilea, riconosciuto colpevole di lesa maestà in base alla Lex Julia, è stato condannato al supplizio da eseguirsi in località Monte del teschio popolarmente conosciuta come Calvario, dove sarà inchiodato alla croce finché morte non sopraggiunga.

Pilato rimane sovrappensiero. C'è una falla nel dispositivo che al momento gli sfugge. Ofir entra ad annunciare l'arrivo del sommo sacerdote.

– Che aspetti! – grida irritato. Il soprassalto gli ha chiarito la mente. Dovrebbe gridare piú spesso.

– Hai saltato il punto principale, consigliere. Abbiamo liberato un omicida, in base a una consuetudine malcerta e mandato a morte un povero pazzo con la mente visitata dai fantasmi. Siamo esposti. Devi motivare meglio. Devi ricordare la sua pretesa, renderla esplicita, il richiamo alla legge non basta: si è proclamato re. Quello è il punto. Voleva farsi re, questo devi scrivere. Quale *titulus* hai fatto mettere sopra la croce?

Nikephoros lo guarda perplesso. Al *titulus* non ha pensato, è un'omissione grave, si rende conto di aver sbagliato.

– Chiedo perdono, la giornata...

– Lascia perdere. Nel *titulus* fai menzionare la sua pretesa, era ridicola ma dobbiamo ricordarla: voleva farsi re.

Pilato detta l'iscrizione in latino poi la ripete in greco: – 'Ιησοῦς ὁ Ναζωραῖος ὁ Βασιλεὺς τῶν 'Ιουδαίων. Gesú nazareno re dei Giudei. All'ebraico pensaci tu, – conclude.

Nikephoros, uscendo, incrocia sulla porta il sommo sacerdote. Si fa da parte e s'inchina, Caifa arriva fino alla sella curule dove siede Pilato drappeggiato nella toga, in atteggiamento maestoso; fissa a lungo il nuovo arrivato senza aprire bocca, intende fargli sentire il peso della sua autorità. L'espressione di Caifa resta impassibile ma il procuratore crede di leggervi una malcelata soddisfazione che accresce la sua sorda collera.

– Caifa, tuo suocero Anna è partito avviandosi verso settentrione. Sono stato informato solo a cose fatte. Questo viola i nostri patti. Dovrò prendere provvedimenti.

– È stato convocato d'urgenza ad Antiochia dal governatore di Siria.

Lascia cadere la frase in tono umile, sicuro che i sottintesi parleranno da soli. Se Lucio Vitellio voleva chiarimenti avrebbe dovuto chiedere a Pilato non al vecchio sommo sacerdote che non è nemmeno piú in carica. Che vuol dire quella novità? Non era stato magari Anna a sollecitare l'incontro?

– Al suo rientro dovrà darmi delle spiegazioni.

Pilato abbandona la sella, percorre lentamente la sala, torna indietro e si ferma davanti a Caifa, fronteggiandolo. Una lama di sole insinuatasi in una fenditura delle tende arriva a lambire i calzari dorati del sommo sacerdote facendoli risplendere.

– Ho un'accusa da muovere nei vostri confronti. Avete mandato dei sobillatori nel cortile pretorio per agitare i presenti, favorire la liberazione di un rivoltoso assassino. Questo comporterà una pena.

– Se fosse vero senz'altro, procuratore. Se fosse vero sarebbe infatti gravissimo. Falsare l'esito di un giudizio, inconcepibile. Però non è vero.

– Oseresti...?

– Non mi permetterei mai di osare, procuratore. Affermo con serena certezza che non ho, non abbiamo, mandato nessun agitatore; la piccola folla che sostava nel pretorio ha manifestato liberamente i suoi sentimenti. Li hai chiamati tu a scegliere, loro hanno scelto.

Pilato vorrebbe strozzare quell'impudente, sa di essere preda della piú terribile delle collere, quella dell'impotenza. Lo stomaco pare aver preso fuoco. L'espressione del volto è minacciosa, lo sguardo inquieto, dove però si insinua una nota di debolezza che non sfugge al suo interlocutore.

– Non mentire Caifa, sta' attento. Il tuo seggio, la tua

vita, è nelle mie mani. Ho il potere di trascinarti nella polvere.

L'altro accentua se possibile il tono accomodante della voce.

– M'inchino al diritto di Roma maestra del mondo, prima che al suo potere –. L'insolente mentre pronuncia quelle parole accenna un inchino portando una mano al cuore.

– Avete voluto mandare a morte un povero pazzo che stava insidiando il vostro potere, parlava ai fedeli come voi non avete mai saputo fare, aveva un seguito enorme. L'accoglienza al suo ingresso in città parla chiaro. Avete perfino rinsaldato la vostra alleanza con Erode felici d'aver trovato un progetto e un nemico comuni.

– Ciò che dici mi addolora profondamente. Eppure hai visto con i tuoi occhi a chi s'indirizzava il consenso del popolo.

– Non era il popolo! Tu sragioni! – Pilato adesso grida – Non riempirti la bocca con questa parola. Il popolo era quello che l'ha accolto a Porta Susa agitando rami di palma e di ulivo. Lí fuori c'erano quattro pezzenti manovrati.

– Noi interpretiamo il sentimento religioso della nostra gente, procuratore. Lo esprimiamo attraverso i santi riti che i padri ci hanno trasmesso. Mi scuote fin nel profondo delle ossa il pensiero che non si veda quale pietà popolare circondi il Tempio e i sacerdoti che vi operano.

Qui si ferma assumendo un'espressione di grande infelicità.

– Se avevi l'impressione che quelle persone fossero manovrate – che il Santo Benedetto ne scampi – forse non avresti dovuto chiedere il loro parere, – aggiunge chinando il capo.

Il colpo arriva dritto al bersaglio. Aveva imparato bene il mestiere quel manigoldo. Del resto era riuscito a mettere in un angolo perfino suo suocero, molto piú esperto di lui.

– Allora ti informo di una cosa. Anzi, faccio una profezia come dite voi: non avrai vita facile Caifa. Né tu né tuo suocero. Ti comunico la mia profonda irritazione. Da questo momento consideratevi esclusi dalla mia benevolenza, ogni vostro atto sarà pesato con la piú scrupolosa severità.

– Mi stai minacciando perché ho fatto il mio dovere? Dobbiamo contare sulla benevolenza di Tiberio contro la tua procuratore?

– Non osare tirare in ballo la figura dell'imperatore. Ti dico solo sta' in guardia, *kohèn gadòl* –. Gli urla il titolo in ebraico perché capisca meglio.

– Comunicherò queste tristi notizie ad Anna quando rientrerà da Antiochia con le ultime novità dettate dal governatore di Siria. Ne sarà rattristato quanto lo sono io. Posso ritirarmi?

Pilato si limita a un cenno di congedo indicando la porta. Caifa retrocede di due o tre passi in quella direzione ma sembra svogliato, infatti s'arresta.

– Procuratore, la riconoscenza che devo m'impone d'informarti di una notizia al momento riservata. I samaritani stanno organizzando un insolito raduno al loro Tempio sul monte Garizim. Quest'anno saranno molto numerosi e sembrano agitati. No so interpretare il sintomo ma sento il dovere di avvertirti.

S'inchina ancora profondamente e, sempre retrocedendo, raggiunge la porta.

Pilato scosta leggermente i lembi dei tendaggi. Il corteo s'è avviato, il cortile è vuoto, cosparso di escrementi di cavallo sui quali ronzano grosse mosche verdi dorate. In un angolo sono rimasti un rotolo di funi e dei bastoni. Si ode in lontananza un lugubre segnale di tromba. Nessuno s'azzarda a esporsi alla vampa che sembra poter sciogliere perfino le pietre. Alzando lo sguardo, al di là di una cortina di cipressi scorge la nube di polvere che il corteo sta sollevando lungo il sentiero che sale alla sommità del Calvario.

Si chiede ancora una volta perché mai debba darsi tanto pensiero per una condanna alla croce che tante volte ha autorizzato senza esitazione. I sogni di Claudia? Pensa che forse non erano soltanto sogni. Claudia è una donna di molte e consumate esperienze. Lui sa meglio di ogni altro attraverso quali prove è passata. Quei sogni erano presagi, avrebbe dovuto capirlo. Ora s'è aggiunta l'umiliazione subita da parte della folla, la soddisfazione di quel lestofante malamente dissimulata sotto un ossequio strisciante. È stata sua moglie a convincerlo, s'è lasciato andare commettendo un errore di cui a lungo si pentirà; poi c'è stato l'incontro con quella coppia di serpi, deve ammettere che con loro non è mai riuscito a controllare il dialogo. Avrebbe dovuto imitare il loro tono, giocare la stessa partita ma non gli è riuscito.

Infine c'è l'informazione che Caifa ha lasciato cadere quando era già sulla porta: la riunione dei samaritani. Nella notizia si nasconde certamente un ulteriore tranello, spera di avere l'accortezza e, soprattutto, sufficienti informazioni per scansarlo.

Percorre piú volte la sala, la solitudine gli pesa ma una qualunque compagnia gli sarebbe insopportabile. Riflette con tristezza che da quando, quasi un secolo prima, il grande Pompeo ha calpestato le pietre di quella città con calzari di ferro, mai un procuratore romano è venuto a trovarsi in una tale situazione.

– Chiama Nikephoros e Kyrillos, – ordina con voce alterata allo schiavo che segue muto i suoi andirivieni.

La polvere è ancora piú alta adesso, il corteo dev'essere arrivato in prossimità della cima dove sono già piantati i pali; i condannati hanno caricato sulle spalle il braccio trasversale della croce alla quale saranno inchiodati. Lo chiamano *patibulum.* Trascinare il proprio strumento di morte fa parte della condanna.

Lo storico delle religioni Martin Hengel (1926-2009), che ha lungamente studiato l'argomento, scrive che la crocifissione era una pena in vigore presso numerosi popoli, compresi i Greci. Una punizione politica e militare. Tra i Persiani era inflitta principalmente agli alti ufficiali e ai ribelli, tra i Romani invece prevalentemente alle classi basse, cioè agli schiavi, ai violenti e agli elementi ingovernabili nelle province ribelli, tra queste la Giudea. La ragione principale della sua larga applicazione era l'efficacia come deterrente. Veniva in genere associata ad altre forme di tortura, compresa la flagellazione. L'esposizione pubblica della vittima nuda in un luogo in vista – incrocio di una strada, località elevata – rappresentava per il condannato anche una forma di umiliazione. I cadaveri venivano lasciati appesi, preda delle bestie feroci e dei rapaci che ne facevano scempio.

A conferma di questa analisi c'è il modo in cui il governatore di Siria Caio Quintilio Vario domò le rivolte dopo la morte di Erode il Grande nel 4 a.e.v.

A operazione conclusa vennero crocifissi duemila ribelli. *La guerra giudaica* di Flavio Giuseppe è disseminata di episodi altrettanto crudeli. Il governatore Quadrato ordinò una crocifissione in massa di zeloti. Tito ordinò che i prigionieri catturati durante l'assedio di Gerusalemme (70 e.v.) fossero crocifissi lungo le mura cittadine. Tale il loro numero che (*La guerra giudaica*, V, 11, 1): «Ogni giorno erano cinquecento e anche piú quelli che venivano catturati [...] non faceva cessare le crocifissioni nella speranza che a quello spettacolo i Giudei si decidessero ad arrendersi [...]. Spinti dal furore e dall'odio i soldati si divertivano a crocifiggere i prigionieri in varie posizioni, tale era il loro numero che mancavano lo spazio per le croci e le croci per le vittime».

Crocifissioni di massa seguirono anche la rivolta di Spartaco; Nerone, in seguito al disastroso incendio del 64, fece crocifiggere molti cristiani per allontanare da sé i sospetti. Scrive Tacito negli *Annali* (XV, 45) che il popolo li considerava portatori di una «nefasta superstizione». Agli sventurati attaccati alle croci aggiunse lo scherno perché «quando veniva meno la luce del giorno bruciavano come torce notturne. Nerone aveva offerto i suoi giardini per un simile spettacolo».

Il supplizio della croce comportava un patimento terribile anche per la lunghissima agonia. Le trafitture dei chiodi provocavano lacerazioni e fratture ma non erano di per sé mortali; nemmeno l'emorragia portava a una morte immediata. In certi casi i condannati morivano sbranati dalle fiere o dai rapaci. Nella maggior parte dei casi si moriva per soffocamento, piú di rado per dissanguamento. La posizione orribile dell'uomo crocefisso comportava una forte e crescente difficoltà respiratoria. La debolezza conseguente alla flagellazione e al parziale dissanguamento faceva mancare le forze, il morituro tendeva quindi ad accasciarsi sui piedi. Questa posizione comprimeva torace e polmoni rendendo il respiro difficile e corto. Per alleviare la progressiva asfissia, il condannato era portato a un movimento sussultorio; reagiva all'accasciamento cercando di tornare in posizione eretta, ma per farlo doveva spingere sulle ferite dei piedi aggiungendo al dolore altro dolore. Quando per pietà si voleva abbreviarne l'agonia, gli si spezzavano i femori a colpi di mazza in modo che non gli fosse piú possibile tirarsi su e che la morte per asfissia sopraggiungesse piú rapidamente. Questo spiega il gesto di spezzare le gambe ai due ladroni crocifissi insieme a Gesú. Il colpo di lancia inferto al suo costato potrebbe invece essere stato un sostitutivo pietoso per abbreviarne l'agonia.

Un «colpo di grazia», diremmo oggi.

XXIII

Dalle colline di Moab, a oriente, soffia il torrido vento del deserto. La sommità del Golgota è affollata. Due condannati sono già inchiodati al loro patibolo, le membra contorte dagli spasimi, la bocca spalancata dall'arsura. I legionari tengono stancamente lontani quelli che vorrebbero guardare da vicino, assaporare lo spettacolo spaventoso e affascinante della morte. Il terzo condannato, un ladro, aspetta in piedi con le mani legate dietro il dorso, tremando all'idea dei tormenti che lo aspettano. I suoi guardiani parlano del piú e del meno. Sono giovani come l'uomo che custodiscono, il peso delle armature li fa sudare copiosamente.

– Se penso che un anno fa tremavo di freddo nelle selve di Teutoburgo, – confida uno dei due, – ho quasi nostalgia.

– Adesso ti rifai del freddo patito.

– Mi basteranno per tutta la vita sia il freddo sia il caldo.

Parlano il basso latino del popolo, il prigioniero li guarda senza capire, vorrebbe leggere nei loro pensieri, sapere se almeno lo stanno commiserando. Trema per il terrore che l'ha invaso, uno dei due gli allunga un calcio.

– E smettila! – L'altro ride.

Si avvicinano i carnefici, il piú giovane è quasi un ragazzo. Membra tozze, una corta barba rossastra gli incornicia le guance e scende fino alla parte superiore del collo. Scuotono il prigioniero, dalla folla sale un mormorio difficile da interpretare, sgomento o forse curiosità. Con un gesto deciso il piú giovane gli strappa di dosso la veste che cade già a pezzi per suo conto. I legacci ai polsi impediscono però ai cenci di cadere, il ragazzo chiede la daga a uno dei legionari, taglia le corde ma è maldestro e quasi amputa anche la mano. Il prigioniero urla, si porta il braccio ormai libero davanti al viso, la mano è pendula, dalla ferita scorre il sangue; s'avvicina un cane giallo, attirato dal suo odore caldo, il legionario lo punge con la punta della lancia, quello corre via con la coda tra le gambe, ululando. Il piú esperto dei due carnefici mostra al giovane dove dovrà piantare il chiodo ora che il polso è inutilizzabile. Tasta il braccio del prigioniero, indica l'avambraccio poco sotto il gomito.

Quando lo stendono sul legno il condannato continua a urlare e si dimena; in due non riescono a trattenerlo, l'anziano chiama gli operai che stanno finendo di piantare a colpi di mazza delle grosse zeppe di legno al piede delle altre due croci. Ora sono in tre a tenerlo, uno gli si è quasi sdraiato sul petto, gli altri tirano il braccio ferito, il giovane punta il chiodo e comincia a martellare. Le sue grida salgono ancora di tono, poi cessano di colpo: l'uomo sembra fulminato, il chiodo affonda velocemente sotto i colpi vigorosi. L'altro braccio è piú facile, il corpo sussulta, dalla bocca esce un rigurgito di vomito nero ma le urla sono cessate. I piedi vengono inchiodati sovrapposti assicurandoli a un supporto di legno per sostenere il peso del corpo evitando che le braccia si strappino. A fatica, sudando e imprecando, i quattro alzano il legno aiutandosi con delle funi, lo calano a piombo nella buca già pronta, dove gli operai sono lesti a rincalzarlo. Si tergono il sudore, bevono da un secchio d'acqua che qualcuno ha lasciato poco distante.

Ora che nessuno gli bada, il cane giallo è tornato, lecca il poco sangue che la terra non ha ancora assorbito. Un asino che è servito a trasportare alcuni attrezzi bruca la sterpaglia riarsa e nello stesso tempo defeca. Un ufficiale ordina al drappello di cavalleria di rientrare negli alloggiamenti. Il temuto attacco da parte dei seguaci del profeta non c'è stato; l'uomo sembra già morente, il corpo ha assunto una coloritura bruna, dalla bocca scorre un esile filo di bava mista a sangue, di tanto in tanto apre la bocca come se volesse dire qualcosa ma non si ode alcun suono.

I cinque o sei cavalieri danno di sprone, facendo nitrire le cavalcature e s'avviano giú per il sentiero sassoso attenti ad assecondare col corpo il passo incerto delle bestie.

Un gran silenzio è sceso sulla sommità della collina, il sole, passato lo zenit, già inclina verso occidente; si odono soltanto il frinire delle cicale e i gemiti intermittenti dei moribondi inchiodati alle croci, sempre piú fievoli. Uno stormo di corvi vola in cerchi uguali, lentamente, aspettando il momento. Il profeta apre la bocca ma nemmeno lui riesce a emettere un suono percepibile, solo il movimento delle labbra diventate nere dice che non riesce ancora a morire. Le mosche indugiano sul sangue rappreso delle ferite, sulla bava sanguigna del labbro, si affollano intorno all'occhio, tormentandolo.

Un uomo s'avvicina all'ufficiale, indica in direzione delle croci, parlotta. Poi si volta, fa cenno a un piccolo gruppo di donne, ferme al margine della radura, che possono avvicinarsi. Le donne avanzano fino ai piedi della croce centrale. Tergono le lacrime, una di loro abbraccia singhiozzando il legno del patibolo, l'ufficiale va su e giú attento piú all'atteggiamento delle altre persone presenti che non ai loro lamenti. Gli operai e i carnefici si sono seduti a terra, estraggono del cibo dalle bisacce, mangiano; fanno il gesto di offrirne ai legionari che però rifiutano. Nessuno parla, non c'è altro da fare, i curiosi si vanno disperdendo, bisogna solo aspettare la morte, il compito spetta ai militari che dovranno farne rapporto al procuratore.

È interessante notare con quanta diversità i vangeli riferiscano gli ultimi istanti di vita di Gesú. Il testo piú antico, attribuito a Marco, è anche il piú drammatico (15, 34 e 37). Gesú muore con il verso straziante e disperato del salmo 21: «Dio, Dio perché mi hai abbandonato?»; «Emesso un grande grido, spirò». Marco racconta un Gesú tragico che muore urlando, ed è solo. In che cosa il «dio» invocato lo ha deluso? Che cosa si aspettava da lui? Luca (23, 46) si limita a fargli mormorare le blande parole del Salmo 31, 6: «Padre, nelle tue mani raccomando il mio spirito». Giovanni, il testo piú recente, è ancora piú elusivo, Gesú si limita a dire (19, 30): «Tutto è compiuto» dopo di che «chinato il capo rese lo spirito». Con il passare degli anni la morte viene resa piú aderente al disegno provvidenziale, una fine cercata e voluta. Il grido è stato cancellato.

Testimonianza di Miryam.

Diceva cose bellissime, guardavo gli occhi di chi lo stava ascoltando, vedevo sguardi buoni e spenti – non lo capivano. Parlava della vite e del gregge, della mietitura e della vendemmia, distillava per loro, perché ne facessero tesoro, il frutto della solitudine, del sonno mancato, del digiuno, della riflessione lunga sui testi sacri. Dava loro delle figure perché le facessero diventare strumenti di vita. Molti però si fermavano alle figure, incapaci di afferrarne il senso profondo.

Un gruppo di spostati, pazzi e onesti, ingenui analfabeti pieni di fiducia ha preso a seguirlo chiamandolo rabbi, maestro. Alla fine però lo hanno abbandonato. Avrebbero dovuto aiutarlo a salvarsi, non hanno fatto nulla e sono fuggiti.

Lo ricordo bambino quando ha imparato a sorridere, quando correva saltandomi sulle ginocchia per abbracciarmi. Si rifugiava sul seno che l'aveva nutrito, mi guardava ridendo mentre gli pizzicavo le guance, mi faceva ascoltare le parole nuove che aveva imparato. Ricordo quando nelle quiete mattine di *shabat* lui e Joseph s'avviavano insieme alla sinagoga. Li vedevo allontanarsi,

Joseph lo teneva per mano, lui gli saltellava accanto, Joseph gli parlava come un vero padre, affettuoso maestro. Quando anch'io raggiungevo il Tempio, li osservavo dal matroneo, padre e figlio cantilenavano insieme le lodi del Signore, invocando la sua benedizione. Tante volte lo spettacolo mi ha spinto alle lacrime, c'era una tale pace nelle mattine del riposo e della preghiera, lasciava immaginare il destino di una famiglia come tante altre; in cuor mio sentivo però che non sarebbe stato cosí, su quel cielo chiaro incombeva l'ombra della tragedia. Non sapevo da dove sarebbe arrivata ma la sentivo arrivare.

Poi ci sono stati gli anni inquieti dell'adolescenza, le insicurezze e le piccole crudeltà, i litigi con i compagni, le sassate e le preoccupazioni che s'allontanasse da noi come era successo il giorno che eravamo a Gerusalemme ed era sparito per mettersi a discutere con i rabbini nel Tempio. In fretta era diventato un uomo, sicuro di sé, consapevole delle tante persone che lo seguivano e credevano in lui. A volte mi guardava e pareva non avermi nemmeno riconosciuto – bello, forte, ma per me già perduto. Alle nozze di certi cugini a Cana, quando gli feci notare preoccupata che il vino stava finendo e che la nostra famiglia avrebbe fatto una brutta figura, mi rispose quasi con stizza. «Donna, – mi disse, – che ho a che fare io con te?» L'ho subito perdonato, avevo sbagliato io distraendolo dalla missione che s'era dato. Comunque alla fine il vino in qualche modo è arrivato.

Lo seguivano i poveri, gli ammalati, gli infelici, un enorme silenzio si creava tra quelle turbe vociferanti quando si vedeva un paralitico alzarsi dal suo lurido giaciglio e gettare via le bende, un cieco che d'improvviso gridava: «La luce, la luce!» con gli occhi colmi di stupore e di pianto. Venivano a riferirmi cose meravigliose sul suo conto ma piú crescevano la meraviglia e la fama piú mi sentivo certa che per lui aumentavano anche i pericoli. Avrei preferito la vita oscura, onesta e buona di suo padre, al quale non riesco a pensare senza rimorso. Se solo avessimo trovato il modo, il coraggio, di parlarci davvero... So che cosa avrebbe voluto chiedermi, mi sono accorta delle tante volte in cui è stato sul punto di farlo e poi non ha osato, temendo la risposta che avrei potuto dargli. Invece non avrei detto nulla. Ci sono segreti che ogni donna custodisce nel profondo di sé.

Sono certa d'averlo rivisto il giorno in cui, stanco di anni e malato, Joseph era arrivato alla fine della vita. Quando sono entrata nella stanza cosí povera e solitaria, piena per metà dei suoi attrezzi, lui era lí, lo so, e mi ha sorriso. Sembrava che non potesse piú parlare perché la morte si stava impadronendo di lui. Joseph fece cenno che m'avvicinassi. Mi sono inginocchiata accanto al giaciglio accostando il mio viso al suo. Bisbigliando a fatica mi ha sussurrato: «Non permettere che mi portino via». Che cosa significava un tale desiderio? Come avrei potuto esaudirlo? Erano presenti tutti i suoi figli, i volti rigati di lacrime. Lo abbiamo seppellito come la Legge prescrive per le persone amate che si accompagnano all'ultimo riposo.

Dopo la morte di suo padre, sono addirittura cresciute su Joshua le voci piú diverse e inquietanti; dicevano che gli zeloti stavano preparando una sommossa contro i Romani e che lui ne era a capo; altri riferivano invece che i sommi sacerdoti sarebbero stati deposti e che i Romani si sarebbero serviti di lui per farlo. L'ambiente era avvelenato dalle dicerie e dai tranelli; doveva stare attento, rischiava di essere schiacciato tra due poteri senza pietà. Ho cercato di esortarlo alla prudenza; ma quando mai le premure di una madre sono state ascoltate. Mi rispondeva brusco, non mi chiamava mamma ma «donna», diceva che sapeva benissimo che cosa dovesse fare.

Un giorno è sparito davvero. Seppi che s'era ritirato nel deserto, da solo. Tanti anni fa lo aveva fatto anche mio padre Gioacchino, s'era isolato a pregare nel deserto di Giuda per il dolore di non aver avuto figli da sua moglie Anna. Gioacchino tornò trasformato ed ebbe figli, anche Joshua era trasformato, il viso come circondato di luce. Cominciò a seguire un profeta di nome Giovanni che battezzava con acqua; sapevo che per me era perduto, sembrava che la sua famiglia non fossimo piú noi ma le folle che lo attorniavano, il sogno che stava inseguendo.

Non ho voluto vederlo morto, ho lasciato ad altri il compito pietoso di lavare il corpo e dargli sepoltura. Mi sono ritirata in compagnia delle donne, il cuore spezzato dal dolore. Qualcuno m'ha detto che è stato visto in giro perché sarebbe risorto come Lazzaro. Avrei potuto chiedere, a Lazzaro, com'era il mondo di là; se hanno ragione i sadducei che negano ogni possibilità di vita dopo l'ultimo respiro o se invece bisogna credere ai farisei che garantiscono la resurrezione.

Non so se devo crederlo vivo; io non l'ho visto; se fosse vero e non è venuto a vedermi, sapendo quanto dolore ho ingoiato, vuol dire che ha cose piú importanti, piú urgenti da fare. Da quando è partito ho lasciato intatto il suo letto, nessuno può metter piede nell'angolo che era suo. Un giorno verrà, ne sono certa. Io intanto l'aspetto, zappo l'orto, do da mangiare agli animali, spazzo il pavimento, so che prima o poi aprirà quella porta, metterà dentro la testa con il suo sorriso di ragazzo per dirmi: «Mamma, sono tornato».

XXIV

Oggi i cristiani parlano poco della resurrezione dalla morte, a parte i giorni delle celebrazioni pasquali. Nel cristianesimo delle origini, invece, era un tema importante quanto quello del Cristo, l'Unto del Signore. È lecito pensare che oggi non siano piú molti quelli disposti a credere alla resurrezione dei morti. Tutti continuano a morire come sempre, il mondo nuovo, il famoso Regno, non pare che sia in arrivo. Sono passati piú di duemila anni da quando quella fede illuminava il volto dei credenti e non è mai accaduto nulla. Ragioni per dubitarne non mancano.

Anche allora la storia della resurrezione cominciò a sembrare una difficile promessa. L'uomo che si batté piú di ogni altro per tenere in vita quella speranza è un fariseo della tribú di Beniamino nato a Tarso, in Cilicia (oggi Turchia) di nome Saulo. Per i cristiani: san Paolo.

È lui che scrive (1Cor 15, 14) parole che non ammettono replica: «Se Cristo non è resuscitato vana è la nostra fede». È lui che nella stessa lettera ai Corinzi aggiunge: «Questo vi dico, fratelli. Il tempo ormai si è fatto breve. D'ora innanzi quelli che hanno moglie vivano come se non l'avessero, coloro che piangono come se non piangessero e quelli che godono come se non godessero, quelli che comprano come se non possedessero, quelli che usano del mondo come se non l'usassero, perché si sta ammainando la vela di questo mondo».

Manda a dire: vivete pure nel mondo ma sappiate che il tempo rimasto prima che il Regno si manifesti ormai s'è fatto breve. È ancora lui che affronta le beffe degli ateniesi quando si reca a predicare in quella città e anche lí comincia a parlare di resurrezione. Quelli sulle prime non afferrano, quando poi capiscono che sta dicendo proprio che i morti risorgono lo deridono: «Questo magari ce lo vieni a raccontare un'altra volta», gli gridano dietro.

Con queste citazioni irrompe nella nostra storia un personaggio di alto e inquietante intelletto, di volontà ferrea, l'uomo che si incaricherà di portare il messaggio di Joshua fuori del mondo ebraico. Di lui dovremo parlare. Non subito. Prima bisogna capire meglio la storia della Resurrezione che è Pasqua per i cristiani, Pesach per gli Ebrei, due festività molto vicine anche perché ricorrono, per motivi diversi, nello stesso periodo dell'anno.

Nella Bibbia leggiamo: «Il primo mese, il quattordici del mese sarà la Pasqua del Signore. Il quindici di quel mese sarà giorno di festa. Per sette giorni si mangerà pane non lievitato» (Numeri, 28, 16-17). Le radici della Pasqua cristiana sono lí, poi fissate al primo plenilunio dopo l'equinozio di marzo facendo comunque coincidere sempre il giorno con una domenica.

È il tempo dell'anno che coincide con il risveglio di primavera; già le antiche comunità pastorali e agricole lo celebravano come festa di resurrezione. In quei giorni venne fissata la liberazione del popolo ebraico dalla schiavitú del faraone. In quei giorni i cristiani celebrano il ritorno in vita del Dio fatto uomo tre giorni dopo il suo martirio. Due ritorni alla vita che si rifanno entrambi alla generale resurrezione della natura; infatti la Pasqua viene festeggiata con i simboli della fecondità e della vita a cominciare dal salame e dalle uova, lampanti simboli fallici, se mai altri.

Nelle lingue anglosassoni il riferimento è ancora piú trasparente. I termini *Easter* (inglese), *Ostern* (tedesco) richiamano direttamente la dea pagana della fecondità, Ostara. Molte tradizioni popolari, che oggi giudicheremmo oscene, accompagnavano lo spuntare delle nuove gemme sugli alberi, nei cespugli, nei prati. Cantare l'accoppiamento, o metterlo in pratica, su quegli stessi prati, o tra i solchi, rendeva concreto l'auspicio di un buon raccolto nei mesi a venire – che ci fosse pane per tutti.

Cosí stavano le cose nella semplicità dei primitivi riti agropastorali. La teologia ha molto complicato la situazione, tutto elevando a un piano piú alto, spirituale e metaforico. La resurrezione dei morti – antica fantasia apocalittica giudaica – altro non era, all'inizio, che un'ulteriore declinazione della generale ri-nascita della natura trasformata in un'aspettativa, un mito che si sarebbe realizzato nel tempo finale. La risposta evangelica rovescia la prospettiva. Come scrive Luca (20, 24 sgg.), Dio è Dio dei vivi non dei morti, il mito allora diventa realtà, la resurrezione avviene ora, consiste nel «rinunciare a se stessi», nel ri-nascere non dal ventre materno ma dallo spirito.

La resurrezione ha dunque due diverse, contrapposte letture: una esteriore, relativa al corpo, alla permanenza in un futuro senza fine, e una spirituale, fuori dal tempo, in un presente già eterno.

La Chiesa cattolica non insegna piú che il sacrificio della croce è il prezzo da pagare per essere riscattati dal peccato delle origini. Cristo è il novello Adamo e l'agnello che gli Ebrei mangiavano a Pesach si trasforma nell'agnello di Dio sacrificato per redimere il genere umano.

La primitiva comunità cristiana si costituí sul fondamento del messianismo e delle attese apocalittiche, per cui le apparizioni di Cristo dopo la morte furono interpretate nel senso proprio di una resurrezione, prova e pegno della resurrezione finale. Eppure i vangeli non descrivono una resurrezione ma solo l'apparizione di un defunto, una delle tante di cui è piena la storia. La resurrezione di Cristo non ha avuto testimoni, ha un carattere segreto. Tutto avviene prima che faccia giorno, senza che alcuno possa testimoniarne. Egli compare alle donne e agli apostoli già «risorto». È un evento spirituale, non uno spettacolo dimostrativo: *Noli me tangere*, non mi toccare, dice alla Maddalena, quasi a prendere le distanze da ogni fisicità.

Si comprende allora quanto sia fuorviante l'idea della resurrezione di Cristo come conferma della sua divinità, della verità esclusiva della fede cristiana e, insieme, come garanzia della finale resurrezione dei morti. Questo è il prodotto di Paolo, quel «funesto cervellaccio», come lo chiamò Nietzsche. Nel suo geniale furore Paolo non comprese il messaggio evangelico della morte dell'anima e della rinascita nello spirito; costruí una «cattiva novella», ispirandosi all'apocalittica giudaica che a lui fariseo era familiare.

Quanto preferibile la resurrezione spirituale di Cristo a quella di un corpo che esce di colpo risanato dalla tomba. Perché se di questo si fosse trattato, di una resurrezione anche umana, come spiegare che non sia subito corso da sua madre rimasta sotto la croce, schiantata dal dolore?

«Egli è qui tra noi», questo è il messaggio. Tale l'importanza di ciò che ha detto e fatto che chiunque lo invocherà, nel momento dell'afflizione e del bisogno, potrà avvertire accanto a sé la sua presenza – in questo senso Risorto, per sempre.

Testimonianza di Mariàm detta Maddalena.

Mi chiamo Mariàm, sono nata a Magdala, lassú, sulle rive del Mar di Galilea. Le acque azzurre, nelle giornate d'inverno, sfumano contro il bianco delle montagne del Golan. Ho portato per tutta la vita quei colori dentro di me, i colori di Israele. Ho molto vissuto, molto peccato ma molto amato, quando il male mi ha assalito facendo di me un'ossessa, sono caduta nella disperazione. Un giorno che ero scesa in Giudea l'ho incontrato; fu a

Betania, non lontano da Gerusalemme. Ho incrociato il suo sguardo e ho capito che potevo essere salva. Quando mi ha stretto a sé, sussurrando il mio nome, ho sentito i demoni che uscivano e sono stata guarita. In ginocchio ho baciato l'orlo della sua veste, ma lui m'ha sollevato, chiamandomi «sorella». Non l'ho piú abbandonato. Ero una donna ricca, ho preferito la sua vita randagia. Lui sapeva che il corpo di una donna è piú vicino al mondo delle forze vitali, capace di assorbire grandi quantità di energie, liberandosi ogni mese delle loro ceneri. C'è in noi il divino e il corporeo, la terra e il cielo, la spinta del sesso e la follia dell'ascesi, la piú alta dimensione del sacro. Attribuiva molta importanza alle donne.

Spesso mi baciava sulla bocca perché da lí viene il Verbo, e il Santo Benedetto concepisce e genera per mezzo di un bacio. Ma con il bacio esprimeva anche la comunione, la fratellanza e la certezza della redenzione per gli eletti. Ci baciavamo dunque, fecondi della grazia che era in noi. Quelli che avrebbero dovuto capire però non capivano. Alcuni protestavano col maestro e Pietro chiedeva con ira: «Perché il rabbi ha parlato di queste cose a una donna? Preferisce lei a noi?» Ero spaventata da quella furia, Pietro era un uomo pronto alla collera, io ero solo una donna e avevo osato molto. Anche Andrea obiettò: «Che cosa pensate di quanto lei ha detto? Io non credo che il Salvatore abbia detto questo. Queste dottrine rappresentano sicuramente delle opinioni diverse».

La verità è che si accanivano contro il mio corpo di donna. Cercai di rispondere ma fu Levi a porre fine al litigio. Disse: «Se il Signore l'ha conosciuta bene, l'ha amata piú di noi». Allora Pietro aggiunse: «Sorella, sappiamo che il Salvatore ti amava piú delle altre donne. Comunicaci le parole che tu ricordi, quelle che conosci tu, ma non noi, quelle che noi non abbiamo neppure udito». Cosí cominciai a parlare.

Pieno di bontà com'era, Lui aveva detto di me: «La sua mente è ricolma di spirito luminoso». Finalmente si convinsero ad accettare il mio insegnamento. Fu uno dei suoi miracoli. In luoghi in cui una donna valeva meno della piú misera moneta, Egli mi fece apostola tra gli apostoli, mediatrice della sua parola. Spesso loro erano tristi e piangevano forte. Dicevano: «Come possiamo andare dai gentili e predicare il vangelo del regno del figlio dell'uomo? Là non è mai stato dispensato, come possiamo dispensarlo noi?» Allora mi sono alzata, li ho salutati tutti e ho detto: «Non piangete, fratelli, non siate cosí malinconici. La sua grazia sarà con voi e vi proteggerà. Lodiamo piuttosto la sua grandezza, avendoci egli preparati e mandati tra gli uomini». Allora uscirono a predicare.

Nel giorno del martirio toccò alle mie mani, che aveva reso pure, sorreggere lo strazio di sua madre mentre lo inchiodavano al patibolo. Passato il sabato, sono andata al sepolcro per ungere il suo corpo e ho trovato la tomba vuota. Ho avuto paura, a terra c'erano solo il sudario che l'aveva avvolto, mi chiedevo dove l'avevano portato. D'improvviso ho visto un uomo; sulle prime non l'ho riconosciuto poi però ho udito la sua voce: «Mariàm!», ha detto. Volevo gettarmi tra le sue braccia, mi ha fermato con un gesto sussurrando con malinconia e grazia: «Non mi toccare».

Ho pianto, invasa da una dolcezza infinita, ho saputo che sarebbe rimasto con me. Risorto, nel mio cuore! Per sempre.

XXV

Le ombre si vanno allungando sul pavimento di marmo della sala; quando un colpo di vento solleva i pesanti tendaggi verdi facendoli ondeggiare, si vede l'oscura ombra del cipresso toccare quasi la parete opposta; il sole sta finalmente declinando verso l'orizzonte. La notte porterà un po' di refrigerio, pensa Pilato.

Ha appena finito di dettare alcune lettere al segretario, vorrebbe chiamare l'ancella Didia Clara per avere notizie di sua moglie ma non osa farlo; pensa che piú tardi salirà direttamente negli appartamenti per tentare una riconciliazione. Non è tollerabile che la vicenda di un povero pazzo turbi la loro unione. Come fa abitualmente, percorre nervosamente su e giù la sala, progetta di riconquistare Claudia facendo leva sulla sua sensualità. Apre un tendaggio, gli schiavi stanno finendo di ripulire il cortile lastricato, tra poche ore il sole scomparirà e comincerà il riposo del sabato, una delle poche usanze locali che il procuratore apprezzi, una ventina d'ore di silenzio e di calma.

L'egiziano Ofir si avvicina silenziosamente sulle sue babbucce, s'inchina, fa cenno di voler parlare a bassa voce. Pilato malvolentieri si piega avvicinandosi con un piccolo moto di ripugnanza alla sua bocca.

– Un autorevole fariseo chiede di conferire.

– Che vuole?

– Ha detto solo che si tratta di cosa importante e molto urgente.

– Il nome?

– Joseph Ha-Ramati. Noi diremmo Giuseppe di Arimatea, dell'altopiano.

Pilato ne sapeva quanto prima, la tentazione è di rispedire Ofir con l'ordine di cacciare l'importuno.

– Ha detto che la notizia porterà pace a tutti, – aggiunge l'egiziano.

– È persona di riguardo?

– È un distinto consigliere, veste con eleganza, ha modi urbani.

– Fallo entrare, – concede mentre s'avvia a sedere sul seggio curule.

Joseph è un uomo di bell'aspetto nel pieno della maturità, entra con passo rapido, riesce a porgere un saluto rispettoso mentre avanza verso il fondo della sala. Fa le due cose insieme e questo dispone benevolmente Pilato. Tanto piú che arrivato a tre passi dalla pedana l'uomo s'inchina profondamente e in un greco perfetto ringrazia.

– Avermi ricevuto è un segno di cortesia di cui conserverò a lungo memoria, procuratore.

– Di che si tratta?

– Chiedo di poter dare sepoltura a uno dei condannati al supplizio della croce.

Pilato sobbalza, ancora quel profeta; non s'aspettava una richiesta del genere, ultima coda di una vicenda che lo sta travagliando ormai da quasi ventiquattr'ore.

La prima reazione è di rifiuto.

– Non è semplice. Ci sono delle procedure da rispettare, tempi, modi –. Odia parlare in greco, si sente a disagio. Fa cenno a Ofir, gli ordina di convocare Nikephoros.

– Sicché lei è un fariseo. Che vuol dire esattamente?

Adesso è Joseph a essere stupito dalla richiesta.

– Intende il nostro modo…

– Sí, di vedere la vita, gli uomini, dio. La vostra filosofia insomma, si parla molto di voi, non sempre bene.

Joseph resta alquanto sovrappensiero prima di parlare.

– Devo riassumere in poche frasi il succo di una dottrina lungamente maturata. Non facciamo alcuna concessione alla mollezza. Seguiamo i precetti della nostra fede dando la piú grande importanza alla Legge. Nutriamo deferenza verso gli anziani. Riteniamo che ogni cosa sia governata dal destino che però non vieta alla volontà umana di fare quanto la volontà e le circostanze consentono , essendo piaciuto a Dio che il volere degli uomini, con le sue virtú e i suoi vizi, sia ammesso alla camera di consiglio del destino. Crediamo nella resurrezione perché come dice Isaia, 26, 19: «Di nuovo vivranno i tuoi morti, risorgeranno i loro cadaveri. Si sveglieranno ed esulteranno quelli che giacciono nella polvere». Crediamo all'immortalità delle anime...

Pilato, che aveva ascoltato con indifferenza quella sfilza di giaculatorie, a questo punto ha una reazione.

– Se credete all'immortalità delle anime che importanza ha la sepoltura di un corpo divenuto ormai una vuota carcassa? Tanto vale abbandonarlo ai corvi.

– La Legge lo impone, e la pietà. Non possiamo tollerare che il corpo di un essere umano finisca in pasto alle belve che si aggirano la notte e ai rapaci che scendono dal cielo avidi di carogne.

Nikephoros, appena entrato, prende posizione sul lato sinistro del seggio in attesa di disposizioni.

– Il nostro ospite chiede di poter dare sepoltura a uno dei condannati di oggi.

– Quel condannato? – chiede allusivamente il consigliere.

– Joshua Ha-Nozri, – replica immediatamente Joseph.

– Il nostro diritto prevede che al condannato non si dia sepoltura dopo la crocifissione, – risponde Nikephoros. Prende fiato, aggiunge: – La sepoltura non autorizzata di un uomo crocifisso è un delitto.

– Se non è autorizzata. Ma chi può autorizzarla?

– A Roma l'imperatore o i suoi funzionari; nelle province il governatore.

Pilato s'aspettava che aggiungesse o un suo funzionario, per esempio il procuratore; questo però il consigliere non l'ha detto; comunque lo si può intendere sottinteso. È una concessione che forse potrebbe addolcire Claudia, smorzandone il risentimento.

Quasi che abbia letto nel suo pensiero, Nikephoros si affretta a precisare:

– In ogni caso dev'essere constatato senza incertezze o dubbi l'avvenuto decesso del condannato per ragioni che non devo certo chiarire.

– La morte è stata accertata, – dice Joseph. – Posso testimoniarne.

– Dobbiamo farlo secondo le leggi di Roma, chiama il centurione che ha guidato il drappello.

Altre attese, altra noia; Pilato fa aprire del tutto le tende, s'è levata una lieve brezza e già veder muovere le fronde dei cipressi, ondeggiare le rose alte sulla spalliera, dà un certo sollievo, il seggio curule è imponente ma duro e rigido, molto scomodo.

Il centurione arriva trafelato, il viso profondamente segnato dalla stanchezza, abbozza con una certa approssimazione il saluto regolamentare. È chiaro che vorrebbe solo togliersi di dosso quella ferraglia e distendersi su un qualunque giaciglio. Nikephoros gli rivolge la parola.

– Comandavi il drappello sulla collina del teschio detta Calvario durante l'esecuzione dei condannati?

Il militare annuisce.

– Ne hai potuto constatare la morte?

Altro cenno d'assenso.

– Come fai a esserne certo?

Finalmente il centurione apre bocca.

– Ai due ladri sono state spezzate come prescritto le ossa dei femori, non hanno reagito. All'altro è stato inferto un profondo colpo di lancia all'altezza del costato, non ha reagito nemmeno lui.

– C'è stata emorragia?

– Un po' di sangue, un po' di liquido incolore e basta.

Nikephoros guarda il procuratore per chiedere come

valuti il rapporto. Pilato fa cenno che il militare può essere congedato.

– Può seppellire il suo amico, se vuole, – concede.

– Dev'essere fatto prima che spunti la prima stella dello *shabat*, era questa l'urgenza. La mia riconoscenza è grande. Posso andare?

– Aspetti. Lei è un membro del Sinedrio. Era presente alla riunione di ieri notte?

– Sí, ero presente.

– Dimostri la sua riconoscenza dicendomi la verità. Era una convocazione informale, una sorta di discussione preliminare o c'è stato un vero processo?

Joseph Ha Ramati s'irrigidisce, cerca la via diplomatica.

– C'è stata una discussione. Alcuni volevano incolpare il profeta per aver bestemmiato, altri non erano d'accordo.

– Lei?

– Io e altri siamo rimasti in minoranza. Il resto lo sa.

– Minoranza significa dissenso. Ma non lo avete espresso. Perché?

– Per dare una risposta breve perché era inutile. Per essere piú articolato perché non siamo stati capaci di organizzarlo, il dissenso.

Pilato accenna un gesto di congedo.

Ecco un'altra menzogna che quella coppia di lestofanti gli ha raccontato. L'ira, che deve dissimulare, gli sale al viso imporporandolo.

Nel momento in cui Joseph Ha-Ramati lascia la sala accompagnato da Nikephoros, entra Kyrillos, reduce a sua volta da un'ispezione sul luogo dell'esecuzione. Conferma che i tre condannati sono morti, sa già della richiesta di tumulazione.

– È un uomo ricco, – dice. – Possiede un sepolcro mai usato a poca distanza dal patibolo, credo che vogliano deporvi il corpo del condannato.

– Mi dicevi che quell'uomo aveva molti seguaci. È strano che sia venuto qui un estraneo invece di qualcuno dei suoi discepoli.

– Sono nascosti procuratore. Hanno paura di fare la stessa fine del loro maestro, se vuoi possiamo arrestarli, le spie ci hanno già indicato alcune case dove si sono rifugiati.

– Non vale la pena, Kyrillos. Con la morte del maestro se ne torneranno ai loro mestieri, spariranno dalla circolazione. La loro avventura con oggi è finita, di questa brutta storia nessuno sentirà piú parlare. Resterà solo il nostro verbale, sepolto negli archivi imperiali, come in una tomba.

Kyrillos si ritira. Pilato, rimasto solo, ricomincia ad andare su e giú per la sala massaggiandosi il ventre. Alcuni raggi di sole fendono come lame gli alti tendaggi rivelando nella loro traiettoria uno spento tremolio di polvere.

Si sente meglio e sta cominciando a delineare un possibile disegno. Deporre il sommo sacerdote, accusarlo di ruberie e malversazioni, sottoporlo a giudizio, condannarlo alla croce o all'esilio; quale pena si vedrà. Al suo posto mettere quel fariseo, Joseph, che gli ha fatto un'ottima impressione.

Una notte ovattata di silenzio è scesa su Gerusalemme dopo gli assordanti clamori, la polvere, le grida, il sangue, il dolore. Caio Lucilio è sceso nei giardini della residenza, insegue con lo sguardo la danza smeraldina delle lucciole. Siede come fa spesso accanto alla fontanella ai piedi della statuetta di Mercurio. Ama quella divinità cosí cordiale, gli piace la sua disinvolta velocità negli scambi, l'abilità nei commerci, l'astuta attitudine al sotterfugio raramente malevola. Si tende sempre ad apprezzare ciò che non si ha, pensa. Piacerebbe anche a lui essere abile nella contrattazione e nei commerci come vede fare nei mercati; non gli è mai riuscito. Il fruscio prodotto dallo zampillo è il suono piú vicino; tra le fronde piú alte si leva di tanto in tanto il verso modulato al basso di un uccello notturno cosí diverso dai trilli festosi che si odono allo spuntare del giorno. Le lucciole continuano a vagare errabonde presso le siepi, aggirano i cipressi dall'odore asprigno.

Caio Lucilio compone mentalmente la cornice di un notturno per collocarvi i versi di un poeta greco che il maestro, quand'era ragazzo, gli ha fatto tradurre metricamente in latino. Li mormora tra sé: – Dormono le cime dei monti e i baratri, le balze e le selve e le creature della terra bruna; le fiere, gli sciami e i mostri nel cupo fondo del mare; dormono gli uccelli dalle lunghe ali.

Lo sorprende Claudia, che gli è arrivata silenziosamente vicino.

– Ti ho sentito parlottare da solo, non è un buon segno.

Le sorride invitandola a sedere: – Era Alcmane, l'ho studiato da ragazzo.

Rimangono in silenzio. La donna è turbata, ha coperto il capo con un velo che nell'oscurità sembra violaceo. Non parla. Lucilio le indica il cielo sopra di loro nell'ampio squarcio che li sovrasta.

– A Roma il cielo non è cosí luminoso.

Claudia risponde mormorando anche lei dei versi.

– È sparita la luna, e le Pleiadi. La notte è alta, anche la giovinezza già dilegua. Io dormo sola.

– Saffo? – chiede Lucilio. Claudia annuisce.

Restano di nuovo in silenzio.

– Non vogliamo continuare con le citazioni, vero? Tanto lo sanno tutti quel che è successo.

Claudia gli stringe il braccio, la sua mano trema leggermente.

– Claudia, questa è una minuscola corte. Tutti sanno tutto. Sapevamo quando Pilato veniva a trovarti quasi ogni notte, poi quando le sue visite sono diventate rare. Di cosa credi che parlino i servi? Sono queste le confidenze delle ancelle. Noi sediamo qui ma anche ora ci sono certamente occhi che ci osservano.

– Oggi è successo qualcosa di diverso, piú grave.

– So anche questo.

Claudia esita poi abbassa ancora di piú la voce, sussurra.

– Voglio lasciare Pilato. La giornata di oggi è stata un

supplizio non solo per l'uomo mandato a morte, anche per me.

– Non puoi farlo, Claudia. Le leggi non te lo consentono.

– Dimentichi che sono di stirpe imperiale, anche se bastarda. Questo mi dà dei privilegi. Per di piú il cielo ha voluto che non avessimo figli. Sia lode agli dèi.

– È una decisione grave la tua. Nemmeno per le persone di stirpe imperiale, bastarde o no, è prevista la felicità.

– Domani scendo a Cesarea, m'imbarco sul postale che partirà tra otto giorni.

– Ci sarà uno scandalo.

– Lo scandalo c'è già stato oggi. E poi gli scandali di questa sperduta provincia annegano sulla riva del Mediterraneo.

La frase sembra conclusiva; non è cosí. Claudia si avvicina ancora di piú. Lucilio sente il seno che preme contro il suo braccio.

– Non sei stanco anche tu di una terra cosí difficile?

Claudia ignora che lui ha già preso in cuor suo la stessa decisione. Partire insieme però sarebbe inopportuno, anzi pericoloso, darebbe adito a dicerie e sospetti. È l'ultima cosa da fare.

Lucilio è tentato di rivelarle il retroscena di quanto è accaduto, il torbido gioco in cui l'ha trascinata il consigliere Nikephoros, trasformandola in un inconsapevole strumento. Sa che cosa è accaduto ma ne ignora le ragioni. Gelosia? Vendetta? Potere? Elenca i possibili motivi, salta solo quello che piú s'avvicina alla realtà: ricatto.

Sente comunque di avere nuovamente tradito il suo dovere: andare fino in fondo, capire, esigere una punizione. Avrebbe dovuto smascherare Nikephoros, denunciare il raggiro. Le cose però sarebbero diventate ancora piú complicate, Pilato l'avrebbe odiato perché a nessuno piace che si riveli l'inganno di cui è stato vittima. Claudia è stanca di Pilato, lui lo è di se stesso. Sotto i loro occhi si è consumato non un processo ma un crimine.

Allora inventa un'altra storia, che è anch'essa solo in parte una menzogna. Le dice che non è stanco di quella terra proprio perché la sente cosí lontana e difficile; non cataloga piú le piante né rileva il profilo delle coste e dei rilievi, da qualche mese si è concentrato sulla misteriosa religione di quel popolo, vuole penetrare il mistero della loro fede, vi si legge un'intensità, una dedizione di cui ha raramente visto l'eguale. Da ragazzo ha partecipato ai riti romani, ha corso nudo ai Lupercali contendendo la palma ai piú veloci, le membra unte d'olio, madidi e ansanti; ha ammirato in estasi le vergini vestali sfilare nelle loro vesti immacolate, inavvicinabili; ha pianto commosso al passaggio dei cortei trionfali dove la volontà del cielo sembrava congiungersi al destino della città, per sorreggerlo. Accadeva nell'età beata dell'adolescenza, crescendo ha assistito al declino di quella religione civile che è stata una delle cause della grandezza di Roma; ha visto i riti ridotti a stanche formalità, la delusione e l'indifferenza sostituire la fede. In questa terra invece ha avvertito di nuovo la scintilla che deve animare una religione, il bagliore cieco che non s'interroga sulle cause dei fenomeni e trascura le assurdità di cui le religioni vivono, il suggello che sorregge la fede impedendole di ridursi a ridicola superstizione.

Proprio perché ha scelto per educazione e per istinto di considerare razionalmente la natura delle cose, intende esplorare il confine dove i fenomeni naturali sfumano in un'oscurità indistinta nella quale in un solo groviglio tutto si mescola: i fantasmi della mente, i sogni, le illusioni, le speranze ultime. Le religioni dicono molte piú cose sulla natura umana di una qualunque ipotesi filosofica.

Risponde finalmente alla domanda di lei, ma risponde a metà.

– Non sono ancora stanco, Claudia.

– Ma come fai, tu che hai sempre inseguito la saggezza e la ragione. Se ne vede cosí poca qui intorno.

– Basta la saggezza da sola per cambiare il mondo? La

ragione ha bisogno di qualche grano di follia per poter davvero funzionare.

Ride, per sdrammatizzare le sue parole. Restano in silenzio a osservare le scie delle lucciole tra i cipressi.

– Chi era davvero l'uomo che oggi Pilato ha fatto uccidere? – domanda Claudia.

– Un profeta. Un uomo che voleva trasformare la religione in una fede di cui ogni essere umano fosse custode e interprete presso la divinità. Un pazzo.

– Un ingenuo. Non ha calcolato che anche una religione stimola le ambizioni, suscita grandi rivalità. È meno rischioso ostacolare la volontà imperiale che contrastare un tale coacervo d'interessi.

– Tanto è finita Claudia. Saremo tra i pochi che hanno sentito parlare di lui. *Requiescat.*

XXVI

Testimonianza di Pilato.

Solo molto tempo dopo ho scoperto quale tranello Caifa mi avesse teso parlandomi del raduno di samaritani al monte Garizim. Per questo mi trovo ora su questo vascello che molto lentamente mi porta da qualche giorno verso le coste dell'Italia. È una vecchia bireme appartenuta alla flotta della regina Cleopatra, dicono che abbia combattuto ad Azio. Il capitano mi ha avvisato che, quando abbiamo il sole alle spalle, forzando la vista, s'intravedono le coste della Sicilia, dunque tra una settimana sbarcherò a Ostia, mi recherò a corte, spiegherò le mie ragioni, saprò quale sorte m'attende. Un ordine dell'imperatore ci ha rimossi quasi simultaneamente dalla carica, Caifa dopo diciotto anni, io dopo dieci. Il manigoldo voleva farmi cadere, siamo caduti insieme: *simul stabunt, simul cadent* – come spesso accade. Se però devo valutare il tempo trascorso non per la sua durata effettiva ma per le sofferenze che ha causato, i miei dieci anni sono stati cento volte piú lunghi dei suoi diciotto.

La faccenda dei samaritani è andata cosí: Caifa era venuto a sapere che uno di quei venditori di parole capaci solo di imbrogliare il popolo aveva invitato i samaritani a radunarsi in massa sul monte Garizim, che è la loro montagna sacra. Erano stati invogliati a partecipare assicurandogli che sarebbe stato mostrato il sacro vasellame e le vesti là deposte da Mosè. Si era dunque radunata una folla enorme, molti armati. Che avrebbero fatto alla vista di quelle venerate memorie? Avrebbero forse marciato su Gerusalemme scontrandosi con i tradizionali nemici ebrei? Per evitare una strage diedi immediatamente ordine alle truppe e alla cavalleria di occupare la sommità della montagna; quando la folla, nonostante gli avvertimenti, cominciò a salire ordinai la carica. Nella mischia molti purtroppo vennero uccisi, altri fuggirono. Una loro delegazione fece allora ricorso al governatore Vitellio accusandomi di aver causato con ordini improvvidi l'eccidio. Omisero, naturalmente, di riferire l'intento sedizioso dell'adunata e che i miei ordini avevano voluto evitare una strage peggiore.

Il governatore non aspettava altro, mi ha deposto ordinandomi di recarmi a Roma per essere ascoltato presso la corte imperiale – in pratica per essere giudicato. Per il momento ha assunto su di sé il governo della Giudea.

La domanda che mi pongo, nelle lunghe ore ritmate dal battito regolare dei remi mossi dagli schiavi o dal leggero fruscio del vento nella vela, è però piú importante del giudizio che avrò a Roma. Come giudico io me stesso? Come valuto questo periodo in cui ho consumato gli ultimi anni della maturità per riconsegnarmi vecchio alla patria? In cui ho bruciato buona parte della mia vita, compreso il matrimonio con Claudia?

Sono stato deluso da mia moglie, considero questo sentimento peggiore che se fossi stato tradito. Non ha avuto fiducia in me, non mi è stata vicina in un momento arduo, mi ha spinto ad assumere una decisione pericolosa, l'ho presa per amor suo. Lei invece l'ha rinnegata dopo l'esito infelice. È praticamente fuggita imbarcandosi sola, come una prostituta, su una nave con a bordo solo uomini. Avrei potuto fermarla, ripudiarla, costringerla a tornare, la forza e il diritto erano dalla mia parte. Nulla di tutto questo, l'ho lasciata libera, certo che prima o poi capirà l'errore commesso. È possibile che a Roma ci incontreremo.

Ho sempre agito per il bene della patria, leale sempre all'imperatore. Ho amministrato una provincia difficile, forse la piú difficile dell'impero, lacerata da mille contese fin dai tempi piú antichi. Fu Pompeo, dopo aver sottomesso l'intera Siria, ad assicurare alla regione, dovrei dire a imporle, i benefici dell'ordine e della pace. Ha certo piú valore la pace imposta dalla legge che non la libertà del disordine.

Ho dovuto amministrare genti che adorano un Dio senza nome né figura, che nulla sanno delle generose divinità che abitano il nostro cielo: il sommo Giove, Apollo, Marte, Venere, Minerva, Giunone, Nettuno alla cui benevolenza sono ora affidato. Genti che si dilaniano nell'interpretazione delle loro stesse scritture dividendosi continuamente in correnti e in sette nemiche tra loro. Anche in quella sperduta provincia abbiamo offerto il quieto vantaggio della tolleranza. Ma ci siamo imbattuti in un popolo pronto ad accendersi alle parole di ogni pazzo profeta invasato da Dio, uomini che percorrono i deserti nutrendosi di locuste invocando l'avvento imminente di un Regno di Giustizia che nessuno vedrà mai.

Ho cercato d'imporre, prima ancora della civiltà, la razionalità di Roma, la luce dei nostri costumi, la benevolenza dello scetticismo, l'organizzazione dello Stato, la cura delle strade e dei giardini, dei teatri e del circo, delle acque e del fuoco.

Ho punito quando dovevo punire, avvalendomi della procedura che definiamo *cognitio extra ordinem*, giudizi rapidi affidati all'autorità che mi veniva dalla delega imperiale. Posso avere sbagliato. Ma bisogna tenere presente che sulle mie decisioni hanno avuto spesso gran peso le circostanze, il tempo, i luoghi.

Prendiamo quel Nazareno, di cui qualcuno si ostina ancora a parlare dopo due o tre anni dalla morte. Se il caso mi fosse stato presentato in un altro periodo dell'anno le cose sarebbero andate probabilmente in modo diverso. Erano i giorni che precedono Pesach, una lunga festività, Gerusalemme era piena di pellegrini, alcuni avevano portato dai villaggi gli animali da sacrificare, la maggior parte però li avrebbe comprati dai mercanti sotto i portici del Tempio.

Avevo dovuto lasciare la residenza di Cesarea in riva al mare, salire fino a Gerusalemme a controllare di persona una situazione potenzialmente pericolosa per tutti. Anche per me. Quando si raduna una grande folla si crea sempre tensione. La guarnigione era pronta ma dovevo tenere i soldati lontani dal Tempio per evitare che la loro presenza sembrasse provocatoria. Forse avrei dovuto disporre diversamente le truppe o rafforzare la guarnigione, o ammansire con piú cura le autorità locali.

Se solo avessi immaginato quello che stava per succedere.

Ho interrogato quell'uomo. In assenza di prove sufficienti sarebbe stato preferibile sentenziare secondo il principio *In dubio pro reo*? Forse sí, ma non è stato possibile. Si temevano disordini, avevo consegnato la guarnigione nella Torre Antonia. Al Tempio sono scoppiati gli incidenti di cui mi hanno subito riferito le spie. Quel pazzo aveva tentato di impadronirsene con i suoi seguaci. Lo arrestano. Vengono a riferirmi che il sommo sacerdote Caifa ha chiesto la sua condanna temendo un nostro intervento. In assemblea lo hanno sentito dire: «Meglio che muoia un solo uomo per il popolo e non perisca la nazione intera». L'accusato veniva dalla Galilea. Ho suggerito di mandarlo per competenza territoriale da Erode Antipa, tetrarca di quella regione. Quel fantoccio, che aveva fatto decapitare un altro profeta per soddisfare il capriccio libidinoso di una ragazzina, non gli sa cavare una parola di bocca, gli regala addirittura una veste e me lo rimanda. Non mi sono certo fatto impressionare da quattro straccioni che urlavano sotto il mio loggiato chiaramente sobillati, come tutte le plebi. La guarnigione però non avrebbe retto a un vero assalto, le legioni le aveva Vitellio, lassú in Siria. Ho dovuto anteporre la sicurezza dello Stato al diritto. C'erano altri due ribelli insieme a lui, li mando tutti e tre al supplizio della croce. Potevo compromettere la presenza di Roma in quella provincia? Ho dovuto decidere da solo. Anche se ho commesso un'ingiustizia ho evitato guai peggiori, e garantito la pace. Ho buone carte da giocare, le farò valere.

Il capitano è venuto a dirmi che al tramonto di domani faremo scalo in Sicilia, dopo dieci anni calpesterò nuovamente il benedetto suolo dell'Italia. Prendo come un buon auspicio che l'annuncio mi giunga mentre scrivo queste note.

Pilato si sbagliava ancora una volta, purtroppo. Aveva già saputo che il suo protettore Seiano, dopo essere caduto in disgrazia, era finito strangolato in una cella, contava però sulla benevolenza dell'imperatore, certo d'averlo ben servito in un difficile incarico. È poco probabile che quella benevolenza ci sarebbe davvero stata; certo è che non poté provarla. Di lí a pochi mesi Tiberio moriva soffocato tra le coperte del suo letto per ordine di Macrone. Si aprivano con un omicidio gli anni di Caligola. Prima ancora che ciò avvenisse, però, di Ponzio Pilato s'era persa ogni traccia. Sappiamo che sbarca a Ostia, nessuno lo attende, qualcuno lo vede allontanarsi dal molo d'attracco, incamminarsi vero l'interno mescolato all'eterna folla dei marinai e dei partenti. Da quel momento su di lui corrono solo incerte leggende. Sparí dalla circolazione cosí come ora sparisce il suo nome dalle pagine di questo racconto.

Hic finem narrandi faciam. La storia si chiude dunque qui. Joshua è stato barbaramente ucciso, i suoi genitori Miryam e Joseph sono scomparsi nel nulla. Le Scritture tacciono su di loro, nulla dicono su Joseph, che in tutti i vangeli non pronuncia mai una parola; nulla su Miryam di cui non sappiamo nemmeno quando e dove sia morta. Ammesso che sia morta. Anche su di loro solo leggende, qualche brandello di frase, una breve scena. Come suo marito Pilato, scompare anche Claudia Procula, scompare Caifa travolto dagli avvenimenti; tempo poche settimane morirà anche Tiberio, la cui memoria resta soprattutto affidata alla terribile aneddotica di Svetonio o a quella piú sobria ma non meno severa di Tacito che, negli *Annali* (VI, 51), lo descrive nell'ultima fase della vita quando, «abbandonato il pudore assieme a ogni paura, si lasciò andare a delitti e atti infamanti». Svaniscono nel nulla dal quale li hanno estratti la fantasia e il sogno gli altri protagonisti come Kyrillos e Shimon. Scompare Nikephoros, con la speranza che il rimorso per il suo delitto lo abbia accompagnato fino alla tomba.

Di lí a pochi anni scomparirà anche Gerusalemme con il secondo Tempio raso al suolo, l'Arca e la Menorah depredate.

L'intera vicenda narrata in queste pagine s'inabissa. Gesú di Nazareth muore sulla croce gridando le parole di Isaia, «Dio, Dio perché mi hai abbandonato?» Nell'estremo dolore si rifugia nel grande cuore del suo popolo, invoca il suo Dio, nessuno è venuto a soccorrerlo, si scopre solo davanti alla morte. I suoi discepoli lo hanno abbandonato, Pietro lo ha tradito, non come Giuda che aveva forse una motivazione – quale che fosse. L'uomo che aveva scelto come capo lo ha tradito per viltà.

Una folla inferocita, fosse o no manovrata, ha preteso per Gesú il patibolo.

È stato abbandonato dagli uomini, molti dei quali aveva beneficato; si chiede con strazio perché anche Dio lo abbia abbandonato. In quelle ultime ore spaventose lo trafigge un dolore piú forte delle sofferenze che gli hanno inflitto, povero profeta disarmato in un mondo di lupi; pensa con sgomento che anni di cammino e di fatica, di parole, di azioni, di gesti esemplari, il bene profuso, l'amore invocato non sono serviti a niente.

Negli ultimi istanti pensa che tutto finirà nella tomba dove sta per scendere. Sbaglia, noi lo sappiamo. Ma le ragioni che smentiranno la sua angoscia sono in quel momento assolutamente imprevedibili.

Prima di chiudere devo dare per l'ultima volta la parola a Caio Quinto Lucilio. Molti anni sono passati, lui, che era coetaneo di Gesú, si trova durante l'impero di Nerone ad aver passato i sessant'anni e incline dunque alle riflessioni. In una epistola scritta all'amico Publio Labieno confida i ricordi, le delusioni, ma anche la serenità finalmente trovata con l'avanzare degli anni.

Lasciamo che sia lui stesso a dircelo.

L'ultima epistola di Lucilio.

Caio Quinto Lucilio a Publio Labieno, salute.

Gentile amico, lodi, nella tua ultima lettera, il mio atteggiamento con gli schiavi e i servi affermando di trovarlo saggio. Mi hai scritto infatti: «"Sono schiavi". Sí, dunque sono uomini. "Sono schiavi". Sí, dunque vivono nella tua stessa casa. "Sono schiavi". Sí, dunque sono umili amici. "Sono schiavi". Sí, dunque compagni di schiavitú, se pensi che il destino ha lo stesso potere su di noi e su di loro». Hai riassunto bene ciò che penso e che cerco di fare; ti ringrazio di tutto cuore per averlo interpretato con tale fedeltà. Negli anni lontani e infelici in cui ho vissuto nella lontana provincia della Giudea, conobbi un profeta che predicava comportamenti simili a questi. Parlava di fratellanza tra gli esseri umani, di condivisione dello stesso destino, dell'uguaglianza di tutti davanti agli dèi. Lui però non diceva gli dèi, accennava a un solo unico Dio senza nome, invisibile e misterioso. Il richiamo religioso, ti confesso, m'interessava poco. Molto invece la possibile applicazione di quei principî alla vita di tutti i giorni. Dopo il ritorno in patria ho cercato infatti di applicarli alle persone che mi sono vicine. Non è facile, capita di essere mal giudicati se ci si mostra troppo indulgenti con gli umili. Del resto quello stesso profeta incontrò tali ostacoli nella sua predicazione, suscitò tali rivalità e inimicizie, da finire condannato alla croce per ordine del nostro procuratore che reggeva allora quella remota provincia.

A seguito di quei drammatici eventi, i pochi seguaci del profeta hanno cercato di diffondere oscure leggende sulla sua fine. Dissero che al momento della morte il cielo, percorso da lampi, s'era improvvisamente abbuiato, che il velario del tempio s'era squarciato da cima a fondo. Questi spaventosi fenomeni non li ho visti, li attribuisco al desiderio di quei seguaci di darsi coraggio dopo il trauma tremendo: avevano assistito terrorizzati all'esecuzione del loro maestro, crocifisso come un criminale.

Mi dicono che alcuni di quei seguaci adesso sono arrivati a Roma e contendono ai fedeli del dio Mitra il predominio spirituale sulle classi degli operai, dei servi e dei soldati. Pare che l'imperatore Nerone ne sia molto irritato e che stia progettando una dura repressione. È gente pericolosa, portatrice di una nefasta superstizione: si rifiutano di sacrificare all'imperatore, negano obbedienza alle autorità proclamandosi cittadini del cielo, non vogliono prestare servizio militare dicendosi soldati di Cristo.

In generale non do grande importanza a queste infatuazioni religiose: sono figlie della necessità, aumentano con il crescere dei bisogni, diminuiscono e scompaiono quando vengono meno le ragioni che le hanno fatte nascere. In questo caso, però, temo che se queste idee si diffondessero ulteriormente, potrebbero compromettere l'ordine, la stabilità e lo stesso futuro di Roma.

Avevo intrapreso quel soggiorno in posti lontani al solo scopo di liberarmi dei miei affanni, e anche – se devo essere sincero fino in fondo – per sottrarmi a certi fastidi che il mio comportamento mi aveva procurato. Dopo molti mesi di penosa permanenza ho scoperto però che cambiare cielo aiuta poco. Ora che sono vecchio e credo di vedere con piú chiarezza, so che bisogna cambiare dentro, non fuori, che è necessario gettare via le scorie, le illusioni, i facili entusiasmi che ci animano negli anni giovanili. Ti sembrerà che esorti me stesso, e tu che mi leggi, a rinunciare a una parte della vita, la piú brillante, la piú vitale. Non è cosí. Dico solo che la vita va cercata nel profondo di noi stessi come del resto esorta a fare l'oracolo col motto: Γνῶθι σεαυτόν, conosci te stesso. Parole immortali che vengono dalla voce stessa di Apollo, iscritte nel frontone del suo tempio a Delfi. Come interpretarle? Alcuni sostengono che il dio della musica e della profezia abbia cosí invitato ad ammettere l'angustia delle umane capacità, l'opaca limitatezza del nostro intelletto quasi avesse detto «rassegnati, sei quello che sei». Io gli attribuisco un diverso significato: conosci te stesso vuol dire indaga dentro di te, arriva piú vicino che puoi a quel grumo oscuro che si nasconde dentro ognuno di noi, di cui spesso non siamo consapevoli, che ci spinge ad azioni o sentimenti riprovevoli.

Voglio dedicare gli anni che mi restano prima che Atropo tagli il filo della mia vita alla filosofia e alla riflessione. A Roma ormai resto poco. Il chiasso e la sporcizia delle strade mi sgomentano, il traffico è spaventoso, le osterie coi loro tavoli fin sulla strada sono affollate non appena aperte; tremolano le voci dei mendicanti, ricordando le loro disgrazie cercano d'intenerire i passanti, tutto un mondo, all'ombra o al sole, va, viene, grida, s'accalca, si spinge, si urta.

Taccio degli esempi che vengono dalla corte: sono oltraggiosi. Che devo pensare di un imperatore che invece di badare alla salute del popolo si atteggia a mimo e citareda, che circondato di bagasce spende le notti in bagordi?

Preferisco la quiete e qualche volta la noia della campagna. Davanti alla mia casa ci sono, colme di fronde e di trilli, una dozzina di querce, alberi magnifici. Erano qui quando non ero ancora nato, saranno ancora qui quando non ci sarò piú. Un giorno lontano però anche loro cesseranno di vivere e torneranno al nulla da cui, come ogni cosa, sono sorte. Credo amico caro di aver risolto i miei dubbi giovanili, oggi sono certo che al di là dell'ultima soglia che dobbiamo varcare non ci sia altro che il ritorno al grembo perennemente fecondo della natura, che tutto dà e tutto toglie e non si cura della sorte degli individui come non se ne curano le stelle che in questo momento vedo fiammeggiare sopra di me. È questa ormai la mia religione – credere negli dèi è solo una delle forme possibili della vita spirituale. Io m'incanto a guardare i campi che l'aratro non ha mai violato, né sono mai stati manomessi da mano umana. Amo la profonda quiete del bosco, le odorate ginestre, talvolta il mio pensiero s'annega in questa immensità e naufragare in questo mare mi è dolce.

Procura di stare in salute e voglimi bene come io te ne voglio.

Caio Quinto Lucilio

Riconoscimenti, fonti, curiosità

Per la stesura di questa vicenda mi sono state preziose, nel corso degli anni, numerose letture sull'argomento. Tra queste:

Sh. Asch, *Il Nazareno*, Castelvecchi, Roma 2012.

R. Aslan, *Gesú il ribelle*, Rizzoli, Milano 2013.

M. Bulgakov, *Il Maestro e Margherita*, Einaudi, Torino 1967.

Ch. Cohn, *Processo e morte di Gesú. Un punto di vista ebraico*, a cura di G. Zagrebelsky, Einaudi, Torino 2000.

H. Daniel-Rops, *La vita quotidiana in Palestina ai tempi di Gesú* Mondadori, Milano 1986.

Flavio Giuseppe, *Antichità giudaiche*, Utet, Torino 1998.

Flavio Giuseppe, *La guerra giudaica*, Mondadori, Milano 1982.

A. France, *Le Procurateur de Judée*, in *Œuvres complètes*, Calmann-Lévy, Paris 1925.

Ch. Guignebert, *Jésus*, Albin Michel, Paris 1947.

G. W. F. Hegel, *Vita di Gesú*, Laterza, Roma-Bari 1994.

M. Hengel, *Crucifixion in the Ancient World and the Folly of the Message of the Cross*, Abingdon, Nashville 1973.

J. Jeremias, *Jérusalem au temps de Jésus*, Cerf, Paris 1967.

F. La Gioia, *Comprendere il Nuovo Testamento*, AdP, Roma 2007.

E. Lohse, *Le milieu du Nouveau Testament*, Cerf, Paris 1973.

R. Penna, *L'ambiente storico-culturale delle origini cristiane*, Edb, Bologna 1991.

A. Prinz, *Gesú. Il piú grande ribelle della storia*, Feltrinelli, Milano 2014.

E. Renan, *Vita di Gesú*, Dall'Oglio, Milano 1962.

J. M. Ribas Alba, *Proceso a Jesús*, Almuzara, Córdoba 2013.

J. Saramago, *Il vangelo secondo Gesú*, Bompiani, Milano 1996.

C. Tóibín, *The Testament of Mary*, Penguin Books, London 2013.

Ch. Türcke, *Il sogno di Gesú*, Rosenberg & Sellier, Torino 2013.

Molto devo alle conversazioni avute con il professor Remo Cacitti sulla nascita del cristianesimo; il professor Vito Mancuso su una visione aperta e piú umana della teologia cristiana; il professor Mauro Pesce sulla vita «storica» di Gesú; il professor Marco Vannini sull'idea mistica, in particolare sull'interpretazione mistica della Pasqua.

A loro la mia piú sentita riconoscenza.

Qualche chiarimento per chi volesse approfondire certi aspetti.

La traduzione dei versi di Lucrezio è di Luca Canali, da *La natura delle cose*, Rizzoli, Milano 1990.

Il dialogo in carcere tra Gesú e Barabba, nonché quello tra Claudia e Lucilio, sono parzialmente ispirati al tema della libertà di cui al sermone del Grande Inquisitore ne *I fratelli Karamazov*, di Fëdor Dostoevskij.

Alcuni monologhi dei vari protagonisti sono stati ripresi, anche se ampliati e in forma diversa, dal mio dramma *Nel nome di Gesú*, andato in scena nel 2010 per il teatro Stabile di Genova (regia di Andrea Liberovici, protagonisti Paolo Bonacelli e Stefania Pascali).

Il «credo» dei farisei di cui al dialogo tra Giuseppe d'Arimatea e Pilato è tratto da Flavio Giuseppe, *Antichità giudaiche*, XVIII, 12.

Nella stessa opera (XVIII, 85) si trova il resoconto dell'eccidio dei samaritani radunati al monte Garizim.

I sogni citati da Lucilio nel dialogo con Claudia provengono da *L'interpretazione dei sogni* di Artemidoro, Adelphi, Milano 1975.

L'esemplificazione dei sogni nello stesso dialogo parafrasa invece *De rerum natura* di Lucrezio (IV-962 sgg.).

Le citazioni del vangelo di Tommaso sono tratte da *I vangeli apocrifi*, a cura di M. Craveri, Einaudi, Torino 2014.

La lettera che Lucilio scrive all'amico sul tema della morte (cap. IV) è ispirata al finale dell'epistola 65 indirizzata da Lucio Anneo Seneca al suo corrispondente Lucilio. Nulla a che vedere col nostro personaggio, casuale omonimia.

La scena postribolare tra Nikephoros e Fillide è ispirata alla leggenda che anche il sommo Aristotele si facesse cosí cavalcare da una cortigiana di nome Fillide.

Nella mitologia greca Fillide, figlia del re di Tracia, a seguito dell'infelice amore con Demofonte si uccise e venne mutata in un mandorlo.

I versi intonati dalla giovane donna sono tratti da *I canti di Bilitis*, di P. Louÿs, Novecento, Palermo 1984.

Le riflessioni di Lucilio su Quinto Orazio Flacco prendono spunto dalla famosa sentenza del poeta: «Caelum, non animum mutant, qui trans mare currunt», chi attraversa i mari cambia di cielo non di animo. Orazio muore il 27 novembre dell'anno 8 a.e.v.; le sue parole si trovano in una lettera a Bullazio. Lucilio ovviamente non poteva conoscerle ma la forza della *fictio* – e del sogno – supera certi vincoli.

Lo scritto di Gandhi al quale si fa riferimento è: *Buddismo, Cristianesimo, Islamismo, le mie considerazioni*, Newton Compton, Milano 1993.

L'esempio che Lucilio propone a Joshua su come saranno le mogli e i mariti dopo la resurrezione parafrasa Luca 20, 34-36.

L'episodio della donna che in casa del fariseo Simone lava i piedi di Gesú per asciugarli poi con le sue lacrime è tratto da Luca 7, 36-50.

La frase pronunciata da Gesú nel corso del colloquio con Caio Lucilio – «Se io non sono per me, chi è per me? E se io sono solo per me stesso, cosa sono? E se non ora, quando?» – appartiene in realtà al famoso e sapientissimo rabbino Hillel il Vecchio (circa 60 a.e.v. - 7 e.v.), vissuto a Gerusalemme al tempo di Erode il Grande.

Celebre anche la sua risposta a uno studente che era ansioso di conoscere l'intera Torah. Disse: «Ciò che non è buono per te non farlo al prossimo tuo. Questa è tutta la Torah, il resto è commento».

Questo precetto morale compare già nel libro di Tobia (4, 15): «Non fare a nessuno ciò che non piace a te». Ma anche altrove nella Bibbia. «Ama il tuo prossimo come te stesso» sta in Levitico 19, 18; «Ama lo straniero perché anche voi foste stranieri», Deuteronomio 10, 19. Gesú perfeziona il precetto, volgendolo in positivo: «Tutto quanto volete che gli uomini facciano a voi, anche voi fatelo a loro. Questa è la Legge» (Mt. 7, 12).

La storia delle grandi «prostitute» d'Israele può essere approfondita nei seguenti libri della Bibbia: storia di Tamara, in Genesi 38; storia di Raab, in Giosuè, 2, 1; storia di Ruth, in Ruth 3, 3 sgg.; storia di Betsabea, in Samuele II, 11, 2 sgg.; storia di Dalila, in Giudici, 16; storia di Giuditta, in Giuditta 13. Sono racconti mirabili, seducenti e molto crudeli.

L'attacco dell'ultima epistola di Lucilio all'amico Publio Labieno è ispirata a quella di Seneca del Libro V, numero 47. Contiene però anche altri rimandi, compresa l'evidente conclusione leopardiana. Ne indico alcuni. La frase su una religiosità che prescinda dalla fede in un dio è influenzata da quanto scrive Ronald Dworkin in *Religione senza Dio*, il Mulino, Bologna 2014; l'incanto dei campi lasciati vergini richiama, alterandolo leggermente, Virgilio che nelle *Georgiche* (II, vv. 438-9) scrive: «Iuvat arva videre non rastris, hominum non ulli obnoxia curae» («È bello vedere i campi non soggetti al rastrello né ad alcun lavoro dell'uomo»). Lo spettacolo del disordine e del chiasso di Roma riprende un passo da *La vita quotidiana a Roma all'apogeo dell'impero*, di J. Carcopino, Laterza, Bari 1967.

Il giudizio fortemente negativo sui seguaci di Gesú è riferito da Tacito negli *Annali* (XLIV, 2, 3). Lo storico racconta che a seguito dell'incendio fatto appiccare, forse, da Nerone, fu facile scaricare la colpa sui cristiani data la pessima fama che li circondava: «Per troncare le dicerie, Nerone spacciò come colpevoli e sottopose a pene raffinatissime quelli che il popolo chiamava cristiani, odiati per le loro nefandezze. Tale nome veniva da Cristo che sotto il regno di Tiberio era stato suppliziato per ordine del procuratore Ponzio Pilato. Momentaneamente repressa, la nefasta superstizione dilagò di nuovo non solo in Giudea, dove questo malanno aveva avuto origine, ma anche a Roma dove da ogni parte ogni cosa atroce o vergognosa confluisce e viene praticata».

Stampato per conto della Casa editrice Einaudi
presso ELCOGRAF S.p.A. - Stabilimento di Cles (Tn)
nel mese di agosto 2015

C.L. 22365

Ristampa							Anno			
0	1	2	3	4	5	6	2015	2016	2017	2018

Frontiere Einaudi

Orhan Pamuk, *Altri colori*
Atul Gawande, *Con cura*
Kate Summerscale, *Omicidio a Road Hill House*
Enzo Bianchi, *Il pane di ieri*
Martin Amis, *Il secondo aereo*
Cynthia Saltzman, *Ritratto del dottor Gachet*
Jonathan Littell, *Il secco e l'umido*
Philip Gourevitch e Errol Morris, *La ballata di Abu Ghraib*
Murakami Haruki, *L'arte di correre*
Benedetta Tobagi, *Come mi batte forte il tuo cuore*
E. Lucas Bridges, *Ultimo confine del mondo*
Richard Mabey, *Natura come cura*
José Saramago, *Quaderni di Lanzarote*
Aatish Taseer, *Straniero alla mia storia*
Giorgio Ficara, *Riviera*
Linda Colley, *L'odissea di Elizabeth Marsh*
Umberto Veronesi, *Dell'amore e del dolore delle donne*
Jonathan Littell, *Cecenia, anno III*
Enzo Bianchi, *Ogni cosa alla sua stagione*
Tahar Ben Jelloun, *Marocco, romanzo*
Thomas Geve, *Qui non ci sono bambini*
Adriana Zarri, *Un eremo non è un guscio di lumaca*
Jane Robins, *Il magnifico Spilsbury*
Laurent Binet, *HHhH*
Least Heat-Moon, *Le strade per Quoz*
Robert Macfarlane, *Luoghi selvaggi*

Atul Gawande, *Checklist*
AA.VV., *Menti criminali*
Chiara Frugoni, *Storia di Chiara e Francesco*
Dileep Padgaonkar, *Stregato dal suo fascino*
Orhan Pamuk, *Romanzieri ingenui e sentimentali*
Agata Tuszyńska, *Wiera Gran*
Elif Batuman, *I posseduti*
John Vaillant, *La tigre*
Julio Cortázar e Carol Dunlop, *Gli autonauti della cosmo-strada*
Kate Colquhoun, *Il cappello di Mr Briggs*
Jonathan Franzen, *Piú lontano ancora*
Orhan Pamuk, *L'innocenza degli oggetti*
Kate Summerscale, *La rovina di Mrs Robinson*
Daniel Del Giudice, *In questa luce*
Paul French, *Mezzanotte a Pechino*
Nadia Fusini, *Hannah e le altre*
Angelo Ferracuti, *Il costo della vita*
Philip Hoare, *Leviatano*
Nuto Revelli, *Il popolo che manca*
Robert Macfarlane, *Le antiche vie*
Murakami Haruki, *Ritratti in jazz*
Benedetta Tobagi, *Una stella incoronata di buio*
Jonathan Littell, Trittico. *Tre studi da Francis Bacon*
Paul Auster - J. M. Coetzee, *Lettere (2008-2011)*
Adriana Zarri, *Con quella luna negli occhi*
Jonathan Franzen, *Il progetto Kraus*
Julie Kavanagh, *La ragazza delle camelie*
Anya von Bremzen, *L'arte della cucina sovietica*
Melania G. Mazzucco, *Il museo del mondo*
Umberto Veronesi, *Il mestiere di uomo*
Claudia Roth Pierpont, *Roth scatenato*
Stefano Bartezzaghi, *M*
Alex Shoumatoff, *Leggende del deserto americano*

LAKE DISTRICT BOULDERING

Dedicated to Maia

GREG CHAPMAN

LAKE DISTRICT BOULDERING

Vertebrate Publishing, Sheffield
www.v-publishing.co.uk

LAKE DISTRICT BOULDERING

First published in 2019 by Vertebrate Publishing.

Vertebrate Publishing
Omega Court, 352 Cemetery Road, Sheffield S11 8FT, United Kingdom.
www.v-publishing.co.uk

A CIP catalogue record for this book is available from the British Library.

ISBN 978-1-910240-73-1

COVER Greg Chapman on *The Secret Garden*, Jopplety How (page 464).
PHOTO Julia Entwistle.

Design by Nathan Ryder, production by Jane Beagley.
www.v-publishing.co.uk

Printed and bound in Europe by Latitude Press.

Vertebrate Publishing is committed to printing on paper from sustainable sources.

MIX
Paper from responsible sources
FSC® C112556

For the latest information on bouldering in the Lake District, visit ***lakesbloc.com***

Contents

MAD ROCK

Introduction

With varied landscapes, intricate geography, disparate beauty and diverse geology the Lake District and its surrounding area arguably offers up more variety than any other single bouldering area in the UK. This wondrous region plays host to an astonishing array of rock: an assortment of volcanic goodies scatter the central fells and valleys, sandwiched between the Triassic sandstone playgrounds of the north and the Carboniferous limestone gems hidden amongst the South Lakes bluebells. From excellent roadside venues such as Woodwell, the Langdale Boulders, the Bowderstone and Carrock Fell, to the adventure bouldering of the western fells and coastline, the Lake District has it all – and it's all worth savouring.

Despite its popularity as a honeypot tourist destination, as British bouldering destinations go, the Lakes is often portrayed as something of a backwater. In the main this is due to the area being relatively newly developed, with perhaps 80 per cent of the areas featured in this book being discovered or properly developed within the last 20 years, and many much more recently. On top of this, a number of the best, lesser-known areas are accessed via a complex and sometimes slow road system which can seem antiquated when compared to that in other parts of the UK. This should not put you off; to the contrary, it's all part of the magic.

For me there's something different about bouldering in the Lake District – a quiet calm that sets it apart from the more established destinations. Sure, the region contains the extensive, roadside venues required to be considered a truly great climbing destination, yet the hoards of babbling spotters and pre-chalked lines commonplace in parts the Peak District, Yorkshire and North Wales are for the most part absent here. In much of the Lakes, adventure and bouldering still walk hand in hand. Blue-sky days come and go, and you can have entire crags (even major ones!) to yourself. I'd like to think that the essence of bouldering in the Lakes is not just about getting the tick or the adulation of the crowd, but about enjoying the whole experience – the tremendous climbing, the winding roads, the incredible settings, the tranquillity, and even, dare I say, the walk-ins. To paraphrase Alfred Wainwright, no one ever came down from the Lakeland hills without feeling in some way refreshed, and the better for their experience ... of course he never carried three crashpads up Scafell!

Whether you choose to fully immerse yourself in the Lakes bouldering experience, seeking out the hidden treasures of the high fells, quieter valleys and smugglers' coves, or simply dip in and out of the high-class, easily accessed mainstream venues, you won't be disappointed.

Greg Chapman
Lancaster, March 2019

◀ THE AUTHOR ON THE FIRST ASCENT OF *TRACI LORDS* AT THE LAD STONES IN 2003 (PAGE 191) **PHOTO**: TOM BURNS

A legal bit

Every effort has been made to achieve accuracy of information in this guidebook. The author, publisher and copyright owners can take no responsibility for: loss or injury (including fatal) to persons; loss or damage to property or equipment; trespass, irresponsible behaviour or any other mishap that may be suffered as a result of following descriptions or advice offered in this guidebook. The inclusion of a bouldering area or approach to a bouldering area does not guarantee a right to climb there or a right of way to reach it – if conflict with landowners arises, we advise that you act politely and leave by the shortest route available. If the matter needs to be taken further, please take it up with the relevant authority.

For up to date information on access please visit the BMC's Regional Access Database (RAD): *www.thebmc.co.uk/rad*

Acknowledgements

A lot can happen in 20 years. From barely enough content to fill 20 or 30 pages back in the late 1990s, to the present and this guidebook of over 550 pages, Lake District bouldering has truly come of age.

Many people have assisted in the gathering and compiling of the information in this book. However, the driving force behind bouldering in the Lakes and its surrounding countryside, as well as the forge for much of the information in this guide, has long been the *LakesBloc.com* website. Until now this inanimate cloud of data and code was the main home for much of the knowledge within these pages: a small dynamic hub where rough topos and loose grades were hammered into shape by a core of keen locals. To me at least, it became an entity in its own right: often inspiring me to get out and explore, or rediscover past haunts when my own enthusiasm was at a low ebb, and in the process finding ever more great new problems. I shall endeavour to keep it alive so it can continue to enthuse anyone who cares to look, myself included!

This book also builds on the fine work done by Jonathan Lagoe and Andy Hyslop in their 2006 *Lakes Bouldering* guide, published by Rockfax. Their book brought bouldering in the region to a larger audience, was more inclusive of easier climbs and documented some areas which, at the time, were not covered by the LakesBloc website.

Special thanks to Dan Varian, George North, Neil Kershaw, John Kettle, Pete Gunn, Phil Wake and Julia Entwistle for their direct help with large portions of content.

Also, massive thanks to John Coefield and Vertebrate Publishing, without whom this guide would not have been possible.

Finally, thanks of course go to all the photographers, climbers and other helping hands that brought this epic project to fruition:

Chris Fisher, Ben Freeman, Jon Freeman, Dan Turner, Andy Hebson, Tom Newberry, Jim Arnold, Julia Entwistle, Dave Birkett, Mary Birkett, Kris Hall, Nia Fletcher, Jon Bassindale, Ron Kenyon, Robin Mueller, Mike Binks, Annette Smith, Mike Adams, Dave Bates, Nick Russell, Tom Walkington, Pete Wilkinson, Nick Halbert, Rob Fielding, John Coefield, Dave Parry, Jake Surman, Chris Arthur, Joe Taylor, Tim Carruthers, Tom Burns, Trev Suddaby, Rich Lanham, Mickey Stainthorpe, John Gaskins, Andy Mitchell, Simon Panton, Chris Doyle, Andy Clough, Pete Apps, Jack Metcalfe, Pil Lockey, Adam Hocking, Mike Tyson, Al Wilson, Neil Thompson, Mark Johnson, David Mason, Tim Stubley, Sam Davenhall, Si O'Conor, Jordan Buys, Adam Lincoln, Kit Wilkinson, Ian Tilney, Kieran Fallows, Josh Jardine, Bruce Jardine, Jonny Squire, Mark Savage, Ash Clarke, Jonny Blakey, Dawid Skoczylas, Keith Sharples, Jonathan Bean, Sam Lawson, Michelle Gill, Hulda Norstein, Jonathan Doyle, Michele Caminati, Matt Greenwell, Tom Peckitt, Tom Bunn, Al Lee, Ste Barker, Stephen Reid, Davina Mouat.

What's in and what's not

This book contains definitive information for all the best true bouldering areas in the region. Almost every Font 6b and above is listed or referenced, and problems below this grade are only omitted if there is good reason: miles from the road, very isolated, filthy/poor rock or particularly high. I have made a concerted effort to include as many easier lines as possible and there is a good quota of problems from Font 2 to 5+. Some eliminates and rules-based problems are included, however complex eliminates, such as those of Trowbarrow's Red Wall, have been omitted to save space. Information for such places will remain available on the LakesBloc website.

Due to my connection with their development, traditionally the LakesBloc website covered a number of areas in north Lancashire. For a long time, information for areas such as Thorn Crag was only available on LakesBloc. In recent years, the quality of these Bowland crags has been recognised with their inclusions in a number of guidebooks: non better than that of Robin Mueller's superb *Lancashire Bouldering* guide, which covers them all. For this reason, and the obvious geographical sense of it, the grit crags are left out and the most southerly areas featured in this book are those in the vicinity of Warton and Carnforth.

The two main crags which could arguably have been included but are not are Windmore End and Christianbury Crag. In the case of Windmore End, we ultimately decided the combination of its roster being more that of micro routes and its distance being much farther east than any other included meant it didn't make the cut. In spite of its location on the very northern tip of Cumbria, the excellent yet little-known Christianbury Crag would certainly have been included if time and space had not been a factor. I will look at putting a crag topo together for LakesBloc and with some luck it will be included in a future guidebook.

Joe Taylor climbing *Once Upon a Time in the West*
Seathwaite Circuit. Photo: Greg Chapman

Names and first ascents

Countrywide, the naming of boulder problems is now in line with that of routes – new climbs get a name. Personally I think this is a good thing, as, for referencing purposes, it makes discussing an ascent with someone much easier. It's also helpful when it comes to recording climbs, something we climbers love to do. For this reason, the BMC now actively retro-names previously unnamed boulder problems in its guidebooks. While I have not gone down this road wholesale, I have certainly retro-named quite a few good historical problems, usually with something logically descriptive, such as *Ash Tree Wall*, *Badger Arête*, etc. Please do not take offence; no one is retro-claiming theses climbs, it's purely for the reasons outlined.

Due to the very small number of individuals involved in a large percentage of the development over the last 20 years or so, along with the limited information on climbs from before this time, I decided to leave out both a dedicated history section and refrain from the practice of naming first ascensionists after each climb. The key individuals in the development of a given crag are generally mentioned in the introductory sections to each area; hopefully this will suffice.

Safety statement

Climbing, bouldering and spotting are activities that carry a risk of personal injury or death. Participants must be aware of and accept that these risks are present and they should be responsible for their own actions and involvement. Nobody involved in the writing and production of this guidebook accepts any responsibility for any errors that it contains, nor are they liable for any injuries or damage that may arise from its use. All climbing, bouldering and spotting is inherently dangerous and the fact that individual descriptions in this volume do not point out such dangers does not mean that they do not exist. Take care.

Mountain Rescue

In case of an accident or similar requiring mountain rescue assistance, dial **999** and ask for **POLICE – MOUNTAIN RESCUE**. Be prepared to give a six-figure grid reference of your position in the case of a high-fell location.

MOUNTAIN RESCUE BY SMS TEXT

Another option in the UK is contacting the emergency services by SMS text – useful if you have a low battery or intermittent signal. You need to register first – text 'register' to **999** and then follow the instructions in the reply.
www.emergencysms.org.uk

Access

While many of the venues in this guide are on open access land or permission to climb has been granted by the landowner, the inclusion of a crag is not a guarantee of an unrestricted right of access. Seasonal restrictions may apply – for example due to nesting birds at some of the sectors at St Bees. Respect the wishes of any landowners you may meet and any signs you may see. Up-to-date access information is available from the BMC's Regional Access Database (RAD): *www.thebmc.co.uk/rad*

Behaviour

We boulderers share the rocks with many other interested parties. Our behaviour is paramount not only to other people's enjoyment but also to maintaining access. Keep to footpaths, remove litter, do not leave chalk tick marks and lines on the boulders (or avoid chalk donkey lines all together!), do not climb drystone walls or fences, close any gates you open (but leave open any gates you find open), do not damage vegetation, keep dogs on leads if they might disturb sheep or wildlife, park sensibly, keep noise to a minimum and moderate your language.

Respecting the rocks

Rocks are often very big and compared to us they are very hard. Because of this, many people are under the impression that they don't wear out. Not true. Please minimise damage by not using wire brushes, keeping cleaning to a minimum, not attempting to climb when the rock is at all damp or wet and keeping the soles of your climbing shoes clean.

The Countryside Code:
RESPECT, PROTECT, ENJOY

The Countryside Code summarises the responsibilities of visitors to the countryside and those who manage the land. The full version can be found at *www.gov.uk*

RESPECT OTHER PEOPLE

- Consider the local community and other people enjoying the outdoors.
- Leave gates and property as you find them and follow paths unless wider access is available.

PROTECT THE NATURAL ENVIRONMENT

- Leave no trace of your visit and take your litter home.
- Keep dogs under effective control.

ENJOY THE OUTDOORS

- Plan ahead and be prepared.
- Follow advice and local signs.

Stars

This guidebook features a star system to highlight problems of particular quality or classic status. The absence of a star doesn't mean that a problem is not of very good quality – we've just highlighted some of the best.

- * A very good or minor classic problem at that crag.
- ** A superb or classic problem. One of the best in the Lake District area.
- *** Superb. Nationally – or even internationally – significant.

Grades

The Fontainebleau system of grading has become established in the UK, and we have used it in this guide. We have also employed the principle of grading traverses using the same system as the 'up' problems (unlike in Fontainebleau where a separate and confusing system is used). This is now the norm throughout the majority of Europe. A 7a 'up' problem should therefore be of the same difficulty as a 7a traverse.

The Fontainebleau grade is one that aims to rank the absolute difficulty of getting from the bottom or start of a problem to the top or finish by the easiest method, and the grade of any given problem is established by consensus. The grade therefore generally reflects the difficulty that would be encountered by an average climber, of average height, of average strength and ability (for the grade) with an average life. Newer, harder or less popular problems will have had fewer ascents and therefore the grade is less likely to be correct (on average). This is worth bearing in mind in particular in the Lakes where some venues and problems are relatively recent developments. New methods are also sometimes found making the grade given for a harder method redundant. Add into mix the fact that you are unlikely to be average yourself and there are a whole host of reasons why the grade may not be right or you may not agree with it. *Soft, second go.*

Map key

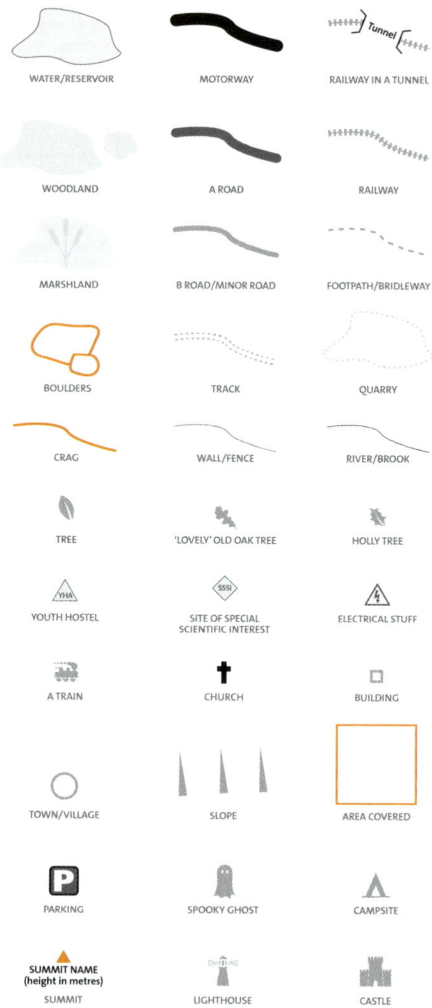

GRADE COMPARISION TABLE

Font	3	3+	4	4+	5	5+	6a	6a+	6b	6b+	6c	6c+	7a	7a+	7b	7b+	7c	7c+	8a	8a+	8b	8b+	8c
V	V0-		V0	V0+	V1	V2	V3		V4		V5		V6	V7	V8	V9	V10		V11	V12	V13	V14	V15
UK Tech	4c		5a	5b		5c		6a			6b				6c			7a			7b		

VOLTAGE
Red Chili
VOLTA
Red Chili
"ONLY CLIMBERS KNOW WHAT CLIMBERS NEED"
Red Chili
redchiliclimbing.com | /redchiliclimbing

Useful information

Here's a few pointers to places to eat, drink, sleep and shop in and around the Lakes, plus some useful websites and other resources.

TOURIST INFORMATION CENTRES

Cumbria Tourism
www.golakes.co.uk

Official website of the **Lake District National Park**
www.lakedistrict.gov.uk

Ambleside Central Buildings, Market Cross
T 0844 225 0544
E *tic@thehubofambleside.com*

Coniston Ruskin Avenue
T 01539 441 533
E *mail@conistontic.org*
www.conistontic.org

Grasmere Red Bank Road
T 01539 435 245

Kendal Made in Cumbria, Stramongate
T 01539 735 891
E *info@kendaltic.com*

Keswick Market Square
T 01768 775 043
E keswicktic@lakedistrict.gov.uk

Lancaster Meeting House Lane
T 01524 582 398
www.visitlancashire.com

Penrith
T 01768 867 466
E *pen.tic@eden.gov.uk*
www.visiteden.co.uk

Seatoller Borrowdale
T 01768 777 294

Ullswater Beckside Car Park, Glenridding
T 01768 482 414
E *ullswatertic@lakedistrict.gov.uk*

Windermere Glebe Road
T 01539 488 005
E *BownessTIC@lakedistrict.gov.uk*

AIDAN ROBERTS ON *SIDEKICK*, THE BOWDERSTONE (PAGE 365) PHOTO: MARK SAVAGE

www.lasportiva.com
Become a La Sportiva fan
@lasportivatwitt
Val di Fiemme, Trentino
LA SPORTIVA
TESTAROSSA
TESTAROSSA reboot
Because you love to feel the rock.
Because climbing is an instinct.
Because classics never die, they evolve.
Testarossa reboot: Instant Classic.
LA SPORTIVA
innovation with passion
La Sportiva products are distributed in the UK and Ireland by Lyon Equipment - www.lyon.co.uk

PUBS

Some of the better proper pubs in the Lakes ...

The Prince of Wales Foxfield
Superb food and beer – perfect after a day out in the Duddon Valley or Eskdale. Stops serving food at 7 p.m., so best in winter.
T 01229 716 238

The Badger Bar Rydal
An excellent pub specialising in Cumbrian beers. It's worth hanging around the car park at dusk in summer ...
T 01539 434 500

Staveley Beer Hall
The 'tap' for the Hawkshead Brewery – a massive selection of beers and beer tapas. Ideally situated for post-Kentmere supping.
T 01539 825 260

The Old Crown Hesket Newmarket
Well worth the trip from Carrock Fell, this is Chris Bonington's local pub. The Hesket Newmarket Brewery is situated to the rear and the full range is available at the bar.
T 01697 478 288

The Old Dungeon Ghyll Hotel Great Langdale
A classic Lake District pub which can get very busy in summer. The Yates bitter is worth the visit alone though and is probably the finest session ale in the land.
T 01539 437 272

The Woodlands Silverdale
A hidden gem in an old country house above the village. Perfect for watching the sun set over Morecambe Bay after a session at Woodwell.
T 01524 701 655

The Factory Tap Kendal
Westmorland CAMRA pub of the year 2017. Well worth a visit if you're passing through Kendal. The range of beers is outstanding and there's always a great atmosphere.
T 01539 482 541

The Sun Hotel Coniston
Handy for all the Coniston bouldering areas, this pub has great views from the terrace.
T 01539 441 248

The Keg & Kitchen Grange-over-Sands
Old-school pub in the centre of Grange. Expect friendly locals, cheap beer, belting burgers and a roaring fire during the winter months.
T 01539 583 003

The Dog and Gun Keswick
Always busy, but has good beer and a good atmosphere.
T 01768 773 463

The Shepherds Arms Ennerdale
Idyllic inn located in the centre of Ennerdale Bridge. Good beer and even better food.
T 01946 861 249

Kirkstone Pass Inn Ambleside
Reasonably priced food and drink on the apex of the pass makes this cosy pub the ideal refuelling pitstop. In summer the outdoor area provides incredible views of Windermere.
T 01539 433 888

Brotherswater Inn Patterdale
A perfect port of call after a visit to Threshthwaite Cove or Dove Crag. The neighbouring campsite also makes a great place to stay during the warmer months.
T 01768 482 239

CAFES

Wilf's Cafe Staveley
Handy for a pre- or post-Kentmere session.
T 01539 822 329

Rattle Ghyll Cafe Ambleside
T 01539 431 321

The Square Orange Keswick
T 01768 773 888

Brambles Cafe Chapel Stile
Well placed for the Langdale crags.
T 01539 437 500

Mathilde's Cafe Heaton Cooper Studio, Grasmere
T 01539 435 280

The Apple Pie Ambleside
Bakery and cafe. Also does B&B accommodation.
T 01539 433 679

Little Chamonix Keswick
T 07949 924 918

Shepherd's Cafe High Lodore Farm, Borrowdale
Tucked under Shepherd's Crag in Borrowdale.
T 01768 777 221

Copper Pot Cafe Ambleside
T 01539 431 911

Tebay Services nr J38, M6
Perfect for picking up a fancy pie on the way to or from the crag.

Jordan Buys at Harter Fell – Photo: Adam Lincoln
BOREAL
THE ART OF CLIMBING
www.borealoutdoor.com

LAKE DISTRICT BOULDERING – USEFUL WEBSITES

CAMPSITES & ACCOMODATION

Elterwater Hostel
Formerly a YHA hostel, this great hostel is centrally located making it ideal for lots of crags, including those in Langdale and around Coniston.
T 01539 437 245

Fisherground Campsite Eskdale
Ideally located next door to the Fisherground bouldering.
T 07580 125 952

Alternatively contact a local tourist information centre for full details of accommodation, or try one of the trusty youth hostels dotted around the Lakes: *www.yha.org.uk*

GEAR SHOPS

Rock + Run
www.rockrun.com – web-only shop based in the South Lakes. (Click+Collect available.)

Needle Sports Keswick
T 01768 772 227
www.needlesports.com

The Climbers Shop Ambleside
T 01539 430 122
www.climbers-shop.com

George Fisher Keswick
T 01768 772 178
www.georgefisher.co.uk

The Epicentre Ambleside
T 01539 528 528
www.theepicentre.co.uk

Alpkit Ambleside
T 01539 454 954
www.alpkit.com

CLIMBING WALLS

Kendal Wall
T 01539 721 766
www.kendalwall.co.uk

Eden Rock Carlisle
T 01228 522 127
www.edenrockclimbing.com

Keswick Climbing Wall
T 01768 772 000
www.keswickclimbingwall.co.uk

Ambleside Climbing Centre
T 01539 433 794
www.amblesideadventure.co.uk

Kong Adventure Keswick
T 01768 775 907
www.kongadventure.com

Useful Websites

www.lakesbloc.com – where it all started. Visit the site for updates, new problems, photos, videos and more.

www.thebmc.co.uk/rad – the British Mountaineering Council's Regional Access Database.

www.ukbouldering.com – lively bouldering forum and essential resource for problem beta, crag conditions reports, gear help and pretty much anything else bouldering related.

www.ukclimbing.com – UK's biggest climbing website. The database and logbooks are handy resources.

www.metoffice.gov.uk – the Met Office. Dedicated Lakes forecasts, plus plot the rainfall, check wind direction and much more.

www.mwis.org – Mountain Weather Information Service forecast, with a dedicated forecast for the Lakes.

www.raintoday.co.uk – follow the rain and plan your day.

Other Publications

Lake District Bouldering (2006)
Jonathan Lagoe & Andy Hyslop, Rockfax
www.rockfax.com

Lancashire Bouldering (2014)
Robin Mueller, Cottongrass Books
www.lancashirebouldering.com

Peak District Bouldering (2011)
Rupert Davies, John Coefield, Jon Barton, Vertebrate Publishing
www.v-publishing.co.uk

Churnet Bouldering (2015)
Stuart Brooks, Vertebrate Publishing
www.v-publishing.co.uk

Boulder Britain (2011)
Niall Grimes, Ape Index
www.boulderbritain.com

The Fell & Rock Climbing Club also publishes the definitive guides to climbing in the Lakes, each of which includes some bouldering. *www.frcc.co.uk*

KENDAL WALL
INDOOR ROCK CLIMBING
IN THE LAKE DISTRICT
Kendal Wall
the biggest climbing wall in the north
Marmot
Marmot Loft 150 problems VB to V10 and the Den for children
Petzl Main Hall, walls from 7-25 metres and 6 autobelays
Bouldering on two floors and winter and summer bouldering comps
Dry tooling and other training facilities
pre-register online
01539 721766 www.kendalwall.co.uk

SOUTH LAKES LIMESTONE

The South Lakes Limestone area is the southernmost region in this book. It wraps around the Kent Estuary, stretching from the Witherslack and Kendal areas of south Cumbria to the quaint wooded hillsides of Warton, at Lancashire's northern tip. While a geographical misnomer, this pseudo-region's name is now commonly used by climbers, not only due to the uniformity of the rock, but also the similarity in both terrain and flora and fauna which is markedly different from that within the national park. Many of the small wooded fells on which much of the climbing is situated command superb views of Morecambe Bay, and come spring provide fine displays of wild flowers, including orchids, bluebells and cowslips.

Due to the seepage – common with limestone – the area is at its best between spring and autumn, when less rain and the thirsty trees keep the crags in prime condition. Along with the excellent bouldering, the area's popularity is further boosted by quick and easy access from the M6 and crags which, for the most part, have short approach times.

This part of the 'Lakes' rose to prominence after the release of the iconic 2001 British bouldering film *Stick It*, which told the tale of John Gaskins – a local dark horse who developed the small crags around Warton and nearby Silverdale throughout the 1990s and early 2000s – and filmed him climbing lines which would rapidly become must-do ticks. As well as the area's mid-grade classics, Gaskins also added some of the hardest lines of the era, a number of which have stood the test of time, seeing few if any repeats.

- **Silverdale Area**
- **Farleton Area**
- **Kendal Area**

JULIA ENTWISTLE ON *NETTLE WALL*, NEWBIGGIN CRAGS (PAGE 85) **PHOTO:** GREG CHAPMAN ▶

PETZL
PETZL

THE AUTHOR ENJOYING THE SUPERB FUSED ROCK OF *THE FLYING FINISH* AT WOODWELL O'ERT ROAD (PAGE 50) **PHOTO**: ANDY HEBSON ▼

SILVER-DALE AREA

KATIE VARIAN SLAPS FOR VICTORY ON *FUNK PHENOMENA*, TROWBARROW QUARRY (PAGE 55) **PHOTO**: DAN VARIAN ▶

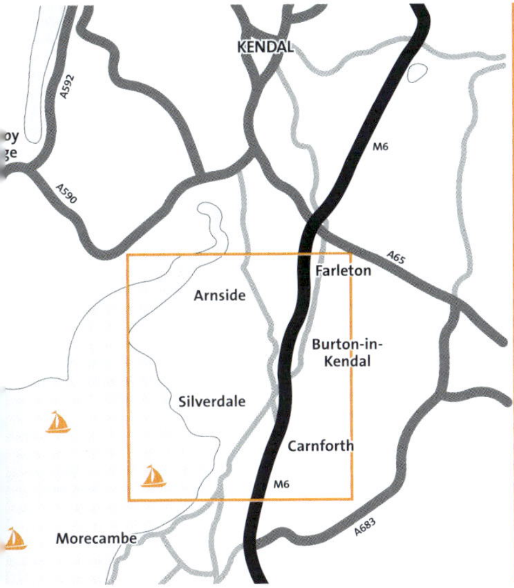
KENDAL
A592
A590
M6
A65
Farleton
Arnside
Burton-in-Kendal
Silverdale
Carnforth
M6
A683
Morecambe

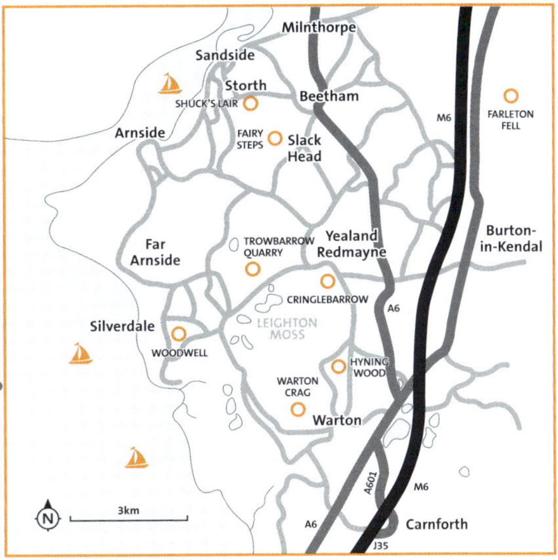
Milnthorpe
Sandside
Storth
SHUCK'S LAIR
Beetham
M6
FARLETON FELL
Arnside
FAIRY STEPS
Slack Head
Far Arnside
TROWBARROW QUARRY
Yealand Redmayne
Burton-in-Kendal
CRINGLEBARROW
A6
LEIGHTON MOSS
Silverdale
WOODWELL
HYNING WOOD
WARTON CRAG
Warton
A601
M6
N
3km
A6
Carnforth
J35

Warton Crag

ASPECT: **SOUTH-WEST** APPROACH: **15–20 MINS**
ALTITUDE: **150M** GRID REF: **SD 490 727**
PARKING: **54.145322, -2.770224** OS MAP: **OL7**

The situation and positioning of the various natural limestone outcrops dotted about Warton Crag is one of the finest in the UK: just enough altitude to command glorious panoramic views of the Yorkshire Dales, Lakeland and Morecambe Bay, but not so much as to cause exhaustion on the approach.

The mainstay of the bouldering centres on Warton Pinnacle Crag, a quick-drying tier which faces south-west and overlooks Morecambe Bay. The numerous other boulder problems on the fell are also described, but these would generally be of interest only to the completionist or die-hard local. While there are dozens of micro routes on both the Upper and Pinnacle crags, I have opted only to describe the lines which lend themselves best to the bouldering ethic. If you're into a spot of highballing and fancy increasing your options when visiting the area, check out the BMC's *Lancashire Rock* guide.

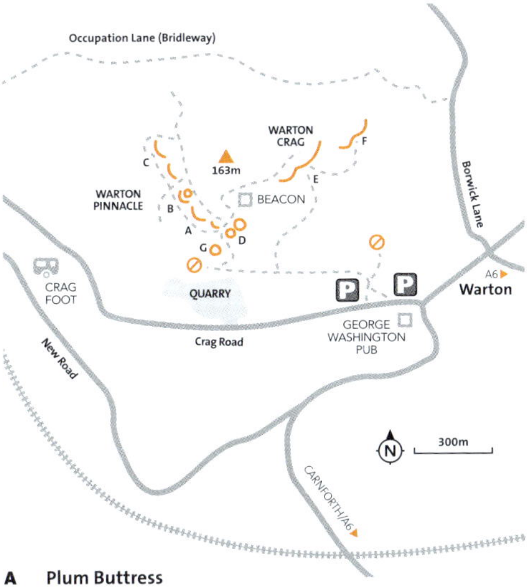

A **Plum Buttress**
B **The Pinnacle**
C **Black Buttress**
D **Stile Boulders**
E **Upper Crag**
F **Taken By Surprise**
G **Rocking Stone (no climbing)**

◀ THE AUTHOR ON *POISON* (PAGE 28) **PHOTO**: JULIA ENTWISTLE

Access and Approach

The RSPB owns the Pinnacle Crag and Lancaster City Council owns the Upper Crag. Both parties discourage group use so you shouldn't at any point be overwhelmed by screaming kids. There are no specific access concerns at present, although as the hillside is an SSSI and local nature reserve please keep noise to a minimum and remember to leave the area as you found it.

Warton Crag is easily accessible from the M6, and the Upper Crag will have no doubt been spotted by many a hawk-eyed crag spotter on his or her way along the motorway. Take J35 of the M6 and leave the subsequent roundabout at the eastern exist (first from the south, third from the north) towards J35a. From here continue north along the A6 for just over half a mile where a left turn (Borwick Lane) is taken to Warton village. At its termination (a T-junction), turn left and follow the high street to a right turn immediately before the George Washington pub (Crag Road). One hundred metres up Crag Road is a car park on the right. If this is full there is a lay-by a further 100 metres up the road on the right.

From the car park follow the path at the rear of the small quarry (or the footpath accessed via Ged's Gate at the eastern end of the lay-by) up the hillside to a swing gate. Go through the gate and turn left (west) up the hill and out of the trees. After around 400 metres a small gate is reached, directly above the main quarry. Go through the gate and after 40 metres turn right up a slight incline, sticking to the most prominent northerly path. After roughly 250 metres, and some undulating scrubby terrain,a small stile in some trees is reached. The main sector of the Pinnacle Crag (Plum Buttress) is situated 200 metres left (west) along the crag line from this point.

Conditions

The usual limestone principle applies here, with seepage being a problem throughout the winter and wetter months. That said, Plum Buttress in particular is well ventilated and high on the hill and can offer great conditions during winter's drier spells. In summer, the tree-shrouded sectors of the Pinnacle and Black Buttress can offer some respite from the sun, although midges can be an issue on windless, humid days.

PLUM BUTTRESS

A word of warning: all these lines finish at half height so a crashpad or two is pretty much a necessity. Most can be topped out at grades between Severe and HVS.

1 Greengage *6c*
SS. From the break climb the blunt prow direct to a small ledge.

2 Lone Tree Groove SS *4*
SS. The groove. Finish at the break or, even better, top out (Severe).

3 Voodoo People *7b* ★★★
SS. Start on the ground left of the long block. Pull through the roof on good edges to the lip and the right-hand end of a short, shallow break. Now turn the lip (crux) to finish up the centre of the wall at the break. 7a+ from standing.

4 Hoodoo People *6b+* ★
SS. As per *Voodoo People* to the edgy slot in the roof, then skirt left through the narrowest section of the roof to join the flakeline and pull into the groove to finish at the break.

5 Voodoo Magic *7c* ★
SS. As per *Voodoo People* to the shallow break just over the lip. From the left-hand end of this, climb direct up the right side of the (very) blunt arête/rib without the flakeline out left. Defined, but still good.

6 Poison *7c+* ★★
SS. As per *Voodoo People* to the lip, then traverse right to climb into and up the groove of *Sugarfix* to finish. Harder since the good (once very good) hold on the far right of the lip broke.

7 Goode Poison *7c+* ★
SS. A low traverse into the start of *Poison* from *Greengage* requires more power endurance but the hardest climbing remains the same.

8 E-Fix *7c*
SS. From sitting on the forwardmost block pull on via a slot (LH) and a square undercut pinch (RH). Climb direct to the lip and move right into *Sugarfix* to finish. Holds on *Voodoo People* are out. Finishing by moving into *Voodoo People* is *The Voodoo Fix*, also 7c.

9 Ebeneezer Goode *8a* ★
SS. Start at the base of *Greengage* and follow the low break to *E-Fix* and finish up this.

10 Sugarfix *6c+* ★
The hanging flake climbed on the left via a kneebar is awkward but excellent. Finish at the break.

11 Sugarfix SS *7b+* ★
SS. Start under the roof on a slot and crimp and climb into the stand-up version.

12 The Plumbline *7a* ★
From a two-handed jug below the overlap move up to a hanging crack, make an awkward move around the overlap and into the groove, and jump off at the break ... or carry on for an E3 tick. Incredibly, this was originally climbed in 1968 and given English 6a!

13 The Plumbline Traverse *7a*
From the two-handed jug at the base of *The Plumbline*, traverse the line of crimps below the lip to the main breakline and continue along this into and up either *The Vine Line*, *Master of Prow* or *Adora Kiora*.

14 The Original Debaser *8a* **
Climb the awesome prow on its left side. Starting at the base of *The Plumbline* increases the difficulty slightly.

15 Debaser *7a+* *
SS. From a very large low diagonal edge climb up to a jug in the break (left of the groove). Now move left and out on to the prow via two edges and make your way, via some big moves, to the jug in the base of the crack on the right side of the prow. Pull up and make a long stretch to a hidden jug right of a small tree. The big holds in the groove of *Dihedral* are out.

16 Debaser LH *7b* *
From the two-handed jug at the base of *The Plumbline*, traverse a line of crimps on the ramp into and up *Debaser*.

17 Dihedral SS *6b+*
SS. From a very large low diagonal edge climb up and into the groove. 5+ From standing.

18 Evolution *6b+*
SS. Use a slot and rounded hold low in the niche to move up to the highest break, veer right and up the headwall to finish.

19 The Vine Line *6a* *
The centre of the undercut wall from standing is superb.

20 Low Traverse *6b+*
SS. Start at the bottom of *Debaser* and move up to the low break. Follow it rightwards to finally finish up *Adora Kiora*.

21 Masters at Work *6b* *
SS. From two deep slots in the lowest break climb through the roof, bearing left, to finish up *The Vine Line*.

22 Master of Prow *6c+* *
SS. Start up *Masters at Work*, but at the break gain the large dished edge just above with your left hand and make tough moves into and up the left side of the blunt prow on pockets and sidepulls.

23 The Prow *6c*
SS. From the break climb the blunt prow direct, avoiding the good holds around to the right. 5 from standing.

24 Adora Kiora *6a*
SS. Start up *Masters at Work* but at the break traverse right to its termination and finish up the wall right of *The Prow* on good holds.

25 The Full Traverse *8a+*
SS. Start at *Greengage* and traverse the break and subsequent ramp rightwards under the roof all the way to *The Vine Line* and finish up this. All footblocks are out of bounds.

26 Plum Pudding *6b* **
12m right of the *The Prow* (and Plum Buttress) is a narrow, highball wall of the most delectable flowstone. Climb the centre of this via a sloping RH edge, avoiding holds in the groove out to the right, to an inverted LH slot before finishing direct.

THE PINNACLE: GEAR FREAK WALL

The Pinnacle sector is reached by following the crag line left for around 150m past a couple of high blocky buttresses and walls to an obvious perched block or 'pinnacle' balanced on top of a craglet in a slight clearing.

The last short, clean wall/slab passed before reaching the Pinnacle contains a few neat additions.

27 Gear Freak *6c*
The centre left of the thin wall, keeping a tight line up the middle to a hold just above the horizontal crucifix.

28 Xtravaganza *4+*
An easier line up the right side of the wall.

29 Stu's Traverse *6b+*
From the crack traverse the wall left to right.

THE PINNACLE

Most of the problems on the Pinnacle are fairly highball so a good crashpad is a must. Fortunately the cruxes are generally low down.

30 Beastmaster *6c+* *
A fine introduction to physically basic roof climbing. Tackle the centre of the roof and headwall above without the block to the left or holds on the right arête. Really rather good!

31 The Monkey's Paw *4+*
The undercut arête climbed mainly on the left is decent and high.

32 Muscles Crack *4+*
The flared crack provides good, but high, jug pulling.

33 Block and Wall *4*
On to the big block and direct up the wall above. Don't fall!

34 The Graunch *5*
The deep crack is far more awkward than it looks.

35 The Octagon *6b+*
The wall right of the deep crack without the use of the crack.

36 The Crank *7a*
Start on the block with your right hand in an oval pocket and your left hand on one of any number of poor gastons/dinks. Stack your feet high and make a long lunge diagonally up and left to a good but distant pocket, then move slightly left before heading straight up, topping out as per *The Octagon*. Not one to try unless you have a few pads and a spotter!

37 The Pocket Problem *5+* **
A local classic. Claimed by many but probably first done by Bill Lounds in the late 1960s or early 1970s. Start on the block and use the oval pocket and poor undercuts to move up and right to join the juggy diagonal crack.

38 Totally Focused *7a* *
The impeccable thin wall is climbed past an overlap before veering slightly left at two-thirds height to meet the diagonal juggy crack. Morpho.

39 Totally Focused SS *7a+* *
SS. With hands in the break climb into the stand without the blocky foot-flake just off the ground over to the right.

There are a few blocks in the trees below the Pinnacle which host a few short sit-start problems. However, due to their situation these have been reacquired by nature and are now rather grubby.

THE AUTHOR ON *EFIX* (PAGE 28) **PHOTO:** ANDY HEBSON

BLACK BUTTRESS

With its soft, lush mossy landing and remarkably clean rock, this fabulous wall is tailor-made for bouldering. The problems are thin and technical and most have just enough height to add a little spice.

Approach: around 35m past the Pinnacle, a path cuts through the crag line and a short distance further on a wire fence butts up against the crag. Climb over the fence and follow the crag line for 100m (passing another small buttress – Aviary Walls) to eventually reach a six-metre-high wall with a perfect flat landing.

40 Black Edge ***3+***
Up a short crack and on to easier ground. Alternatively, after a couple of metres trend right towards the top of *Black Jack*. Often damp and a bit grubby.

41 Black Jack ***6b***
The wall immediately right of the pod-like break, climbed direct on sumptuous flowstone.

42 Black Magic ***6b*** *
Climb the wall just over a metre left of the central crack on impeccable small solution pockets. Committing at the top.

43 Black Sheep ***5+***
The central crackline is often damp but is decent when dry.

44 Black Light ***7b*** **
SS. From a thin undercut crack pull up and swing left to a poor two-finger, first-joint pocket (RH) and a gorgeous, slopey, flowstone crimp (LH). Now take a direct line up the wall 1m right of the crack, trending slightly right to finish. The stand-up, from the flowstone crimp, is 7a.

45 White Light ***7a+*** **
SS. Start as per *Black Light* but go up direct rather than swinging left to the flowstone crimp. From the break move back left into *Black Light*.

46 Black Russian ***6b+*** *
Start in the middle of the wall right of the crack and climb direct past a slight ledge and on up the wall above. *Black Russian Variation* (6b) starts the same but at the slight ledge takes a diagonal right-trending line towards the deep narrow break.

47 Black Hole ***6c+*** *
Up to a slopey ledge then direct up the wall above on small edges and a shallow inverted pocket to the deep inset break. Although there are holds under the ivy out right these have been intentionally left ungardened – please leave them that way.

48 Labyrinth *6c+* ★
On the left side of the crag, start at the right end of the shallow pod-like break. Traverse right using holds in or below the vague break to the central crackline. From here move up to holds above the vague break and follow a diagonally right-trending line into *Black Russian*.

49 Beneath the Labyrinth *7b+* ★
A good, hard eliminate traverse. Take in the entire wall from left to right using any holds below the vague break.

OUTLYING AREAS

There are a few more esoteric sectors dotted about the hillside. The next most easily incorporated into a trip to the Pinnacle Crag is the small jumble of blocks right of the stile you initially turned left at to reach Plum Buttress.

STILE BOULDERS

Most notable here is a pinnacle and larger block below. There are a few short sit-starts on the larger lower block but the pinnacle hosts the best two lines:

50 Weather Wear *7a+* ★
SS. From a sit-start in a break climb the centre of the narrow wall on lovely weather-worn holds. Both arêtes are out. The less-eliminate version goes at about 6c but isn't as good.

51 Blunt Arête *6b*
SS. Start as for *Weather Wear* but move right to the blunt arête and finish up this.

UPPER CRAG

The most prominent outcrop on the hillside (easily visible from the motorway) is the Upper Crag. There is only one boulder-style problem here, although even this is highball and at least a couple of pads are needed. The Upper Crag is reached in a few minutes from Pinnacle Crag by following the path (from the main stile) up the hillside to an old beacon at the summit. From the beacon the top of the Upper Crag is 200m along the obvious easterly path. The base is reached via a short scramble down at the eastern end of the crag.

52 John's Abomination *7c* ★
Essentially a super-direct version of an old micro-route called *The Original Abomination* which climbs the distinct clean rib at the far right end of the crag (as faced), a few metres left of where you scrambled down. This harder line climbs the seemingly blank wall right of the rib on tiny holds to a highball and uncertain finish.

TAKEN BY SURPRISE BUTTRESS

Finally, there is a hidden gem below the Upper Crag. Originally climbed as micro-routes the problems on this buttress can be relatively safely highballed with two or three pads. This buttress is essentially a sub tier of the Upper Crag escarpment. It is approximately 100m diagonally down and right (as faced) of the right side of the Upper Crag. It can be approached by descending the scree slope below the Upper Crag (the most straightforward method if you're unfamiliar with the hillside) or via a series of paths which approach from below.

53 Lower Groove *6b*
The high crack is steep with a powerful start but eases off at half height.

54 Taken By Surprise *7c* ★★
The central bolted bulge is climbed direct via easy moves to a short thin crack/layaway (LH) and poor neighbouring crimp. From here, work your feet up and pull/slap over the bulge to sloping edges which give access to the high but easy headwall above.

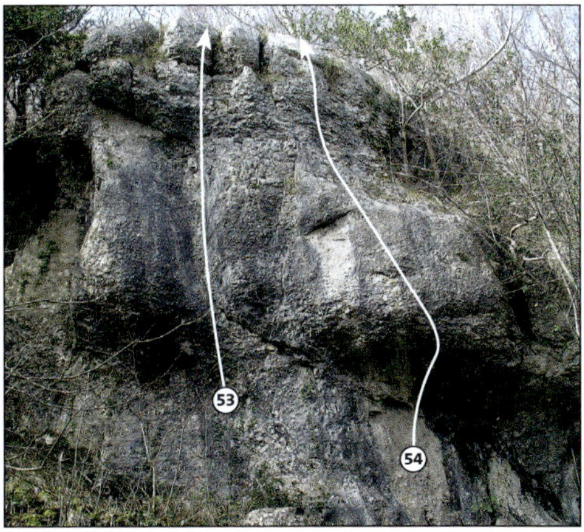

Hyning Wood

ASPECT: **EAST** APPROACH: **1–5 MINS**
ALTITUDE: **60M** GRID REF: **SD 502 737**
PARKING: **54.156338, -2.762655** OS MAP: **OL7**

The small outcrop running the length of Hyning Scout Wood, between Warton and Yealand Conyers, may not provide the same extensive offering as other nearby crags, however its close proximity to the road, quality of rock and pleasant woodland setting make it well worth a mention. As well as being a good crag for a quick hit, it is also easily combined with a visit to Warton Crag, Cringlebarrow, Trowbarrow Quarry or Woodwell.

Access and Approach

Park half a mile north of Warton by a gate on the west side of the road, immediately after a sign for Yealand Conyers on the opposite side (the same sign displays *Warton* if approaching from the north). Realistically there is only room for one car; if this space is taken there is a large lay-by on the same side a further 400 metres north. Do not block the two gates on the opposite side of the road as these are regularly used to access the adjacent fields. From the gate head into the woods where a well-trodden path runs parallel to the crag (and road) giving access to each small sector.

Conditions

In spite of its enclosed, east-facing situation, the crag does not suffer too badly with seepage and dries fairly quickly when a steady breeze flows through the woods.

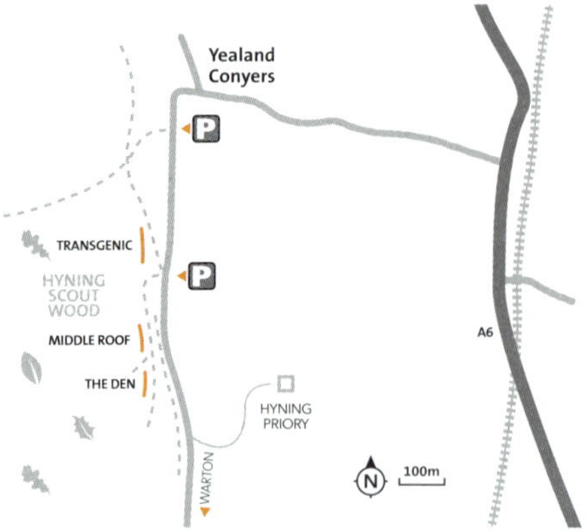

THE DEN

A striking little buttress with a head-height, right-angled roof. From the main parking follow the path closest to the crag south for 300m.

1 **Kicked in the Hiney** *7a*
Start low on the back wall and climb through the narrow section of roof using a crack for your left hand. Thrutch over the lip and gain a good hold up to the left and use it to reach the top.

2 **Starfish Prime** *7a+* ★
The central roof line starting on an obvious LH sidepull and RH pocket in the break. Lean out and use a poor LH undercut to take the strain and reach a crack on the lip with your RH. From here thug up on much better holds to a final big move off a good pocket. From holds on the lip this is a good 6c.

3 **The Den** *6c*
From big holds on the lip climb the far right side of the buttress moving left to finish past a small tree stump.

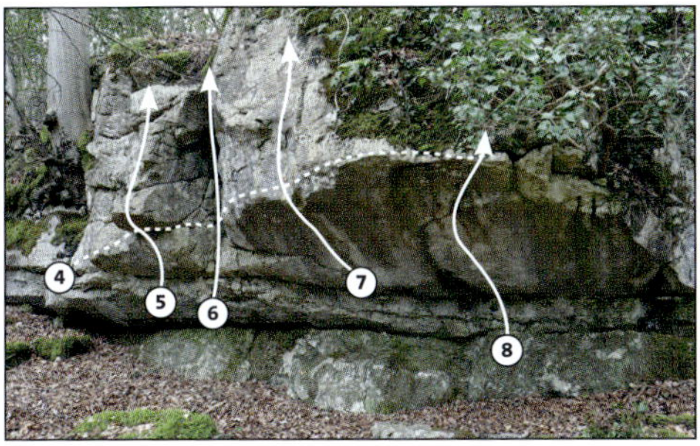

MIDDLE ROOF

The least-good sector described still provides decent rock and some nice moves. From the parking, follow the path closest to the crag south for around 200m.

4 Dog Walkers' Traverse *7a+*
SS. Start on the far left side of the buttress and follow the vague lip right to good holds at the top of *Middle Roof Right* and drop off. The plinth is out for feet.

5 *6c*
SS. Climb the short roof just left of the groove from as low as possible without holds in the groove. The plinth on the floor is also out.

6 *6b*
SS. The fractured groove line.

7 Middle Roof Left *7a*
The best of the bunch. From low slots in the horizontal crack pull on and reach for the lip which is followed by better holds above. No plinth footblock.

8 Middle Roof Right *7b*
SS. Start at a jug on the plinth and head direct to good holds on the lip. The flat, detached section of plinth on the ground to the left is out.

TRANSGENIC

The most popular section and a mere 60m north of the parking. Features some great rock and interesting holds. The traverses are the main draw.

9 Transgenic *8a* *
SS. Start at the in-cut rail on the far left side and traverse right past a crimp rail and through some sumptuous slopes to a rest by the tree. The final section uses some tiny crimps to gain better edges followed by a pocket which is used to reach the break. The big block on the ground is out all the way. Dabby, but still good.

10 Trans Fat *7b* *
SS. The first half of *Transgenic* finishing up *Tree Line*.

11 Trans People *7c*
Dyno from the crimp rail to the top. With intermediates and a high foot out right it's 7a+.

12 Tree Line *6b*
SS. From a big low edge move up and left to the break.

13 Moreau's Island *8a* *
SS. On the far right side of the buttress, start at the point where *Transgenic* moves up to the break. Traverse left, reversing the same line, to finish as per the non-eliminate version of *Trans People*.

TOM BURNS WORKING *TRANSGENIC* **PHOTO:** GREG CHAPMAN

Cringlebarrow

ASPECT: **SOUTH** APPROACH: **15 MINS**
ALTITUDE: **95M** GRID REF: **SD 498 756**
PARKING: **54.178041, -2.768504** OS MAP: **OL7**

Located on a small wooded hill overlooking the neighbouring hamlets of Yealand Redmayne and Yealand Storrs, just off the A6, is a compact buttress of clean, solid limestone containing around ten good-quality boulder problems. What the crag lacks in quantity it makes up for in rock quality and its serene woodland setting. A few of the climbs are quite high, while others require the odd block padding out, thus a couple of pads are recommended. Oh, and word has it, the crag is haunted!

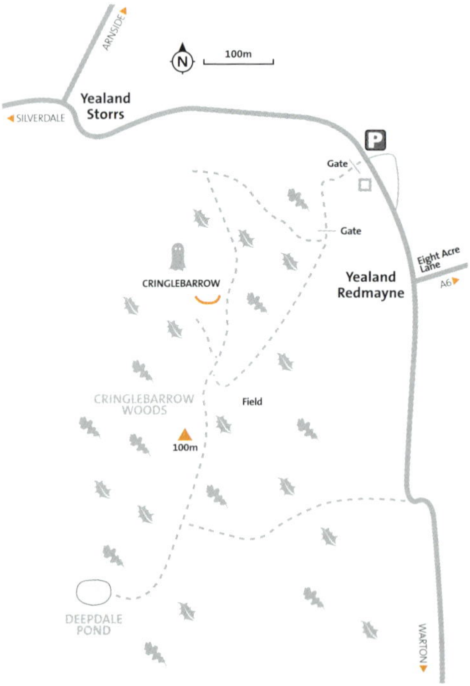

Access and Approach

Leave the A6 just over 3.5 miles north of Carnforth at Nineteen Acre Lane, signposted *Yealand Redmayne* and *Silverdale*, and follow this narrow road (as it becomes Eight Acre Lane) to its termination at Yealand Redmayne. Turn right and continue for a short distance (300 metres) to where it is possible to park on the right at the end of a residential road (Silverdale Road) opposite a footpath (wide gravel driveway) signposted *Cringlebarrow*.

Follow the footpath through a gate/stile and uphill as it winds past buildings on the left to another gate in the trees. Go through the gate and continue through woodland for 200 metres to a narrow field. Here the footpath briefly enters the field before re-entering the woods after 150 metres on the right. The footpath now winds gently uphill and back north through the woods to the summit and a small, tree-shrouded crag (200 metres from the field).

Conditions

In spite of its hilltop position the crag is well sheltered from the elements and can often be climbable in light rain. Equally the woodland setting and elevated position provides some respite from the heat during the summer months. Seepage can be an issue during wet spells, however the crag suffers less in this regard than some other nearby venues.

JOSH JARDINE ON *DISCOHESION* **PHOTO:** KIERAN FALLOWS

1 **Tweak** ***6b***
SS. The small detached block set forward to the left of the main crag: pull on via a mono and up. The crack to the left is out of bounds and the sitter is 6c+.

2 **Troublegum** ***7a***
SS. The blunt prow/arête right of *Tweak*, starting with a butch pull from low sidepulls to a crimp. About 6b from standing/holding the crimp.

3 **Interferon** ***5***
The diagonal crack/flakeline direct to a ledge. Drop off here or continue up much easier climbing to top out.

4 **Curtain Call** ***8a*** *
From good holds at the base of the diagonal crack/flake, traverse the crag left to right, at a low level, finishing at a good sidepull jug in the steep crack on the lip of the bulge. Finishing up the crack adds an element of spice but the grade is the same.

5 **Discohesion** ***7a*** ***
From crimpy edges head up into a hanging scoop and make a tenuous move to the break below an overlap. Continue up the final headwall via good holds and satisfying climbing to complete this great highball. The sitter is 7b and starts on a decent tilted crimp (RH) and a low slopey pinch. Make hard moves off the ground to a good diagonal edge and move into the stand-up.

6 **The Revenant** ***7b*** *
SS. Start as per *Discohesion* sit-start but once pulled up traverse right to finish at the good sidepull jug on the lip of the bulge in the steep crack. Finishing up the crack adds a highball finish but the grade is the same.

7 **Silent Verbiage** ***6a***
SS. Make a tricky move off the ground and up to a good hold in the hanging corner. From here a blind reach allows access to a small ledge above the bulging overlap. Drop off here or continue to the top, veering slightly right.

8 **Fullgore** ***6c+***
SS. From the lowest of two in-cut sidepulls, haul yourself off the deck and head up to an obvious thread and sharp pocket above. Finish here.

9 **Ichabod Spooklemaus** ***7b*** *
SS. From low undercuts (you may need to stack a pad depending on your height) and poor feet make a hard move to a small crimp and then direct to the thread and sharp pocket above. Both sidepulls to the left are out of bounds.

10 **Brane Damage** ***7c*** *
From edges at the base of the hanging crack, traverse left, keeping low, to the base of *Discohesion*; finish up this.

11 **White Venom** ***7a+*** *
The superb, highball prow taken direct is unfortunately slightly marred by the stepped landing. Veering off right and using the broken jugs in the groove massively reduces the grade and quality.

Black Diamond

Woodwell

ASPECT: **WEST** APPROACH: **2–5 MINS**
ALTITUDE: **35M** GRID REF: **SD 464 744**
PARKING: **54.162622, -2.821390** OS MAP: **OL7**

The steep limestone bouldering offered by the craglets around Woodwell has come a long way since John Gaskins first cleared out the roof of what is now Tom's Buttress back in 1995. It was while spotting his brother on the inaugural *Tom's Traverse* that he foresaw the future – and the future was steep!

In truth, Woodwell has received the attentions of climbers since the mid 1970s, although this original development focused on the micro-routes of the central sector (right of the well), many of which appear here as highball boulder problems. By the mid-to-late 1980s the boom in hard limestone sport climbing gave rise to a new generation of fitter, stronger climbers, who in an effort to improve their prowess turned their attentions to the steeper ground and virgin territory left of the well. The eagle-eyed Tom Walkington and steely fingered Dave Bates did as much as anyone to increase the area's quota around this period, and in *The Paradox* and *Tom's Traverse* climbed two truly zeitgeist problems.

The modern methods applied to the area in the mid 1990s, principally by Gaskins and co., resulted in a great number of harder problems. With John's ascent of the now redundant *The Art of Self Destruction* (8a) in 1995 and then *Cloning Technology* (8a+) in 1998, the venue became home to some of the hardest problems of the era. Despite the big numbers on offer it wasn't until the release of the classic video *Stick It* in 2001 – which featured John despatching many of the now-famous lines – that the venue came of age, attracting visiting climbers from across the land and establishing Woodwell as one of the must-visit crags for all well-travelled UK boulderers.

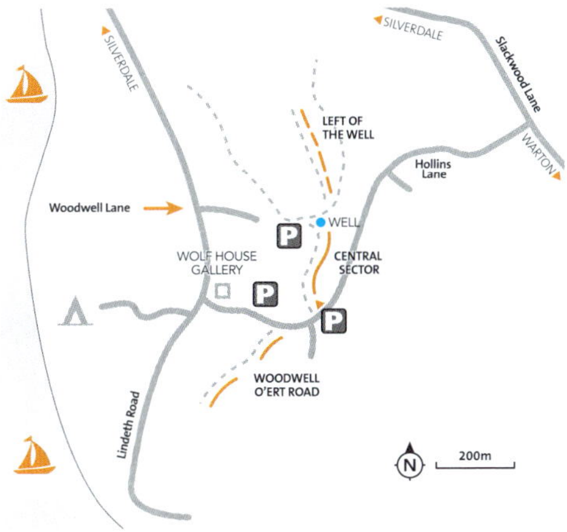

◀ ANDY HEBSON ON *PAROXYSM* (PAGE 50) **PHOTO**: GREG CHAPMAN

Woodwell reached a development zenith in 2001 with the opening up of Woodwell O'ert Road, arguably the crag's best sector. Here the venue held true to its traditions of hosting some of Britain's hardest lines, when, in 2004, John climbed *At the Heart of it All* – still one of the UK's hardest.

Sadly, a large section of Tom's Buttress fell down in 2016, as roots from the tree above apparently prised the rock away. Around eight lines were lost, including *The Art of Self Destruction*.

Access and Approach

The crag resides on land owned by the National Trust and climbing has long been permitted on the sectors directly around the well. Here the only requirements are a sensible respect for the rock, the surroundings and other people. In contrast, Woodwell O'ert Road has had its fair share of access issues since its development in 2001. Currently a tentative agreement between the BMC and the National Trust has been reached. To ensure this continues please follow the access rules listed in the introduction to the sector (page 48) as well as being particularly vigilant in the removal of litter, tick marks and fag butts.

From Warton follow the coastal road (Sand Lane continuing into New Road) toward Silverdale. After around 2.5 miles a junction is reached; turn left here (signed to Silverdale) and left again (Hollins Lane) 250m further on. Head toward the Wolf House Gallery – a good spot for coffee and refreshments – where a sharp right sends you into Lindeth Road. After 150m take a narrow right (Woodwell Lane) to its termination and park sensibly in front of the well.

All the sectors can be reached on foot from here, with the furthest buttresses being no more than 400m in either direction. There are a few other parking spots which are marked on the overview map. Parking and approach information for Woodwell O'ert Road can be found on page 48.

Conditions

As with most UK limestone crags all the buttresses are prone to seepage, especially in winter. In summer, however, once dry the steeper escarpments often remain so in even the heaviest downpours and, depending on the specific buttress, it is often possible to climb when it is actually raining.

LEFT OF THE WELL

All the sectors left of the well are accessed via a left fork in the main track, which then follows the crag line immediately after the *Woodwell Cliff* sign. The problems are described from left to right, starting with the farthest/leftmost buttress and working back towards the well and parking.

UNDERCUT BUTTRESS

Follow the undulating crag line north from the well for approx. 150m, passing the other areas including Tom's Buttress and The Answer buttress (and passing a pinnacle and a dilapidated fence after the latter) and you will eventually reach the aesthetically pleasing (especially when chalked) limestone wave that is the Undercut Buttress.

1 Anesthesia ***8b*** *
SS. Start sitting on a square-edged block on the left side of the roof with two unhelpful holds left of an obvious 'good' edge. Follow holds rightwards JUST above the lip to the obvious halfway hold. Unfortunately, this isn't quite good enough for a true pit stop but does mark the start of an easier sequence to finish on the far right.

2 Anna ***7b*** *
SS. The second half of *Anesthesia* is a great problem in its own right. Start on the large central scooped hold and traverse right to a juggy gully.

3 Hollow Chocolate Bunnies of the Apocalypse ***7b***
SS. Start on a very low edge under the right side of the buttress. Make hard pull/slap to the lip and traverse left to the centre of the buttress before rocking up to a hanging flake.

4 Asphyxia ***8b+*** *
Start low on the far right of the buttress and reverse *Anesthesia* to just right of its start, before making hard moves straight up to reach the break.

5 Twinkle Toes ***5***
Traverse the high break in either direction, although right to left is slightly harder.

As you might imagine, the Undercut Buttress is home to a number of straight-up micro-routes, which are featured in the BMC's *Lancashire Rock* guidebook. Most of these have been climbed from short, hard sit-starts at grades between 7a and 7c.

THE ANSWER

Approximately 50m right of Undercut Buttress and 35m left of Tom's Buttress is another fine selection of problems, albeit of a completely different style. Old-school crimping is the order of the day on this immaculate little buttress. Standout lines include *The Answer* and *The Paradox*, both of which are as good as anything of their style in the country.

6 The Paradox ***6c+*** ******
The appealing wall of finest flowstone on the left side of the buttress is a pleasure to climb and doesn't give up without a fingery fight – the crux being near the top!

7 The Puzzle ***7a***
A contrived but decent problem. Left of the crack is a slight prow; climb this without the crack until this becomes impossible (about 1m from the top).

8 Slanting Crack ***5***
The obvious slanting crack is often wet and dirty.

9 The Question ***6b*** *****
Climb the line to the immediate left of the groove of *The Answer* past a large diagonal edge to an inverted mono at two-thirds height. Now make a tricky move right to finish at the top of *The Answer*.

10 Dave's Problem ***7a*** *****
Start as for *The Question*, but rather than escaping right at two-thirds height continue direct through the seemingly blank-looking headwall via a hidden hold. Highball!

11 The Answer ***6b*** ******
The scooped groove climbed direct is a crag classic and has fallen to many a differing sequence.

12 The Enigma ***5+*** *****
The wall on the extreme right of the buttress is thin, perplexing and excellent. Swing left at the top.

The pinnacle to the left of The Answer buttress and the block by the fence below offer a few short problems but nothing worth shouting about. The rock and landings are also often overgrown.

TOM'S BUTTRESS

Continuing right along the line of the crag you quickly come to a steep overhang in a clear bay. This fine little buttress is home to a high concentration of problems all of which require good body tension. It is worth noting that a number of the problems on this buttress have certain historical rules, designed to increase the quality and difficulty of the lines: it goes without saying that where the rules are ignored the problems will feel significantly easier and as such the given grade will no longer apply. Sadly, in 2016 over 10 lines and links were lost when a chunk of the roof at the left-hand side was calved off by the tree roots. Lost classics include *The Art of Self Destruction*, *Kaizen* and *Closer*. The topo photos pre-date this rockfall.

13 The Beauty of Being Numb *7b+*
SS. A short problem which has decreased in quality through hold breakage. From a low, cleaned slot make a big lock to the lip and finish at the break above. The ramp to the right is out.

14 Screaming Slave LH *7c*
SS. A harder variation of the next problem. From the shelf at the back of the roof, reach left hand out to a small edge. Using this, and only this, pull through to the lip (without footlocks or matching in the roof) with your right hand; match and continue direct to a tilted finishing jug.

15 Screaming Slave *7b* ★
SS. Despite its contrived nature this problem has become something of a must-do line. From the shelf at the back of the roof reach right hand out to a sloping edge, now lock this and pull through (without footlocks or matching in the roof) to the lip with your left hand. Match and continue direct to the obvious tilted finishing jug. The line using all holds and sequences is 7a.

16 Nothing to Say *6a+* ★
Start on holds in the break/juggy ledge, with feet on the back. Climb direct to good high holds. The sit-start at the back of the roof, on the central shelf/block and trending right into *NTS*, is an excellent 6c+.

Nothing to Say Dyno *7a+* ★
Start as for *NTS*, but dyno direct to the big hold diagonally up and right above the slight lip.

17 *6c+*
SS. A local eliminate that plugs an obvious gap. From holds in the break/juggy ledge use only an inverted pocket to reach a good hold in the top break.

18 Subliminal *6a*
Climb the right-curving groove line and wall above, from holds in the break. Most locals omit holds on problem 19 and start on a slot and small crimp just below the break – this is 6b. A sit-start from a slot right at the back of the roof can also be linked into this line at 6c+.

19 *6a+*
SS. From holds in the break, climb the shallow scoop via a long stretch to a hold/slot at the base of a thin vertical crack.

20 Got a Lot to Say *6b*
SS. From holds in the break, climb the hanging prow. There are a few short lines right of this (up to 6b) but these are often wet, mucky or both.

TRAVERSES

French sport grades (in squared brackets) are also provided in an effort to give a more accurate level of difficulty on the longer lines.

A Tom's Traverse *7a [F7b+]* ★
Start at the lip's apex in the middle of the roof and traverse right, first using a thin horizontal crack (holds above this are out) into a line of better, slightly lower holds and continue along this to finish at the end of this vague breakline.

B Tom's Traverse Reverse *7a [F7b+]* ★
A rather more logical reversal of *Tom's Traverse*.

C The Footless Marathon *7a [F7b+]*
A high, no-feet right-to-left traverse of the full length of the overhang between the apex/middle of the roof and the top of *The Beauty of Being Numb*.

D Tom's Other Traverse *6b [F6c]*
The same line as *The Footless Marathon* but with feet on.

E Tom's Traverse Plus *7a [F7b+]*
A full girdle of the lip of the buttress, from left to right.

PYLON BUTTRESS

Right of Tom's Buttress and in obvious view 50m left of the old well is Pylon Buttress. This is an excellent compact section of rock with some easier highballs/micro-routes and traverses. Unless you are particularly confident in your ability, the micro-routes are better approached as top-rope problems. The traverses on the other hand are well worth getting stuck in to and make a great workout before moving on to the steeper problems of the other sectors.

21 Pylon Left to Right *6b+*
Start at sidepulls in a crack on the far left and traverse rightwards into the breakline and follow it to the juggy shelf on the far right.

22 Pylon Right to Left *6b+* ★
Start on the far right at a good juggy shelf and traverse the breakline leftwards to a crack just before a slabby section and rocky jumble on the far left.

There are also a number of good variations and eliminates available, all making good warm-ups.

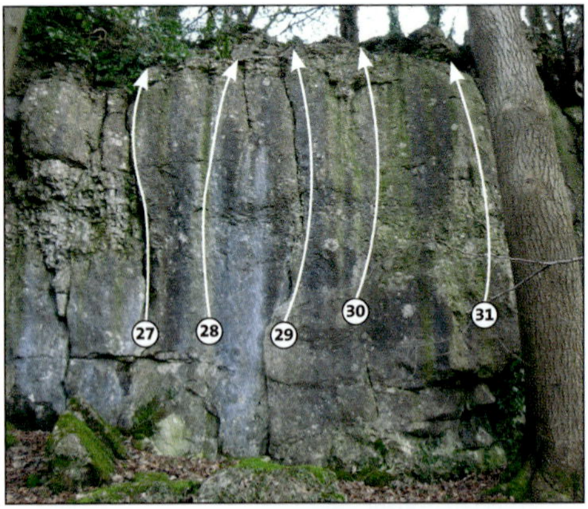

CENTRAL SECTOR
THE CLAW

This sector is situated to the right of the well as faced. From the car park follow the track (which runs parallel with a field) south away from the well for approximately 30m, then delve into the undergrowth at an opening and strike a direct line to the obvious undercut pinnacle of limestone.

For safety reasons we have missed out a few of the micro-routes/highballs located at the Central Sector and all of those situated behind the well itself. For further details of these lines see the *Lancashire Rock* climbing guide.

23 Sprocket *7a*
SS. The wall left of the hanging prow. Start on a shelf and make a tough move into the diagonal crack then head up to a ledge before veering back right to the top of the block.

24 The Prow *7c* ★
SS. The hanging prow gained and climbed direct from a sit-start. At this grade you mustn't use any holds in *The Claw*.

25 The Claw *6c* ★
A class Bill Lounds testpiece from the mid 1970s. Climb the undercut wall right of the hanging prow to gain the prow at an obvious jug. The sitter is 6c+.

The next problem is located a further 50m south along the crag line. On route you will pass a number of less-inspiring easier lines all of which have been climbed but are left undocumented due to poor landings and/or dirty overgrown rock.

26 H_2O *7b* ★
SS. The standout, clean-cut little wall in a clearing is climbed from the centre left via a slopey edge and solution pocket.

ROSIE

The following climbs are situated where the crag becomes higher and more consolidated, around 30–40m further south of *H_2O*.

27 Pussycat *4*
The broken overgrown crack.

28 Weston's Wall *7a+* ★
A fine wall climb between the two cracks, involving a tricky deadpoint move and a highball finish via a hanging crack. The cracks either side are to be avoided.

29 Rosie *5+* ★
A quality climb up the thin vertical crack. No pushover.

30 **José** *5+*
The wall immediately right of the crack using the crack for your left hand.

31 **Tree Arête** *3+*
The vague arête behind the tree is straightforward.

WAREING THIN

32 **Flake Crack** *3*
The scooping crackline. Avoiding holds out left makes for a better and harder problem (4+).

33 **Wareing Thin** *7a* ★
An excellent (if highball) proposition climbing the slightly bulging wall left of *Deryn Groove* on thin fingery holds to a spooky finishing sequence through a small headwall.

34 **Deryn Groove** *5* ★
The high, hanging and scooped left-facing corner.

35 **Paws for Thought** *5+*
The high bulging arête climbed on the left near the top.

CANNON CRACK

36 **Pussyfoot** *5*
Another highball. Start up an overlap to a hanging flake.

37 **Long Crack Groove** *3+*
The scooped groove climbed more to the left.

38 **Long Crack** *3+*
The deep crack.

39 **Whistler** *7a* ★★
A great problem starting below an undercut wall. Tackle this direct without any holds in the crack out to the left.

Whistler Direct *7b*
A focused variation which tackles the obvious narrow 'column' on the right of the undercut wall via a dynamic move.

40 **Cannon Crack** *5* ★
The steep burly crack, tackled direct, is tough at the grade.

41 **Yew Hoo** *5*
Off a block to a large smiling jug then up past a yew tree.

42 **Honcho's Poncho** *5* ★
A hard move off a block gives way to a good jug and runnel.

GRIDDLE GROOVE BUTTRESS

43 Creative Urge *5*
This true micro-route (HVS 5b) climbs the strenuous and in places polished crack all the way to the top.

44 Kiss of the Dragon *7b* *
SS. Start with your LH in the thin crack right of *Creative Urge* and your RH on a polished edge or wide pinch. Now make a big stretch to a line of slopey edges directly above and use these to traverse right and up to finish at the top of *Not Bad Dave*. Holds left of the thin crack are out.

45 The Cad *6a+* *
Climb the undercut wall on the left side of the overhang. Tricky!

46 Not Bad Dave *7c* *
SS. Start matched on low undercuts at the back of the roof and climb direct to the flowstone flatty just over the lip. Finish with difficulty by surmounting the lip to gain a jug at the base of a niche. The stand-up (from matched on the flowstone flatty) is a tricky 6b+.

47 Not Bad Nige *8a* *
SS. A sustained problem which starts at the base of *Creative Urge* and takes a low traverse line under the roof to link into *Not Bad Dave*.

48 Griddle Groove SS *7c* *
SS. Originally climbed from the back of the roof via a crack at 8a, it is unclear if this is still possible due to various foothold breakages. Generally now started from beneath the base of the groove (LH in the crack, RH on a side-cut pinch) at this reduced grade.

49 Tree Root SS *7c*
SS. From an undercut pod at the back, pull on and make a heinous slap for a flat hold on the lip, match and continue up and left. Very reach dependent.

50 Spicy Parsnip *7b+* *
SS. Start a few metres right of the tree, sitting on a flat block at the base of a crack. Traverse the lip left all the way to the flowstone lip hold on *Not Bad Dave*; finish up this.

51 Tree Root *4+*
The undercut groove behind the tree and before *Rigpa*.

52 Rigpa *7a+* *
Start just right of a flat block on the ground, below a scoop and overlap. Climb up the scoop and through the right side of the overlap to a tricky final sequence and better holds above. The sitter is 7b.

53 Backbreaker *6a*
The final undercut groove-come-crack just right of *Rigpa*.

CALEB AINSWORTH ON *THE BEAUTY OF BEING NUMB* (PAGE 43) **PHOTO:** PETE WILKINSON

WOODWELL O'ERT ROAD

House rules: as previously mentioned access to this sector is sensitive. Please adhere to the following guidelines provided by the BMC and National Trust.

- Dogs are **NOT** allowed.
- For ecological reasons, bouldering is only permitted on three designated areas: climbers should not proceed past Cave Buttress – this is marked with a sign.
- Climbers must not enter the field directly below the rocks.

Approach

Where the road approaching the Wolf House Gallery (from Warton) drops downhill there are a number of parking spots on the right just before the gallery. Park here (or walk the short distance from the main car park at the well) and backtrack on foot to the bend, here entering the woodland (on the south side of the road) over a drystone wall. A small BMC sign marks the spot. Follow the edge of the field (on the wooded side) for about 70m, whereupon the first buttress is reached.

WOLF BUTTRESS

54 Silver Bullet ***6b***
SS. Starting on the extreme left and at the back of the roof, climb direct eliminating any holds in the niche out right.

55 Australian Werewolf in Silverdale ***6b***
SS. From the back of the roof make an awkward move to the lip, now climb the narrow groove/niche.

56 Deal in Pain ***7c*** *
SS. From the centre of the buttress climb through the roof on undercuts trending slightly left, to where it is possible to use sidepulls to step out on to the lip and bop up for a jug at the top. Easier for the tall.

57 Feel the Pain ***8a+*** *
SS. The central and most obvious line of the buttress starting at the back of the roof. The first half of this problem is straightforward enough, where footlocks allow quick progress to the point where the locks must be released. Thereafter, tiny crimps, sidepulls and a mono mark out a puzzle far easier to solve in the mind than in the physical realm.

58 Prohibition Exhibition ***7c***
SS. From the start of problem 55 traverse the shelf at the backof the roof rightwards to a spike hold on the far right, now move up into two opposing sidepulls and make a calculated slap (the crux) for a very slopey hold on the lip of the buttress out left. If you stick this continue left finishing at the apex of the buttress.

TROLL BUTTRESS

This first buttress of the main sector is a further 100m south along the vague path, tracking the edge of the field. Cave Buttress is essentially a continuation of the same buttress

59 The Crack ***7c***
SS. From the back of the cave climb the diagonally left-trending crackline. The chockstone footblock to the left is out.

60 Fat Man Scoop/The Cave ***8a+*** *
SS. Again start at the back of the roof but this time follow the appealing rampline direct out of the roof via a tough sequence.

61 Fat Boy ***6c***
SS. The corner on the right of the cave can be climbed with the aid of the lip and trends left to finish. Tricky!

62 Danny's Lip ***7c*** *
SS. A marvellous left-to-right lip traverse which is both technical and conditions dependent. Start up *Fat Boy* and finish up *Neil's Groove*. Finishing via *Embargo* pushes the grade up to 7c+.

63 Alien Head ***6c+*** *
SS. Straight up via a long stretch to neighbouring crimps then rock up to the break.

64 Embargo ***7b+***
SS. Climb the bulge direct starting with both hands on the lip. Starting with hands below the lip is 7c.

65 The Gringo Trail ***7a+***
SS. Starting at *Embargo*, traverse the lip leftwards through *Fat Boy* and across the top of the cave to finish on the left.

66 Neil's Groove ***6c+***
SS. From a large pinch a hard move accesses the short hanging groove; finish at the break.

CAVE BUTTRESS

67 At the Heart of it All ***8b+*** *
SS. Surely one of the UK's hardest. From the back of the roof climb a direct line to the lip. Once at the headwall, trend slightly left to a rounded hold in the break.

68 Lily Pond Walk ***7b+***
SS. From a low start below a dirty pod climb the rampline and corner via some painful holds. Seldom repeated and thus often dirty.

69 The Crushinator ***7b***
SS. Climb the vague prow feature between problems 68 and 70, starting with feet on the back wall. Now climb direct in monkey-up-a-stick fashion – no veering into the groove to the right. The stand-up is 7a.

70 Superstar DJ Tin Pot Todd ***7a*** *
From the juggy rail pull into the crack and follow a direct line to the break above. A low, lying-down start can be done using opposing sidepulls (with feet on the back wall) to make a dabby slap into the original start: this is 7a+.

71 Paroxysm *7c* ★
SS. From the centre of the handrail, with your right heel on the rail, slap straight to the lip. Surmount the overlap direct via an inverted slot, sidepull and poor pinch before heading direct to the break. Veering right into *Turbulence* is considered poor form and easier. A low start, which gains the rail from the pit via a hard move, is 7c+/8a.

72 Turbulence *7c* ★★
SS. Buckle up for the fabulous central crackline. Succumbs to many a sequence, most as beta intensive as the next, and all involving great moves on great holds ... including the best sloper on limestone. Start matched on edges at the base of the crack.

73 Spinner Link *7a+* ★
Follow the handrail from the base of *Turbulence* into and up *Superstar DJ*.

74 Blood Sugar Sex Magic *7b+* ★★
From the base of *Turbulence* follow the handrail leftwards to its termination. From here continue around the lip of the bulge to eventually gain access to a finger-jug up and left before heading straight up to the break. An extension can be done which increases the difficulty slightly.

75 Ronald Raygun *7c*
SS. Start as for *Turbulence* but from the pocket at the top of the crack follow the heinous slopey lip left into and up *Superstar DJ*.

76 Butternut Squash *7c+* ★
SS. Start on the narrow rail between *Turbulence* and *Angel Deelite* and hug your way up the parallel cracks to the lip before finishing as for *Turbulence*. On the face of it contrived, but in reality excellent.

77 Angel Deelite *7a* ★★★
SS. Climb the eye-catching ramp feature from an obvious jug at its base to a flatty on the lip. The crux involves gaining the decent edges on the headwall from the flatty, before finishing at the break.

78 Cricco Castelli Finish *7a+* ★
SS. A superb and tricky proposition which climbs *Angel Deelite* to the flatty on the lip, then traverses left (keeping to the lip) into and up the top section of *Turbulence*.

79 The Flying Finish *7b* ★
SS. Yet another spur of the *Angel Deelite* mainline; this time breaking out right from the flatty across the lip and finishing up the crack on the right side of the roof.

80 Back-hand Roof *7c+* ★
SS. This erroneously named problem starts sitting on a block and matched on a line of undercuts at the back of the roof. Now fire up through the overhang to the flatty on the lip and up *Angel Deelite* to finish. All handholds left of the roof are out of bounds. Finishing up *The Flying Finish* is 8a.

81 Soda *5*
The hanging crack started off the ground, not the block.

82 Yes Minister *6a+*
SS. Climb the wall and overlap just left of the holly tree.

TRAVERSES & LINKS

Many lines are linked via *Hybrid Moments*, so this is shortened to *HM* in relevant descriptions. French grades (in square brackets) are also provided in an effort to give a more accurate level of difficulty on the longer lines.

A **Hybrid Moments** *7c [F8a/+]* ★★
Start on the far right of the buttress and traverse leftwards, reversing *The Flying Finish*, the ramp of *Angel Deelite* and then into *Blood Sugar Sex Magic* (or its extension) to finish.

B **Hybrid Copout** *7b*
As for *HM* but at the flatty on the lip finish along *Cricco Castelli Finish*.

C **Hybrid-Turbulence** *7c [F8a]* ★
As for *HM* but on reaching the base of *Turbulence* finish up this.

D **Hybrid Memento** *7b+ [F7c]* ★
As for *HM* but on reaching the base of *Superstar DJ* finish up this.

E **The Crabbers Link** *7b+ [F7c+]*
Start as for *HM*. From the flatty continue as for *Cricco Castelli Finish* but keep to the lip of the buttress leftwards (keeping as low as possible) to finally finish up *Superstar DJ*.

F **Angel Long** *7b [F7c]* ★
Start at the base of *Superstar DJ* and follow the handrail right to the base of *Angel Deelite* and finish up this.

G **Ryan's Link** *7c [F8a]* ★
From the base of *Superstar DJ* follow the handrail right to the base of *Angel Deelite*, continue up this and across *The Flying Finish*.

H **Turbulent Flight** *7c+ [F8a/+]* ★
As for *Turbulence* to the lip, then traverse rightwards to the flatty and finally across *The Flying Finish* to finish.

I **Back to the Moonlight** *8a [F8b]* ★★
As for *HM*, but once in the centre of the handrail finish up *Paroxysm*.

J **Flying in Circles** *7c+ [F8a+]* ★
Follow *HM* as far as the start of *Turbulence*, climb this to the lip, at which point traverse back right to the flatty to finish as per *The Flying Finish*, thus ending in the same place you started.

K **John's Link** *8b [F8c/+]*
Reverse *HM* to the start of *Paroxysm*, up this to the lip then rightwards across to the flatty before finishing along *The Flying Finish*. Monster!

L **Team Torque** *7c+ [F8a+/b]* ★
Follow *HM* as far as *Ronald Raygun*, then continue up and along this to finish.

M **Freemasonry** *8a [F8b]* ★
Follow *HM* as far as *Ronald Raygun*, then continue up and along this before carrying on along the lip to finish as per *Blood Sugar Sex Magic*.

JOHN GASKINS SETTING UP FOR THE LIP ON *AT THE HEART OF IT ALL* (PAGE 49)
PHOTO: GREG CHAPMAN

Trowbarrow Quarry

ASPECT: **WEST, EAST** APPROACH: **7 MINS**
ALTITUDE: **40M** GRID REF: **SD 481 758**
PARKING: **54.173491, -2.795363** OS MAP: **OL7**

Once a small wooded bluff overlooking the wetlands of Leighton Moss, the Trowbarrow we know began its formation in the 1850s when local men began to cleave into its limestone bedrock for building materials, agricultural lime and ultimately the development of the tarmacadam industry. To greater and lesser extents, for a hundred years hard men worked a hard living manually carving and blasting their way through the hillside until the quarry was officially closed in 1959. Spates of illegal blasting continued over the next decade or so culminating in a seminal event which created the crack systems now integral to the majority of the routes on the Main Wall of the quarry.

In spite of the climbing development which took place during the intervening years, it wasn't until 1997 that the quarry, having eventually been acquired by the local authority, was opened to the public as a local nature reserve and ultimately designated a Site of Special Scientific Interest. These days it is hard to imagine the dust and noise-filled cauldron the quarry once was, particularly as nature has firmly reasserted herself across this hammer-shaped furrow. A honeypot for all aspiring naturalists as well as climbers, the quarry's Carboniferous ecosystem plays host to a number of rare or protected plant, insect and fungi species, including fly and bird's-nest orchids, wall brown butterflies and digger wasps.

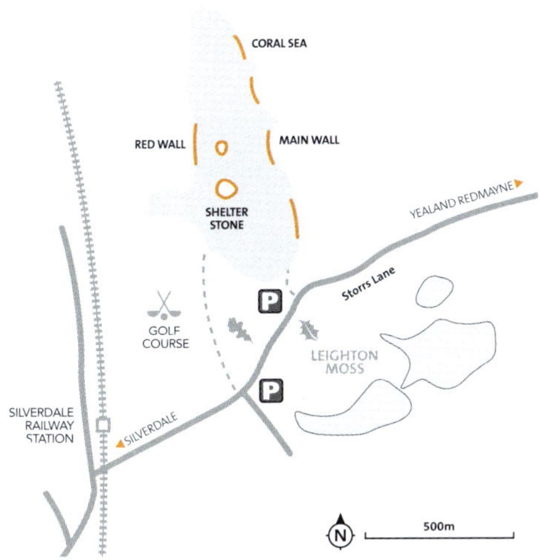

People have bouldered in Trowbarrow for almost as long as they've climbed here. In particular the tree-shrouded face of Red Wall has always attracted those seeking training possibilities or simply a sheltered hour away from a downpour. Here, immeasurable eliminate potential resides between a handful of pure problems and a pair of superb and lengthy traverses. From a visitor's perspective, John Gaskins' mid-1990s crimp-fest *Shallow Grave* (7a+) is Red Wall's biggest draw.

In the centre of the quarry sits the main attraction, the mighty Shelter Stone. One thousand tons of Urswick limestone conveniently positioned to purvey four markedly different faces, each providing high-class and mainly high-grade climbing with a style all of its own on great rock. The landings are generally good, but due to the hard ground and athletic style of the climbing a pad or two is a must. *Isla de Encanta* (8b), *Vitruvian Man* (7b+), *Texas Hold 'Em* (7b+) and *The Pit Problem* (7b) are the go-to lines among the other fine climbs on offer.

Access and Approach

Easily reached from the M6, take J35 and leave the subsequent roundabout at the eastern exit to J35a. From here continue north along the A6 towards Milnthorpe for 2.6 miles, then turn left on to Nineteen Acre Lane and follow it to its termination at a T-junction in Yealand Redmayne. Turn right, and continue for 1.4 miles without deviation to a number of lay-bys and pull-ins where the road enters woodland. Park here and use a short stone staircase to enter the woodland on its uphill side and follow the path for a short distance to the quarry entrance. The quarry is also only three quarters of a mile from Silverdale train station, making it a viable option for those without their own transport.

There are no specific access issues, although as always please respect your surroundings, take your litter home, brush holds and remove your tick marks.

Conditions

A quick-drying venue with only minor seepage issues and providing shelter from the elements, Trowbarrow is a year-round destination. The Shelter Stone is a good option on cold sunny days or after prolonged wet weather due to its fast-drying nature, although it can become something of a suntrap in particularly hot weather. On the steep side of vertical and with ample tree cover Red Wall can be well utilised during light showers and on hot sunny days.

◀ PETE PHILLIPS POSSIBLY WRONG-HANDED ON *NED'S PROBLEM* **PHOTO**: JONATHAN BEAN

THE SHELTER STONE

'The largest stone on the quarry floor was where we sheltered from the blasting. On one side was a metal spike where a sheet of metal was hung. This sheet was hit with a hammer to warn of an imminent blast.' – **Unknown quarryman**

1 The Slab ***3*** ★
Up the lovely diamond-shaped slab via any number of wandering lines.

2 Regular John ***7a+***
SS. The lip is followed from its lowest point to above the blocky step, then rock on to the slab and up.

3 Il Pirata ***8c***
SS. Unassuming and uninspiring, but undoubtedly very hard, the low cave from a very low start on crimps is famed for its difficulty but little else.

4 The Buccaneer ***7c***
Start matched at the end of the thin crack, blast straight to the lip, then rock on to and up the slab to finish. Dabby!

5 The Pit Problem ***7b***
An infamously tough (and now polished) problem which pulls on via a hold in the crack (LH) and a head-height sidepull (RH). Pull on and slap to a diagonal edge before veering left to turn the lip. Finishing up *Regular John* is 7b+. From matched at the base of the crack, down to the left, is *The Pit Problem Low* (7c).

6 The Groove ***7a*** ★
The vague groove, starting from a low matched position on the big sidepull, then straight up to the top.

7 The Jazz Phenomena ***7b***
SS. A sitter to the previous problem which accesses the big sidepull from two low crimps with feet on the slopey ramp down to the left.

8 Ned's Problem ***7b+*** ★
SS. Again start below the big sidepull, using the crimps to gain it, then move left across the face to a diagonal edge before reaching the lip. Rock on to the slab and finish up this. The stand-up is 7b.

9 Vitruvian Man ***7b+*** ★★
From a spanned position on opposing edges, pull on and make a big move/throw up right to a good hold. Now climb back left and up to a horn-like hold and a tenuous finish. *Vitruvian Man RH* (7b+) is a right-hand finish that presses right from the good hold.

10 Iron Man ***8a*** ★★
SS. Use the two edges to gain the big sidepull feature above and pull up with difficulty into *Vitruvian Man* or *Vitruvian Man RH* and finish as for either problem.

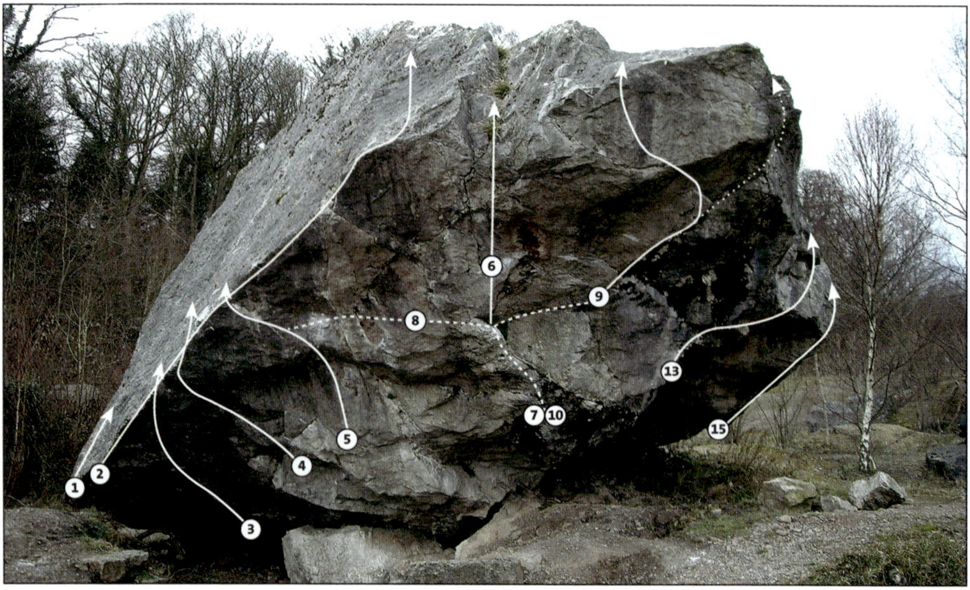

11 Wheelbarrow *7c+* ★
Start as for *The Pit Problem Low* and move right into *The Groove* and finish up this.

12 Pac Man *8a* ★
Link *Wheelbarrow* into *Vitruvian Man* or *Vitruvian Man RH*.

13 Pie Man *7b+*
SS. Using the top of the right-facing keel feature, pull on and make a big move to the lip. Match with difficulty then head up and over direct. *Pie Man LH* (7c) starts as per the original but once at the lip follow holds below the top of the block to the top of *Vitruvian Man*.

14 The Descent *4+*
The lowest point of the block is usually the scene of a good scrabble.

15 Barbaric Yawp *8a*
SS. The compact, blunt prow below the descent is short but packs in some hard climbing and good moves. From an obvious LH sidepull and slopey RH edge pull on and make a couple of hard hand moves before gaining the lip via a hard slap and cut-loose.

16 Wamdue Project *6b+*
From *The Descent*, traverse the lip of the block rightwards to where it starts to rise and rock up and over at this point.

17 Funk Phenomena *7a+*
SS. The vague prow is short and powerful but getting a little polished.

18 Atrocity Exhibition *8?*
Something of a historical oddity, the exact line of the original problem isn't entirely clear. Allegedly undercuts are used to gain the chipped sidepull/gaston before heading straight to the top.

19 Texas Hold 'Em *7b+* ★★★
Start with your left hand in a slot under the overlap and your right on a slight fin. Now climb up and right via a series of knee bars, slaps and heels. Arguably the best problem on the block. The sitter coming in from low to the left is a powerful and morpho 8a.

20 Free Jump *6c+* ★
Jump up to slopers on the hanging bulge/tilted shelf and continue straight up to a precarious finish.

21 Isla de Encanta *8b* ★★
SS. Burly brilliance of the highest order. From a huge, low double-handed undercut tackle the steep arête on its right side to a crux throw for the small shelf at three-quarters height. Match in, then straight up to finish.

22 Free Hang *8a* ★
SS. From the start of the ramp climb straight up to the small shelf via some hard moves on poor undercuts. Using the recently excavated hold out right near the spike reduces the grade to around 7c/+. From standing with hands on the high shelf it's 6a+.

23 Ramp Traverse *6c+*
SS. Follow the ramp right to the end and rock on up the slab. A contrived finish up the arête is also possible at 7a.

24 Shallow Groove *8b* ★
Surmount the ramp centrally, tentatively standing up before making a do-or-die lunge for the top of the block and manteling to victory. A few pads and a spotter are useful for the final lunge. Notoriously hard.

RED WALL

As pointed out in the introduction, thanks to its angle and tree coverage, Red Wall is great spot when the weather is at its least favourable ends of the spectrum.

25 Spring Loaded *7b* ★
A cool highball dyno left of *Yin Yang* which requires a few pads. Starting at a depression above the centre of the shallow pit, climb up to an in-cut LH crimp and less-good RH crimp, stack your feet and launch upwards to a distant flat edge.

26 Yin Yang *7b+*
Climb a high, direct line to a small cave at the point where the light and dark streaks on the rock meet. Starting over to the left and climbing into this is *Yin Yang LH* – same grade.

27 Shallow Grave *7a+* ★★
From the good holds in the depression trend slightly up and left to a poor pocket; from here a hard move gives access to better holds followed by a big stretch to a diagonal sinker above. Top drawer!

28 Essence Direct *6a*
Use only handholds in the crack to gain the break.

29 *6b*
From matched on the jug use only the circled hold to attain the break.

30 Essence *3+*
Easy groove to jugs.

31 The Bulge *6c*
SS. From low sidepulls climb the central bulge direct to a slot.

32 American Express *6b*
SS. The crack only for hands, finishing at the big jug.

33 Dead Man Walking *7b* *
From the jug right of the bulge traverse left to *Shallow Grave* and finish up this.

34 Prophets of Sound/The Dots Dyno *7c/+* *
From crimps and footholds marked with faded dots on the rock, dyno to the big jug. A sitter is also possible at 7c+/8a, again marked holds only for both hands and feet.

35 Greg's Dyno *7b* *
A popular BIG dyno. From the circled holds hurl yourself up and left to the circled jug.

36 Classic Rockover *5+*
From good holds in the break gain a polished RH edge before rocking up and left to a big jug.

37 Nick's Problem *6c* *
From the right end of the breakline move up to a polished RH edge and small LH pocket. Now lunge or lock to the slopey ledge.

TRAVERSES

A Full Traverse *7a [F7b+]*
Traverse the entire wall in either direction.

B Half Traverse *6a+ [F6b+]*
From big holds left of the central bulge, traverse right to the end of the wall.

C Grave Traverse *7b+ [F7c+]*
From the far right-hand side of the wall, traverse left into and up *Shallow Grave*.

THE RED BOULDER

The small boulder on the quarry floor in front of Red Wall offers numerous short sit-start problems, the best of which is situated on the south face but is often overgrown.

38 Mojo *7a+*
SS. From a low sidepull (LH) and a broken crimp (RH) pull on and make a hard snatch for the lip and up. Continuing right along the lip and finishing up the right arête adds a few more moves at the same grade.

CORAL SEA AREA

At the far end of the quarry is a clean wall laced with cracks from two-thirds height. Stepping off the broken arête to the right and joining the cracks is the popular *Coral Sea* (VS 4c).

There are two boulder problem starts which can be climbed to the cracks before downclimbing the arête. These are quite tall so a few pads are recommended.

39 Coral Sea Super Direct *7c* **
From just left of centre (starting on a block) climb direct trending slightly right towards a slot at almost half-height. Holds in the crack system are out of bounds at all times. Highball!

40 Coral Sea Direct *6a*
Climb the wall 1m left of the arête to join the cracks at 3–4m.

Fairy Steps & Shuck's Lair

ASPECT: **WEST** APPROACH: **20 MINS**
ALTITUDE: **80M** GRID REF: **SD 485 789**
PARKING: **54.212561, -2.793880** OS MAP: **OL7**

Folklore states that the twin-tiered crags of Whin Scar and its Fairy Steps lie within Oberon's magical kingdom and its woodland is rich in all manner of ethereal creatures. From wish-granting sprites, to an infamous hellhound known as The Cappel, the legends of fairy magic run deep within this quiet wooded hillside.

Of course, whether you believe in pixie folk or not, it is undoubtedly true that Fairy Steps offers a magical experience in the more conventional sense. Sunny, picturesque glades, scattered with cowslips and violets during spring, are set amidst an intricate network of paths and trails, arbitrarily zigzagging through the limestone escarpments. Much of the historical myth surrounding the area no doubt arose from the mundane if slightly macabre practicality of the steps themselves. Crafted sometime in the late Middle Ages, these rough-cut staircases intersect the upper and lower tiers of the crag and were originally created as part of a coffin route or corpse road; allowing the dead to be transported from outlying villages to consecrated ground at the parish church in Beetham.

Overall, the two main tiers of the crag offer well over a hundred climbs, varying from lowball sit-starts to short routes. Here we describe the true boulder problems and a few easier highballs which can be safely ascended with a pad or two. For details of the additional micro routes, refer to the BMC's *Lancashire Rock* guidebook. Broadly speaking, the Upper Tier hosts vertical to gently overhanging climbing, while the Lower Tier and Shuck's Lair provide steeper offerings.

Access and Approach

Enter Beetham from the A6, immediately south of where the road crosses the River Bela, following signs for The Wheatsheaf pub. At the pub turn right and follow this narrow lane for just under half a mile to a left signed to Storth and Arnside. Take this turn (Cockshot Lane) and follow it for a further half mile to some parking spaces on either side of the road (room for around four or five cars), just before a steep downhill straight.

From the parking area, access a footpath into the woods on the south side of the road, signed to Slackhead and Hazelslack, and follow this for 750 metres to a marker cairn (see photo overleaf) and wooden sign. Take the path signed to Fairy Steps. After around 100 metres some blocks can be seen in the trees over to the left, the first section of crag described is directly behind these.

The crag can also be accessed from a lay-by at Hazelslack Tower Farm to the west, where a large footpath heads through a couple of fields and up through the woods direct to the steps (one kilometre).

For Shuck's Lair continue driving down the steep straight, previously mentioned, and park in a lay-by on the right just before a sharp left (at the end of Throughs Lane). See page 70 for further access and approach information.

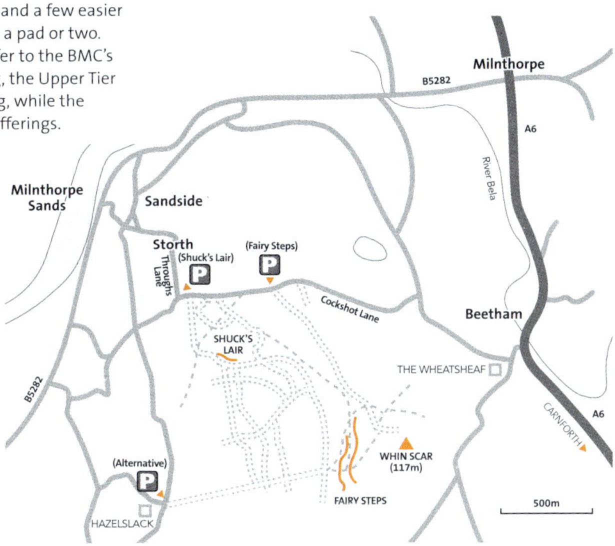

◀ MIKE ADAMS ON *WALK AWAY SS* (PAGE 62) **PHOTO**: DAWID SKOCZYLAS

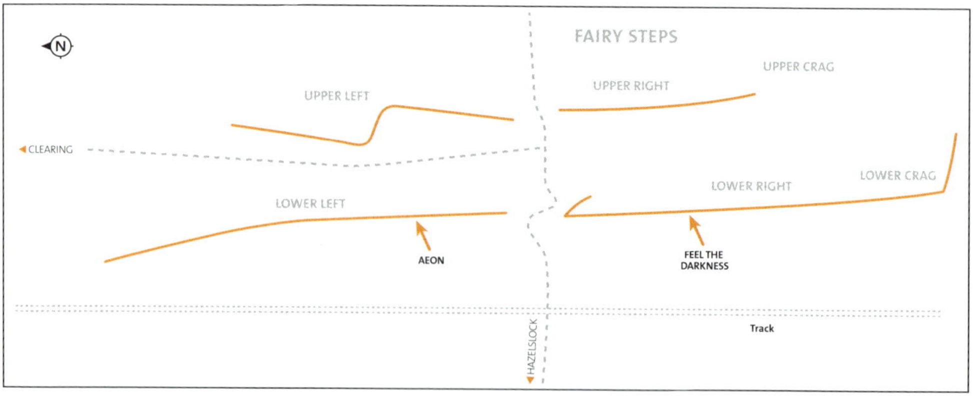

The following is a modified version of the information offered by the BMC in its *Lancashire Rock* guidebook:

All crags at Fairy Steps lie within the Dallam Estate, which has permitted climbing since the early 1960s. However, after a prolonged negotiation with the BMC, the new owners have decided that they will no longer allow climbing. Nevertheless, there is access along footpaths close to the crags and the spread-out nature of the outcrops means that climbers are unlikely to be challenged. If you are asked to cease climbing, please do so courteously.

Dogs are allowed on the public footpaths provided they are on leads. However, as you are presumably here to climb and thus off the paths, it is recommended you leave dogs at home so as not to exacerbate the access situation.

Conditions

Seepage can be an issue in the winter and wetter months, although the crag suffers a little less than other nearby venues. In summer, the dense tree cover does provide some respite from the midday sun.

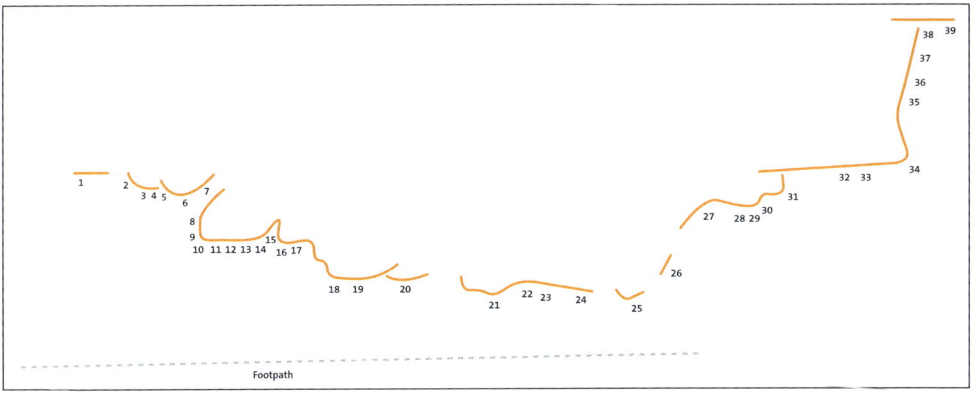

UPPER CRAG: UPPER LEFT

1 *6a*
SS. The short crack.

2 *5*
Short arête.

3 *3*
The blocky flake followed by a high finish.

4 **Chemical Ali** *7a+*
SS. The wall starting on a low sharp edge.

5 **Last Fling** *3+*
The wide crack. The sitter is 5+.

6 *6a*
The wall and thin crack left of a tree.

7 *6a*
A dirty face climb right of the tree.

8 *5+*
The high, dirty chimney-come-crack. Poor.

9 **Whindow Dressing** *5*
A high problem which tackles the flake/groove left of the big arête.

10 **Send You No Flowers** *6a+*
The highball arête is quality but a bit spicy at the top.

11 **Intellect** *7c* *
SS. A quality problem which climbs the thin crack on its left side to the break and then up the headwall above. The stand makes for a good 6c.

THE AUTHOR ON *MOOK SQUAD* (PAGE 62) PHOTO: ANDY HEBSON

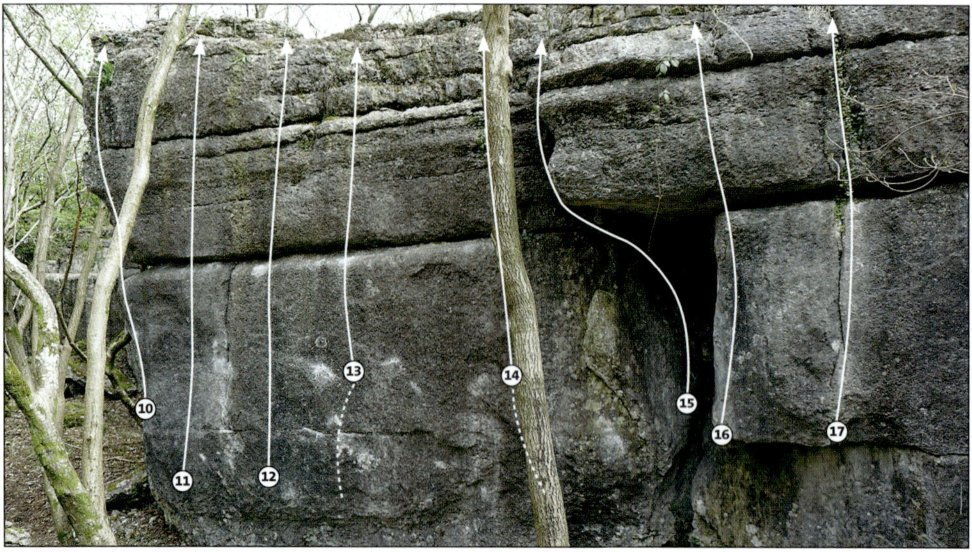

12 Mook Squad *7c* ★
SS. A tough proposition which climbs the wall just right of the crack using the crack for your left hand. The final slap to the break can be a heartbreaker.

13 Walk Away *8b* ★★★
The centre of the clean crozzled wall is a desperate classic and just about as hard as it gets at this angle. Whether you use the high-step rockover sequence or the more dynamic lunge from a lower but poorer foothold, both methods require strong fingers and an adaptable grip. If you are extremely tall it is also possible to jump with your feet on the low foot ledge; this is a grade or so easier.

Walk Away SS *8c* ★★
SS. Relatively speaking, the moves from sitting into the stand aren't too bad in isolation, however, setting yourself up for the move to the break and then executing this move successfully is a different proposition.

14 Axiom *7c+* ★
The blunt arête to the right is excellent but reachy. Use a small LH undercut to set yourself and reach up for a poor, tilted RH crimp high on the arête. A high foot is then used to pull on with difficulty, before slapping with either hand to a sloper in the break. Continue direct via much easier moves left of the chimney.

Axiom SS *8a+* ★
SS. The obvious sitter incorporates some extremely stout moves and is the complete line.

15 Rigger *4*
The high and slightly grubby chimney.

16 *6a+*
The hanging rib right of the chimney.

17 *5+*
Thin crack.

18 *4*
The cracked wall and arête is now unclimbable due to a small tree.

19 *3+*
The wall with runnels.

20 *4*
Wall right of a tree.

21 *4*
Flakeline right of a broken offwidth.

22 Whin Crack *5* ★
The eye-catching crack.

23 *4*
Crozzled wall to the right.

24 *5*
Wall between trees with a tricky move near the top.

25 *4*
Use breaks to gain the top.

26 **Lone Block** *3*
Use the flake to gain the top.

27 **Ashtray Verse** *7c+*
SS. Start at the flake/crack on the left and traverse right, staying beneath the break, to gain the undercut on *Ash Tree Wall* (crux) before finishing up this.

28 **Ash Tree Wall** *7c* *
SS. The centre of the small but striking wall in front of an ash tree is climbed via burly opening moves and a frustrating slap for the break. All footblocks are out.

29 **Bone Machine** *7c*
SS. Start with LH in the crack of *Ash Tree Wall* and RH on a low sidepull and head up via a pocket. All footblocks are out.

30 **Elfo** *6a+* *
SS. The arête on the right side of the wall is a quality problem on great rock.

31 *5*
Short arête.

32 *3+*
Another wall passing a ledge.

33 *3+*
Diagonal crack up the wall.

34 *4*
Blunt arête on the left.

35 **Home & Away** *4+*
Wall.

36 **Bay Watch** *4*
Corner crack. Highball.

37 **Pillar Front** *4* *
Excellent line up the big pillar-like wall, passing high breaks.

38 **Chockstone Chimney** *3*
A scramble up the next corner.

39 *3+*
Between two trees.

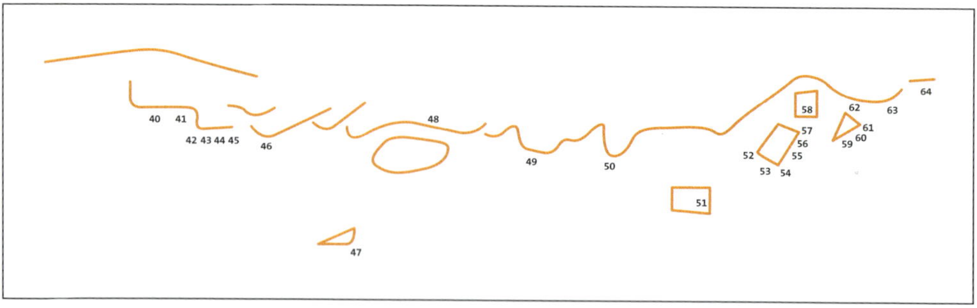

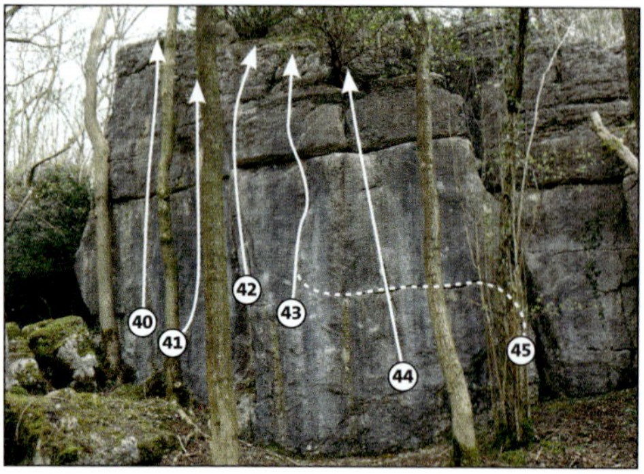

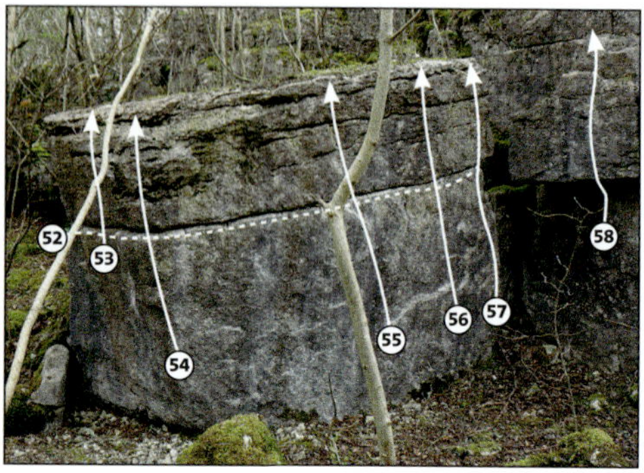

40 **Road Trip** *6c+* ★
A very big line up the vertical wall between two trees. Highball.

41 **Landmark Corner** *3*
The corner crack is decent but the landing could be better.

42 *4+*
Left arête from a blocky hold.

43 **Groove Direct** *6c+* ★
A splendid problem which climbs the vague groove via a pocket. Once at the break things ease off for the high finish.

44 **Crucifixion** *6c+*
SS. The inverted-crucifix crack is an area classic. 6a+ from standing.

45 **On the Cross** *7c*
SS. Start on the right side of the wall and use the thin break to traverse leftwards and finish up *Groove Direct*.

46 *4*
Blunt arête passing two breaks. Set forward and right of the previous problem.

47 *5*
SS. Situated on a small block set forward of the crag. A one-move-wonder up the short arête on its left side.

48 *5*
SS. Short wall/rib. Pretty dirty.

49 *4*
Wall and crack passing a rock shield.

50 *6a*
The pillar without the blocks either side.

The next few problems are on blocks set forwards of the main crag line.

51 **Inner Logic** *6b*
SS. An unusual little roof crack on the detached boulder. Start right at the back. Very dabby!

52 **The Becoming** *6b* ★
Traverse the appealing break L–R or R–L. There and back is a sustained 6c+.

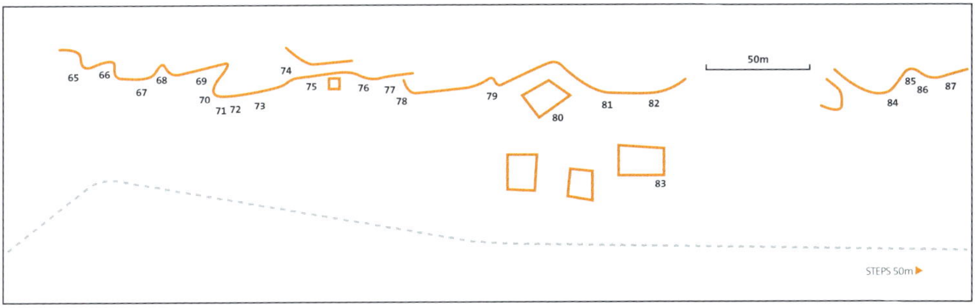

53 *4*
Short face.

54 **The Second Coming** *7a*
SS. The short prow has a powerful start.

55 *6c+*
SS. From the lowest holds, up the wall to a flake. The stand is 4+.

56 **Come On** *7a*
SS. The wall just left of the right arête passing a pocket in break.

57 *6a+*
SS. The right arête.

58 *5*
Surmount the overlap and up the little tower.

59 *6a*
SS. Short wall left of a line featuring a flake.

60 *6a*
SS. The line featuring a flake.

61 *7a+*
An uninspiring bum-drag L–R traverse of the block without using the top.

Back to the crag line:

62 **Gantry** *6c+*
SS. The awkward wall behind the previous block.

63 *4+*
SS. A V-shaped crack.

64 *6b* *
SS. The centre of low square wall from edges.

65 *4+*
Vague crozzled rib via diagonal edges.

66 *4*
The high corner.

67 *4+*
The crack and wall.

68 *4*
Shallow corner crack.

69 *6b*
Narrow wall via an overlap and a long reach.

70 *4*
Flake arête.

71 *5*
Traverse the low break rightwards from the previous problem to finish up *Pillar Wall*.

72 *6a*
From the break use the crack exclusively to the top.

73 *5*
Climb the wall using the pocket/break.

74 *4*
Flakes up the wall.

75 **Pillar Wall** *4*
Crozzled wall just left of a small rock pillar.

76 *4*
Another wall.

77 *4*
Narrow wall left of a dirty V-groove.

78 *5*
Another short wall, starting matched in the low break.

79 Tree Sprite *6a*
Start at the base of a diagonal crack and follow it up and right.

80 *5*
Up the front face using the arête on the detached wall. Marred by the proximity of two small trees.

81 John's Flake *6a* *
Thin flake/groove in the wall without the break on the next problem.

82 *5* *
Up the wall via the horizontal break.

83 Trackside Roof *6a*
SS. A surprisingly good little problem which climbs out of the small roof of the low block by the track. The break on the left is out for feet.

84 *4*
Back up on the crag. The juggy rib.

85 *4+*
A quality line tackling the flake and corner.

86 *4*
Often-dirty wall immediately to the right.

87 The Ogre *6a*
A few metres to the right is a capped bulging roof. Climb this centrally.

UPPER CRAG: UPPER RIGHT

A smart wall with a good landing around 100m or so right of the Upper Steps.

88 Celtica *5*
Wall above a block, without starting off the block.

89 Taliesin *4+*
The flake corner and wall.

90 Merlin *4* *
The smart juggy flakes to the right.

91 *4*
Good holds in a short diagonal crack.

92 Rheaed *5*
The arête just left of the corner.

93 Woodbind *4*
High corner passing a tree stump.

94 Woodbind Traverse *6a*
Begin in the corner and step left at the tree stump to traverse the obvious break leftwards to finish up *Celtica*.

95 The Mote of Mark *5*
The first crack right of the corner.

96 Second Crack *6c+* *
The next crack right is climbed without using the jug on the wall. The sitter is a challenging 7a+.

97 Caerliol *5*
Centre of the wall.

98 *5*
Flake crack on the left side of the slab.

99 Et tu Brute *6b+* *
Traverse below the break in either direction.

100 Down the Edifice *6a*
Traverse the first break in either direction.

88
89
90
91
92
93
95

93
95
96
97
98

LOWER CRAG: LOWER LEFT

The Lower Steps are around 50m below the Upper Steps. Simply follow the main footpath down the slope. Due to the sensitive nature of the access we have chosen to include only the climbing within a couple of hundred metres of the footpath.

The Lower Left sectors are all under a reasonable amount of tree cover and as such, although awkward at times, the best method of approach is to stick to the crag line.

AEON BUTTRESS

This sector is around 200m left/north of the Lower Steps in a clear bay and consists of a compact buttress with a hip-height overhang.

101 Aeon Crack *6c+*
SS. The gnarly finger crack without using holds on the left arête. Tough!

102 Aeon *7c* ★
SS. Start at the base of *Aeon Crack* and traverse the lip rightwards into and up the crack on the right side of the buttress, avoiding the foot holes (footlocks) at the back. Originally climbed sticking exclusively to handholds above the lip of the overhang at 8a.

103 Aeon Dyno *7b* ★
SS. From the boss sidepull dyno for the top. A cool move!

104 Aeon Prow *7c+*
SS. The slight prow, between the juggy sidepull and the crack (both out), is climbed on tiny holds.

105 Aeon Reverse *7c+*
SS. Reverse *Aeon* and finish up *Aeon Crack*. Again, don't use the potential foot holes (footlocks).

106 Aeons *8a+*
SS. A sustained locals' link-up of the two traverses, finishing up *Aeon Crack*. It's not considered sporting to rest overly in the crack on the right side of the buttress.

SECTOR CAPEHORN

A large corner bay 15m left of Aeon Buttress.

107 *5+*
SS. The wall just left of the cave/corner starting from a flat hold. The vague arête/prow to the left goes at the same grade from sitting.

108 *5*
SS. Climb the sharp arête on its left without the opposing wall for feet.

109 Paine *6a* ★
SS. Wall right of the cave/corner. Escape at the first break.

110 *4*
The obvious flaked crack; finish at the first break.

LOWER CRAG: LOWER RIGHT
SECTOR LIMELIGHT

These problems are almost immediately right of the Lower Steps on a 6m-high wall of good if sometimes dusty rock. Finish at the break.

111 Limelight *4*
Right-trending groove equidistant between two trees.

112 Limelight RH *5*
Straight up from below the tree.

113 Fire Starter *4*
Right-facing groove right of the second tree.

114 Gaslight *4*
Crack 4m right of the large yew tree.

115 Incandescent *5*
Short crack into a niche.

116 Lanterns *4*
From undercuts climb the wall above.

SECTOR NIGHTSHADE

25m further right of Sector Limelight is another decent wall.

117 Night Time *4*
Broken crack on the left.

118 Nightshade *6a* *
Wall between the two cracks.

119 Feel the Darkness *6a* *
Thin crack in wall left of highest point of wall.

Shuck's Lair

ASPECT: **SOUTH** APPROACH: **10 MINS**
ALTITUDE: **40M** GRID REF: **SD 480 795**
PARKING: **54.212235, -2.801991** OS MAP: **OL7**

An excellent small crag located in Longtail Wood just down the hill from the tiers of Fairy Steps. This steep, undercut buttress provides a high concentration of quality mid- to harder-grade problems on often uncharacteristically open-handed holds. Its open, southerly aspect does mean it can be quite a sun trap on warm, cloud-free days.

Access and Approach

As with the rest of the crags around Fairy Steps, at the time of writing, technically the landowner does not allow access to the crag. While you are unlikely to encounter a problem, if you are asked to leave, please do so courteously.

Park in a lay-by near the end of Throughs Lane, a small cul-de-sac just off Cockshot Lane on the eastern edge of Storth. Walk east along Cockshot Lane for 70m to a field on the right. Enter the field via a gate/stile and follow a public footpath south along the western edge of the field to another gate entering the woods. As you enter the woods you will see another gate on the left, go through this and follow the base of a slight crag line on your left for around 150m to the main buttress.

1 **Doodah Day** ***6b***
SS. From a pointy flat hold, climb the bulge and crack direct to a positive if slightly mucky hold.

2 **Hell Hound** ***6c+***
SS. From the big flatty under the lip climb direct to a slight ledge.

3 **The Slope-a-Dope** ***7a+*** ★
SS. Start as for *Hell Hound* but once at the vague break traverse it rightwards on cool sloping holds to a final do-or-die slap for a good hold in the broken depression.

4 **The Cappel** ***7b+*** ★★
SS. Again from the big flatty under the lip, move up and then right to follow holds on the lip to the central crack before heading straight up to a good hold left of the tree. Sustained and excellent.

5 **Credo** ***8a+*** ★★
SS. Follow as for the *The Cappel* but at the central crack continue right along the lip via hard moves to a point where you can finally reach up for a hold in the break, directly above the start of *Alkaline Jazz*. Holds in or above the central breakline are out.

WILL BUCK ON *THE CAPPEL* PHOTO: SAM LAWSON

6 **Hare Devil** *6c+*
From a hanging start on parallel slopers, campus up and right to a good hold and finish direct.

7 **The Bogle Realm** *7a+*
SS. Use a small diagonal edge on the lip and pointy-edged slot to campus up to a shallow left-hand slot, then continue via easier moves on awesome slopers to a jug below a slight depression.

8 **The Doom Gaze** *7c*
SS. From the start of *The Bogle Realm*, follow the lip leftwards to finish up *Doodah Day*.

9 **Brane World** *7c+* **
SS. The central crack is started from matched on a side-cut hold near the back of the roof (just before the rock deteriorates). Pull on horizontally and layback up to the lip before making some hard moves round the lip to a good edge in the crack. Now press up to a finishing hold just left of the tree. Excellent!

10 **Eye of the Storm** *8a*
SS. Climb *Brane World* to the lip then traverse leftwards, staying low, to the end of the crag and finish up *Doodah Day*.

11 **Kyrie** *8a+* *
SS. Again, as per *Brane World* but at the lip this time move rightwards with great difficulty to link into the final section of *Credo*.

12 **React Dat Booty** *7b* *
Start crouched just right of the crack. Use two crimps just above the lip to pull up and throw your right heel on to a smeary edge. Head straight up via tenuous moves to slopes in the break then over left to the jug by the tree.

13 **Casimir Effect** *7b* *
Again from a crouching start use holds just above the lip to pull on and campus up for a dish-like edge. Now get a heel on the starting RH hold and slap up and left for an open-hand crimp before again moving left to the good hold left of the tree. The juggy groove to the right is out. Can also be finished direct at the same grade.

14 **Alkaline Jazz** *7b*
SS. A stout problem starting on a jug to the far right of the buttress. Traverse left on ever-worsening handholds to sloping edges right of the crack and make a tricky move up to the jug left of the tree.

15 *5*
SS. A short problem from an uneven edge and slot with a nice move.

FARLE-
TON
AREA

PHOTO: GREG CHAPMAN ▶

THE NATIONAL TRUST
HOLME PARK FELL

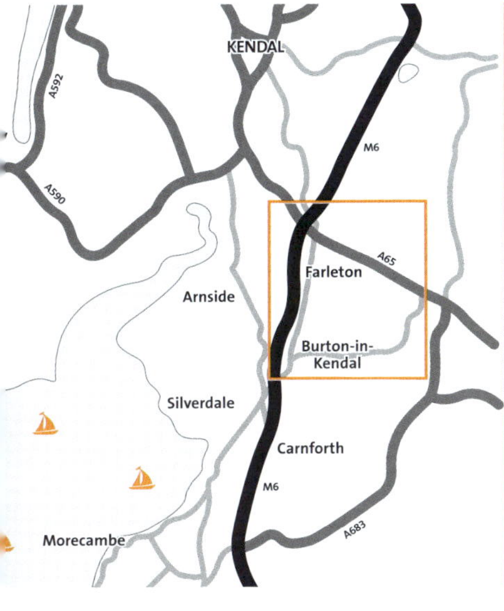
KENDAL
A592
A590
M6
A65
Farleton
Arnside
Burton-in-Kendal
Silverdale
Carnforth
M6
A683
Morecambe

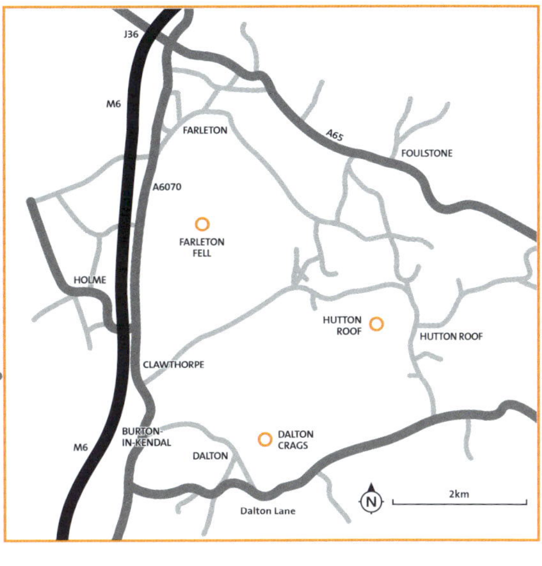
J36
M6
FARLETON
A65
FOULSTONE
A6070
FARLETON FELL
HOLME
HUTTON ROOF
HUTTON ROOF
CLAWTHORPE
BURTON-IN-KENDAL
DALTON CRAGS
M6
DALTON
N
2km
Dalton Lane

Farleton Fell & Newbiggin Crags

This section of the guide focuses on the scenic bouldering areas located on and around the nationally important limestone pavements of Farleton Fell, a ranging expanse of crags, pavements and boulders situated on the east side of the M6, around six miles north of Carnforth. With the odd exception, the bouldering can be split into two distinct areas: the Main Crag overlooking the motorway on the western side of the fell, and Newbiggin Crags on the less prominent eastern slope. While not the most extensive area in the guidebook, it does offer some classic lines, immaculate rock and panoramic views of the Lakes and Silverdale area to the west, and Yorkshire Dales to the east.

For the most part the bouldering on the western side of the fell is technical face climbing on a variety of cracks, edges and crozzled pockets. Over to the east similar climbing can be found along with steeper ground and even some Castle-Hill-style tricep workouts on well-weathered boulders.

Conditions

Exposed to the elements the west side of the fell gets plenty of sun and can also get pretty windy. The Newbiggin Crags face south-east and as such are slightly more sheltered. The bouldering across the fell is a little less prone to seepage than the crags around Warton and Silverdale.

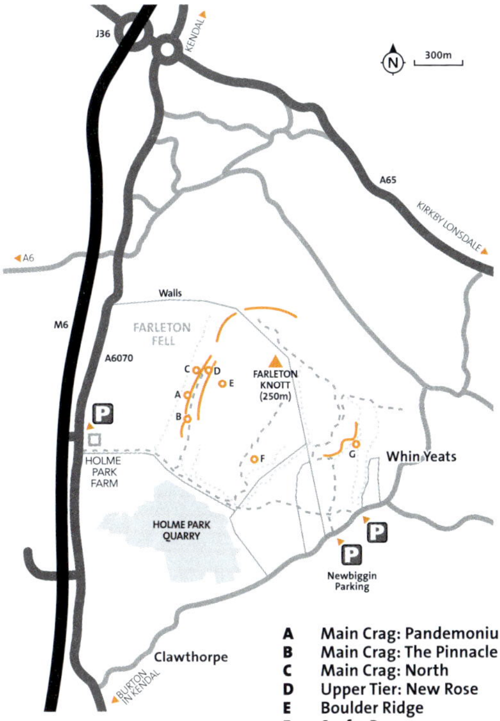

A Main Crag: Pandemonium and The Coil
B Main Crag: The Pinnacle (Descent)
C Main Crag: North
D Upper Tier: New Rose
E Boulder Ridge
F Surfer Rosa
G Newbiggin Crags

◀ GEORGE NORTH ENJOYING A DUSK SEND OF *CURIOUS WALL*, FARLETON UPPER TIER (PAGE 82) **PHOTO:** GREG CHAPMAN

Farleton Fell

ASPECT: **WEST** APPROACH: **20–30 MINS**
ALTITUDE: **210M** GRID REF: **SD 539 797**
PARKING: **54.207839, -2.722460** OS MAP: **OL7**

Access and Approach

On the east side of J36 of the M6 is a roundabout. From here take the south exit on to the A6070, which runs parallel to the motorway, and follow it for two miles to Holme Park Farm. Park courteously opposite the farm, at the entrance to a small cul-de-sac.

Follow the road south for 80 metres to a bridleway on the left, signposted *Limestone Link*. Head through the farmyard and up the hillside for 500 metres to a gate. Pass through the gate and continue up the main track as it steepens and bears right through some trees to eventually reach another gate. Go through this and immediately turn left (north) up on to the plateau and follow a distinct path northwards up the hillside following the top of the crag. Approximately 450 metres from the last gate it is possible to scramble down to the foot of the crag through a jumble of blocks (see approach image above). The first climbs start 100 metres north of this point and work left to right back to this descent.

MAIN CRAG: PANDEMONIUM

A high, undercut wall with a distinct prow/arête to its left side.

1 **Prowler LH** *6b*
Start on edges 1m right of the corner. Traverse rightwards to and up the prow/arête.

2 **Prowler RH** *6a+*
Start on a good low hold 1m right of the prow. Follow holds above the lip leftwards to and up the prow/arête.

3 **Cracker** *4+*
The high, undercut groove is hard to start but eases quickly.

4 **Pandemonium** *7c+* ★★
The undercut wall starts getting very thin after a crozzly edge at 2.5m. Once you have gained as much height as you can on the poor crimps make a dash (or lunge) for the shallow pocket/tilted edge at the top of the wall. Highball.

5 **Panda** *7b+*
A cop-out RH variant of the previous problem. Climb to half height, then make a disconcerting lunge rightwards to the hanging flake/crack and finish up this.

6 **Flaykier** *3+*
The next obvious line of good holds, left of a broken, tree-filled groove. Highball!

TREE WALL

A few metres to the right is another high wall dissected by a break and fronted by a tree. This hosts a couple of worthwhile lines. A few pads are required as the landings are not perfect and you drop off to finish.

7 *6c*
Climb the centre of the high wall past a slight overlap and a committing move to the slopey break. Jump off here or finish up the diagonal crack (E2/3).

8 *6a+*
Climb the front of the pillar starting on the right and veering left before hitting the top. Both arêtes are out.

THE COIL

This wall hosts some of the finest crimpy face climbing on South Lakes limestone, with the quality of the rock matched only by the excellent, flat (but rocky) landings.

9 **The Family Way** *4*
The deep layback crack on the left of the face.

10 **The Undiscovered Country** *7c* *
Climb the wall between *The Family Way* and *The Coil* via a dynamic move to the break.

11 **The Coil** *7a+* ***
Starting with hands at its base, climb the diagonal crack up the centre of the wall to a precarious pop to gain the break. A true classic.

12 **The Wrath of Khan** *7b* *
A tight line up the stunning seam of crozzle direct to the break. Holds in the crack are out.

13 **The Final Frontier** *6c+* **
Start at a thin but positive RH sidepull and climb the wall left of the arête. Holds right of the sidepull are out.

14 **Crozzled Arête** *3+*
The rough arête left of a deep crack.

15 **Deep Space 9** *5* *
The centre of the narrow wall right of the main face.

TRAVERSES

A *6c+*
Traverse the wall from *Crozzled Arête* to and up *The Family Way*.

B *7a+*
Traverse the whole wall there and back in either direction.

C **Coil Wall Traverse** *7a* *
Traverse the wall from *The Family Way* to and up *The Final Frontier*.

The last few climbs are on the section of crag between The Coil wall and the initial descent.

CHRIS PLANT ON *THE COIL* (PAGE 77) **PHOTO:** JON BASSINDALE

THE COLUMN

16 *4*

Start up the right arête, swing left on to the column and head up the middle.

17 *4*

The wall right of the corner.

DESCENT WALL

18 *6a+*

Just left of the descent. The crozzly wall direct.

THE PINNACLE

19 *4*

SS. A few metres south of the descent is an obvious pinnacle. Climb the left wall direct.

20 **The Pinnacle** *6b*

SS. From flat holds on the left swing right to the arête and straight up it to finish.

MAIN CRAG: NORTH

Where the Main Crag begins to fizzle out at its northern end (around 200m north of Pandemonium) there is a grassy gap in the crag line. Immediately north of this are a number of small segmented buttresses at bouldering height and all with clear landings in a pleasant open setting. These feature some of the best easy lines on South Lakes limestone.

BUTTRESS 1

This is about 50m left (north) of the gap in the crag.

21 Mr Flash ***6b*** *
SS. The crozzled bulge starting on edges is really good but has some long reaches.

22 ***4+***
The crack left of the corner.

23 Blindsided ***6a***
The blunt rib without the wall left of the corner.

24 High Five ***6b*** *
SS. From small edges make a big move to a good hold and finish direct with a reachy move near the top. The stand is 5.

25 ***6a*** *
SS. From a blobby sidepull go straight up to breaks and finish direct.

26 Little Yew ***3+*** **
Well-featured wall passing a tiny yew tree.

27 Blockade ***6c***
SS. Start at the base of *Little Yew* and traverse left to finish up *Blindsided*.

28 ***3***
The blunt arête on big holds.

29 ***4+***
Narrow crozzled wall to the right starting matched in the low break.

BUTTRESS 2

30 ***4***
The wall featuring two offset cracks.

31 Blunt Arête ***4+***
Undercut blunt arête on good holds.

BUTTRESS 3

32 *4*
Jutting arête.

33 *3* ★
Easy wall left of a tree.

BUTTRESS 4

34 *6a*
SS. Blunt undercut bulge.

35 *4*
Narrow wall.

36 *4*
Big crack climbed on its left.

37 *5*
Blunt arête with flake. Don't use the big crack on the left.

38 *4*
Crozzled slash feature.

JON BASSINDALE ON *COIL WALL TRAVERSE* (PAGE 77)
PHOTO: BASSINDALE COLLECTION

BUTTRESS 5

Immediately left of the gap in the crag.

39 *5+*
SS. From the small cave head up and left.

40 **Sun Dance** *6a* ★
SS. Same start but head up and right.

41 **Reach of Faith** *4* ★★★
Centre of the wall with a final blind reach.

42 *4+* ★
The wall to the right via a RH gaston pocket.

43 *2*
The zigzag runnel.

UPPER TIER

Running parallel to the Main Crag, the Upper Tier features a number of easier problems sporadically dotted along its length. On the whole these are left for you to explore for yourself, however at the far end is a small compact sector featuring some fine technical problems. The main draw here is the iconic *New Rose*, a divine wall of water-worn rock which, in spite of the occasional sharp hold, is a must for all those capable.

To reach this sector from The Coil wall continue along the top of the crag for around 300m to an obvious wall/block set forwards from the Upper Tier. From the Main Crag: North sector go up through the gap in the crag to the footpath and continue north for a further 50m.

NEW ROSE

44 *5+*
The left arête starting low and swinging right at the top.

45 **J Crack** *3*
The crack on the left.

46 **Wild Rose** *7b+* ★
The wall right of the crack from a crimpy LH sidepull and low RH edge. Pull on and up to a tiny RH crimp then up to the break. The big crack to the left is out.

47 **New Rose** *7b+* ★★★
The centre of the immaculate wall off a cairn is a little sharp but still excellent. Starts on a low LH edge and high RH micro pinch in the crozzle. The sitter adds a little extra clout, pushing the grade up to 7c. Harder for the short.

48 **21st-Century Digital Kid** *6a+* ★
The slight groove left of the arête is top drawer and tricky at the grade. Holds on the arête are out.

49 **The Arête** *3+*
The broken arête.

50 **Rose Traverse** *6c*
Traverse the wall in either direction starting at either *J Crack* or *The Arête*. A good finger warm-up for *New Rose*.

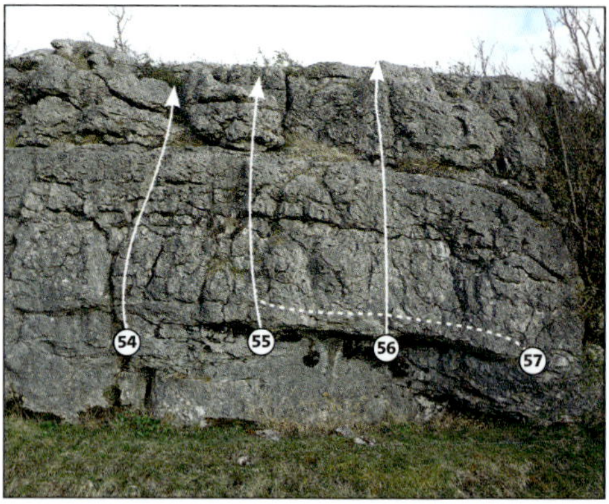

CURIOUS WALL

Around 20m right of the New Rose block is a high clean wall with a small roof to its right side.

51 *4+*
The left crack.

52 *5*
The wall featuring a hanging flake.

53 **Curious Wall** *6a*
The centre-right of the wall, starting left of a block at a big sidepull.

LITTLE ROOF

54 *3+*
SS. Broken crack.

55 **Left Overlap** *4*
SS. The small overlap on the left side.

56 **Little Roof** *5*
SS. The centre of the roof, starting hands on the lip.

57 *6a*
SS. Start on the far right and traverse left to finish up *Left Overlap*.

BOULDER RIDGE

The final noteworthy climbing on the western side of the fell can be found on the ridge a few hundred metres due east of the top of the Upper Tier. Here a line of 10 to 15 blocks runs north to south-east. These offer the most esoteric climbing on the hillside, but are worth a look if you are local or interested in rock formations and limestone pavements. All these short lines have been climbed and range from 3 to 6c+. They are left for you to explore for yourself.

THE AUTHOR ON THE SUPERB, IF SLIGHTLY SHARP, *NEW ROSE*. (PAGE 81)
PHOTO: JULIA ENTWISTLE

Newbiggin Crags

ASPECT: **SOUTH-EAST** APPROACH: **10 MINS**
ALTITUDE: **200M** GRID REF: **SD 550 793**
PARKING: **54.201913, -2.691476** OS MAP: **OL7**

A pleasant circuit of problems on some of the best limestone you'll encounter. A sunny but exposed south-eastern aspect means this spot gets plenty of sun and breeze and the blocks are all clean and dry quickly. The approach is short and easy and the situation is family friendly.

Access and Approach

Turn off the A6070 at the junction signed to Clawthorpe (1.2 miles south of the parking for Farleton Fell) and follow the road towards Hutton Roof. After around 1.5 miles you will reach an obvious lay-by (featuring an area info sign) on the right, opposite a gate. There is extra parking if required a further 200 metres up the road on the left.

Enter the fields opposite the parking via a gate/stile. Follow the track for just over 500 metres to an escarpment. At the point where the path kicks left and dissects the crag turn right (leaving the main track) to follow the base of the crag in a north-easterly direction. See map on page 75.

The first area is just right of the main track; look out for a diamond-shaped block on the ground in front of the problems.

NETTLE WALL

1 *5*
SS. Start at a two-finger pocket.

2 *4+*
From the low break, head straight up via the runnel.

3 *3+*
The big crozzly crack.

4 *3+*
The next crack along.

5 *4*
The runnel with good edges either side is excellent. Avoid the arête (right side of the crack) to the left.

6 **Nettle Wall** *4+* ★★
The centre of the wall via the break and edges above. Top notch!

7 **Blunt Arête** *6b+*
SS. The right arête climbed on its immediate left. Swinging around right to the back arête much easier.

8 **Break Traverse** *5*
Start at the base of *Blunt Arête* and traverse left to finish up problem 1. A good warm-up.

9 **Nettle Bulge Direct** *6c*
SS. Straight through the centre of the bulge, without the left arête or sidewall, to a mantel finish.

10 **Nettle Bulge** *6b*
SS. Start just right of the bulge then move left and up to gain the flowstone sidepull on the lip with your right hand and top out via a tricky mantel.

MAIN CRAG

The rest of the circuit resides a further 200m north-east along the crag line: an obvious collection of blocks and a tiered section of crag above. The *Whiteout* boulder is the largest of the blocks and features a number of reasonable lowball problems.

11 Whiteout *7a+* ★
SS. While something of a contrived line this problem is a local rite of passage. Start on the big jug on the south face and move up and round the arête, along the break and down to a good hold. From here keep as low as possible past a triangular hold to a pocket and on to the far arête. The top is out all the way.

12 *6a+*
SS. The short arête direct.

13 *5+*
The wall direct.

14 *6a*
SS. From the big hold climb into the break and traverse left to finish up the arête.

15 Whiteout Roof *7a+*
SS. From a very low crimp make a hard move to the triangular hold, then to the pocket and finish direct. Starting with higher hands is 6c. Very dabby!

TOM DIXON ON *WHITEOUT* **PHOTO:** GREG CHAPMAN

UPPER TIER

The crag directly above; the first problem is 50m up and left of *Whiteout*. There are a few other problems scattered amongst those listed; these are generally very short or have poor landings. The best omissions are situated on and around the wall capped by a short roof, around 60m left of Left Wall.

LEFT WALL

16 Left Wall *7a*

SS. The centre of the capped wall, via a hard move to get off the deck. The grade assumes you are sitting on a single, standard-thickness pad.

LUMP 1

17 *5+*

SS. The centre of the wall past two breaks. Hard to start.

18 *6a+*

SS. Start on a block and traverse the break left keeping to holds in the break. Finish up the far left side of the wall.

19 *4+*

SS. The vague arête/prow.

MIDDLE ARÊTE

20 *4*

SS. A few metres left of Lump 2 is a well-formed arête. Climb this direct.

LUMP 2

21 *4*

Wall right of an arête from a low start.

22 *4+*

SS. Wall left of a vague arête from a crozzly slot.

THE RUNNEL

23 The Runnel *4+*
SS. From a break, climb up and into the superb water-worn runnel.

LOWER TIER

24 *5*
SS. The centre of the slabby wall.

25 *6a*
SS. The vague prow, without holds on the arête out right.

26 *4+*
SS. The arête started on the left.

27 *5*
SS. From the base of the diagonal crack make a hard start and climb direct.

28 Cats in the Cradle *6c+*
SS. The bulging wall right of the arête, without holds on the arête.

29 *4*
Wall left of a deep crack, starting on two edges.

30 Blind Bulge *6c* ★
SS. The blunt arête to a break then direct through a seemingly blind finish over the sloping top. The holds are there: have faith.

LONE ARÊTE

A striking arête 10m right of *Blind Bulge*.

31 Lone Arête *6b* ★
SS. Climb the fine arête direct. 5 from standing.

THE JUMBLE

This sector hosts the hardest problems at the crag and offers some really cool little climbs and flowstone rock.

32 Cool Runnings *6a*
SS. Mantel out the central runnel.

33 *5*
SS. Mantel the right side of the block.

34 Beyond the Berghorn *7a* *
SS. Start at the right side of the block and follow the lip to the left prow; finish up this.

35 Slap Arête *7a*
SS. From a low break climb the right side of the arduous arête.

36 *4* *
SS. The blocky tower is quality and high, with glorious finishing jugs.

37 *6b+*
SS. From crimps in the thin break, pull on and slap to a good hold. Continue up the detached prow above. Two pads required on this one.

38 Ingleborough Wall *7a+* *
SS. Start on the block and use a sidepull slot to gain the break. Slap for the top and mantel/struggle over. A good pad and a spotter are recommended. Chickening out left at the top is 6c+.

39 *6a+*
SS. The undercut arête without the blocks for feet.

40 *6a*
SS. From the base of the crack veer up and left to a big flake and up.

41 *6a*
SS. The diagonal crack.

The next problem is well hidden in a hanging cavern fronted by a tree, around 10m right of the previous problems.

42 The Fridge *7a+*
SS. An unusual line up the suspended block. Climb the right side of the hanging prow, starting deep in the pit with your feet pasted on the back wall. Use a pistol-grip sidepull and a crimp in a thin break to pull on and make a hard move to a good hold on the prow; match into this and veer right to a crack then gain a jug at the top and escape towards the light. With the exception of the back wall to start any other footblocks are out.

43 The Oven *6c*
SS. The wall down and right (as faced) of *The Fridge*. Start matched on a central low side-cut hold.

SURFER ROSA

A small, esoteric sector featuring a single lowball boulder with one novel slopey lip traverse and a compact straight-up.

From the parking, go through the gate opposite and follow the track to the top of the first rise. Take the path which goes left (west) across the fields and through two gates, towards the quarry. On exiting the second gate turn right up a track and follow this for 200m until you reach a tree growing next to a wave-like boulder (80m right of the track).

44 *6b+*
SS. Start on the two worst slopes in the centre of the block and climb straight up.

45 Surfer Rosa *7a+*
From the far right end of the block follow the lip left to level with a good hold two thirds of the way along. Keep on low holds as you contort up and left past two runnel holds to reach the far left end of the block.

KENDAL AREA

NIA FLETCHER ON *HELL BOY* (PAGE 93) **PHOTO:** ASH CLARKE ▶

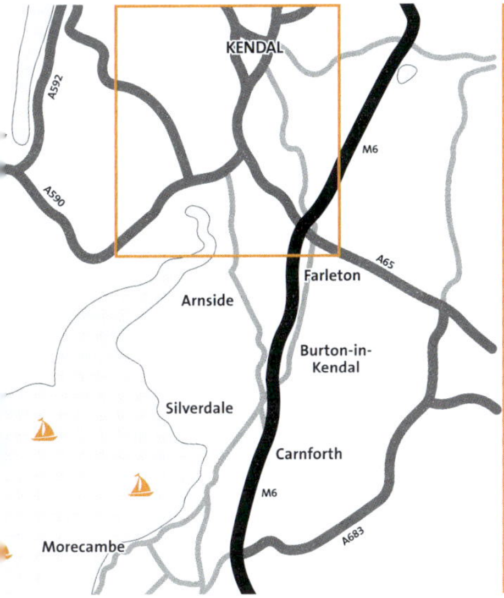
KENDAL
A592
A590
M6
A65
Farleton
Arnside
Burton-in-Kendal
Silverdale
Carnforth
M6
A683
Morecambe

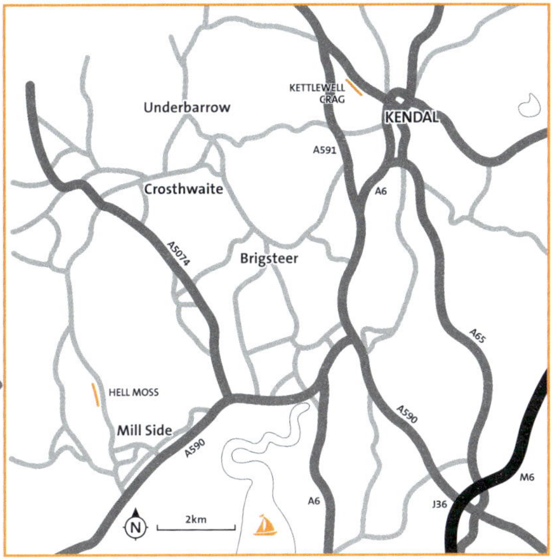
KETTLEWELL CRAG
Underbarrow
KENDAL
A591
Crosthwaite
A6
A5074
Brigsteer
A65
HELL MOSS
Mill Side
A590
A590
M6
J36
A6
N
2km

Hell Moss

ASPECT: **NORTH-EAST** APPROACH: **2 MINS**
ALTITUDE: **55M** GRID REF: **SD 437 856**
PARKING: **54.262641, -2.865087** OS MAP: **OL7**

A compact wave of limestone, Hell Moss is a small crag located on the steep wooded slope flanking the southern edge of the road connecting Witherslack and Witherslack Hall – which keen sport climbers will recognise as the parking spot for Chapel Head Scar.

While a minor venue, Hell Moss offers some good, easily accessed problems in the mid to higher grades. Perhaps the most appealing aspect of this little crag is the style of problems, which offer some interesting variation from those on the other limestone crags of the South Lakes. The standout line of the crag is undoubtedly *Hell Boy* – a true South Lakes classic. The landings are generally flat but rocky, so at least a couple of pads are required.

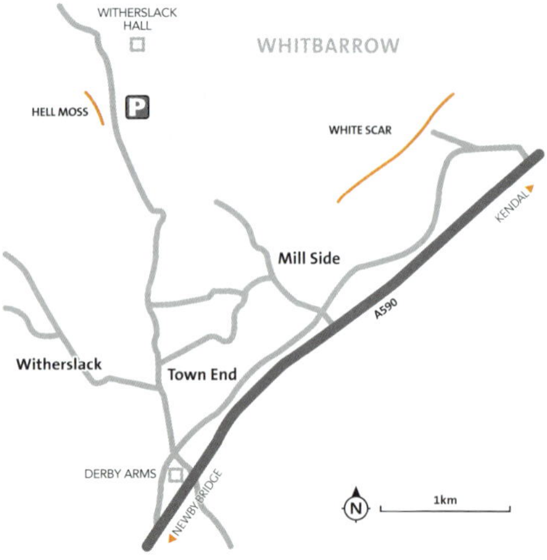

Access and Approach

Approaching from the north-east (M6), turn off the A590 at the Witherslack signs just after where the road becomes a dual carriageway. Immediately after turning off the main road you will pass the Derby Arms on your left (a good spot to refuel on the way home). From here, continue along the road without deviation for 1.7 miles and park in a shallow lay-by/passing place. If you get to Witherslack Hall School you've overshot your mark by a quarter of a mile. The crag should be visible directly above (70 metres) and is reached via a steep trudge up the scree.

Conditions

North-east facing and with plenty of tree cover, for much of the year this crag suffers badly from seepage. Fortunately, however, during the midsummer months most lines completely dry out and the crag's aspect can offer some welcome respite from the heat.

THE AUTHOR ON *FUNCTIONAL JUNKIE* **PHOTO:** CHAPMAN COLLECTION

1 Hell Boy *7c* ★★
SS. From a huge undercut pull on and up to good edges and a big sidepull. Now follow the obvious line of small holds diagonally left to an inverted handjam. Sort your feet and make a big move to a good hidden hold over the lip. Top drawer, but takes longer than most things to completely dry out.

2 Functional Junkie *7b+*
SS. Start on a triangular edge (RH) and crimp (LH), pull up into a good LH undercut then a small RH undercut before making a big move to a tilted edge way up and right. Gain the jugs right again, then veer up right to the hold just left of a dead branch. Any footblocks are out.

3 Kroenen *7c+* ★
SS. Start at *Functional Junkie* and move left on undercuts into *Hell Boy* and finish up this.

4 Space Walk *7a*
SS. Start as per *Kroenen* but once at the big sidepull head direct to the lip via an undercut. Watch your back!

5 Pin Money *6c+*
SS. Use an undercut and an obvious flat edge to climb to the lip before trending right to the hold just left of a dead branch. Any footblocks are out.

6 Spike *6c*
SS. A good eliminate. From a spike hold and small two-finger edge above, make a big move straight to the lip (jugs to the right are out) then veer left and up to a hold just left of a dead branch. All handholds on *Yew & Me* are out.

7 Yew & Me *6a*
SS. A good warm-up, featuring big holds and big moves to the large holds directly below the old yew tree stump.

8 Cobra Kai *7b*
SS. Another rules-based line. Use a low pinch and small crimp to gain neighbouring edges. Now veer right to better holds (just left of the ramp) before gaining a sloping sidepull and spike pinch which are used to make a long stretch for a good finishing slot. All handholds on *Yew & Me* and any potential footblocks are out.

9 Scree Run *5*
SS. Use a low edge and a tilted hold on the rib to gain the sloping ledge. Reach up for a short diagonal crack and use this to make a big reach to a jug directly above.

10 The Golden Army *7a* ★
SS. Start as for *Scree Run* but continue left along the ramp then across a section of wall via a big move to gain good holds below the old yew tree. Continue left, using decent edges 50cm above the lip, to a pair of jugs where the lip peters out.

11 The Golden Slopes *7b+*
SS. A quality eliminate which climbs *The Golden Army* to the good holds below the yew, then follows the slopers on the lip only (nothing above or below the lip is in for hands) to the finishing jugs at the end of the lip.

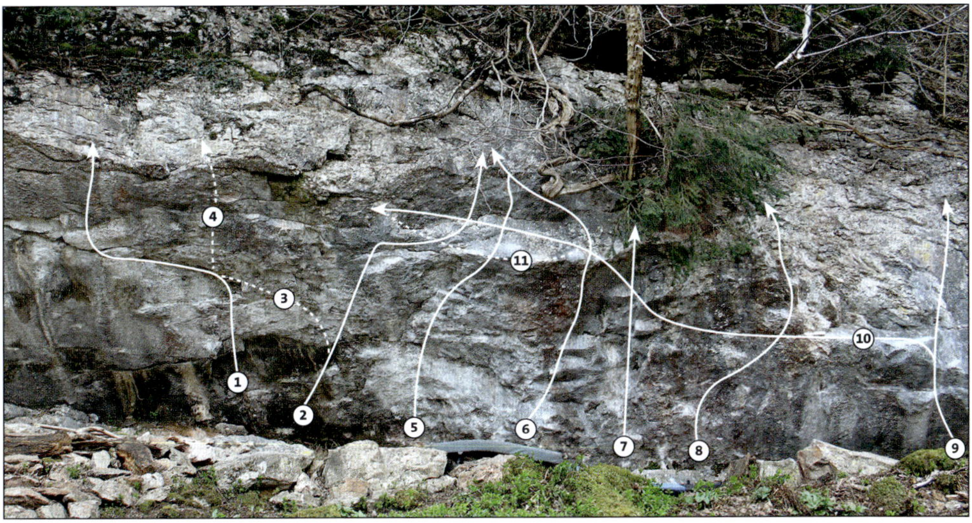

KETTLEWELL CRAG
KENDAL AREA

ASPECT: **NORTH** APPROACH: **10 MINS**
ALTITUDE: **180M** GRID REF: **SD 503 933**
PARKING: **54.328562, -2.753126** OS MAP: **OL7**

A scrappy limestone crag on Kendal Fell, pincered between the A591 and A5284 and directly above the town. As well as some short and generally easy lines, a number of harder eliminates were marked up here a number of years back. Unfortunately, many of these have been lost to the elements, but if you look hard enough some are still decipherable. The topo featuring the eliminates is available on ***lakesbloc.com***

Access and Approach

From the large roundabout on the A591 on the north-western edge of Kendal, follow the A5284 (Windermere Road) south-east towards the town. After just over a mile turn right up Queen's Road and follow this small residential street for about a third of a mile to a dogleg lane on the right – pull into this and park courteously on the right (space for about eight cars). Beyond a sign for *Serpentine Woods* two paths lead north-west: take the right-hand option (tarmacked for a short distance) and follow it without deviation for around 700 metres to the crag. See overview map on page 91.

DALTON CRAGS
FARLETON AREA

ASPECT: **WEST** APPROACH: **15 MINS**
ALTITUDE: **210M** GRID REF: **SD 552 768**
PARKING: **54.179083, -2.687419** OS MAP: **OL7**

Dalton Crags is a small wooded hill east of Burton-in-Kendal and just south of Hutton Roof. Across its wooded slopes reside a scattering of esoteric bouldering sectors, the best being a strip of around ten blocks and craglets in a setting reminiscent to that of Fairy Steps on the north-western edge of the woods. Due to the esoteric nature of the area and the ever-changing path system, we have omitted a comprehensive description of the climbing. Further details can be found on ***lakesbloc.com***

Access and Approach

From the southern end of Burton-in-Kendal, leave the A6070 via an eastbound road (Dalton Lane) and follow it for just over a mile and a half to a car park on the left (Plain Quarry). As mentioned above, the track layout on the hillside regularly changes due to forestry work and a lack of fixed public footpaths. As such, from here we recommend you use the grid reference in conjunction with the relevant OS map (*OL7: The Lake District: South-eastern Area*).

HUTTON ROOF
FARLETON AREA

ASPECT: **WEST** APPROACH: **12 MINS**
ALTITUDE: **250M** GRID REF: **SD 565 783**
PARKING: **54.196425, -2.660544** OS MAP: **OL7**

The picturesque limestone escarpments of The Rakes above the small village of Hutton Roof have long been popular with outdoor groups and locals alike. Numerous well-featured micro routes on excellent rock offer up a great range of climbing generally in the sub-HVS grades. While the confident can partake in an enjoyable session soloing here (especially if aided by a good pad), the actual bouldering is pretty limited. Cyclops Wall in the centre of the main tier is home to the best problems, up a smooth wall capped with an overlap sporting a central eye-like pocket below a break. A few metres further right and you reach the appealing overhang of Ape Buttress. This hosts a long-standing local testpiece in the shape of *Nick's Traverse* (7a+) – an arm-melting girdle of the entire buttress in either direction. Once defined by marks by the holds (red dots), many of these have now succumbed to weathering. Nevertheless, this was always something of a sandbag at the grade and following the same line using any holds (roughly level with the lip of the overhang) is still around the same grade and a great workout. A sport climbing grade of F7c better reflects the overall difficulty.

More details on the limited bouldering can be found on ***lakesbloc.com***, and the short routes and easy highballs are well documented in the BMC's *Lancashire Rock* guide.

Access and Approach

Park in a lay-by at the south end of the village. Walk north up the road for around 300 metres to a path on the left, sandwiched between two buildings and signed *Hutton Roof Crags* and just before a right turn to Kirkby Lonsdale. Head up the track and after around 100 metres go through a gate and keep to the path which traces the left wall uphill. After approximately 20 metres the path forks: keep to the left and continue towards a block on the skyline. Pass this and stick to this main track for a further 450 metres (you'll pass a couple of other small crag lines to your left) to where the ground levels off. The tier to your left is the start of The Rakes, the most prominent escarpment on the hillside and home to the best climbing.

CYCLOPS WALL, HUTTON ROOF **PHOTO**: JON BASSINDALE

SOUTH-EAST

The south-east portion of the Lake District holds some of the national park's most popular venues. With easy access from the M6 and generally short approach times, the sectors of Kentmere see plenty of boulderers, while the proximity of the honeypots of Ambleside and Coniston have made the crags and boulders of Langdale and the Coniston range equally popular. These offer everything from the roadside convenience of the Langdale Boulders and Chapel Stile, to high-fell, hardcore arenas such as the Lad Stones of Tilberthwaite and everything in between. For those seeking something off the beaten track, the numerous walls and boulder fields scattered across the slopes above Wrynose Pass will get you well away from the crowds, with incredible settings, far-reaching vistas and some of the best rock in the Lakes.

Good climbing can be had throughout the year if you come prepared, however, with longer walk-ins and lots of exposure, the high-fell areas are best visited in fair weather between spring and autumn. Dow Crag offers perhaps the best conditions of any crag in this guide during the hottest months, but conversely it can feel absolutely freezing once the days begin to draw in. In the valleys, prime conditions are usually found on crisp, winter days when the glaciated rock can feel like Velcro. Winter is also the quietest time of the year hereabouts, with the midsummer months proving busy with tourist traffic, and often requiring earlier starts to beat the tailbacks and – depending on the venue – guarantee a parking spot.

BRUNO MARKS ON *BADGER ARÊTE*, KENTMERE (PAGE 106) **PHOTO**: KEITH SHARPLES ▶

KATIE VARIAN ON *HADES LAIR*, LAD STONES (PAGE 194) **PHOTO**: DAN VARIAN ▼

KENT-MERE AREA

KENTMERE **PHOTO**: GREG CHAPMAN ▶

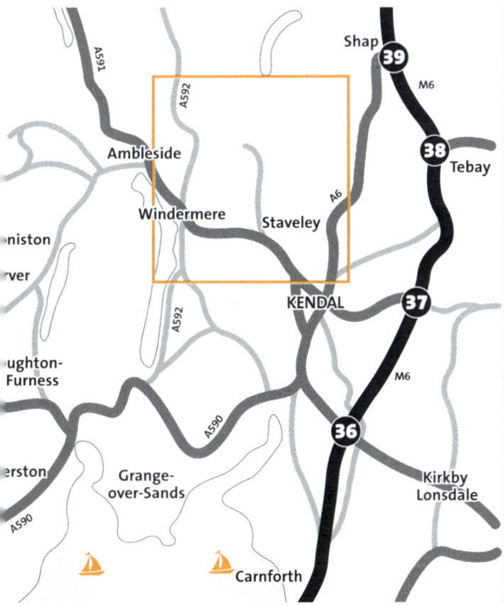

Shap
39
M6
38
Tebay
A591
A592
Ambleside
Windermere
Staveley
A6
niston
rver
KENDAL
37
A592
ughton-
Furness
M6
A590
36
erston
Grange-
over-Sands
Kirkby
Lonsdale
A590
Carnforth

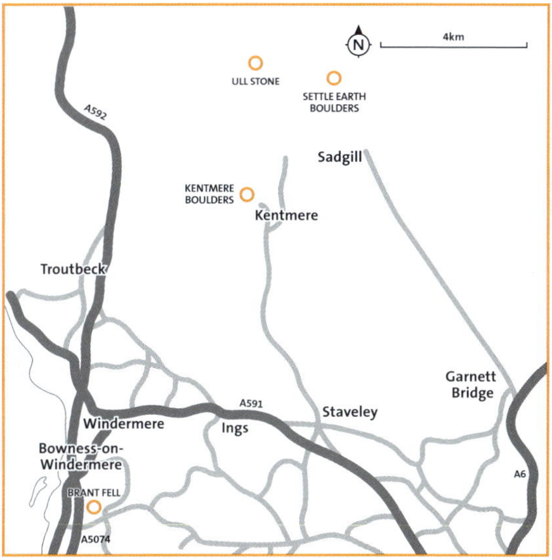

N
4km
ULL STONE
SETTLE EARTH
BOULDERS
A592
Sadgill
KENTMERE
BOULDERS
Kentmere
Troutbeck
Garnett
Bridge
A591
Windermere
Ings
Staveley
Bowness-on-
Windermere
A6
BRANT FELL
A5074

Kentmere

ASPECT: **SOUTH** APPROACH: **10–25 MINS**
ALTITUDE: **220–380M** GRID REF: **NY 452 045**
PARKING: **54.429541, -2.840096 (£)** OS MAP: **OL7**

Kentmere has never been rich in climbing history, with its larger crags being on the whole scrappy and often broken in nature – a far cry from the grand escarpments of neighbouring Langdale and Patterdale. Conversely, the valley's boulder quota is of a much higher standard, with the rock being for the most part a compact volcanic, perfectly hewn and strewn to offer a smorgasbord of problems across the grades. Combine this with easy access and it's clear to see how this area has become so popular.

The valley plays host to four principal sectors, all of which offer their own unique style and aspect. With arguably the best rock in the valley, Badger Rock is one of the original Lakes venues and still measures up in spite of the recent development deluge. Here, proud technical lines are the order of the day interspersed with some splendid traverses. For harder, steeper terrain head to Little Font where testpieces reside aplenty. If crimping is more your thing, then take a stroll up the hill to the Garburn Pass Boulder, where you'll find a concentration of great problems a stone's throw from the track. Finally, the Valley of the Kings overlooks the Garburn Pass, and while slightly scattered offers a fine high-fell circuit, commanding great views and offering some good problems in the lower grades.

Access and Approach

Limited parking can be found in front of the church in the centre of the village. Once parked please despatch a donation in the adjacent honesty box. Badger Rock is approximately ten minutes' walk from here. At weekends it's best to arrive early as these spaces fill quickly. Although it is often the case that a field on the immediate left (as you enter the village) will be opened by the farmer for extra parking in return for a nominal fee, this cannot be relied upon.

All venues with the exception Badger Rock are set on open fellside and have no access issues. Badger Rock is in a farmer's field and access is on a permissive basis. The agreement states NO DOGS and access is exclusively via the signed gate.

Conditions

With a variety of geographically positioned sectors, there's usually somewhere to climb in Kentmere. The quick-drying Badger Rock is a good option after wet weather but can get warm when the sun's out. Tightly packed and with light tree cover, Little Font is well sheltered from the elements and also dries fast after all but the worst downpours. The Valley of the Kings is best visited during dry, clement spells in spring and autumn when the bracken is down. The Garburn Pass Boulder can be a good bet year-round if you pick your days wisely – windy in summer, cold and still during the winter months.

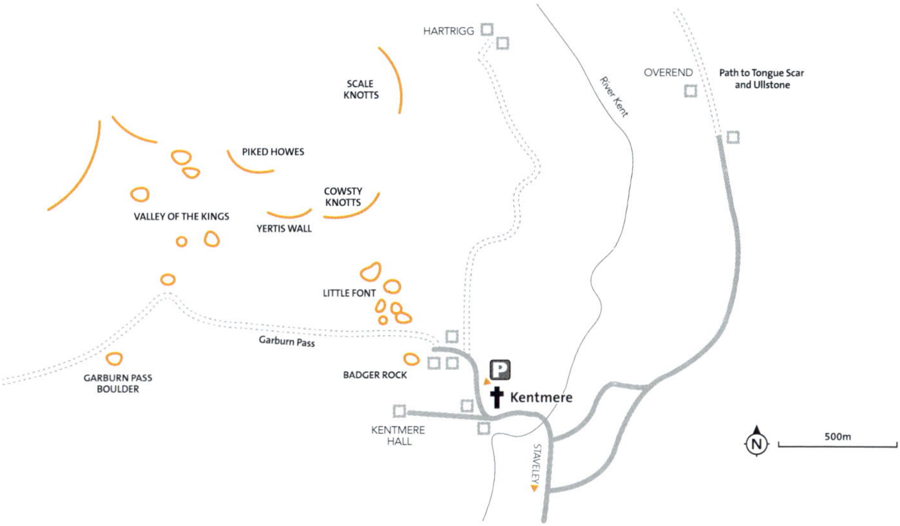

◀ TIM STUBLEY ON *TOURNIQUET* (PAGE 114) **PHOTO:** JOHN COEFIELD

BADGER ROCK

Badger Rock, or the Brock Stone as it is sometimes known, makes an excellent port of call for those seeking convenience, a compact circuit and a family friendly situation. It also dries quickly and has few issues with seepage. In spite of its old-school billing and the predominance of lower grades, make no mistake, its compact walls host some complex sequences and hard crimping which will test even the very best. Remember, access is via the signed gate and NO DOGS.

Approach

Follow the road uphill through the latter part of the village to where the road terminates. Here the Garburn Pass bridleway is clearly signed on the right. Follow the pass for approximately 150m to where a gate on the left accesses the field hosting Badger Rock.

1 ***6b***
Start just right of a block on a slot and edge in the low break and make a tough move to better holds then up the green-tinged wall above.

2 ***6b+*** *
SS. Starting low on the far left, traverse the break rightwards all the way to and up problem 14.

3 ***6b***
From the low break use edges to head direct to the top of the block.

4 ***4+***
A stout problem for the grade, again using the break to gain the top.

5 ***5***
SS. The blocky arête. A good variation eliminates the break at 6a+.

6 *5+*
SS. Wall just right of the arête, bearing right and topping out where the lip levels off.

7 **Brockstone Dyno** *7a* ★
A superb and obvious eliminate up the centre of the narrow wall. From the break dyno to the top of the block without any intermediates. Going double-handed to the top is *Double Brock*, an equally fun 7a+. Musts for all dyno enthusiasts.

8 *6a+* ★
SS. Starting centrally pull up then move to the right side of the narrow wall and head straight up without the break and passing a big RH pocket. 5+ with the break.

9 *5+*
The left side of the vague, clunky arête. A direct sitter from a small LH crimp/sidepull and slopey RH hold makes for a tricky 6b+.

10 **The Scooping Groove** *5+*
The scooped wall. The sitter from two pockets is also 5+.

11 *6a+*
SS. Start up the sitter to *The Scooping Groove* then follow the break to the left side of the vague arête and take a diagonally leftward-trending line up to the centre-top of the narrow wall.

12 *4*
The wall leading into a broken crack has a tough start. The sitter from the two pockets is 5+.

13 *5*
A direct line up the slightly more compact wall just left of the leaning corner.

14 *3*
The leaning corner.

15 **The Descent** *2+*
The descent makes for a pleasant wandering line up the slab.

16 **Layback Flake** *3* ★
The flakeline is straightforward but good.

17 **Joe's Problem** *7a*
SS. A butch little number which starts matched on a low undercut and climbs the short wall left of the arête to a rising left rib and follows this into the arête to finish.

18 **Badger Arête** *7a* ★★★
SS. The superb arête via an extremely powerful start down to the right. From a slightly gnarly RH pocket and low LH sidepull, pull into the arête and climb direct up it to finish. The stand-up is equally worthwhile and makes for a quality 5+, which is no giveaway.

19 **Seam to Break** *7a* ★
SS. Start as for *Badger Arête* but this time climb the wall right of the arête via a lovely sequence connecting the obvious seam with the high break. The arête is out.

20 **The Scoop** *6a* ★
Gain the niche scoop and continue direct up the wall above.

21 **Old Brock** *6a* ★
Another tough start leads to easier climbing high up.

22 **The Big Groove** *4+*
A highball up the groove-come-crack bearing left at half height. Good but does feature the odd mucky hold.

23 **Badger Wrestling** *6b+* ★
A monster outing which starts up the right side of the groove, but at half height steps right to use holds in a vague breakline to delicately traverse upwards to easier ground just right of the overlap.

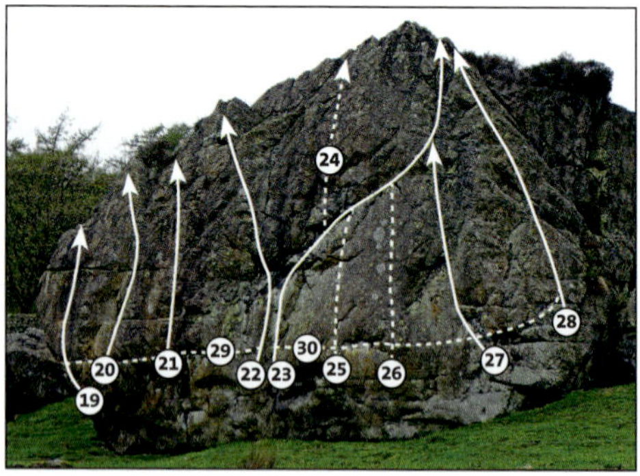

24 **The Beast of Brock** *6b* ★★
Start as for *Badger Wrestling* but just after stepping right head direct through the hanging headwall on small but positive holds in the patina. Steady all the way but still a serious and highball proposition.

25 **Pat's Wall** *7b* ★
A thin and engaging problem which takes a tight line up the wall just right of the groove to the broken breakline. No veering into either of the neighbouring lines. Finish as per *Badger Wrestling*.

26 **Brock Stone Wall** *7a* ★★
Classic old-school shenanigans up the bulging wall. Again finish as per *Badger Wrestling*. Hard!

27 *6a*
Coming in from the right gain the break and move up into a shallow, quartzy grooveline and finish up this. A direct start without the obvious flatty is a good eliminate at 6c.

28 **The Set** *3+*
The high, slabby rib on good holds.

29 **Bodger Traverse** *7a* ★★
SS. A thin traverse of the break from *Badger Arête* to the groove. Sticking strictly to holds in or below the thin break all the way to the groove is *Trufflehunter* (7b), a much harder affair.

30 **Badger Traverse** *7a+*
Another traverse of the continuation of the thin breakline from *The Big Groove* with tough, reachy moves all the way.

31 **Bodger & Badger** *7c* ★
Link the previous two problems for a quality and sustained traverse finishing at or up *The Set*. *Trufflehunter* into *Badger Traverse* is 7c+. No resting in the groove at these grades.

CATHERINE KENYON ON *PROBLEM 2* (PAGE 104) **PHOTO:** RON KENYON

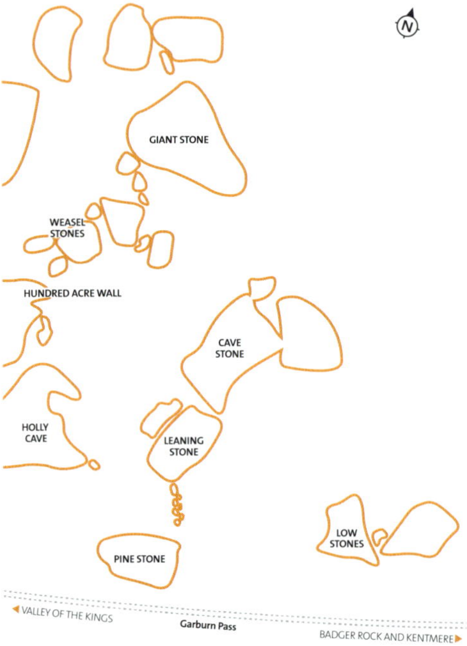

LITTLE FONT

A quality if chaotic sector featuring some of the best hard problems in the Lakes. The sector is predominantly made up of a jumble of close-knit blocks, packed into a wooded depression overlooking Badger Rock. Against the odds, time and the elements have conspired favourably to bring a level of order to the chaos and bestowed most of these embedded rocks with clear lines and good landings.

Approach

The boulders are reached by continuing up the Garburn Pass for just over 100m from the entrance to Badger Rock. The Pine Stone is adjacent to the track. Please do not climb over the wall when accessing the boulders from Badger Rock.

PINE STONE

In spite of a green tinge this trackside block provides some good problems on nice rock.

32 TransAlp Boys *4*
The slab facing the track.

33 *3+*
The slightly broken rib just left of the tree.

34 Larch Wall *3*
The narrow wall in front of the tree.

35 Blaycock's Traverse *6a*
Start at *Larch Wall* and traverse the block rightwards with your feet just off the deck to top out at *One Off Affair.*

36 Blow Yer Ballast *6b* *
SS. Give a hearty heave-ho and pull up from a high LH sidepull to holds in the groove. Now head straight up through the bulge via an obvious pinch.

37 Blowhard *6a+*
SS. Start just right of the previous problem on two low sidepulls. Make another hard pull off the deck to a good edge and skirt around the right side of the bulge to a good hold and up.

38 *4+*
SS. The short arête climbed on the right, starting with your hands low.

39 *3+*
The wall just right from a big jug.

40 Middle Earth *6c*
SS. A crimpy wall starting on a RH sidepull and crimp. Move left and up on sharp holds.

41 One Off Affair *7c*
SS. A good eliminate which starts just right of *Middle Earth* on the large RH sidepull and small LH edge. Pull on and cross through to a quartzy LH crimp before chucking for a jug on the lip up and right. The big holds on *Middle Earth* are out along with the dubious blocky sidepull just below the lip.

42 Common Trolls *6c* *
SS. A fun problem which starts on the left side of a small cave on an undercut sidepull and climbs the left-trending ramp on slopes to the top of the block.

43 H's 5c Eliminate *4+*
SS. A very short problem starting on the right of the small cave.

LOW STONES

Two low neighbouring blocks just above the track.

44 Dynosore Eliminate *6b*
SS. The left side of the wall starting on a sidepull and crimp then up past a good edge.

45 Bass Line Venom *7b* *
SS. Starting on a LH mono and slopey RH edge, pump up the jam and blast your way to victory up this short but eye-catching feature.

46 The Way *6a+*
SS. The arête started on the left swinging up right into the crack to finish.

47 Sheep Flies *3+*
A pleasant wall on nice holds.

DAVE PARRY ON *THE KARMA OF TREES* (PAGE 110)
PHOTO: JOHN COEFIELD

48 O'Conor Traverse *6a+*
A rising right-to-left traverse from a crouching start on the blunt arête. A good warm-up.

49 Ian's Slap *6b*
SS. A good one-mover up the end wall right of the arête. Start on an undercut and slopey edge. Starting for this problem then traversing left into the previous line is a decent 6c+/7a link-up.

LEANING STONE

A monolithic feature to the rear of the Pine Stone offering two classics and a good easier line.

50 Negative Reality Inversion *6c+* ★
The blunt arête on its right side is quality – fantastic holds and cool moves all the way. Veering on to the left side reduces the difficulty and quality. The sitter is 7a.

51 The Karma of Trees *7c* ★★
The centre of the immaculate narrow wall has obvious appeal. Use a high LH finger slope and crimpy RH sidepull to pull on and up to a small crimp, then spring to a V-notch up to the right. Continue up the crack and rib above.

52 Stegosaurus *6a*
Right arête on its left side.

The high slab on the south-east face provides a few easy possibilities for the keen moss-botherer.

CAVE STONE

A high block sporting a cave on its right side.

53 Postman Pat *7a+*
The alluring yet often wet crack out of a pit on the west face of the block. Tackle it on the left, from low, to a dynamic move for a vertical slot. Drop off.

54 Loungin' *6b*
SS. The undercut arête.

55 Elven Claw *6b* ★
SS. From below a shallow corner move up and left into a Toblerone-shaped pocket then continue onwards to the arête and finish up this.

56 Pre-emptive Strike *6b*
SS. Start at *Elven Claw* and follow the lip right and up on to the face; continue to the juggy arête above a grassy ledge and finish up this.

Two good problems inhabit the small open-topped cave.

57 The Hole *7a+* ★★
SS. The central wall starts with a long powerful move from opposing sidepulls to a slopey shelf. Suck it in and continue to better holds before finishing up the juggy wall above the hole. *The Whole Hole* (7b+) is a low start from down and left.

58 Suzi's Laughing *7a*
From a positive chest-high hold in the back corner of the cave, take on a leftwards tussle across the face, linking into the upper portion of *The Hole* to finish.

HOLLY CAVE

A small, open cave located up and left of the Leaning Stone.

59 Cave Grave *7a*
SS. The shattered-looking but solid wall on the right side of an open cave is started centrally on an undercut and low RH sidepull. Head straight up on opposing sidepulls, moving right to finish.

HUNDRED ACRE WALL

A disappointing wall in a trough directly above Holly Cave.

60 Shell Fish *3+*
The wall passing a shell-like feature.

61 *5*
The wall to the right.

62 Bravery Award for Piglet *7a+*
A bad landing and uninspiring climbing.

ADRIAN CHAN ON *RUNS ON WEASEL* **PHOTO:** ADRIAN CHAN

WEASEL STONES

Here we have two of the sector's best problems – not to be missed for those operating in the mid 7s or above.

63 Runs on Weasel *7b* ★★
SS. A quality climb which starts at a crystal-encrusted vertical slot and climbs the steep bulging wall above via some meaty compression moves. Finish by busting out left at the top to a jug.

64 Weasel Power *7b+* ★
SS. Start as for *Runs on Weasel* but at half-height grapple right into the prow and finish up this.

65 Source of all Weasel *7b+* ★★
SS. Another excellent and burly climb up the right side of the hanging prow. Start on decent low holds down to the right.

66 Resident Weasel *7a*
From the left side of the recess traverse the wall on very sharp holds, finishing up the right side of the prow.

67 *5*
From a good jug head up the wall left of a short arête via a big move.

68 *5*
SS. The centre of the narrow green wall down and right of the Weasel Stones.

GIANT STONE

Hard climbs and much mystery abound this mega rock. Home of the infamous and now broken *Shadow Play* – arguably once the UK's hardest problem – as well as the canvas for many of the enigmatic Si O'Conor's creations, this block has long been the subject of pub talk and hearsay.

Chit-chat aside, this is a brilliant boulder. The front face is characterised by the perma-chalked edges of *Tourniquet*, its iconic diagonal streak defining perhaps the most popular hard problem in the national park. Step through the archway to the dark side and its steep underbelly plays host to *Little Women*, undoubtedly one of the best 8bs in the country. Combine these iconic lines with a solid number of other good hard problems and you have one heck of a block.

69 Landslide *7c*
SS. Start on the far left side of the face with a high LH sidepull and a lower RH quartzy pocket. Blast up to a RH pinch/sidepull then back left to finish straight up just right of the earth bank. Morpho.

70 Kylie *7c* ★
SS. Start in the pit, low to the left. Use quartzy edges to pull up to an in-cut gaston then head straight up on more thin edges and gastons, before moving left to finish.

71 Little Women *8b* ★★★
SS. Start on a RH flake/edge and LH side-cut pocket. Hard moves on small holds lead you up and left to a crystally pocket and sidepull. The upper half is a relative cakewalk of board-style edge snatching. The stand, pulling on with the pocket and sidepull, is 7b+.

72 Shadow Play Stand *7b*
Start at a glued LH pinch. Pull on and head up the groove above. The now-defunct sitter somehow levitated through the blankness below the pinch.

73 Reinvented Bright New Colour *8a+*
SS. Start on a block just left of the *Tourniquet* start. Pull on using a low RH crimp and LH undercut directly below the crimp and throw for a decent in-cut hold on *Tourniquet;* finish up this. The direct finish is slightly easier at 7c+.

74 Tourniquet *8a* ★★★
SS. Start at the base of the obvious diagonal line of edges and follow it left, without the lip, to exit via the groove. An extension traversing left from the base of the groove to finish up the end of the boulder is a bit harder but still 8a.

75 Reverence *7a+* ★
SS. A neat, burly problem up the slight prow right of *Tourniquet*, finishing up the wall above on good rock.

76 Supercalifragilistic *7a* ★
SS. Start as per *Reverence* but on reaching the lip follow it leftwards to the hanging groove and up this to finish.

77 Knights Templar *6c+*
SS. The end of the boulder is started via a stretched sit-start, followed by a series of thuggy pulls.

PERIPHERAL BLOCKS

78 Excavated at a Later Date *6b*
SS. Up and right of the Giant Stone. Start on the right and trend left and up to finish at a jug. Drop off.

79 Weasely Missed *6a+*
The sketchy undercut block with a tapering landing, overlooking the Giant Stone. Best avoided as the landing is eroding away.

80 Ent Hug *6a*
SS. Up above the last problem is a wall surrounded by branches. Climb up left of a blocky step.

TOM BRIGGS ON *REVERENCE* **PHOTO:** JOHN COEFIELD

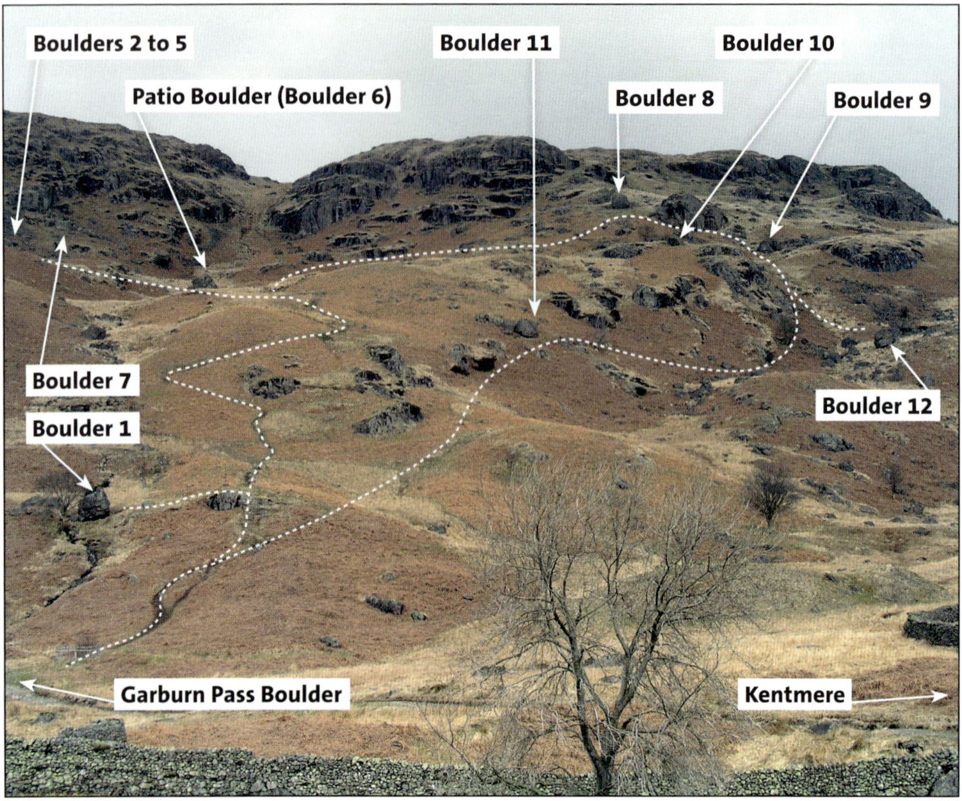

VALLEY OF THE KINGS

Clearly visible to the right of the Garburn Pass, this slightly dispersed sector covers the open hillside below Buck Crag. All the boulders are set aloft flat grassy landings and offer up some good problems. Standout climbs include *Owain the Giant* (6a), *Alfred the Great* (6a), *Noggin the Nogg* (7b), *When We Were Kings* (7b) and *Gwrast the Ragged* (6c+). Take a stiff brush and brushstick if you have them – dreary winters can take their toll on these exposed blocks.

Approach

From Badger Rock and Little Font follow the Garburn Pass uphill for just under 1km to where it levels out at a small ford. From here follow a path up the slope to your right. This soon reaches Boulder 1, to the left of the path. For the upper blocks continue up the slope to a slight plateau, which is home to the Patio Boulder and a number of satellites.

YERTIS WALL

Late in the production of the guide, another decent wall which overlooks the Garburn Pass was brought to my attention. Yertis Wall was developed by Jon Bassindale and Dave Farquhar and hosts around half a dozen impressive lines between Font 4 and 7b. To access it, walk up the Garburn Pass from Little Font and go through the gate. After the track has risen a little, three big pieces of wood are inlaid in the path; from here the craglet is situated up the slope to your right, at the top of the hill – it's a fair old slog! There is a topo on ***lakesbloc.com***

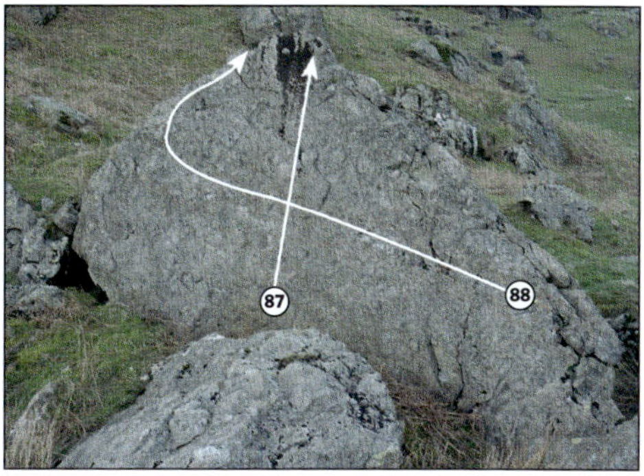

BOULDER 1

Just behind a fallen tree.

81 Cynfarch the Dismal ***6b***
SS. A short, slopey line on the left side of the face.

82 ***6a***
SS. From positive holds climb direct.

83 King Arthur ***6c***
SS. From below a small overlap a tough move allows you to kick left.

BOULDER 2

This and the following three blocks make up a cluster set towards the front of a small plateau, just down from the obvious Patio Boulder.

84 ***6a***
SS. Traverse the lip starting on the far left and topping out just left of where the heather starts.

BOULDER 3

Up the slope is a low block with a curving lip.

85 ***6a***
SS. Traverse the lip from left to right, topping out centrally.

86 ***6a***
SS. Traverse the lip from right to left, topping out centrally.

BOULDER 4

Down the slope slightly, between the previous and following blocks.

87 ***2***
Centre of the face.

88 ***2+***
Start on the right and traverse the face leftwards; finish up the left-hand arête.

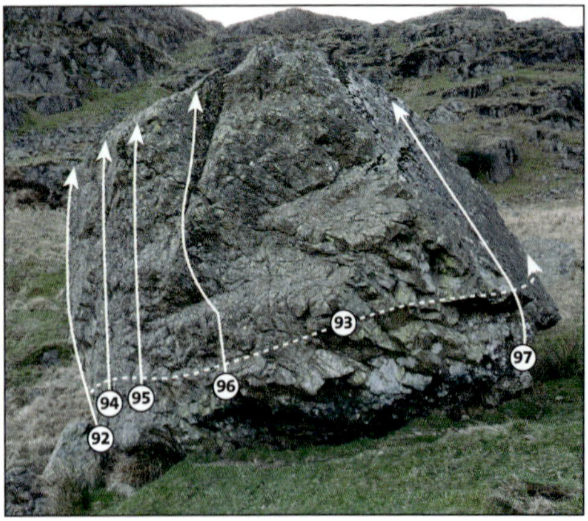

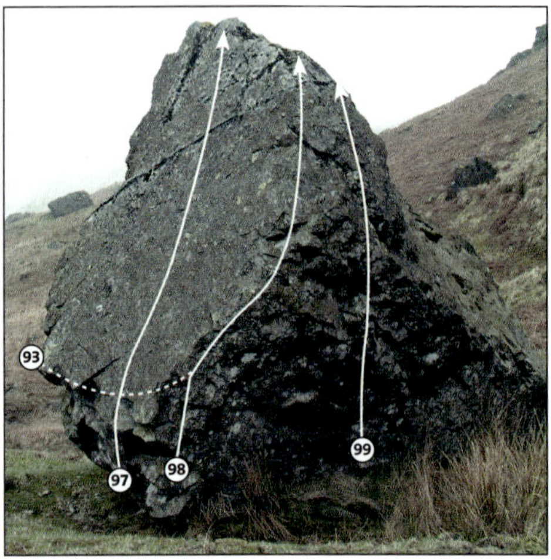

BOULDER 5: SPLIT ROCK

A good block but the problems tend to stay dirty.

89 Left Arête ***6c***
SS. The arête just left of the big crack.

90 The Crack ***4+***
The deep crack.

91 St Ceneu ***6b***
SS. Up the green wall off blocks.

BOULDER 6: PATIO BOULDER

A quality high block by a beck and fronted by a perfect grassy picnic spot.

92 Alfred the Great ***6a*** **
SS. The brilliant highball arête is something of a forgotten classic.

93 Noggin the Nog ***7b*** *
SS. A quality and arm-melting low traverse which starts at *Alfred the Great* and crabs rightwards all the way to the arête on the right side of the slab; finish up this on its right side.

94 The Crack ***5+***
The crack is improving with traffic. Fairly highball.

95 Owain the Giant ***6a*** *
Quality highball wall left of a slight groove.

96 ***4***
The slabby wall with a slight groove near the top.

97 ***6a***
SS. The slab, 1m left of the arête, has a tricky start.

98 ***5+***
SS. The arête on the right.

99 Urien of Rheged ***6b+*** *
SS. Off a rocky platform and up the wall above.

BOULDER 7

On the slope overlooking the Patio Boulder.

100 Left Side ***4***
SS. The left side of the prow.

101 Right Side ***4***
SS. The right side of the jagged prow.

102 ***6a***
SS. The centre of the face.

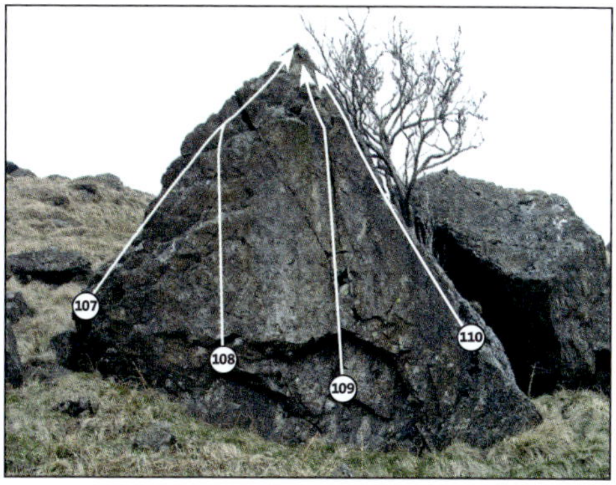

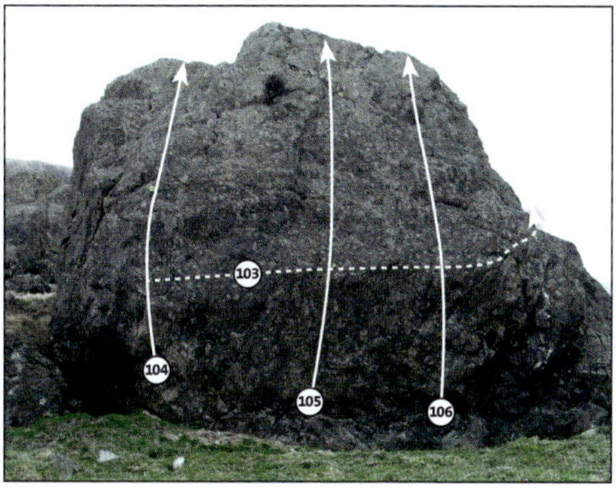

BOULDER 8

Up the hill, 130m north-east of the Patio Boulder.

103 When We Were Kings *7b* ★
SS. Dance like a butterfly across the boulder, left to right, and finish by rocking up on to the right side of the block.

104 *5+*
SS. A tough start leads to easier climbing up the left side of the wall.

105 Ali *7a*
SS. Dispatch a heinous pull to the lip, after which easier moves lead up the faint groove. 5+ from standing.

106 Right Side *6a*
SS. Straight up from a slot, then trend slightly left to finish.

BOULDER 9: TRIANGULUM

Drop down the slope for 50m bearing east to a good block with a triangular front face.

107 Coel Hen LH *3+*
SS. The vague rib from a good edge to the apex of the stone.

108 Coel Hen *5+* ★
SS. Fun climbing up the left side of the face to the rib and up.

109 Triangulum *7c* ★
SS. A focused but obvious line up the crack, without the use of the right arête. Finish with a hard move to a square-cut notch. Superb training for escaping from lifts!

110 Right Arête *4+*
The arête on its left side.

BOULDER 10

Set forward 60m of the previous block, on the edge of a small plateau.

111 *6c*
SS. Up the very shallow groove on thin holds.

112 *6b*
Use the flake fin feature to pull up and left.

DAWID SKOCZYLAS ON *KYLIE* (PAGE 113) PHOTO: SKOCZYLAS COLLECTION

BOULDER 11

A further 60m down the slight ridge, directly in front of the previous block.

113 Central Rib *6a*
SS. The blunt rib with a hard start and easy rambling finish.

114 Lion Heart *7b+*
SS. Gut-bustingly good moves on a plethora of pinches and slopers. Start on the far left of the downhill face and follow the lip rightwards to the north face; here easier moves ensue for the final straight. Finish by rocking on to the top where the block meets the ground.

BOULDER 12

Head east for 50m from *Lion Heart* to reach a final egg-shaped block sporting four good problems. The back of the block offers more potential but would need a good clean.

115 Gwrast the Ragged *6c+* ★
SS. Funky cut-out shapes and great rock make the left wall a class problem. Start in slots, pull through to a flatty in a triangular niche and then straight up to finish.

116 *4+*
SS. Just left of a block move up into the shallow gully.

117 *5*
SS. Off the block and straight up.

118 Meirchion the Lean *6a*
SS. The rounded arête on the right side of the front face.

MARY BIRKETT ON *AZIMUTH* (PAGE 122) PHOTO: JON BASSINDALE

GARBURN PASS BOULDER

Thanks to good landings, a concentrated roster and pleasant aspect, this heather-hatted valley resident is without doubt one of the best individual blocks in southern Lakeland – especially for the 7a to 7b climber. Surprisingly, much of the block remained virgin territory until 2003 when it was finally grappled into submission, giving up an array of great problems. Be warned, the rock is rough and many lines are both fingery and technical, so make sure you bring plenty of skin as well as your thinking cap. The standout gems are *Release the Pressure* (6c), *Phantasmagoria* (7a+) and *Equipoise* (7b).

Approach

From Badger Rock and Little Font follow the Garburn Pass for just over 1km to where the track begins to snake up a steeper section, just after a small ford. The boulder can be seen flanking the bridleway ahead on the left, beyond a couple of bends (200m from the ford).

119 Quixotic Arête *6a+*
The arête, keeping to the right as much as possible.

120 Tonsure Wall *7c+* ★
Start 1m right of the arête. Pull on and climb direct on small holds and good rock to a long reach for the top. Often has a boggy landing.

121 *6a+*
The left side of a slight scoop heading for a hanging crack. Often has a boggy landing.

122 *5*
SS. From left of a large, low notch, traverse right into and up the easy arête. Boggy landing.

123 The Symbiant *6b+*
SS. From low slots climb the shallow corner to a tricky finish.

124 Phantasmagoria *7a+* **
SS. A tough customer. From a low shelf swing left then back right for a thin finish. The stand-up is only marginally easier.

125 Release The Pressure *6c* ***
One of the best crack problems in the Lakes. Go to it. The sit-start is 6c+.

126 Cynosure *7a+*
SS. Burly, stretched moves from undercuts allow an upward wrestle to a good flatty; match this with difficulty and continue up the thin crack system above.

127 *6b*
The thin crack system.

128 On the Skunt *7b+*
SS. Starting left of a small, shadowy recess execute some hard moves rightwards on low holds into and up *Equipoise*.

129 *6a*
The blunt rib has a hard starting move and small holds all the way.

130 Equipoise *7b* *
SS. There is no lack of holds on the vague bulging arête, but conjuring an effective sequence is harder than it looks. However, put in the effort and you'll be treated to a fulfilling send. Start as low as possible.

131 Azimuth *7a* *
SS. Starting just right of *Equipoise*, make a signature hard pull for the lip and continue rightwards on rough holds and sparse foot dinks to eventually reach and finish up the scoop. Heading directly up from the start is 6c+.

132 *6a+*
A stiff pull-on via undercut sidepulls leads to the lip and some sharp holds on the wall above.

133 Strongbone Tactics *7b*
SS. From a low, positive LH sidepull and a tiny crimp, go straight up on thin holds. The decent hold on the lip to the left is out.

134 Paradigm *7c* ★
SS. From a low, skin-grating sidepull make a series of powerful moves up the slight groove to the lip. Continue to the shallow scoop and up the right arête to finish. An alternative finish surmounts the headwall to the left: this is slightly harder but still 7c.

135 *6b+* ★
SS. A powerful move from a two-handed undercut to the juggy ledge is followed by a more delicate sequence leftwards across the lip and up the centre of the wall on small side-cut holds. The right arête is out.

136 Recusant *5+*
SS. The rough arête climbed on its left side.

137 Ocelot *6b* ★
Start on a diagonal edge just right of the arête and rock up to a poor crack, then up the slab on improving holds.

138 The Crack *4*
The easy crack to the right.

139 The Slab *3*
Up the centre of the slab passing some patches of heather.

140 *2*
This easy line left of the arête doubles as the descent.

PERIPHERAL BLOCKS

KNIFE BOULDER

Next to the main Garburn Pass block is a low boulder with an obvious lip traverse and some good, short easy lines on the other side.

141 Knife Traverse *6c+*
SS. From the right side of the boulder traverse the lip leftwards and finish up the blunt arête

142 *2*
Easy slab.

143 *2*
Slabby arête direct.

144 *2+*
Left side of the west face.

145 *2+*
Up the middle.

146 *4*
Trickier climbing up the black quartzy rock on the right.

147 *4+*
SS. Up the short arête on its right side.

148 *4+*
SS. The middle of the short wall. The stand is 3.

149 *6a+*
SS. Up the short blunt arête on nice slopes from down to the left. The landing can be boggy.

150 *5*
SS. A single, short sit-start on the small block towards the wall from the previous boulder.

LAST STOP BLOCKS

Two boulders below the track and just above the Knife Boulder.

151 Vertex *6c* ★
Up the centre of the south-facing wall on crimps. The sit-start is a short, sharp 7c.

152 Hungry Fish *6c*
SS. To the rear of *Vertex* is a small fin-shaped block; the right side of the central south face is a surprisingly tough cookie.

TOM BURNS ON AN EARLY REPEAT OF *PARADIGM* (PAGE 123)   **PHOTO:** GREG CHAPMAN

PETZL

Settle Earth Boulders (Longsleddale)

ASPECT: **SOUTH-EAST** APPROACH: **25 MINS**
ALTITUDE: **325M** GRID REF: **NY 476 077**
PARKING: **54.444062, -2.797924** OS MAP: **OL7**

The Settle Earth boulders provide a low-grade circuit of approximately forty problems in the beautiful laid-back setting of Longsleddale, a somewhat forgotten corner of the south-east Lakes.

Lying within striking distance of Kendal and the M6, Longsleddale makes for a tranquil but easily accessible location. Bounded by Kentmere Pike to the west and Sleddale Fell to the east, the upper portion of the valley provides a traditional Lakeland setting, with the River Sprint and hamlet of Sadgill fronting a familiar scene of pastoral farmland rising up to meet the rugged rock and scree-strewn fellside at the head of the valley.

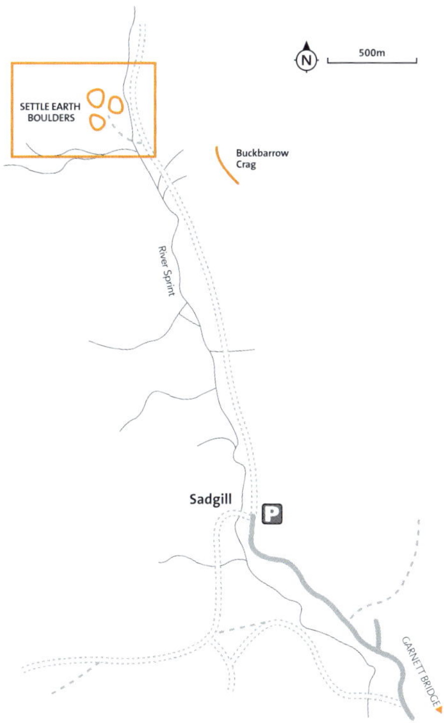

◀ THE AUTHOR ON *AFTER DARK* (PAGE 129) **PHOTO:** JULIA ENTWISTLE

The bouldering is located on a dozen closely neighbouring blocks, set on a gentle grassy slope at the head of the valley. It is directly opposite the obvious and largest landmark of Buckbarrow Crag (a superb trad venue in its own right), which can be easily seen from the parking on the east side of the valley.

The climber operating in the 3 to 5+ spread is best catered for here, although *Birdsong* (6c) and *After Dark* (7b+) are both worth seeking out for those capable.

Access and Approach

Park courteously in the open area just before the bridge at Sadgill. Walk up the main track until level with Buckbarrow Crag (1.8 kilometres) whereupon a gate is reached in the wall to the left. Go through the gate and cross the river before heading up the slope on the river's west bank towards the first boulders, easily visible up to the left (350 metres).

Conditions

The blocks are on the whole no more than four metres in height with many being considerably shorter. All have good landings, thus a single pad should suffice. Exposed and south facing, the climbs dry quickly and stay pretty clean throughout the year.

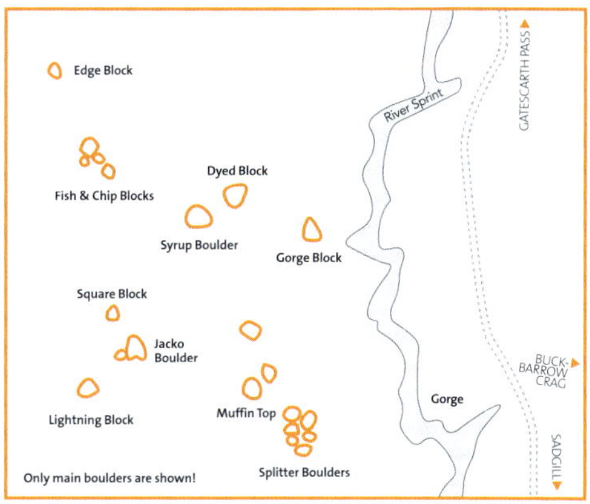

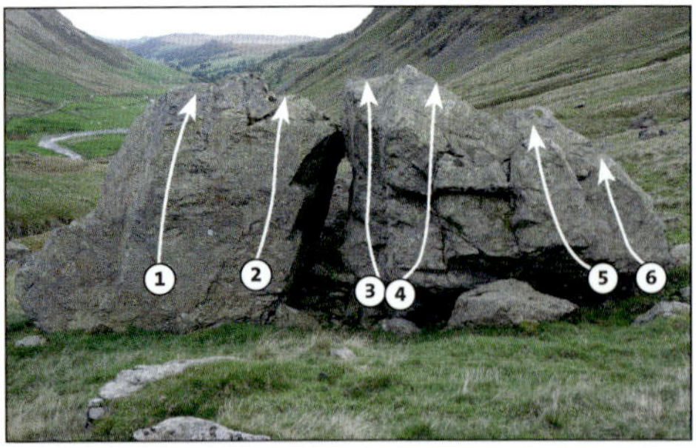

SPLITTER BOULDERS

The first boulders you reach at the south-eastern corner of the circuit.

1 *3+*
The centre of the slab/face.

2 *3*
The right side of the face using the right arête.

3 Splitter *5*
SS. The shattered groove.

4 Critter *5+*
SS. From a similar start to *Splitter* move up right into the hanging groove.

5 *5*
SS. The hanging rib.

6 *4*
SS. The short line just right of the rib.

7 *3+*
The left side of the orange-tinged wall.

8 *4*
The centre of the orange-tinged wall via a slight depression.

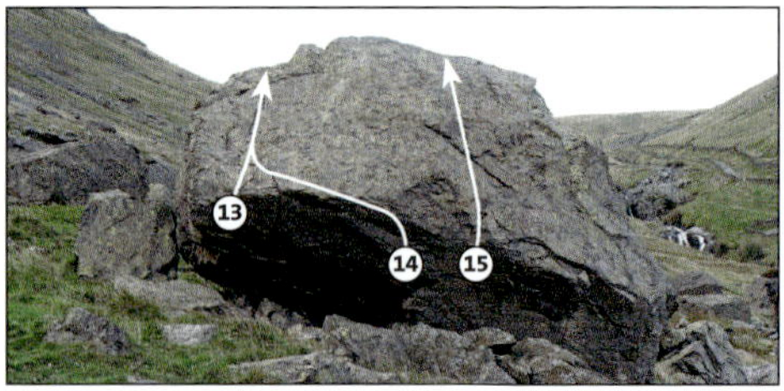

9 *3+*
SS. The left side of the rough slabby face.

10 *4*
SS. The centre of the face, veering slightly right at the top.

MUFFIN TOP

11 The Mouth *4*
SS. Straight up via the horizontal niche/shelf.

12 Muffin Top *5*
SS. Straight up via a shallow right-facing scoop.

LIGHTNING BLOCK

13 *4*
Slight groove/slab with a curving crack.

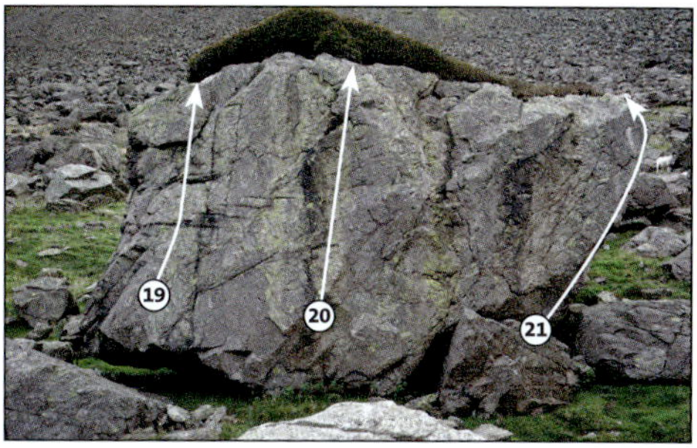

14 John's Problem *6b*
SS. Start in the centre and traverse the lip left into the previous problem.

15 *3+*
The undercut slab.

16 *3*
SS. A short grubby problem up the fractured arête on the back of the block.

JACKO BOULDER

17 Prowed & Prejudiced *4+* ★
SS. The superb well-featured groove on its left side, via a series of overlaps.

18 *4*
The groove and arête to the right.

19 *3+*
The far-left side of the slabby east face.

20 Jacko Slab *3+* ★
The centre of the face marked by a black streak is a fine problem.

21 After Dark *7b+* ★
SS. The striking arête climbed on the right has a hard opening sequence and is a quality problem. 5+ from standing.

22 Birdsong *6c* ★
SS. Use the big open jug to climb the groove on its right side, using the arête. Another cool feature.

23 The Black Cross *3*
The slabby wall marked with crossing cracks.

24 *4+*
The wall just right is a fair bit tougher and often has a wet streak.

SQUARE BLOCK

A small square-cut boulder a few metres north-west of the Jacko Boulder.

25 *4*
A micro problem up the slabby south face.

26 *3+*
SS. The short east face.

FISH & CHIP BLOCKS

27 *3+*
Traverse the lip from left to right.

28 Fish & Chips *4+*
The blunt prow is very good.

29 *3+*
Another micro problem up the short face of the small block below the previous problem.

EDGE BLOCK

30 *4*
SS. The short left arête dissected by a quartz band near the top.

SYRUP BOULDER

31 *5*
SS. Up the short wall and subsequent slab on the east side of the block.

32 *4*
Start in the middle of the quartzy wall and traverse the block to the south face before topping out.

JOHN KETTLE MAKING THE FIRST ASCENT OF *BIRDSONG* (PAGE 129)
PHOTO: KETTLE COLLECTION

33 **Quartz Face** *3+*
SS. The tallest section of the quartzy face.

DYED BLOCK

34 *1+*
The slabbiest of slabs!

35 *5+*
SS. The centre-right of the undercut slab.

36 *5*
SS. The hanging groove via a tricky start.

37 *5*
SS. The north end of the block.

GORGE BLOCK

38 *2+*
The south end of the block direct.

39 *4*
Up the vague left arête then follow the lip of the block to the far right before topping out.

40 *3+*
SS. The centre of the east face.

41 *4*
SS. From low edges climb the far right of the short wall, trending right to finish.

Brant Fell

ASPECT: **WEST** APPROACH: **10 MINS**
ALTITUDE: **190M** GRID REF: **SD 410 961**
PARKING: **54.357319, -2.904168** OS MAP: **OL7**

The small outcrops around the summit of Brant Fell just outside Bowness may well have the most idyllic outlook of any bouldering venue in the area. The flat grassy meadow in front of the crag makes a great base for bouldering, picnicking and basking in the last of the evening light as the sun sets over the central Lakeland fells. The main outcrop lies just to the south-west of the summit of the fell and is a long low wall of slightly overhanging Silurian-age siltstone. Due to its relatively low stature, the best and most popular problem is *The Classic Traverse*, which makes a great pumpy workout. Complementing this stamina testpiece are a number of good straight-up lines, many of which are significantly trickier than they look. Once these have been completed there are almost limitless possibilities for eliminates and variations on the traverse and bloc lines.

Access and Approach

From the B5284 Bowness to Kendal road (AKA the Crook Road) turn north on to a minor road at a crossroads and park at a small lay-by on the left after 300 metres, just before the road goes up a hill. (If full, more parking is available 200 metres further on on the right.) From the parking follow the signed footpath over a stone stile and up the main track for 60 metres, before turning left up a series of grassy tracks to the summit of the fell. The crags all lie in a south-westerly direction from of the summit.

Conditions

The Main Wall is west facing and takes no drainage. The rock dries quickly and this is a great place to climb year round, although it is particularly popular on summer evenings when nearby venues can become midgy.

◀ *THE ARÊTE* (PAGE 134) **PHOTO**: JON BASSINDALE

THE MAIN WALL

1 Problem 1 *6a*
The left side of the wall with a long reach up and right from a large flat hold.

2 Problem 2 *6a* *
SS. The centre of the left side of the wall via undercuts and edges.

3 Brant Flakes *5+* *
The wall just left of the arête starting at an obvious RH sidepull.

4 The Arête *5+* *
The blunt rib in the centre of the crag using shallow pockets. 6c from sitting.

5 Problem 4 *5*
SS. The slight corner line starting from the wonderful flake sidepull.

6 The Groove *6b* *
SS. A good problem. Strenuous moves from low left-facing sidepulls lead into the shallow groove.

7 The Mono *5+*
A very morpho problem passing the distinctive mono hold. A sit-start from low on the left is 6b.

8 Flatty Wall *5*
The wall on good holds.

9 Problem 7 *5*
This is the easiest problem on the crag, up the right side of the wall.

10 The Classic Traverse *6c+* ***
A brilliant pumpy traverse, with many variants, which is equally good in either direction, but more commonly done from left to right. Best done by sticking to handholds at about half height to avoid upsetting the locals.

11 The Low Traverse *7b* *
A rather contrived low-level traverse. The rules are that only holds at or below the level of the mono are allowed on the right half, and the arête must be passed below the level of the pockets (desperate). The left side is climbed as for *The Classic Traverse*.

THE SLAB

Directly below the Main Wall is a lump of rock featuring three pleasant slab problems which all feel slightly highball in nature.

12 Slab Left *5*
The left-hand slab is a fine climb on good rock.

13 Slab Central *4+* ★
The crack and direct up to the apex of the slab. Very decent!

14 Slab Right *5*
The right-hand slab.

JOHN'S SLAB

A small outcrop 60m lake-ward of the main crag, and 10m west of a gnarled old tree growing in rocks.

15 Carsick *6c+*
SS. Technical. Climb the centre of the slab.

16 The Carsick Traverse *6a*
Follow a line of pockets leftwards from the right-hand end of the crag. At the central groove step up and continue delicately across the slab (crux) without using the top of the crag.

17 The Gaskoid Variant *7a*
A thin eliminate on *The Carsick Traverse*. From the central groove traverse the slab leftwards on delectable crimps, only using holds below the overlap.

NET'S WALL

A small outcrop 100m south-west of the main crag, marked by a stunted holly tree, which sports a couple of obvious grade-4 up problems and one harder traverse.

18 One Armed BadNet *6c+*
A technical L–R traverse, using small crimps and sidepulls between the two breaks with feet just above ground level. The last move is the crux!

LANG-
DALE

JON BASSINDALE ON *THE OVERHANG*, LANGDALE BOULDERS (PAGE 140) **PHOTO**: BASSINDALE COLLECTION ▶

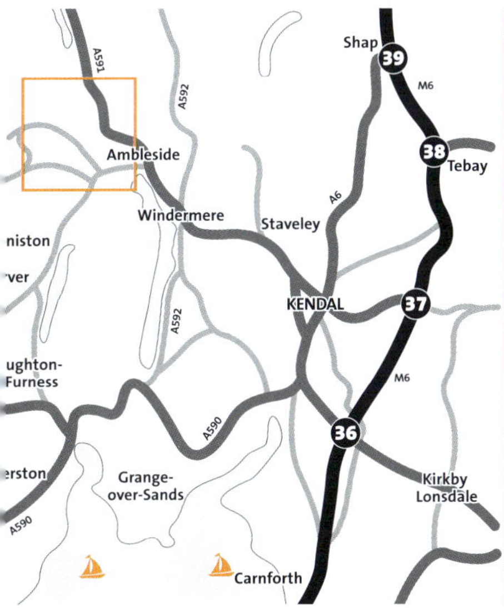
Shap
39
M6
A591
A592
38
Tebay
Ambleside
Windermere
Staveley
A6
niston
ver
KENDAL
37
A592
ughton-
Furness
M6
A590
36
erston
Grange-
over-Sands
Kirkby
Lonsdale
A590
Carnforth

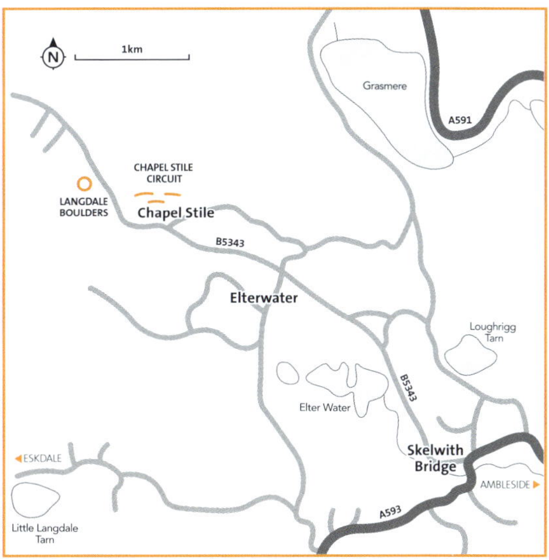
N
1km
Grasmere
A591
CHAPEL STILE
CIRCUIT
LANGDALE
BOULDERS
Chapel Stile
B5343
Elterwater
Loughrigg
Tarn
B5343
Elter Water
ESKDALE
Skelwith
Bridge
AMBLESIDE
A593
Little Langdale
Tarn

PETZL

Langdale Boulders

ASPECT: **SOUTH** APPROACH: **2 MINS**
ALTITUDE: **100M** GRID REF: **NY 314 058**
PARKING: **54.443533, -3.058763** OS MAP: **OL7**

Right by the road, at the heart of arguably the Lakes' most frequented valley, the Copt Howe erratics, or Langdale Boulders as they are more commonly known, hold a special place in the history of Lakeland bouldering. Along with the Bowderstone and Kentmere's Badger Rock, these fine boulders have historically been the outdoor training hub for generations of Lake District climbers.

While their roadside access and social setting will have been the initial draw, the rock is the key factor to their longstanding appeal. An immaculate, glaciated volcanic tuff, it is both rough and perfectly featured to provide a wonderful climbing medium. The problems are varied in style but for the most part require a technical edge, and, while the mid-grade climber is best catered for, there is something for everyone, no matter what grade you operate at.

Access and Approach

Climbing is permitted by the farmer but NO DOGS please. The Bottom Block hosts some ancient rock art on its east face and although there are a few historical boulder problems here, please DO NOT climb on this part of the block to help preserve this rock art.

Enter Langdale and follow the valley road (B5343) to Chapel Stile. The boulders are a further half mile up the valley and are easy to spot (through a gate) in a field to the left of the road. Park in the lay-by on the right, just a few metres past the boulders.

Conditions

The boulders face south and, with a gentle breeze, dry almost instantly after rain. They do get plenty of sun though, so the harder lines are best attempted on cool, cloudy days.

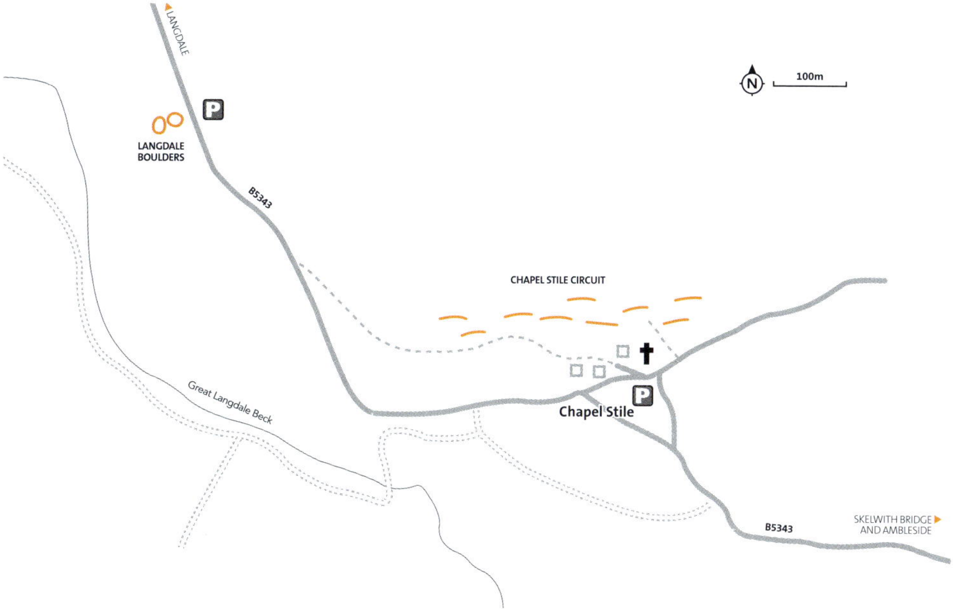

◀ THE AUTHOR ON *STEFAN GROSSMAN* (PAGE 140) **PHOTO**: JULIA ENTWISTLE

TOP BLOCK

1 Stefan Grossman *7c* ***
The blunt arête right of the wall starts from head-height holds and features classy, yet knacky, moves on great rock. The sit-start comes in from a big hold low down on the right and makes for a more complete line at 8a.

2 Erasure *7b+*
A tight line, but an interesting problem well worth including. Backhand a small edge (LH) and jump to the sloping mouth-like hold on the lip of the overhang. Pull through the short headwall to finish. The described jump start must be observed for the full tick.

3 The Overhang *6c* **
Use an undercut in the small overhang to pull up and then left. The sit-start is 7a+.

4 The Crack *6a* ***
The jagged crack is the easiest way up the face and a minor classic.

5 *7a*
SS. The wall right of the crack starting on a big hold. Once established use an undercut and edges to reach a pocket just below the top. The crack is out.

6 The Pocket *6c+* ***
A much-sought-after mid-grade classic. Use holds in or around the crack to gain the pocket, then go direct to the top via numerous small holds.

7 *7a+* *
Start as for *The Pocket* but this time move left to a sharp edge then up to a small pocket in a crack before gaining the top.

8 *6c*
Use a good hold to pull up and rock left, then up to the top.

9 *7a*
From an obvious good hold traverse the crack rightwards and finish up problem 8.

10 *7c+* *
From the wall, traverse right via thin stretched moves, link into the previous problem and finish via this.

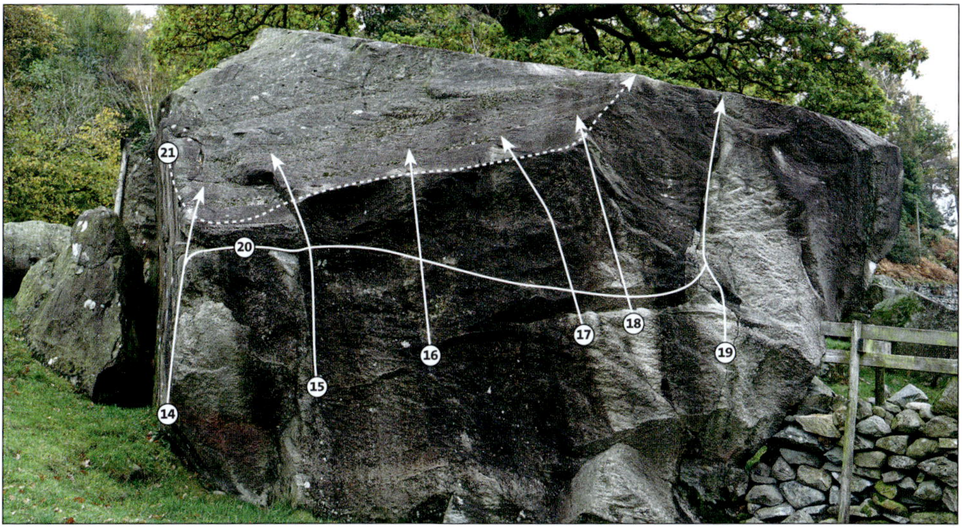

11 *3+*
The scooping slab.

12 *5+*
A worthwhile eliminate which climbs the centre of the wall via a thin vertical crack and without the major break.

13 *6c*
SS. A bottom-heavy problem which gains the sloping mantel via a burly start followed by an easy finish.

14 *6a*
SS. Straight up the short, rounded arête.

15 *4*
The shallow groove.

16 *5+*
Straight up the short wall to a tricky mantel.

17 *5+*
Up and slightly left to the lip.

18 *6b+*
Dyno to a pocket over the lip, then mantel to finish.

19 *4*
Another quality crack climb.

20 *6c*
Start as problem 14, but once established traverse rightwards across the face, and below the lip, to problem 19 and finish up this.

21 *6a*
A L–R lip traverse.

22 **Back Boulder Left** *7a*
A locals' eliminate. From two shallow pockets for handholds and only smears for feet, pop for the top.

23 **Back Boulder Centre** *3*
Blunt arête.

24 **Back Boulder Right** *2*
The right side of the block.

25 **Ed's Traverse** *6a+*
Traverse the crack and face holds to top out up the nose facing the road.

BOTTOM BLOCK

26 **Last Wall** *6b+* *
From an undercut and obvious sloper move up and left to sloping finishing holds.

27 **Triple Dyno** *7b* *
From two good low edges, pop to the big ledge; now dyno to the big hold on the nose (slightly left), before finally dynoing to the top (the crux).

28 *6c+*
SS. Traverse left across the face and finish up problem 26.

29 *6c+*
SS. A tricky start is followed by an awkward mantel.

30 *7a+*
From a big hold move right to reach a hold below the lip on the short arête. Drop down then move right into the crack and finish up this.

31 *3*
Easy crack.

32 *6a+*
SS. A pleasant wall climb on positive edges and sidepulls.

33 *5*
The face left of the blunt arête.

34 *4+*
The blunt arête moving left at the top.

35 *7a+*
SS. From the bottom-left side of the blunt arête follow a line of obvious titled edges to meet the top on its centre left.

36 *6c*
Start up the blunt arête then follow the lip of the block leftwards, all the way round on to the west face, before crossing the wall below the lip of the block for the final couple of metres.

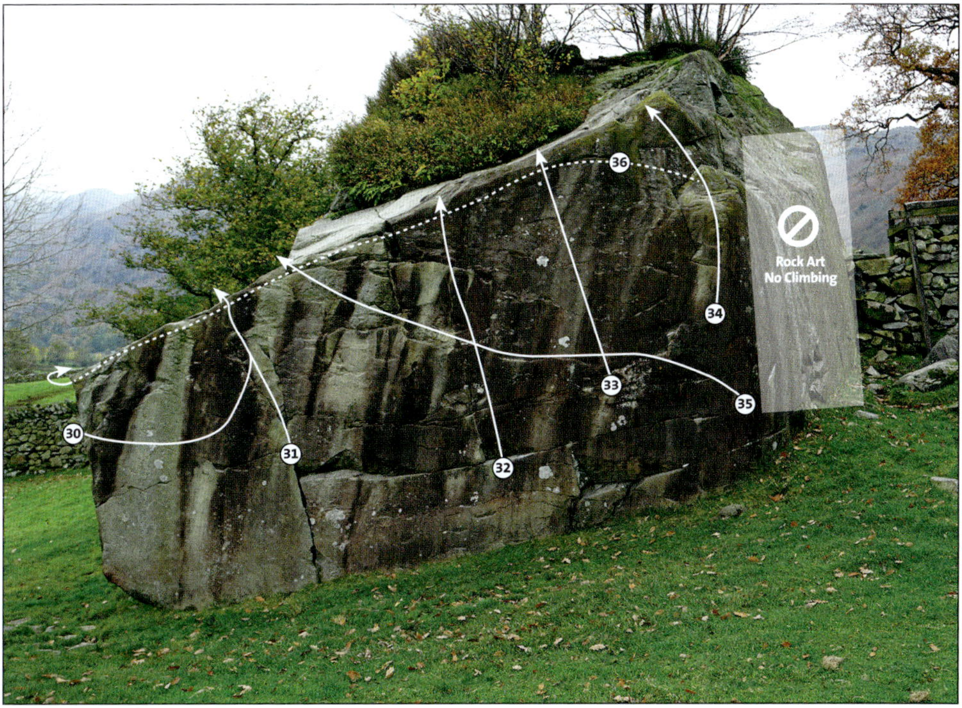

MANTEL BOULDER & ANDY BOULDER

37 *6a*
SS. From the jug, mantel the block.

38 *6c* ★
SS. Situated on the small boulder in front. From the lowest point on the south face, traverse the sloping lip from right to left with a tricky top-out on the north end of the block.

JANA LIHOCKA ON *PROBLEM 21* (PAGE 141) PHOTO: JON BASSINDALE

Chapel Stile Circuit

ASPECT: **SOUTH** APPROACH: **10 MINS**
ALTITUDE: **130M** GRID REF: **NY 320 056**
PARKING: **54.438436, -3.047063** OS MAP: **OL7**

Nestled into the hillside below Thrang Crag at the entrance to Great Langdale, Chapel Stile is a quintessential Lakeland quarry village. Defined by its small abandoned stoneworks, heaps of green slate and neo-Gothic-style church, the area is also home to a scattered bouldering circuit which overlooks the village, taking in an equal mix of natural outcrops and quarried rocks. The climbing ranges from esoteric local eliminates to high-class lines such as *Snatching the Rough* and *Easy Slab*. Most problems feature good landings and solid rock, so a single pad will generally suffice. If you're heading here for a full day the area combines well with the nearby Langdale Boulders, which are less than half a mile further up the valley and boast more great climbing and roadside access.

Access and Approach

Access Langdale from the A593 and head up the valley to Chapel Stile. There is free roadside parking around the village, however this can fill up quickly at weekends. Please be careful not to block access, and avoid the area in front of the Co-op store. From the centre of the village head up to the church and access a footpath at its right (east) end via a gate. Head up the path bearing right out on to the hillside and follow a path leftwards for a short distance until you can see the prominent H&M Smith area.

Conditions

Infamous for hillside-devouring bracken, the bouldering is best visited during winter or, better still, spring, when the bracken is down and long days and improving weather make for splendid sessions. The hillside faces south and is pretty exposed so the rocks dry fast after rain, but can be exposed to strong winds.

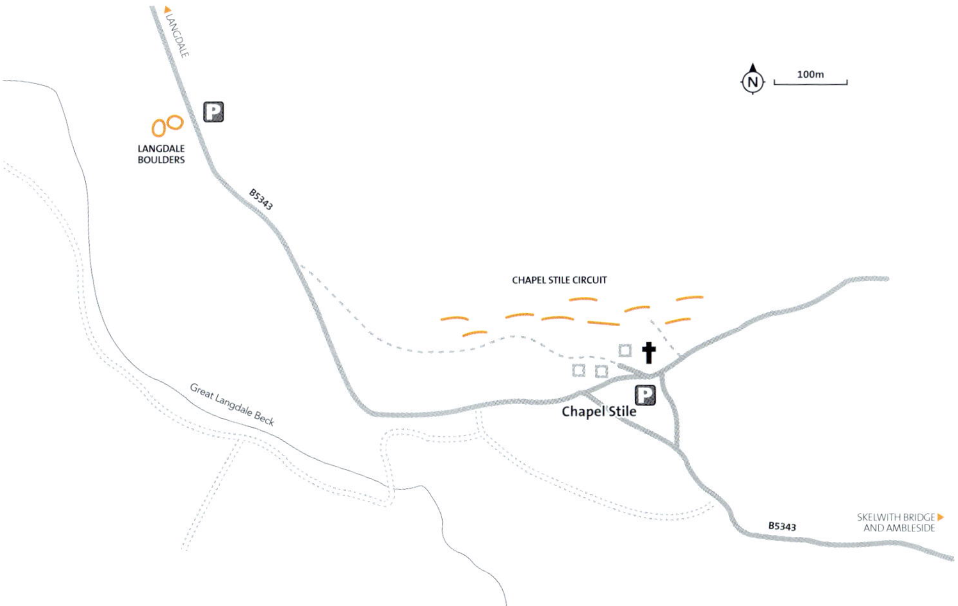

◀ MARY BIRKETT BALANCES HER WAY UP *POCKET SLAB CENTRE* (PAGE 148) **PHOTO**: JON BASSINDALE

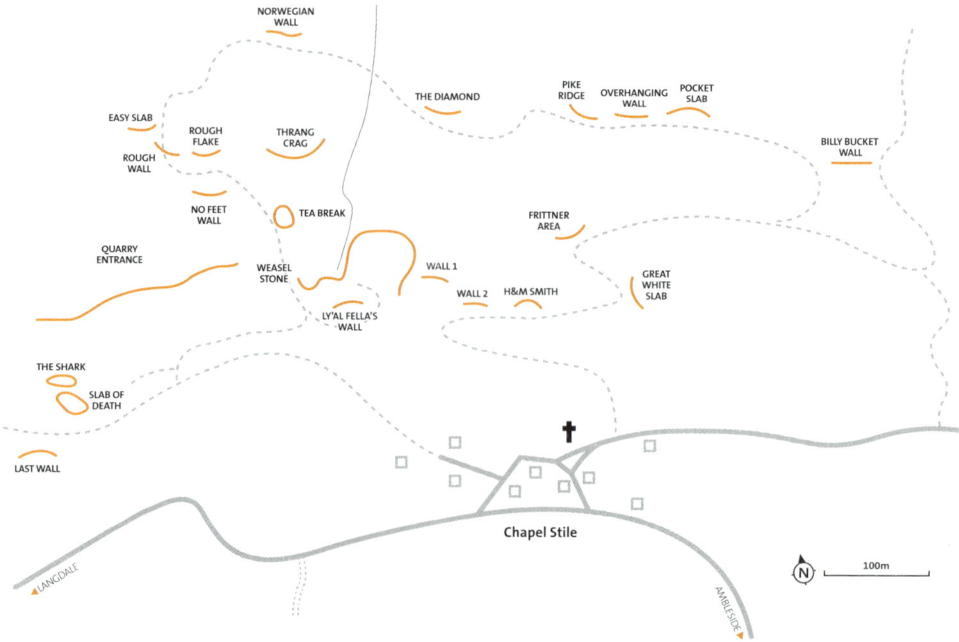
NORWEGIAN WALL
THE DIAMOND
PIKE RIDGE
OVERHANGING WALL
POCKET SLAB
EASY SLAB
ROUGH FLAKE
THRANG CRAG
ROUGH WALL
BILLY BUCKET WALL
NO FEET WALL
TEA BREAK
FRITTNER AREA
QUARRY ENTRANCE
WEASEL STONE
WALL 1
WALL 2
H&M SMITH
GREAT WHITE SLAB
LY'AL FELLA'S WALL
THE SHARK
SLAB OF DEATH
LAST WALL
Chapel Stile
LANGDALE
AMBLESIDE
N
100m

Norwegian Wall
Quarry Entrance
Great White Slab
Frittner Area
Slab of Death
Pocket Slab
Rough Wall
Billy Bucket Wall
Walls 1 & 2
H&M Smith

WALLS 1 & 2

Having come out on to the open fellside this first wall is situated on the slope immediately east of a small quarry and left of the H&M Smith area.

1 Wall 1 *5+*
The centre of the slabby face, without the big hold in the break.

2 Wall 2 *4+*
Straight up the thin wall to a diagonal crack; move right to finish.

H&M SMITH

An obvious steep corner overlooking the church.

3 H&M Smith Traverse *6a+*
Start at a jug on the left and move right to the corner before using a shothole to gain the shallow hanging groove. Use the arête to reach a long horizontal slot and finish here.

4 H&M Smith Groove *5+*
The leaning corner has a committing finish.

5 H&M Smith Sloper *6a+*
Climb straight up to the horizontal shothole using a sloper. Don't jump start.

6 H&M Smith Crack *6a+*
On a slightly higher level to the right climb the steep crack to its termination. Traverse off right to finish.

GREAT WHITE SLAB

About 100m east of the H&M Smith area is a high mossy wall on the right side of a wide, open gully.

7 Great White Slab *3+*
The cleanest direct line up the middle of the slab, passing a ledge at two-thirds height.

FRITTNER AREA

A clean eye-catching wall, directly up from Great White Slab, at the top of the open gully.

8 **Frittner Start** *4+*
The steep groove on the left side of the wall has good holds all the way.

9 **The Frittner Traverse** *6a*
Start as for *Frittner Start*, then traverse a high line from left to right using holds just below the top of the block.

BILLY BUCKET WALL

Head to the path above the Frittner Area and follow it downhill for about 100m until you can see this next outcrop up to your left.

10 **Billy Bucket Traverse** *6a*
A rambling and disappointing left to right traverse, which finishes up a blunt arête.

POCKET SLAB

The next area is a marked improvement from the last and features some great rock, holds and climbing. From Billy Bucket Wall head up and left (west) for about 80m.

11 **Pocket Slab Far Left** *4+*
A good line up the narrow slab left of the crack.

12 **Pocket Slab Left** *4*
The central crack.

13 **Pocket Slab Centre** *4+* *
The slab without recourse to the crack on the left.

14 **Pocket Slab Right** *4* *
The classy white-tinged groove.

15 **Pocket Slab Far Right** *4+*
Use a big sidepull to gain a pocket and head up to a sloping ledge.

CHRIS PLANT ON *FEELING ROUGH* (PAGE 151) **PHOTO:** JON BASSINDALE

OVERHANGING WALL

Just left of Pocket Slab is a wall fronted by a tree.

16 Overhanging Wall Left *4*
The centre-left of the wall is steep and solid.

17 Overhanging Wall Right *6a*
The right side of the wall is high and technical. Slightly friable rock.

PIKE RIDGE

A small glaciated ridge offering immaculate rock and easy climbing. Just left of the Overhanging Wall.

18 Pike Ridge *3*
The high ridge/arête makes for good fun in a splendid setting.

THE DIAMOND

Another decent wall just under 100m west of Pike Ridge.

19 The Diamond Left *6b* *
The centre-left line on sidepulls to a distinct pinnacle feature.

20 The Diamond Right *5*
The right side of the wall.

CHRIS PLANT ON *ROUGH ARÊTE* PHOTO: JON BASSINDALE

NORWEGIAN WALL

Head west across the hillside from the Diamond, then drop down into a gully and across a small stream. Head up the opposite slope towards some broken craglets; the Norwegian Wall is on the right, flanked by an encroaching hawthorn.

21 Norwegian Crack *5*
Up the left side then traverse right to the apex. Often wet.

22 Norwegian Centre *6a*
Direct up the nose on pockets.

23 Norwegian Right *5*
Positive edges lead diagonally leftwards to the apex.

EASY SLAB

Head down the slope, bearing west, and you come to an immaculate glaciated dome.

24 Easy Slab *2+* ★★
A superb and high line up the left side of the slab.

ROUGH WALL

This clean wall is situated below the Easy Slab and hosts the two best and most popular problems at the crag.

25 **Snatching the Rough** *7a+* ★★★
A good problem which tackles the centre of the wall using layaways. Low in the grade. The sitter adds a couple of good, tough moves into the stand but is still 7a+.

26 **Feeling Rough** *6c* ★
Head up the slopey ramp, then press left to the top.

27 **Rough Arête** *5*
The blunt arête.

ROUGH FLAKE

About 30m right of Rough Wall is another obvious challenge.

28 **Rough Flake** *6b+* ★
Start low on the flake, then move on to the face and use a small hold to gain the top of the flake.

NO FEET WALL

Around 40m below Rough Wall.

29 **No Feet Wall** *6a*
A locals' eliminate, footless up the appealing juggy wall. 5 with feet.

TEA BREAK

Continue down the slope then bear slightly left to a perched rock near the stream.

30 **Coffee Break** *6a+*
From a wobbly jug head up the left side of the nose.

31 **Tea Break** *4*
Gain the top and mantel it out using an in-cut edge.

MARY BIRKETT GONE FULL STRETCH ON *ENTRANCE TRAVERSE*
PHOTO: JON BASSINDALE

QUARRY ENTRANCE

A steep pillar located on the left as you enter the small dank quarry.

32 Entrance Traverse *5*
Traverse the face rightwards, passing two grooves, to finish up the slab.

33 Quarry Entrance *4+*
Easy climbing up the overhanging face.

LY'AL FELLA'S WALL

On the right as you enter the quarry is another slabby wall.

34 Ly'al Fella's Wall *6c+*
A decent eliminate up the wall via a high shothole. The blunt arête feature on the left is out of bounds.

SLAB OF DEATH

A huge, tilted shield of rock reached by heading down the wide slate-strewn track from the previous climbs to a larger, open section of the quarry.

35 The Slab of Life *4*
The left side of the slab. The crux is at the top.

36 The Slab of Death *3*
The right side of the slab above a less-than-favourable landing.

37 The Arête of Life *4*
The high arête is straightforward, but again the crux is at the top.

38 The Backside of Death *6b*
The hanging arête via the underside of the slab is terrifying.

THE SHARK

An obvious block on a pile of scree behind the Slab of Death.

39 Shark Tooth *6c*
A right-to-left lip traverse with a mantel finish.

LAST WALL

Opposite the Slab of Death and flanked by some trees.

40 Last Wall *3+*
The often-grubby crack up the scooped wall.

LITTLE LANGDALE & WRYNOSE

JULIA ENTWISTLE GETTING HIGH ON THE EIGER WALL, COLD PIKE (PAGE 173) **PHOTO**: GREG CHAPMAN ▶

Shap
39
M6
A591
A592
38
Tebay
Ambleside
Windermere
Staveley
A6
oniston
rver
KENDAL
37
A592
oughton-
-Furness
M6
A590
36
erston
Grange-
over-Sands
Kirkby
Lonsdale
A590
Carnforth

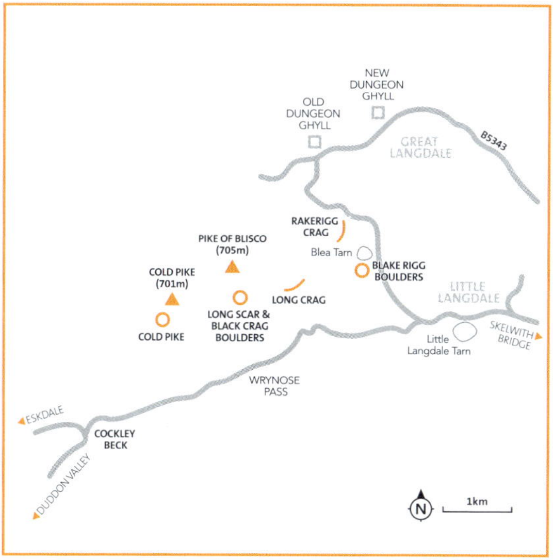

NEW
DUNGEON
GHYLL
OLD
DUNGEON
GHYLL
GREAT
LANGDALE
B5343
RAKERIGG
CRAG
PIKE OF BLISCO
(705m)
Blea Tarn
BLAKE RIGG
BOULDERS
COLD PIKE
(701m)
LONG CRAG
LITTLE
LANGDALE
LONG SCAR &
BLACK CRAG
BOULDERS
COLD PIKE
Little
Langdale Tarn
SKELWITH
BRIDGE
WRYNOSE
PASS
ESKDALE
COCKLEY
BECK
DUDDON VALLEY
N
1km

Blake Rigg Boulders

ASPECT: **EAST, SOUTH-EAST** APPROACH: **10 MINS**
ALTITUDE: **180M** GRID REF: **NY 292 041**
PARKING: **54.429324, -3.087262 (£)** OS MAP: **OL6**

A minor but easily accessed area in Little Langdale, featuring a compact circuit and an approach time of only ten minutes. The combination of good landings, a scenic setting and low-grade problems make it an excellent spot for taking the family or simply catching a quick hit when in the vicinity. But be warned: while the grades may on the whole be pretty amenable, the rock is particularly rough.

Access and Approach

From either Langdale or Little Langdale access the small road which links the two valleys and proceed to the car park opposite Blea Tarn (1 mile from the base of Little Langdale and 1.6 miles from the base of Langdale).

Leave the car park and take the track opposite its entrance. This flanks the southern end of Blea Tarn for around 300 metres before going through a gate and veering south across a wooden footbridge and through another gate. The boulders can be seen to the right and left of the track, just over 100 metres ahead.

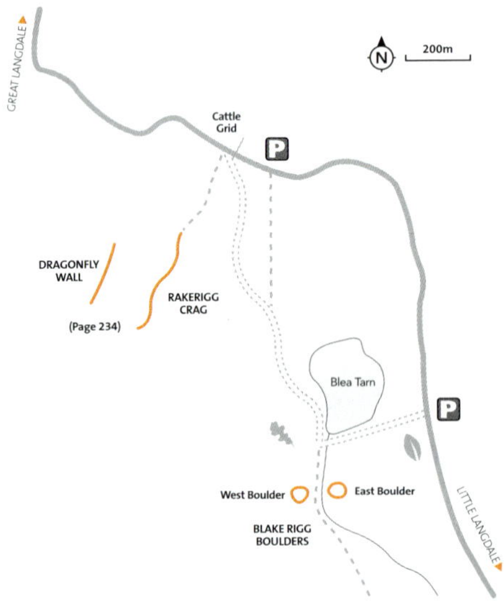

Conditions

Well-ventilated, these blocks dry quickly after rain and the problems on the West Boulder remain clean year-round. The lines on the East Boulder can remain a bit damp/green after wet spells.

WEST BOULDER

1 **Napoleon Dynamite** *4+*
SS. The arête from good holds on the left and moving up rightwards on cool pinches.

2 *6a*
SS. An awkward start off a sidepull allows a stretch to a sharp pocket up and right. Finish direct on rough holds.

3 **A Piece of History** *7b*
SS. A worthwhile eliminate which omits the large sidepull. From a triangular crimp and gnarly edge make a precise snatch for a small edge on the lip. Now trend left on sharp holds to finish up the scooping headwall.

4 **Dorsal Finish** *3*
SS. Follow the line of fin-like holds to their termination, from where it is possible to rock on to the slab.

5 *3+*
SS. The short wall and slab on rough sloping holds.

6 **Pumped Up On Jazz n' Disco Biscuits** *6b+* *
SS. A micro classic on some fine rock. Using a cheese-grater layaway and a low undercut, pump up to the slopey gaston, crank the beats, pop a pill and Travolta to triumph. Don't double-drop it now!

7 *4*
SS. The short arête is just about worth it.

8 **Vote for Pedro** *6a+*
SS. Start up the short arête, swing right to lip holds and follow these to the next blunt arête and finish up this.

9 **The Sledgehammer** *3+* *
The bulging undercut arête climbed direct. A sitter is 6a+.

10 *4+*
The mucky wall climbed from a chest-high slot.

11 *3*
The wall starting on a juggy ledge.

12 *4*
Start from the right end of the juggy ledge and climb the wall above on small holds.

13 *6a*
Again, start at the far right side of the juggy ledge and follow tricky moves leftwards and up to the apex of the block.

14 **Pedro Offers His Protection** *6c+*
SS. A full traverse of the block starting at *Napoleon Dynamite* and finishing via *Vote for Pedro*.

EAST BOULDER

15 *4*
The short nose.

16 **Fast & Loose** *6c+*
SS. Sit-start off the block (not using it for feet) and traverse left on sloping edges to finish up the right side of the nose. Almost an excellent problem.

17 *2+*
Easy wall.

18 *5+*
SS. A tricky start leads to much easier climbing.

19 *3*
SS. From a big flatty climb the vague crackline on huge holds.

20 **BMX Bandit** *6b+*
SS. Use a diagonal edge and a sloping crimp to slap up to another edge. Easier climbing follows passing two thin breaks.

21 *5*
SS. Climb direct from slopey holds.

22 **Blake 7** *6a+*
SS. The hanging arête from as low as possible.

23 **Blake Traverse** *6b*
SS. Start up *Blake 7* and on reaching the lip traverse left past the juggy break and continue on smaller holds to finish up *BMX Bandit*.

Long Crag

ASPECT: **SOUTH-WEST** APPROACH: **25–30 MINS**
ALTITUDE: **500M** GRID REF: **NY 281 039**
PARKING: **54.419401, -3.106113** OS MAP: **P552/OL6**

High on the hillside, just north of Blake Rigg summit and overlooking the iconic twists and turns of Wrynose Pass, is Long Crag, a compact little venue hosting close to 20 good problems. The crag is vertical to gently overhanging and rises to eight metres in height at its apex. A fine, flat landing of crisp turf hems the crag, while a gorgeous outlook sports views across the south central fells. On first impression the crag looks to exclusively suit the steely fingered cranker, but do not be fooled, on closer inspection an element of burl is required, particularly on the harder problems. Standout lines include *Beast of Burden*, *Asterism*, *Long Wave* and *White Wryno*.

Also of note is a small crag over to your left as you approach the main crag. This offers a few problems but isn't quite as good as it looks from a distance. The problems have been climbed but are left for you discover for yourself. They are all in the 6s.

Access and Approach

Park in a two-to-three-car lay-by 150 metres up the pass from Wrynose Bridge. From here strike a north-easterly path across the hillside to Wrynose Beck, cross the beck and take a direct line north up the hillside keeping Wrynose Beck to your left. After around 200 metres a tributary stream is reached; cross this and continue up a steep section to the top of a grassy knoll. The crag summit can now be seen on the horizon ina northerly direction – a further 400-metre walk.

Conditions

Exposed to the elements this crag dries fast and suffers only marginal seepage, predominately to its right side. The high-fell setting and, in places, boggy approach means good footwear and warm clothing with be required for much of the year. As the crag get lots of sun the harder lines are near impossible in warm weather.

THE CRAG

1 **Black Wryno** *4* **
A superb highball on the left side of the crag, the blunt rib is brilliant and a must for those of all abilities.

2 *3+*
The first broken gully isn't great.

3 *4+*
The next gully along is slightly better and trickier, however it is pretty high.

4 **Wrynobot** *6a* *
The crimpy wall is easier than it looks and essentially just a couple of big moves from a good edge to the lip. Once at the lip traverse off to the right and up the central depression. The direct finish is 6c and like the gully to the left is more of a micro route.

5 **Long Division** *7c* *
The thin crackline is powerful and crimpy. Climb it direct via a couple of tough moves to and off a high gaston. From the lip, veer off right up through the central depression to finish. The direct finish has also been climbed at the same grade, however it can be grubby and does not flow as well as the original line.

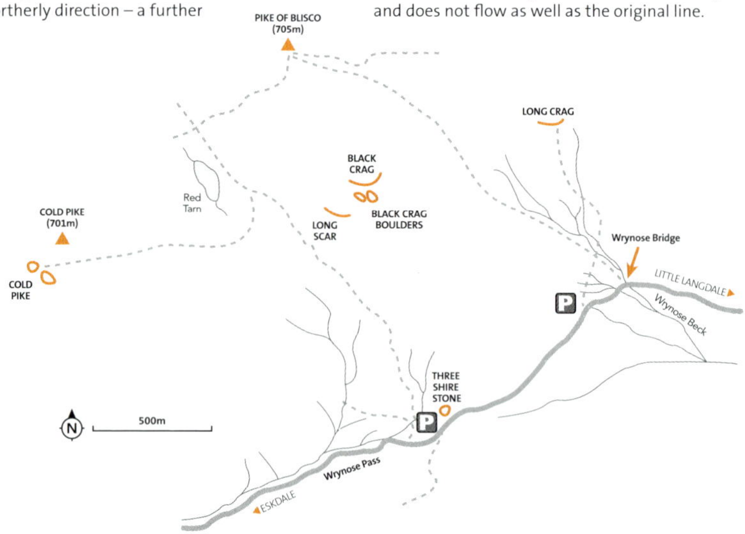

6 **Asterism** *8a* ★★★
SS. The sitter to *Long Division* is excellent and arguably the best of the bunch. Start on an undercut and small sidepull and head straight up via some fierce gastons and laybacks into the stand.

7 **Beast of Burden** *7b* ★★
A brilliant problem involving some big moves off a good sidepull, an inverted pinch and some high feet. Again, escape off right via the depression. Morpho.

8 **Beast of Burden SS** *8a* ★★
SS. A superb and burly sitter to the original. Starting matched on a decent undercut sidepull, pull up and move slightly right into the stand via some tough snatches.

9 **Long Wave** *7a* ★
SS. Another good problem. From a big flat sidepull move up to a diagonal edge, now gain an undercut/sidepull and head direct to the lip and up.

10 **Heffalump** *8a+*
SS. Start as for *Long Wave* but then move left into *Beast of Burden*.

11 *6c*
SS. Two low hard moves lead into much easier climbing.

12 **Mossy Crack** *4*
The dirty, mossy crack is often wet.

13 *6a*
The wall and niche trending right. 6b from sitting.

14 **White Wryno** *7a* ★
SS. Tricky moves off the ground lead to a small square-cut hold and a crimp. This is followed by more stern, but straightforward, pulls between interesting holds to a high yet reasonably easy top-out.

15 **The Eerie Silence** *6b*
The diagonally rightward-trending line of shelves from down to the left.

16 **Wrynokey** *6b+*
SS. Follow a series of small overlaps to a ledge and finish direct.

17 *6c*
SS. The vague right-trending groove is dirty but may improve with traffic.

18 *3+*
The last mossy crack is short, dirty and poor.

19 **Longitude** *7b* ★
SS. A superb traverse/link starting up *Wrynokey* and finishing up *Long Wave*.

20 **Longertude** *8a*
SS. A near-full-length traverse of the crag. Start as for *Longitude* but finish up one of the grooves at the far left end of the crag.

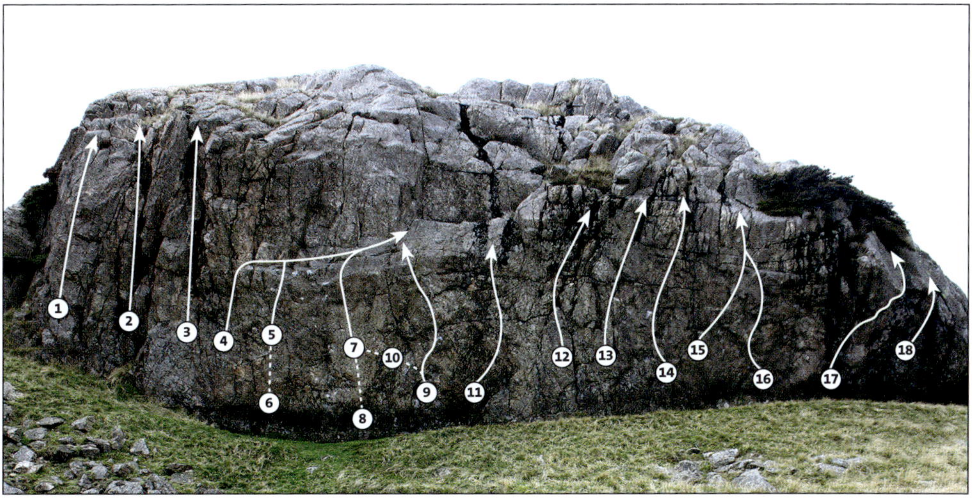

Long Scar & Black Crag Boulders

ASPECT: **SOUTH-WEST** APPROACH TIME: **15–20 MINS**
ALTITUDE: **600M** GRID REF: **SD 296 998**
PARKING: **54.414448, -3.115872** OS MAP: **P552/OL6**

Overlooking Wrynose Pass and commanding great views of the south-west Lakes, the bouldering below the tiered escarpments of Long Scar and Black Crag combines perfectly to make for an easy-to-navigate area with a quick and straightforward approach. Clean, sound rock and good landings, as well as a circuit predominantly in the lower grades, provides the ideal introduction to high-fell bouldering.

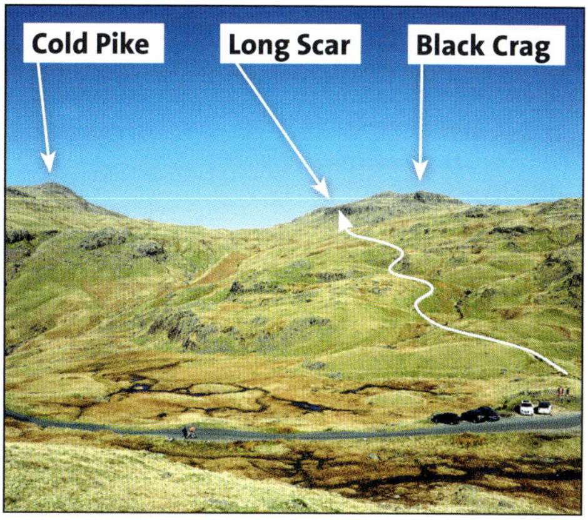

Access and Approach

Park at the top of Wrynose Pass, in the vicinity of the Three Shire Stone. Follow the well-trodden track from the Shire Stone in a north-westerly direction towards Red Tarn. After just under 1 kilometre you will reach Long Scar on the right side of the track. The boulders begin at the southern end of the crag; most notably the first boulder described lies within a curious fenced pen.

Conditions

All problems dry almost immediately after rain and the ground around the blocks isn't particularly boggy. In spite of the relatively easy access, this is an exposed fell-top setting: the weather can change rapidly year round, so always go prepared, taking a decent jacket, hat and appropriate footwear.

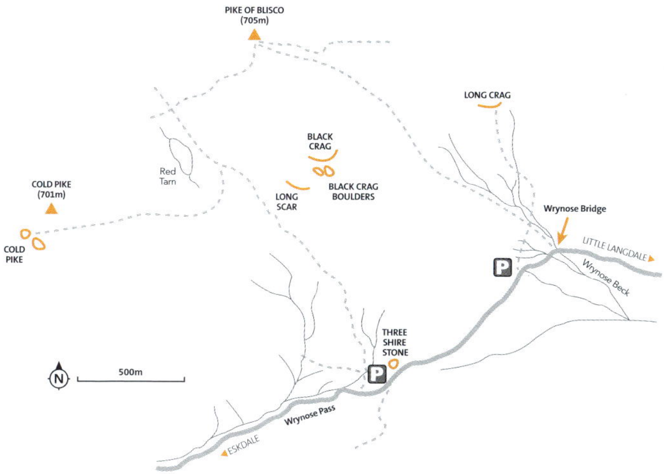

◀ CHRIS PLANT ON *LEFT SLAB*, LONG SCAR BOULDERS (PAGE 163) **PHOTO**: JON BASSINDALE

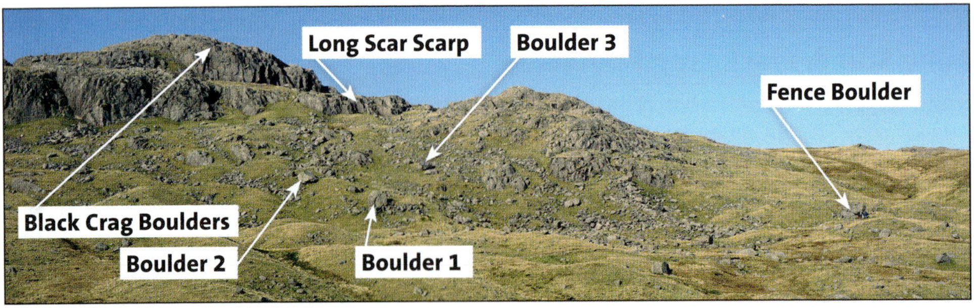

LONG SCAR
FENCE BOULDER

1 *2*
The left side of the blocky wall.

2 *2*
The centre of the blocky wall.

3 *3*
The wall left of the arête.

4 *5*
SS. The rough arête on its left side.

5 *5*
SS. The narrow front face.

6 *6a*
SS. The right side of the arête.

7 **The Great Puntender** *6a+*
SS. Small edges lead to a rockover for a high crimp.

8 **Curry Club** *6c+* ★
SS. From the low break climb up and slightly right to a rough, slopey RH crimp, then direct to the top of the block.

9 **Penitentiary** *7a* ★
SS. As per *Curry Club*, but on reaching the slopey crimp traverse right (feet at break level) to finish on the far right.

10 *7a*
Start matched in the break and bounce up for a triangular in-cut sloping RH crimp. A heel is now useful in generating further progress to the rough crimps and then the top.

11 *6c* ★
Start matched at a square-cut jug in the break and move up for a thin LH crimp, put your right heel in the break and bop up for a good hold below the lip.

BOULDER 1

This boulder is situated 100m north-west across the hillside from the Fence Boulder.

12 *5+*
SS. The left arête.

13 *5+*
SS. The middle of the wall passing a big hole.

14 *5*
SS. The left side of the blunt right arête.

15 *4*
SS. The short downhill face. Great rock.

16 *5+*
SS. The short, steep arête on the neighbouring block.

BOULDER 2

Just up and left of the previous block.

17 *7a*
SS. Climb the blunt, undercut prow on the left from low without the dirty crack out left.

18 **Left Slab** *4*
The left side of the face on nice rock.

19 **Gem** *6a* *
Start at the slab's lowest point and trend slightly left and up with a triangular hold for your right hand.

20 **Right Slab** *5*
Starting at the same point as *Gem*, this time head up and right using the triangular hold for your left hand.

21 **The Nose** *6c*
SS. After a really tough pull on using rough slopey holds on the lip, head up the nose on improving edges.

THE AUTHOR ON *CURRY CLUB* **PHOTO:** CHAPMAN COLLECTION

BOULDER 3

35m east across the hillside is a small triangular block.

22 *5*
SS. Climb the rising lip and rough slopes.

23 *5+*
SS. The centre of the short wall.

LONG SCAR SCARP

Head up the slope and after 80m you'll reach a great little wall with a flat grassy landing.

24 *3*
A short slabby wall up the far left side of the face.

25 *2*
Start just right and bear slightly right as you climb.

26 *4*
About a metre right is a taller and slightly tougher line which bears left near the top.

27 *2+*
After a stepped section of easy rock climb the wall just left of a corner.

28 *3*
An easy corner.

29 *2+*
A short problem on the right of the corner.

30 *3*
An easy line left of a mossy streak.

31 *5+* *
Classy finger crack.

32 **Left Wall** *5+*
The clean left side of the wall on thin holds.

33 *5*
The centre of the wall.

34 *4*
The right side of the wall.

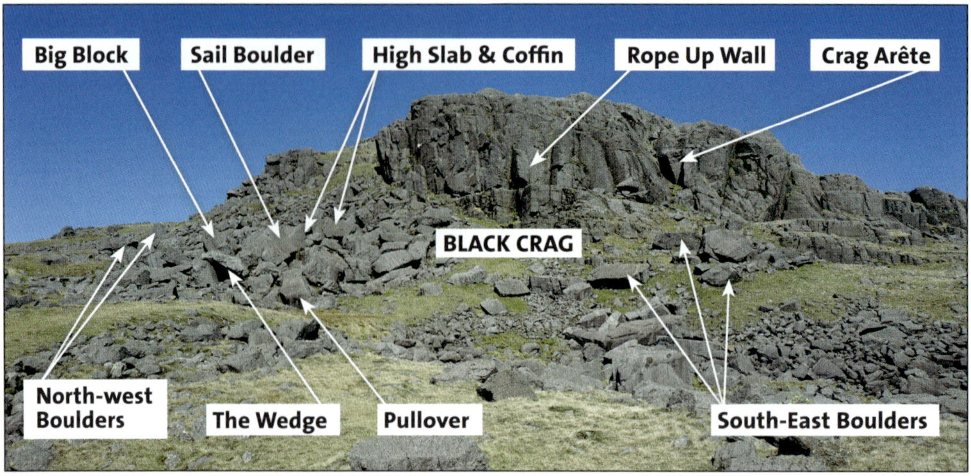

BLACK CRAG

The first boulder described here sits on the grass just above the final climbs at Long Scar. The rest of the climbing is situated in and around the boulder field 100m further on and easily visible below Black Crag itself.

POTATO BOULDER

35 *6a*
SS. The left side of the wall, bearing left as you climb.

36 *6a*
SS. The centre of the wall, starting just left of a rocking block.

37 Lip Traverse *4+*
SS. Start on the right side and climb the lip to the apex of the block.

38 Sweet Tats *6c*
SS. The undercut left slab. The stand is 4+.

39 King Eddy *7b* *
SS. The undercut wall, starting on low crimps. The stand is 5+.

40 *6a*
The arête is climbed via a tough start and a big lock off a good hold.

41 Potato *6c+* *
SS. Start as for problem 40 and follow rough holds on the vague lip leftwards to the undercut left slab; finish up this.

NORTH-WEST BOULDERS

Below the left side of the crag is a pair of larger blocks set apart from the main cluster.

42 *4+*
Step off a block and climb the blunt arête on the left side of the block.

43 *3+*
SS. The slab.

44 *5+*
SS. The north side of the block climbed off a RH slopey edge and LH crimp. Short, but great rock.

45 *4+*
SS. A reasonable problem up the narrow west face. Mind the loose hold.

46 *6b*
SS. Start below the hanging arête then traverse the ramp leftwards and finish up the centre of the hanging slab.

47 *6a*
SS. The hanging arête direct.

FIN ROCK & BIG BLOCK

48 Fin Rock *5*
SS. From the big break use footlocks to gain the lip and subsequent weird fin/block feature.

49 Big Block *4*
Climb the west face of the large boulder behind *Fin Rock* over a less-than-perfect landing.

50 *4*
Start on some blocks and use a LH sidepull to climb the well-featured slab left of the arête.

51 *6b*
SS. From sitting on the ground (rocks) right of a vague arête, pull up and move left into and up the arête.

52 *5*
SS. Straight up through a small overlap.

SAIL BOULDER

53 *7a*
Traverse the lip and finish up *The Dish*.

54 *5+*
The undercut slab on the left without the use of the other blocks.

55 The Sail *5*
The central line. Again, no use of the potential footblocks.

56 The Dish *4*
The furthest right line up the slab at a shallow dish. No footblocks.

HIGH SLAB & COFFIN

Just above the Sail Boulder is a pair of alluring blocks.

57 High Slab *4* ★
The centre of the slab is a quality problem over a decent but rocky landing.

58 Coffin *6a+*
SS. The left side of the undercut slab from holds on the lip.

59 The Wall *6c*
Fingery climbing over a poor landing.

DIAMOND

In the jumble to the right is a pale Diamond-shaped block and neighbouring prow.

60 Diamond *5*
The short face to the apex without the use of either arête.

61 The Prow *4*
Prow above a poor landing.

THE WEDGE

Towards the front of the jumble, just left of the Sail Boulder.

62 The Blob *6c*
SS. Start on a small block with hands on the high lip. Traverse left then up the hanging niche via a cool, stuck-on blob.

PULLOVER

At the lower edge of the boulder jumble is a short eye-catching slab.

63 Pullover *6b*
SS. Climb the centre of the wall starting on thin crimps then up the easy slab. If you can reach the large, higher holds off the deck this greatly reduces the grade.

ROPE UP WALL

A high wall of excellent rock on the crag itself. It is reached via a ledge coming in from the left.

64 Prow Right *4*
The high crack to a ledge. Reverse and jump off or escape via a high scramble up to the left.

65 Rope Up *6c* ★★
The lower portion of a quality route on glorious scoops. Veer off left to the ledge to finish and escape as per *Prow Right*.

CRAG ARÊTE

An obvious hanging arête nestled in the right side of the crag and easily reached from below. The landing is narrow but satisfactory with a strong spot.

66 Black Arête *6a* ★
SS. The striking arête with a high finish.

67 Wall-o-Hang *6b* ★
SS. The steep wall direct through a high bulge.

68 The Corner *4+*
The steep corner crack.

SOUTH-EAST BOULDERS

Right of the main jumble and just below Crag Arête are three final blocks.

69 Lower Boulder Traverse *5+*
SS. Bum-drag left-to-right traverse.

70 Higher Boulder Traverse *5*
SS. Another low traverse, this time from right to left.

71 Last Slab *2+*
The west-facing slab on great rock.

CALEB AINSWORTH ON *A PIECE OF HISTORY*, BLAKE RIGG BOULDERS (PAGE 156) PHOTO: PETE WILKINSON

snap

Cold Pike

ASPECT: **WEST** APPROACH: **40 MINS**
ALTITUDE: **660M** GRID REF: **NY 261 033**
PARKING: **54.414448, -3.115872** OS MAP: **P552/OL6**

Located at the far northern end of the Duddon Valley, high above the winding pass of Wrynose, sits Cold Pike, a not insubstantial mountain (701 metres) commanding a grand and far-reaching vista – incorporating the Duddon, Scafell, Eskdale and on towards the Irish Sea. Directly below the summit, at an elevation of 650 metres, lies a sizeable south-facing crag and boulder field, purveying some of the best and cleanest rock in the Lake District.

The compact circuit of problems varies from superb highball walls on the lower tiers of the crag, to short yet interesting sit-starts on the boulders below. For those operating in the 4 to 6c+ range it is a must-visit destination, while there is also a handful of decent 7s for those looking for a greater challenge.

Access and Approach

While uphill, the walk to the blocks isn't overly arduous and commands grand views of the Duddon to the west and the Langdales to the east.

From the summit of Wrynose Pass and parking at or round the Three Shire Stone, follow a well-trodden track north-west towards Long Scar and Red Tarn. After approximately 1 kilometre, having passed Long Scar on your right and 100 metres before reaching Red Tarn, break off leftwards (west) to link into a less prominent path which winds its way up the southern slopes of Cold Pike. Stick to this track as it heads up in a westerly direction, ultimately taking you to the summit of the fell.
The climbing is on the west flank of the hillside just below the summit, so it's best to break off and contour around the slope westwards approximately 350 metres before the summit where the fellside begins to become more rocky and less steep.

Conditions

The climbs dry quickly after rain and there are no issues with seepage. A high, exposed aspect means you need to be well equipped year round; bring a decent jacket, hat, appropriate footwear and plenty of food.

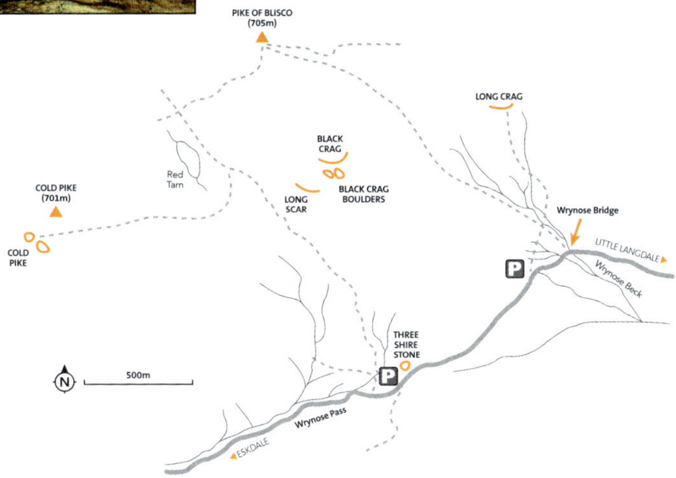

◀ THE AUTHOR ON *GREEN VELVET* (PAGE 177) **PHOTO**: CHAPMAN COLLECTION

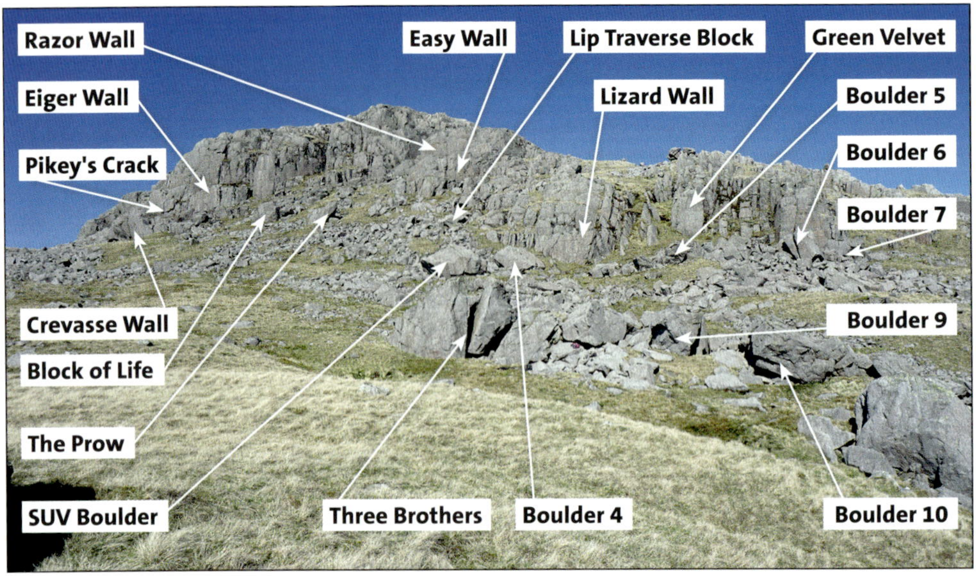

NORTH WALLS (AKA THE CRAG)

This sector predominantly incorporates the smaller walls of the crag and a few blocks dotted about its base.

CREVASSE WALL

1 **Crevasse Wall** *6b*
The centre of the tall imposing wall. Veering left is somewhat easier.

2 *3+*
Easy wall.

3 *4+*
The lovely wall to the right, on good rock, is slightly harder.

PIKEY'S CRACK

The overlapping wall on the terrace directly above Crevasse Wall.

4 **Pikey's Crack** *4*
The awesome crack can be jammed or laybacked.

5 **Cold Crack** *5*
The thinner, harder crack to the right.

6 **Mossy Wall** *4*
The wall right again is reasonable when dry.

APPROACHING COLD PIKE **PHOTO:** GREG CHAPMAN

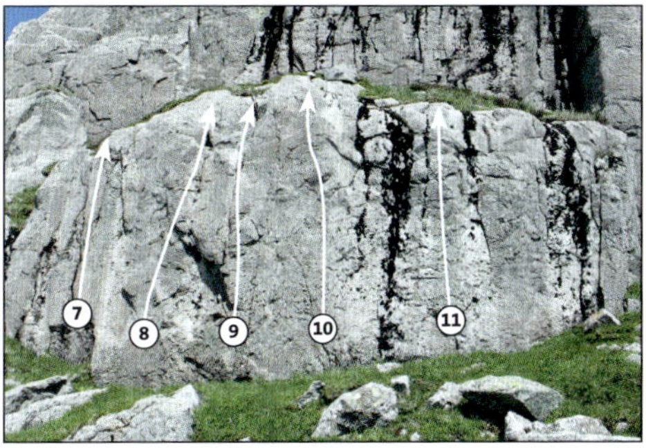

EIGER WALL

A few metres along from Pikey's Crack is an immaculate high wall featuring some real belters, all above excellent grassy landings.

7 *5*
A quality climb up the converging cracks.

8 *4+*
A really good piece of climbing on lovely holds.

9 **Central Line** *4*
Straight up the angular feature.

10 **Eiger Aspirant** *6a+* ★★
A magnificent low-grade classic on immaculate rock and with a slightly spicy finish. Stay direct all the way.

11 *2+*
Meander your way up the wall right of a mossy streak.

BOULDER 1: BLOCK OF LIFE

A squat block with a near, smaller neighbour, some 40m right as faced of Eiger Wall.

12 *6a*
SS. Tackle layaways up the left side of the boulder.

13 **Block of Life** *5*
SS. The blunt arête on its right side.

14 **Block of Death** *5+*
SS. Climb the small central overhang on the adjacent block from a low break.

THE PROW

This small jutting pinnacle is an eye-catching feature and marks the edge of the small boulder field on the right side of the crag.

15 The Breach *4*
Climb the left side of the prow on its lip to its apex.

16 Autumn Arête *6c+* *
SS. Squeeze your way up the right side of the prow from as low as possible.

RAZOR WALL

Above The Prow is a group of obvious clean walls. The most extensive of the walls has a decent landing and some sharp crimpy problems.

17 *4*
The slabby line up the left side of the face.

18 Razor Wall *6b*
The middle of the face offers quite a stern test of your crimping skills.

19 *4*
The line to the right following a vague crack passing a small triangular niche.

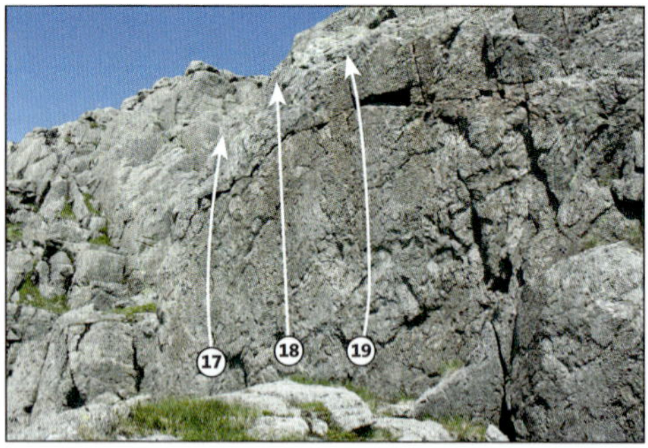

EASY WALL

The wall just below features a handful of easy climbs on great rock.

BOULDER 2: LIP TRAVERSE BLOCK

A small block with one reasonable lip traverse, just a few metres across from The Prow.

20 *5*
Traverse the lip from left to right.

BOULDER 3: SUV BOULDER

The largest freestanding boulder on the upper slope, this block features some short but punch-packing sitters.

21 Farina *7b*
SS. From low holds climb the centre of the short steep wall to a RH sidepull and tricky final slap for the lip before manteling out to finish.

22 Gangsta Gangsta *6b*
SS. Straight up just left of the crack system.

23 Straight Outta Coniston *6c*
SS. The central crackline, trending slightly right at the top.

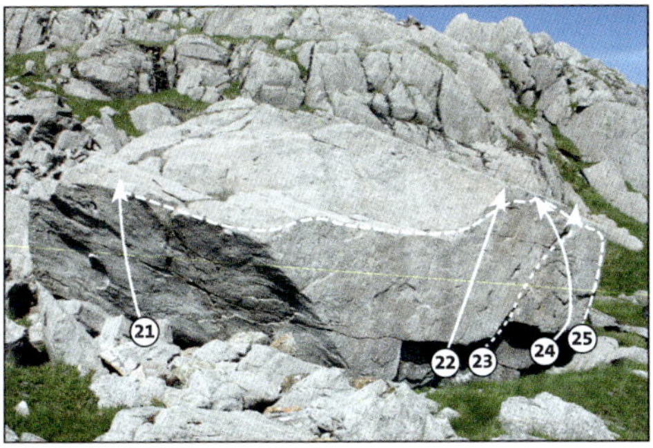

24 **Snatch & Grab** *7b*
SS. Use an undercut and low hold in the thin crack to pull on and make a hard snatch up to the good jug and top out with relative ease.

25 **The Hood** *6c+*
SS. Start below the blunt right arête and climb this to the lip, which is then followed leftwards to the top of *Farina* before topping out.

BOULDER 4: CHUBS

Just behind the SUV Boulder.

26 **Chubs** *6a*
SS. From a diagonal edge climb the centre of the bulging face.

27 *5+*
SS From the same diagonal edge climb up round the bulge to the right via a flake.

THE AUTHOR ON *AUTUMN ARÊTE* **PHOTO:** TOM BURNS

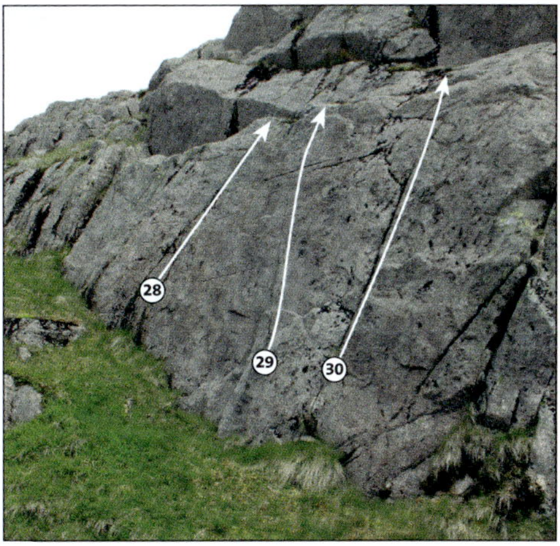

LIZARD WALL

A smart wall behind the previous block featuring three cracklines.

28 **Left Crack** *3*
The diagonal mossy crack.

29 **Lizard Wall** *4*
The centre of the wall following a thin crackline.

30 **Y Crack** *3+*
The right crack.

JULIA ENTWISTLE WARMING UP ON *COLD HEART* (PAGE 178) **PHOTO:** GREG CHAPMAN

GREEN VELVET

An incredible highball wall-come-column with a lush grassy landing overlooks the boulder field and features a trio of excellent climbs and one true classic.

31 *5*
The crack system on the left side of the column.

32 **Green Velvet** *6c* ★★★
The best problem on the face and one of the best of its grade in the Lakes. Start just right of centre and head straight up using the thin crack to gain a central position and poky finish up the middle of the wall.

33 **Cajmere** *6c+* ★
Start as per *Green Velvet* but stay on the right side of the wall, avoiding the arête, all the way to the top. A tight line but still a very good problem.

34 **The Arête** *6b*
The right arête is good and again feels high.

BOULDER 5

Below Green Velvet a trio of blocks overlook the lower jumble.

35 *5*
SS. The central line with a tapering front face, bearing left.

BOULDER 6

36 *5+*
SS. The central crack via a tricky high step off the ground (not the block), followed by easier climbing.

37 **The Arête** *3+*
The striking right arête is great but a bit too easy.

BOULDER 7

38 *5*
SS. The right side of the face moving up through a niche left of a small overhang.

THE AUTHOR ON CHI TOWN BEATS PHOTO: TOM BURNS

THE LOWER JUMBLE

Directly below the previous boulders is a collection of quality little boulders mostly with good grassy landings.

BOULDER 8: THREE BROTHERS

These tightly packed boulders offer a handful of awesome easy lines.

39 *2+*
The bounding left arête.

40 *3+* ★
The centre of the face off a positive high hold.

41 **Cold Heart** *4+* ★★★
A truly world-class easy line up the blunt rib on immaculate rock.

42 *3*
The easy ridge hemmed in between its neighbouring blocks is good but has a poor landing.

BOULDER 9: CHI TOWN

43 **Collette** *6c*
SS. Starting centrally move up then veer left to the arête and up.

44 *6a+*
SS. Again start centrally but this time head straight up the wall direct to the top.

45 **Heather** *6c*
Start slightly right and climb the wall left of the arête.

46 **Chi Town Beats** *7b* ★
SS. A nifty little problem which climbs the short but eye-catching wall to the right of the arête. Start centrally on low holds and climb direct to the top via crimps and undercuts. The top-out mantel is no cakewalk!

THE AUTHOR ON *BLUCU* **PHOTO:** JULIA ENTWISTLE

BOULDER 10: BLUCU

Another decent block with a perfect aspect and some good climbs. *Blucu* is particularly good.

47 Boompty Boomp ***6b***
SS. The left-hand arête without the use of the footblock is a great problem and tricky throughout.

48 ***6c***
SS. A line tackling numerous overlaps just right of the arête. Start on the lowest possible holds and again avoid the possible footblock.

49 ***6b***
SS. Starting to the right of the previous problem then linking into it is slightly easier.

50 ***6a+***
SS. Start right again and head straight up.

51 Blucu ***7b*** *
SS. Start on the far right and traverse the obvious line of low holds leftwards to the arête and finish up this. The potential footblocks are again to be avoided.

BOULDER 11: SNEAK

A small but appealing block just below Boulder 10.

52 **Sneak** *6c+*
SS. From low lip holds execute a couple of tricky moves to the arête; finish up this.

53 *6b+*
SS. Climb into the arête from directly below.

BOULDER 12

Follow a small stream down the slope from Boulder 11 for around 80m, to where another pleasant boulder overlooks a small, shady chasm.

54 *2*
The left arête.

55 *3*
The centre of the short wall off an obvious edge.

56 *5+*
SS. The curving right arête; top out in the centre of the face.

57 *6a*
SS. The same arête on its opposite side.

58 *6b*
The centre of the face on thin holds.

BOULDER 13: CHASM BLOCK

Situated in the small chasm below Boulder 12.

59 **Detroit Techno** *7a*
SS. The centre of the wall starting on a big flatty then up on small crimps direct to the top. A bit grubby but still worthwhile.

GEORGE NORTH TRAINING FOR THE GREATER RANGES ON *EIGER ASPIRANT* (PAGE 173) **PHOTO**: ANNETTE SMITH

CONIS-
TON

DAN VARIAN WORKING *TRACI LORDS SS*, LAD STONES (PAGE 191) **PHOTO**: VARIAN COLLECTION ▶

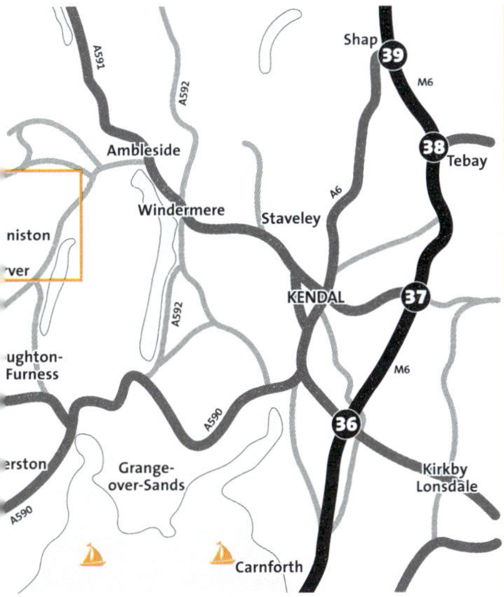
Shap
39
M6
A591
A592
Ambleside
38
Tebay
Windermere
Staveley
A6
KENDAL
37
A592
M6
A590
36
Grange-over-Sands
Kirkby Lonsdale
A590
Carnforth

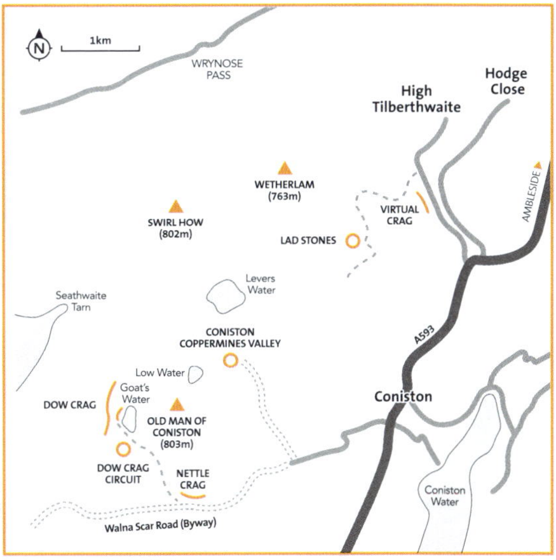
N
1km
WRYNOSE PASS
High Tilberthwaite
Hodge Close
WETHERLAM (763m)
SWIRL HOW (802m)
VIRTUAL CRAG
AMBLESIDE
LAD STONES
Levers Water
Seathwaite Tarn
CONISTON COPPERMINES VALLEY
Low Water
Goat's Water
DOW CRAG
OLD MAN OF CONISTON (803m)
A593
Coniston
DOW CRAG CIRCUIT
NETTLE CRAG
Coniston Water
Walna Scar Road (Byway)

METOLIUS

Virtual Crag

ASPECT: **NORTH-EAST** APPROACH: **10 MINS**
ALTITUDE: **200M** GRID REF: **NY 305 005**
PARKING: **54.398031, -3.069313** OS MAP: **OL6**

Discovered and developed as far back as the late nineties, the Virtual Crag, or V-Crag as it's sometimes known, is a sizeable chunk of rock overlooking the road in the small valley of Tilberthwaite. Originally developed by Andy Hyslop and Dave Birkett, the pair cleaned and climbed most of the obvious highball stand-up lines on offer (some as top-rope problems) and, in *Technobabble*, one good sitter. Despite its inclusion in the Lakes Rockfax bouldering guide, the crag fell into neglect for well over a decade until it was rebooted using modern bouldering software to quickly become a popular haunt on the South Lakes circuit.

A contemporary ethic was applied, similar to that used at the Bowderstone, which involved incorporating sit-starts, traverses and link-ups, as well as finishing the lines at logical drop-off points, thus negating the need to ascend the dirty and overgrown upper portion of the crag. Bowderstone enthusiasts should enjoy the V-Crag as the style and problems are very much akin to those of the Ladder Face.

Access and Approach

From the A593 Ambleside to Coniston link, turn off down the Tilberthwaite road approximately 1.8 miles north of Coniston and follow it for three quarters of a mile to some parking in one of two grassy lay-bys above the river. The crag can be seen on the brow of the hill above the parking and is a short but steep ten-minute walk (see photo below).

Conditions

Facing north-east with an elevated aspect, this crag is a great option when other areas are feeling the heat, making it a good summer destination. During wetter spells the problems right of *Technobabble* are badly affected by drainage off the top of the crag. While the affected problems usually stay dry, the run-off can reach waterfall proportions, making climbing in such conditions a miserable enterprise.

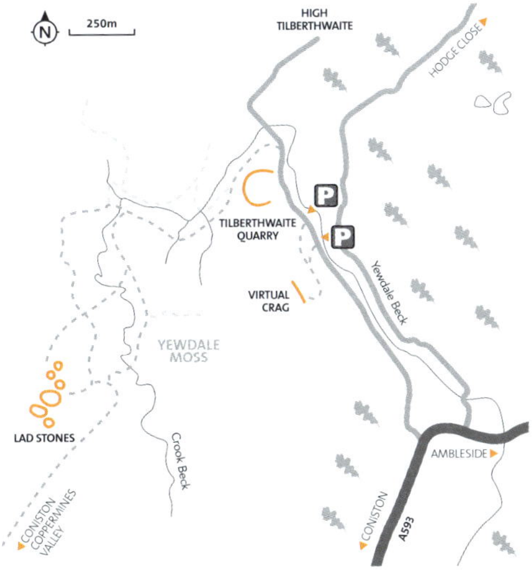

◀ THE AUTHOR ON *SHOCKWAVE* (PAGE 187) **PHOTO**: ANDY HEBSON

1 Electric Planet *5+*
SS. A slightly reachy start from two flat holds leads up and right on positive edges to a finishing jug in the dirty groove. The shelf to the left is out for feet.

2 Bluetooth *7a+* *
SS. From a poor undercut and a diagonal edge, pull up into the groove. Sort your feet and dyno for a diagonal flatty way over the lip, then continue up to a good jug to finish. All holds (bar the finishing jug) on *Electric Planet* are out of bounds.

3 Bluetooth Fairy *6c+*
SS. Start as for *Bluetooth* but once established in the groove escape left into and up *Electric Planet* to finish.

4 Hackers Homeland *7a* *
SS. Use a triangular undercut pinch and sidepull to climb past the slopey shelf to a deep pocket over the lip. From here, move up and slightly right to big finishing holds at the top of the crack.

5 Digital Decade *7a+* *
SS. Use a small RH undercut and LH edge to head straight up via burly opening moves.

6 Technobabble *7a* **
SS. The steep, left-leaning crack starting at an obvious pointy flake is very powerful and very good. Tough at the grade.

7 Technologic *7a+* *
SS. Again start up the steep crack but once pulled on bust out right, via a hard move, to eventually gain an ergonomic jug below the bulge. Now make a big move round the bulge to an edge and up to finishing holds left of a dirty groove.

8 HotJava *6b* *
Technologic from a standing start right of the crack.

9 Skynet *7c* *
SS. Start as per *Technologic* but once at the good hold (below the ergonomic jug) move right to a hold in a crack then right again to reach a good hold, before continuing up rightwards to the jug at the top of *Silicon Slave*.

10 Hyperlink *7a+*
SS. The broken crack is much better than it looks. 6c from standing.

11 Silicon Slave *7c+* **
SS. From a good edge make a move up to a rail. Now head directly up the steep board-like wall on poor holds to a couple of good holds over the lip. For those prone to wandering, all handholds in the crack are out. Utter quality! 7c from standing.

LINKS & TRAVERSES

A Shockwave ***7c*** *
SS. Start at *Electric Planet* and traverse rightwards, keeping below the lip, to a slopey shelf and good sidepull to its right. From here it is possible to reach a deep pocket over the lip and continue up right to big finishing holds above the crack.

B Shock Value ***7c+*** *
SS. Start as per *Shockwave* but continue right, again staying below the lip, to *HotJava* and finish up this.

C Full Value ***8a*** *
SS. The full traverse of the left side of the crag linking *Shock Value* into *Skynet*.

D The Cloud ***7b*** *
SS. Start up *Technobabble* but once established in the crack traverse left, following the slight lip, to eventually meet the top of *Bluetooth*.

E Qubit ***7b***
SS. Start up *Digital Decade* and follow *The Cloud* to finish.

A further five lines have been climbed above the broken pedestal/shelf to the right of *Silicon Slave*. These generally have poorer landings and, unless topped out (not advised), less-obvious finishing points. Here they are described primarily for the historical record or the very keen.

12 Superhighway ***6c+***
From the rocky shelf, climb the wall just right of a hanging niche.

13 Crash ***7b***
Climb up the right side of the hanging shield feature to an overgrown top-out.

14 Cybersex ***6b***
The hanging flake into the diagonal right-trending crack.

15 Browser Wars ***6a***
Ascend the shattered crack up leftwards to converge with the top of *Cybersex*.

16 Birkett's Bandwidth ***6c+***
A high decent line up good rock but above a precarious tilted landing. Not advised.

ADAM JEEWORTH ON *DIGITAL DECADE* **PHOTO:** PETE WILKINSON

Lad Stones

ASPECT: **SOUTH-EAST** APPROACH: **30 MINS**
ALTITUDE: **410M** GRID REF: **SD 296 998**
PARKING: **54.399679, -3.070011** OS MAP: **P553/OL6**

Situated in a quiet corner of fellside on the southern flanks of Wetherlam, east of Levers Water and the Coppermines Valley, the mighty Lad Stones cast a silent gaze over an awe-inspiring panorama of south-east Lakeland. An intense yet excellent circuit focused around two massive (Bowderstone-sized) boulders awaits the intrepid boulderer, half an hour's walk west of the Tilberthwaite car park.

Discovered by Andy Hyslop as recently as 2003, the Lad Stones have grown in popularity over the years with visitor numbers increasing as word has spread and problem numbers increased. The steep, high and imposing Bothy and Panorama Stone offer a high concentration of mid- to harder-graded problems, and for those stronger boulderers seeking somewhere off the beaten track this place is well worth checking out. Many notably strong and well-known climbers – including the likes of John Gaskins, Jordan Buys, Dan Varian, Ben and Jon Freeman, Dave Jones, Tom Newberry, Dan Turner and Mick Adams – have visited and revisited the venue leaving a number of class problems of varying styles. Highlights include *Warstarter*, *Stella*, *From the Earth's Cauldron* and Jordan Buys' stunning *Groove Armada*.

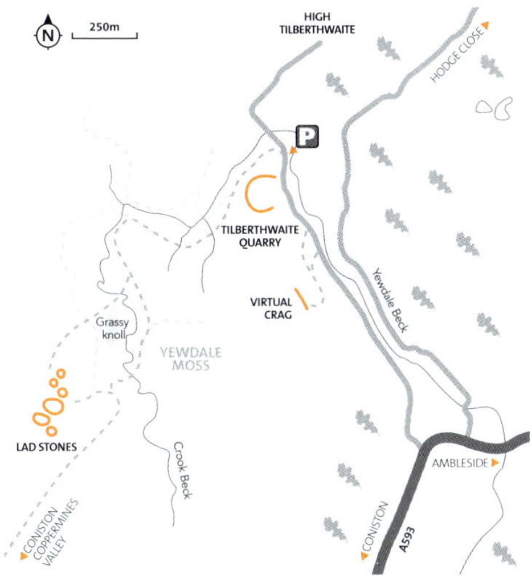

The rock is a metamorphosed volcanic, verging on granite in its consistency. It provides excellent friction but can be tough on the skin. Historically the rock and landings have been cause for the odd complaint, however the increase in popularity has helped remove many dubious holds and much groundwork has gone into improving the landings below all of the popular faces. That said, many of the problems are quite high, the landings are stone patios and the nature of the rock means there are undoubtedly a few dodgy holds lurking within the continuum: because of this it is recommended that you visit with no less than two crash pads and a spotter.

Access and Approach

Approximately 1.8 miles north of Coniston on the A593 is a turn-off signed *Tilberthwaite*; follow this single-track lane to just before the end of the road and a large (free) car park on the left.

From the south end of the car park follow the steep steps and subsequent path up the hill passing Tilberthwaite Quarry on your left. Continue on, avoiding any right forks in the path, to the top of the gill (cairn), where the ground levels off into an open expanse. Keep to the east side of the main beck and follow the obvious path as it curves southwards for 250 metres, whereupon some convenient blocks provide stepping stones across the beck, 35 metres down to your right (where the stream makes a series of tight bends). Having crossed the beck contour around the right side of a grassy knoll (keeping you out of the bog) to reach another major track. Ignore and cross the track, striking a direct line up the incline of a small, shallow hanging valley. On reaching the top you will see the boulders directly ahead.

Alternatively, ignore the stepping stones and stick to the main path for a further 400 metres until you can see the blocks at the base of a steep slope, 300 metres over to your right. Head towards the blocks, keeping to higher ground on the left for the driest approach.

◄ PETE WILKINSON BRACES FOR BATTLE ON *WARSTARTER* (PAGE 194) **PHOTO**: WILKINSON COLLECTION

JORDAN BUYS ON THE FIRST ASCENT OF *GROOVE ARMADA*, (PAGE 193) PHOTO: BUYS COLLECTION

Conditions

The Lad Stones are a surprisingly reliable venue; reasonable conditions can be found throughout the year. The situation of the boulders protects them from all but a severe north/north-easterly wind, and with walls facing in varying directions you can usually find shelter – from the sun or the wind. In summer the Warstarter Face is a good bet for fair conditions, as it does not come into the sun until late afternoon. The boulders also dry very quickly, although one or two lines (such as *Artois* and *Hades Lair*) do take some drainage immediately after a downpour.

TILTED BOULDER

This is the first boulder encountered from the standard approach. It offers a few reasonable problems but on sharp rock.

1 **Tilted Traverse** *6a+*
Starting on the far left, traverse the lip right into and up the arête.

2 **Monolith** *7b*
SS. A fierce problem up the centre left, starting on a mono and a poor edge.

3 **Principia** *7b* ★
SS. The arête is good and sequencey but has a slightly infuriating landing. The stand-up is also a good 5. Sharp.

4 **Shadow Wall** *3+*
The short wall.

HANNAH JEPSON ON *FROM THE EARTH'S CAULDRON*
PHOTO: JEREMY DRABBLE

THE BOTHY

The lower of the two massive blocks, The Bothy offers a selection of good, often high and predominantly steep problems on solid rock.

SOUTH SLAB

A good, high slab featuring some nice problems.

5 Sky High *3+*
The left-hand side of the slab starting off a big block provides nice delicate moves on good rock.

6 Lard Lad *6b* ★
SS. From sitting in the pit, use holds on the lip to gain the slab with some difficulty before finishing direct with relative ease. The stand is 4.

7 The Slab *3+* ★
The easy slab direct above a block is straightforward but high.

PORN STAR FACE

The east face of The Bothy hosts some brilliant climbs tailor-made for board junkies.

8 From the Earth's Cauldron *6c* ★★
The right side of the beautiful rounded arête on nice rock.

9 Black Cauldron *7b+* ★
SS. A tough sitter to the arête from LH on the lowest possible edge on the arete's left side and RH on a slightly higher edge, right of the arête. Reaching any higher reduces the grade to 7a+/b.

10 Shyla Stylez *7a+* ★
A cool problem using the decent edge (RH) and an undercut pocket to pull on and blast direct to the good hold and up.

11 Traci Lords *7c* ★★
Use a good but tilted LH edge and a small crimp to pull on and up to a poor RH crimp, then throw left to a good hold (crux) and finish via easier moves. Originally 8a until the LH starting hold improved through breakage.

12 Traci Lords SS *8b/+* ★★
SS. Start sitting with LH in a pocket and RH on a square-cut sidepull. Flick up to a tiny crimp and pull into the stand.

FRONT FACE

13 Bothy Traverse *6a*
A scary (and pointless?) highball traverse from big blocks on the left and finishing up the final moves of *The Crack*.

14 Smoking Guns *7b+* ★
Starting on slots as far back as possible, deploy some big burly moves to a crux throw for a jug on the lip, followed by a high but relatively easy top-out, moving right to finish.

15 The Crack *6c*
The highball crack features good moves but sharp holds.

16 The Death Clock *7b+* ★
A quality and powerful problem starting on the lowest of the big pockets. From here veer up and right on small holds, finishing just right of the overlap.

17 Booze Baron *7c*
A hard problem up the undercut wall off a block using some nasty quartz holds. Starting as for *Booze Baron* but then following the blunt arête leftwards to finish up *The Death Clock* is *Booze Cruise* (7c+).

SPINAL BLOCK & LOW BOULDER

These two smaller blocks offer a few less grand but reasonable problems and are situated in close proximity to one another between the two massive blocks.

SPINAL BLOCK

18 Spinal Tap *6a+*
Gain a big hold and make a long stretch to the top.

19 Spinal Caress *7a*
A decent problem but with a poor landing. Start on the right side of the ramp and traverse left and up the hanging prow.

LOW BOULDER

20 Block Roof *6b*
SS. Climb the short roof direct. Blocks for feet are allowed.

21 Stoned Lad *7a*
SS. Up the undercut prow via some tricky moves. All footblocks are out.

22 Aye Lad *6c*
SS. Start up the undercut prow then veer left and finish centrally.

PANORAMA STONE

This vast boulder is the best block at the venue and provides three brilliant faces offering some of the finest hard problems in the Lakes.

NICHE FACE

The Niche Face offers a handful of good crimpy warm-ups and, in *Groove Armada*, one standout mega-line of national significance.

23 Finger Tingler *3+*
The pleasant wall on great rock finishing at the ledge.

24 Warm-Up Wall Left *5*
SS. Climb the thin wall direct via some straightforward edge pulling to the break.

25 Warm-Up Wall Centre *5+*
SS. Much of the same up the line immediately to the right.

26 Warm-Up Wall Right *6b+*
SS. Use a couple of good edges to start then veer up, slightly right, on poor crimps to the break.

27 Groove Armada *7c+* ***
Climb the hanging niche direct, before rocking up and left on to the headwall for a committing but relatively easier finish.

28 Love Box *7b+* **
Another quality and committing highball. Start up the niche but then move out left up the steep hanging nose before questing on direct.

29 Project
The huge hanging arête started on the right and veering on to the left wall near the top.

30 Warm-Up Traverse *4+*
Traversing the break to finish by rocking on to the ledge on the far left gets the blood pumping. A sitter starting in the pit is 5+.

WARSTARTER FACE

If you like it steep with big moves, this is the crème de la crème – a 35-degree overhanging face packed with good, hard straight-ups and links.

31 Rocko's Modern Life ***7a+***
SS. From the far left side of the face use a big sidepull to follow a diagonal line of holds into *Hades Lair*.

32 Hades Lair ***6c+*** ★★
SS. From sitting as for *Warstarter*, make big moves direct, rocking left to finish. A lower start, via a tweaky move, is possible at 7a+.

33 Warstarter ***7b+*** ★★
SS. From sitting on a block use a quartzy slot and a decent sidepull to make a big move up right to a good edge. From here quest up right on very small crimpy pockets to the ledge.

34 Axis ***7c*** ★★
SS. An excellent flowing line starting as for *Warstarter*, but once at the lower crimps cross through LH to the high crimp of *Warstarter* (i.e. the one you usually get with RH on *Warstarter*). Pull through to a gaston and up to the centre right of the ledge before finishing direct. Climbed starting up *Warstarter RH* is a good alternative, but the same grade.

35 Warstarter RH ***7c*** ★
SS. Start in the middle of the wall with both hands in quartz slots. Make a hard crossover move to the lower crimps of *Warstarter* and finish as for the original.

36 Man Power ***8a*** ★
Start 1.5m left of the prow on a high, thin LH 'claw' sidepull and a RH flake-crimp. Pull on with great difficulty and make a hard move up and right to an in-cut edge. Now rock left to better holds and a finish above the ledge. The direct finish is a touch harder but essentially the same grade, however it is far more committing.

36a Retaliation ***8a+/b*** ★
SS. Start just left of *Lancaster Bomber* on a big rail hold. Traverse left from here across some sharp but crisp quartz slots and a cool drop-down catch move to gain the start holds of *Warstarter RH*; finish up this.

37 Mike's Prow ***7b*** ★
The mega prow above a 'wicker' landing. Start with two high holds on either side of the prow, make a tricky move to a tiny crimp on the prow and lunge for the glory jug.

38 Lancaster Bomber ***7c*** ★★
SS. The full sitter to the prow, using holds on either side, is a bit sharp but still very good.

THE LINKS

A **Battalyst** *7c/+* ★★
SS. Start up *Rocko's Modern Life* but continue right across the face and finish up *Warstarter*.

B **Axis Powers** *8a* ★
SS. Start up *Rocko's Modern Life* but continue right across the face to finish up *Axis*.

C **Hades RH** *7b* ★
SS. Start up *Warstarter RH* then continue left across the face to finish up *Hades Lair*.

STELLA FACE

The Stella Face of the Panorama Stone features excellent rock and some quality problems up a gently overhanging face. Despite the angle, problems range in style from the super thin and technical *Stella* and *Artois* to the surprisingly thuggy *Underground Butler*.

39 **Stella** *7c* ★★
SS. A brilliant problem starting on a low in-cut hold on the arête and a good edge on the face. Climb up to a big sidepull and use it to gain a vertical slot and then the break. Now make a big move to an edge and use this to reach the huge jug and in turn the top.

40 **Wife Beater** *7b* ★
SS. Start up *Stella* but at the big sidepull span right into and up *Artois*.

41 **Artois** *6c+* ★★
The high wall above a platform is climbed direct. Despite a stretched start and slightly sharp holds this problem is excellent.

42 **Arc of Despair** *7c*
SS. A ridiculously morpho (and infuriating) sit-start off the block to the right into *Artois*. Start on a sidepull and edge.

43 **Dry Tooling Underground** *6a+*
Up past the ledge on jugs.

44 **Underground Butler** *7b* ★★
SS. The sitter to *Dry Tooling Underground*. From two sidepulls, make burly moves up left to undercuts and then to a good hold above. Now veer left and up to gain the ledge via jugs.

45 **Crack Butler** *7b+* ★
SS. This direct version of *Underground Butler* follows the thin crack to the ledge.

BRAVESTARR BLOCK

The small cave formed by a large perched block immediately behind the Warstarter Face hosts one good and involved problem.

46 BraveStarr ***7a***
SS. From matched on the block at the back of the roof (usually marked with a star) climb out of the roof direct. All other detached blocks are out.

HOBBLEDEHOY BLOCK

A decent little block, seemingly supporting the Warstarter Face, provides a trio of reasonable problems.

47 Cheap Seats ***6c***
SS. Use small holds to pull on and gain the left arête and then the top. This can also be climbed into the reverse of *Hobbledehoy* at 7a.

48 Hobbledehoy ***6c***
Starting on the far right of the block traverse the lip leftwards on slopers, topping out at the far left.

BELLA BLOCK

An obvious low roof perched on a grassy platform just up from the north-west corner of the Panorama Stone offers a gnarly one-mover and a good traverse.

49 Bella Roof ***7a+***
SS. Use sharp quartzy holds to pull on and make a tough move for the lip and a mantel finish.

50 Bella Despectus ***6c***
Traverse the lip from the far right to the far left before topping out.

TOP BLOCK

A sizeable squat block located a few metres up the hill above the south-west corner of the Panorama Stone.

51 Slanting Arête ***6a***
SS. The left arête.

52 The Six Grand Skip ***6a+***
The right arête, rocking out left to finish.

DAN VARIAN GRAPPLES THE *UNDERGROUND BUTLER* (PAGE 195) **PHOTO**: JOHN COEFIELD

Coniston Coppermines Valley

ASPECT: **EAST, SOUTH-EAST** APPROACH: **8–20 MINS**
ALTITUDE: **380M** GRID REF: **SD 280 984**
PARKING: **54.364010, -3.095880** OS MAP: **P552/OL6**

Best known for the Pudding Stone and its collection of low-grade yet highball classics, the Coppermines Valley, on Coniston Old Man's eastern flank, offers a wealth of good bouldering across the grades. Perhaps Britain's first documented bouldering destination – it featured in a 1916 Fell & Rock journal – the area hosts everything from the aforementioned highballs of the Pudding Stone to the compact family friendly circuit of the Boulder Valley, along with a scattering of tougher lines on the Lower Boulders. The Bell Stones circuit makes for a pleasant detour on your way to or from the main circuit, providing a sunny sheltered aspect and a few decent and less frequented problems off the beaten track.

There is also some minor bouldering around Low Water, above the Pudding Stone, which is not described but which can be a nice option for combining with a swim on hot days.

Access and Approach

Entering Coniston on the A593 (from Ambleside) follow the main road as it trends right past the Black Bull Hotel and over the river. Once over the river take the second right (Station Road) up the hill, and continue up the steepest line of the road for just under a mile to where a gate gives access to the fell side and a free unsurfaced car park. This car park is well used by walkers and climbers alike, so please park courteously to maximise space.

Conditions

While some blocks/faces can remain a little green in the winter months, generally the open fell-side aspect means all sectors dry quickly after rain. The landings are also good for the most part, being generally flat and well drained. Spring and autumn are the prime months, however decent conditions can be found year round.

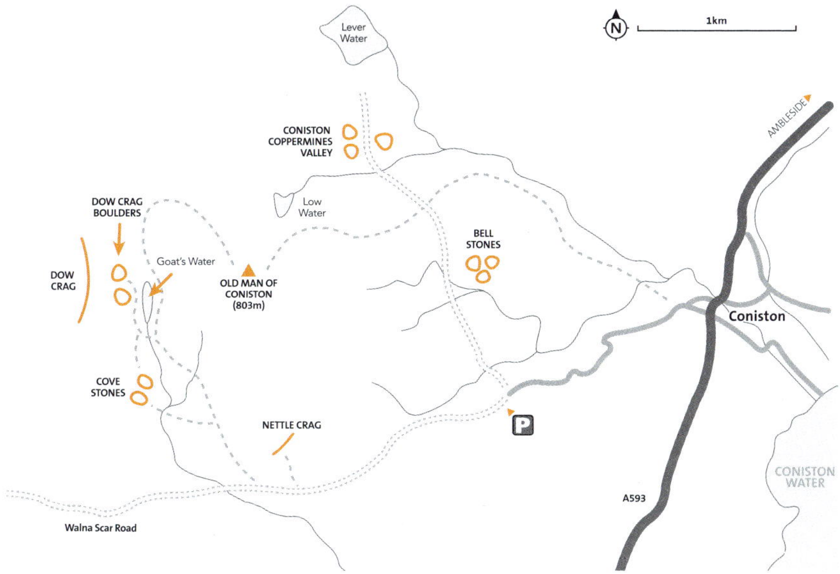

◀ GEORGE NORTH CATCHES THE TOP (OR DID HE?) OF *OPEN RANGE* (PAGE 202) **PHOTO:** GREG CHAPMAN

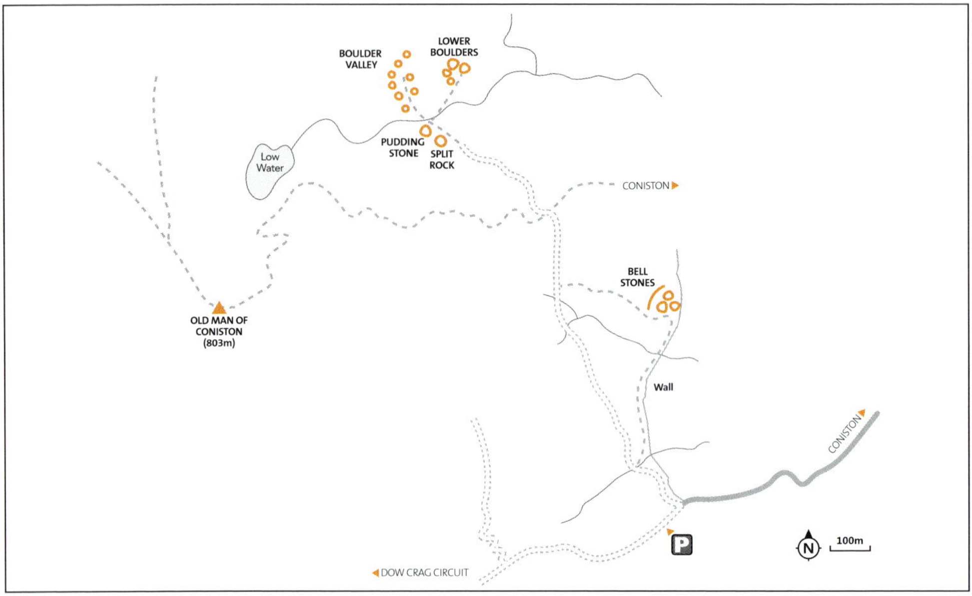
LOWER
BOULDERS
BOULDER
VALLEY
Low
Water
PUDDING
STONE
SPLIT
ROCK
CONISTON
BELL
STONES
OLD MAN OF
CONISTON
(803m)
Wall
CONISTON
100m
DOW CRAG CIRCUIT

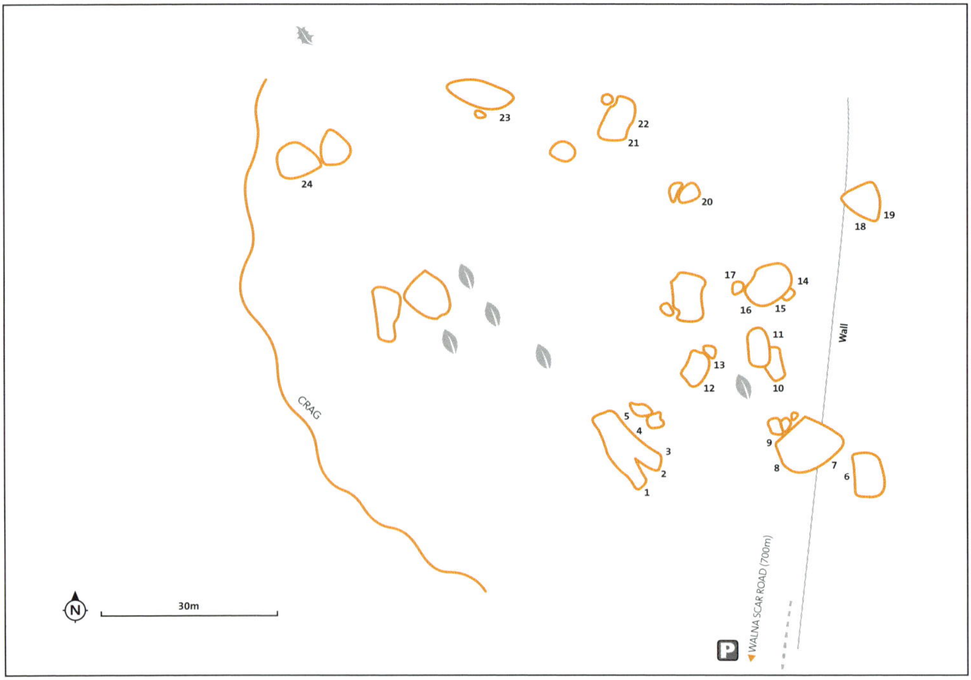
23
22
21
24
20
19
18
17
14
16
15
11
Wall
13
12
10
CRAG
5
4
3
2
1
9
8
7
6
30m
WALNA SCAR ROAD (700m)

BELL STONES

Take the gravel track running north from the parking and after crossing over the first stream after 150m fork right on to a grass path that follows the wall to the boulders (8 mins).

1 *4*
SS. The arête on its left side.

2 *5*
SS. Climb the next arête on its left inside the big crack over a narrow landing.

3 *4*
The undercut rib.

4 **The Ramp** *4*
The obvious ramp from sitting.

5 *4+*
SS. The line to the right.

6 **Rudy Manchego** *7a+*
SS. A one-mover from the scarred crimps.

7 **The Slab** *3*
The clean slab.

8 *3*
The grubby wall.

9 **Wall Arête** *3+*
The left arête is a reasonable problem.

10 *6c+*
Prow with a steep crouching start from a sidepull and flatty under the lip. Poor rock.

11 *6c+*
Direct from shelf. Poor rock.

12 **Pig Iron** *6c*
SS. From lip slopers just right of the black streak to a jug in the crack and up.

13 **Angle Iron** *7b*
SS. From slopers on the lip of the small cave, press up to a sidepull then straight up. Dabby but good.

14 *2+*
Easy arête.

15 *6b+*
SS. The vague arête from sitting on a block.

16 **Bonsai Calluna** *7a* ★
SS. Out of the small cave from just left of the arête. Start low and follow steep moves to the lip, gain a fin and continue direct to an airy top-out.

17 **Loose Cannon** *5*
Off the supporting block and up the prow on pockets. Swing left at the lip and gain a flake to pull through to the apex.

18 **Clever-Sounding Word** *7a*
SS. Start at the short prow and follow the lip leftwards then up the slab by the wall.

19 *6a+*
SS. From the short prow follow the lip rightwards.

20 **Pontipine Ridge** *7a* ★
SS. A tiny block with an appealing sloping rib rising up from the lowest point. All other blocks are out.

21 **Left Brow** *6b+*
SS. Short arête on its right.

22 **Low Brow** *7a+*
SS. Just left of a fang feature under the overlap. Bunched moves lead to the fang then up to the lip.

23 *6c+*
SS. From a small ledge move left to a pocket and press for the top.

24 **The Gem** *6a*
The diamond-shaped wall from its lowest point.

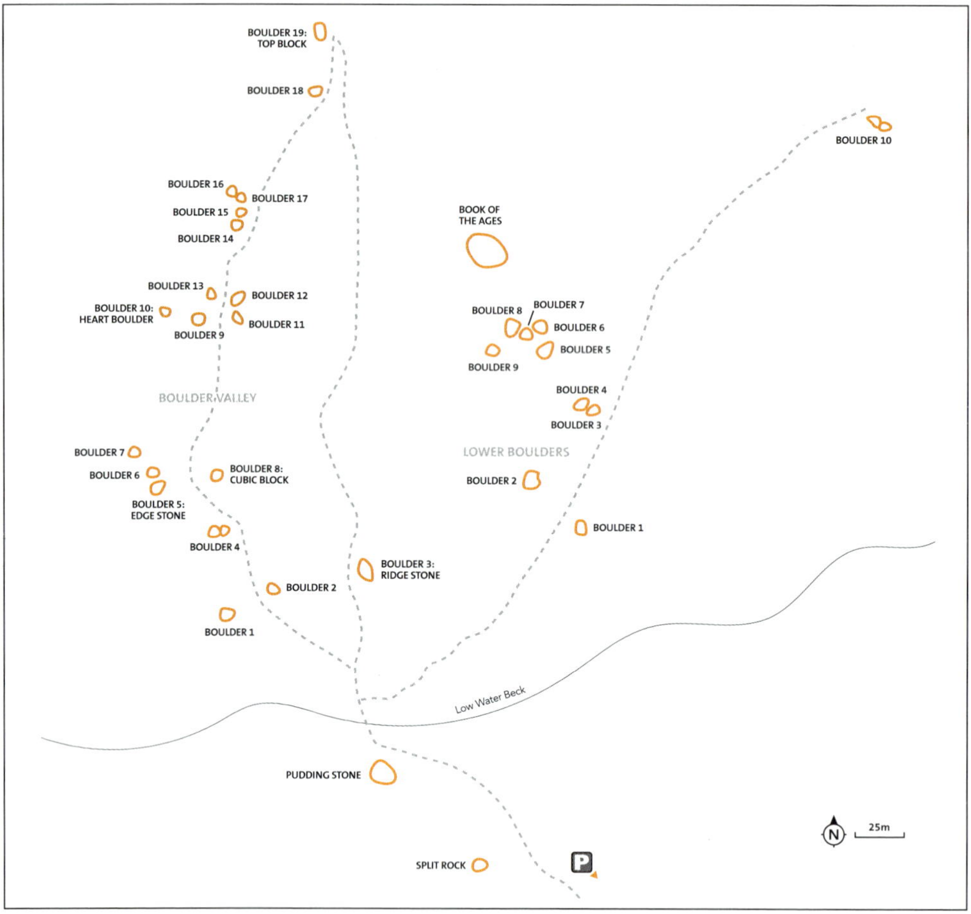

COPPERMINES VALLEY

From the parking area take the gravel track heading north. Follow this undulating track for 1.2km to where it meets the main Old Man path coming up from Coniston village. Go up this for a few metres then turn right along another wide track which contours north-west across the hillside. After 200m the track bears left, just before a ruined building, where the hanging rock-strewn Coppermines Valley opens up before you. The Split Rock can be seen 100m ahead, to the left of the path.

SPLIT ROCK

25 **Little Arête** *2+*
The short arête on its right side.

26 **Left Wall** *6a+*
SS. The wall left of the arête from matched on an edge. 4+ from standing.

27 **Open Range** *7c+* ★
SS. The arête direct. Start on a sharp RH sidepull on the arête and a low hold on the left wall. Pull up and make a long stretch to a poor edge on the left wall, establish yourself on the arête and continue to the top. 7b from standing.

28 **Crack & Arête** *7a+* ★
SS. Start LH on the arête and RH in a pocket low in the crack. Head straight up using both features.

29 **The Crack** *6c* ★★
Jam or layback the eye-catching crack with help from holds on the right. Sticking exclusively to the crack is harder and a good eliminate. A sit-start (7a+) adds to the fun.

30 **Right Arête** *6c+*
SS. The right arête direct starting on edges. 6c from standing.

31 **Practice** *6c*
The wall immediately right of the arête on crimps. The sit-start coming in from the arête is 7a.

32 **Copper Pop** *7a*
The centre of the face starting on thin crimps in two horizontal seams.

33 **The Face** *6c+*
The right side of the wall just left of the arête starting on a high RH crimp.

34 **Layback Arête** *4*
The pleasant arête on its left.

35 *2+*
The easy crack on the end of the block.

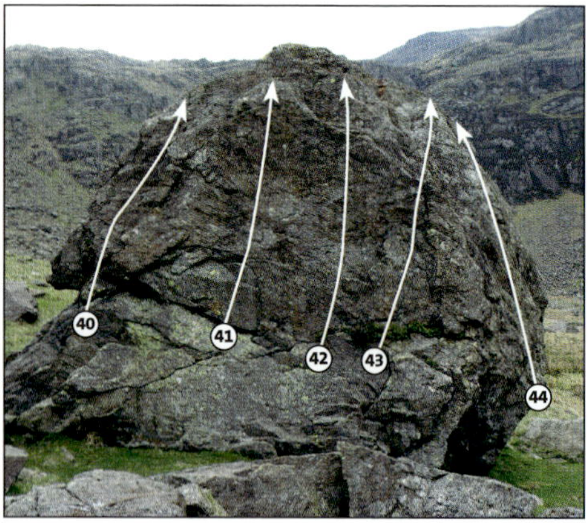

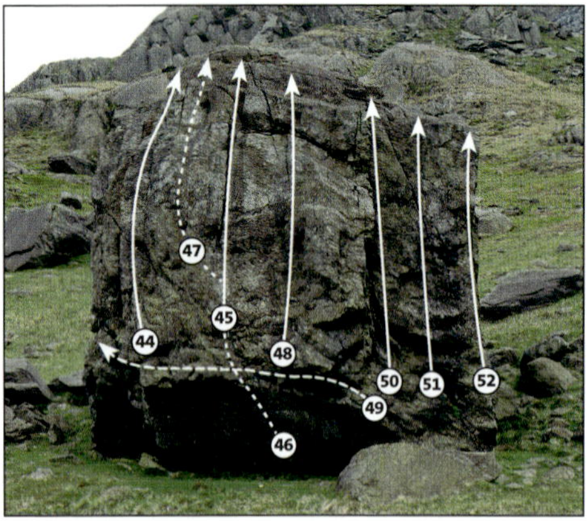

PUDDING STONE

36 Winnerah's Climb ***5+***
The middle of the small but appealing overhang is excellent.

37 Overlap Crack ***5***
The crack from a squatting start.

38 Underlap Traverse ***6c***
Start at *Overlap Crack* and traverse leftwards, keeping below the overhang, round the arête and into and up *West Face Eliminate*.

39 The Hopping Route
A historical lark which hops up the descent ramp.

40 Grooved Arête ***4***
The easy arête on its right.

41 The Scoop ***5+***
The central scoop.

42 Wall & Flake ***4+***
Wall just right finishing via a flake.

43 Multim in Parvo ***4***
A rambling diagonal line up the far right side of the wall.

44 Left Arête ***6a***
A big scary line up the left arête of the beck-side face.

45 Hanging Crack ***5+***
Pull through the short overhang then continue direct to a high finish via the hanging layback crack. Good but often a little green.

46 Black Pudding ***7c+***
SS. Starting with both hands low in the thin crack make a powerful pull to the lip and finish up *Hanging Crack*.

47 ***5+***
Start as for *Hanging Crack* but before reaching the crack veer to the left and finish up the neighbouring wall.

48 Bower's Scoop ***5***
Another big imposing line which is often grubby.

49 Lip Traverse ***6c***
Starting just left of the corner traverse the green lip of the overhang from right to left.

50 Murray's Corner ***4+***
The high dirty corner.

51 Murray's Slab ***4+***
The narrow slab avoiding the arête and corner crack.

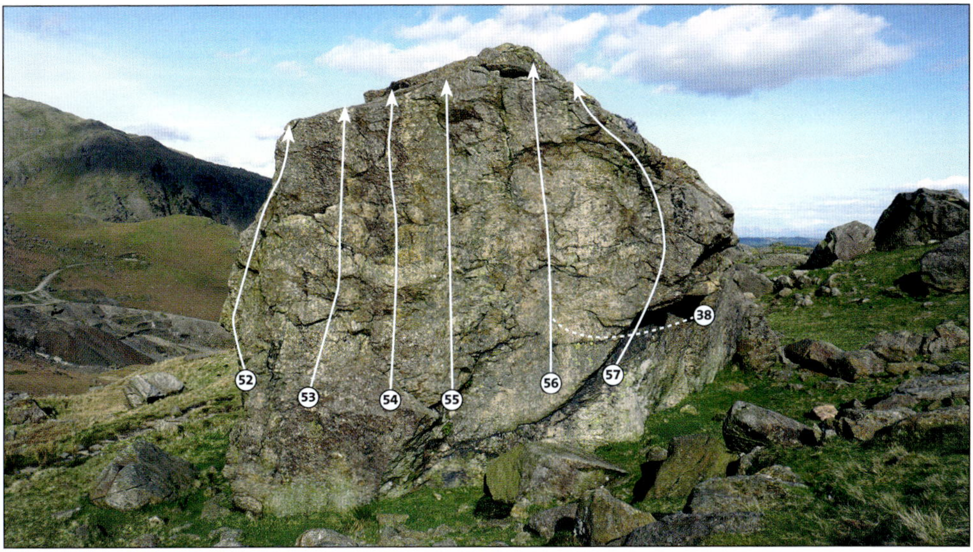

52 *4+*
The clean arête on good solid holds.

53 *5*
The high wall, starting 1m right of the arête and passing a number of sloping shelves.

54 Wall & Crack *5+*
Wall finishing via a short crack.

55 Wall & Flake *5+*
Starting just left of a block, climb another high wall on good edges and a flake.

56 West Face Eliminate *6a+* *
Off the block via a hard start and direct up the sheer wall. It is advisable to avoid the hollow-sounding juggy block just below the lip.

57 The Arête *6c*
Start low to the left and climb the arête. Alternatively move right and finish through the overhang – same grade.

58 Half Crown Traverse *4+*
From the arête traverse the face from right to left keeping low.

59 The Full Traverse *6a*
Start anywhere and circumnavigate the entire block following the line of least resistance.

WEST FACE ELIMINATE
PHOTO: RON KENYON

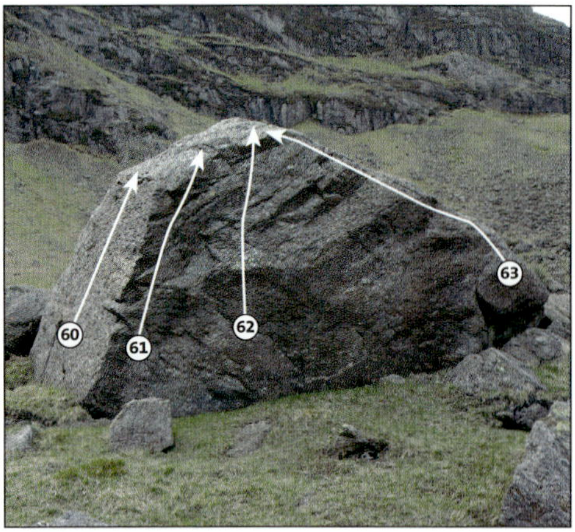

BOULDER VALLEY

BOULDER 1

60 *3+*
The little slab on the end of the block.

61 **Ping** *6b*
SS. The left arête on its right.

62 *5+*
The centre of the face.

63 *4*
Right to left lip traverse. Start low.

BOULDER 2

64 **Pong** *6c*
From holds on the lip head straight up on rough rock.

BOULDER 3: RIDGE STONE

65 *5*
The middle of the end wall without either arête.

66 **Ridge Stone Arête** *4+*
The arête on its left.

67 *4*
The left side of the slab at its highest point. There are a couple of shorter, similar lines to the right at the same grade.

68 *5*
Traverse the slab from right to left keeping low all the way.

BOULDER 4

69 *2+*
The slab with a V-crack.

70 *6a*
Left to right lip traverse.

71 *2+*
The middle of the slab, left of a low shelf.

BOULDER 5: EDGE STONE

72 **The Edge** *5+*
SS. The gently rising knife-like edge from right to left.

73 *4*
SS. The other edge from left to right.

BOULDER 6

74 **South Face** *5+*
The south end of the block off a crimp and a sharp gaston.

75 *5*
The quality slab.

BOULDER 7

76 *4+*
The arête.

77 *2+*
The right side of the wall on big diagonal edges.

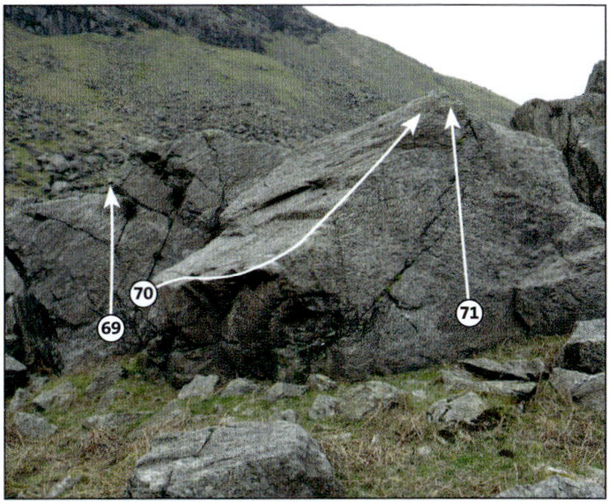

BOULDER 8: CUBIC BLOCK

78 **Copper John** *6a+*
The north-west arête starting on a LH sloper and a RH pinch.

79 **Cubic Crippler** *6c+*
SS. The obvious steep crack on the other side of the block, starting from a low fist jam. Fun, but with a poor landing.

BOULDER 9

80 **Undercut Arête** *6b*
SS. The arête using sidepulls on the right.

81 *3*
Faint left-trending ramp.

82 *2*
Dirty flake.

83 *3*
The well-featured arête is excellent.

84 *3*
The slab left of the block.

85 *3*
Slab off the block.

86 *6b*
SS. Short hanging prow.

BOULDER 10: HEART BOULDER

87 **The Heart** *6a*
SS. The rising lip on great rock.

BOULDER 11

88 *6c*
From a good edge on the lip reach up left to the arête and mantel out.

89 *4*
Good hold up to quartz edges.

BOULDER 12

90 *4+*
SS. Middle of the wall.

91 **Double Dragon** *6c+*
SS. Start matched on a flat edge on the lip of the roof then straight up on cool slopers.

BOULDER 13

92 **The Fin** *6a+*
The fin feature starting on a good sidepull and with a right heel.

BOULDER 14

93 *3*
Slab with a crack for your right hand.

94 *4*
Prow feature direct.

95 *4*
Slab without the crack.

96 *3*
The crack up the slab.

97 *6c+*
SS. The short arête on its right with a big move to the lip; mantel out.

THE AUTHOR ON *MANIC MINER* (PAGE 215)
PHOTO: CHAPMAN COLLECTION

98
99

102
103

100
101

104

BOULDER 15

98 *3*
Short blunt arête.

99 *3+*
The groove.

BOULDER 16

100 *3+*
Nice slab.

101 *2*
Romping arête.

102 *3*
Another friendly slab.

103 Wooly Prow *6b*
SS. The prow, starting matched down left on a good hold.

BOULDER 17

104 Buffalo Stance *7a*
SS. The orange-tinged bulbous arête with some tough moves on slick holds.

BOULDER 18

105 *4*
SS. Pull on at a jug and up to the lip then follow it to the apex of the block.

106 Mega Man *6c+*
SS. Start as for the previous problem but traverse the face rightwards to finish up the vague blunt arête.

107 *4+*
The middle of the wall starting on low slopey edges.

BOULDER 19: TOP BLOCK

108 *3+*
Slab on the left.

109 Snake Crack *4*
Centre of the slab to a crack.

110 *4*
Right slab from a big flat hold.

111 North-West Arête *5*
The arête on the north-west corner, starting at a diagonal edge.

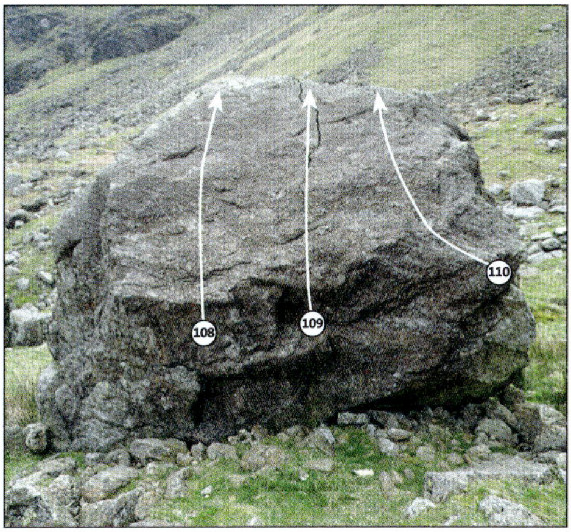

ADI GILL ON *RIGHT ARÊTE* (PAGE 203). PHOTO: MICHELLE GILL

BOOK OF THE AGES

From Boulder 19 follow the adjacent footpath back down the grassy ridge until level with Boulder 12. From here strike east from the path towards the cliff edge (70m). Set back from the edge is a high corner featuring good landings and five quality problems.

112 Stranger Things *7c+* ★
Start off a large RH sidepull/undercut and head straight up the wall on small holds to a press left for a crimp rail then direct to a shelf and top out.

113 Brave New World *6c+* ★★
From matched on a low sloping shelf just left of the corner head up on edges and a sidepull into the appealing flakeline; finish up this.

114 Book of the Ages *6a* ★★★
The high corner is a classic of the grade and has a slightly spicy finish which is steeper than it looks.

115 Grey Crack *5* ★
Quality climbing up the crack right of the corner.

116 Quarry View *5+*
The final thin crack is another belter but has a tapering landing.

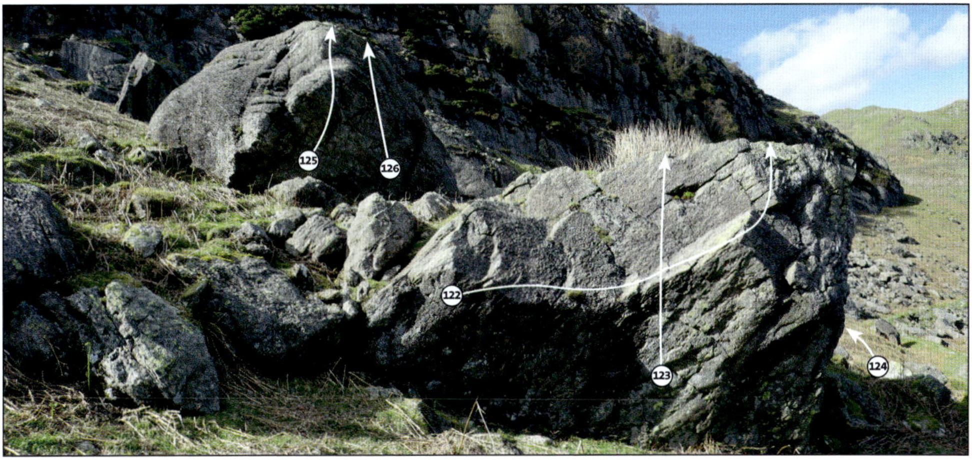

LOWER BOULDERS

BOULDER 1

117 Paperboy *4*
Left to right lip traverse from low.

118 Duck Hunt *6b+*
SS. The quality little arête.

119 Zaxxon *6c*
A fun problem up the end wall via a pop to the lip from two pathetic sidepulls but huge footholds.

BOULDER 2

120 *4*
The wall on slopey edges.

121 *6b+*
SS. Starting at a fin hold traverse the lip leftwards then up the blunt arête.

BOULDER 3

122 Centipede *6a*
SS. Traverse the lip of the block from left to right topping out before it drops down near the arête.

123 *5*
SS. A short problem up the middle of the wall starting on low edges.

124 Quartz Arête *6a+*
SS. The quartzy arête climbed on its right side.

BOULDER 4

125 *4+*
SS. The right side of the short, rounded arête, starting at a spike.

126 *4*
The short wall and crack.

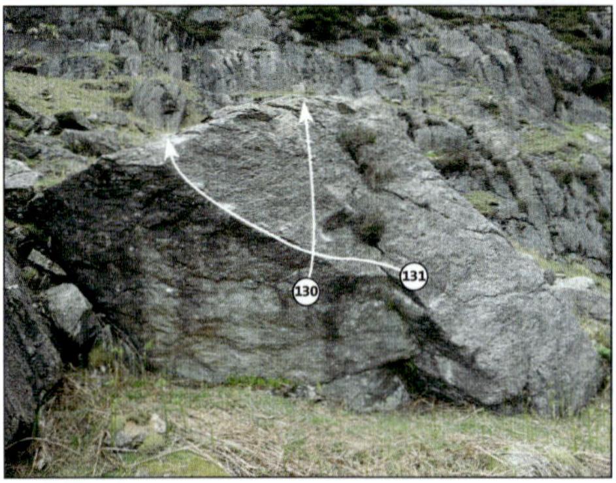

BOULDER 5

127 *6a*
The big arête on its right.

128 Jazz Mag *7b* *
SS. Pull on at the arête and traverse rightwards to the centre of the wall and a big left-facing fin. Now head straight up on crimps to a tricky move to gain the lip.

129 Blue Sunday *6c+*
The centre of the wall from standing.

BOULDER 6

130 *6a*
The shallow groove up the middle of the wall.

131 Bomb Jack *7a*
SS. Starting on an in-cut edge traverse the faint lip right to left on rough slopey holds.

BOULDER 7

132 *5+*
SS. The short wall starting on an undercut.

133 Chuckie Egg *6b*
The nose.

BOULDER 8

134 *6a*
Start up the crack then step left on to the face and finish up this.

135 Heather Crack *4+*
The obvious crack.

136 Manic Miner *7b+* *
SS. The prominent arête from sitting is sharp but has an excellent sequence and a strong line. 7a+ from standing.

BOULDER 9

137 *4*
Left arête on its right.

138 Miners Delight *4*
The middle of the scooped wall is a low-grade classic.

139 *3*
Right arête.

BOULDER 10

140 Crack *5*
The diagonal crack.

141 *4+*
Straight up the centre right side of the wall.

142 Reunion Jack *7b+* **
SS. Start on edges at the far right side of the face. Pull on and traverse leftwards at half height past the crack to finish up the far left side of the wall.

143 Left Lip *6a*
SS. Traverse the slopey lip left to right and top out at the apex.

144 Right Lip *6a*
This time, starting low, traverse from right to left, again topping out at the apex

BEAL

Dow Crag Circuit

ASPECT: **EAST, SOUTH, WEST** APPROACH: **15–45 MINS**
ALTITUDE: **350–620M** GRID REF: **SD 266 975**
PARKING: **54.364010, -3.095880** OS MAP: **P552/OL6**

Scattered across the picturesque southern slopes of Coniston Old Man and all within sight of the historic Walna Scar Road (bridleway) is a collection of varied bouldering sectors. From elevated, grass-hemmed craglets to chaotic boulder fields with an alpine flavour, the Dow Crag and Walna Scar circuit offers three highly worthwhile sectors of sublime mountain bouldering, which combined purvey 70-plus problems across the grades. Despite the fairly lengthy walk-in (45 minutes) to the main Dow circuit, the approach is easy-going and on a well-trodden bridleway-come-footpath all the way.

Renowned for its varied and plentiful classics, not to mention a splendid mountaintop location and vista, Dow Crag has long been regarded as one of Britain's best multi-pitch mountain crags. More recently however, as bouldering has evolved into a sport not only partaken in by those who shy away from a good walk, locations such as Dow Crag, and more specifically the boulder field at its base, have fallen under the gaze of the more adventurous boulderer. As such this boulder field and the two smaller areas located on the approach have now been well developed into an extensive venue.

Access and Approach

Entering Coniston on the A593 (from Ambleside) follow the main road as it trends right past the Black Bull Hotel and over the river. Once over the river take the second right (Station Road) up the hill, sticking to the steepest line of the road for just under a mile to where a gate gives access to the fell side and a free unsurfaced car park. This car park is well used by walkers and climbers alike, so please park courteously to maximise space.

Conditions

With bouldering ranging in altitude from 350 metres to 620 metres, the conditions can vary even between sectors. That said, all the sectors are exposed in situation, so be well prepared with warm clothes and plenty of food, particularly at the furthest areas.

Despite the area's billing as a mountain circuit, if you are looking for a quick hit, Nettle Crag offers a compact circuit with some impressive problems up to 7c+ and is an easy 1.4-kilometre (15-minute) stroll from the car park. The main event, of course, is the boulder field directly below Dow Crag itself. Here we have everything from lowball 2s above lush grass landings to brutal 8s in the heart of the talus and everything in between. There's a really fine collection of climbs into the 6s, a healthy dose of mid 7s and two highly contrasting harder lines. Located between the two sectors, the Cove Stones are essentially an extension of the Dow circuit and can be easily incorporated on the way there or back. While a small sector, the Cove Stones host some nice climbs in a pleasant, peaceful setting, as well as one venue classic.

Despite their exposed locations all the sectors dry quickly and take little if no seepage, making this area a good destination after prolonged wet weather. Do be aware that all sectors, with the exception of the Cove Stones, face east, and as such in winter go out of the sun in the early afternoon and can become very cold.

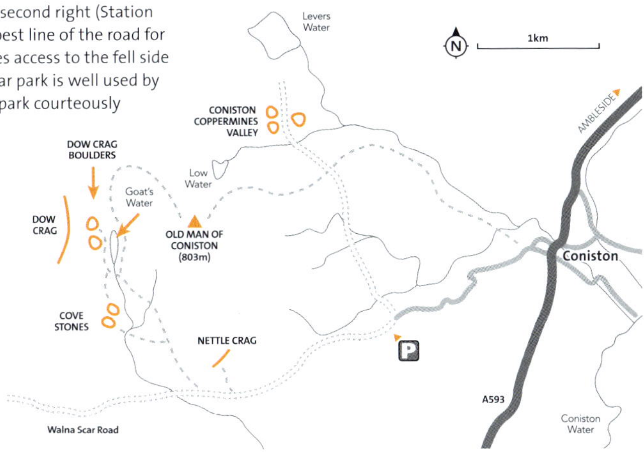

◀ THE AUTHOR CONCENTRATING HARD ON *THE HAÇIENDA* – A TRUE LAKES BLOC! (PAGE 231) **PHOTO**: ANNETTE SMITH

THE AUTHOR ON *ROAD HOUSE*
PHOTO: CHAPMAN COLLECTION

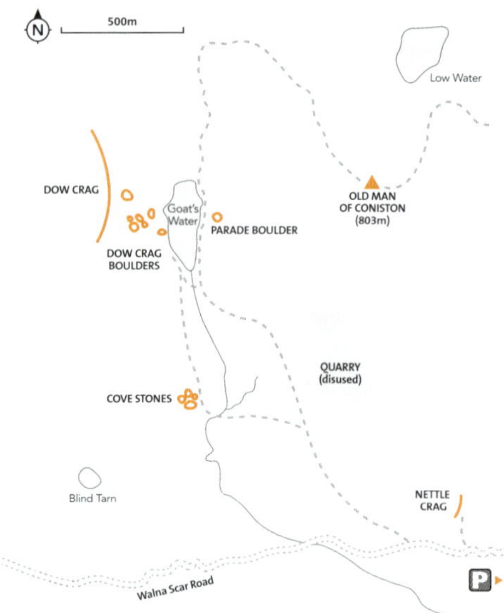

NETTLE CRAG

The first sector in the circuit is the deceptively steep Nettle Crag, an obvious wall located just off the Walna Scar Road. This craglet is described as the Walna Scar Wall in a previous guide; however I have chosen to give it the name attributed to it on the relevant OS map. The crag provides around ten good problems above a clear grassy landing and dries quickly, taking little in the way of seepage. *Flakes Crack* (6b), *Weird Science* (7c) and *Stinger Traverse* (7c) are all well worthwhile, but *Road House* (7c) is the standout climb and a quality problem by any standard.

Approach

From the car park, head up the Walna Scar Road towards Dow Crag. After around 1.4 kilometres, a series of small craglets appear in the minor hanging valley up to the right. The climbing is situated on the uppermost escarpment and faces east. The best line of approach is to keeping walking until parallel/just past the crag and then follow the steep grassy ridge direct to the climbing.

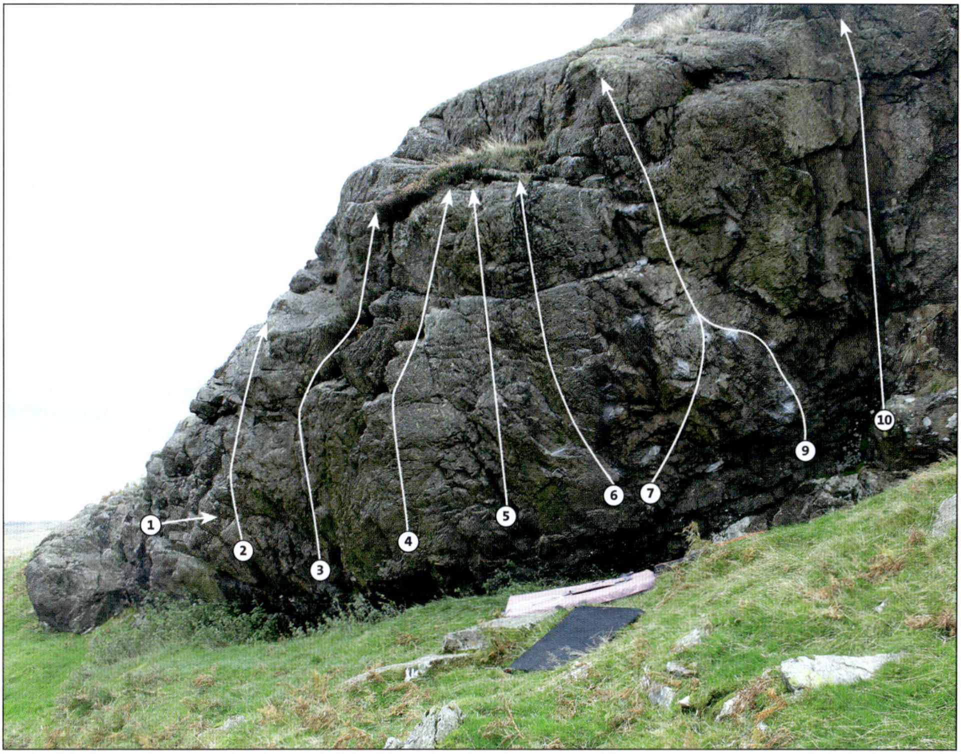

1 **Stinger Traverse** *7c* ★
Starting at a big jug on the far left, traverse the wall keeping as low as is reasonably possible and finishing just right of the rock pedestal on the right-hand side of the crag (2.5m right of *Weird Science*).

2 **Nettle Soup** *5*
The bulging wall.

3 **First Crack** *5* ★
SS. A flake crackline.

4 **Walna Whip** *6b*
SS. Wall on edges.

5 **Hound Crack** *4+*
Slight crack and wall.

6 **Flakes Crack** *6b* ★
SS. A worthwhile problem starting on a big right-facing lay-away, then up and left. Can be a bit grubby at the top.

7 **Road House** *7c* ★★★
SS. Start on the right-facing lay-away. Make a tough move to a sidepull and use this to reach a low RH undercut. Deploy a tricky snatch to the edges above and use these to reach a LH sloper in the slight niche. A do-or-die move accesses a pistol-grip hold out right, before continuing direct to the top on crimps. Can be done without the rock pedestal for feet at 7c+.

8 **Acid House** *7c+* ★★
Start along *Stinger Traverse* and climb into and up *Road House* to finish.

9 **Weird Science** *7b+* ★★
SS. Start two metres to the right of *Road House* on an undercut and sloping sidepull, then head up diagonally left on small edges to meet the upper portion of that problem.

10 **Ly'al Fella's Wall** *6c+* ★
The high, slim groove is an impressive feature but pretty scary at the top. Highball.

JOHN COEFIELD ON *SHAMAN JUICE* PHOTO: DAVE PARRY

COVE STONES

Serenely set on the flat grassy plateau below Blind Tarn Screes, the Cove Stones sit in contrasting peace, overlooking the seemingly endless conga of walkers heading up the Old Man track on the other side of the expanse. While this would be an esoteric spot in its own right, it combines well with Nettle Crag and Dow Crag and features some interesting problems and a south-facing aspect which takes all the sun going. This is a great spot to either finish off a big day or simply while away an afternoon in a great location. Standout lines are the compact quality arête that is *Shaman Juice* (6c+), the two thin and sustained traverses of *Dancing on ISON* (7b) and *Solar Kiss* (7b), and the unique feature that is *Daggermouth* (7b+).

Approach

From Nettle Crag continue along the main Walna Scar bridleway for 300m to where a spur in the track branches off uphill to the right (marked by a yellow arrow on a post). Follow this for a further 600m to where it levels off. At this point you should be able to see the boulders to your left – 350m away on the opposite side of the grassy expanse (The Cove). Leave the path and follow a direct line to the blocks keeping to the higher (less boggy) ground where possible before crossing a stream which runs directly in front of the circuit.

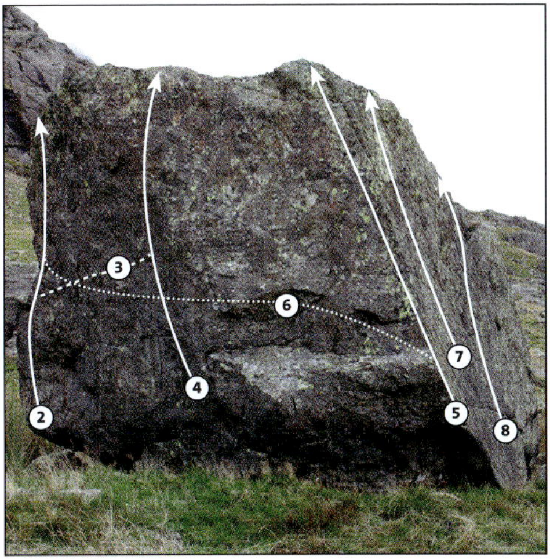

THE FIN

1 **The Fin** ***6a***
SS. Follow the slight lip to the fin feature and climb it on its right side. Straight up the central scoop from standing is 5.

ISON BOULDER

A great block featuring a good spread of problems.

2 **The Crack Fox** ***6a+*** *
SS. The undercut arête climbed on the right has a tough start.

3 **Dancing on ISON** ***7b*** *
SS. Start up *The Crack Fox* then traverse the face into and up *Shaman Juice*.

4 **Shaman Juice** ***6c+*** *
SS. The vague arête started low, just left of the ramp/shelf.

5 **Cove Arête** ***6a+*** *
SS. The next blunt arête, again from as low a start as is possible.

6 **Solar Kiss** ***7b*** *
SS. Another thin traverse, this time starting at *Cove Arête* and heading left to finish up *The Crack Fox*.

7 **Mr Todd** ***4+*** *
The thin slab direct.

8 **Tommy Brock** ***3***
SS. The flakeline.

DAVE PARRY ON *COVE ARÊTE* **PHOTO:** JOHN COEFIELD

DAGGERMOUTH

A really cool feature hidden away in a small jumble just above the ISON Boulder.

9 Daggermouth *7b+* **
SS. A steep and very morpho problem which tackles the triangular roof direct. Start matched on the shelf at the back left and reach out for a hold in the roof. Now work your way out to a clamped position either side of the feature and squeeze your way along to meet the ridge before finishing up its right side.

FOXES' DEN

The obvious roof provides a couple of reasonable problems from the lip but sadly has little by way of holds in the roof itself.

10 Basil Brush *6b+*
SS. Follow edges below the lip to finish up the right side of the nose.

11 Crack Den *6a*
SS. Straight up.

12 Boom Boom *6c* *
SS. Straight up from the lip via an awkward but satisfying mantel.

RUFFIAN BLOCK

As the name suggests the rock on this block is pretty rough. That said the line up the centre right is ok.

13 *4*
SS. The left side of the wall is straightforward but sharp. Poor landing.

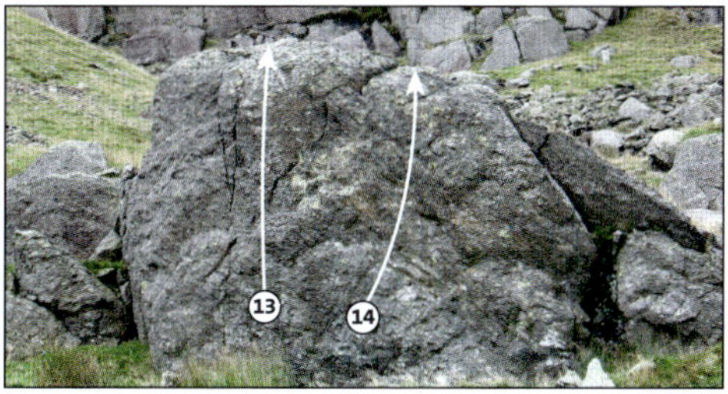

14 **Ruffian** *6b*
SS. The centre right of the wall direct offers good moves but less good rock.

WEE BLOCK

A pleasant little block with one nice short problem.

15 **Wee Crack** *6a*
SS. The thin crack up the north-east corner of the block.

CRAG BOULDER

A large boulder on the hill above the other blocks. These problems are high but straightforward with reasonable landings. The end of the block offers a couple of good-looking projects ... but over a depressingly narrow landing.

16 **Sonic** *4* ★
The left side of the wall on big pockets. Highball.

17 **Tails** *4+*
The undercut wall on the right is a bit tougher but equally nice. Highball.

THE AUTHOR ON *DAGGERMOUTH* **PHOTO:** ANDY HEBSON

ANNETTE SMITH ENJOYING *LEFT OF CENTRE* ON THE TARN BLOCK **PHOTO:** GREG CHAPMAN

DOW CRAG BOULDERS

From chaotically strewn boulders in the labyrinth, to pleasant grass-hemmed blocks by the tarn, to brooding leviathans perched on the hillside above; the bouldering circuit below Dow Crag hosts a wealth of climbing treats. The intrepid visitor will find almost every style of climb, purveyed on a canvas of volcanic brilliance and, on a fair-weather day, one of the best settings in the UK. Good climbs are plentiful, however *Scree Monster* (6b+), *Ribofunk* (7a+), *Black Ops* (7b) *Deep Green* (7b+), *Red Clover SS* (7c), *The Haçienda* (7c+) and *Supergene* (8a) are the standout problems.

Access and Approach

From the car park follow the main bridleway for 1.7 kilometres to where a spur in the track branches off up the hill to the right (marked by a yellow arrow on a post). Follow this major path for a further 1.3 kilometres, first uphill and then along the eastern edge of The Cove (a flat expanse to your left), to eventually reach a short rocky section in the path, which in turn gives access to the shores of Goat's Water below the moody turrets of Dow Crag. At this point, leave the main path and take another well-trodden path across the beck to the foot of the scree and the first boulders.

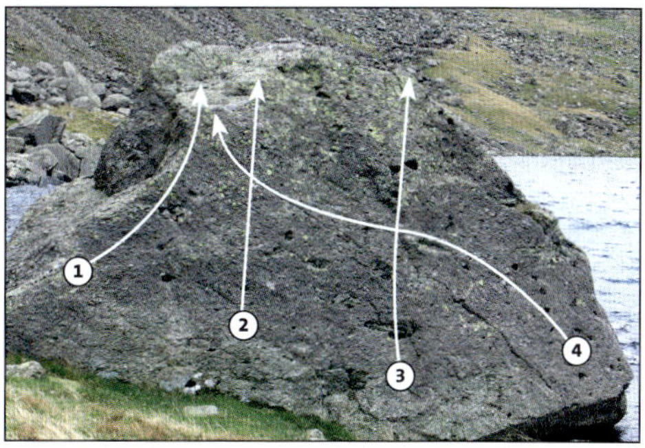

TARN BLOCK

The first block encountered offers some lovely easy climbs above a great landing by the tarn.

1 **Left Edge** *2*
SS. The short, vague arête.

2 **Left of Centre** *4+*
SS. Start low.

3 **Tarn Face** *2+* ★
SS. From a big pocket.

4 **North Goes West** *4+* ★
SS. From a big pocket head diagonally to the top left corner.

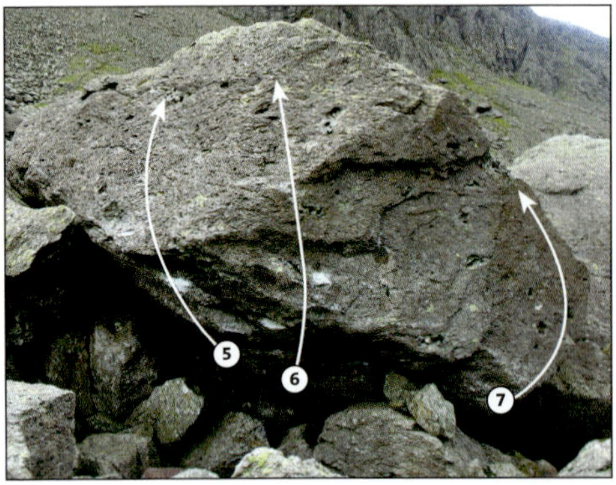

SURFS-UP

A well-featured boulder, just above the Tarn Block, provides a trio of good problems on great rock.

5 Red Bully *6b* ★
SS. From a good hold head out of the roof, bearing left at the lip.

6 Surfs-Up *6b+*
SS. Straight up the end wall from a low start.

7 Boiler Room *4*
SS. From a pocket climb the arête on to the right-hand slab.

THE PILLAR

A column of highly textured rock just off the track, adjacent to the Surfs-Up block.

8 The Pillar *4*
The central face has a few variants all of a similar grade. The sit-start is 6a.

9 The Rib *4+*
Up the blunt right-hand arête on its left side. The sit-start is 6a.

BLACK OPS & MOON DOG

Black Ops is on the hill above Surfs-Up, while *Moon Dog* is directly behind this (facing uphill).

10 Black Ops *7b* ★
SS. From sidepulls in the crack at the back of the small cave head to the lip then trend right and up. The stand is 6b.

11 Moon Dog *7a* ★
SS. From low pockets climb the small face direct. Short but good.

12 Moon Dog Low *7b+*
SS. Start on a ledge at the back and climb into *Moon Dog*. Dabby.

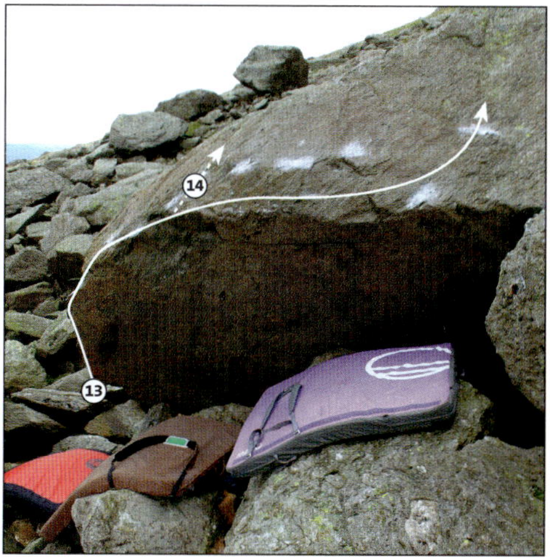

RED SONJA

A cracking and obvious lip traverse on superb rock can be found on the most southerly positioned block.

13 Red Sonja *7a+* ★
SS. Tackle the short arête then head along the lip as far as possible and up.

14 Gottardo Dreaming *6c*
SS. Start as per *Red Sonja* but once at the lip head straight up.

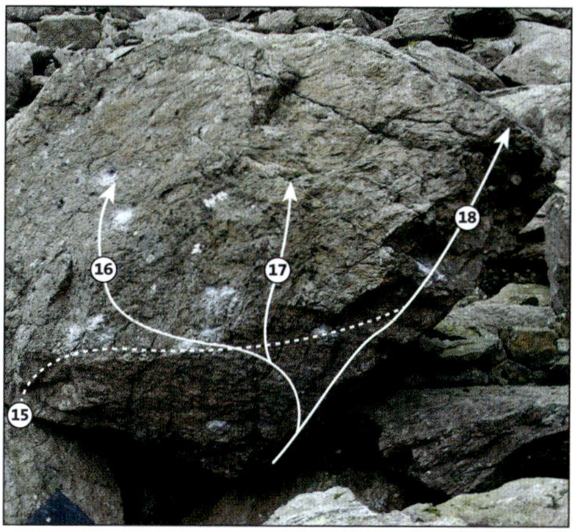

COOL BREEZE

The Cool Breeze block is one of the best boulders in the sector, hosting impeccable rock, quality problems and the best pocket in the Lakes!

15 Ex Machina *7c+* ★
SS. Start sitting on the block on the left side of the front face and traverse a line of thin edges across the face to finish at the top of *Cool Breeze*.

16 Deep Green *7b+* ★★
SS. The best of the bunch. Start on the arête and move left across the face on impeccable open-handers to a hard move to get your feet across. Then go direct via a dynamic move. The stand-up is 6b+, starting at holds on the lip.

17 Neutopia *7a+* ★
SS. Start as for *Deep Green*, but head up the wall immediately left of the arête, eventually facing a cool dynamic move to gain a good hold.

18 Cool Breeze *7a+* ★
SS. From low holds head up the arête direct via some snatchy moves.

In a hollow directly behind Cool Breeze is the Olive Pit:

19 Olive Pit *6c*
SS. From the lip of the small block head straight up the short face.

Directly above the *Cool Breeze* boulder, flanking the track, are two more blocks hosting three reasonable problems. The lower of the two blocks features the best climb of the trio:

20 The Sloob *3* *
The centre of the slabby wall reaching the right arête near the top.

Above *The Sloob* is a promising-looking block with a big left arête coming out of a small cave:

21 Caved Arête *6a*
The large, undercut arête direct has a less-than-great landing.

22 Track Wall *6b*
SS. The centre right side of the wall right of *Caved Arête*.

ANODYNE

Another nice block featuring excellent rock and a compact gaston testpiece.

23 Anodyne *7c* *
SS. Start on a LH undercut and RH poor crimp. Gain the central gaston and press right with difficulty before heading up the face. All blocks are out for feet.

24 Oomph *7a+*
SS. Start as for *Anodyne* then press left to finish up the slab.

TRACK BLOCK

With a clear grassy landing and extremely pleasant aspect, the Track Block down by the tarn is a fine little boulder and a must visit for pocket lovers.

25 Pocket Traverse *2* *
Follow a sweet line of horizontal pockets to the centre right of the face before topping out.

26 Pock Face *2+*
Straight up on pockets.

27 Monkey Planet *6b* *
SS. Climb the short arête on its right side all the way.

28 Monkey Left *6a+*
SS. Again start up the short arête but once established rock left and up.

29 Strike *7b+*
SS. A brutal one-mover off a tiny, sharp two-finger crimp.

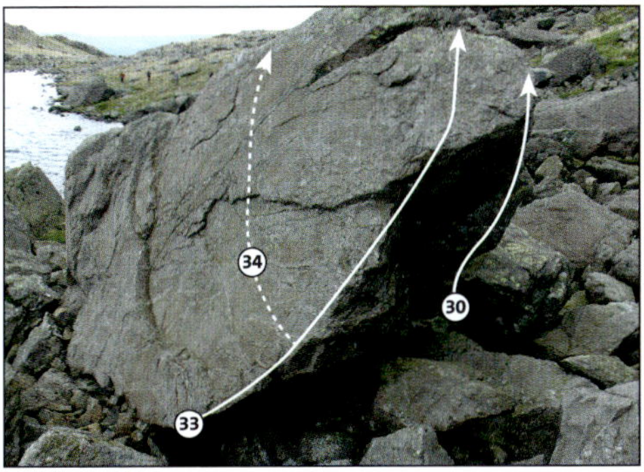

THE BEAST

This oblong block in clear view on the lower slope provides marvellous rock and a few excellent boulder problems. *Scree Monster* is a must-do!

30 Ogopogo ***6b*** *
SS. The short arête/prow direct, starting on the lowest edges.

31 Slimy Slim ***4+***
SS. Start off a block and trend up left to the boulder's highest point.

32 Ricky Spanish ***7a***
SS. Climb the undercut slab from holds on the lip. Any possible footblocks are out of bounds.

33 Scree Monster ***6b+*** **
SS. From as low as possible climb out of the pit, following the awesome fin feature to its finish.

34 Tip of the Zoidberg ***6a+*** *
SS. Start as per *Scree Monster* but rock left on to the slab after a few moves and finish up the central slab.

CHRIS ARTHUR FOCUSING HARD ON *RIBOFUNK*
PHOTO: GREG CHAPMAN

RIBOFUNK

Now we head up the scree slope to Dow's highest two blocks. The Ribofunk boulder is a nifty block and makes a contrasting distraction from the nearby Red Clover boulder.

35 The Old Man & The Sea ***7b*** *
SS. The right side of the front face starts from low holds and makes a hard move to an in-cut edge, then heads direct to the top using holds in the crack.

36 Ribofunk ***7a+*** *
SS. From a low start on a pocket, climb the steep, undercut prow to a sloper near the top, before swinging left to finish up the front face. Rocking out right is 6c+.

RED CLOVER

Like a breaching monster petrified in the moment, the Red Clover boulder lies in full view at the base of the main crag's right-hand side. It is the most imposing and eye-catching block at the venue, and one suspects that even the most ardent trad climber must have allowed themselves a second's thought to consider what possibilities lay in its steep front face. The main problems are classics and set against an unequalled backdrop.

37 Red Clover *7a+* *
From the big hold on the left arête, head straight up the arête on its left side, via a small crimp on the sidewall.

38 Red Clover SS *7c* **
SS. From a central position pull on and make a big move out left to the arête. Bring your feet across and make another tough move to gain the big hold above and finish as per the stand-up.

39 The Gene *7a* *
Start with a hold on the arête and a sidepull in the middle of the face. Pull on, make a tough move to an edge, then finish direct.

40 Red Gene *7c* **
SS. Sit-start as for *Red Clover*, but from the big hold swing right into and up *The Gene*.

41 Supergene *8a* **
SS. Start on the far right side (a folded pad may be required) on a reasonable undercut and a poor edge. A big powerful move reaches the arête at half height, now gain the RH hold in the face and finish as for *The Gene*.

DAVE PARRY ON *RED GENE* **PHOTO:** JOHN COEFIELD

THE PARADE BOULDER

Finally, this exquisite block-come-wall sits on the opposite side of the tarn facing Red Clover and is home to one of the best technical problems in the Lakes. It is accessed via the major path running along the tarn's eastern edge (see below).

42 **The Parade** *6b+* ★
SS. Sadly not quite as good as it looks. The arête and wall on its left side.

43 **The Haçienda** *7c+* ★★★
A near-flawless climb up the left side of the face, using the crack and arête. The main difficulties arise near the top where the arête pulls out of reach. A true classic! A sitter adds moves but the grade remains the same.

44 **Casa** *7b+* ★★
The crack direct is a little less good than the main event but is still excellent.

DEER BIELD CRAG
EASEDALE

ASPECT: **NORTH-EAST** APPROACH: **85 MINS**
ALTITUDE: **400M** GRID REF: **NY 301 097**
PARKING: **54.460845, -3.021888** OS MAP: **OL7**

In 1997 the collapse of this crag's main buttress created a huge rockfall which resulted in the Lakes' newest boulder field. However, before you reach for your brushes, I regret to say that the resulting boulder field was and is a huge let-down. Suspending disappointment, the area is still worth a mention, albeit with less fanfare. A lovely glaciated buttress at the north end of the crag hosts a few quality hard problems which are worth seeking out on a fine summer's day.

Access and Approach

Park in Grasmere and follow the hordes of tourists up the southern spur of the valley to Easedale Tarn. From here break up and right on to the north ridge above the tarn and follow this until the crag is visible. The crag can also be reached by following the signed footpath up the northern spur of the valley, with the crag being up the steep slope to your left, around three kilometres beyond where the path leaves the road. Once at the crag, head to the overhanging east-facing buttress at the lowest and most northerly point of the main escarpment. Look out for the striking route/crackline of *Pretty in Pink*. Allow 85 minutes at a gentle pace.

1 **The Big-Eyed Deer** ***7b+*** *
Crouching start from a low sidepull and the lip. Follow a series of slaps, heels and LH sidepulls up and left and around the corner to a no-hands stance. Jump off.

2 **Project**
SS. From sitting, follow the lip all the way up and into *The Big-Eyed Deer.*

3 **Flow Motion** ***8a+*** *
Stand-start with two hands in the crack and make a hard slap out to the slopey ramp. Finish at the same flatty as *Annagramma*. The sit-start up the crack looks next level.

4 ***7a***
SS. From sitting climb direct to the good flatty.

5 **Annagramma** ***7c*** **
SS. Start with one hand in the crack and the other on a sidepull and follow the tapering spear-like prow/crack up to a good flatty. Jump off.

AIDAN ROBERTS ON *THE BIG-EYED DEER* PHOTO: DAN VARIAN

RAKERIGG CRAG & DRAGONFLY WALL
LITTLE LANGDALE & WRYNOSE

ASPECT: **SOUTH-EAST** APPROACH: **5 MINS**
ALTITUDE: **270M** GRID REF: **NY 288 048**
PARKING: **54.436371, -3.096940** OS MAP: **OL7**

Rakerigg Crag provides an impressive yet limited wall facing south-east and overlooking the picturesque Blea Tarn and Little Langdale. Hosting around half a dozen problems between 6b and 7c, it's worth a quick hit if you're in the area, being a mere 250 metres from the road/parking. Dragonfly Wall holds a few more tricky lines, however these are usually dirty as the crag suffers badly from run-off and faces north-east.

Access and Approach

Park in one of two small lay-bys either side of a cattle grid at the apex of the pass linking the far end of Great Langdale with Little Langdale. From here head up the slope on the south side of the road, flanking the west side of a drystone wall. After around 250 metres the wall/fence reaches and butts up against the northern end of Rakerigg Crag. Without damaging it go over the fence to where the main face lies immediately to your right. If you follow the base of the crag for around 300 metres you will eventually be faced by another substantial, but dirty, buttress facing north-east: this is Dragonfly Wall.

RAKERIGG CRAG

1 Hyper Kinetic ***7c*** *
SS. Board-climbing enthusiasts will love this one. Start on undercuts with a blocky ledge for feet and climb direct on small holds, finishing at a large pocket in the high horizontal crack.

2 The Overlap ***7b***
SS. Essentially two hard moves to reach the M-shaped jug, followed by a romp on good holds to the overlap. The stand-up is 5.

3 The Rib 2 ***6b***
The slightly mucky rib to a high finish at the top of *Undercuts LH*. Starting from the sit-start of *The Overlap* is a worthwhile 7b.

4 Undercuts LH ***7a+*** *
From a wide undercut, pull up and trend left to finish at an obvious high hold.

5 Undercuts RH ***7a*** *
From the wide undercut, pull up then kick right to finish at a square-cut pocket.

6 Undercuts Assis ***7b+***
SS. A central sit-start linking into either of the previous two problems. Despite having loads of holds, it is perplexingly awkward.

7 The Rib ***6c+***
The left-trending vague rib.

More information is available on ***lakesbloc.com***

DUNMAIL RAISE QUARRY
GRASMERE

ASPECT: **EAST** APPROACH: **10 MINS**
ALTITUDE: **190M** GRID REF: **NY 329 095**
PARKING: **54.477708, -3.032316** OS MAP: **OL7**

Just over a mile north of Grasmere, on the eastern slopes of Helm Crag, is a small disused quarry featuring a large eye-catching arête which is visible from the main road. This is *Apocalypse* (7a), a quality highball problem tackling the arête direct before bearing left at the top. The same arête using the flake on the right and also finishing to the right is *My Horse* (7b). Other lesser lines have been climbed hereabouts, but these are left for the keen to discover for themselves.

Access and Approach

Half a mile north of the Travellers Rest Inn on the A591 is a left turn next to a bus stop, signed *Town Head Farm*. Follow this narrow road for a quarter of a mile, passing the farm, to a pull-in on the right just before a small bridge. Continue along the road on foot and immediately after crossing the bridge take a footpath leaving the road on a bend, heading north-west. Follow the path for 500 metres without deviation to where it meets another path tracking the river in either direction. Head south along the riverbank for 250 metres to a crossing point. The climbing is just over 100 metres south of this point: leave the path and make a beeline for the rocks.

ROTHAY BRIDGE CRAG
AMBLESIDE

ASPECT: **EAST** APPROACH: **15 MINS**
ALTITUDE: **140M** GRID REF: **NY 368 039**
PARKING: **54.432059, -2.971691** OS MAP: **OL7**

A broken escarpment around 100 metres wide and rising up to 15 metres from the forest floor in places. Various smaller buttresses, quarried faces and blocks also scatter the near vicinity of the crag. In spite of some friable/sharp rock, the bouldering is okay and arguably worth a look if you are based in Ambleside without transport. Most of the lines are listed on the ***UKClimbing.com*** database.

Access and Approach

Unfortunately, the easiest method of approach, via the nearby road to the east, falls on private land and as such is not allowed. Access the crag from the Loughrigg Fell side via numerous public paths and trails – we recommend using an OS map if you are unfamiliar with the area.

TONGUE SCAR BOULDERS
KENTMERE AREA

ASPECT: **SOUTH** APPROACH: **25 MINS**
ALTITUDE: **250M** GRID REF: **NY 452 070**
PARKING: **54.440959, -2.825545** OS MAP: **OL7**

Rising from the valley floor, Tongue Scar is a broken escarpment at the upper end of Kentmere. At its base a notable jumble of blocks cascade down the fellside to the edge of a field. The lowest blocks are a mere 100 metres from the main footpath, which leads up the north side of the valley from Hallow Bank (parking).

A reasonable number of problems have been put up here over the years, however the local farmer is not keen on climbers and generally asks people to leave. For this reason, combined with the rock/problems being mediocre at best and the approach being over a mile and a half, we have chosen to omit a full description of the crag.

ULL STONE
KENTMERE AREA

ASPECT: **SOUTH** APPROACH: **50 MINS**
ALTITUDE: **600M** GRID REF: **NY 454 081**
PARKING: **54.440959, -2.825545** OS MAP: **OL7**

Legend has it that the Ull Stone was half the dice of a giant named Ull who hurled it from Cockermouth in a fit of rage. It now resides in remote splendor on the western slopes of Kentmere Pike, overlooking the valley reservoir. Due to its limited offering and long walk-in, the venue is unlikely to appeal to the convenience boulderer. That said, the situation is superb and it's worth a look if you're out on a walk or seeking some highball esoterica.

Access and Approach

The boulder is best reached from Hallow Bank by heading up Kentmere then breaking off right 600 metres from the parking to follow the bridleway which contours up the fellside in a north-westerly direction towards Nan Bield Pass. The block is up the slope to your right (east) just before you reach a point level with the south-east corner of Kentmere Reservoir at the head of the valley.

SOUTH-WEST

With little of the tourism infrastructure that draws the regular vacationist to the Lake District's central corridor, the western edge of the national park, encompassing the Furness peninsulas, for me retains the most traditional feel of any part of the Lakes and its fringe areas. In spite of the odd pocket of popularity, such as Wasdale Head, once away from the main thoroughfares a visit to this part of the Lakes offers an experience which harks back to a quieter time, where life slows to a more tranquil pace and little matters but the fells, rivers, beaches and rocks which adorn this diverse landscape.

Calm, blue-sky days in the heart of winter provide an unforgettable outing on the gem-like granite blocks of western Eskdale or the varying igneous offerings of Wasdale and the Duddon's lower slopes. During spring and summer, the high-fell destinations such as Sampson's Stones and the Harter Gold Boulders come into play, purveying extensive yet contrasting venues above the bracken line and away from the worst of the heat. Further south and the diversity of the Lakes is highlighted once more on the limestone fingers of the Furness peninsulas, where a number of limited but no less idyllic venues lie. These small limestone cliffs often enjoy more clement weather than the neighbouring fells and can prove a haven when poor weather strikes the heart of Lakeland.

- **Furness**
- **Duddon Valley**
- **Eskdale**
- **Wasdale**

THE AUTHOR ON *FLY LIFE* AT THE HARTER GOLD BOULDERS (PAGE 287) **PHOTO:** KIERON FALLOWS ▶

PETZL
PETZL

JULIA ENTWISTLE MAKING THE MOST OF GOLDEN HOUR AT SAMPSON'S STONES: *OF TIME & SPACE* (PAGE 308) **PHOTO**: GREG CHAPMAN ▼

FURNESS

THE AUTHOR ON *PARASOL* AT HUMPHREY HEAD (PAGE 245) **PHOTO**: JULIA ENTWISTLE ▶

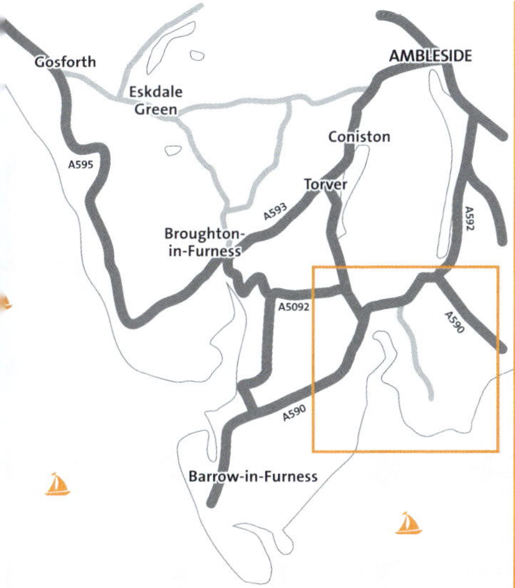

Gosforth
Eskdale Green
AMBLESIDE
Coniston
Torver
A595
A593
A592
Broughton-in-Furness
A5092
A590
A590
Barrow-in-Furness

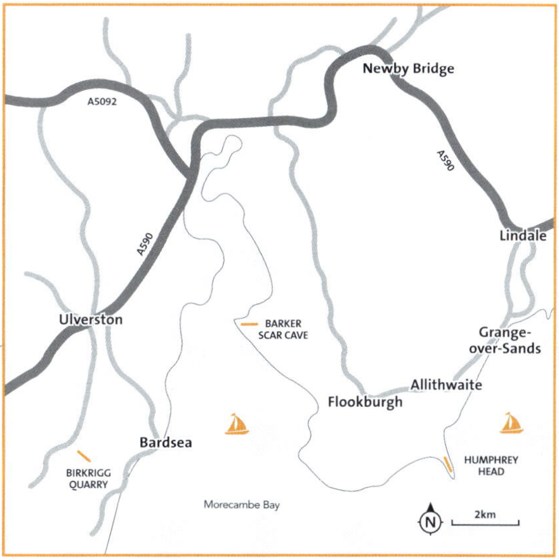

Newby Bridge
A5092
A590
A590
Lindale
Ulverston
BARKER SCAR CAVE
Grange-over-Sands
Allithwaite
Flookburgh
Bardsea
BIRKRIGG QUARRY
HUMPHREY HEAD
Morecambe Bay
N
2km

PETZL

Humphrey Head

ASPECT: **WEST** APPROACH: **5–10 MINS**
ALTITUDE: **5M** GRID REF: **SD 392 733**
PARKING: **54.158352, -2.935114** OS MAP: **OL7**

While the woodland and felltops of the South Lakes are dotted with numerous excellent limestone crags, for reasons beyond my geological understanding the same cannot be said of the region's coastline. While the rugged coves, inlets and escarpments stretching between Warton and Ulverston feature many miles of unique and picturesque SSSI coastline, the rock is, for the most part, broken and chossy. Fortunately, a few outcrops do buck this trend, retaining the quality of their inland counterparts. One of these is Humphrey Head, a tooth-like spit of near-perfect limestone jutting into Morecambe Bay's vast tidal sand flats, just south of the seaside town of Grange-over-Sands.

An established sport crag, featuring some excellent routes, the area is also home to some great bouldering on immaculate rock and all in a glorious setting by the sea.

Interestingly, folklore has it that England's last wolf made a final stand amongst the rocks of Humphrey Head, sometime in the late 1390s. Accounts of the beast's actual demise vary, but whatever the truth it makes for an interesting tale and one which inspired the following quaint poem ...

And now once more to Humphrey Head
It makes with faltering bounds-
And whither are the hunter
And where are the abiding hounds?
Mrs Jerome Mercier

Access and Approach

Just after Witherslack leave the A590 at a large roundabout, taking the B5277 towards Meathop, Lindale and Grange. Follow this road to and through Grange-over-Sands and continue to the next village of Allithwaite. As you leave Allithwaite take a left turn signed *Humphrey Head*, immediately after a narrowing in the road. Having crossed the railway keep left at a vague junction and continue without deviation to the parking on the shore – which is just over a mile from the railway crossing.

From the parking walk south along the base of the headland for approximately 350 metres to the first climbs; these are situated on an undercut wall of immaculate rock and a small neighbouring cave to its left side.

Unlike the sport crags the bouldering is unaffected by seasonal bird bans.

Conditions

As with all limestone the biggest problem hereabouts is seepage. This occurs throughout the year during wetter spells, but does tend to be less problematic in the spring and summer months. The crag faces generally west and thus gets plenty of sun, so expect warm conditions on still summer days. Water can pool beneath the Undercut Wall after wet weather and affect some of the landings.

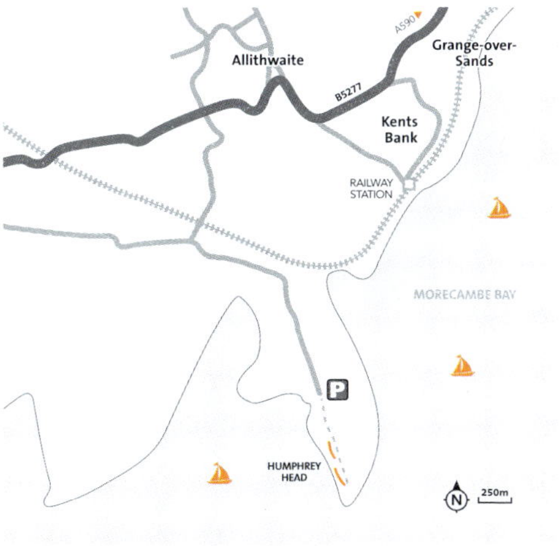

◀ THE AUTHOR ON *THE SHIELD* (PAGE 246) **PHOTO**: JULIA ENTWISTLE

THE WOLF HOLE

1 Flake Crack *5*
SS. Climb the flake-crack to the top of *The Last Wolf*.

2 Cave Lore *7a*
SS. Start on the left side of the wall on a high LH notched crimp and a lower, rough RH edge. A stiff pull on is followed by a couple of hard snatches up and then left to a tilted shelf. Match this and pull through to jugs. The flake to the left is out.

3 The Last Wolf *7c* *
SS. Start on the right side of the face with a slopey LH hold and smaller RH crimp. Head straight up the steep wall on less than helpful holds to finish at jugs in the huge flake crack. Coming in from a sitter low to the left, via a gnarly two-finger sidepull, is *Lycan It* (8a).

WOLF HOLE WALL

4 Thin Blue Line *7a*
SS. Start on a sidepull then up bearing slightly right.

5 Strawberry Bootlace *7b+*
SS. Start in the break, move out to the lip then right via an awkward undercut move. Drop off at the good hold below the grass.

6 Slim Banana *7c* *
SS. Start at the flake/crimp, move up to a nice pinch then left to undercuts and the same top hold as the previous line.

UNDERCUT WALL

7 **Undercut Arête** *6a*
SS. Use a high LH hold and weird RH sidepull to pull on with difficulty and up to a slot, then round the lip on crimps to a jug.

8 *5*
SS. The groove via a crack and through a small roof to a juggy shield.

9 **The Babe** *7a* *
SS. The left side of the cool undercut roof of luscious flowstone. Off a LH sidepull and large low RH undercut, pull on and make a hard move up to a RH crimp. Now move up right to a diagonal jug to finish. An alternate finish veering left into the previous problem is the same grade.

10 **The Hunk** *7c* *
A nifty and butch problem direct through the flowstone roof. Starting just right of the previous line, use a positive low LH undercut and small RH crimp to pull on and make a hard lock/snatch up left to an edge. Now bust up direct to finish at the diagonal jug.

11 **Surfer Girl** *7a* *
SS. Start sitting on a block at a diagonal jug. Traverse the lip via a hard start leftwards to better holds in the break, then continue left to finish at the top of *Undercut Arête*.

12 *6b*
SS. Climb the crack via a hard start and finish on a pocket at its termination.

13 **Knotted Hanky** *6c* *
SS. Start sitting on the blocks with opposing sidepulls on the lip. Make a hard pull up the thin crack system to a crozzled edge then continue up the slabby wall to a high finish at a sidepull. Holds on the previous problem are out.

14 **Parasol** *6b*
SS. Another tough pull off the blocks followed by a cross through to a sidepull and up the slab on thin holds.

15 **The Cheshire Cat** *5+*
A cool problem up the undercut slab from a low deep slot. Finish just left of an old piton.

16 *6b*
SS. A bottom-heavy problem featuring a very stern pull off the deck to snatch for a hanging crack. Continue up the slab, veering left to finish just left of the old piton. Starting with high hands in the crack reduces the grade to 5+.

17 **Tinkerbell** *6c+* *
SS. Start as per the previous problem then follow the slight lip and subsequent vague rib to *Knotted Hanky* and finish up this. The deep slot is out.

18 **Hermit Crab** *6a*
SS. A few metres right is a slight prow. Climb it from a big undercut and finish at positive edges in the vague break. The large holds to the right are out.

PLATFORM WALL

This next sector is a further 250m south along the headland. Unless it's low tide you may need to access the platform via a very easy scramble/traverse. The platform and access traverse are unaffected by all but the highest of tides.

19 The Traverse ***6b***
A meaty traverse which begins just left of the corner crack. The crux section is just past the halfway point, where a strenuous hand traverse begins below a small roof. Easier ground follows after which a final tricky move gives access to a finishing flake.

20 The Corner Crack ***3***
A pleasant easy crackline.

21 The Layback Corner ***6a***
SS. The shallow corner crack is laybacked after a tough start. Holds left of the crack are out.

22 The Shield ***6c+*** *
SS. Start matched on undercuts in the RH crack, move left to a LH undercut then head straight up the middle of the shield feature to finish at holds in the thin break.

23 The Diagonal Crack ***4+***
SS. More laybacking up another crack, starting from undercuts.

24 The Low Traverse ***6c***
SS. Start at the previous problem and press right from the crack to a line of small crimps and follow them, keeping low, to rejoin the main traverse line at the next corner. Crimpy!

THE AUTHOR TAKING IN THE LAST RAYS OF WINTER SUN ON *SUN OF KRYPTON* **PHOTO:** JULIA ENTWISTLE

25 Dead Man's Chest *7a+* ★
SS. Climb *The Low Traverse* to *Roof Corner* but then continue right across the face to the big pocket and use it to reach into *Trad Crack* and finish up this.

26 Roof Corner *6a*
SS. Move up left into the corner and follow it to the small roof.

27 Sanctum *7a+* ★
SS. From a tilted hold make a huge move, with or without small intermediates, to the pocket, and from here lunge for the grassy ledge above. Extremely morpho! The stand is *The Pocket Problem*, an excellent 6b in its own right.

28 Sun of Krypton *7b* ★
SS. Start at a good edge down to the right of the pocket. Pull on and make either a hard slap straight to the pocket or use intermediates and a heel for a more subtle less height-dependent method. Once gained use the pocket to launch up to the grassy ledge to finish.

29 Tigerfish *8a* ★
SS. Start as per *Sun of Krypton* but this time traverse left from the starting edge, keeping low, and reach into an undercut rib. Use this and tiny edges on the face to continue left into *Roof Corner* and finish up this.

30 Trad Crack *5+* ★
SS. The crack from below the small roof.

31 Crinkle Wall *6b*
SS. Up the wall on sharp thin holds.

32 End Wall *3+*
A final short but decent problem just before the wall peters out.

Birkrigg Quarry

ASPECT: **WEST** APPROACH: **1 MIN**
ALTITUDE: **90M** GRID REF: **SD 281 746**
PARKING: **54.163268, -3.100623** OS MAP: **OL6**

One of the original South Lakes training venues, Birkrigg Quarry on the outskirts of Ulverston offers a sheltered wall of vertical limestone. The bouldering areas give around a dozen good problems and traverses on generally solid, well-featured rock. Combine this with roadside access, a pleasant setting and a sunny quick-drying aspect and you have a popular minor venue – well worth a visit if you're in the area.

As well as the problems featured, the imaginative will be able to conjure up any number of fine eliminates to further maximise the venue. The names referenced are all taken from Al Phizacklea's 1983 guide, *Rock Climbs in Lancashire and the North West*.

Access and Approach

From the east, enter Ulverston on the A590. At the big roundabout on the edge of the town centre continue on the A590 towards Dalton and Barrow, but soon after leaving the roundabout (300 metres) turn left down Prince's Street – signed towards the railway station. Follow this road for just over two miles, passing the high school on your left, to a cattle grid leading out on to Birkrigg Common. Turn immediately left and follow this lane for 250 metres to a lay-by on the right. Backtrack along the road for 100 metres and the quarry is in a dip on the south side of the road. All the bouldering is on the back wall of the quarry.

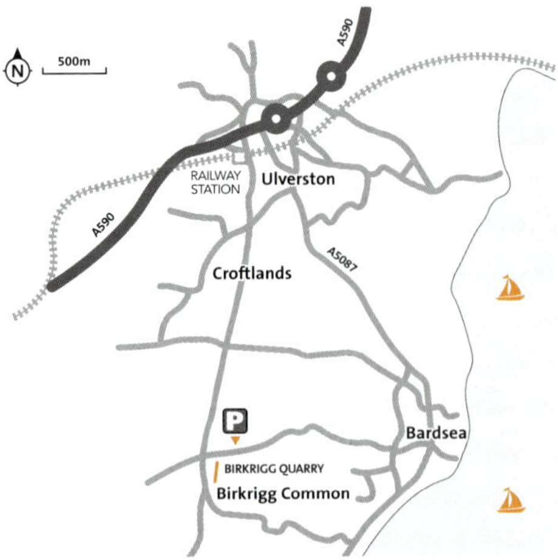

Conditions

Quick-drying and sheltered from all but westerly winds.

LEFT WALL

1 The Slab *3*
A good easy problem up the slab on the left.

2 High Traverse *6a*
The high break, starting at the slab. The last few moves feel high.

3 Low Traverse *6a*
The low break, starting at the slab.

4 Bolt Wall *5*
The wall on well-featured rock.

5 *4+*
Head up the left side of the square-cut niche, bearing left to finish.

6 Jug Bug *4+*
The crack to a niche; again bear left to finish.

7 Gurt Wall *5+* *
The sheer wall on the right side of the face to a break. Either escape off left or continue boldly to the top.

8 Swinging Groove *4+*
The corner is a little loose at the top but okay if you take care.

There is a section of rock between this wall and the next but it is taller and slopes to a rocky base making it unsuitable for bouldering.

RIGHT WALL

9 Not So Teasy *6a*
A quality wall on small but generally in-cut holds. Finish at the vague break and drop off.

10 Lurcher *4*
Straightforward edge pulling to the vague break. Drop off from here.

11 Searcher *4+*
Similar but slightly harder up the wall to the right. Finish at the vague break and drop off.

12 Loose Bruce *5*
Suspect rock to a suspect overlap. Best avoided.

13 Black Wall *5*
A good face-climb on the far right side of the wall, finishing at the high horizontal crack. Down-climb and drop off.

1
2
3
4
5
6
7
8

9
10
11
12
13

DUDDON VALLEY

HIGH-FELL BOULDERING AT ITS BEST. ANDI SMITH SUCKS IT IN ON *HOUSE KAT* AT THE HARTER GOLD BOULDERS (PAGE 291) **PHOTO**: HULDA NORSTEIN ▶

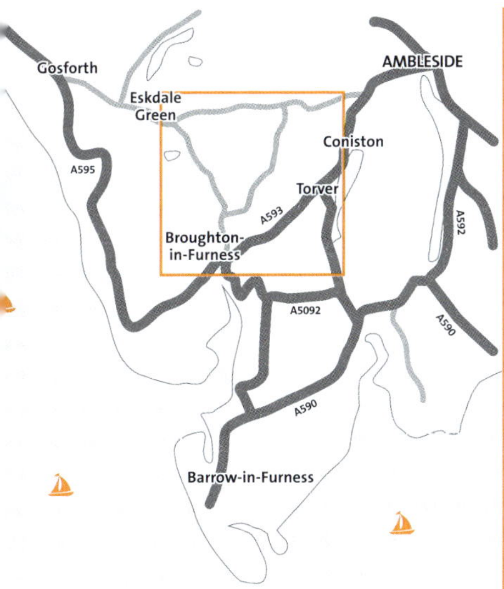
Gosforth
AMBLESIDE
Eskdale Green
Coniston
A595
Torver
A593
A592
Broughton-in-Furness
A5092
A590
A590
Barrow-in-Furness

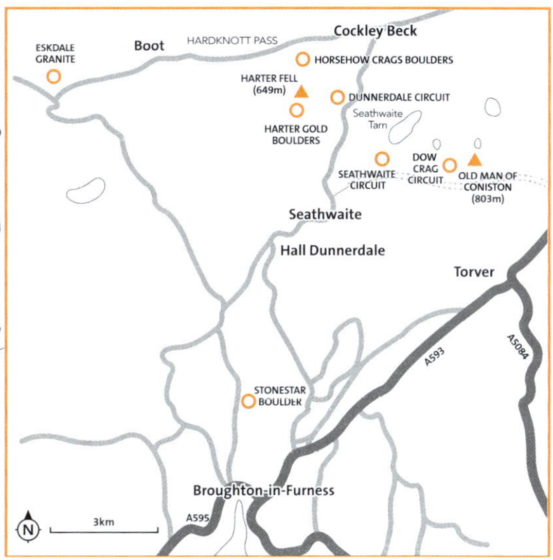
ESKDALE GRANITE
Boot
HARDKNOTT PASS
Cockley Beck
HORSEHOW CRAGS BOULDERS
HARTER FELL (649m)
DUNNERDALE CIRCUIT
Seathwaite Tarn
HARTER GOLD BOULDERS
SEATHWAITE CIRCUIT
DOW CRAG CIRCUIT
OLD MAN OF CONISTON (803m)
Seathwaite
Hall Dunnerdale
Torver
A593
A5084
STONESTAR BOULDER
Broughton-in-Furness
A595
N
3km

Stonestar Boulder

ASPECT: **SOUTH-WEST** APPROACH: **5 MINS**
ALTITUDE: **130M** GRID REF: **SD 202 906**
PARKING: **54.305441, -3.228241** OS MAP: **OL6**

The roadside crag of Stonestar in the Duddon Valley hosts a few blocks at its base. While most are broken with poor landings, a single squat, low block basks by the footpath at the base of the crag and offers a lovely setting, great rock and a handful of decent lowball problems. The standout line is *Laterality*, an arm-melting lip traverse on sumptuous slopes. An ideal stop-off for those with an hour or two to spare on their way in or out of the Lakes.

Access and Approach

Shortly after passing Broughton-in-Furness on the A595 take a right turn signed to Ulpha and Seathwaite, immediately before the traffic lights at Duddon Bridge. Take this road and follow it for just over 1.5 miles; shortly after passing a farm the crag overlooks the road from a slope on the right. Park in a big lay-by at the base of the slope (north end of the crag) and follow a diagonal path up towards the crag and the obvious long, low block.

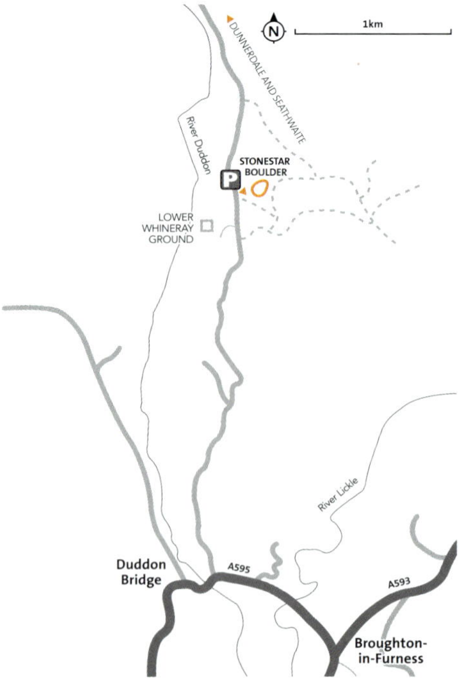

Conditions

Dries almost instantaneously and gets plenty of sun and breeze. Can feel exposed during winter.

1 **Laterality** *7b+* ★★
SS. Start on the extreme left of the front face and follow a series of seemingly endless lip slopers to a tricky and droppable finish up the left side of the nose at the far end of the block.

2 **Nessy** *6c+*
SS. The undercut slab just left of an embedded rock.

3 **Breakdown Cover** *6c*
SS. The hanging rib from the lip, starting just right of the embedded rock.

4 **Prince of Ales** *7a+*
SS. Start low, matched on the shelf feature. Make a big move to the lip then mantel it with difficulty to finish straight up the slab.

5 **War Machine** *8a*
SS. An obvious challenge, the hardest of the bunch tackles the low roof on the south end of the block. Start matched on a diagonal edge at the back of the roof and press left to a boss, match this and from here reach to the lip with difficulty and finish up the nose on its left side.

6 **Iron Monger** *7c+*
SS. As per *War Machine*, but once at the lip follow it left to the hanging rib of *Breakdown Cover* and finish up this.

7 **Foxfield Flyer** *7a*
SS. On the back of the block is a dynamic little number which starts matched on two low crimps and busts up direct through the largest portion of the small roof.

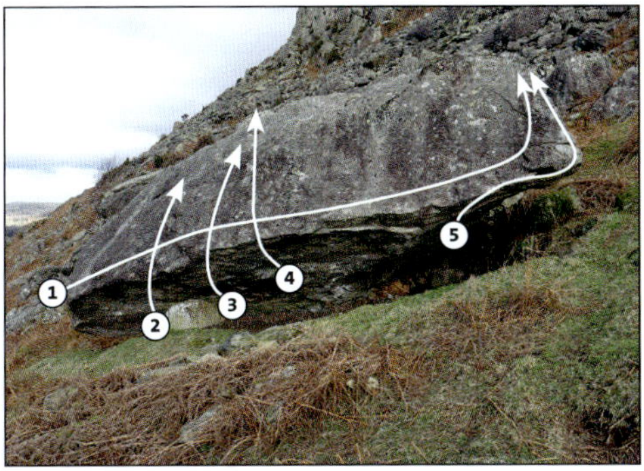

THE AUTHOR GRAPPLES WITH THE AWESOME SLOPES OF *LATERALITY*
PHOTO: JULIA ENTWISTLE

Seathwaite Circuit

ASPECT: **SOUTH-WEST, NORTH-WEST** APPROACH: **1–40 MINS**
ALTITUDE: **360M** GRID REF: **SD 239 968**
PARKING: **54.361099, -3.171830** OS MAP: **P555/OL6**

Stretching across the tranquil slopes of the Seathwaite fells, this fine area has grown in recent years from a small fragmented circuit of just a handful of problems to a well-rounded venue with a core of quality climbs. All this with relatively easy access, a good spread of grades and a varied and far-reaching view.

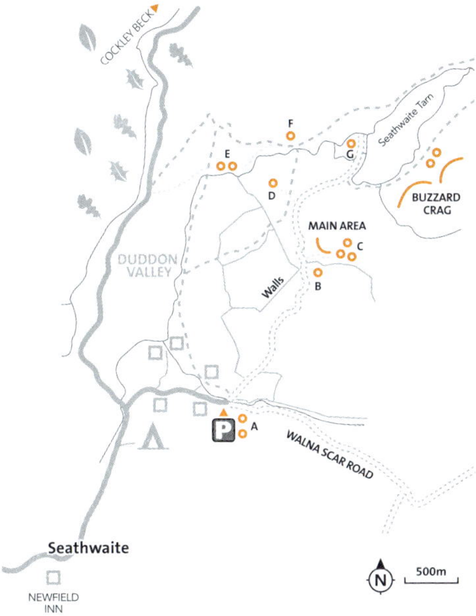

A Ash Bank Boulders
B Lingy Stone
C Horse How
D Cracked Boulder
E Foss How
F Fox Force Five
G Damside Block

Access and Approach

Turn off the main Duddon Valley road, just over half a mile north of the Newfield Inn, at a right turn signed *Coniston – Unfit for Cars*. Take this minor road (it's fit as far as our needs require) to its tarmacked termination at a gate, half a mile from where you turned off. Go through the gate and park courteously in the sidings on the left.

The Ash Bank Boulders are on the grassy slope immediately south of the parking. The first problems described start by the gate. For the areas on the upper fell, head north from the parking by crossing a bridge and passing through the subsequent gate (don't take the eastbound Walna Scar Road). Follow this wide gravel track without deviation as it winds up the hillside, for just over a kilometre, until level with a large, heather-topped block over to your right – this is the Lingy Stone.

For the Horse How sector (which can be seen on the hillside above the Lingy Stone) continue a further 50 metres up the gravel track to a gate. Go through the gate and immediately take a faint path/sheep trail on the right, up the hillside veering right around the base of a small crag and on up to the climbing – approximately 180 metres from the gate and gravel track.

Conditions

With an exposed south-west to north-west-facing outlook all the sectors see plenty of sun and breeze. While this means everything dries quickly after rain, equally it can be cold if the wind picks up. For those seeking an easy day circuiting, calm sunny days in spring or autumn are the best bet. Anyone looking to push themselves will find better conditions on cool days with scattered cloud and a gentle breeze. Whatever the time of year, if you're heading up the fell be sure to take a thermal jacket and hat as conditions can vary greatly, even in summer. Midges can be an issue on still summer days.

◀ ANDY HEBSON EYES UP A DISTANT EDGE ON THE ULTRA CLASSIC *ONCE UPON A TIME IN THE WEST* (PAGE 261) **PHOTO**: GREG CHAPMAN

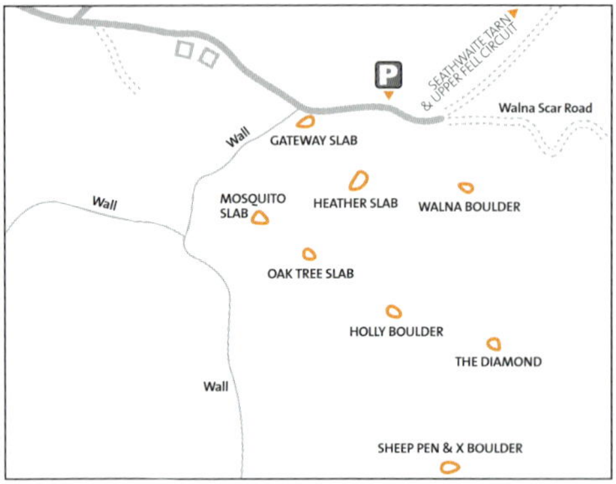

PHOTO: GREG CHAPMAN

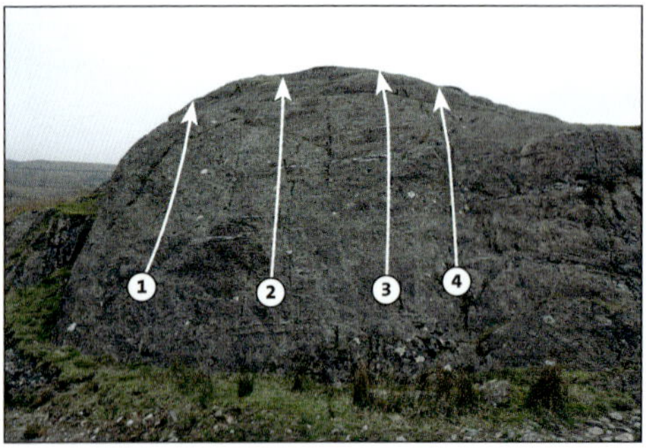

ASH BANK BOULDERS

A divine low-grade loop of blocks and slabs starting by the gate and finishing back at the parking. Perfect for kids and beginners or simply old hands seeking a dose of fun in the sun, these boulders host delicate slabs aplenty and a few thrutchy sitters. All problems feature good landings and are for the most part amenable in height. The one exception is Oak Tree Slab, a classy face featuring a quartet of easy highball cracks and slabs. A word of warning: this sector can be quite midgy during still summer days.

GATEWAY SLAB

1 *4*
The left side of the slab.

2 *3+*
The centre of the face between two thin hanging cracks.

3 *3+*
The wall immediately right of the right-hand hanging crack.

4 *2*
Mossy crack.

MOSQUITO SLAB

5 **Slab One** *3*
The narrow slab left of the moss.

6 **Slab Two** *2+*
Just right of the mossy streak.

7 **Slab Three** *3*
Pleasant slab left of a shallow, grassy gully.

8 **Red Rib** *3*
Dark-red-tinged slab right of the shallow gully.

9 **Dark Streak** *3*
The dark streak between two lighter patches.

10 **Corner** *2+*
The rightmost line.

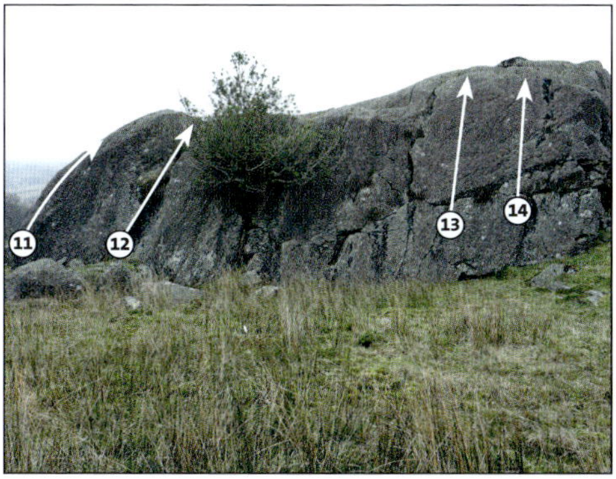

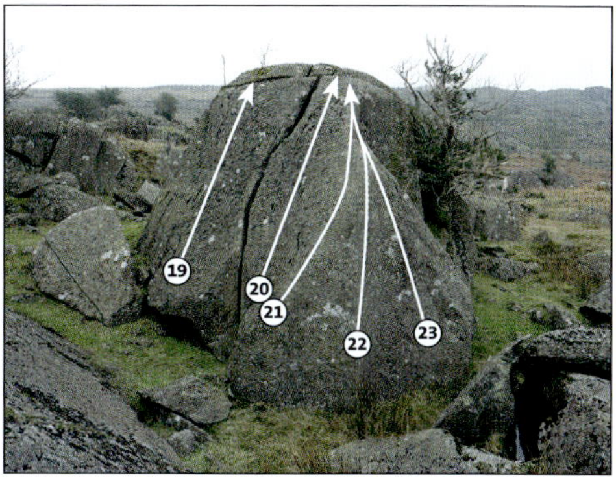

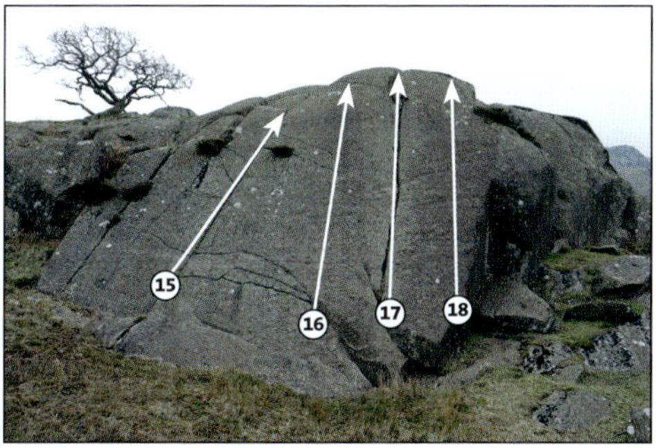

HEATHER SLAB

11 **Broad Haws View** *4+*
Blunt rib on the extreme left.

12 **Dirty Crack** *2*
Overgrown crack between a small tree and the slab.

13 **Left Hand** *5*
The left side of the hanging purple-tinged slab.

14 **Right Hand** *4*
The right side of the same slab.

OAK TREE SLAB

15 **Diagonal Crack** *3*
The diagonal crack on the left side of the face.

16 **Oaken Heart** *5* ★★★
The centre of the high slab dissected by a thin crack is brilliant.

17 **Oak Crack** *3* ★★
Wedge your feet in and stomp on up. Big boots are a must on this one!

18 **Oak Right** *5* ★
The delicate, narrow slab right of the crack and without its help.

HOLLY BOULDER

19 **Chicken Crack Left** *3*
The dirty left slab using the crack. A good problem which will improve with traffic.

20 **Chicken Crack Right** *3*
The dirty right slab using the crack. Another good problem in need of footfall.

21 **Left Arête** *4+*
Blunt arête on its left side.

22 **Right Arête** *5+*
Blunt arête on its right side.

23 **Triangle Face** *6a*
The centre of the narrow triangular face.

WATERFALL SLAB

This broken, dirty slab with a holly bush in its midst is 50m up and right of the Holly Boulder. It features a few recorded climbs, however these are rather filthy with very boggy landings.

SHEEP PEN

24 Sheep Pen Arête *6a*
SS. The hanging fin.

X-BOULDER

25 Left of X *6b*
The left side of the face via a hard pull off a high sidepull.

THE DIAMOND

26 Shining Light *7a* ★
SS. A good problem on rough rock. Start matched on the low break, then round the lip and up the blunt hanging arête. The blocks to the left are out.

27 Girl From Mars *6c+*
SS. The crack starting with a LH fingerlock in the roof and a rough hold on the lip for your RH.

WALNA BOULDER

28 *3+*
The short wall on the left.

29 Walna Crack *5+*
SS. The crack.

30 *5*
SS. The next crack along, using the arête.

GEORGE NORTH ON *LEFT ARÊTE* (PAGE 257) **PHOTO**: ANNETTE SMITH

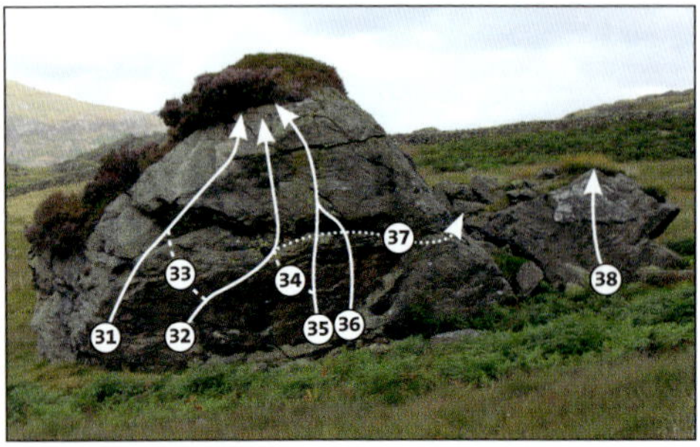

THE LINGY STONE

The first port of call on the upper fell is this heather-hatted block with the peculiar look – from some angles at least – of a giant petrified toad sporting a mullet (well I think so). This boulder and its neighbour have a decent concentration of problems and make for a good start to your day at the upper areas. While the landings aren't quite as perfect as those at the other sectors they are still reasonable and the problems are all well worthwhile.

31 The Arête *6b*
SS. The deceptively tricky arête climbed on the right.

32 Mullets for Toads *6c+* *
SS. From good low holds, make a hard move to a slot and follow the crack to its termination. Finish direct.

33 Crack Baron *6c*
From the same good low holds, again make a hard move to the slot in the crack, now rock back leftwards to a crimp, then to the lip and finish as per *The Arête*.

34 Lingy LH *6c+*
SS. From a LH fingerlock pull up to a crimp and through to a big hold in the crack and finish as per *Mullets for Toads*.

35 Lingy *7a* *
SS. The steep, tilted face direct up the centre. This offers very large footholds but far fewer good handholds. Step slightly left at the top.

36 Wall Wall *6a*
SS. The line just right of *Lingy*, veering into the previous line at the break.

37 Toad Face *7a+* *
SS. A smashing traverse which takes in the entire face with a hard finish. Start up *Mullets for Toads* but once at the break traverse to the right side of the face, eventually rocking round on to the slab and finishing up this.

38 Storm in a Teacup *3+*
SS. The front face of the small detached block to the right.

BEST FORGOTTEN TRAVERSE BLOCK

The boulder directly in front of the Lingy Stone.

39 Best Forgotten Traverse *7b*
SS. From a clawable hold and small crimp on the far left, make a hard pull on and follow decent handholds and pathetic footholds rightwards, finishing up the slab on the far right. 7a+ if started from crouched. Usually dirty due to its aspect.

40 *5*
SS. The front face offers a nice challenge on good features.

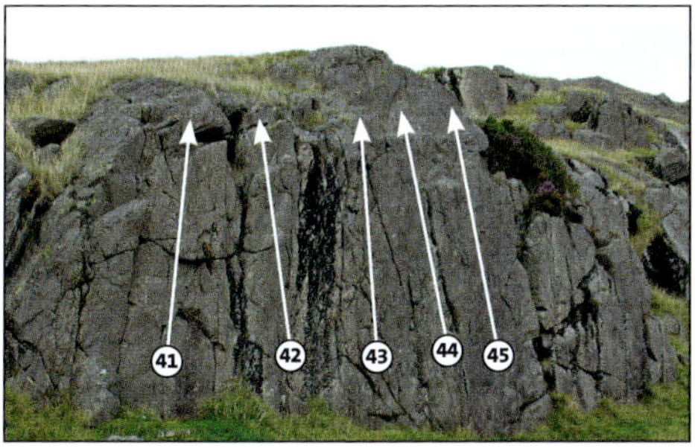

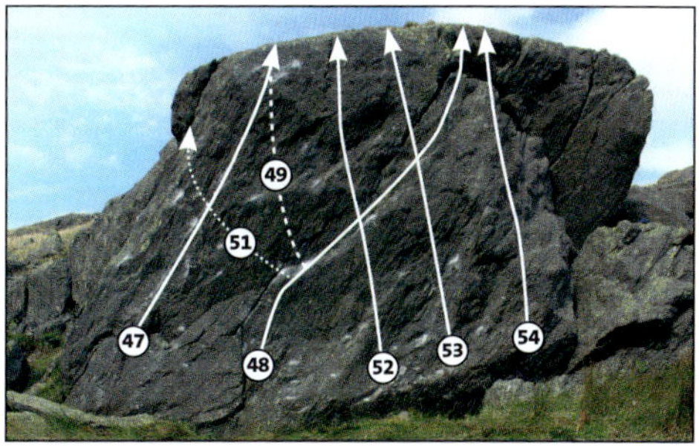

HORSE HOW

Horse How is the hillock directly behind the Lingy Stone. The main point of interest here is Thoroughbred Wall, a fab face above a flat grassy landing. This rough, well-featured block offers some tough and technically interesting climbing at a deceptively steep angle. The centrepiece is *Once Upon a Time in the West*, one of the Lakes' finest. In contrast, The Knacker's Yard, on the tier immediately below, provides a handful of quality easy problems with equally good landings. Just above Thoroughbred Wall are a number of other walls and blocks hosting a few more decent problems.

THE KNACKER'S YARD

41 Dobbin *2*
The very easy, but very pleasant, blocky wall on the far left.

42 Gorse I Did *2+*
The narrow column between the two mossy streaks.

43 Horse Play *3*
The thin cracks right of a dark mossy streak.

44 Horses for Courses *2+*
The slightly grubby crack.

45 Mr Ed *3* ★
The wall on the far right of the face direct. Quality!

46 The Knacker's Yard *3*
Traverse the wall right to left, starting at *Mr Ed* and finishing up *Dobbin*.

THOROUGHBRED WALL

47 Fright Night *7c* ★★★
SS. The fantastic left-to-right diagonal line of holds which rise to meet the apex of the block in the middle of the wall. Stick to the diagonal line from the big flatty at the start. Reaching back reduces the grade to 7b.

48 Desert Orchid *6b+* ★
SS. Start in the centre of the wall and climb the superb diagonal crackline on rough rock. 6a+ from standing.

49 Once Upon a Time in the West *7b+* ★★★
SS. Start up the crack then gain holds directly above. From here continue direct through the central headwall using small holds and cunning footwork. The short hanging crack over to the right is out. The stand is 7b. Class.

50 Westy *6c+*
SS. Start as per *Once Upon a Time in the West* but at the halfway point veer right and finish up the hanging crack – the top of *Kato Star*.

51 Man o' War *7b* ★
SS. Again start sitting at the crack. Pull on and veer left and up, rocking up on to the ramp. Simply traversing left from the start is considered poor form.

52 Kato Star *6c+* ★
SS. Start 1.5m right of the central crack and use two low layaways to gain higher holds and up to a hanging crack which is used to gain the top. The stand is 6b.

53 Arkle *6c+* ★
SS. Start sitting just left of a block on the ground. Pull on and climb direct up the wall to converge with the top of the crack. 5+ from standing.

54 Best Mate *5+* ★★
The superbly featured wall left of a large block.

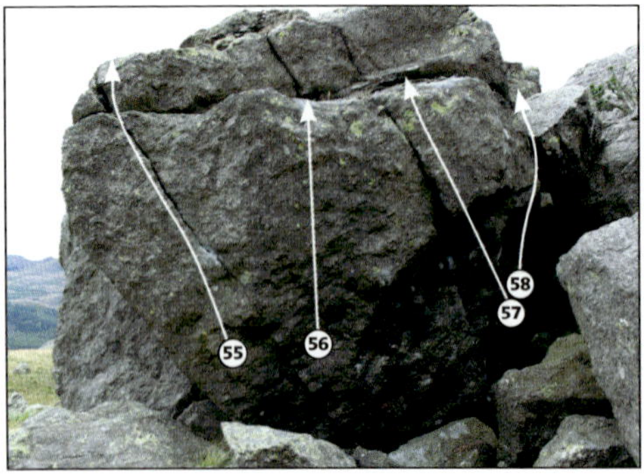

TRAVERSES & LINKS

A **Thoroughbred** *7c* *
SS. Start on the right side of the wall just left of a block on the ground. Pull on and traverse left, keeping low (feet just off the deck), to finish by rocking on to the base of the ramp on the far left.

B **The Glue Factory** *7b* *
SS. Start on the left side of the wall and traverse right keeping low (feet just off the deck) and finish up *Best Mate*.

C **Orchid Glue** *7a+*
Link *The Glue Factory* into *Desert Orchid*.

D **Thorough Man** *7b*
Link *Thoroughbred* into *Man o'War*.

E **Thorough Once** *7b+*
Link *Thoroughbred* into *Once Upon a Time in the West*.

Thanks to the traverses, there are obviously a fair number of other contrived links; the rest of these are left for you to conjure up yourself. Around to the right are:

55 **Mini Crack** *5+*
SS. The thin diagonal crack on the left.

56 **Cookie Dough Dynamo** *7b*
SS. Start just right of the thin diagonal crack. Pull on (LH in the base of the thin crack, RH undercut) and make one big dynamic move to the top of the block. Great fun!

57 **The New Accelerator** *6c+*
SS. Start as low as possible in the pit on the right and follow the ramp-come-crack to its termination in the centre right of the wall.

58 **Cave Direct** *4*
SS. Start as per *The New Accelerator* but climb straight up from the start, passing a hanging block.

HORSE HOW UPPER BLOCKS

Dotted about the fell side, in the vicinity of Thoroughbred Wall, are a number of small blocks and walls, generally all with good landings. Most notable are Lone Slab and the Pike Boulder.

LONE SLAB

This fine block is 150m up and left of Thoroughbred Wall (as faced).

59 **Beyond the Thunderdome** *6c* *
SS. Turn the lip and establish yourself on the slab with difficulty. The stand up is 4. Excellent rock!

60 **Slab Right** *3+*
Use precise footwork to climb the smart slab on the right side of the block.

PIKE BOULDER

This easily visible block is located on a grassy platform 200m above Thoroughbred Wall.

61 **Ramjet** *7c* *
SS. From a LH crimp and the thin diagonal crack gain the pocket via a tough move. Now grab the edge in the middle of the wall and press to the arête before lunging for the top.

62 **Captain Pike** *7a* *
SS. Up to the lip then follow the arête to the apex of the block.

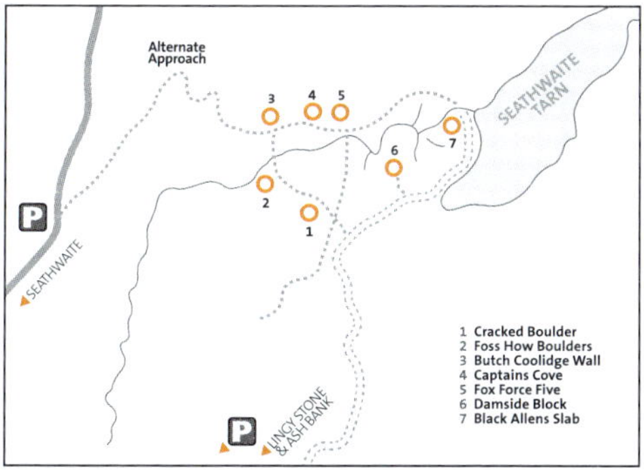

TARN PLATEAU AND FOSS HOW

Widely dispersed across the flat expanse fronting the tarn/reservoir are more blocks and short walls, amongst which a further assortment of varied problems can be found. In spite of the scattered nature of this sector, it does host some standout lines and is well worth checking out if you have the time. The best of the bunch are *Seathwaite Arête* (6a), *Screwball Scramble* (7a), *An Irish Ladder* (7a), *Butch Coolidge* (7a), *Fox Force Five* (7c) and *Black Allens Slab* (5+).

Here we describe the following sectors in a clockwise loop starting at the Cracked Boulder and finishing at Black Allens Slab.

Alternate Approach

This sector can also be accessed from some roadside parking by a cattle grid, a further 1.2 miles further north up the valley from the Walna Scar turn-off. Head north-east up a good path for around 700m, passing through several gates, to a point where the track veers right up the hillside. From here it winds up through some rocky terrain for a further 500m, finally levelling off at the flat grassy expanse fronting the tarn/reservoir.

CRACKED BOULDER

(GRID REF: **SD 244 984**)

Approaching from the Lingy Stone, the first block described sits alone in the centre of an open grassy area over to the left, where the track begins to level off. As the track bears to the right (north-east) and you can see the tarn (450m) ahead, break off left across the grass in a north-westerly direction. The boulder is 175m from the gravel track.

63 Seathwaite Arête *6a* ★★
The blunt left arête keeping to the right side is quality and has an airy-feeling finish.

64 Screwball Scramble *7a* ★★
SS. Climb the crack system starting at the base on the right. The stand is also good but easier at 6c.

65 Kerplunk *7a*
SS. Start in the middle of the wall and make some tricky moves to gain a diagonal crack and finish where this meets a horizontal break. The stand is 6b+.

There are also a few easier lines on the other side of the block but these are quite grubby.

FOSS HOW BOULDERS

(GRID REF: **SD 242 985**)

Either side of the small picturesque gorge of Foss How is a cluster of blocks and walls. While there is much rock and some further potential, there is currently only a handful of problems recorded.

From the Cracked Boulder head north-west towards a rocky outcrop and the beck (250m). Next to the beck is smart little block featuring two problems facing the beck.

66 A Clockwork Origin *7c* ★

SS. The obvious lip starting low to the left climbs to the apex and features cool, if slightly stretched, moves on great slopers.

67 Chocolate Orange *6c*

SS. The centre of the wall.

The next problems can be found by following the beck downhill for 150m, where a jumble of blocks resides on the north side of the stream.

68 **Knife Arête** *6a+* ★
SS. The striking arête climbed direct. Makes for an even better problem if you use holds exclusively on the arête. This is *Slasher* (7a).

69 **An Irish Ladder** *7a* ★
SS. This much-maligned gem climbs the weird notched protrusion just right of the arête direct.

70 **Dental Foss** *7b*
SS. A sharp and sustained line which starts just left of some blocks and follows a line of quartzy holds up right then across the face to finish up the blunt arête on the right.

BUTCH COOLIDGE WALL

(GRID REF: **SD 242 987**)
This block is 170m from *A Clockwork Origin*: from here cross the beck and take a direct line north, where, after a short distance, a bulging wall of impeccable rock can be seen by the path coming up out of the valley.

71 **Butch Coolidge** *7a* ★
SS. Start on the left side of the face at a good LH edge. Pull up and traverse across the face to finish up the right edge of the block.

72 **Pumpkin** *6a+* ★
SS. Start centrally on two high edges and head straight up the middle of the wall.

73 **Honey Bunny** *6b*
SS. The centre right line, using a useful left heel to get going.

CAPTAINS COVE

(GRID REF: **SD 244 987**)
From Butch Coolidge a boggy path heads towards the reservoir; the next two blocks are by this path. This first features a pair of pleasant easy lines. These are 165m from Butch Coolidge Wall on the south-east-facing wall of a small cove.

74 **Be Cool** *3*
The short crack.

75 **Captain Koons** *5* ★★
Quality slab featuring quartzy blobs. Mint!

FOX FORCE FIVE

(GRID REF: **SD 246 986**)
85m east from the previous problems is a steep block in a fantastic situation, perched on a grassy plinth up to the left of the path.

76 **Fox Force Five** *7c* ★★
SS. Start at the base of a steep rampline. Use low holds on the ramp to pull on with difficulty and make a big move to the lip, now follow this right to finish up the slight prow. Burly, brilliant and well worth the effort!

77 *5+*
The prow over a poor landing.

DAMSIDE BLOCK

(GRID REF: **SD 249 987**)

This block lies on a flat area directly in front of the dam, 500m from Fox Force Five. It offers a great situation, good landings and a couple of decent problems.

78 Darkness Before Dusk *7c*
SS. Start low on crimps at the far left end of the damside face and follow thin crimps rightwards rising to a big edge before heading direct to the top. Holds in or above the high horizontal crack are out. Straight up from an in-cut edge below the big edge is 6a+.

79 Planet Nine *7b+* **★★**
SS. Start low on the right side of the undercut prow: RH pinch/sidepull and LH on a sloping edge at the same level. Pull up then move left to tackle the prow direct. Quality!

80 Oort Cloud *7b* **★**
SS. Start as for *Planet Nine*, but this time reach into the shallow horizontal seam above the start and use it to press straight up. Not on photo-topo.

BLACK ALLENS SLAB

(GRID REF: **SD 247 985**)

Lastly, this wonderful west-facing slab offers a selection of clean climbs over a perfect landing. The central problems are also quite high which adds a little spice.

From the point where the big gravel track meets the reservoir (350m south of the Damside Block) head west down the grassy slope, across a boggy section to where this large slab sits to the rear of a slight rise.

81 *3+*
The crack system on the left side of the wall.

82 *3+*
Wide mossy crack.

83 *4*
Another crack system marked by some black mossy patches.

84 *5*
Pass thin horizontal seams to a break and up.

85 Black Allens Slab *5+* **★**
The slab on small blobs passing between two patches of heather.

86 *2*
Easy crackline.

87 On the Slab *4* **★**
The final slab line on the right is one of the best.

GOLDEN HOUR, GOLDEN LINE. THE AUTHOR SETS UP FOR THE THROW TO THE LIP ON *FOX FORCE FIVE* (PAGE 265). **PHOTO:** JULIA ENTWISTLE

PETZL
PETZL

Dunnerdale Circuit

ASPECT: **SOUTH-EAST** APPROACH: **5–35 MINS**
ALTITUDE: **200–330M** GRID REF: **SD 232 997**
PARKING: **54.385584, -3.179471** OS MAP: **P554/OL6**

The Dunnerdale Circuit covers a collection of around 25 blocks and walls scattered either side of the large bridleway leaving Birks Bridge car park and contouring in meandering fashion up the south-east flanks of Harter Fell, at the northern end of the Duddon Valley. There are four distinct sectors (all easily accessed from the track), with the first blocks starting a mere 300 metres from the parking and the furthest block being around 2.5 kilometres from the car park (although it is one of the best).

The bouldering is rich and varied, offering most styles of climbing on an exceptionally high-quality vein of the Borrowdale Volcanics. While the lower grades are not massively well catered for, the climbs from 6b to 7c are generally very good. Standout blocks include the Bumblee Boulder, Jake's Wall, Cool Logic and the Laser Quest block.

Access and Approach

The area is situated around 1.5 miles south of Cockley Beck. Parking is found at Birks Bridge, a clearly signed, free car park and scenic little picnic spot adjacent to the river and main valley road.

From the parking, continue on foot across the bridge and on up the large bridleway to reach the various sectors – see individual sector descriptions and overview map for further details.

There are no access issues at present. Please ensure you park in the car park and refrain from driving further up the bridleway.

Conditions

The majority of the upper sectors face south-east, getting plenty of sun and ventilation throughout the day, meaning they dry quickly and are a great option on clear clement days. In contrast, the first sector, hosting some of the best harder climbs, is located in the trees by Crook Crags and offers more shelter from the sun and wind. The ground around all the sectors can remain boggy after prolonged wet spells.

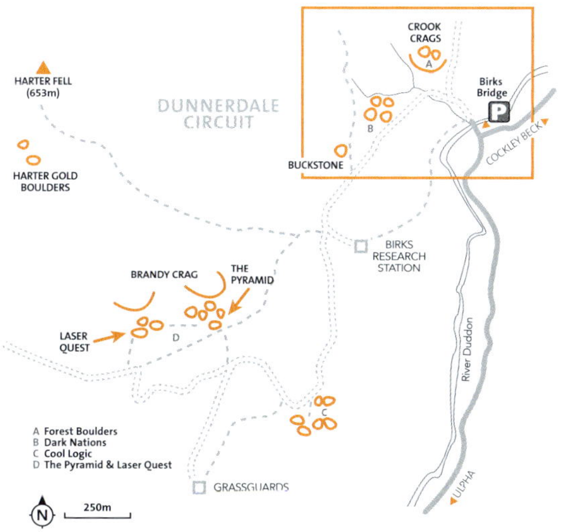

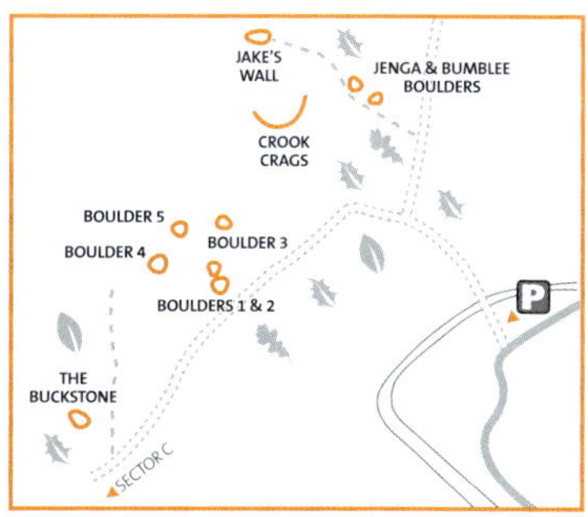

◀ THE AUTHOR ON *MEGA ZONE* (PAGE 279) **PHOTO:** JULIA ENTWISTLE

SECTOR A: FOREST BOULDERS

A splendid little round of blocks, hidden away in the pine and larch woodland by Crook Crags and, as with all the sectors, easily accessible from the main bridleway. The two lower boulders have a real Magic Wood feel, while Jake's Wall provides a glorious setting where the dissipating woodland meets the open fell.

The first block is reached by following the main bridleway out of the car park to where a spur (usually gated) in the track breaks off right, some 160m from the car park. Take this turn and continue for 100m then head into the woods on your left. Trend upwards to a mossy crag in the trees; the Jenga Block is at its base on the right side as you face the crag.

JENGA BLOCK

1 Giant Jenga *7b+* ★
SS. Climb the unusual leaning column feature from a sit start down to the right. Once established, rock tenuously left on to the slab and finish up this. Very good!

BUMBLEE BOULDER

This proud and alluring feature sits at the base of the left side of the mossy crag, around 30m from the Jenga Boulder on the same level.

2 Bumblee in the Junglee *7c* ★★★
Tackle the bow-like arête and wall using the surprisingly poor diagonal seam for your right hand. Utter class!

JAKE'S WALL

Head up the slope between *Bumblee* and Crook Crags then swing left round the base of a rocky knoll; the wall quickly comes into view in a westerly direction (120m).

3 The Newfield Riot *7b*
SS. The left arête has a hard, snatchy start. Stand-up is 6a+.

4 Van Wilder *7c* ★
Start up *The Newfield Riot* but then traverse the wall rightwards at half height, on thin holds, to finish up *Feral Heart*. A powerful start is followed by some quality technical face climbing taking in the whole wall.

5 Wilding *7b* ★★★
SS. Absolutely top notch and one of the best climbs in the valley. Climb the obvious rampline to the apex of the crag. The stand-up is 7a+.

6 Wilding Extension *7b*
Start on the jug on the right of the crag and climb into *Wilding*. One for the completionist.

7 Halfling *7a*
Break out rightwards after the first few moves of *Wilding* and finish up *Feral Heart*.

8 Feral Heart *7a* ★
Start on the jug on the right side of the crag; climb up to a crimp and make a long stretch to holds in the small niche above, then finish direct using the marvellous blunt RH rib.

9 Feral Dog *6c+*
Start as for *Feral Heart* but gain the crimp with your left hand and rock out right to finish up the right-hand groove.

GEORGE NORTH MAKING THE FIRST ASCENT OF *THE NEWFIELD RIOT* PHOTO: GREG CHAPMAN

SECTOR B: DARK NATIONS

This second sector offers some excellent individual problems and a good compact circuit. While it doesn't contain the most impressive or hardcore blocks in the area, it is well worth a visit, especially for those operating around 6c+. All the boulders, bar Boulder 4, have good landings and offer clean, solid rock in a very scenic setting. The classic ticks of the circuit are *The Grinder*, *Dark Nations*, *Black Hart* and *Myths & Legends*.

The boulders are situated on the deforested scrubby hillside above the main bridleway, around 300m from the car park.

BOULDER 1

10 The Grinder *6c*
SS. A good problem up the centre of the steep east face of the tilted block nearest the track. The blocks to the left are out.

11 *5+*
SS. The right arête.

BOULDER 2

12 *4+*
SS. The short, blunt arête.

13 Vegemite *6c+*
SS. The central wall via a hard move off undercuts/sidepulls to get established.

14 *5*
SS. From a big, tilted sloping hold climb direct and up the slabby finish.

BOULDER 3

A neat little block next to a small beck, identifiable by its log decking landing.

15 Dark Nations *6c*
SS. Climb the steep arête direct without the foot ramp. Using the foot ramp climbs less well and is a little easier.

16 Monster Munch *6a+*
SS. Start at the base of the arête and reach left on to the face to finish up its centre.

17 Vajazzle *4+*
SS. From a slot climb the 'fat' curving prow to the top of the arête.

18 *6b*
SS. Start at the base of *Vajazzle*, then move left across the short roof to finish up *Dark Nations*.

BOULDER 4

At the heart of the jumbled collection of jagged blocks is a superb prow.

19 Black Hart *6c+* *
SS. Climb the prow direct following the natural line rightward to its highest point. A spotter is useful on the final moves. Would be worth more stars if not for the landing!

BOULDER 5

A well-set, scoop-fronted block, offering great rock.

20 Myths & Legends *6c* *
SS. Use a tilted sloper to gain the arête and continue direct.

21 Osmium *7a+*
SS. From the centre of the face make an awkward move off the ground (crux) to get established in the scoop, then finish direct.

THE BUCKSTONE

A neat block hosting a trio of decent problems. Continue up the bridleway, directly below Sector A, for approximately 200m to where a rough track leads off up the hillside to the right. Follow this spur for around 80m to a lone rowan tree in a clearing on the left. From the tree the boulder is 40m up the slope in the pines, just visible between a gap in the tree line. Due to the continued encroachment of the woodland, the block, while climbable, is often doused in pine needles and thus may need a good brush.

22 Way Out West *7b* *
SS. Climb the steep, burly prow using holds on either side to a good hold in the niche; easier climbing gives access to the top.

23 Blueshift *6b+*
SS. From good holds low on the rising lip, follow the lip to the niche and up.

24 Old Piney *4*
SS. The neat little undercut arête climbed direct.

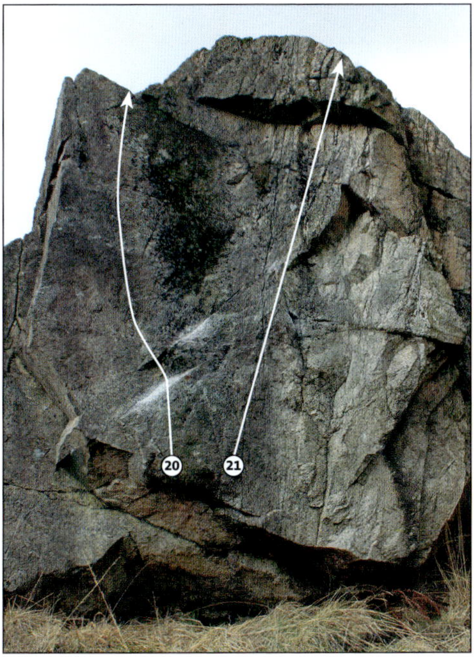

THE AUTHOR GETTING STUCK INTO *MYTHS & LEGENDS*
PHOTO: CHAPMAN COLLECTION

SECTOR C: COOL LOGIC

This next sector offers some good climbing in a pleasant setting on or around the Cool Logic block and adjacent Pine Stones.

From below the Buckstone continue uphill as the bridleway contours across the hillside through the forest. After around 600m the trees begin to dissipate to the left side of the track, and after a further 200m the Cool Logic block can be seen through a gap down the slope to the left. The Pines Stone are directly below the track at this point, facing south-east. For Cool Logic continue up the track for 100m, then head through a few small trees on the left and down the open, deforested slope to the block.

PINE STONES

A pair of fine blocks, featuring some lovely well-weathered holds.

25 **Best Western** ***6a***
SS. The column starts centrally but veers right near the top.

26 **Deerstalker** ***6a+***
SS. Climb the open, undercut groove on its right side, using the blocks for feet. The stand-up is 5.

27 **Force of Evil** ***7b*** *
SS. Surmount the line immediately right of the open groove direct via some cool holds, and without the use of any of the footblocks. The stand-up is 5+.

There are a couple of obvious dirty lines right of *Force of Evil*, however these have been intentionally left unclimbed due to the large precariously attached flake which the climbs centre on.

COOL LOGIC AREA

The main event here is the Cool Logic block. Once buried in the depths of a dense pine forest, this unusual semi-orbed block bears a collection of good and tricky problems, including a superb crack climb, on compact and uniquely weathered rock.

COOL LOGIC

28 **Voyeur** ***7a+***
SS. The line immediately left of the gapping crack, starting with your right foot in the crack.

29 **Chasm** ***6a***
SS. The gapping crack climbed on its right side.

30 **Cool Logic** ***7a*** **
SS. The thin diagonal crack is climbed to its termination, at which point take a direct line to the top of the block and some monumental finishing jugs.

31 ***7a+***
SS. Start at the base of *Chasm*, pull on and make a hard traverse right into the base of *Cool Logic*: finish up this.

32 **Cool Reach** ***6c+***
SS. Start up *Cool Logic* but on reaching the first good holds rock left into the gapping crack and up.

33 **Cool Offspring** ***6c+*** *
SS. Again, start up *Cool Logic* but at half height dyno/slap direct to the top left side of the block.

34 Saw Boss *7c*
SS. Starting in roughly the centre of the face use a crimpy sidepull (RH), tiny notch (LH) and poor footholds to pull on. Now veer slightly right and use small edges to make a hard move for good holds at two-thirds height. Finish direct with relative ease.

35 Mint Thin *6b+*
SS. Use two small flat edges to gain a good high hold via a long reach. Finish direct.

36 Powder Puff Justice *7b*
SS. Start in the dark hollow on the right side of the face and climb direct veering left near the top. Holds on the juggy arête out right are out.

PUNKY BREWSTER & CENSUS BOULDERS

Two smaller blocks clearly visible on the hillside directly below Cool Logic. These boulders offer some neat shorter sit-start problems, again on good rock. *Punky Brewster* in particular is worth seeking out.

37 *5+*
SS. Start on low holds and make a tricky move to a big flatty; continue direct to the top of the block.

38 *4+*
SS. The vague arête, starting as low as possible.

39 **Punky Brewster** *6a+* ★
SS. From flat holds on the far right side of the block, traverse the lip leftwards all the way to the south-west corner.

40 *4*
SS. The undercut arête is a short and sweet affair. A thuggy start leads to an easy finish.

41 **Census** *6b*
SS. Climb the centre left of the wall via some small holds and a big move.

42 **Blood, Sweat & Wire Brushes** *6c*
SS. From a diagonal edge climb the wall above.

43 *4*
SS. The right-hand arête on its left.

SECTOR D: THE PYRAMID & LASER QUEST

The upper sector contains some great climbing, split into three sub sectors: one area, offering five blocks; and two smaller areas, each centring on one good boulder. The first block is the Pyramid, which lies on the flat directly below Brandy Crag. Directly above this are four clearly visible blocks, each offering some nice problems. Smiler's Crack is just south of the Pyramid and is worth the stop-off, while the Laser Quest block offers a handful of blinders over a good landing in a perfect setting.

To reach the Pyramid from the Cool Logic area, regain the bridleway and follow it uphill for 400m to a small quarry on the right side of the track. Skirt round either side of the quarry and up the slope towards the obvious escarpment of Brandy Crag. Once above the quarry, the Pyramid is easily spotted 150m up the slope west of the crag.

THE PYRAMID

The first two problems described are not on the photo topo, but are easily found on the other side of the block. The descent is down the north-west corner.

44 *3+*
The centre right (as faced) of the west face of the block.

45 **The Pyramid** *4+*
A high line just right of the south-west corner of the block.

46 **Anode** *5+* *
SS. The left arête climbed on its right side is a quality problem.

47 **Cathode** *6b+* *
SS. Another great problem climbing the vague right arête, keeping direct all the way.

48 *4+*
The slightly grubby arête.

LION BAR

49 **Lion Bar** *6b*
SS. Start in the small cave on reasonable edges. Now climb out of the left side and on up the centre of the face. The footblocks are out.

BROKEN ARÊTE

50 **Broken Arête** *4+*
The high arête climbed direct. There are other possibilities on this big boulder, however the rock isn't great.

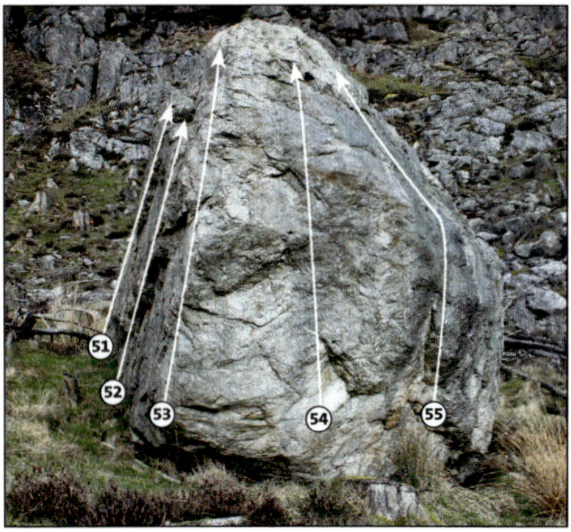

BRANDY STONE

51 Wolverine's Scar *3+*
SS. The short, left slab marked with a triple quartz streak.

52 *4+*
SS. The centre right of the slabby wall makes a pleasant line with a tricky start.

53 Brandi *5*
SS. The arête on the right.

54 Frontiersman *6c* ★
SS. The neat wall-come-slab has an awkward start.

55 Redox Couple *7a* ★
SS. The excellent bulge climbed direct and trending left at the top. Start on a good sidepull. No veering off right!

56 Beckside *6b*
SS. From the bottom corner of the block traverse the lip to and up *Zappo*.

57 Zappo *6c*
SS. Crimps then straight up.

Directly behind the Brandy Stone is a large slabby block. This can be climbed pretty much anywhere at 3.

SMILER'S CRACK

As already stated, the Smiler's Crack block is a corking little boulder with two great climbs – be sure to drop by on your way to the Laser Quest block.

From the Brandy Stone, contour west across the hillside sticking near to the base of the crag for around 150m, whereupon an obvious triangular block will be seen to your left.

58 Smiler's Crack *3+* ★
SS. The almost laser-cut diagonal crackline is a joy to send and guaranteed to bring a grin to even the most solemn chops.

59 Airwolf *6c+* ★
SS. The centre of the wall climbed direct on small edges with an extremely tough start. The blocks on the ground are out.

LASER QUEST

A really great block and a prime example of the fantastic rock this part of Lakeland is famed for. The main face offers some class crimpy problems over a good, if slightly boggy, landing.

The block can be easily seen in westerly direction from the Smiler's Crack block. Alternatively, you can reach it via the main bridleway, from which it can be seen, about 150m from the track. See the Dunnerdale overview map on page 269.

LASER QUEST BLOCK

60 The Hydrogen Line *6a*
From an in-cut low hold on the lip rock on to the slab to good holds and finish direct.

61 Purple Tint *5*
From the in-cut hold climb the slanting edge of the block up to the top of the centre left of the face.

62 SHE *6b*
SS. Use a good low hold in the ramp feature for your left hand and climb direct to the lip and up.

63 Under the Weather *7a*
Start up *SHE* but move right from the good hold on the lip into the big undercut and finish up *Laser Quest*. Contrived.

64 Laser Quest *6c+* *
A burly affair using the big undercut and high feet to gain a sloper and then the top.

65 Laser Quest Low *7c* **
Start sitting or crouching, depending on your height, about a metre right of the undercut on two crimps on the low lip. Pull on and move left to gain the undercut with difficulty before finishing as per the stand.

66 Pseudoscience *7b* **
From two edges in the centre of the vague groove climb direct to a hard press for the top. The sit/crouch starts on a sloping edge and neighbouring crimp on the low lip (7b+).

67 Futureproof *6c+* **
SS. From a diagonal edge make a big move to a good hold. Now trend diagonally left and follow the slopey rib to the centre of the block and better holds.

68 Silver Chloride *6b* *
SS. Again start on the diagonal edge and make a big move to the good hold, but this time move right and finish up the blunt arête.

69 Salt Bridge *6a+* *
SS. Follow the right arête up and left and link into *Silver Chloride* to finish. Finishing as per *Futureproof* is 6c.

70 The Slab *3*
The centre of the high slab on the north end of the block.

71 Mega Zone *7c*
SS. Start up *Salt Bridge* then move left to a big hold and traverse left across the face on small holds to a hard move into the undercut followed by a final burly sequence to reach a good hold on *SHE* before finishing by rocking left to finish up the slab of *The Hydrogen Line*.

BACK BLOCK

To the rear of the Laser Quest block is a small boulder.

72 Back Traverse *5*
SS. Start on the right and traverse the lip leftwards to finish up the left side of the block.

PETZL

Harter Gold Boulders

ASPECT: **SOUTH, SOUTH-EAST** APPROACH: **60 MINS**
ALTITUDE: **600M** GRID REF: **SD 216 995**
PARKING: **54.385584, -3.179471** OS MAP: **P554/OL6**

Spread across the lush grassy slopes of Harter Fell's southern inclines, this fabulous circuit offers everything you'd expect from a high-fell destination. An elevated and exposed position provides an unparalleled view of creation, as the hills, woodland and coastline from western Yorkshire all the way to the Galloway hills of southern Scotland arc across the horizon to provide a truly stunning setting.

Remarkably this is one of the most recently developed areas in the Lake District, a fact which seems more remarkable when you consider the depth and quality on offer. The climbing centres on a craggy tier and vast boulder which break off from the main summit track some 250 metres from the top of the fell. Further small blocks and impressive walls contour, at the same altitude, north-east across the fellside, whereupon the final excellent sector is reached. As with much of the Duddon Valley and Eskdale the rock is a high-quality andesite, comprising of tuff and agglomerates. Thus it is extremely solid, offering a plethora of superb and interesting holds at a range of angles.

Access and Approach

The approach is described as a loop which is designed to take in all the sectors and make it as easy as possible. That said it is still a fair walk with the final 500 metres being something of a slog. Remember though, the best fruit often resides on the highest branches!

From Birks Bridge car park 1.5 miles south of Cockley Beck, head up the big gravel track without deviation for just over 800 metres to where the bridleway breaks off to the right, just after passing the entrance to 'The Birks', an obvious group of small buildings to the left. Take this bridleway and follow it as it flanks some woodland and contours west and gradually upwards around the hillside. Ensure you ignore a right turn, shortly after leaving the big gravel track, which heads straight up the steep slope to your right (you can come down this on the way back). After approximately a kilometre you'll rejoin the big gravel track and continue west along it for a further 800 metres to its termination in some open woodland. (After wet weather, it is advisable to stay on the gravel track the whole way as the bridleway can get boggy.) Here two obvious paths fork off; take the right-hand fork and follow it for 500 metres to a gateway which leads back out on to the open fellside. Here the path again splits: follow the right-hand path straight up the steep hill for 600 metres whereupon you will be confronted by the Upper Tier (see overview below). On the way back you can either reverse the approach, or follow the instructions at the end of the section for an alternative (see Starshot Boulder, page 291).

The Harter Gold Boulders can also be reached from the Eskdale side, via the bridleway which leads up the fell from Jubilee Bridge (at the base of Hardknott Pass). However, while slightly shorter, this is a much steeper and more arduous approach.

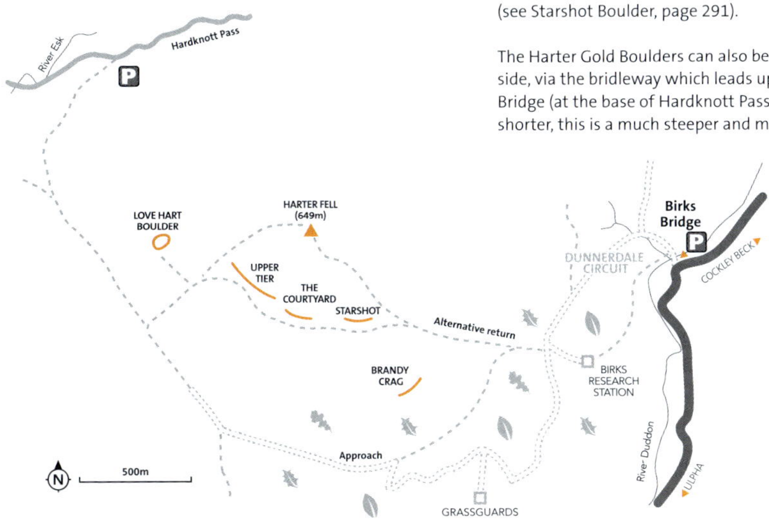

◀ THE AUTHOR ENJOYING SOME HIGHBALLING FUN ON *SUPER GIANT* (PAGE 287) **PHOTO**: PETE WILKINSON

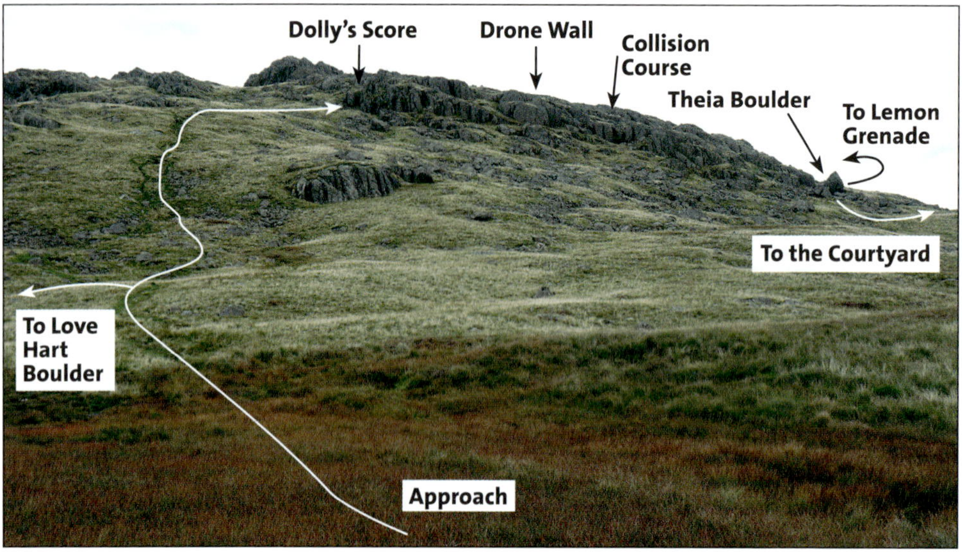

Conditions

At over 500 metres above sea level and with an extremely exposed setting it is important to come prepared. Even in the summer if the clouds roll in the wind chill can make it feel very cool. It is also a good hour walk-in, so be sure to don decent footwear and carry plenty of food and water. The exposure of the crag does make it a brilliant summer destination. Free of bracken and almost always courting a generous breeze, good conditions can be found on all but the hottest days. Equally, clement conditions (not too windy!) will be required if you plan on visiting in the winter months.

Thanks to the south-facing, open layout the climbs are generally very clean and dry extremely quickly. Be warned, the rock is quite rough so good skin and decent conditions are a must if you plan on pushing yourself.

LOVE HART BOULDER

Out on a limb of the main circuit this quality boulder is worth checking out if you're a local or have accessed the venue from Eskdale. From the standard approach take an obvious track heading west (marked via a cairn) some 200m before the first climbs described on the Upper Tier. Follow this downhill for 350m to a prominent cluster of blocks on the uphill side of the track. The standout line is the clean arête in the middle of the cluster.

1 Club Tropicana *7b+* ★★★
SS. Climb the arête on its right side, starting on two low edges. Technical and brilliant from start to finish.

UPPER TIER
DOLLY'S SCORE

The first climbs described on the Upper Tier are located on a detached fin-like block on the far left side of the escarpment, a few metres right of the main summit path.

2 **Clone Wars** ***5+***
The west wall has a stern first move but soon eases.

3 **Dolly's Score** ***7a*** *
SS. The left side of the prow starting with hands low on either side. A tough stopper move at half height provides a worthy challenge.

4 **Big Sky** ***7a+*** *
SS. Start as for *Dolly's Score* but this time move right using the arête for your left hand and small crimps for the right to climb the face immediately right of the arête.

5 **Brave Hart** ***6a+***
The wall left of the gully via holds in or either side of a thin crackline.

THE BOMB BOULDER

The small, obvious block 25m down the slope from the previous climbs features a pair of quality lowballs.

6 **Black Friday** ***6c+***
A tough little number which climbs the left arête and hanging groove. It packs it in all the way!

7 **The Bomb** ***6b***
SS. Starting on the right side of the downhill face make a tough move up the short right arête and follow the lip to top out on the far left.

Back up to the main tier and a broken section of wall with a few reasonable low-grade problems is reached.

8 **Taming Strange** ***3***
The line left of a shallow gully.

9 **Going Native** ***3+***
Reach up to a big triangular pocket, then head straight for the top.

10 **Go Fund Yourself** ***3***
Winding crack and wall to the left.

11 **Sarcastaball** ***2+***
Slabby shallow groove on excellent rock.

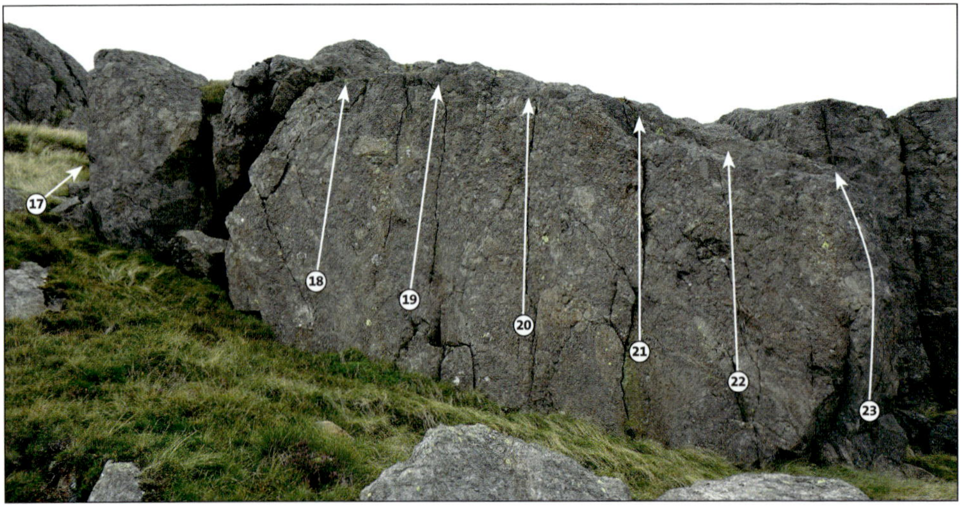

Between the previous climbs and Drone Wall, on a slightly higher level, is a handful of fine wall climbs.

12 Balthazar *6b+*
The short wall off a rocky platform, via a gaston, is much tougher than it looks.

13 The Rib *6a*
The blunt right-hand rib climbed on its left is quality but has a less-than-favourable landing.

14 My King *2+*
Climb the left side of the wall on a series of cool diagonally tilted edges.

15 Gaspar *4*
The centre of the wall is excellent.

16 Melchior *3*
10m right of *Gaspar* is another pleasant wall above a small chasm.

DRONE WALL

Down and right again is an impressive wall featuring a series of high face and crack climbs culminating in a stunning prow line on the far right.

17 Goobacks *6a*
SS. The short, west-facing end wall.

18 Voodoo Ray *7a* *
Thin face climbing on poor edges and even poorer feet gives access to high neighbouring crimps and a tricky move to gain a short hanging crack and good holds above.

19 Drone Wall *6c+* *
Superb face climbing on small, textured holds. Tough and delicate all the way.

20 Good Times with Weapons *6b* *
The thin crackline just to the right is again harder than it looks.

21 Drone Crack *3*
The widest crack.

22 Attack of the Drones *5+*
The wall right of the big crack is excellent and harder than it looks.

23 Beefcake *6b* *
The blunt prow climbed direct is very good.

24 Chockstone Crack *3+*
The grubby left-hand crack.

THE AUTHOR ON *SON OF KONG* – PHOTO: JOE TAYLOR

25 Big Boot Crack *4+*
The high corner crack, with the crux at the top.

26 Son of Kong *7b* **
The impressive prow is superb from bottom to top. Bold, burly and technical it is marred only slightly by its imperfect landing. 7b+ from sitting.

27 Drone Strike *7b* *
The east-facing wall right of the prow. Start on a good RH sidepull and a less-good LH hold at a similar level. Pull on with poor feet and make a difficult deadpoint move to a LH edge then continue direct via a crimp ladder to the top. The sit-start is 7c.

PAUL CRAVEN GOING FULL STRETCH ON THE SUPERB *THEIA*
PHOTO: GREG CHAPMAN

COLLISION COURSE

Moving right again and dropping down a level is another sector with good rock, high lines and distinct features.

28 Acid Rain *6b* ★
The high blunt arête is hard to start and can be frustrating. Nonetheless it is a fine problem and well worth the effort.

29 Tinderella *6c* ★
The west-facing side of the pillar is extremely good.

30 Shakedown *7c* ★
SS. Use the big RH sidepull and the left arête to pull on and move left with difficulty, via a bunched sequence, to finish up the arête. The rocky foot plinth is out on this problem.

31 Collision Course *8a* ★
SS. The right side of the pillar climbed direct from a sitter, using a LH crimp and low RH sidepull to start. Hard and technical throughout. The stand-up is almost as good and weighs in at 7b+.

32 High & Dry *5* ★
The high arête right of the gully starting on a jug at the base of a diagonal crack is a real diamond.

CHRIS FISHER ON *MAGNOX*
PHOTO: FISHER COLLECTION

THEIA BOULDER

Continue east across the hillside for around 80m, dropping down the slope slightly, to reach a huge block with a clean and impressive south face and a few satellite offerings.

33 Magnox *7c* ★
Located on the short wall facing the Theia Boulder. A simple yet perplexing problem which uses a tiny LH sidepull and weird RH crimp along with a good left foot to pull on and span up for a sloper just below the lip. If this is latched, flick through to the lip and top out direct.

34 So Grate *3+*
SS. The rough arête between *Magnox* and the Theia Boulder.

35 Theia *8a* ★★★
SS. The leftmost line on the block starts on the patio platform, with a good LH undercut and slopey RH sidepull. Pull on and climb the wall above via a prow-like sequence, using the crack for your right hand and crimps and sidepulls for your left, to eventually bear slightly left to a 'thank God!' jug and an easy direct finish. Awesome and sequencey.

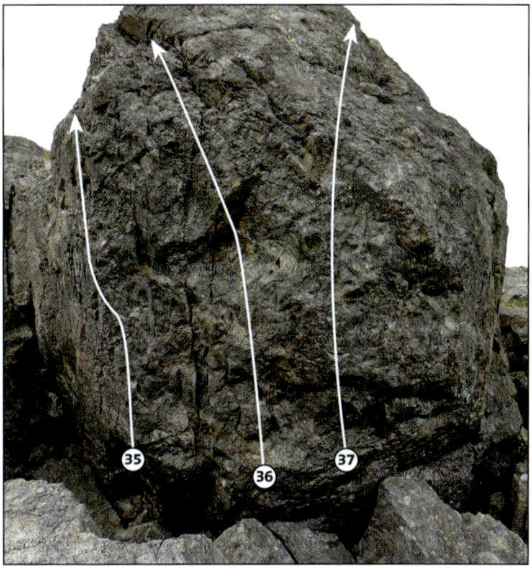

36 Fly Life *7c* ★★
SS. Just right is another fine problem, much more basic in style. Start on a poor low LH undercut, square-cut RH edge and high right foot. Pull on and head straight up via powerful moves to a highball but relatively easy finish. All potential footblocks are out.

37 Super Giant *7c*
From a crouching start just left of block, on a notched edge and RH pinch, head straight up then right to a high ledge. 7a from standing.

WEE WALL & TILTED BLOCK

Above the Theia Boulder is a slabby wall and small adjacent block.

38 Selecta *3+*
The blunt left arête.

39 Short Wall *3*
The narrow wall using the right arête/rib.

40 Short Crack *2*
The groove-come-crack.

41 Wall Left *3*
The left side of the slabby yet impeccable wall.

42 Wall Right *3*
The right side of the slabby wall.

43 Mossy Crack *2*
A short crack system.

44 Zam *7b*
SS. An uninspiring one mover up the left side of the short tilted face. Start on a LH sloper and RH crimp, use the blocky foot ledge and bust straight up for the lip.

45 Pow *6c*
SS. The wall just left of the arête starting on a sidepull. The arête is out.

46 Debris *4*
SS. The short right arête.

JULIA ENTWISTLE TAKING IN THE FABULOUS ROCK OF *SPANNER'S TRAVERSE* (PAGE 290) **PHOTO:** GREG CHAPMAN

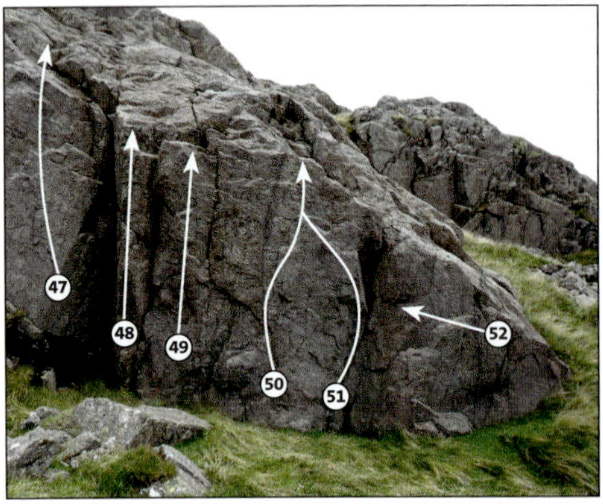

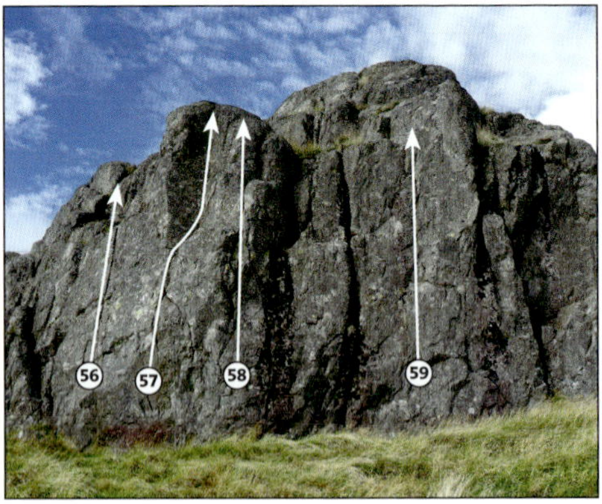

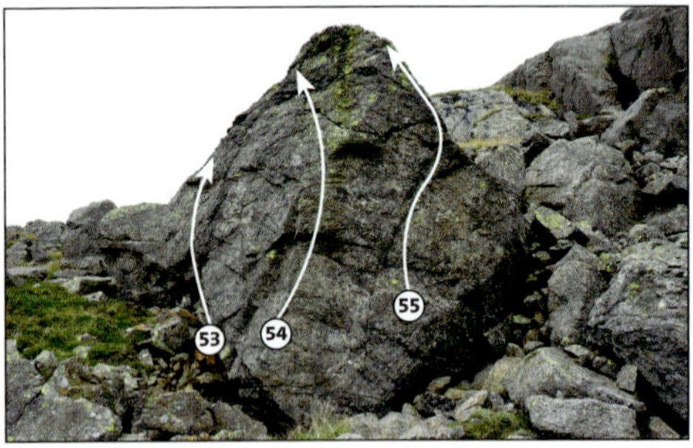

LEMON GRENADE

Around 35m above the Theia Boulder is a superb clean wall in a sheltered position with an equally good adjacent block. The rock is brilliant and the climbs are generally crimpy.

47 Custard Face *4+*
The wall left of the grubby crack starting on a good edge and swinging into the centre then direct to the top. No bridging on *Josh's Arête*.

48 Josh's Arête *6a*
SS. The arête climbed direct.

49 Ted's Groove *6a+* *
SS. The fine groove and wall just right of the jutting arête.

50 Lemon Grenade *7b+* *
SS. The centre of the face provides hard crimpy climbing and is a worthy test of the steely fingered.

51 Groove & Wall *6a*
SS. Start in the groove and then move left to a series of edges before topping out up the middle of the wall.

52 Spanner's Traverse *6b+*
Start on a shelf to the extreme right of the wall and traverse leftwards, following holds at around half height, with increasing difficulty to where a crux span gives access to *Ted's Groove*; finish up this.

EAST VIEW BOULDER

A quality little block 15m right (as faced) of Lemon Grenade.

53 Jungle Brothers *7a*
SS. A neat little climb on the south end of the block. Start with a low LH undercut and RH on the arête. Pull on and make a move to a crimp on the arête then straight up to the lip before manteling out.

54 The Magic Bush *6b+* *
SS. From a big low edge climb straight up to the sloping lip then rock up and left to finish.

55 Baz's Problem *6c*
SS. Pull up to a positive LH hold then make a tricky stretch for the right arête and continue up this to finish.

THE COURTYARD

From the Theia Boulder drop down to a sheep track and follow it east for 100m, before dropping down the slope diagonally south-east for a further 60m to another rocky outcrop. There is a clean south-facing wall featuring some excellent low-grade highballs, which are listed below. The adjacent 'courtyard' features a north-facing wall which hosts a number of good easy problems but which can be a grubby. These are left for the reader to explore for themselves.

56 Malibu *6a*
Follow the crackline on the left side of the wall above a perfect grass landing.

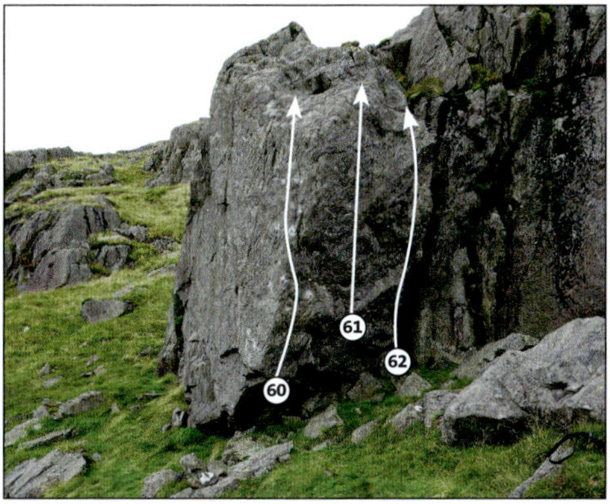

57 Fortress *4+* ★
The quality highball up the grooved column.

58 Brennick *4*
Starting just right climb direct.

59 Dystopic Future *5*
Up the wall a few metres to the right via a hard start. Superb climbing above another perfect landing.

STARSHOT BOULDER

From The Courtyard head east at the same level and you will soon see a stunning, undercut highball arête some 100m ahead.

60 Starshot *7c* ★★★
SS. A fabulous highball tackling the eye-catching arête via a burly start and technical upper section which trends on to the left side to top out. The stand-up is 7b+.

61 Conamara Chaos *7b+* ★★
Direct up the centre of the narrow wall. A masterclass in stretched board climbing which features an awkward deadpoint crux and a slightly highball flavour. A sit from directly beneath is 7c.

62 Eos *7b*
SS. The right arête.

HOUSE KAT BOULDER

Down the slope and directly in front of the last climbs is another jumble of smaller blocks, and more particularly a steep, appealing face, with a diagonal crack rising from a pit.

63 House Blend *7b* ★
SS. Start low to the right and climb the diagonal crack before heading direct to the apex at half-height. A cool and enticing line with technical and stretched climbing.

64 House Kat *7a*
As per the original line but break off left at half-height to the vague arête/rib and finish via this.

65 Kats Like Felix *3*
The glorious clean-cut arête to the right of *House Blend*.

OTHER POTENTIAL

The hillside between the Theia and Starshot boulders is literally covered in quality rock. This obviously ranges in height and angle, however there are undoubtedly many more good problems hereabouts. There is also a good length of wall immediately right of the Starshot Boulder hosting more reasonable potential.

HOMEWARD BOUND

A much quicker if steeper descent is possible from the Starshot Boulder. Regain the path in front of the blocks and follow it east for 180m to where it joins another obvious summit path (Public Bridleway). Follow this path downhill, through a swing gate as the hill steepens and the bridleway ultimately winds its way down a slight scree slope to eventually level off at some trees and rejoin the big gravel track used on the approach.

ESKDALE

THE AUTHOR GOING FULL SPAN ON *HYPERNOVA* AT SAMPSON'S STONES (PAGE 315) **PHOTO**: JULIA ENTWISTLE ▶

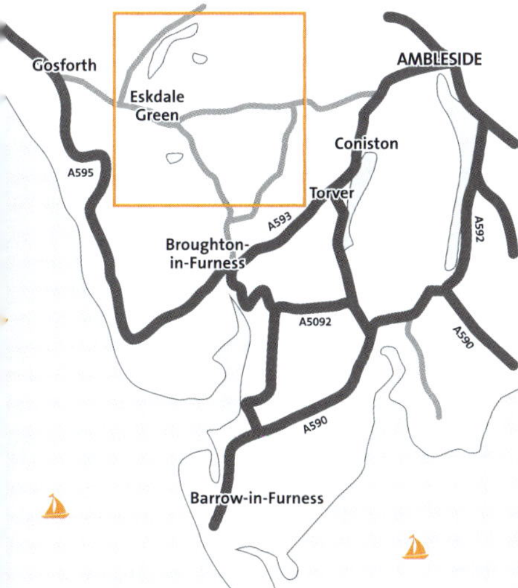
Gosforth
Eskdale Green
AMBLESIDE
Coniston
Torver
A595
A593
A592
Broughton-in-Furness
A5092
A590
A590
Barrow-in-Furness

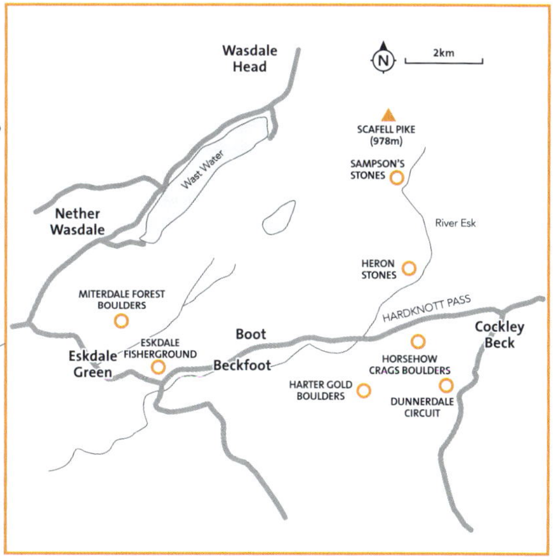
Wasdale Head
2km
SCAFELL PIKE (978m)
Wast Water
SAMPSON'S STONES
Nether Wasdale
River Esk
HERON STONES
MITERDALE FOREST BOULDERS
HARDKNOTT PASS
Cockley Beck
Boot
ESKDALE FISHERGROUND
Eskdale Green
Beckfoot
HORSEHOW CRAGS BOULDERS
HARTER GOLD BOULDERS
DUNNERDALE CIRCUIT

Horsehow Crags Boulders

ASPECT: **WEST, NORTH-WEST** APPROACH: **15–20 MINS**
ALTITUDE: **450M** GRID REF: **NY 223 007**
PARKING: **54.404406, -3.173074** OS MAP: **P554/OL6**

Tucked aside a gentle grassy incline on Harter Fell's north-western slopes are the boulders of Horsehow Crags, a rocky buttress reached via a 15- to 20-minute undulating amble from the summit of Hardknott Pass. From the boulders you are treated to a fabulous vista of Eskdale and Hardknott's Roman fort.

The area hosts a lower main sector, providing a handful of boulders and a pleasant wall. These offer some good clean problems above generally flat, grassy landings. This sector is overlooked by the less extensive Peach Wall, a tall face offering a quartet of highballs – two of these being arguably the best of their style in the Lakes.

Access and Approach

Park in one of a number of pull-ins at the summit of Hardknott Pass. From here head in a south-westerly direction, contouring across Harter Fell's northern slopes towards the largest rocky col (Horsehow Crags). This is just before the point where the rising slope begins to noticeably steepen. The boulders are hidden from sight on the approach.

Conditions

Most of the boulders and problems dry quickly and take little in the way of seepage, making Horsehow a good option after poor weather (although the approach can be boggy). Peach Wall is an exception to this rule, and does take drainage after rain. The area is pretty exposed and as such a calm, clement day will be conducive to a pleasant session.

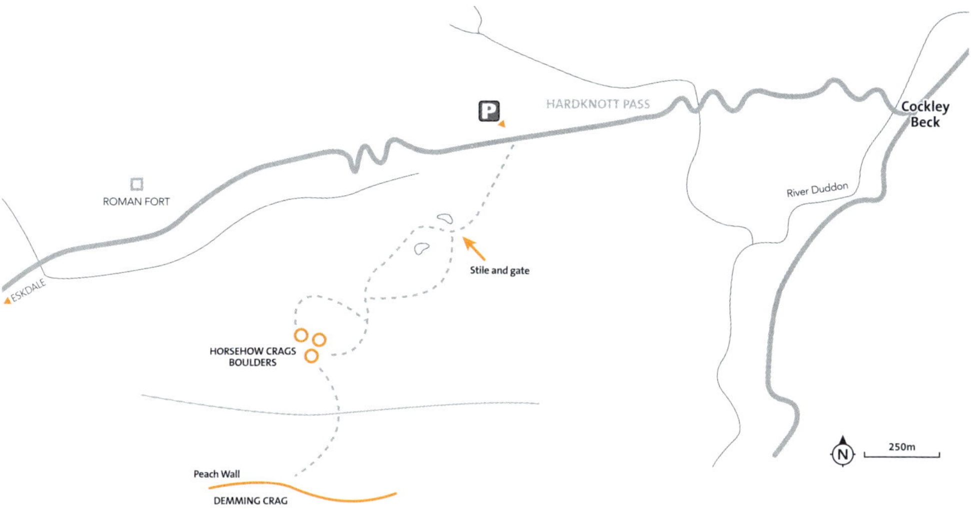

◀ JON BASSINDALE ON *AQUILINE* (PAGE 296) **PHOTO**: CHRIS PLANT

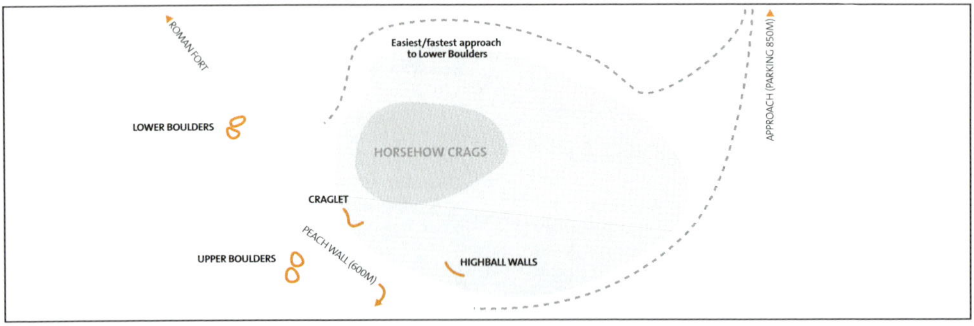

MAIN CIRCUIT
LOWER BOULDERS

A pair of neat little blocks, these lowest boulders provide some good shorter problems on immaculate rock.

1 Short & Sharp ***6a***
SS. The small triangular overhang.

2 Little Mantel ***5***
SS. Mantel over the end of the block.

3 Aquiline ***6a+***
SS. The appealing arête accessed via the low shelf. Start as low as possible.

4 Focus ***6a***
SS. Start as per *Aquiline* but head straight up rather than left to the arête.

5 Walk-up Wall ***4***
The short central wall ... without your hands!

6 Raven Wall ***4+***
SS. The wall left of the arête.

7 Raven Arête ***4+***
SS. The arête.

8 End Wall ***5***
The end wall without either arête.

9 Acerbus ***6a***
SS. The slightly dirty wall right of the arête.

10 Crack & Mantel ***4***
SS. The wall to the right. Use the cracks to gain the top and mantel out. Can be started further right without the cracks – same grade.

11 Villa Rustica ***5+***
SS. On the west end of the block, start centrally then move up and left to finish up the arête.

12 Mosaic ***5+***
SS. Again start centrally but this time go straight up. Eliminating the arêtes bumps the grade to 6a+.

13 Kite ***3+***
Climb the slab from its lowest point to the apex without either arête.

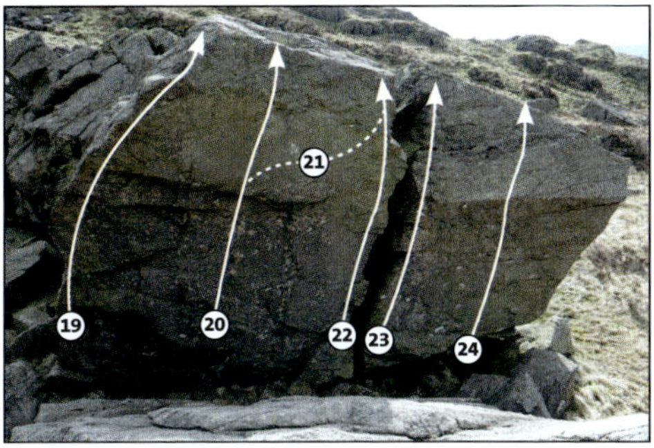

UPPER BOULDERS

This is the obvious cluster of blocks just under 100m above the Lower Blocks.

HAIRPIN BOULDER

The first two problems are in a pit in the centre of the boulders, to the left of a large slab.

14 Inner Peace ***4+***
SS. The left arête of the steep hidden wall.

15 Acute Reggae ***7c***
SS. The centre of the steep board-like wall, starting matched on a very low jug. Dabby but worthwhile with good moves.

16 Slab Left ***4***
The left side of the sizeable slab.

17 Slab Centre ***3+***
The centre of the slab.

18 Slab Right ***4***
The right-hand side of the slab.

19 Hairpin Relief ***6a***
The committing arête on its right side.

20 Race Pace ***7b***
SS. The centre of the scary wall to a final worrying move for the top of the block. The more pads the better.

21 Horse How? ***7a***
SS. Again, climb the centre of the wall, but this time veer off right just before committing to the top move.

22 Dirty Arête ***3+***
SS. The dirty arête on the right side of the face.

PLATFORM BOULDER

23 ***5***
SS. Another dirty arête. Would actually be pretty good if it cleaned up.

24 Sicario ***7a+*** *
SS. Crimps to start, slopers to finish. The centre of the smart face which changes angle at three quarters height to conjure up two sweet slopers.

THE AUTHOR ON *THE OLYMPIA ACADEMY* **PHOTO:** ANDY HEBSON

25 Platform to Success *7a*
SS. Climb a direct line on small edges up the wall above the terraced landing. Veering off left or right decreases the grade.

26 Stylus *6b*
SS. Start as *Platform to Success*, but once off the deck veer left to the top.

27 Bownessy *6c+*
SS. The sloping right-to-left arête.

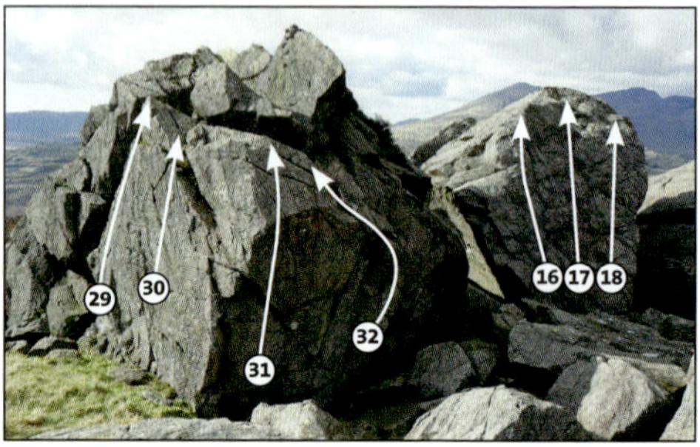

OLYMPIA BOULDER

28 The Olympia Academy *7b* ★
SS. The quality undercut arête climbed on its left side, without the use of the big slabby footblock.

29 Sun Bloc Arête *3*
SS. The short left-hand arête.

30 Sun Bloc Wall *3*
The middle of the wall right of the arête.

31 Bring a Pad *5+*
SS. Wall-come-arête.

32 Pocket Knife *5*
The dirty knife-like arête.

CRAGLET

A small crag/wall at the base of the main crag, facing the Upper Boulders.

33 Ledges & Cracks *4+*
The leftmost line on the wall.

34 Long Slab *4*
The central problem bearing right towards a line of moss near the top.

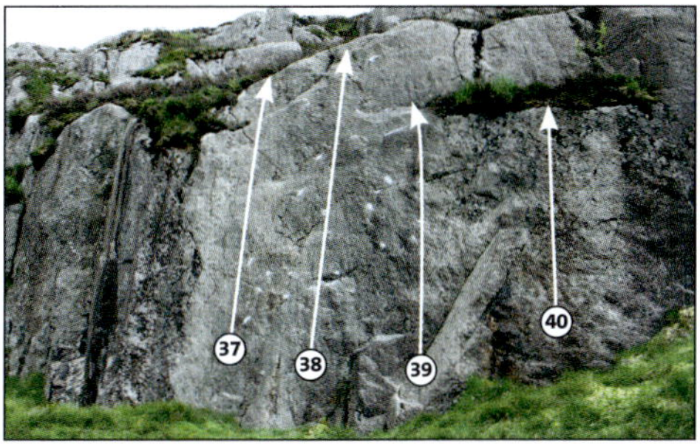

35 **Genius Loci** *4*
Direct up the right side of the wall.

36 **Per Aspera** *5+*
The end wall from sitting. A bit easier from standing.

PEACH WALL

This awesome piece of rock resides within the heart of Demming Crag, on the hillside above the previous sector. From Horsehow Crags head up the slope, then down into a slight trough passing over a stile, before trudging back up the slope towards the crag. As you reach the foot of the escarpment bear right along its base to where the crag drops in height and a clean wall footed with a carpet of flat turf is reached (600m). See overview map (page 295).

GEORGE NORTH STEELS HIMSELF FOR THE FINISH TO *THE GIANT PEACH*
PHOTO: GREG CHAPMAN

37 **Peach Melba** *7a* ★★
The left side of the high wall via a tricky start.

38 **The Giant Peach** *7b* ★★★
A wonderful and thin climb up the centre of the scooping slab/wall with a high crux. Either bail on to the high right ledge or finish direct, which is the same grade but adds some further spice. Low in the grade.

39 **Peach Cobbler** *7b* ★★
Start at the foot of the ramp feature and head straight up the wall above via more thin, technical climbing, before veering left to a good hold just below the grassy ledge and using it to surmount the ledge.

40 **Peach to Their Own** *6b*
Start just right of the ramp and head straight up to a cleaned hold on the grassy ledge.

Heron Stones

ASPECT: **SOUTH-EAST** APPROACH: **20 MINS**
ALTITUDE: **170M** GRID REF: **NY 222 028**
PARKING: **54.399501, -3.217815** OS MAP: **P553/OL6**

This small venue is situated on the banks of the River Esk in Upper Eskdale, below the well-regarded trad venue of Heron Crag. There are a number of blocks on the slopes below the crag, although most are a little too small to climb on. Fortunately the two boulders nearest the valley track offer a number of nice problems above good landings in a scenic riverside setting. The problems are on the whole in the lower grades with a couple of sterner sitters and traverses for those looking for more of a challenge.

Tailor-made for a short session with the family, Heron Stones offers a flat easy approach, riverside fun for the kids and ample picnicking potential.

Access and Approach

Park in one of two large lay-bys at the base of Hardknott Pass – one just before the pass levels off, the second 100 metres west of Brotherilkeld Farm. Walk to the farm entrance and follow the track/path through the farm and continue along the base of the valley on the right side of the river. After approximately 20 minutes Heron Crag will be visible to your left with the boulders directly below – 1.8 kilometres from the farm. The blocks are on the opposite side of the river; cross via various lines of stepping stones in the vicinity of the boulders.

Conditions

Open to the elements, these blocks get plenty of ventilation and thus dry quickly after poor weather. The river can sometimes be tricky to cross immediately after very wet weather, with the stepping stones submerging under the increased water level. If you think this is likely to be the case, it is possible to approach from the opposite side of the valley, as per the Sampson's Stones approach: after crossing the second bridge take the lower (RH) path along the west side of the valley direct to the blocks. This increases the approach by just over 500 metres.

◀ MATT IVORY ON *PROBLEM 3* (PAGE 302) **PHOTO**: JONATHAN DOYLE

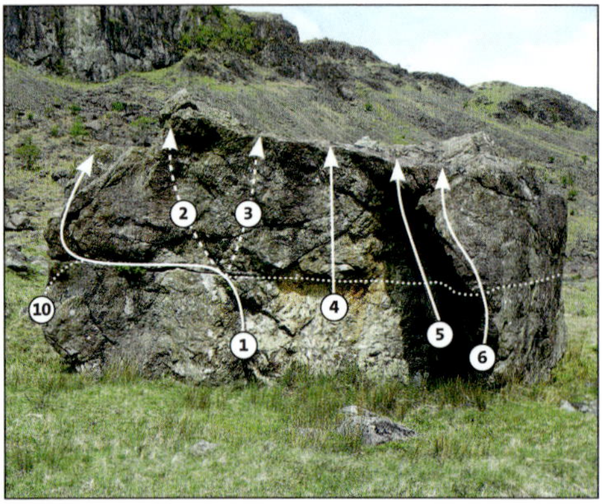

HERON STONES PHOTO: GREG CHAPMAN

HERON STONE
RIVERSIDE FACE

1 *5*
SS. From a niche move up into the break and traverse along this and up the arête.

2 *5* ★
SS. Start in the niche, but climb straight up trending left.

3 *6c*
SS. Again from the niche, but straight up trending slightly right. Fingery.

4 *6c+* ★
Direct from undercuts. 7a from sitting.

5 *4*
SS. The corner.

6 *6a+* ★
SS. The brilliant hanging arête.

7 **Heronesk** *6c*
SS. A powerful crimpy start leads to an easier finish.

8 **Riverside Wall** *6c*
SS. Another hard start off a purpose-built patio. Finish direct.

9 *6a*
SS. The arête on its left side.

10 **Ardea Cinera** *7a* ★
SS. Start at the far left of the Riverside Face below the finish of problem 1 and traverse the whole face to finish up problem 9.

NORTH FACE

11 *4*
Face and groove.

12 *4*
Face and overlap.

EAST FACE

13 *5*
SS. From a small patio overcome a small bulge and up.

14 *4*
Wall.

15 *4*
Grooved wall.

16 *4*
Slab.

TOMBSTONE

WEST FACE

17 **Tombstone Wall** *5*
The wall direct has a tricky move to finish.

18 **Tombstone Hug** *6a+* *
SS. The prow on the north end of the block is harder than it looks.

EAST FACE

19 *5*
SS. A tricky start and a nice finish up the left side of the face.

20 *4*
Easy wall.

Sampson's Stones

ASPECT: **SOUTH, WEST** APPROACH: **60 MINS**
ALTITUDE: **380M** GRID REF: **SD 296 998**
PARKING: **54.399501, -3.217815** OS MAP: **P553/OL6**

At the far end of Upper Eskdale on the southern flanks of the Scafell massif sits Sampson's Stones, an eye-catching ring of boulders set beside the inviting expanse of Great Moss, a lush mountain meadow which provides an ambling respite before the final inclines of Scafell Pike's southern slopes. Forged from the finest Borrowdale Volcanics and hewn from eons of exposure to Cumbria's infamous weather, Sampson's Stones offers a unique and unmissable bouldering experience in one of the country's finest locations.

Along with excellent rock and an unparalleled setting the circuit provides strong lines, a compact layout and superb landings throughout. Combine this with the fact it dries instantly, gets plenty of sun and provides a breathtaking panorama, you have what is surely one of the most complete bouldering locations in the UK. Of course, there is a minor catch: the 60-plus-minute walk-in. However, this pleasant ramble should be embraced as part of the experience. Use it to discuss the day's targets, reminisce past glories, enjoy the scenery and before you know it these brilliant boulders will be upon you.

While some of the easier boulder problems were no doubt first climbed long ago by trad climbers on their way to or from the mighty Esk Buttress, the first record of modern development came in 2003. It was then, after a tip-off from Dave Birkett, that Neil Kershaw and I began to properly prospect the crag, climbing many of the lines which have become easy and mid-grade classics. Since then the crag has been completely worked out, offering approximately 85 problems between 3 and 8a+. Most styles of climbing are catered for and any individual operating between 6a and 8a can squeeze at least one very productive session out of this superb venue.

Access and Approach

There are no access issues, although you should keep dogs on a lead in the base of the valley, leave all gates as you find them, take your litter home and generally try to leave this beautiful area in a better state than you found it.

Park at the base of Hardknott Pass on its Eskdale side, in one of two large lay-bys 100 metres either side of the entrance to Brotherilkeld farm (the lower lay-by is the best option if not full). From an old phone box at the entrance to the farm follow the track to and through the farmyard before taking a left crossing a wooden bridge. Continue through a field to another farm, in the process gaining access to the other main valley track, clearly signed *Eskdale & Scafell*. You should now be on the west side of the valley. From this second farm follow the track north for just under one kilometre to where it forks, immediately after crossing a small bridge. Here take the (very) steep left fork up the hillside, 500 metres after which it begins to level out. That's the hard bit done. Continue along this gently undulating, well-trodden path for a further three kilometres whereupon it begins to converge with the banks of the River Esk. The boulders can be clearly seen on the western edge of Great Moss, directly ahead of you, below the moody turrets of Cam Spout crag. The path will take you straight to them.

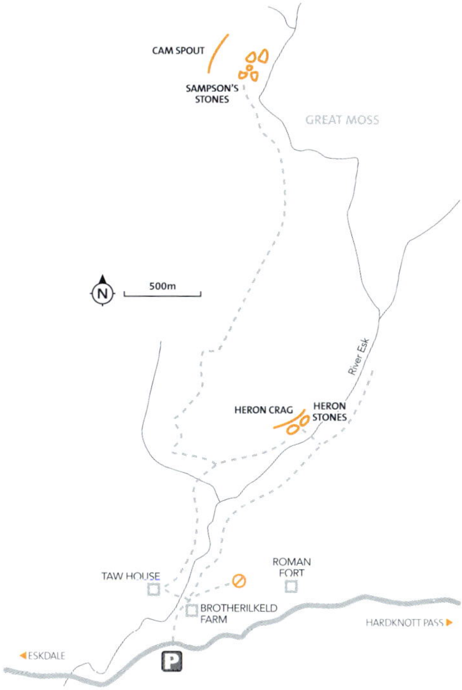

◀ PAUL CRAVEN PREPARES FOR THE FINAL POP TO THE LIP ON THE WONDERFUL *STARGAZER* (PAGE 314) **PHOTO**: GREG CHAPMAN

Conditions

At an altitude of 380 metres, and five kilometres from the road, this is essentially a high-crag destination and should be treated as such. Therefore go prepared. Even in summer it can get nippy if the clouds roll in and the winds kick up, so take a jacket whatever the weather or time of year. Also take plenty of food and make sure you're feeling good – you don't want to run out of steam having put in the effort to walk up here.

This is a year-round venue, although the best times to climb are spring and autumn when it's fresh enough to get good friction yet the days are long enough to allow for a decent length of session. Despite being reasonably high up, the climbing predominantly faces south and west, so if it is very warm the rock can heat up and climbing may become unpleasant, particularly on the harder problems. That said, this is a wonderful spot for many other reasons, notably the glorious swimming holes along the upper reaches of the River Esk. So more relaxed summer visits, perhaps with the family, can be combined with the area's other natural attractions.

THE SATELLITE BOULDER

A small boulder located by the track approximately 300m before the main circuit. While a minor block it hosts some decent, if very short, problems.

1 **Black Arrow** ***4+***
SS. An arcing traverse on nice slopers, starting on the far left.

2 **Ariel** ***7b***
SS. The short crack climbed on the left via a single tough move.

3 **Prospero X1** ***7a+***
SS. The bulge right of the crack, using the crack for your LH, may be short but it provides fabulous holds and a few satisfying moves.

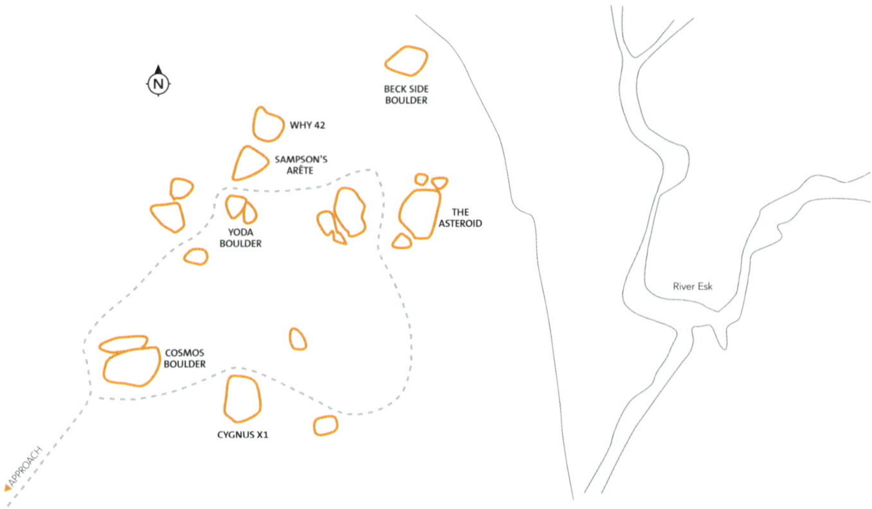

COSMOS BOULDER

The first major boulder encountered on the approach is the excellent Cosmos Boulder. This huge volcanic remnant has a rare quality in that, unlike many blocks you'll find, it seems to grow in size and stature with every stride made towards it. The holds are fantastic, varying from high-friction blobs and crimps, to smooth slate-like edges and shelves. The landings are also generally very good.

WEST FACE

4 Crater Face *7b+*

The scary wall in the open-topped cave is climbed via a line of gradually improving edges. A few pads are useful on this one.

5 Stellar Dweller *8a+* ★★

SS. From low holds at the back of the roof/niche climb out on side-cuts and slopey holds, before making a hard move to a well-brushed RH crimp. Continue direct up the left side of the prow, via another crimp, to the final move of *Event Horizon*.

6 Event Horizon *6c+* ★★★

The hanging prow is climbed on the right and features a brilliant, powerful sequence to reach a tilted rail.

7 Beyond the Horizon *7a+* ★

Start as for *Event Horizon* but once pulled on press right via the big sidepull to a gaston and use this to reach the top.

8 Houston We Have a Problem *6c*

Start standing on the block and use anything you can to spring for the flattest part of the top. Hazardous to say the least!

9 Axions *7a+* ★★

SS. From the big, obvious sidepull make your way up the diagonal line of brushed crimps and gastons until you can reach out right to a rough sloper on the lip. Quality.

9a Axions Boogaloo *7b* ★

SS. A good variant: start as for *Axions*, but at the point where you move right, step left and use a small undercut to make a worrying dyno to the top at the point where it levels off.

10 The Light of Other Days *7b* ★

SS. From matched on a diagonal edge press right into the niche and endeavour to gain the slopey lip via a shoulder press, then continue up the lip-come-arête.

11 Axion Days *7b+*

SS. Start as for *Axions* then press right to finish as for *The Light of Other Days*.

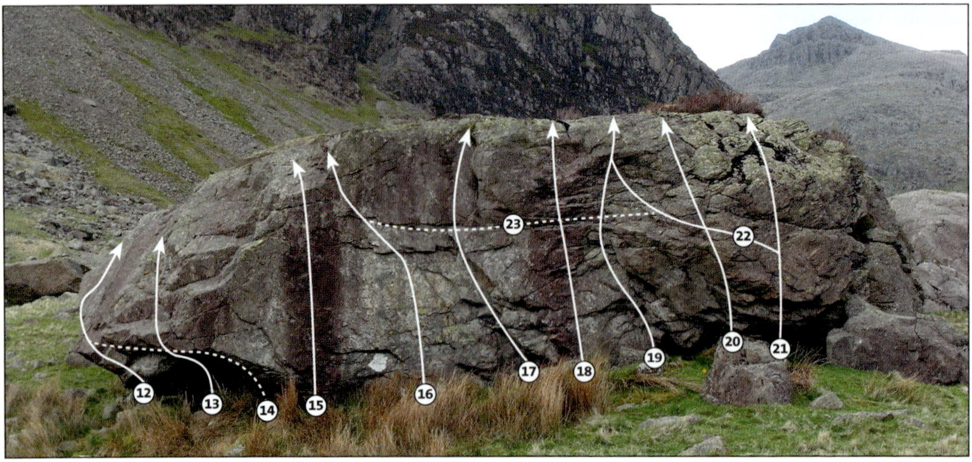

SOUTH FACE

12 Galactic *6c* ★★
SS. A hard start from holds either side of the short, undercut prow allows you to pull up left to the immaculate lip-come-arête. Follow the lip left and up as far as you can, before topping out. 6a if you start with your hands on the lip.

13 The Ergosphere *7c* ★
SS. From matched in a slot jug at the back of the cave, climb out of the left side via tough powerful moves on superb edges to a hard move round the lip. Carry on straight up the slab to finish.

14 Dark Side of the Sun *7a+*
SS. Start on the far right side of the small cave, pull on and then (staying low) make tricky moves left to link into and finish as for *Galactic*.

15 Dark Matter *7b* ★
SS. Use low holds to make a hard move to a square-cut pocket and finish direct. 6c if started from the pocket.

15a Super Moon *7c*
SS. Start up *Dark Matter* and from the square pocket head right across the face via a series of crimps, gastons and sidepulls to finish up *Space Curve*.

16 Steady State *7b* ★★
The splendid vertical wall trending left features a great sequence with thin footholds and a final hard move to the top. The short may need a stacked pad to get going. The sit-start is a tenuous but very good 7c.

17 Space Curve *6c+* ★
SS. The innocuous groove is far harder than it looks but very good. 6a+ from standing.

18 Dark Energy *6c+* ★
SS. The second dark streak is again a rough proposition with a difficult start. 6a+ from standing.

19 Of Time & Space *5*
SS. The curving angular groove.

20 Harvest Moon *6a*
SS. Use an in-cut edge to climb direct through the slight overlap.

21 Arcturus *6a+*
SS. A tricky undercut start leads straight up the orange rock on positive but slightly hidden holds.

22 **The Heart of Gold** *6b*
SS. Start as for *Arcturus*, but once on traverse leftwards on great holds to finish right of the dark streak.

23 **Xenocide** *7b+* ★
SS. Start as for *The Heart of Gold* but continue leftwards across the face, following the break/shelf line to the groove of *Space Curve*. Take a quick breath and press left into and up *Steady State* to finish.

EAST FACE

24 **Einstein Rosen Bridge** *4+* ★
SS. The blunt arête climbed on the right.

25 **Phantom Moon** *6c+*
SS. From a slippy RH pinch make a tricky move up to blind edges.

CYGNUS X1 BOULDER

Historically this boulder has been somewhat overlooked, but the neglected nature of this block is certainly unwarranted, as it offers some very fine problems. In particular, *Europa's Secret*, *Charlie X*, *The Calisto Catch* and *Far Star* are all quality.

SOUTH-WEST FACE

26 **Cygnus X1** *6c+*
SS. The undercut wall is climbed direct via a very hard move off two crimps to a jug. Much easier climbing follows.

27 **The Calisto Catch** *6c* ★
SS. Use a crimp and sidepull to slap to a good hold. Finish direct.

28 **Europa's Secret** *6c* ★
SS. The blunt arête climbed front on. Very good!

29 **Space Jam** *3+*
The groove/scoop.

30 **Atom** *6a*
SS. Climb direct, right of the block.

31 **Charlie X** *7a+* ★
SS. Keeping to holds below the break, traverse right to the undercut arête and finish up its right side. Going straight up from the start is a reasonable 5.

32 **Far Star** *4+* ★
SS. A brilliant problem on fabulous rock, starting in the middle of the small roof. From the lip gain the big break and romp to the top.

JULIA ENTWISTLE STRETCHES FOR THE TOP HOLD OF *SPACE WARP* (PAGE 310) PHOTO: GREG CHAPMAN

EAST FACE

33 The Man Trap *6c*
SS. The thuggy undercut arête is hard to start but eases quickly.

34 *6a+*
SS. Start right of the arête using high handholds to move right into the juggy groove.

35 Lando *6a*
SS. From low side-cuts and flakes pull up and move slightly right to climb the left side of the wall.

36 X-Wing *5+*
The striking clean wall is not quite as tricky as it initially seems. Finish either to the left or right. The sit-start is 6a+.

37 Lost in Space *6c*
Traverse the face leftwards from *X-Wing* and finish up problem 34.

NORTH FACE

38 Grotesk *7a*
SS. The awkward groove provides a rewarding and powerful problem. Can be grubby but it's worth a brush.

39 Vesta *6c+*
SS. A hard move to gain the lip from dirty holds just below.

40 Juno *6a+*
SS. An easier line again via mucky holds just below the lip and then straight up.

41 Magnetar *7c*
SS. Start matched on the big obvious sidepull undercut beneath the roof and head out direct. 7b if started from holds just below the lip.

42 Flambuoyancy Aid *6c*
From the arête, follow the (usually grubby) lip left to finish up the top of *Grotesk*.

YODA BOULDER

The Yoda and Sampson's Arête boulders make for a pleasant warm-up area on the grassy knoll. The Sampson's Arête block, in particular, is a quality little boulder featuring a number of neat crimpy problems and traverses. The block also hosts, in *Sampson's Arête*, one of the Lakes's best easy problems. This is not to be missed however hard you climb!

43 Yoda's Arête *6c+* *
SS. A tricky problem up the right side of the angular arête.

SAMPSON'S ARÊTE BOULDER

NORTH-WEST FACE

44 ESA *4+*
SS. Start on the far left and traverse the lip all the way to the top of the arête.

45 NASA *5*
SS. From a diagonal edge climb straight up past a mossy crack.

46 Space Warp *6c* *
SS. A cracking problem up the thin wall via a poor brushed crimp. Start on the tilted shelf.

SOUTH FACE

47 Sampson's Arête *5* ★★★
SS. One of the best easy problems going.

48 Ursula *6a+* ★
SS. The scooped wall, without reaching over to the arête.

49 Hektor *6c* ★
SS. The bulging wall using the appealingly rough blunt rib is a cool little problem.

50 Sol *6a+*
SS. Left of the slight overlap.

51 *3*
Traversing the top of the block (R–L) gets the blood moving.

52 Space Cadet *6c*
SS. Traversing the boulder (R–L) without the top of the block and finishing up the arête is a great finger warm-up.

There is a low roof on the back of this block which has obvious appeal but little in the way of holds.

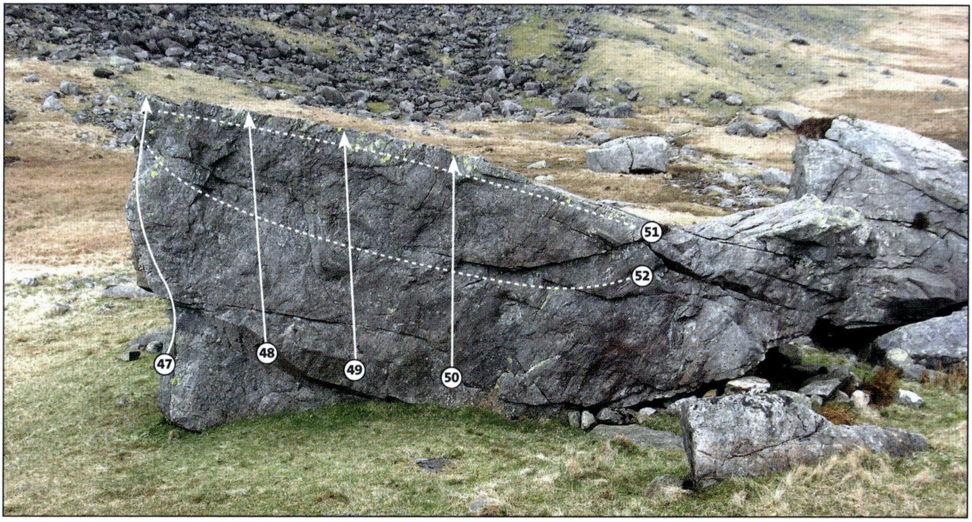

WHY 42 BOULDER

The Why 42 Boulder is a large block adjacent to the Sampson's Arête block. It provides a number of decent problems on its south and west faces, the best of which are *Samsung Arête*, *Star Wars* and *Why 42*.

WEST FACE

53 Samsung Arête ***5***
SS. The big and slightly grubby arête climbed on the right.

54 Star Wars ***4+*** *
The main wall climbed centrally feels big.

55 The Rancorn ***7a***
SS. Start sitting on the right side of the wall. Use a tilted brushed edge to make a hard move off the ground before pressing left into *Star Wars* to finish.

56 Boba Fett ***4+***
The vague rib/arête climbed on its left-hand side.

57 2
The broken wall climbed centrally or veering towards the slight groove is pleasant enough.

SOUTH FACE

58 Tau Ceti ***3+***
The undercut juggy arête climbed on the clean right-hand side. 6a from sitting.

59 Why 42 ***6b*** *
SS. From the lip of the cave use a good edge to make a tricky move, after which easier climbing allows a pleasant romp to the top.

60 Captain Grater ***6c*** *
SS. Start sitting in a small cave at the base of the embedded slab with your hands high on rough slopers. Pull up and gracefully (or otherwise) negotiate the slopey shelves on mint rock.

The north face of this block does offer a few high problems and a couple of traverses, however they are very dirty and generally a bit unpleasant.

BECK SIDE BOULDER

A neat little block hosting four good problems orbits the outer rim, but can usually be found next to the beck just north of the Asteroid.

61 Sirius ***3+***
SS. The clean and funky rail-like arête is good, but short.

62 Aurora ***4***
SS. The vague prow.

63 Beck Side ***6a+***
SS. The central wall climbed direct, avoiding the cracks either side.

64 ***4***
SS. The brushed, but still rather mucky, right arête.

JULIA ENTWISTLE CRUISING *SAMPSON'S ARÊTE* (PAGE 311) **PHOTO**: GREG CHAPMAN

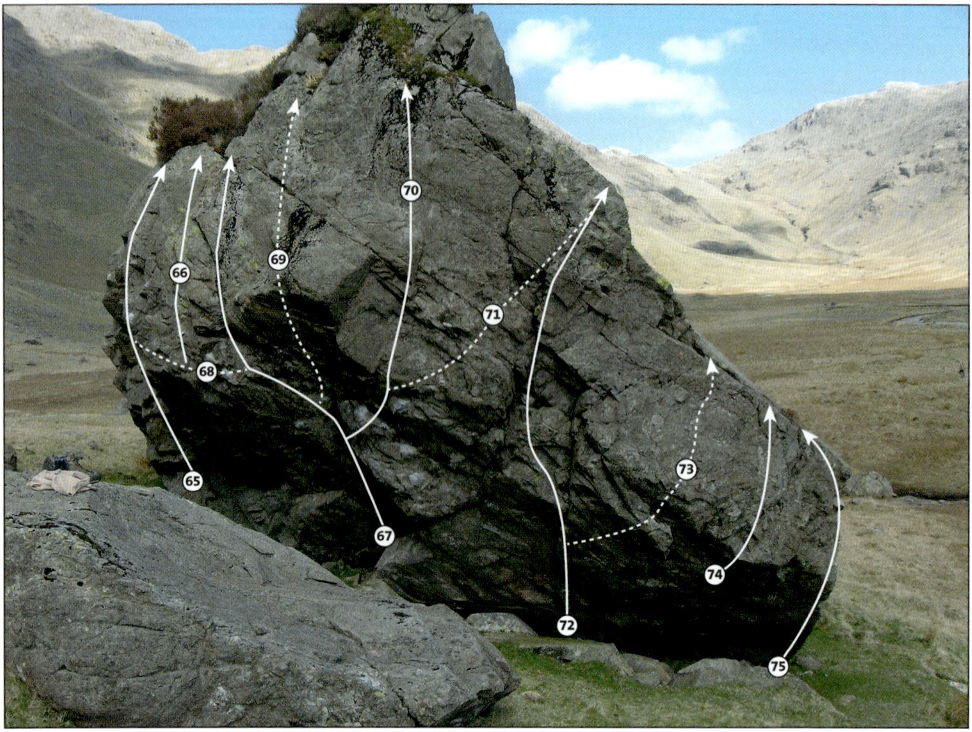

TRAVERSE BOULDER

On the slope between Why 42 and The Asteroid is a large low boulder with a long north face ideal for traversing. This has a number of short sit-starts – the best of which is a neat 6c dyno, from a ledge to the top, on the far left side – but does take drainage and therefore can be dirty. The obvious challenge is to traverse the entire block right to left (without the top?), although it would require a fair bit of brushing.

THE ASTEROID

This ultra-classic boulder sits in clear view by the track and is the first block you'll notice in the distance as you approach the venue. Its position and teardrop shape allude to the origins of its name, and the rock and climbing are equally out of this world. The majority of the entertainment centres on the south face, a steep well-featured affair, while on the east face four contrasting but equally good problems await.

SOUTH FACE

65 Calabi-Yau *6b+* ★
From a low start on a blocky shelf down and left move up on to the right side of the rough arête and finish up this.

66 186,000 MPS *6c*
A tight line. Step off the pointy block to start, reaching high for edges in the wall. Initially quite blank looking, but there are plenty of positive holds once you get established.

67 Stargazer *7b+* ★★★
SS. Start in the groove on a vertical slot. Make some tricky moves into an upright position before pressing left via a big move. Now dispatch a dynamic lunge to a jug on the lip, left of the shield-like feature, and finish direct. 7b from standing.

68 Tachyon *7b+* ★★
SS. Start as for *Stargazer* to the big press left, but continue leftwards at the same level to the arête and finish up this. 7b from standing.

69 Quark Star *7c* ★
SS. Again, start in the groove at the vertical slot. Climb straight up through the shield-like feature, via a low-percentage snatch for a tilted slot, before topping out above the shield on glorious jugs. 7b+ from standing.

70 **Quasar** *7a* ★★
SS. Start in the groove and climb out rightwards on open-handed holds then head directly up the wall right of the shield feature to a high and slightly scary finish.

71 **Quasar RH** *6c+* ★
SS. Start as for *Quasar* but escape rightwards into the top of *The Drake Equation* to avoid the higher and harder finish of *Quasar*.

72 **The Drake Equation** *6c* ★
SS. Use opposing sidepulls to make a hard, powerful move to gain better holds in the shallow juggy groove then continue up in relative ease.

73 **Ceres** *6c+* ★
SS. The opposing sidepulls are again used to pull on, but now move right to a big jug, before continuing up and right through the clean headwall on sharp holds.

74 **Eris** *6a+*
Use the flake to climb direct.

75 **Pulsar** *7a* ★★
SS. From a hard start on amazing patina imperfections, climb the hanging arête to a cool horn and on up the slab.

76 **MACHO Man** *7b*
SS. Start up *Pulsar*, then at the horn traverse left to the big hold and stay at a similar level until it is possible to finish up *Quasar*. Finishing up *Quasar RH* is 7a+.

SOUTH FACE LINKS & TRAVERSES

Various links, extensions and traverses are possible on the superb south face of The Asteroid. Many of these problems are at least as good as the original straight-ups and a number feature climbing not found on the aforementioned problems.

A **Doctor Manhattan** *7b+* ★
SS. Start up *The Drake Equation* and, from the lowest good holds in the broken groove, traverse left (staying low) to the right of the groove and then finish up the shield feature.

B **MACHO Manhattan** *7c*
SS. Climb into *Doctor Manhattan* via *MACHO Man*.

C **Hypernova** *8a* ★★
SS. Climb *MACHO Manhattan* to the good holds in the broken groove then continue left (staying as low as possible) to link into and finish for *Stargazer*.

D **Superluminal** *8a* ★★
SS. As per *Hypernova* but finish as for *Tachyon* rather than *Stargazer*.

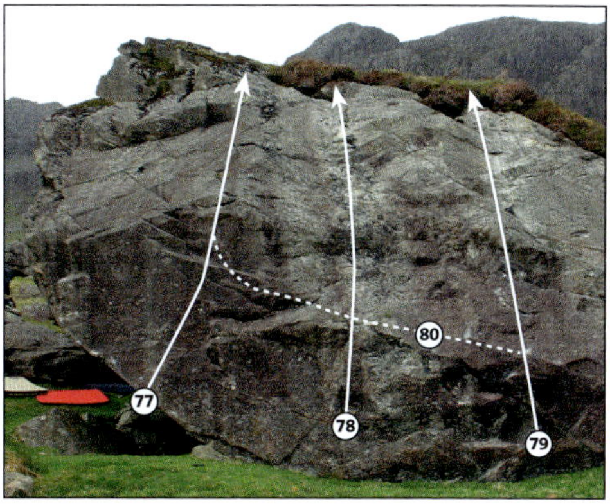

E **Quark Matter** *7c+* ★
SS. Start at the base of *The Drake Equation*, execute the first move then traverse left, via sidepulls and poor footholds, staying as low as is possible to gain the groove and finish up *Quark Star*.

F **Stargazing** *7c* ★★
SS. As for *Quark Matter* but finish up *Stargazer*.

G **Tachyonic** *7c* ★★
SS. Start as per the previous two lines but finish along *Tachyon* rather than *Stargazer*. Climbing up higher to the good holds in the broken groove before traversing left into *Tachyon* is *Light Speed*, a less good and slightly easier variant.

EAST FACE

The east face of The Asteroid plays host to a seemingly relentless slabby swathe of some of the grippiest rock you'll encounter. All the problems are excellent, with *The Last Star Fighter* being particularly good.

77 **Red Giant** *3+* ★
Straight up the rough dark wall.

78 **Starburst** *3* ★★
The very slight groove is an excellent problem, providing an interesting sequence throughout.

79 **The Last Star Fighter** *6a* ★★★
SS. Climb the centre of the dark patch direct, via brilliant holds to a tricky reach. Once on the slab things ease, but still remain interesting. Awesome and not to be missed!

80 **Spock** *6a+* ★
SS. Start as for *The Last Star Fighter* then traverse left, trending up, eventually meeting a tilted shelf and the upper half of *Red Giant*.

Miterdale Forest Boulders

ASPECT: **SOUTH-WEST, SOUTH** APPROACH: **20 MINS**
ALTITUDE: **200M** GRID REF: **NY 138 016**
PARKING: **54.398850, -3.316272** OS MAP: **P553/OL6**

Tucked away on a wooded hillside in a quiet corner of the western Lakes is the Teardrop Boulder; a block of premium granite, immaculate lines and a fabulous view of Eskdale and the Furness coastline. Along with the dozen or so problems hosted by the Teardrop Boulder itself, the Forest Boulders in the woods below offer an additional compact sector of good problems amongst the pines.

In spite of the quiet backwater setting, these boulders are straightforward enough to reach and no more than a 20-minute walk from the parking area. If you have a full day they can easily be combined with a visit to the Eskdale Fisherground circuit.

Access and Approach

From the Eskdale Green station, follow the road north-west for approximately three quarters of a mile to a narrow right turn at the northern end of the village – Longrigg Lane and access to St Bega's CofE Primary School. Follow this little lane, passing the school, without deviation for just under a mile to a gate. Go through the gate and park courteously on a grassy area adjacent to a small bridge and the river. Cross the bridge and enter the woods on the left via a gate. Continue up the forestry track for just over 500 metres to where a narrow bridleway crosses the track. Follow this uphill (right) – essentially cutting the corners off the wider forestry track – for 150 metres to where it again meets and crosses the forestry track. Stick to the narrow bridleway as it continues up the slope for a further 75 metres to again merge with the forestry track.

FOR THE TEARDROP BOULDER:

Cross the big track for a final time and follow the continuation of the narrow bridleway uphill into the woods. In around 150m you will pass 'Canny's bench', immediately after which the track steepens and becomes boggier for a short distance before entering denser woodland (350 metres from the forestry track). Now look out for a squat block on the right side of the track and from here head into the woods on the left: after a short distance you will come to a clearing and the boulder.

FOR THE FOREST BOULDERS:

Turn left and continue up the big forestry track for 160 metres as it winds through the woods to a rise. The track now drops into a slight dip, immediately followed by a long (400-metre) uphill straight headed by a left-hand bend. At the bend look downhill into the forest and a tractor tyre should be visible. The main boulder is 100 metres downhill and 50 metres right of this (just visible from the track).

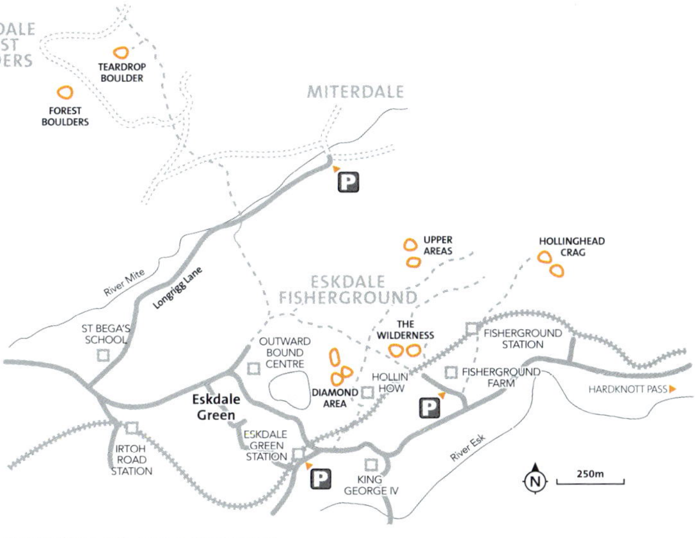

◀ THE AUTHOR ON *DIAMOND REIGN* (PAGE 318) **PHOTO**: ANDY HEBSON

Conditions

The Teardrop Boulder faces south-west and gets sun for much of the day. It is well ventilated and with the exception of a few lines on the north side dries quickly after rain. The Forest Boulders are secreted away in the heart of the woods, and as such they take longer to dry out after rain but do offer respite from the sun on warmer days.

As with all the granite in Eskdale, the rock is solid but rough on the skin. Because of this, cool conditions and a steady approach are recommended for a successful visit.

TEARDROP BOULDER

GRID REF: **NY 138 016**

1 **Diamond Reign** *7b+* ★★★
SS. A magnificent problem which climbs the big left-hand arête on its right side. Start on a tilted edge down to the left and head straight up via a technical sequence to a high but straightforward finish at the apex of the block. A Lakes classic. 7b from standing.

2 **Dry Your Eyes** *6c+* ★★
From a high edge climb the centre of the wall direct to the summit via a gaston. A sit-start, coming in from the same sit as the previous problem, makes for a very sustained 7a+.

3 **Land of Milk & Honey** *7c* ★★
This wonderful climb starts up the hanging dihedral and makes a series of tenuous and off-balance slaps on rough slopes to gain the arête. From here continue up the left side of the arête to a precarious highball finish on the front face.

4 **Land of Milk & Honey Monsters** *7b+* ★★
Start as per the previous line but on reaching the arête dispatch a series of delicate moves to gain the thin upper slab and follow the right side of the arête to the top of the block.

5 **Land of Mead** *8a+* ★★
SS. Start sitting (or kneeling, depending on your height) at a poor RH pinch and a good LH sidepull, then move right via some beefy compression and sloper moves into either of the previous stand-ups.

6 **The Opal Deception** *7c+*
SS. Start on a vague blunt arête to the right side of the dihedral and make a couple of tough moves up to the lip then move right to finish as per *Phil's Traverse*. A little infuriating to start due to the sloping landing but worth the effort.

7 **Phil's Traverse** *6c* ★
Start at a good hold just left of centre on the north face and traverse the lip to the extreme right before topping out via a tricky mantel. Good, but can get dirty.

8 **Teardrop Mantel** *6b*
Climb the centre of the north face, starting at an obvious good hold.

9 **Max Payne** *7b+*
SS. Climb the north side of the end prow via a dynamic move to the lip. Starts RH on a hold on the short arête and LH sharp undercut down to the left. Painful!

10 The Shield *5*
SS. Use the hanging shield to surmount the slab, then veer left to the top.

11 Pit & Slab *6b*
SS. Start low on a horizontal brushed edge and make a move to a good hold. Now turn the lip and finish up the scooping slab.

12 Tear for Fears *6c* *
SS. Start at a good fin, pull on and move to the right to follow a vague diagonal rib across and up the slab to meet the arête. Very good, but needs a few pads.

13 Western Slab *6a*
SS. Start as for *Tears for Fears* but head straight up the slab above the fin.

14 Teardrop Arête *6c*
Starting off a block, gain the left side of the arête and follow it to the top and a highball finish above a less-than-favourable landing.

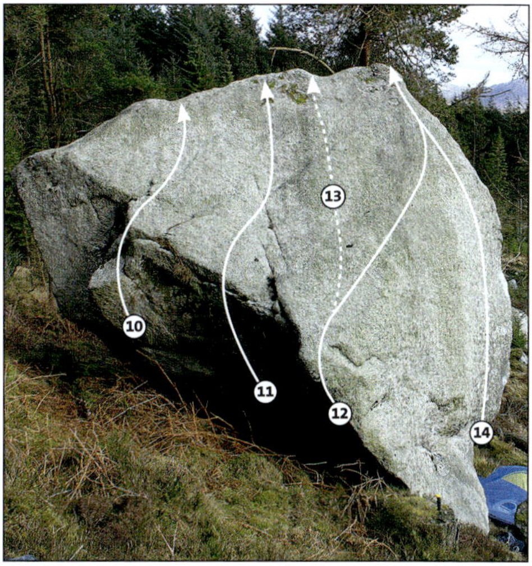

INTO THE WILD! JULIA ENTWISTLE DISPATCHES *THE SHIELD* IN PROPER WINTER CONDITIONS.
PHOTO: GREG CHAPMAN

FOREST BOULDERS

GRID REF: **NY 134 015**

Hidden deep in the pines is a large loaf-like block and three satellite boulders giving a collection of excellent, technical problems on immaculate granite. Situated approximately 300m from the already classic Teardrop Boulder, these more recent additions give the area a decent mix of problems, including some standout lines in the 7s.

MIGHTY WHITE BOULDER

15 White Sprite *6a* *
SS. The slab using the right side of the left arête is excellent. The arête on its left side is a less good 4+.

16 The Crystal Method *5* *
Excellent delicate climbing up the centre of the slab.

17 Mighty White *6c+* *
SS. The central arête. Tough but good.

18 Fumbling with the Blues *7b+* *
SS. Start with both hands on the slopey shelf, from where a technical tussle leads diagonally rightwards to gain the lip crimp and a victory mantel. The stand is 6b.

19 Haptic Martyr *7c+* **
SS. Start as for *Fumbling with the Blues* but from the crimp on the lip traverse right and finish up *Clash of the Wood Elves*. A bit sharp but still very good.

20 Clash of the Wood Elves *7a* **
Climb the rising L–R lip from a tough start. Once established things ease rapidly but the quality holds true.

21 Wood Elf Dyno *7a* *
SS. From the obvious in-cut holds in the middle of a crimp rail, launch to the lip then straight up.

22 The Flake *5+*
The obvious flakeline to the lip, then straight up using the blunt right arête.

23 Green Sprite *6a*
The right arête eliminating any holds in the flake to the left.

Three cleaned prows are visible in the jumble 50m west of the Mighty White Boulder.

LOW PILLAR

24 The Angry Pixie *7a* *

SS. Climb the pillar from low opposing sidepulls via a big move. The stand is 6b.

UPPER PILLAR RIGHT

25 In the Ghetto *7a*

SS. Start centrally on a low LH crimp and RH on the arête. Head up to a sharp triangular crimp beneath the overlap then move to the left edge and climb this without the aid of the block or crack to the left.

26 Suspicious Minds *7a+* *

SS. Start as for *In the Ghetto* but at the sharp triangular crimp head direct through the centre right of the hanging shield via two diagonal seams. The stand is a good 6c+.

JULIA ENTWISTLE ON THE EXCELLENT *WHITE SPRITE*
PHOTO: GREG CHAPMAN

UPPER PILLAR LEFT

27 Goin' Out West *6c*

SS. The left arête.

28 Groove Line *6b+*

The dirty RH groove climbed on its left side. You can use the left arête if you can reach it.

petzl

Eskdale Fisherground

ASPECT: **SOUTH** APPROACH: **10–15 MINS**
ALTITUDE: **80M** GRID REF: **NY 147 002**
PARKING: **54.387031, -3.317290** OS MAP: **OL6**

Further adding to the region's diverse geology, the wonderful granite areas of lower Eskdale serve up a wealth of excellent climbing on a coarse crystalline rock some half a billion years in the making. Covering at most 10 square miles, this granite extrusion forms a unique island gem in the Lakes' western foothills, bestowing a number of fabulous crags and bouldering sectors on us lucky climbers.

The most extensive bouldering area is situated in the locale of Fisherground farm and campsite, a stone's throw from the King George IV pub. Here a crystal maze of craglets, boulders and pinnacles are scattered across the gently rising hillside to the rear of the farm and campsite. Comprising of four distinct sectors – Diamond Area, The Wilderness (Animal), Upper Areas and Hollinghead Crag – the Fisherground area hosts a contrasting mix of climbs, from extremely lowball circuit-style problems to proud and classic lines.

Access and Approach

Free parking can be found at Eskdale Green station, on the Ratty Railway, around 400 metres north-west of the King George IV pub. All the sectors can be reached from this parking spot, however the approach time can be reduced for the eastern/upper areas by parking next to the registration kiosk at the entrance to the Fisherground. This costs £2.50 (at the time of writing). During closed season parking is available at the back of Fisherground Farmhouse at £2/day (honesty box). Do NOT park in the private cobbled courtyard at the front of the farmhouse.

The first sector described incorporates the superb Diamond boulder and adjacent *Strong Arête*, as well as a pleasant circuit of shorter problems. From the Eskdale Green station walk back south along the road for 100 metres to a public footpath on the left. Follow this for 200 metres to Hollin How (farmhouse), in the process passing over the Ratty Railway via a footbridge. The path skirts around the left side of the buildings going through a gate and out on to the fellside. Continue along the path for a short distance and the Diamond boulder soon appears ahead of you, just left of the path.

Conditions

Gritstone principles apply here, with cold and cloudy days providing the best conditions. Make no mistake; the rock is rough. Start slapping around on warm, sunny days and you'll be out of skin in no time. This fact, combined with summer bracken levels and the south-facing aspect, makes winter the best time to visit for all but easy circuiting. Hit the rocks in prime conditions and you'll not only be treated to striking lines and superb climbing, but also Velcro-like grip. With the exception of the Wilderness sector (which takes some run-off), the rest of the blocks and walls dry extremely quickly after rain.

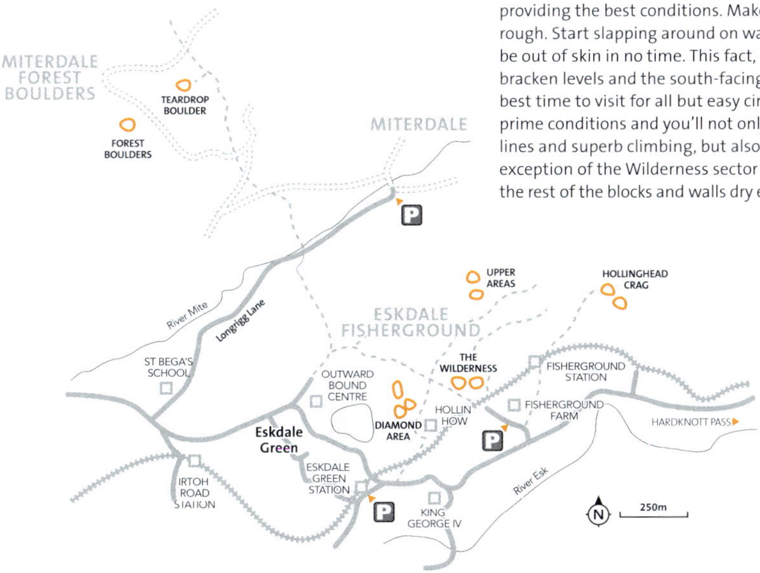

◀ THE AUTHOR ON *MILLENNIUM STAR* (PAGE 332) **PHOTO**: JULIA ENTWISTLE

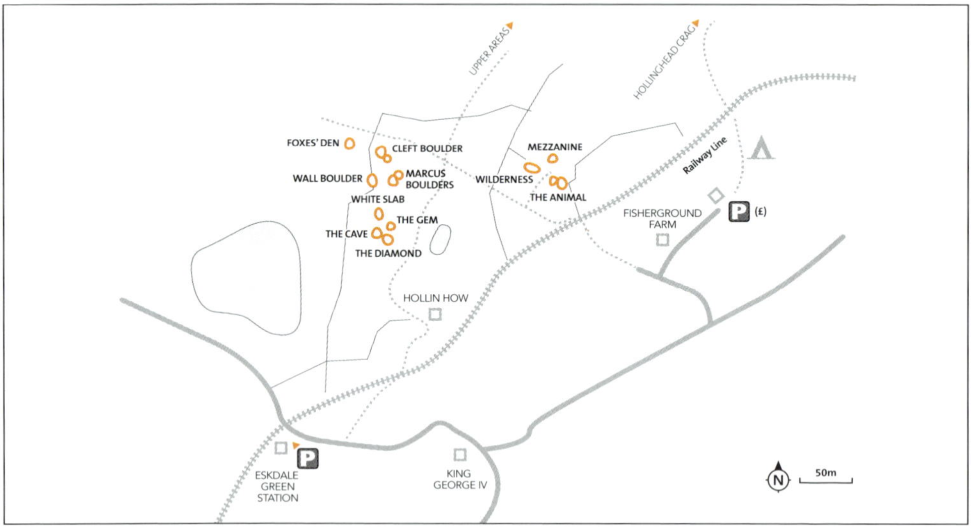

DIAMOND AREA

If you go to just one sector it has to be this one: the first blocks reached host a trio of Lakeland classics.

THE DIAMOND

1 Left Crack *4+*
Climb the crack on the left side of the wall. 6a+ From sitting.

2 Rob's Wall *7c* ★★★
SS. The superb central line up the wall, starting off a right-facing edge. Press up and right to a side-cut edge, stabilise, then straight to the top. The stand-up is a good 7a+ in its own right.

3 Chimney Arête LH *6b+*
SS. The arête on the right side of the wall using the opposing arête for feet where required.

4 Rational Thinking *7b+* ★
SS. Start as for *Chimney Arête LH* then follow the obvious diagonal crease up leftwards across the wall, finishing via juggy holds on the far upper left side of the wall. *Irrational Thinking* (7c+) climbs the same line without the use of the wall/arête on the right side of the gaping crack for feet.

5 Chimney Arête RH *6c*
SS. The next arête is climbed via a tough start using the arête and holds on the face. The stand is 4+.

6 Little Pillar *6b+*
SS. The centre of the narrow wall.

7 Fisherground Arête *7a*
SS. The tough right-hand arête is an old-school testpiece.

8 The Traverse *5+* ★
Starting in the bottom corner of the south face traverse up rightwards via a low line to the far right side then up.

9 Pillar Face *6b* ★★★
One of the best of its grade in the Lakes. Start just left of the deep crack and climb straight up the face using the right arête to a couple of pokey moves near the top.

10 Diamond Crack *4*
The appealing crack.

11 The Diamond *5+* ★★★
Starting right of the crack, head straight up the middle of the face via some delicate smearing and more spicy moves near the top.

THE CAVE

Directly behind The Diamond, on a slightly higher level, sit a pair of excellent blocks.

12 *4+*
Start at the lowest point in the centre of the west face and head up to goods holds above the overhang. Finish by traversing off to the upper left side.

13 Sock Crack *4* ★
The wide, winding crack. A sitter adds nice moves, but the overall difficulty remains the same.

14 Strong Wall *6c* ★
SS. Starting at the base of the crack head straight up the face to the right via some crystally edges.

15 Strong Arête *7a+* ★★★
From a squat or sitting start (depending on your height) begin on a hold in the diagonal crack and a flat edge to its right and head up the left side of the arête via some powerful moves and a commiting slap. Top drawer! The stand-up is a quality 6c.

16 Strong Arête Low *7b+* ★★
SS. Start at the base of the big crack and pull up right into the start of *Strong Arête* via some tough moves requiring good tension.

17 Gorse Slab *6b*
A tough little number which mantels the slab right of *Strong Arête*.

18 Out of the Shadows *7b+* ★
SS. A sustained affair which traverses the sloping lip from its lowest point, at the back of the cave, to and up the left side of *Strong Arête*.

19 Wrong Arête *7c* ★
SS. From two crimps in the roof (and a useful toehook) on the right edge of the cave, climb the left side of the hanging arête. The stand-up is a powerful 6b.

20 Cave Slab *6c*
SS. Starting on a tilted shelf surmount the overlap and pad your way up the slab.

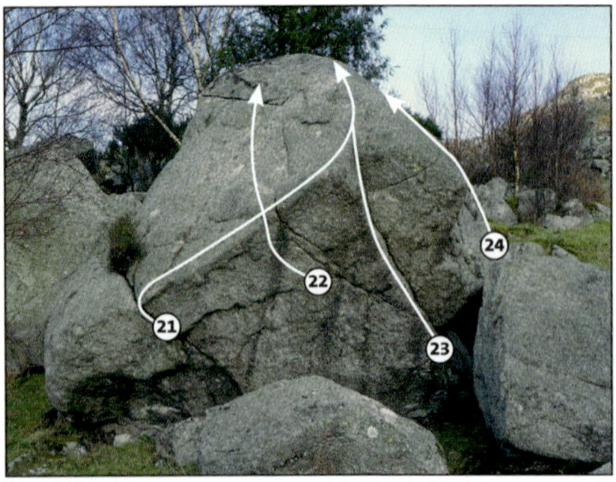

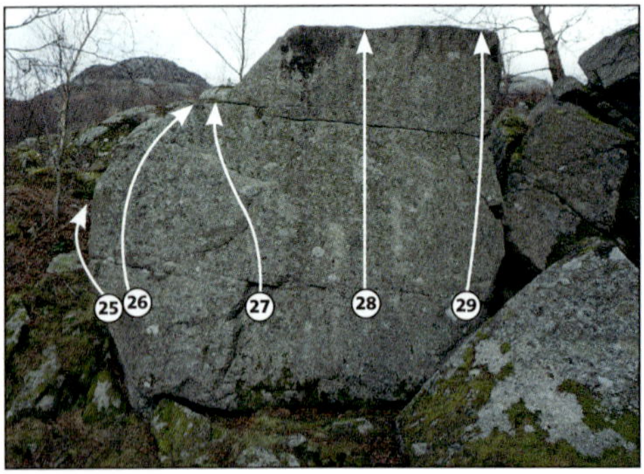

THE GEM

Situated around 25m up and right (north-west) of The Diamond is a sweet little block hosting some nice problems.

21 **Phil's Traverse** *6c* *
SS. Traverse the lip of the block from a crack on the lower left side to the apex.

22 *4+*
SS. Use a flake to surmount a direct line on to the slab.

23 **Light Fantastic** *7a+* *
SS. The left-tilting groove on the right side of the face is a technical little brute.

24 **Emerald Slab** *2*
The slab on the east side of the block.

WHITE SLAB

Another 35–40m to the rear (north) of The Cave is a bleached slab with obvious appeal.

25 **White Traverse** *6c+*
SS. Starting low on the left side of the face traverse the sloping lip of the block around the back of the boulder.

26 **Left Arête** *5*
The left arête of the face climbed on its right side.

27 **Slab LH** *3*
The left-trending line of easy climbing.

28 **White Slab** *4*
The central slab line is a doozy.

29 **Right Arête** *4*
The arête on the right of the face.

30 **Lipster** *6c*
Set forward of the White Slab is a low block with an obvious left-to-right lip traverse. Pumpy.

WALL BOULDER

From the *Lipster* block head north for approximately 20m to meet a drystone wall. Follow this for a further 25m to where a block dissects the wall. This is the Wall Boulder.

31 *4*
Traverse the block from the left to the upper right. Can also be reversed at the same grade.

32 *5*
SS. The front face, bearing right near the top.

33 **Rob's Crack** *6c*
SS. A tough and decent sitter which follows the crack.

34 **German Weasels** *6c+*
SS. The narrow wall just right of the crack.

35 *3+*
The slab on the south end of the block.

MARCUS BOULDERS

Two low blocks immediately to the east of the wall.

36 **The Ring of Fire** *7a*
SS. A locals' eliminate featuring some decent moves: traverse the lowest face rightwards without the top, continue up and along the next face, this time using the top to the third face which is again traversed without the lip. Finally, finish up the fourth (north-east) face.

37 *6a+*
SS. The short wall on the north end of the block.

38 **Marcus** *6b*
SS. A very low, left-to-right circumnavigation of the lip of the flat block.

FOXES' DEN

Some more short lines lie on a couple of small blocks either side of the wall, 40m north of the Wall Boulder.

39 *5*
SS. Climb the crack-come-corner heading up and left, topping out on the block to the left.

40 *5*
SS. Up the crack, but just past halfway break right through the slight roof.

41 *6a+*
SS. Again start at the base of the crack but this time head straight up through the small overhang.

42 *6b*
SS. Traverse the lip of the block to the far left, starting low on the right.

CLEFT BOULDER

This small boulder is parallel with the Foxes' Den just north of the Marcus Boulders. In winter it often has a puddle beneath it.

43 *6a*
SS. Traverse the lip of the block from left to right.

44 *5+*
SS. The centre of the narrow end wall.

THE WILDERNESS

A smart sector featuring some good problems and a few classy highballs. See overview on page 324.

Approach from the Diamond: regain the main approach track and continue for a further 125m to where a track on the right slopes downhill and crosses some boggy ground (via a wooden walkway) before entering woodland through a small gate. Go into the woods and immediately you will see rock to your left, just beyond a small stream – this is Wilderness Wall. Continue along the path for a short distance to a crossing. From here bear back left up the slope to the Wilderness or go straight on for a few metres to the Animal Boulder.

Approach from Fisherground campsite parking: park at the campsite (see details and payment info under access and approach, page 323), and from the farm buildings a footpath heads up to and across the railway. Having crossed the railway the Animal Boulder lies just up and right below a broken crag.

WILDERNESS WALL

An excellent high wall with some great if slightly sharp problems, all providing strong lines. Due to its situation, in fairly dense woodland, this wall is best visited during dry spells and once the trees are leaf free and the undergrowth has fully died back.

45 The Niche *6a+*
Follow the faint seams direct to a notch at the top.

46 Dilemma *6b+* *
The centre of the wall is high and takes steely nerve. The brave will be treated to a smashing problem which fortunately provides good finishing holds.

47 The Beauty of the Link *6b*
Start up *Dilemma* then bail left into *The Niche* at half height and finish up this.

48 The Shady Groove *6c+*
The groove on the right above a poor landing zone.

49 Chuggington *7c* *
SS. Start low on the right side of the arête and make a tricky turn of the arête into the base of the shallow groove, before following this, keeping to the left, all the way to the top.

50 Thuggington *7b+* *
SS. Start as per *Chuggington* but follow the arête on its right side into the RH groove and follow this to the top. *Thug Thing* (7c+) is a quality link-up which starts up this, then moves right across the face on big undercuts to finish up *Where the Wild Things Are*.

51 **Fisherman's Groove** *6a+* ★★★
A tricky starts leads up the fine shallow groove to a fluttery finish at the top. The sitter is a tough one-mover and pushes the grade up to 7a.

52 **Anniebaditdonc** *6c+* ★
SS. Starting beneath the shield feature, pull up via thuggy moves into the shield and bear left into the groove and finish up this.

53 **Where the Wild Things Are** *7c* ★★
SS. A splendid and involved undertaking, with a spicy last move. Start as for the previous problem but this time head straight up on crimps to where a tricky moves give access to the right arête. Continue up using the arête and holds on the face to a cheeky move for the top. Reach back to good holds just before things get too exposed. Sharp but excellent.

ANIMAL BOULDER

54 **The Snake** *6a+*
Climb the arête starting straight on and moving right once established.

55 **The Iron Cross** *6c+*
SS. Climb the bulging wall just right of the arête without the use of the arête. A tight but worthwhile line.

56 **The Lion** *6c+*
SS. The blunt, undercut arête, bearing left at the vague lip.

57 **Grain Spotting** *7c+* ★
SS. A real toughy which starts in the same position as *The Lion* but then veers right slightly then straight up. The stand-up (starting just right of *The Lion*) is 7c.

58 **Bear Good** *7a+*
An awkward problem which starts just over 1m right of the *The Lion*. Maul whatever dimples you can find and pull up!

59 *6a*
SS. Head straight up via a tough move to gain the lip.

60 **The Sheep** *6c+*
SS. The quartzy slab direct via a tough start.

61 **The Cheetah** *6c+* ★
SS. Gain the arête via hard low moves.

62 **The Giraffe** *7a* ★
SS. From a low hold traverse the sloping lip right into and up the arête on its left.

MARY BIRKETT ON *STRONG ARÊTE* (PAGE 325) **PHOTO:** JON BASSINDALE

ESKDALE FROM BIRKER FELL **PHOTO:** GREG CHAPMAN

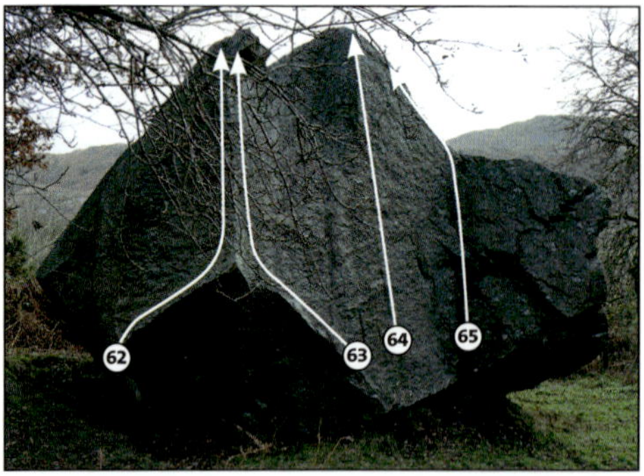

63 The Animal *6b*
SS. Use holds on the lip to gain the arête and finish up its right side.

63a Animal Crackers *7a* ★★
SS. Start as for *The Animal* but finish as for *The Giraffe* on the left-hand side of the arête.

64 Billy Badger *5* ★
The centre of the slab direct is very good. Bearing left at half height to the arête is *Badgical*, a good 4+.

65 Grubby Groove *3+*
The slight dirty groove on the right side of the face.

66 The Crocodile *6c*
SS. Located on a small block with a borehole at its base, next to the Animal Boulder. Climb the lip of the block up and right from a low sit-start.

THE MEZZANINE

A cool wall above a sizeable ledge at the top of the broken crag overlooking the Animal Boulder. The best method of approach from the Animal Boulder is to walk north-east (right as faced) along the base of the crag for 80m then bear left and backtrack up the slope to the top of the crag where it is possible to safely scramble down to the mezzanine-like ledge.

67 Kookookerchoo *7a+* ★★
The left side of the wall is classy and technical with an exposed feel.

UPPER AREAS

These minor areas are on the hillside above the Wilderness and east of the Diamond. Due to dense bracken coverage they are best avoided during the summer months.

Approach: From the Diamond regain the main approach track and follow it for 200m to a gateway. Go through the gate and stick to the main track heading uphill through a few scattered trees. The Fruitbat Boulders are around 200m from the gateway set to the left of the track. Back to the track and a further 65m leads to a point where the Needle overlooks the track. The Y-Fronts Boulder is the best of the bunch and can be clearly seen overlooking the Needle.

FRUITBAT BOULDERS

A pair of long, very low blocks overlooking the track. Easily missed.

68 Traverse ***5***
SS. A left-to-right bum-drag traverse of the upper block. Same grade in the opposite direction.

69 Fruit Bat's Delight ***4+***
SS. A right-to-left traverse of the lower block. Clearly fruit bats are easily delighted.

THE NEEDLE

A nice feature but with limited climbing.

70 NW Arête ***4***
SS. The north-west arête.

71 SW Arête ***4***
SS. The south-west arête and scoop.

72 Needle Arête ***5+***
SS. The south-east arête is the best climb on the pinnacle.

Y-FRONTS BOULDER

A good boulder with three decent problems.

73 Lightspeed Briefs ***7a***
SS. The vague, bulging left arête climbed to the apex of the block.

74 Left Y Crack ***6b***
SS. The crack taking the left branch to finish.

75 Right Y Crack ***7a+***
SS. This time follow the right branch to its termination.

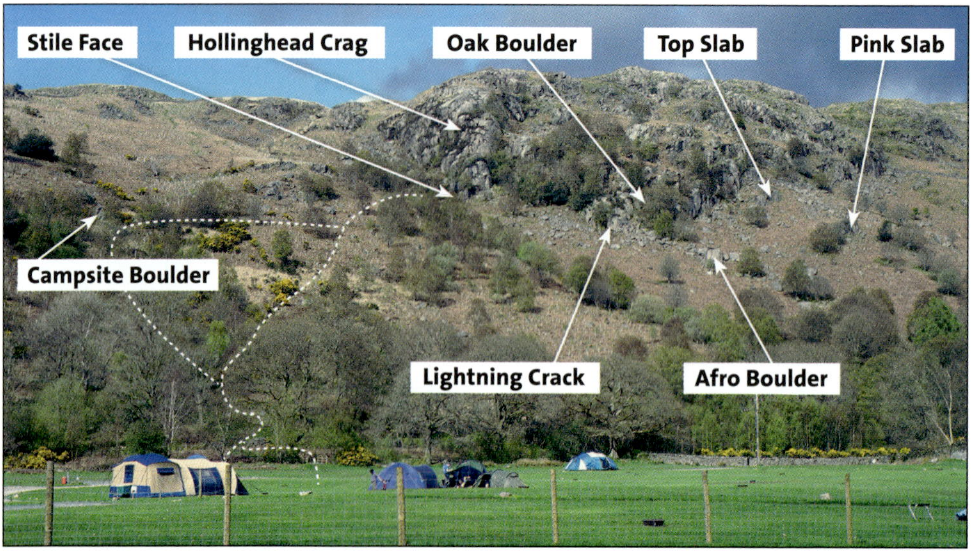

HOLLINGHEAD CRAG AREA

Hollinghead Crag is the prominent outcrop on the hillside above the Fisherground campsite. It offers a scattering of boulders and walls, all with a lovely outlook and good landings.

Approach: The quickest method of approach for this sector is from the parking at the Fisherground campsite. From here head through the campground to the Ratty Railway 'station'. Cross the tracks and head diagonally up the hillside on a boggy path heading for the upper end of the crag. You shouldn't need to climb over any intact walls until reaching a stile by the Stile Face.

Alternatively, you can reach the area from the Needle via a slightly arduous walk, which continues up the obvious track to level the with the crag, then contours across the open fellside and down to the Stile Face – 600m from the Needle.

CAMPSITE BOULDER

This obvious block is situated on the approach, 150m up the slope from the railway line and 70m to the left of the main track. There is another faint and usually even boggier path leading directly up to it from the station. In spite of a regularly boggy landing it does feature some of the best problems at the entire venue, with *Millennium Star* being a contender for the best 6c in the Lakes.

76 Diamond Geezer *7b*
SS. The end prow, starting with high hands either side. Pull on with difficulty and head straight up. A heel out left may come in handy.

77 Millenium Falcon *7b* ★
SS Start as for *Millennium Star* but then move left to finish up the thin adjacent wall. The wall from a stand, starting on a sidepull, is 6a+.

78 Millennium Star *6c* ★★★
SS. The ultra-classic central flakeline started on its right side and climbed direct to a surprisingly steep finish. The stand-up is 6a+.

79 The Cullinan *7b+* ★★★
SS. The right arête climbed on its left is almost as good as its neighbour and features a tough crux off a sloper near the top. The stand is slightly less sustained at 7b. Fabulous rock and moves!

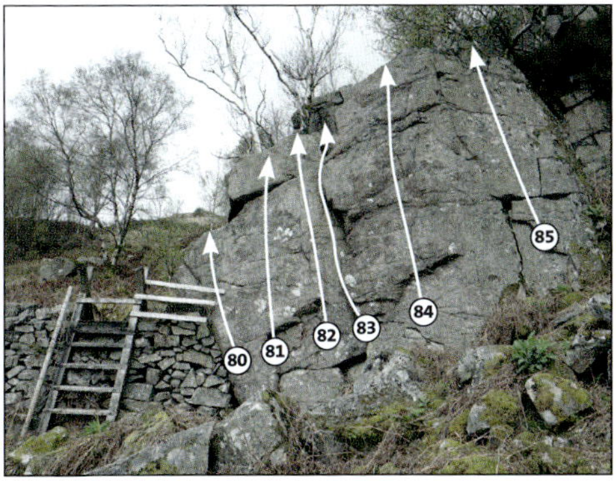

STILE FACE

A decent high wall just right of where a stone wall butts up against the upper left portion of the crag.

80 *5*
The arête adjacent to the wall.

81 *6a*
The centre of the narrow face without either arête.

82 *6a*
The arête exclusively to the top.

83 **The Stile Crack** *3*
Rambling crack.

84 *6b+*
The high scary wall is very good if you've got the nerve.

85 *4*
Another high wall, but featuring much easier climbing throughout.

LIGHTNING CRACK

These problems are situated 100m or so below the Stile Face, rightwards along the crag line. The first problems described are on a small craglet adjacent to a large cracked block next to a tree.

86 **Grooved Arête Left** *6a*
Starting to the left head up the arête then up on to the slab.

87 **Grooved Arête Direct** *6b*
Up the groove to an awkward and precarious move to attain the slab.

88 *4*
Short face into the crack to finish.

89 **Lightning Crack** *4*
This smart eye-catching feature can be mossy in places.

90 **Phil's Arête** *6a*
A fine proposition up the left side of the arête.

91 **Arête Right** *5+*
The arête on its easier and less good right.

92 **Back Crack** *5*
The crack on the back of the boulder. 6c+ from a sitting start at the back.

OAK BOULDER

In the trees 20m up and right of Lightning Crack is a mini buttress/boulder hosting four problems on good rock.

93 **Oak Arête** *6b*
Climb the arête to a break then follow this rightwards to the adjacent corner.

94 **Oak Apple** *7a+*
The arête direct to the top. Poor landing and may need a brush.

95 **Oak Corner** *4*
A smart climb up the hanging corner.

96 **Oak Cakes** *5+*
The wall right of the corner without the crack on the right.

AFRO BOULDER

This marvellous and underrated block is the lowest of the cluster, 40m or so down and right from Lightning Crack.

97 **Alpha Go** *7a*
SS. The short but worthwhile arête/prow on the left side of the wall. Start low to the right.

98 **Afro Crack** *5*
The crack on the left side of the face sometimes suffers from seepage.

The centre of the wall is a last great problem.

99 **Don't Touch** *6a* *
The wall left of the arête, without using holds on the arête.

100 **Nobody Does it Better** *5+* **
The arête on its left side is very good. 6a+ from sitting.

101 *4*
The arête and face on the right.

102 *5+*
SS. Short nose feature.

103 *6a*
SS. The rough low bulge right of the crack.

PINK SLAB

50m east across the hillside on a slightly higher level is a small outcrop with a pinkish slab on its left side.

104 *3+*
Layback crack.

105 **Pink Slab** *7a* *
The spicy pink slab can be a bit sugary but is rather good after a brush.

106 **Pink Rib** *4+*
The undercut rib right of a block.

107 **Pink Groove** *3+*
The crack and groove.

108 *3*
Dirty right arête.

TOP SLAB

40m above the Pink Slab is another pleasant slab.

109 *3*
The centre of the lone wall to the left without the block to the right.

110 *2*
The zigzagging line moving up and right on big holds.

111 *3*
A long reach to better holds then straight up.

112 **Spout House** *6b* *
The right-hand slab, without the arête, is good and will improve with traffic.

There is another slab just above this, behind a drystone wall. While it needs a clean, it offers some good easy potential.

97
98
99
100
101
102
103

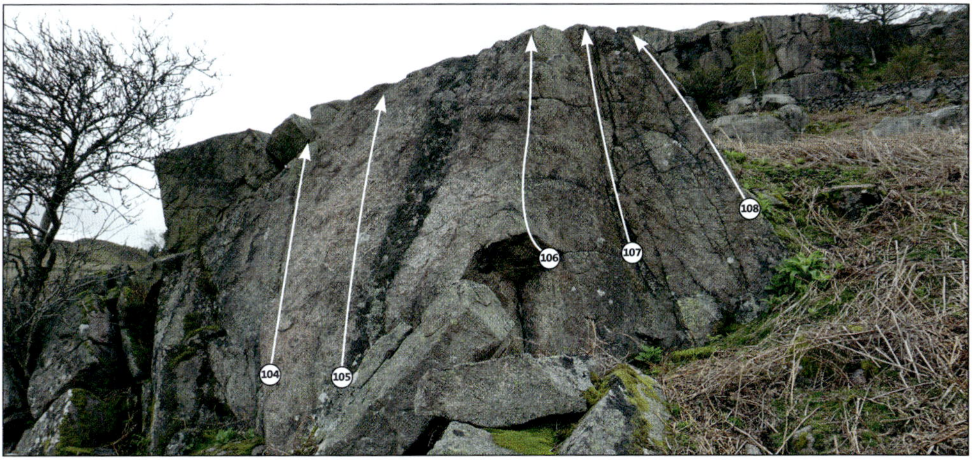
104
105
106
107
108

109
110
111
112

Mon Boulder

ASPECT: **NORTH-WEST** APPROACH: **5 MINS**
ALTITUDE: **50M** GRID REF: **SD 116 959**
PARKING: **54.352740, -3.363541** OS MAP: **OL6**

Lying at the edge of woodland where the sprawling western slopes of Birkby Fell meet the Esk delta and iconic square-cut turrets of Muncaster Castle, the Mon Boulder provides a perfect pit stop as you navigate the A595 to or from the more extensive areas on Cumbria's western perimeter. A mellow setting, near-roadside access and a trio of fine problems on solid Esk granite make this boulder well worth a look if you're in the vicinity.

Access and Approach

On the A595 park in a large lay-by on a bend 1.2 miles south of Muncaster Castle, or around 1 mile north of Broad Oak if approaching from the south. From here take the obvious footpath into the adjacent field and make a beeline for the trees, where the boulder can be seen on the edge of the woods, 200 metres from the parking. Access is sensitive, so keep a low profile and close the gate below the boulder.

Conditions

Well-ventilated, quick-drying and shrouded by trees, this block is worth a look year-round.

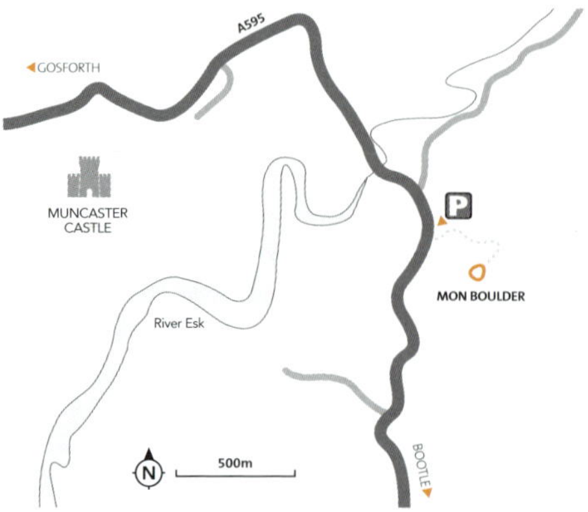

1 Yeah Mon *7b* ★
SS. The upper left wall starting just right of the arête on two thin crimps in a seam. Pull on and make a hard snatch up to a RH crimp and then reach left to the arête and use this to gain the top.

2 Mongoliando *6c+* ★
SS. At the base of a crack system use a low edge to pull on and make a tough move to a better edge. Reach up to a crimp and pop for the top before finishing along the lip-come-arête.

3 Muncaster Shred *7a* ★★★
SS. A quality traverse which starts at the short arête on the far right side. Pull on using a low RH sidepull and LH undercut and make a hard snatch for the lip. Tricky moves on slopers with poor feet lead leftwards to better holds and a final easy romp up the lip-come-arête to top out on the far left side of the block. A short version starting just left of a block on the ground is 6b.

THE AUTHOR ON *MUNCASTER SHRED* **PHOTO:** JULIA ENTWISTLE

WASDALE

THE STUNNING VIEW FROM STIRRUP STONES UP MOSEDALE TOWARDS PILLAR **PHOTO**: JON BASSINDALE ▶

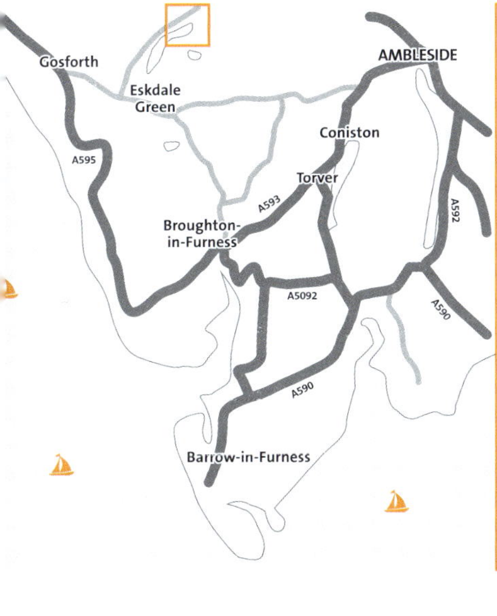

Gosforth
Eskdale Green
AMBLESIDE
Coniston
A595
Torver
A593
A592
Broughton-in-Furness
A5092
A590
A590
Barrow-in-Furness

RED PIKE (821m)
KIRK PIKE (802m)
GREAT GABLE (899m)
KERN KNOTTS BOULDERS
STIRRUP STONES
Wasdale Head
YEWBARROW (627m)
OVERBECK BOULDER
SCAFELL PIKE (978m)
Wast Water
N
1km

Overbeck Boulder

ASPECT: **SOUTH-EAST** APPROACH: **15 MINS**
ALTITUDE: **220M** GRID REF: **NY 166 075**
PARKING: **54.449942, -3.284954** OS MAP: **OL6**

Set in an idyllic location by an emerald-green beck, this impressive block is situated a straightforward romp up the well-trodden footpath tracking the beck from the small car park at Overbeck Bridge in upper Wasdale.

What it lacks in quantity it makes up for in quality, with around half its quota being two stars or above. Most of the best problems are also big, eye-catching lines (so take a couple of pads), yet all are thankfully bestowed with good landings and solid rock.

Access and Approach

Drive north-east along Wast Water and park at a small car park on the left, immediately after crossing Overbeck Bridge (three quarters of a mile before the end of the lake). Follow the footpath on the east (right) side of the beck for around 15 minutes and you will see the block on a grassy platform across the beck at a narrowing.

Conditions

The main lines dry quickly after rain and the landings drain well. The problems on the back of the boulder can become dirty after prolonged wet weather so these may occasionally need cleaning with a stiff brush.

1 Left Arête *6a* ★
The left arête starting just right of the arête. Finish direct or by stepping right on to the face at half height and finishing up this.

2 Technical Wall *7a* ★★★
The amazing wall starting just right of centre. Features thin holds and classy climbing all the way. Veer slightly left towards the top.

3 Overbeck Arête *6c+* ★★★
Three tough sections make for a sumptuous triple-stack of quality, with good holds offering respite between each crux. The last few moves require a cool head and a couple of good pads. One of the best of its grade in the Lakes.

4 Arête & Traverse *6a* ★★
Start up the arête then move right along the small ledge system and follow it to the top.

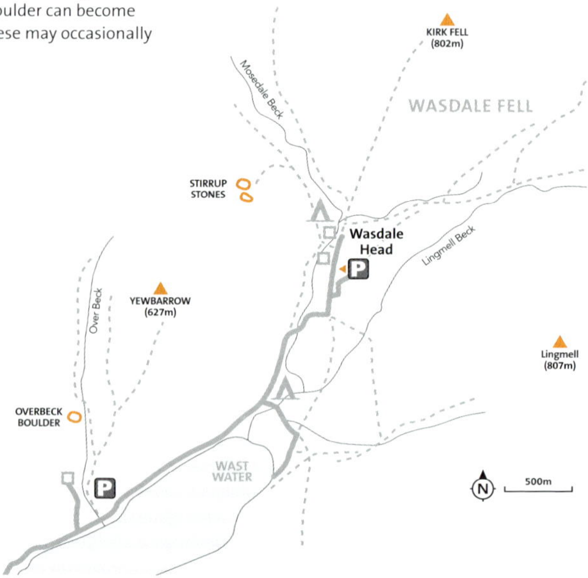

5 **Traverse Direct** *6b* ★★
Start just over a metre right of the arête and head straight up the wall passing the ledge system at half height.

6 **Right-hand Direct** *6a*
Step off a block and head straight up into the final section of *Arête & Traverse*.

7 **Dirty Flake** *4+*
Grubby flake on the right side of the wall.

8 **Lip Trip** *6c+*
SS. The lip via the blunt right arête is good but often requires cleaning. Can also be done in the opposite direction.

9 **Easy Side** *4*
The slabby north-west face can be climbed via a number of wandering lines, all of which are usually a bit mucky.

MATT IVORY ON *TECHNICAL WALL* **PHOTO:** JONATHAN DOYLE

PETZL
PETZL

Stirrup Stones

ASPECT: **SOUTH-EAST** APPROACH: **25 MINS**
ALTITUDE: **430M** GRID REF: **NY 181 090**
PARKING: **54.465551, -3.256282 (£)** OS MAP: **P553/OL6**

Situated in a grand position, high on the slopes of Yewbarrow and overlooking Wasdale Head, the Stirrup Stones features a circuit of contrasting quality. The largest lower blocks are those which initially catch the eye from the valley floor, however the rock here tends to be a little less good. The higher you trudge the cleaner and more solid the rock and boulders become, and those situated at the top of the circuit host some standout lines.

In spite of the steep walk-in, the boulders' proximity to the Wasdale Head Inn and nearby campsite does make the Stirrup Stones a good option for a quick hit if you're staying in the valley. While the approach is steep, the majority of blocks are on small terraces, making for a user-friendly aspect once you've seen off the initial slog. Standout problems are generally in the mid to higher grades, with *The Confabulator* (7b+), *Dogspeed Direct* (7c+) and *Throne of Zeus* (7c+/8a) all being excellent. Those who do make the effort will be treated to an unparalleled vista of Kirk Fell, Great Gable and the Scafell massif.

Conditions

An exposed open fellside location with little protection from the elements makes this a venue best visited on calm clement days. The harder problems stay in the shade from late morning, so if there's a breeze this can be quite a good spot on warmer days. That said, throughout the summer months the arduous walk-in will be exacerbated by higher temperatures and bracken coverage.

Access and Approach

While it is possible to see and in principle access the stones from further down the track, it is important you stick to the approach described as this will negate the need to climb over any drystone walls.

Park in the Wasdale Head car park and follow the main track to the inn. Take the footpath which passes between the inn and adjacent building (Barn Door outdoor shop) following the beck for a few metres to a small stone bridge. Cross the bridge and follow the subsequent path north-west up the valley to a small patch of woodland, shortly after which a gate on to the open fell is reached – 600 metres from the inn. Go through the gate and head up the hillside to your left, trending diagonally up the steep slope to the large block above. The first boulders reached are the Sheep Pen boulders.

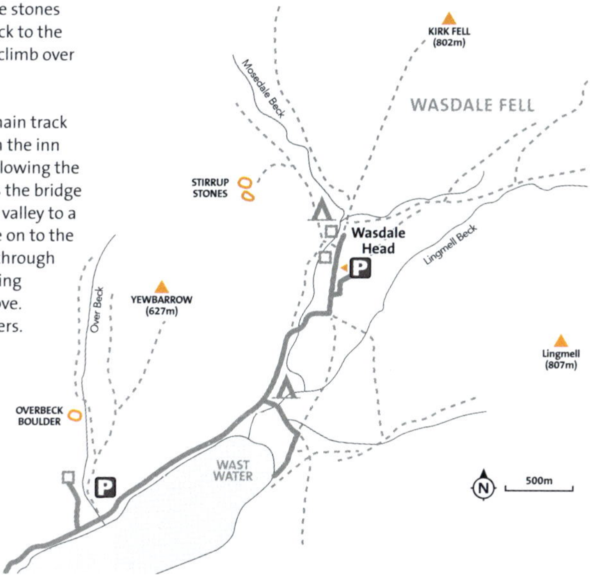

◄ JULIA ENTWISTLE SURMOUNTING THE LIP ON *TWISTER* (PAGE 349) **PHOTO**: GREG CHAPMAN

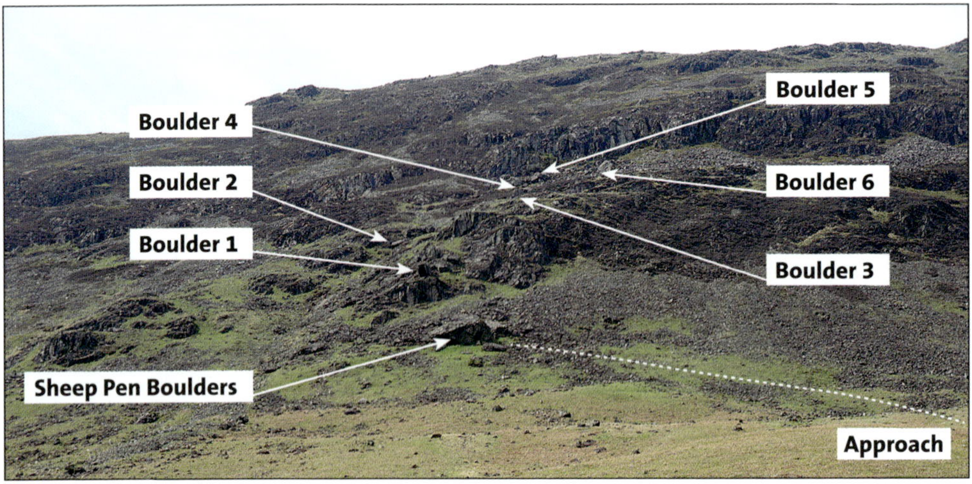

THE SHEEP PEN BOULDERS

The first boulders reached contain a number of decent problems, mostly on good rock.

1 *4*
Straightforward arête on good rock.

2 **Shelf Life** *5*
SS. The wall right of the arête via a series of overlaps.

3 **Bill Board of Opportunity** *7a+*
SS. From the far back left of the cave traverse the shelves rightwards, exiting the middle of the roof on to the hanging slab; finish right up this.

4 **Deep Down and Dirty** *6c+*
SS. From the back of the roof climb direct through the broken crack, again gaining the slab and finishing up this.

5 **Jordan's Prow** *7a+*
SS. From low, climb the steep if slightly grubby prow.

6 **Smells Like Teen Spirit** *6c+*
SS. The obvious rampline, finishing to the left.

7 **Smells Like Toot Grable** *6b*
SS. Start as above but after 1.5m move left and finish up the ramp.

8 *7a*
SS. The high wall left of the block has been done at this grade but may have since lost holds.

9 **Respect to the Jug** *6c*
Start in the pit then move out left to a good hold. Now a tricky couple of moves up and left allow access to a dubious-looking jug and the ramp above.

ROBIN MUELLER MAKING THE FIRST ASCENT OF *THE BIG WOOF* (PAGE 346) **PHOTO:** DAWID SKOCZYLAS

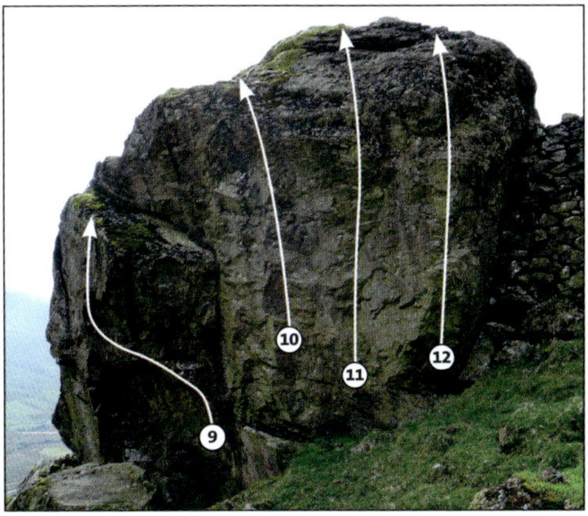

10 *5*
Dirty groove.

11 Pixies Stole My Bangle *6c*
SS. Up the wall direct, trending slightly right to finish.

12 Right Arête *6b*
SS. Nice climbing up the blunt arête.

BACK PEN BOULDER

Adjacent to the main block is this smaller block featuring a couple of decent problems.

13 Rag Bollock Roof *6c* *
SS. Start matched at the back of the roof and climb out direct.

14 Riding an Ethnic Sheep *6b+*
SS. Start on the far right side of the block and traverse the lip left to just right of the wall before topping out.

THE AUTHOR ON *THRONE OF ZEUS* **PHOTO:** CHRIS ARTHUR

BOULDER 1

Perched on a small platform directly above the Sheep Pen Boulder beyond a small craglet, this boulder's south face contains a number of good crimpy problems on clean rock.

15 *4+*
A crimpy proposition on the far left of the face.

16 *5*
A slightly trickier proposition than its neighbour, but still featuring positive holds throughout.

17 *4*
The slight groove in the centre of the face.

18 *5*
More crimping up a lesser groove, moving left near the top.

19 **Stirrup Prow** *6c+*
SS. Start up the prow, moving left to finish. Reachy and scary!

BOULDER 2: THE BIG WOOF BOULDER

Located in a shallow scree-filled gully diagonally up and left of Boulder 1.

20 **Murt Subite** *6c*
SS. From a LH slanting edge and RH horizontal pinch pull up and left to gain a jug, followed by a tricky finish.

21 **Diet and Try It** *7b*
SS. Make a big move straight up to gain an in-cut edge, then continue to the top.

22 **Skirting Bow** *7b*
SS. From a LH sloper and low RH crimp, pull up and right to gain the big hold and finish direct.

23 **The Big Woof** *7c+* ★
SS. Start matched on an undercling deep in the roof, with feet on the detached section. Pull out to the ramp, then work through small edges to gain the lip and finish up the wall above.

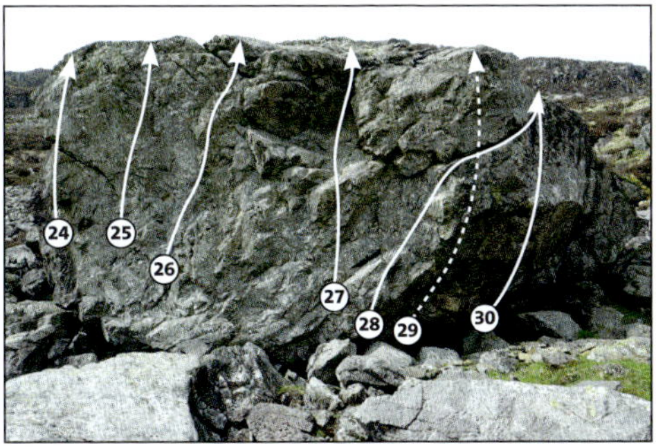

TOM BURNS MAKING THE FIRST ASCENT OF *NO SHEFFIELD WALK-IN*
PHOTO: GREG CHAPMAN

BOULDER 3

Around 70m up the steep slope to the rear of Boulder 2 is the venue's best boulder and problems.

24 Broken Arête *4*
The broken arête above a poor landing.

25 Ten Mighty Wee Guns *7a*
The very thin wall right of *Broken Arête* is climbed direct, bearing slightly right near the top.

26 *4+* ★
SS. Start just right and climb the vague rampline to the right.

27 Tom's Groove *4*
The vague groove into the hollow and up.

28 Chinese Whispers *6c+* ★
SS. Start left of the overhanging wall, climb up and right to the diagonal crack and jam (or maybe not!) your way to victory.

29 No Sheffield Walk-In *7a+* ★
SS. From low holds climb into the slight rib and then straight up, intersecting the crack, to finish.

30 The Confabulator *7b+* ★★
SS. Yarn-spinningly good fun up the overhanging wall 1m to the right. Snatch your way to the slight lip and a cool pistol grip hold, then make a hard rockover to holds on the edge of the crack then straight up to finish.

31 Throne of Zeus *7c+/8a* ★★
SS. A superb and sustained line taking in the best climbing on the face. Start as per *No Sheffield Walk-In*, but once level with the slight lip follow crimpy holds on or just above the lip to the extreme right and head up just left of the heather, in the process using some fabulous finishing slopers.

32 Quintessence *7c* ★★
SS. Start as per *The Confabulator* but once at the lip finish as for *Throne of Zeus*.

THE AUTHOR ON *DOGSPEED DIRECT* **PHOTO:** JULIA ENTWISTLE

BOULDER 4

Situated directly behind Boulder 3, this boulder features a bunch of short, tough, power-intensive lines on excellent rock.

33 Shapeshifter *7a+* *

SS. Start matched on the protruding slopey edge and climb the groove and arête.

34 Hobgoblin *7b*

SS. Again, start matched on the protruding slopey edge, but this time once pulled up into the groove move out right and then up on small holds.

35 Neurogheist *7a*

SS. Start LH undercut in roof, RH sidepull. Head to the lip, then up the short wall above. The giant ledge to the right is out.

36 Connectome *7b+*

SS. Start LH undercut in roof, RH sidepull. Traverse left to finish up *Shapeshifter*.

37 Public Exposure *7a* *

SS. Start RH in-cut crimp/sidepull and LH pinch. Head for the chunky spike hold.

38 Public Exposure Low *7b*

SS. As above but start lower on a LH pinch and fat RH pinch.

39 **Buzz Cut** *7a*
SS. Start LH in-cut crimp and RH low. Pull into the roof, gain the gaston, then bust up to the top.

40 **Crater Fly** *7a+*
SS. From a LH undercut on the arête and RH on an edge in the roof, pull through the roof to the lip and a mantel finish.

41 **Beginners Base Line** *6c+* ★
SS. Start as low as possible and clamp your way up the prow to top out on either side.

42 **Twister** *7a+*
SS. Start matched on the good edge and use sidepulls to pull up the short wall.

43 **Moonbow** *7c*
SS. From a LH sidepull and RH edge, bump up to another smaller LH sidepull, then the lip.

44 **Dogspeed** *7c* ★
SS. Starting on a RH low undercut and higher LH undercut/sidepull, pull on with difficulty and throw for the horizontal pinch. Now move right to a juggy lip hold and finish easily. Dabby, but good.

45 **Dogspeed Direct** *7c+* ★★
Start as for *Dogspeed*, but continue straight up rather than moving right to the big hold.

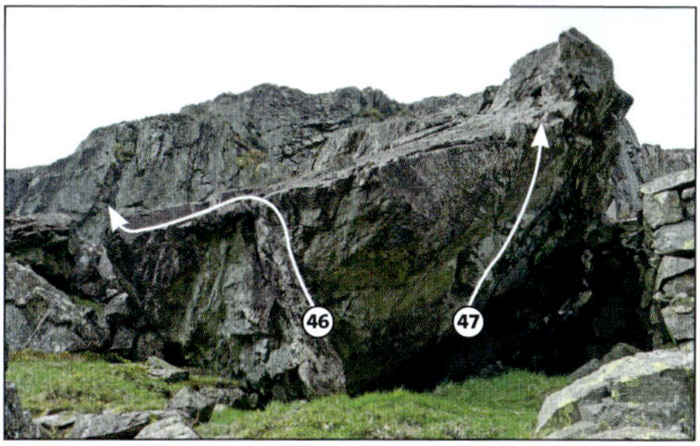

BOULDER 5

Looking up the slope this block is clearly visible up and left of Boulder 4, distinguished by another small drystone wall creating a pen to its right side.

46 *6b*
The small prow into a leftwards traverse.

47 **Pit Boss** *7b*
SS. The wall in the small cave, just left of the wall, is climbed starting centrally. Watch your back!

BOULDER 6

A pleasant face over to the right (as faced) of Boulder 5 has some quality easy problems on superb rock.

BARKER SCAR CAVE
FURNESS

ASPECT: **NORTH-WEST** APPROACH: **10 MINS**
ALTITUDE: **2M** GRID REF: **SD 333 781**
PARKING: **54.199776, -3.019080** OS MAP: **OL6**

Located on the coast halfway between Flookburgh and Haverthwaite, this cool limestone cavern would no doubt offer some tough problems if it ever fully dried out. The scar adjacent to the crag does provide a few possibilities, most notably a 6c+ traverse running from left to right. Extending this across the lip of the cave and finishing on its right side ups the grade to around 7a+.

Access and Approach

Turn off the the B5278, approximately half a mile north of Holker, down a small lane signed *Old Park Wood Caravan Park*. After just over a mile a parking area is reached by the shore. Walk south around the shoreline, passing a number of broken outcrops, for just under a kilometre to the cave.

HANGING CRAG: THE BURLINGTON OUTCROP
FURNESS

ASPECT: **NORTH-WEST** APPROACH: **2 MINS**
ALTITUDE: **210M** GRID REF: **SD 257 848**
PARKING: **54.254708, -3.141804** OS MAP: **OL6**

Anyone familiar with the Lakes' coastal perimeter road (A5092) and with a keen eye for a boulder will have no doubt noticed this prominent outcrop overlooking the road a mile or so east of Grizebeck. Unfortunately, the landing isn't great but there is one good, if necky, problem tackling the most eye-catching line: *Punter's Paradise* (7b+). This climbs the right edge of the jutting outcrop via some stretched moves to a final heart-in-the-mouth slap for the top.

Access and Approach

Just under a mile west of Gawthwaite on the A5092, take a left signed *Burlington Slate Quarry*. After 100 metres park in a lay-by on the right just before a gate and then make a beeline up the grassy slope direct to the block.

DUNNERHOLME
FURNESS

ASPECT: **WEST** APPROACH: **20 MINS**
ALTITUDE: **6M** GRID REF: **SD 211 798**
PARKING: **54.206261, -3.201358** OS MAP: **OL6**

A collection of small limestone outcrops overlooking the Duddon Estuary, just south of Broughton in Furness. The tranquil coastal setting is lovely, with the bouldering set back from a beautiful beach overlooking the sands and on towards the western fells. On a sunny summer's day the venue makes a great spot for combining a bit of traversing with some sunbathing and playing by the sea with the kids. Unfortunately, the rock quality does not match the location and many of the recorded climbs are loose and feature sketchy, often dirty top-outs. The redeeming element is the venue's upper traversing wall, a long tier of generally decent rock above a flat grassy landing. A huge (80-metre-plus) left to right traverse of the crag, following the line of least resistance, is around F7a, while the best traverse is a low, marked eliminate which tackles a 25-metre section, starting left of centre at a low point and a wide crack: *The Green Dot Traverse* (F8a), marked holds for hands, anything for feet.

Access and Approach

From Grizebeck follow the A595 for 3.8 miles to a narrow minor turn-off opposite High Mere Beck Farm towards the coast and Marsh Grange Farm. It is 2.2 miles from Ireleth if you're coming from the south/Barrow direction. Head towards Marsh Grange Farm then continue for a short distance on a gravel road to some parking by a railway crossing. Cross the line and follow a path across the golf course aiming for some buildings at the base of a small hillock. Follow a track around the south side of the hillock towards the sea. The outcrops are all on the seaward side of the hill, with the traversing wall being the one nearest the top.

KERN KNOTTS BOULDERS
WASDALE

ASPECT: **SOUTH-WEST** APPROACH: **60 MINS**
ALTITUDE: **520M** GRID REF: **NY 215 096**
PARKING: **54.465516, -3.256065** OS MAP: **OL6**

Below the classic trad crag of Kern Knotts in upper Wasdale is a collection of sizeable boulders featuring some good problems and a fair bit of potential. The existing lines are featured in a topo which can be downloaded from ***lakesbloc.com***

Access and Approach

While a fair trek, it is easy enough to locate. From Wasdale Head take the bridleway to Sty Head Pass and from its highest point follow the 'Climbers Traverse', a gently rising path which, while initially vague, quickly becomes more defined and ultimately passes beneath Kern Knotts crag and the adjacent blocks.

THE AUTHOR ENJOYING THE SUN ON *THE GREEN DOT TRAVERSE*, DUNNERHOLME **PHOTO:** CHRIS ARTHUR

NORTH-WEST

This part of the guide focuses on the north-west Lakes and its Triassic coastline. Here the realm provides an embarrassment of riches: from the pure power perfection of the roadside Bowderstone, to the sea-sculpted sandstone of St Bees Head, there's a wondrous and rare juxtaposition of areas. While these venues will be known to most, areas such as Langstrath, Honister Pass and the bouldering descending from Gillercombe Buttress are rapidly gaining acclaim. On the whole, these crags offer straightforward access (with a range of approach times), a spread of grades and great rock. Beyond this, the wilds of Ennerdale are the adventurist's playground, where dense forests, striking peaks and wild rivers make up the backdrop for the most 'out there' circuit in this guide. One for the true Lakes bouldering aficionado!

As well as the outstanding variety of crags on offer, this part of the Lakes can see a wide range of weather within its bounds and outside the worst periods of rain it's usually possible to find somewhere to climb. In fact, it's not uncommon to find a calm, sunny paradise on the west coast as blizzards rage over the nearby fells. Equally, on days when fierce winds and squally showers barrel across the Irish Sea and batter the coastline, the steep valley sides and dense woodland of upper Borrowdale can reduce winds to a gentle breeze, making the Bowderstone a perfect sanctuary. Indeed, the steep sides of 'The Stone' can even rebuff a shower or two, making it a popular retreat when mixed weather strikes.

- **Borrowdale**
- **Ennerdale**
- **West Coast**

PETE WILKINSON GOING FULL STRETCH ON *THE ARÊTE*, A GILLERCOMBE AND LAKES CLASSIC (PAGE 388) **PHOTO:** WILKINSON COLLECTION ▶

LEAH CRANE ON *APIARY ARÊTE*, ST BEES HEAD NORTH (PAGE 413) **PHOTO:** KEITH SHARPLES ▼

BORROW-DALE

PAUL CRAVEN ON *IMPROPA OPERA*, THE BOWDERSTONE (PAGE 361) **PHOTO**: GREG CHAPMAN ▶

PETZL
moon

Aspatria
A596
A595
Maryport
Cockermouth
A66
Vorkington
KESWICK
A595
A5086
VHITEHAVEN
Buttermere
ees
Egremont

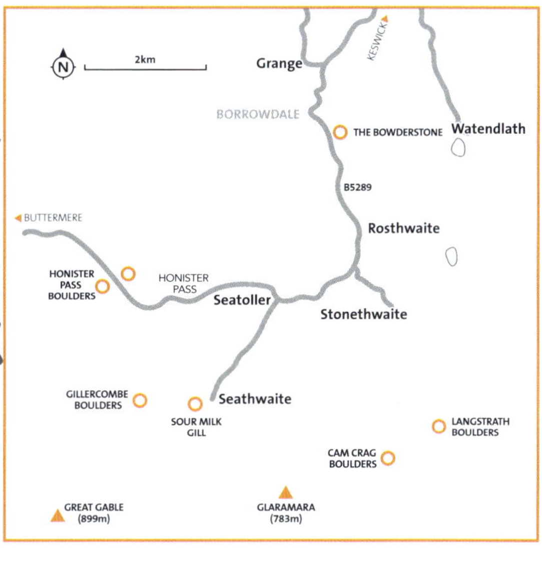
N
2km
Grange
KESWICK
BORROWDALE
THE BOWDERSTONE
Watendlath
B5289
BUTTERMERE
Rosthwaite
HONISTER PASS BOULDERS
HONISTER PASS
Seatoller
Stonethwaite
GILLERCOMBE BOULDERS
SOUR MILK GILL
Seathwaite
LANGSTRATH BOULDERS
CAM CRAG BOULDERS
GREAT GABLE (899m)
GLARAMARA (783m)

The Bowderstone

ASPECT: **WEST** APPROACH: **10 MINS**
ALTITUDE: **110M** GRID REF: **NY 254 164**
PARKING: **54.541199, -3.155560 (£)** OS MAP: **OL4**

The Bowderstone: 2,000 tons of bouldering perfection and the premier hardcore venue in the north Lakes. Like it steep, smooth and sensuous? She's got it. You will get more out of the Stone the harder you climb, however anyone climbing 7a or above will get a good workout.

The Stone began life in the Ordovician age 452 million years ago, cooling from bubbling magma to the shiny green/brown andesite of today. Back then it nestled in a warm embrace with the nearby Bowderstone Crag, but over the last Ice Age relations cooled and she was hurled down the hillside in what must have been a cataclysmic rockfall. Then came Man. Back in the 1700s Joseph Pocklington used to charge for an ascent to the summit and even had an orchestra play up there on occasion. He can probably be thanked for clearing the ground around the Stone, helping accentuate its seemingly remarkable balancing act, and opening up this remarkable climbing arena. In terms of the climbing itself, *The Crack* was probably first climbed by the Vikings, but the problems really began to flow when Jerry Moffatt and Pete Kirton arrived in the early 1980s.

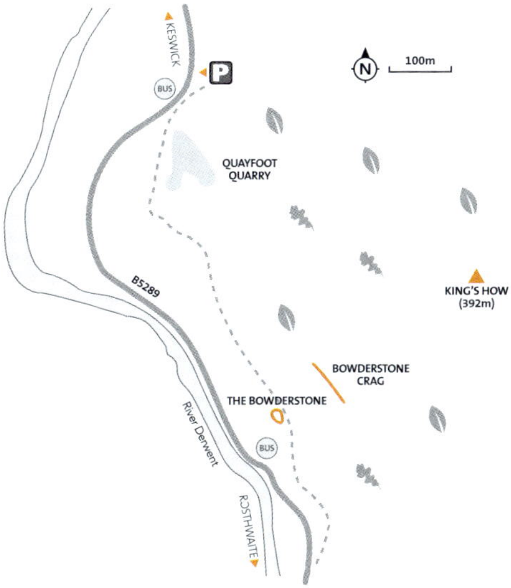

After warming up on the easier problems they then developed the majority of the Stone's hard classics: *Picnic Sarcastic*, *Inaudible Vaudeville*, *Impropa Opera* and *Unfinished Opera* being the most notable. These visionaries left for pastures new, but they had acolytes among the keener locals. Men such as Dave Birkett and Paul Cornforth faithfully followed the chalk throughout the 1990s and produced numerous pure lines and eliminates, culminating in the original testpiece, *Power Pinch*. The late 1990s saw the main face (almost) worked out with the addition of its two hardest problems. John Gaskins crimped his way up the blankness between *Picnic* and *Impropa* to give *Phantom of the Opera* at 7c+. The same blankness was the canvas for Neil Thompson to produce *Rising Damp*, a hard traverse link. Done via the left-hand sitter to *Picnic* and finishing up *Impropa*, via a now-broken hold, the line has since been retro-climbed via the remaining (very) thin crimps and is a fully desperate 8a+.

A new millennium saw the hitherto neglected 'backside' of the Stone get a good spanking. First up Adam Hocking, Wes Hunter and Ian Turnbull collaborated to flush out *The Bowels*, and climb the futuristic-looking *Ears of Perception*. Adam later linked these, grasping *Into the Light*. Next up, Yorkshire raider Steve Dunning bisected the *Ears* via some very burly slapping for his *Special Cases* (8a). Finally, young albatross Ryan Pasquill spanned the famous '16-foot roof project' (not quite in one reach!) via some huge dynamics and the help of a few tins of XXXX to leave a positively beastly 8a.

More recently, the two Dans, Varian and Turner, have been the most prominent developers, with Dan Turner unlocking, in *The Link*, the unrelenting swathe of the Ladder Face in one almighty push. Meanwhile, Dan Varian has consistently been pushing up the level as only he can, adding hard climbs up to 8b+ on both sides of the block.

While the future is never certain, one thing can be relied on: the Stone will shed holds. She always has, she always will. The nature of the rock combined with the pure ferocity of the climbing to which the holds are subjected means that while a few new lines will no doubt be established, much of the future will be defined by demise and rebirth. If that seems depressing, worry not. Most, if not all, of the existing climbs have changed in one way or another since first being climbed and few, if any, are worse for it.

◀ DAN VARIAN ON THE HARDEST PROBLEM IN THE NATIONAL PARK: *CRESCENDO* (PAGE 365) **PHOTO**: MARK SAVAGE

Access and Approach

Follow the B5289 out of Keswick (signposted to Borrowdale), driving south along the eastern shore of Derwentwater. After around 5 miles the parking is reached, via a left turn signed *Bowderstone Car Park*.

Follow the *Bowderstone* signs out of the car park and along a good path away from the road. After a 10-minute easy walk you will notice a 2,000-ton lump of rock on your right. You have arrived at the Bowderstone, or the Styan as she is affectionately known by locals.

Conditions

The Bowderstone is a year-round venue, with the Ladder Face being steep enough to rebuff all but the wettest weather and shady enough to shelter you from direct summer sun. That said, for premium conditions spring and autumn tend to offer the best chance of good sport, i.e. it's still cool enough to get primo conditions, yet the seepage is likely to be at a minimum and the landings are generally dry – the Backside of the block, in particular, attracts pooling below many lines throughout the wetter months.

LADDER FACE

This is it: one of the best hardcore bouldering venues in Britain. A compact arena of awesome cellar-board-style climbing with a unique character and atmosphere. The only real drawback is the frequent and often repetitive interaction from the visiting tourists.

While all problems on the Ladder Face have been topped out in the past this is not the norm, but it can add another level of satisfaction for the highball enthusiast or purist. Either way, the problems can be considered historically completed on reaching the final hold – usually on or just below the lip.

1 Lateral Gruntings *7b* *
Starting on good holds on the far right of the main face, traverse the chest-high shelf leftwards to *The Ramp* and finish up this.

2 Move Man *7a+*
Crimpy old-school antics. Start on the shelf directly beneath an obvious cleaned edge on the wall above. Gain the edge and use it to reach a good hold up and left.

3 The Ramp *6b*
Start at the base of the obvious sloping ramp on good holds and follow it to the last clean holds before the green gully.

4 The Rib *6b+*
Use good holds just left of the base of *The Ramp* to contort up and right to the same jug finish as *Move Man*. The sit-start bumps the grade to 6c.

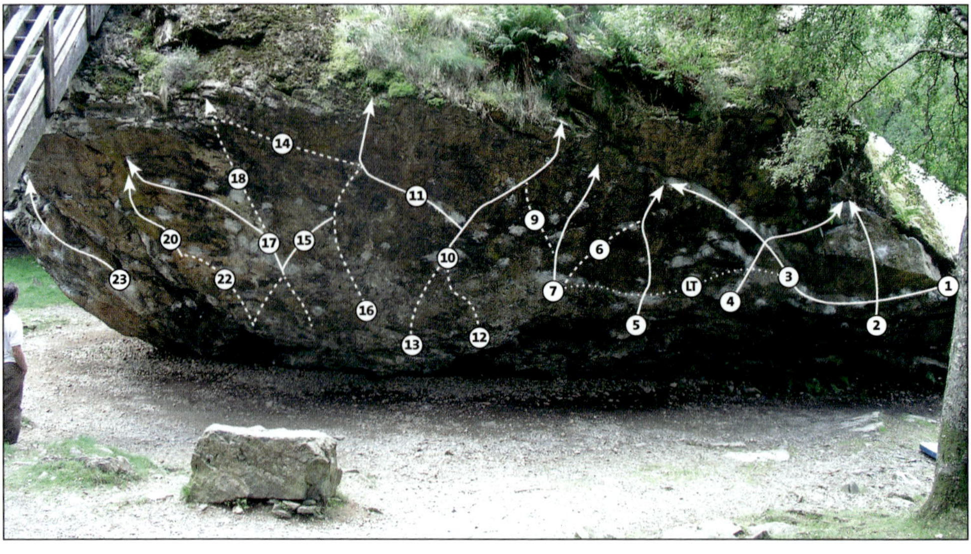

5 **Statstick** *7a* *
Start matched on the rail and move up then left to the gorgeous 'slapstick' sloper. Once here glide to the top of the ramp to finish. A sit-start further improves the problem – same grade.

6 **Slapstick** *7c* *
Dynoing from the rail (just right of *Power Pinch*) to the 'slapstick' hold (no intermediates) is a worthwhile and historical eliminate. Using the intermediate holds drops the grade to a worthwhile 7a.

7 **Power Pinch** *7b*
The Bowderstone's chief hold shedder. Starting from the rail head up to the power sidepull, to gain the power gaston. Then some sharp crimps and an ouchy pocket. One of those compelling historical classics that sucks you in. If you're looking for the power pinch, you're probably standing on a bit of it. The sit of *Impropa Opera* linking into this is 7c/+.

8 **Bloodsucker** *7b+*
Power Pinch climbed with the hideous pocket rather than the first pinch is a historical eliminate.

9 **Into the Darkness** *7c*
A good but tight line between *Power Pinch* and *Impropa*. Start on the rail below *Power Pinch*, move up RH to the pinch then LH out left to an edge on a similar level. Now gain a RH sidepull just above your head and from here head straight up on more edges and sidepulls to a RH sloper high on the ramp and finally a LH finishing hold on the lip. The sit from down left is 7c+/8a.

10 **Impropa Opera** *7c* **
From holds on the face gain a pinch and big flatty on the flake feature above, then move right to a crimp ladder which heads straight up to a large tilted edge below the lip.

11 **Grand Opera** *7c+* ***
Do the first two moves of *Impropa Opera*, now veer left to an in-cut edge, utilise an intermediate pinch to gain higher edges and up to a triangular hold on the lip. Can be topped out. The sit (as per the next problem) is 8a.

12 **Impropa Opera SS** *8a* **
SS. Start on the lowest undercut for the LH and a bad pinchy undercut for the RH. Make a hard lurch up into a pinch, then move leftwards into the stand start of *Impropa Opera* and finish up this.

13 **Flip Flopera** *8b* *
SS. A hard-for-the-grade alternative sitter to *Grand Opera* starting a metre left of the original *Grand* and *Impropa Opera* joint sit-start. From two poor crimps, a hard pull on leads to a three-finger sidepull crimp notch, then tricky foot moves let you bust a big move into the *Grand Opera* start holds; finish up this.

14 **Final Curtain** *7c+* **
A cracking extension of *Grand Opera* taking in the full expanse of the face. Once at the in-cut crimps continue left across the face on thin edges to a good jug on the lip, directly above the start of *Picnic Sarcastic*. The sit is 8a.

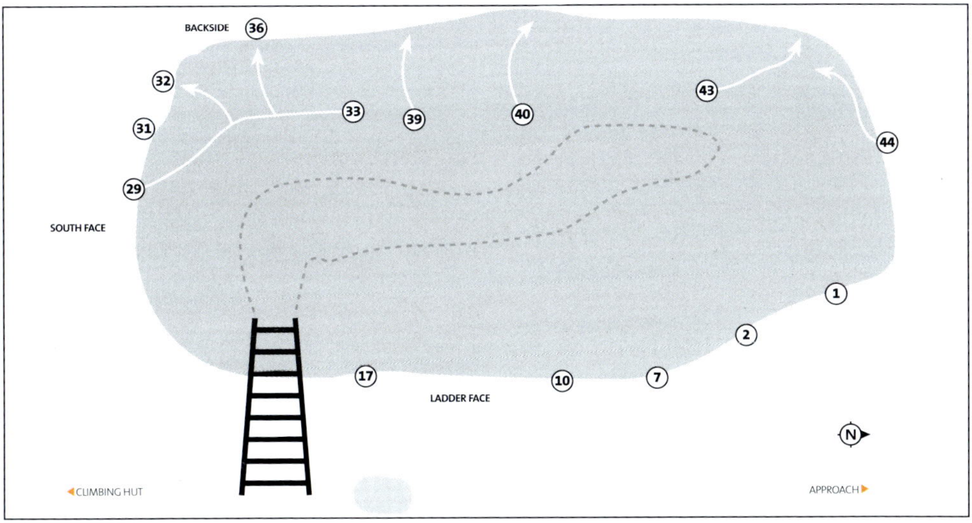

15 Phantom of the Opera ***7c+*** ★
From the rampline of *Picnic Sarcastic*, gain two small edges on the face to the right and continue crimping diagonally upwards into the upper moves of *Grand Opera* and finish at the same triangular hold on the lip. From the LH sitter of *Picnic Sarcastic* it is a sustained 8a.

16 Phantom Direct ***8a***
A direct and slightly harder central start into *Phantom of the Opera*, via a reachy start and some very big moves.

17 Picnic Sarcastic ***7a+*** ★★★
Reach up the rampline to a hidden pocket. Follow the chalk up and left via classic cellar crankin' to a huge diagonal jug. Awesome! The RH sitter makes a better and more complete line at 7b, while the LH sitter is more awkward, but still worthwhile, at 7b+.

18 Picnic Sarcastic Direct ***7b*** ★
A quality variant on this classic line. This aims straight for the big jug on the lip, directly above the starting holds. Adding either sitter adds to the fun and bumps the grade to 7b+.

19 Rising Damp ***8a+***
Pressing rightwards from the start of *Picnic Sarcastic*, use the obvious thin sidepull and small crimps to scratch across to the start of *Impropa Opera* and finish up this. Very tough.

20 Inaudible Vaudeville ***7b+***
Pull on with a good RH edge and a poor LH pocket. Slap up to the next well-chalked hole. OK, it's slightly eliminate, but it's a quirk of local history and a class move. Finish at the *Picnic Sarcastic* jug via another big move. Just as good is the natural version which uses a better LH hold and a high toe hook in the *Bowderiser* crack – 7a+.

21 Inaudible Vaudeville SS ***7b+***
Start up the *Bowderiser* crack and reach right to the edge on *Inaudible*. A sneaky high toe-hook in the crack allows the next hold on *Inaudible* to be reached in more control than on the eliminate stand-up.

22 Fat Lady ***8a*** ★
SS. An alternative hard sitter into *Inaudible Vaudeville*. Start as for *Picnic LH*. The same rules apply as for *Inaudible* – no holds on *Picnic* stand or in/left of the crack.

LADDER FACE LINKS

So you've ticked what you can over several visits, you've got the problems wired, and you want that little bit extra. Or you're a globe-trotting superhero and everything so far is too easy. You need some links. To help with the descriptions, the section between the start of the *The Ramp* and *Power Pinch* is referred to as the *Low Traverse* (LT on the topo on page 360).

A Low Traverse Links ***7c–8a***
Low Traverse – Power Pinch ***7c***
Low Traverse – Intermission ***8a***
Low Traverse – Grand Opera ***8a***

B Lateral Gruntings/Low Traverse Links
Lateral Gruntings – Low Traverse – Slapstick ***7c***
Lateral Gruntings – Low Traverse – Power Pinch ***7c/+***
Lateral Gruntings – Low Traverse – Final Curtain ***8a+***

C ***7b+***
Starting at the base of *Power Pinch*, reverse the *Low Traverse* to the start of *Move Man* and finish up this. The same start into *The Rib* is 7a+.

D Adam's Problem ***7c+***
Starting at the base of *Power Pinch*, reverse the *Low Traverse* to and up *The Ramp* and then traverse left to finish at the top of *Impropa Opera*. Accessing the ramp from *Lateral Gruntings* is *King Pokey*, 7c.

E Hot Air ***7b+***
From the start of *Picnic Sarcastic* traverse left and up to the offset slots right of *Bowderiser*. Finish at the jug at the top of this problem.

F Frank ***7c*** ★
As for *Inaudible Vaudeville*, but on reaching the large in-cut hold traverse leftwards to the offset diagonal slots and climb direct through the short headwall on slopey edges to a slopey lip. The sit of *Picnic LH* into this is 7c+.

G Dave's Circuit ***7c+***
Climb *Coming up for Air* all the way round on to the south face, then diagonally up to the jugs at the top of *Bowderiser*. From here flow down and right past the offset diagonal slots to the big in-cut hold on *Inaudible Vaudeville* and finish up this. Phew!

H Dan's Circuit ***7c+***
Start up *On the Rebound* but on reaching the thin crack continue right to the start of *Bowderiser*. Now move up right into *Picnic Sarcastic* and make a couple of moves up this before traversing back left, crossing the inviting slots of *Frank*, and press on leftwards to eventually finish up *The Crack Super Direct*.

SOUTH FACE

The South Face promises a bit of respite from the steepness of the Ladder Face. This it does, but at the expense of some very high top-outs. Combine this with the thin face and awkward cracks on offer and you have the epitome of 'old school' bouldering. *The Crack* is a must-do!

23 Bowderiser *7a*
The awkward crack from low to a finish on a jug, or a top-out for the purist. The sitter is a bit harder. Often wet or damp.

24 Coming up for Air *7a+*
SS. A burly traverse left from the same start as *Bowderiser* gains a slippery sequence to get on to the South Face; finish up *The Crack Direct* or *The Crack Super Direct*.

25 Spring Chicken *7b+*
Another historic eliminate, in a similar vein to *Inaudible Vaudeville*. With hands either side of the juggy shield, pull on and use only the shallow dish (LH) to reach the sloping lip, then up to jugs. Using everything is 6c.

26 The Crack Direct *6c+* *
Follow the thin diagonal crack leftwards into *The Crack*; follow this to the top.

27 The Crack Super Direct *7a* *
Start as for the *Direct* but veer right to attack the wall direct, passing an obvious pocket high up. Finish up *The Crack*.

28 On the Rebound *7a+*
SS. Starting just right of the crack, pull on and make a hard move into sloping holds in the thin crack system. Finish up *The Crack Direct* or *The Crack Super Direct*.

29 The Crack *6c* **
Big crack. A high, old-school classic. Do it!

30 The Crack & Slab *6c+* ***
After getting established in the crack, bust left and up on to the slab via some good holds, a letterbox and a scary rockover. Highball.

31 The Arête *6c+* ***
Arguably the best line on the Bowderstone and one of the best highballs in the Lakes. From the start of *The Crack*, where it leaves the niche, head left up the towering arête via impeccable moves. Very highball.

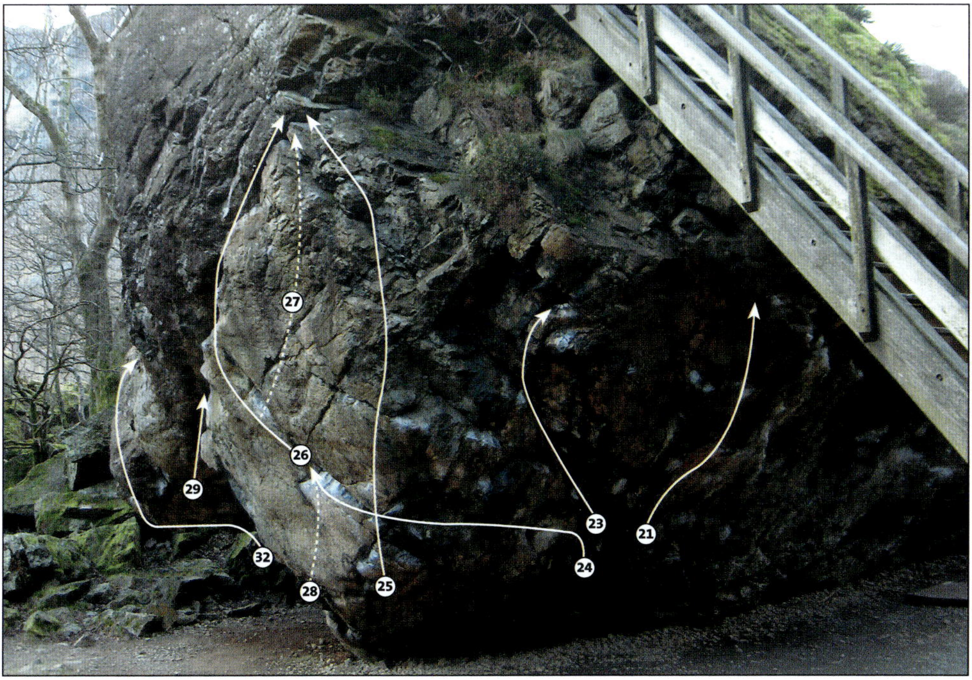

THE BACKSIDE

This part of her anatomy is very, very steep, and the problems aren't the elegant pulling found on her other faces; pure burl, esoteric technique and ungracious slapping rule here. Big numbers only I'm afraid, but the effort is well rewarded by problems of real quality. Good luck ...

32 Ears of Perception *7b* ★
Start in the niche at the base of *The Crack*. Pull on (left of the crack) via edges and undercuts, jam your feet in and lean out using holds on the hanging prow. Take a direct line through the prow and cut loose to a struggle over the lip into the scoop. Top out, if you please.

33 The Bowels *7c*
SS. Crawl into the shakehole and sit down on the right-hand side where the chalk begins. Traverse rightwards by either a) thuggy sloper slapping low down, b) a variety of kneebars, head jams, body cams, or c) a bit of both. Finish up *The Crack*. Not your average problem!

34 Into The Light *7c+*
SS. Link *The Bowels* into *Ears* ... Exasperating and excellent!

35 Hock's Marathon Finish *8a*
SS. A stomach-churning, uber-strength-sapping affair, linking *The Bowels* into the second half of *Dave's Circuit*.

36 Special Cases *8a* ★★★
SS. As for *The Bowels*, but upon reaching the plinth head out the upside-down roof and over the stacked overhangs via a hard slap and two-footed tackle. Finish on the slab if you're a tourist, or top it out if you're local.

37 Special People *8a+* ★
SS. As for *Special Cases*, but upon tackling the blocky prow, follow this to its meeting point with *Ears of Perception*. Great fun, if a little eliminate (no top lip above the prow).

38 Dark Edges *8a+*
A line which will hopefully be superseded one day. Currently done from a stand with RH in a decent undercut and LH in a slot in the face. Pull on, move up and top out.

39 Unfinished Opera *7b+*
SS. Into the shakehole again. This time sit down on the left of the frictionless slopey ramp, pull on with great difficulty and move left to a diagonal rightwards line of good holds and on to a quality finish. Very burly. Has also been done from a LH sit-start on the left-hand sidepulls and jumping to the right ones: same grade but very different – morpho moves.

40 Sidekick *8a+* ★★★
SS. Start slightly to the left of the obvious layback groove on a plinth. Climb the undercuts and groove rightwards and up via brilliant, powerful and off-balance moves, after which a hard move over the lip gains the finishing slab – finish up this.

41 Sideshow *8b*
SS. As for *Sidekick* until the pocket just below the lip. From here make hard moves rightwards to finish up some small crimps one metre to the right. It stays independent of the *Unfinished Opera* top-out. Low in the grade.

42 Crescendo *8b+* ★★
From a LH sidepull and RH sidepull intermediate just left of the *Sidekick* rails, use lots of blue-sky thinking and tech your way up and along the sloping rails to the sanctuary of a solitary in-cut crimp in the groove. A hard move from here leads into a sidepull and the relief of a slab top-out.

43 XXXX *8a* ★
Start standing on the huge shelf at the back of the roof. Lean out on a good hold and bust out a couple of very dynamic moves on in-cut sidepulls to the lip and top out. Only a few moves, but they are massive as well as desperate. Morpho! A sitter coming in from the far right is a project.

44 Warm-Up Traverse *6b*
Start low on the lip, follow it until you want to top out – thuggy.

The next two problems are on the small boulder behind *XXXX*.

45 *5+*
SS. A good arête on the end of the block.

46 *7a+*
SS. Up the sharp crimps on the wall to the right. There's a similar style/grade problem up the wall right again.

Langstrath Boulders & Cam Crag Boulders

ASPECT: **NORTH-WEST, SOUTH-WEST** APPROACH: **30–40 MINS**
ALTITUDE: **190–290M** GRID REF: **NY 268 114**
PARKING: **54.516124, -3.146562** OS MAP: **P555/OL4**

Located directly beneath the highly popular Sergeant Crag Slabs, the Langstrath bouldering circuit provides a quality cluster of blocks situated some three kilometres from the small hamlet of Stonethwaite in upper Borrowdale, just off the B5289.

Combined with the nearby Cam Crag Boulders, on the opposite side of the valley, this area makes for an extensive destination and a big day out. Independently it offers a lovely, compact sector perfect for a gentle afternoon's sport or a family day out incorporating a dip in the nearby and idyllic pools of Black Moss Pot.

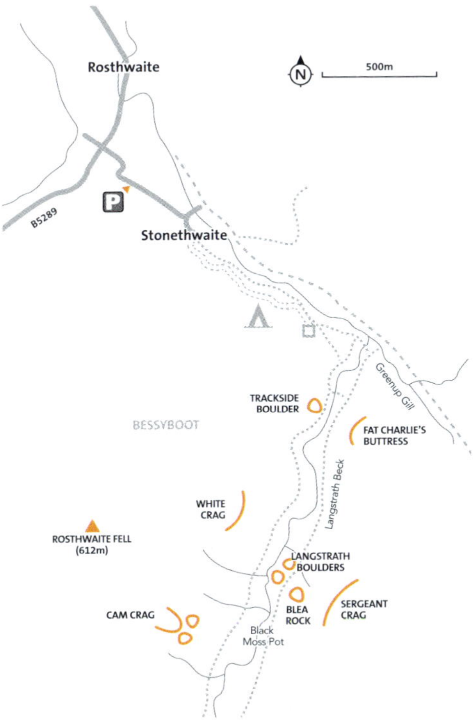

◀ KATIE VARIAN ON *BIG BOY BEAVES* (PAGE 368) **PHOTO**: DAN VARIAN

Access and Approach

From Keswick, follow the B5289 south down Borrowdale for 6.5 miles to a left turn towards the hamlet of Stonethwaite, where limited parking can be found by the road. From here follow the lane-come-footpath up the valley and through the campsite. Shortly after leaving the campsite grounds the path forks; take the right-hand track (south) up Langstrath and after around 400 metres cross the river via a footbridge on the left. Continue up the east side of the valley on a well-trodden track.

If you wish to visit the Cam Crag Boulders from the Langstrath Boulders, cross the river adjacent to the blocks, where some handy stepping stones allow for an easy crossing in all but the wettest conditions.

Conditions

While clean and well ventilated, the mainstay of the blocks are north facing and well shaded from the sun, meaning they can be cold during the winter months but equally offer respite from the heat in warmer weather. Fat Charlie's Buttress faces west and does get the afternoon sun.

LANGSTRATH BOULDERS
FAT CHARLIE'S BUTTRESS

Around 200m beyond the footbridge a distinct undercut and glacially worn buttress appears up the slope to the left. This features a few tough, burly and all-round quality offerings on great rock.

1 Big Boy Beaves *8a+* ★★★
SS. From matched at an obvious low jug on the left, work rightwards along a line of edges on the leaning prow to engage the squeezing finale. Finish at holds in or around the horizontal cracks or continue up the blunt arête (E2). One of the Lakes' finest!

2 The Big Squeeze *7c* ★
SS. Start on the lip of the roof with both hands at the lowest point of the mini prow. Upwards progress is hard gained or well thought out. Top out or finish at the mid-height break.

3 Charlie Bit My Finger *6c*
SS. The hanging arête on the right-hand side of the buttress up to the break. Top out or jump off.

4 Squeeze My Finger *7a+* ★
SS. Start as for the previous climb but once pulled on move left to the diagonal crack and follow it to the top of *The Big Squeeze*.

THE VIEW FROM CAM CRAG TO THE LANGSTRATH BOULDERS
PHOTO: GREG CHAPMAN

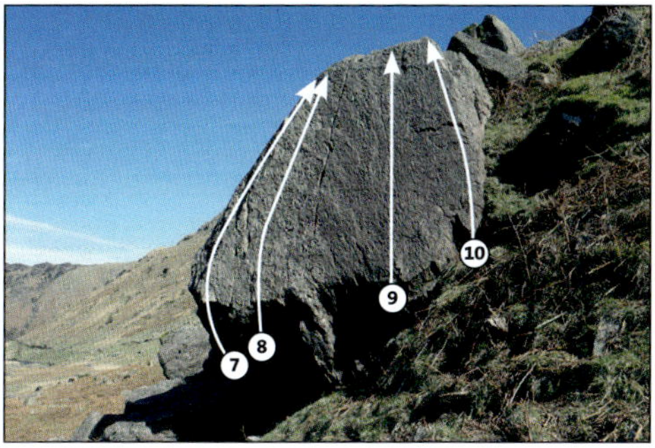

LIECHTENSTEIN BOULDERS

This pair are the first blocks encountered at the main sector, a further 900m up the valley from Fat Charlie's Buttress. They offer some nice fingery problems in the lower grades and get more sun than the larger neighbouring blocks.

5 Left Wall *5*
A tricky offering up the shady wall on sharp holds.

6 Right Wall *4*
An easier climb up the slight groove to the right.

7 Blunt Arête *6c+*
SS. Climb the right side of the blunt arête via a tough start. The stand-up is 6a+.

8 *5+*
Wall left of the thin crack via a high step to start. The sit-start is 6a+.

9 The Slab *6a+*
The centre right of the slabby wall without moving left to the crack. Reaching out to the crack drops the grade to 6a.

10 *4+*
The right arête.

11 The Traverse *6b+*
SS. Follow the slight lip right into and up *Right One*.

12 Left One *6b*
SS. Good holds low down but a precarious pull on to the slab.

13 Right One *6b*
SS. This time a trickier start leads up the wall to the notch at the top of the block. Slightly tougher than its neighbour.

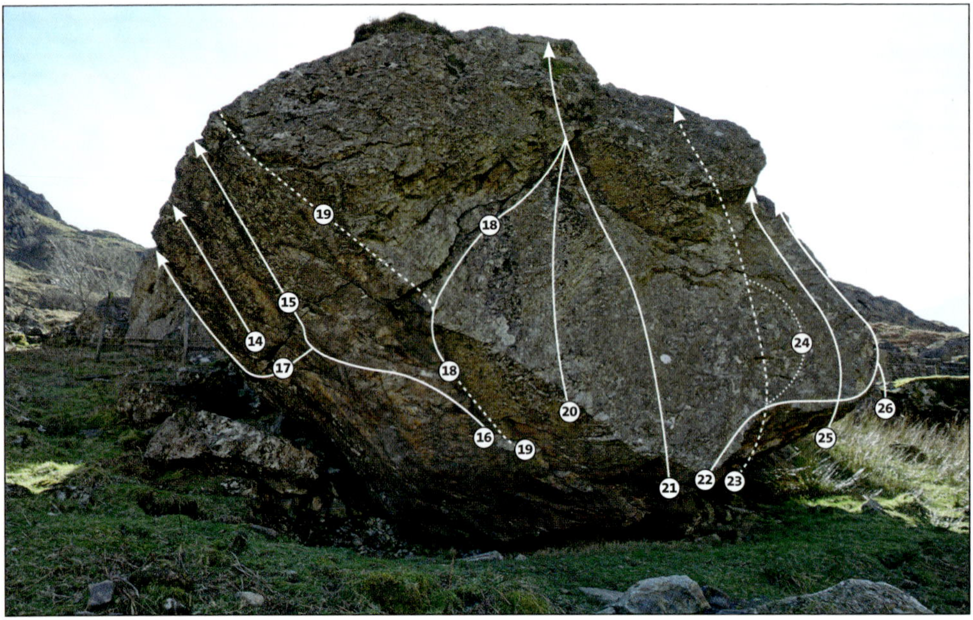

AUSTRIA BOULDER

A short distance south of the previous blocks, the Austria Boulder hosts a wealth of quality climbing and is the hub of the circuit.

14 Eastern Empire *7c* ★
From the break make a tough move up to a poor RH pinch in the shallow groove and press up and left to the top of the block.

15 The Shield *7b* ★★
Again, start matched in the break but this time gain the pinch with your left hand and head straight up the wall right of the shallow groove using a sidepull out right. Starting sitting on a block to the left side of the face and traversing the break into the stand-up is a worthwhile extension at 7b+.

16 Shieldmaiden *8a* ★★★
SS. A fabulous and sustained climb which starts matched low on a ramp feature down to the right. From here, move up and left on crimps and edges into the centre of the face to finish as per *The Shield*.

17 Strang Lass *7c+*
SS. Start as per *Shieldmaiden* but once at the break traverse it left to a finish up a grubby open groove above some small blocks on the extreme left.

18 The Crack *6a*
Pull on to the slab and follow the crack to the centre of the face and up.

19 Tune a Fish *7a+*
SS. The highball arête is good but has a tricky and slightly dirty finish. Moving left at the very top helps to avoid this.

20 Overlap Slab *5+*
Starting just left of the base of the arête, gain the slab via a tricky start and continue up veering right to the central exit point.

21 No Pain No Gain *7a*
SS. The wall from the lowest point of the boulder packs all its difficulty into the start. 5 from standing.

22 The Fury *7b+* ★
SS. From the lowest point traverse the lip to the arête and finish up this on its left side. Sustained and really rather good.

23 Eat Yourself Whole *7b* ★
SS. From tilted edges low in the small cave, surmount the lip with difficulty then climb the wall above taking as direct a line as possible.

THE AUTHOR ON *SHIELDMAIDEN* PHOTO: JULIA ENTWISTLE

24 Eat Yourself Whole RH *7a*

SS. Start as for *Eat Yourself Whole* but at the lip move up right to better holds before heading up on to the slab/wall.

25 *5+*

SS. Starting just left of the hanging arête, pull on and up with difficulty before gliding your way up the shallow groove above.

26 Acid House *6b*

From a sit/crouch start, climb the hanging groove-come-arête. The stand-up is 5.

HUNGARY BOULDER

27 Bonsai Your Cat *7a*

SS. While often grubby, the steep, overhanging prow/arête nestled between the Austria Boulder and larger Hungary Boulder offers a good challenge and is certainly worth brushing up.

28 *5+*

Straight up the far left side of the wall just in from the arête.

29 Eat a Horse *6c*

The centre right of the high wall on overlapping slopes.

30 *6b*

The bounding arête is another highball outing with a tricky move at half height.

Finally, a short distance further south up the main track is a block on the left side of the path. The centre left of the north face, from low, is *Lichen Wall* (6c+).

Cam Crag Boulders

On the steep western slopes of upper Langstrath lies a small grassy plateau at the foot of Cam Crag's eponymous ridge. Here, the rocky remnants of a fallen buttress provide a compact and intricate boulder field, which in turn makes for a smart little bouldering circuit in a fabulous mountain setting. The area is defined by a single pyramid-like boulder which sits on the grass at the base of the talus and hosts some fine, technical highballs requiring a cool head. Tucked away within the complexities of the chaos are more modern, strength-intensive offerings, where success is more reliant on an iron core than an iron nerve.

Hidden amongst the boulders is the once-secret Cam Crag bothy: an enhanced weatherproof cave, complete with in-situ fireplace and chimney. Sadly the new-found fame of this cool little feature has meant that staying here has become something of a badge of honour amongst wild campers and thus the odd bag of rubbish and disposable barbecue left amongst the blocks has become an unfortunate symptom of the location's increased popularity. If you have the inclination, carrying out any such rubbish would be massively appreciated by locals and future visitors alike.

Access and Approach

As for the Langstrath Boulders, but on reaching the footbridge stay on the west side of the valley and follow the track south for 1.5 kilometres to the swimming holes at Black Moss Pot – a great distraction in hot weather. Continue 150 metres past the swimming holes and then head straight up the steep slope on your right. The plateau and boulders are 250 metres from the valley floor. If you wish to visit the Langstrath Boulders from here, backtrack to a position level with the Austria Boulder from where it is possible to cross the river via some convenient stepping stones.

Conditions

Facing south-west and at an elevation of 325 metres the Cam Crag Boulders, or Woof Stones as they are more accurately known, receive a good breeze, plenty of sun and do not suffer from seepage. That said, the closely packed nature of the blocks and north-facing aspect of some faces means that holds can become grubby after long spells of poor weather. So it's well worth taking a sturdy brush and brushstick if you have them.

TRACKSIDE BLOCK

An obvious lone boulder set into a drystone wall on the right side of the track, just after the footbridge where the two area approaches diverge. The blunt arête on the right side of the block can be climbed from sitting: *Trackside* (7a+).

LUCKY STRIKE

1 Lucky Strike ***8a*** *

SS. A tough and engaging problem out of the small cave. Start on an in-cut sidepull and make a hard move to a tilted edge in the roof. Navigate the lip to a line of edges and a wide LH sidepull, before making a tough throw for the lip. Top out direct. An alternate finish, which moves left into the slight groove at the lip and finishes up this on small holds, is *Lucky Dip*, a less explosive 7c+.

2 Undercut Nose ***6c***

SS. The hanging nose started from LH on the arête and RH on a good hold in the roof.

THE BOTHY

3 The Bothy ***6b***

SS. Rising lip into the hanging prow.

LITTLE SLAB

4 Little Arête ***6b***
SS. Start sitting on a block and climb the hanging arête on its right side.

5 Bosher ***7b+***
A powerful one-mover off a LH undercut and RH crimp sidepull. Pull on and slap the top. Morpho.

6 Killbot ***7a***
SS. From an undercut and sidepull, gain the blunt arête via a tough pull on and follow it on its left side to halfway before rocking up right, on to the slab; finish up this.

7 Left ***4***
The slab on its left side.

8 The Little Slab ***4***
The centre of the appealing slab ... which isn't actually that little!

9 Right ***4***
Climb the slab on its right using holds on the blunt arête.

10 The Elbow Room ***7b+*** *
SS. Situated in the open-top cave to the rear of the block. Start on the arête on the left side of the entrance to the corridor and follow a sloping shelf rightwards via a sustained sequence to a hard move to gain the prow of *Campussy*; exit up this.

11 Campussy ***6c***
SS. The quality prow on the back of the Little Slab. Start sitting on a block with a RH sidepull and good LH edge.

SHEEPISH

This block is down the gap right of the Little Slab.

12 Sheepish *6c*
SS. Start with RH in a slot at the base of a curving flakeline and pull up left to slopers before topping out centrally. A good problem but often a bit grubby.

THE PYRAMID

The huge central boulder, dominating the scene, features splendid highball lines above good landings.

13 Pool Arête *6a* ★
A brilliant problem up the left side of the highball arête over a pool. The Lakes' equivalent to the famous Joe's Valley classic, *The Angler*.

14 Slab Left Arête *5* ★
Pool Arête on its slabby right side.

15 Middle Slab *4* ★
The centre of the high, clean slab.

16 Right Slab *5+* ★
The right side of the slab is just as good and slightly tougher.

17 Gunner's Wall *6c+* ★★★
The impeccable and technical wall just right of a stream. Keep direct and hold your nerve.

18 Stream Arête *6a* ★★
The arête to the right, climbed on its left side. Another good problem but can be a bit grubby in places.

19 Descent *3*
The back of the block makes for an easy if slightly mucky highball.

On a low boulder directly next to the Pyramid is:

20 Pool Traverse *6a*
A footless traverse above the water best started at the rear of the Pyramid by stepping off the small ridged boulder.

THE AUTHOR ON *LUCKY STRIKE* (PAGE 372) **PHOTO**: JULIA ENTWISTLE

GOLDFINGER

The obvious block with an appealing sheer front face, just behind the Pyramid.

21 Golden Gun *6c+*
A traverse of the lip summiting at a central point. Start on a notch in the lip around 1m in from the left side of the block. Usually dirty.

22 Goldfinger *7c+* ★
SS. Tackles the line of crimps up the centre right. From a side-cut hold pull up to poor opposing crimps, then head for the lip. A strong spot is handy on this move. Once matched, move back left along the lip to pull up and over at the ridge in a central position. A hold has broken since the first ascent and it is unknown if it has been reclimbed.

NORTH FACE ELIMINATE

Behind the Pyramid is a low block with one problem on its north side.

23 North Face Eliminate *6c+*
SS. From the right end, pull on and traverse leftwards towards the opposite arête on small holds without the top of the block.

OVERVIEW BLOCK

This block is perched on the hill, up to the right overlooking the other blocks. The boulder has a low arch formation and a good arête on very sharp holds.

24 Overview *6a+*
SS. The obvious arête.

Sour Milk Gill & Gillercombe Boulders

ASPECT: **EAST, SOUTH-EAST** APPROACH: **10–25 MINS**
ALTITUDE: **150–400M** GRID REF: **NY 232 122**
PARKING: **54.500060, -3.181825** OS MAP: **P555/OL4**

Situated at the upper (southern) end of the Borrowdale valley, the neighbouring areas of Sour Milk Gill and Gillercombe provide some of the best sport in the Lakes. In spite of their contrasting settings, both sectors offer quintessential Lakeland bouldering on blocks hewn from some of the UK's finest volcanic rock.

Sour Milk Gill

The boulders positioned either side of Sour Milk Gill provide the harder, slightly more spread out circuit. However, almost every block features eye-catching lines of unquestionable quality. The meat of the circuit resides on the south side of the gill, with a good concentration of climbs around both of the first blocks encountered at the base of the gill, and the Saturn V boulder a little further up the slope. Sitting out on a limb, up the hill on the north side of the gill, Mark's Boulder is also well worth checking out as it hosts an unmissable classic for all those capable.

Access and Approach

From Keswick follow the B5289 south for seven miles to a left turn signed to Seathwaite and Styhead Pass. Take this single-track road for approximately a mile to where free parking can be found either side of the road before its termination at a collection of farm buildings. Continue to the farm buildings and take a signed footpath on the right heading west across the river, via a footbridge, towards the clearly visible Sour Milk Gill.

Conditions

Facing east and in a steep-sided valley these boulders see less sun than their lofty neighbours and it can be cold during the winter months. That said, the boulders are generally clean and dry quickly in a good breeze making them a year-round option.

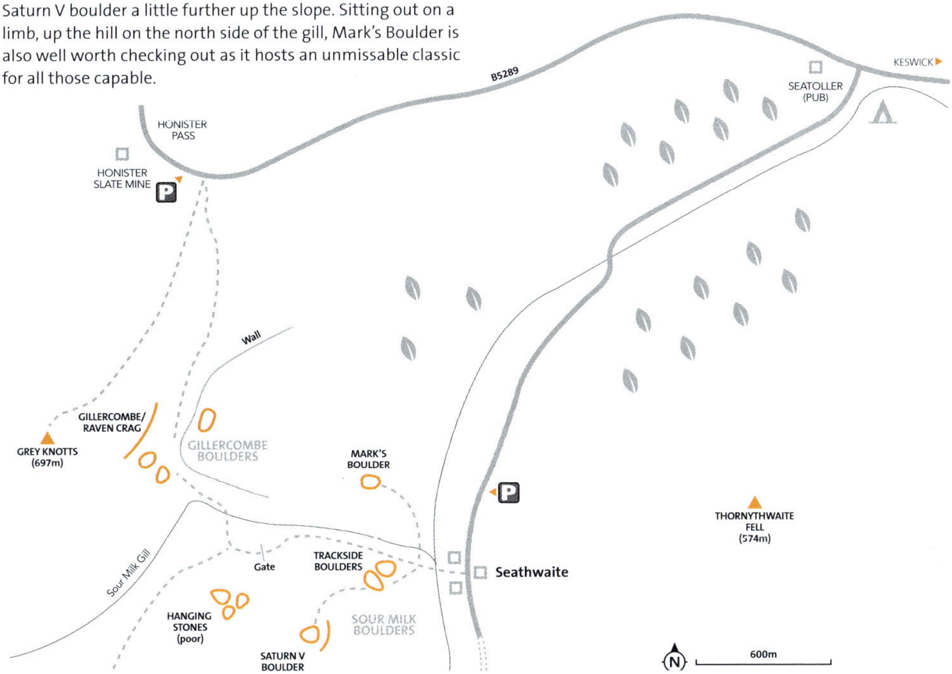

◀ DAVE PARRY ON *TAU ZERO* (PAGE 380) **PHOTO**: JOHN COEFIELD

MARK'S BOULDER

A quality but isolated block situated on the upper treeline of a depleted coppice on the north side of the gill. Having crossed the river turn right and cross another smaller bridge, following the path towards a drystone wall. Just before reaching the wall head up the slope to your left, tracking the south edge of the wall for 200m to where a triangular boulder will be seen as the trees begin to dissipate.

1 Vague Groove *4*
The shallow groove in the sidewall.

2 Slabby Wall *4+*
Up the slab on hidden but positive holds.

3 Mark's Arête *4+*
The arête climbed on the right. The sitter is slightly harder.

4 Deforestation *7a+* *
SS. Starting just right of the arête move into the centre left of the face, via some stretched moves, to an in-cut crimp then head straight up to finish. No arête.

5 The Bubble Chamber *7b* *
SS. Start as per *Deforestation* but once on the face continue moving right to edges on the centre right and finish up *The Cloud Chamber*.

6 Rodox 78 *7a+*
SS. Again start as for *Deforestation* but this time traverse rightwards across the face to the ramp-like lip on the extreme right and track this as is it arcs back up and left to the apex of the block and finish direct.

7 The Cloud Chamber *7b+* ***
SS. The best of the bunch tackling the centre of the face. Start low to the right, matched on slopey edges. Make a tough move up to more positive holds followed by a long stretch to a tilted RH edge. Match in to a more positive neighbouring crimp to the left, then head straight up to the apex of the block to finish.

TRACKSIDE BOULDERS

The following problems are located in front of a large slab on the south side of the gill, to the left of the main track, 130m after crossing the river. The large slab offers a couple of easy highballs/micro routes but the best problems are on the adjacent blocks.

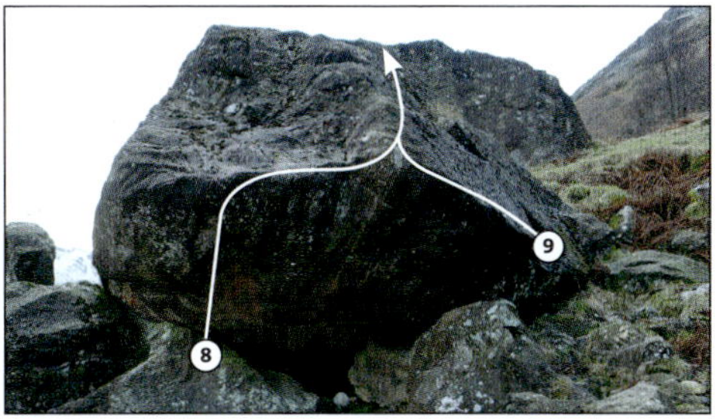

LIP TRAVERSE BOULDER

8 Thunderbolt *7a+*

Climbs the steep, lower overhang. Start from a chest-high undercut and use the boulder down low for feet before reaching up left, then throwing out to the lip and monkeying across to join the top-out of *The Lip Traverse*.

9 The Lip Traverse *7b*

From a crouched start on the far right (left of a block), follow edges on the lip of the block leftwards to the undercut prow-come-arête and surmount it with difficulty.

TAU ZERO BLOCK

10 *3*

An easy line up the centre of the south face.

11 *5*

SS. Up the short prow to a ledge followed by easier climbing to the top.

RICH LANHAM ON *THE CLOUD CHAMBER* PHOTO: DAN VARIAN

12 *4+*
SS. Start left of the crack and climb the narrow wall.

13 Thermodynamics *7a+* ★
The arête on its right side. You can use the left wall for feet to start before moving entirely on to the arête.

14 Tau Zero *7b+* ★
Use the big sidepull and a sloper or crimp to pull on with difficulty, before making further tricky moves up to a final satisfying slap for the ledge. Continue direct via easier climbing on good rock. The arête is out.

15 Break Traverse *4+*
From the far right follow the break leftwards to where it opens up, then head direct to the top.

16 Break to the Top *6a*
Start as for the *Break Traverse* but about halfway along head up the high wall using a good left-hand sidepull to reach the lip just left of where *Earthworm Jim* tops out.

17 Earthworm Jim *8a/+* ★★
SS. Climb the steep groove starting on two edges via a classy tension-intensive sequence on poor crimps, presses and gastons, before heading direct up the vague hanging arête to the apex of the block. The break to the left and any potential footblocks are out.

18 Psy-Crow *6a+*
A good problem up the scooped wall.

CASHMERE WALL

Set amongst a few trees this big wall hosts a pair of classic highballs. It is situated 350m south of the previous boulders, on a similar level.

19 Rainbow Bridge *7a* ★★★
Start in the centre of the face and follow a diagonal seam up rightwards to where a long move at two-thirds height gives access to big holds and a high but easier finish. Highball.

20 The Cashmere Cat *7c+* ★★★
Start on the right side of the wall and head straight up on tilted edges of varying positivity, through an awkward sequence leading to a decent RH hold and LH sidepull. Step high and make a final big move, in a precarious position, to a good hold, before romping to glory on good holds. Highball.

DAN VARIAN STROKING HIS WAY UP *THE CASHMERE CAT* **PHOTO:** GREG CHAPMAN

SMILER WALL

This wall is found about 20m left (as faced) of the Cashmere Wall at a slightly lower level.

21 Tickle Trickle *6b+*
The left-hand line following a thin diagonal crack up to goods and a slap out left to the apex/top of the block.

22 Smiler *6b*
The right-hand line starting on obvious good holds.

SATURN V BOULDER

On the slope directly above the Cashmere Wall.

23 Saturn V *7a+* ★
SS. The obvious left to right lip traverse, starting on the far left (obvious flatty) and finishing up the apex of the block on the far right. Long and sustained, sticking to holds on the lip all the way.

24 Downstairs Mix-up *8a* ★★
SS. Utilising footlocks launch up from good starting holds to gain two small crimps and then subsequently the lip. Now suck it in and hang tight as you release your feet before heading to the apex of the block.

25 Lambrini Girl *7b* ★★
SS. An excellent roof climb which again starts on the big low holds, but this time heads out right up the west end of the block on holds which get smaller with every move made towards the top.

26 Do the Lambrini *7b+* ★★
SS. As per *Lambrini Girl* but veer left to finish up the nose.

27 **Jungle Formula** *6c*
SS. The groove on crimps direct to a mantel finish.

28 **End Prow** *6c*
SS. The prow on the end of the block from a low start.

THE WEDGE

Around 70m north-west of the Saturn V Boulder is a dark wedge-shaped block with a hanging rib on the downhill face.

29 **Rough Jewel** *7b*
From standing use a lone sharp RH crimp to pull on with difficulty and make a big throw for the positive top. Also makes a good 6a+ if you use the block for feet.

JOHN COEFIELD ON *LAMBRINI GIRL* **PHOTO:** DAVE PARRY

Gillercombe Boulders

Positioned at the northern end of an open, hanging valley, directly below Gillercombe Buttress (Raven Crag on the OS map), is a pleasant spread of around ten sizeable boulders on a grassy expanse at the foot of a scree slope. With plenty of lower-grade climbs above generally good landings, this circuit has a family friendly aspect, particularly during the spring and summer months. There is also a handful of excellent mid-to-harder-grade lines and, in *The Arête*, one of the best of its grade in the Lakes.

Access and Approach

Depending on whether you are visiting this area in combination with Sour Milk Gill or simply visiting it independently there are two approach options.

From Sour Milk Gill: The boulders are easily reached via the paved track flanking the south edge of the gill. Follow this uphill for 400m to the falls at which point the track bears left then through a gate on the right. Continue up this track to where it levels out by the beck. Follow the beck west for a short distance to an obvious drystone wall, cross the beck and follow the south side of the wall for 400m, across the grassy expanse, to the first boulders described, directly below Gillercombe/Raven Crag.

Independently: In this case it is easier to park at the Honister slate mine, which is reached by continuing a further 1.25 miles up the B5289 from the Seathwaite turn-off. From here cross the quarry yard to where a stile gives access to the main summit track of Grey Knotts. Ignore this main track and follow a vague path (which soon disappears) diagonally south-east (left) up the slope to and over the shoulder of the fell, after which the terrain levels out and soon the open expanse of Gillercombe comes into view ahead. The boulders can be seen on the west side of the open area below the crag.

Conditions

The open aspect and south-easterly position means the blocks dry quickly and get plenty of sun. During the winter months the exposed setting can mean cold and windy conditions, however if you pick the right day winter can offer a truly magical experience.

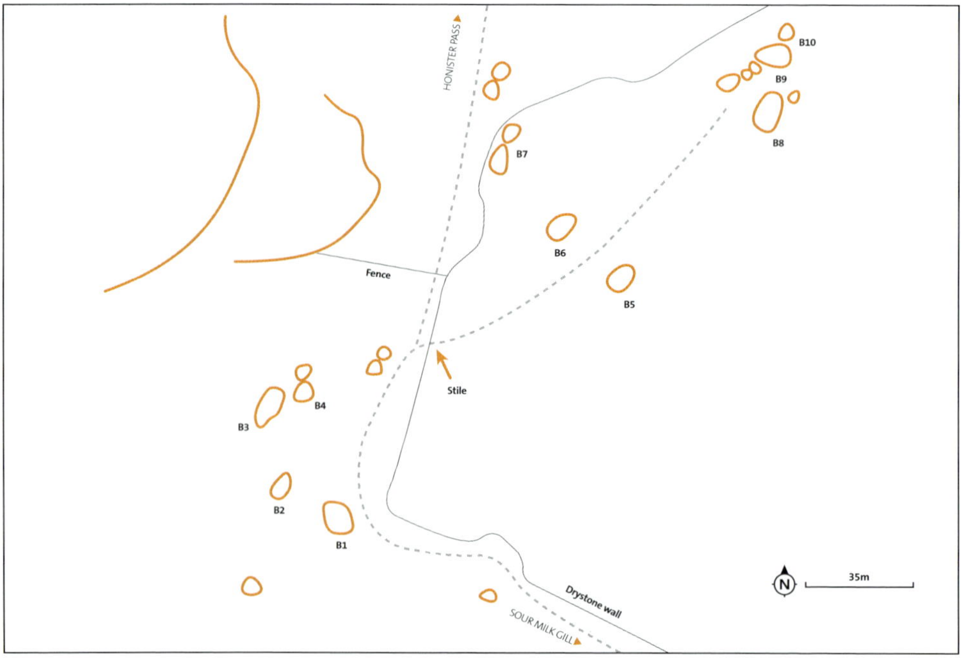

BOULDER 1

1 N&G Special *7b* ★
SS. The high, standout arête is excellent, if somewhat grubby. From a hold down and right pull on and swing left before tackling the arête direct. Shorties may have to crouch start. The stand-up is a worthwhile 6c+.

BOULDER 2

2 Gillercombing *5*
The smart clean wall climbed centrally.

3 Awesome Arête *6c* ★
A classic which features little in the way of standard arête technique. Climbed fully on the right is much harder, at around 7a. Highball.

4 Neil's Wall *7a+*
The seemingly featureless wall taken slightly right of centre. Quite high.

BOULDER 3

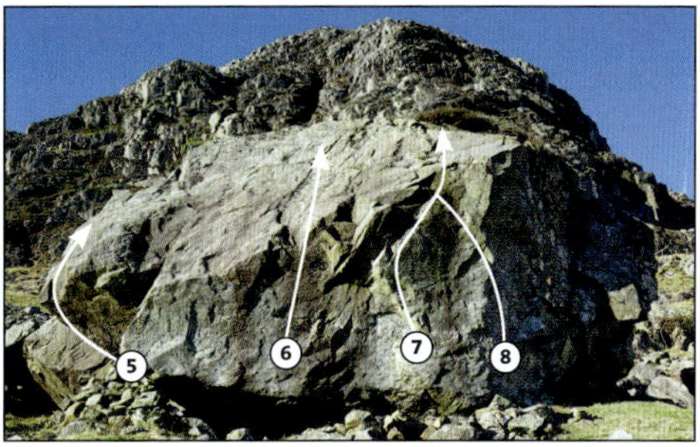

5 Cave Direct *7a+*
SS. Climb out of the cave via the hanging prow. The blocks are out. Contrived.

6 *5*
The big wall can be sent via numerous wandering lines. Highball.

7 Poor Man's Caution *7a* ★
SS. From a good hold pull through to the diagonal line of holds and up.

8 Foolish Pecker *7b*
SS. Start on two obvious crimps and go up left to a 'Matterhorn'-shaped hold, then into a thin RH sidepull. Continue direct via stretched moves passing a dish before pulling over the lip on good holds.

BOULDER 4

9 Zero Kelvin *6c+*
The centre of the wall. Adding a sitter, from down to the right, makes it slightly harder.

10 Absolute Zero *7b*
SS. Start on the end of the block and traverse at a low level leftwards on to the face and up the wall right of the arête.

BOULDER 5

11 *6a*
SS. The left arête with a tough start.

12 *6a+*
SS. The centre of the face.

13 *4+*
SS. Arête climbed on the left.

14 *3+*
Arête/wall.

15 *4+*
The centre of the face. A bit dirty.

16 *6a+*
SS. Right arête climbed on the left.

BOULDER 6

17 *5*
SS. Mantel the lip.

18 *6a+*
SS. Another lip mantel.

19 *6b*
SS. Up the arête/prow and follow the lip left to the arête and up.

20 **Mike's Problem** *6b* *
SS. The vague rib, started to the left.

21 *6a+*
A short but perplexing line up the centre of the face.

BAZ KERSHAW ON *THE ARÊTE DIRECT* (PAGE 388) **PHOTO:** PETE WILKINSON

BOULDER 7

This block is located near the drystone wall to the rear of Boulder 6. It hosts a few reasonable easier lines between Font 2 and 3, all on the main face.

BOULDER 8

22 *4*
The central slab, starting just right of the block.

23 **The Arête** *7b+* ★★★
SS. Uber-classic of the venue and Lakeland as a whole. Start just right of a detached block and follow the holds along the lip to pinches on the arête and up.

24 **The Arête Direct** *7a+* ★★
SS. The arête climbed directly from below isn't quite as good but is still a great problem. The stand-up, climbed on either the left or right, makes a great 6c in its own right.

25 **The World's Hardest** *6b+* ★
The undercut wall via a depression is perplexing to say the least.

26 *6c*
SS. Climb out of the left side of the niche, up the wall and past a small overlap.

27 **The Groove** *3*
The scooping groove is nice, but be gentle with the fragile-looking block.

28 **Marley** *4+*
SS. The enjoyable little arête on the right is a thought-provoking little gem.

JON BASSINDALE ON *GAZ'S WALL* PHOTO: BASSINDALE COLLECTION

29 Blast Off *5* ★
SS. The central wall is a great piece of low-grade dynamism.

30 The Shelf *5+*
SS. From the end arête follow the shelf up and left trending towards the top of *Marley*. The arête can also be climbed direct at 5.

31 The Crack *6b*
SS. A thin crack which is often dirty and damp.

32 Gaz's Wall *7a+*
SS. The grubby wall is decent when clean and dry.

33 *5+*
SS. A tricky start out of a tiny cave leads right then up the slab.

BOULDER 9

34 *5+*
SS. Traverse the lip left to right.

35 The Crack *6b* ★
SS. The slanting crack is quality.

36 *5+*
SS. Bulging arête.

37 Al's Weird Route *6b*
SS. Start on the left side of the end face and sweep right and up.

BOULDER 10

38 *6b*
SS. A good (but abrasive) right to left lip traverse.

Honister Pass Boulders

ASPECT: **NORTH-WEST, EAST** APPROACH: **2–12 MINS**
ALTITUDE: **160M** GRID REF: **NY 217 143**
PARKING: **54.521113, -3.215782** OS MAP: **OL4**

With roadside access, a family friendly setting and some great problems in the low to mid grades – as well as a handful at the higher end of the spectrum – this smart little venue is well worth a look for those with a couple of hours to spare.

The Roadside Boulders offer the easier, more accessible circuit and are ideal for a laid-back session combined with a picnic by the beck. With big holds, good landings and clear lines, the Beefcake Boulder is worth a special mention as a great option for those venturing outside for the first time. Overlooking the Roadside Boulders, a short distance up the eastern slope of the pass, a collection of generally smaller blocks hosts a few more reasonable problems, only the best of which are described here. Perched on the slope 300 metres further north, the High Rocks provide the crag's toughest offerings, sprinkled amongst half a dozen easier highballs.

Access and Approach

From Keswick follow the B5289 south for about 8 miles to the Honister Slate Mine and subsequent pass. Drop down the pass towards Buttermere and the first boulders described lie in plain sight either side of the road, approximately half a mile from the summit of the pass. For the High Rocks continue down the road for a further 300 metres and take a direct line (a ten-minute slog) up the slope to the blocks. The boulders can also be approached from the opposite/western (Buttermere) direction.

Conditions

All the blocks are well ventilated and dry quickly after rain. The landings below the Roadside Boulders can remain boggy after long periods of wet weather, and it's worth taking a stiff brush up to the High Rocks as the north-facing aspect can mean some holds become grubby after monsoon season.

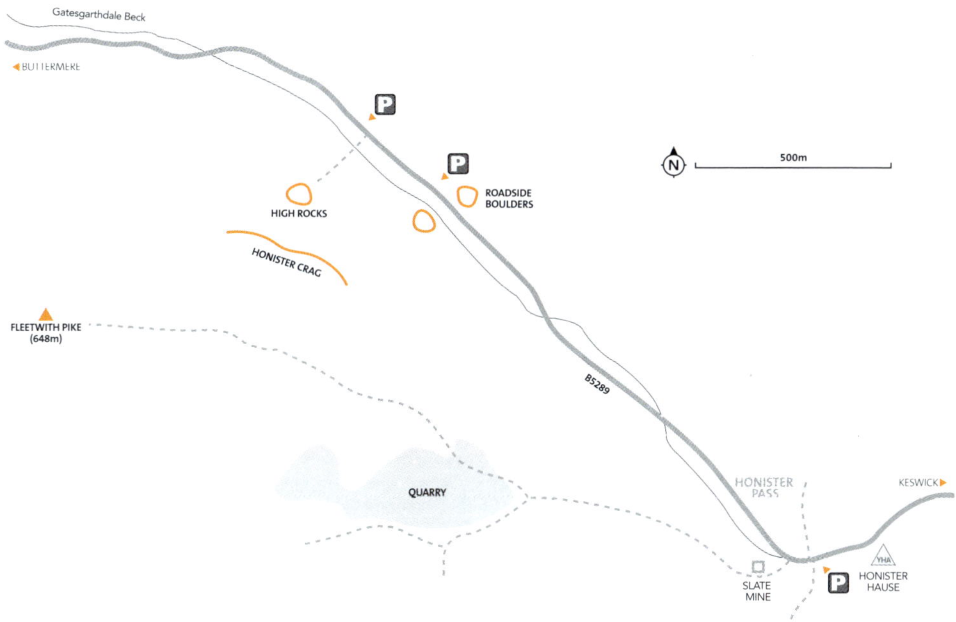

◄ CHRIS PLANT ON *PROBLEM 11* (PAGE 392) **PHOTO:** JON BASSINDALE

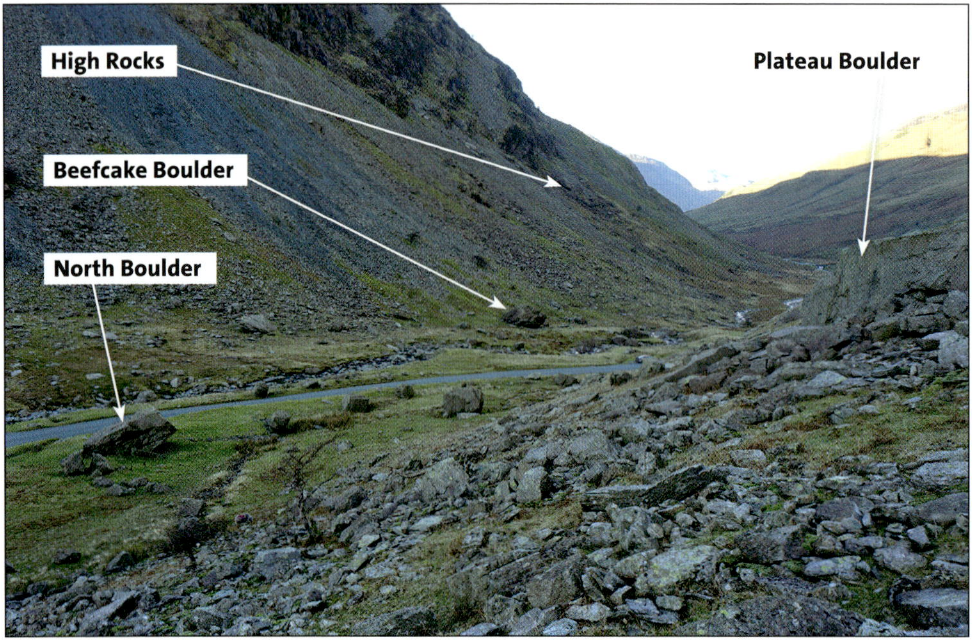

ROADSIDE BOULDERS

BEEFCAKE BOULDER

1 *5*
SS. Straight up the well-featured wall.

2 *6a*
SS. A steeper wall on good holds.

3 **Beefcake Flake** *5*
SS. Thuggy climbing on big holds. Great fun!

4 **Beefcake Eliminate** *6c+*
SS. A tight but worthwhile line which eliminates the flake and arête.

5 **Beefcake Arête** *5+*
SS. The appealing right arête from a low sitter.

6 **The Low Traverse** *6c+*
SS. A right-to-left low-level traverse starting up the arête.

7 **The High Traverse** *6a+*
Another right-to-left traverse, this time on a higher line of holds.

NORTH BOULDER

8 **North Boulder Low Traverse** *6b*
Staying low, traverse the east face and finish up *The Arête*.

9 *4*
The easy, east-facing wall.

10 **The Arête** *6b*
SS. The short, steep arête packs it in.

11 *7a*
SS. A tough little number through the middle of the overhang, manteling into the shallow groove.

12 **Right Arête** *3+*
Another short arête.

13 *6c+*
Traverse the lip leftwards then up *The Arête*. Alternatively link into and reverse the *North Boulder Low Traverse* and continue for a full circuit of the block: this is 7a.

14 *4+*
Straight up the left side of the wall facing the road.

PLATEAU BOULDER

The most prominent block in the cluster on the small plateau above the North Boulder.

15 Left Arête *3*
SS. Romping left arête on its right side.

16 Lift Pass *6c*
The centre of the face on thin holds.

HIGH ROCKS

17 *6c*
SS. Keeping low, follow the rampline left then surmount the slab and head direct up to the apex.

18 *4+*
The wall, linking into the arête near the top. High.

19 *6c*
SS. From a sidepull/undercut make a powerful move to a weird blobby hold up and right then finish direct.

20 Occam's Razor *7c* **
SS. From a sit or very low start (depending on your height), pull on using a reasonable sidepull and make a tough snatch for the lip. Now move left along the lip via a useful heel and make a tricky slap for a flatty to finally finish up the undercut left arête.

21 Toby's Razor *7c*
SS. A more direct finish to *Occam's Razor*, which heads straight up once the lip is gained.

22 An Honist Man *8a* *
Start as per *Occam's*, but once pulled on move left via a series of superb pinches and open-handed holds to a position below the slabby arête. Now head up to the obvious flatty and finish up the aforementioned undercut arête. The lip on *Occam's* is out on this problem. Slightly eliminate but the quality of climbing demands inclusion.

23 Fallen Idol *7a+* *
From the far right, traverse the lip to its halfway point then rock up on to the headwall and finish up this.

24 Ian's Lip *7c+*
From the far right, traverse the lip leftwards to where hard moves allow you on to the small prow of *Occam's Razor* and dynamically up. The same start but finishing up *Toby's Razor* is *Bone Idol* (7c).

Immediately north (down the slope) is a boulder with a slabby eastern face.

25 *6a*
A curving line up the left side of the high wall.

26 *6b*
Direct up the centre of the slabby wall.

27 *5+*
The shallow groove on the right side of the wall.

THE AUTHOR ON *OCCAM'S RAZOR* **PHOTO:** JULIA ENTWISTLE

ENNER-
DALE

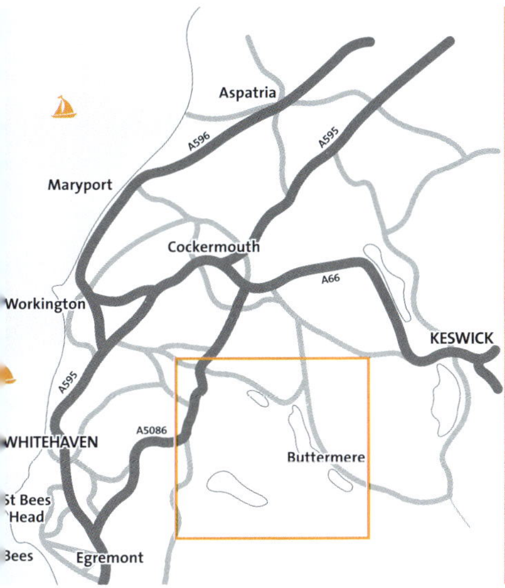

Aspatria
A596
A595
Maryport
Cockermouth
A66
Workington
KESWICK
A595
WHITEHAVEN
A5086
Buttermere
St Bees
Head
Bees
Egremont

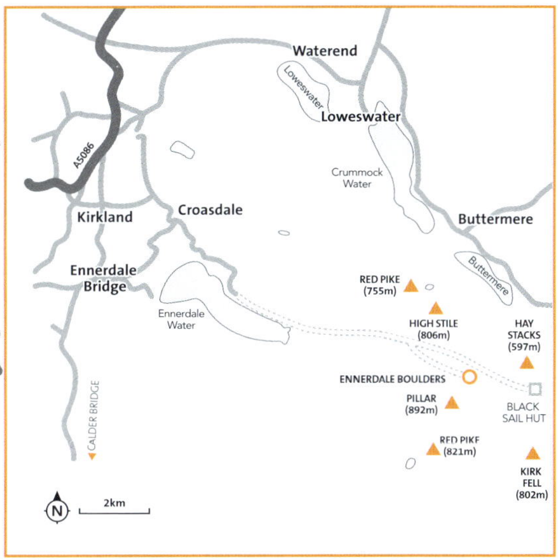

Waterend
Loweswater
Loweswater
A5086
Crummock
Water
Kirkland
Croasdale
Buttermere
Ennerdale
Bridge
Buttermere
RED PIKE
(755m)
Ennerdale
Water
HIGH STILE
(806m)
HAY
STACKS
(597m)
ENNERDALE BOULDERS
CALDER BRIDGE
PILLAR
(892m)
BLACK
SAIL HUT
RED PIKE
(821m)
KIRK
FELL
(802m)
N
2km

PETZL
PETZL

Ennerdale

ASPECT: **SOUTH, NORTH** APPROACH: **90 MINS**
ALTITUDE: **280M** GRID REF: **NY 177 130**
PARKING: **54.525841, -3.377721** OS MAP: **OL4**

Remote and with few amenities, Ennerdale offers a glimpse into a bygone era, when the valleys of Lakeland were wilder places. Without as much as a tarmacked road for much of its length, and with the bouldering situated in the upper reaches of the valley, this far-flung destination is one for those who want to sample more than just the climbing. That being said, the bouldering in Ennerdale, while limited, is actually pretty good, and the walk-in, while lengthy, is essentially easy-going. Those who do put in the effort will be rewarded with some great climbing in a unique location. If you have access to a mountain bike this is the most efficient means of approach. You could also stay at the YHA Ennerdale hostel halfway down the valley – reducing the approach by 50%.

Originally pioneered by legendary Hampi developer Paul 'Pil' Lockey, the first climbs from this period include *Visual Impact* (7a+), and *The Grinding Mind* (7b+), a much sought-after tick amongst Lakes bouldering aficionados. Following this initial spike of development in the early 2000s the area was almost lost to the mists of history until its rediscovery in 2011. Since then a small but quality circuit of climbs has been developed to flesh out Pil's original vision.

Access and Approach

From the west Cumbrian perimeter road (A595) turn off at Calder Bridge, following the signs for Ennerdale. On reaching the small village of Ennerdale Bridge head north-east following signs for Croasdale (one of the signs incorrectly spells it 'Crossdale'). From Croasdale continue for a further 2 miles towards the lake and large free car park below Bowness Knott.

Follow the large, lakeside bridleway east for 6 kilometres, ignoring any potential left turns, to a large fork. Take the right-hand fork and cross over the river via a bridge to another bridleway and continue east along this for a further 1.2 kilometres to the Trackside Boulder on the left.

Conditions

The location, lengthy approach and tree cover make this a destination for long, fine days. Summer is ideal as there are few issues with bracken coverage and most problems feature shade at some point during the day. The Forest Boulders and Pine Hug Boulder can take a day of fine weather to completely dry out; the other blocks dry almost immediately.

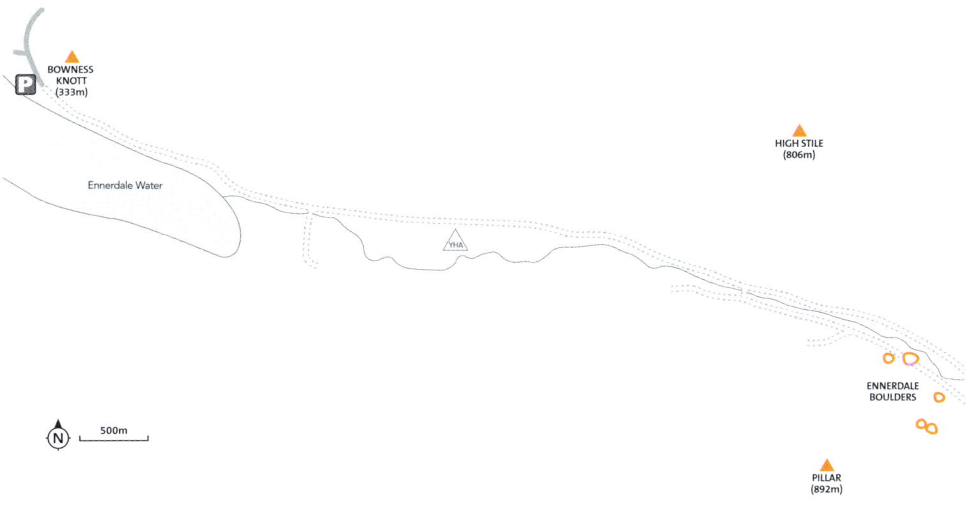

◀ THE AUTHOR ON *BLACK FOREST GATEAU* (PAGE 404) **PHOTO**: JULIA ENTWISTLE

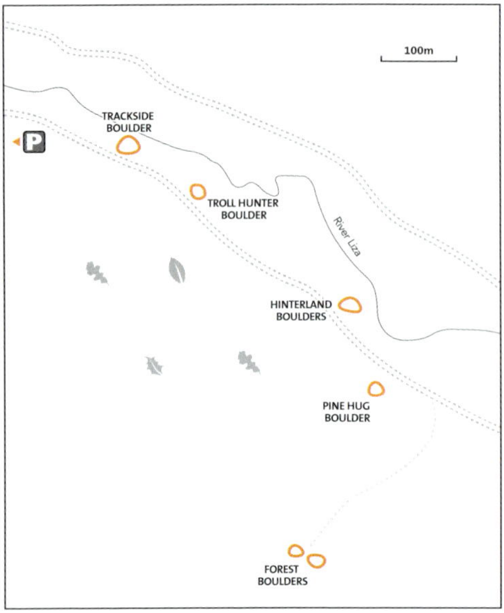

TRACKSIDE BOULDER (AKA TOM'S BOULDER)

The first boulder encountered sits to the left of the track, shortly after the point where the pine trees fizzle out on the same side. This block offers some nice climbs with the lip traverse of *Visual Impact* being the obvious challenge.

1 *4+*
Start on a soap-dish hold low on the slopey arête and follow the lip up right to the apex.

2 *3+*
Straight up the wall on slopey holds.

3 *5+*
SS. The next arête, keeping to the right.

4 **Majik Power** *6c+* *
SS. Start on an undercut and sidepull; gain the lip and head straight up.

5 **Instinctive Logic** *7a+* *
SS. Pull on with difficulty at a big, slopey triangular hold and make a hard move for the lip. Sort out your feet and reach through to a diagonal edge and mantel up on to the slab.

6 **Caterpillar Dreams** *6c*
SS. From a jug below the lip, delicately make your way up the slab on small holds.

7 **Visual Impact** *7a+* *
SS. From the start of the previous problem, a couple of metres left of the end of the block, traverse the lip leftwards and finish up *Majik Power*.

8 **Visual Impact Extension** *7b*
SS. Extend *Visual Impact* by starting at the far right end of the block, at the arête.

9 *5+*
SS. The right arête on its left side has a tough start.

10 **Pil's Choice** *6b*
SS. Climb out of the right side of the small cave, starting on rough holds. Once at an obvious big hold follow a line of positive edges diagonally right and up.

11 **Zootoca** *6b+*
SS. From a LH sidepull and slopey edge head straight up via a tough start.

12 *4+*
Use a large jug to gain the lip and the slab above.

13 **Tree Free** *6a+*
Start matched on a low sloper and make a big move to a jug. Surmount the lip and finish up the slab.

14 **Snake Charmer** *6c*
SS. From matched on the low shelf, make a long stretch to the lip then climb direct up the slab.

15 **Lizard Run** *7c* *
SS. Start at the shelf and traverse left, following the lowest line of slopers, to *Zootoca* and finish up this problem. The mid-height jug at the halfway point is out.

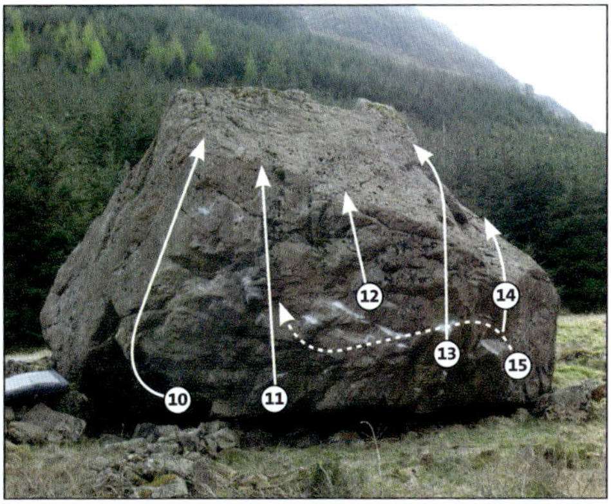

TROLL HUNTER BOULDER

A fine little block with a few good problems, situated on the north side of the track, 120m east of the Trackside Boulder. Due to a partially submerged south face the block looks somewhat diminutive from the track, however once reached you'll see the hidden north face is substantially taller with a good flat landing.

16 Troll Hunter *7b* ★
SS. The left arête from the lowest possible holds. Starting with high hands is a touch easier at 7a+.

17 Liza Minnelli *7a+* ★
SS. The wall just right of *Troll Hunter* from low crimps. The stand is less powerful and almost as good at 6c+.

18 Swamp Thing *5* ★
SS. The diagonal flakeline is excellent.

19 Right Arête *5*
SS. The right arête is worthwhile.

HINTERLAND BOULDERS

A pair of small boulders with good landings. While tricky to spot, they're set just off the main track again on its north side and approximately 300m further east of the Troll Hunter Boulder.

20 Little Arête *4*
SS. Quality but all too short.

21 Lamprey *7b*
SS. A snatchy one-mover up the centre of the small face.

22 Pine Martin *6b*
SS. The appealing arête climbed on the left from a low start.

23 Xmas Attack *5+*
SS. The centre of the face direct on edges.

24 Hinterland *7a+*
SS. A good crimpy problem which starts just left of the crack/groove. Pull on and traverse the face leftwards, trending gradually upwards to make a tricky move for the top of the arête. Gaining the top before reaching the left arête is significantly easier.

25 The Groove *6b*
SS. The groove is hard to start but soon eases.

PINE HUG BOULDER

This single large boulder sits in the trees on the south side of the track a further 100m from the previous blocks and 500m from the Trackside Boulder. While close to the track the trees do make spotting the block tricky. A good reference point is a large distinct block in the riverbed; the Pine Hug block is on the right of the track just before this. The block hosts twelve problems and some linkage potential, with the pick of the crop being the superb arête/prow of *Pine Heart*. All lines were rescued from the encroaching pine trees and may need a brush here and there. Don't be afraid to pack your secateurs and continue the gardening ethic.

26 *6a+*
SS. The arête on its right side.

27 *5+*
SS. Use a big edge to gain another big edge then grab the shelf above and head for the top.

28 *7a+*
SS. From a very low start on a LH pinch and RH crimp snatch up for an edge and continue to the shelf and then the top via significantly easier moves.

29 *2+*
Up the grubby groove via a big edge, then left at the shelf.

30 *6a*
From two good flat holds make a long stretch to a small ledge and then up to the top.

31 **Pine Heart** *7a+* ★
SS. The brilliant undercut arête/prow starts on handholds on the left side of the small overhang before heading straight up. The stand is 6c+.

32 *6c+*
SS. The waterworn groove starting matched on a good edge down to the left.

33 *6a+*
SS. Use opposing sidepulls to climb the shield feature to a jug; finish up the blunt arête.

34 *2*
The easy arête is good, if a little dirty.

35 *2*
The wide, dirty slab can be ascended via a number of wandering lines.

36 *6a*
The right side of the chest-height shield to high, quartzy holds near the top.

37 *6b+*
The slightly mossy groove is excellent and all the holds you need are clean.

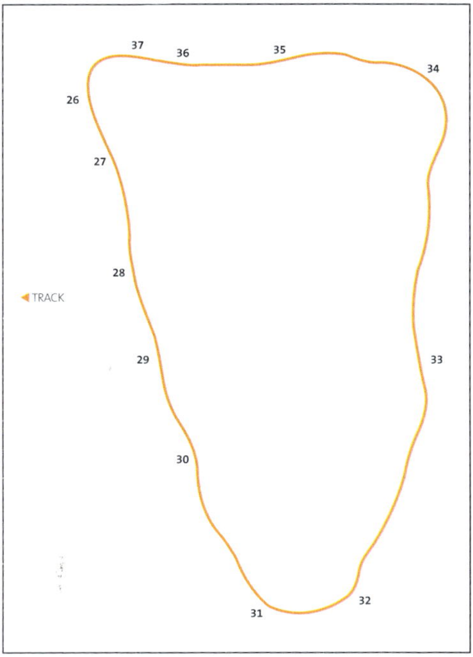

FOREST BOULDERS

Tucked away high on the edge of the forest above the Pine Hug Boulder is a small group of blocks featuring *The Grinding Mind*, an almost mythical problem and a classic by any standard.

From the Pine Hug Boulder continue up the track to where the trees on the south (right) side of the track dissipate (170m). Head up the slope in a westerly direction towards the upper edge of the forest. Look out for a cairn on the edge of the forest and from here head diagonally up through the trees for 30m to the first block. See approach image.

FALSE FORESTS BOULDER

The first block on the edge of the treeline offers a trio of good but slightly dirty problems.

38 False Forests *6c*
SS. A great problem starting down to the left, then up the lip to the central rib and a hard mantel move to get established. The upper section is much easier.

39 The Groove *5+*
The poorest line tackles the central dirty groove direct before moving right near the top.

40 Shrinking Wall *6c*
SS. The wall to the right has a hard pull off the ground, then pleasant movement up the right slab/wall.

THE GRINDING MIND BOULDER

The main event: 25m into the forest from the False Forests Boulder and on the same level is a block featuring a smooth downhill face with obvious appeal.

41 Left Arête *5* ★
The left arête is quality and starts on a low flat edge.

42 The Grinding Mind *7b+* ★★★
SS. The centre of the face, starting just right of a block, features some unusually contorted positions to gain the obvious gaston/sidepull. From here some tricky foot swaps and a final satisfying stretch to a quartzy edge round off a truly awesome problem. 6c+ from standing.

43 Black Forest Gateau *7c* ★★
SS. Start as for *The Grinding Mind* but from the big sidepull head left across the face on undercuts to *Left Arête* and finish up this. Another great problem.

44 Sundowning *7b+* ★
SS. From the rail head up and right to good holds just below the lip, just left of the blocky descent.

THE AUTHOR ENJOYING *VISUAL IMPACT* (PAGE 400) **PHOTO**: JULIA ENTWISTLE

WEST COAST

TOM PECKITT ON *CLASH OF THE TITANS*, ST BEES HEAD NORTH (PAGE 413) **PHOTO**: PECKITT COLLECTION ▶

Aspatria
A596
A595
Maryport
Cockermouth
A66
Workington
KESWICK
A595
A5086
WHITEHAVEN
Buttermere
ees
Egremont

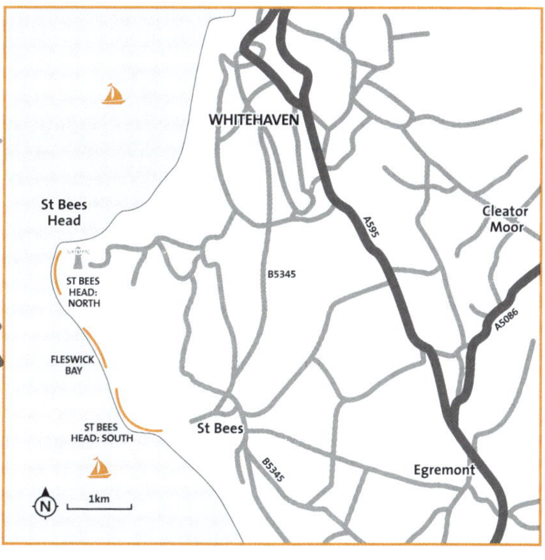
WHITEHAVEN
St Bees Head
Cleator Moor
A595
B5345
ST BEES HEAD: NORTH
A5086
FLESWICK BAY
ST BEES HEAD: SOUTH
St Bees
B5345
Egremont
N
1km

St Bees Head: North

ASPECT: **WEST, NORTH-WEST** APPROACH: **20 MINS**
ALTITUDE: **3M** GRID REF: **NX 939 144**
PARKING: **54.515596, -3.626284 (£)** OS MAP: **OL4**

It's fair to say that over the last decade St Bees Head has become one of the must-visit destinations of British rock climbing and more specifically bouldering. In spite of its isolated location, on the far north-western coast of Cumbria, the magnetic draw of this fantastic venue and its spectacular cliffs, which rise from the sea like vast rust-clad hulks, is all too apparent in the ever-increasing plaudits the area receives in the climbing media. The isolated serenity of the area is brought about by the geography of the head itself. The remnant of an ancient Triassic river system winding across and beneath what is now the Lake District, the headland punches out of its volcanic surroundings into the Irish Sea to create around three miles of stark, rocky yet uniquely beautiful coastline. Once perched on the patio-like platforms at the base of the cliffs, you are thrust into an almost island setting, which could be anywhere and any when, with the only visible land masses being the distant Isle of Man to the west and the Dumfries coastline to the north. The bouldering is generally on freestanding boulders perched on clean rock shelves beneath the towering cliffs, however, some of the more modern additions are situated at the base of the crags. The rock is on the whole world class – compact sandstone with a dark orange hue and hard weather-worn patina – and features a variety of superb and often obscure holds and features. From simple edges and slopers to complex honeycombing, shell-like volumes and even animal paw prints, this crag has them all.

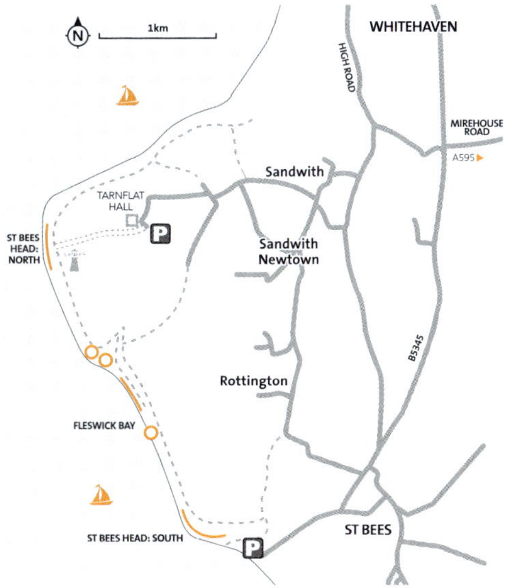

Access and Approach

Unless you live on the north-west coast of Cumbria, reaching the climbing at St Bees Head is fairly out of the way by anyone's standards and will involve a full day for nearly all visitors. That said, the journey times to the crag have been exaggerated in some quarters. Traffic permitting, here are a few realistic timings:

Keswick: 40 minutes; **Carlisle:** 50 minutes; **Lancaster:** 1 hour 45 minutes; **Preston:** 2 hours; **Manchester:** 2 hours 30 minutes.

If you are approaching from the south/south-east, the best and easiest method of approach is round the top of the Lakes via the M6–A66(W)–A595(SW) to Whitehaven route. While on the face of it, taking the coastal route around the southern perimeter of Cumbria seems the shortest option (in terms of distance), this is almost certainly never the quickest choice due to slow roads and tourist traffic. If you're coming in from the north or east, follow the A595 from Carlisle which takes you direct to Whitehaven.

FROM WHITEHAVEN

Follow the A595 through Whitehaven and, as you leave the southern edge of the town, take a right turn (Mirehouse Road) signed to St Bees. Follow this road to its termination at a T-junction and turn left and then almost immediately (100 metres) turn right up Wilson Pit Road. Follow this lane to the next left turn (High Road) and take it, following it for around 500 metres to a right turn, which is taken and quickly leads you into the small village of Sandwith. Stick to this small road (Main Street) passing the Dog & Partridge pub on your left. Approximately 200 metres after the pub is another right turn with a phone box on the bend. Follow this private road without deviation for 1.2 miles to the farm and park sensibly by the uppermost gate. Pay by putting £2 in the box by the back door of the farm, which is through a gate on the right as you enter the farmyard.

From the parking, follow a small lane out of the back of the farm towards the sea. Almost immediately a lighthouse can be seen flanking the lane 600 metres directly ahead. Once level with the lighthouse go through the gate via a stile to the right and follow the fence downhill to a small building (foghorn station) on the clifftops.

◀ DAN VARIAN MAKING THE FIRST ASCENT OF *SUNS OF TEMPER* (PAGE 412) **PHOTO**: MICHELE CAMINATI

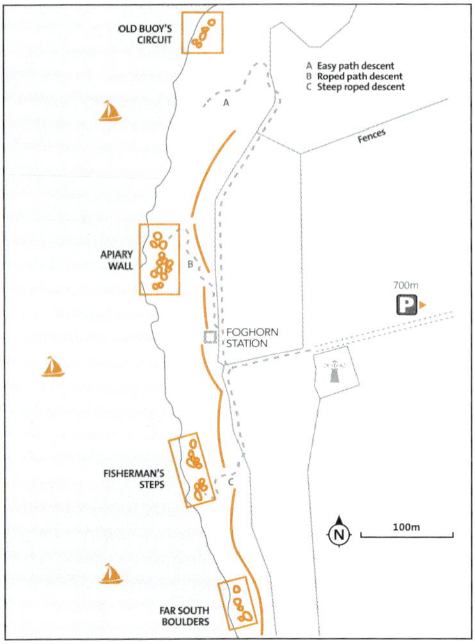

NEIL KERSHAW ON HIS OWN *YELLOW DESERT SCREAM*
PHOTO: JOHN COEFIELD

From the foghorn station you have three descent options:

A **Easy path descent:** if you are visiting with small children or dogs, this is probably the best option. From the foghorn follow the clifftop north for 270 metres to a stile, go through the stile and continue for a further 50 metres to where you can cross the clifftop fence to reach an obvious steep path winding down to the sea. For Apiary Wall head back south along the coast – it's about 200 metres to the first blocks.

B **Roped path descent:** this is generally the most frequented descent and brings you out at Apiary Wall. It is predominantly a walkable path with a couple of steep sections backed up with in-situ hand-line ropes. At the foghorn climb over the clifftop fence and walk north for a short distance until an obvious descent path is reached.

C **Steep roped descent:** the most serious descent brings you out at the Fisherman's Steps, and should not be attempted by kids or the faint of heart. The first half of the descent involves a section of almost vertical rock, descended/ascended via in-situ ropes, chains and steps cut into the rock face. The second half of the descent is a more amenable path. From the foghorn walk south along the clifftop for 150 metres to where a dilapidated wooden sign (*Dangerous Cliffs*) can be seen on the other side of the fence. The descent is directly behind the sign.

ACCESS

The remote coastal setting of the area makes it a haven for many varieties of wildlife; in particular a vast array of seabirds inhabit the cliffs year round. For this reason St Bees Head is under the stewardship of the RSPB. A seasonal climbing and bouldering restriction is in place from 1 February to 31 July. However, this only affects any climbing south of the Fisherman's Steps sector.

Conditions

Most of the areas get sun from midday until sunset, and only the highest of tides cause problems. Specific tidal issues are highlighted in the introductions to the individual sectors. One request: please avoid the area if it has been particularly damp as the rock does lose cohesion and integrity and holds can become friable.

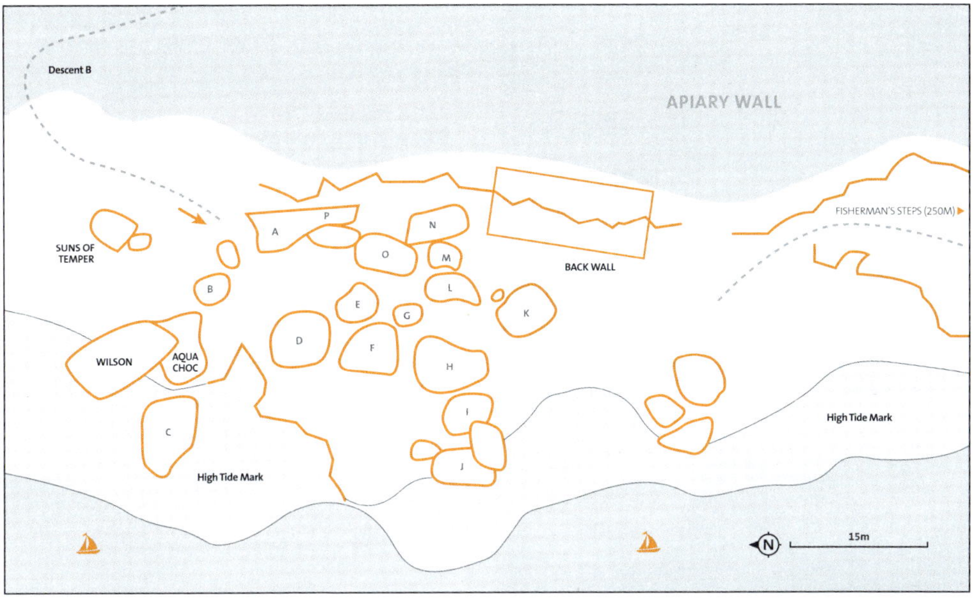

APIARY WALL

The original bouldering sector at St Bees Head and still one of the best. A compact, easy-to-navigate circuit of great problems with excellent flat landings, all in a beautiful setting.

BLOCK A

1 Yellow Desert Wall *7c* ★★
The wall to the left of the striking arête is climbed direct without the arête.

2 Yellow Desert Scream *7a+* ★★★
This eye-catching arête greets you at the base of the second descent and is a fitting introduction to the crag. Climb it on the left and keep direct to a slightly sketchy finish.

Yellow Bellied Whimper *7a* ★
A cop-out finish to the original masterpiece veers over to the left at the top to a less-scary and less-rewarding finish.

3 Yellow Hue *6c*
A direct line up the right side of the very high wall.

The next two blocks host a pair of stunning highballs and are located in the vast, less-amenable jumble just north of the main platform area.

4 Suns of Temper *7c+* ★★
An appealing line up the seaward face of a large block sporting a diagonal white seam, directly beneath the descent path. Start off a raised block to the right of the main boulder, then follow the white seam leftwards before climbing the block up the centre right of the face.

5 Wilson *8a* ★★
This incredible highball tackles the hanging arête of a huge, suspended rectangular block on the edge of the tideline. Start off a block below the arête using two high holds on the face (a folded pad may be required). Pull on and climb the arête to the lip where a committing high step accesses the top.

BLOCK B

A lone block a few metres north-west of Block A.

6 *6c*
SS. The left arête of the small block identified by a vertical white V-shaped streak.

BLOCK C

A great block, but one which is affected by the tide.

7 Wave Wash Traverse *6b*
Traverse the break left to right, finishing up the arête.

8 The Paddler *6c+*
A tricky climb up the left side of the slab; getting started is the crux.

9 *6b* ★
The centre of the slab, bearing right into the slight groove.

10 Undercooke *7a* ★★
SS. A cool problem through the undercut scoop.

11 Overcooked *7a+* ★
SS. Start left of *Undercooke* and traverse rightwards to where a big move can be made to gain the right-hand arête; finish up this.

12 *5+*
The right arête on its left side.

13 Aqua Choc *7a+*
SS. On the adjacent large block. A really good problem up the right side of the steep face via big moves bearing up and right.

BLOCK D

14 *6a*
SS. Traverse the lip until you can gain the slightly pocketed groove.

15 **Clash of the Titans** *7a+* ***
The blunt arête is a crag classic. Stick to the arête all the way.

15a **Clash of the Titans SS** *8a+* **
SS. The sit-start is hard with few footholds.

16 **Apiary Arête** *6a* *
Classic textured arête.

16a **Bee-Fish** *8a*
SS. A very powerful one-move sitter into the previous problem … and SQUEEZE!

17 *6a*
The scoop climbed on the right.

18 *6a*
SS. The broken, pocketed crackline. 4+ stand.

19 *6b*
SS. Another vague crack. 6a stand.

20 *6a+*
SS. The blunt, bulging arête. 5 stand.

21 *6c* *
SS. Up the arête of the previous climb, then traverse at half height into and up *Apiary Arête*.

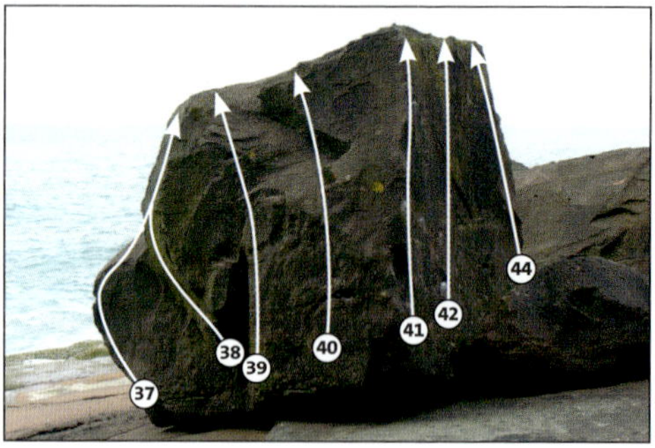

BLOCK E

A small boulder featuring one problem.

22 *6a*
SS. From the north corner of the block, traverse the break right, keeping low, on to the pale slab and up.

BLOCK F

A low block offering some good problems.

23 Flip Flop Traverse *6c* *
SS. Follow the vague lip of the block to its highest point. You can also continue all the way round the block at 6c+.

24 Blow Hole *6c+*
SS. Short wall via a pocket.

25 Manx Wall *7b+*
SS. The short wall, bearing slightly right, is pretty fingery.

BLOCK G

Another small block, sandwiched between larger boulders, offering a reasonable traverse.

26 *6c*
SS. Start just right of a corner at the north end of the block and traverse right, keeping low, all the way around to the south face.

BLOCK H

A large, flat block with a couple of classics.

27 Phat Arête *6c* *
SS. Despite being a little short, this is a sector classic. Climb the blunt arête with some powerful moves low down.

28 Phat Ramp *6c+* *
SS. Equally good. Start as per *Phat Arête*, but at half height follow the glorious weather-worn shelf-come-ramp rightwards with few footholds to the centre top of the boulder.

The next problems are on the south end of the block.

29 *6c+*
SS. The left arête climbed on the left side. Watch your back on the block behind.

30 Honeycomb Way *5+* *
SS. Use the honeycomb break to ascend the wall direct.

31 *5+*
SS. The slab-come-arête.

Block H also offers a few good variations and eliminates, but these are left for you to work out yourself.

BLOCK I

32 *5+* *
SS. Straight up the wall dissected by a large frowning break. 4 from standing.

32a Pull the Otter One *6c*
From matched on low undercuts, pull into the arête, then head for a good hold out right.

BLOCK J

Hidden around the back of Block H, immediately north of the arch, this boulder gives an absolutely genius problem.

33 Dark Side of the Moon *7c* *
SS. Due to its situation so close to the sea, and hemmed in by other blocks, this line is always one of the last to dry out. Nevertheless, when dry it is a real gem and well worth seeking out. Climb the centre of the steep, pocketed wall from low. The right arête is out.

BLOCK K

34 *6b* *
The left arête is a good problem, but often has a small pool at its base.

35 Chipper's Wall *7a+* *
The first of three similarly unorthodox problems on the North Head. Take a run up and spring off an obvious foothold to tilted edges on the lip, now finish in a more conventional fashion.

36 The Rail *6c+* *
SS. A tough move off the deck gives access to the diagonal left-trending rail; follow this to the top.

37 *6c* *
SS. Start as for *The Rail*, but this time climb the scoop/snaking arête direct.

38 *6b* *
SS. Start just left of centre and trend left to the scoop and up.

39 *4*
SS. The easy groove climbed direct.

40 *6a*
SS. The arête and wall climbed on the left side. 5 stand.

41 *6a+* *
SS. The arête on its right side. 5+ stand.

42 *6c+* *
SS. The wall between the arête and block climbed without holds on the arête.

43 *7a*
SS. Start as for 40, then traverse the wall leftwards all the way into and up *The Rail*.

44 *6c*
SS. The arête behind the small block climbed direct.

BLOCK L

45 *4+*
SS. The short wall, strewn with edges, without the left arête. The arête from standing is 3+.

46 *6a* *
SS. Make a tough pull on, then follow the crescent feature to the top.

47 *6a*
Traverse the lip rightwards then up.

48 *6b* *
SS. Straight up and over. Good.

BLOCK M

49 *7a*
SS. Use the neighbouring block to get established, then climb the wall past a mono.

50 **Kiss Kiss Bang Bang** *7c* *
SS. Without the neighbouring block, pull up and make tough moves across the face, keeping to the lip, and trend right towards a drilled pocket then up. 7b if the block to the left is used for feet to start.

51 *5* *
Straight up via a drilled pocket.

52 **Block Traverse** *6c* *
SS. Right to left lip traverse.

BLOCK N

53 **Slopey Arête** *6c+* *
SS. Up the tilted arête on its left side. Watch out for the block to your rear.

The next problem is on the adjacent wall, to the right, and is one of the best lines at the crag, although a brushstick is useful!

54 **By the Power of RAAA** *7c+* ***
Use the obvious seam to get established, then bravely head up through the depression to finish by manteling on to the slabby shelf. Escape from here.

BLOCK O

55 Head Banger *7b*
Due to a rockslide the original is no longer possible. A variation is still possible which starts up *Mosh Pit* then swings left to finish up the pod and left arête.

56 Mosh Pit *7b+*
SS. The central prow climbed from low – sloping LH sidepull at the base of the pod and RH crimp down to the right. A tough start move is followed by a steady but enjoyable sequence direct up the prow.

57 Red Snapper *7c*
SS. Start below the undercut corner, then move left before tackling the undercut wall direct on small crimps. Watch your back!

58 Scaly Man-Fish *7b*
SS. Start as per *Red Snapper* but continue along the lip into *Mosh Pit*.

BLOCK P

59 The Young Man & the Sea *7a*
Climb the hanging scoop direct, via slopers and shallow pockets. Can be very sandy after bad weather.

BACK WALL

These problems are situated at the base of the cliffs immediately south of Block N.

60 Captain Pugwash *7c* **
The blunt and striking prow climbed direct to a slight ledge. Escape/drop off from here.

61 The Legend of Oily Johnnies *7a* *
SS. From the back of the roof gain the crack and follow it to finish at a slight depression. Escape from here. This can also be climbed without the crack, as a highly technical 7b+.

62 Bee Line *6a*
The crack from standing, again finishing at the slight depression.

63 The Joy of Sextants *7b* *
SS. Start sitting at a large sidepull and traverse leftwards along the slopey seam to finish up the crack.

ALEX MOORE ON *FLOATING POINTS* (PAGE 420) **PHOTO:** TOM BUNN

FISHERMAN'S STEPS

The second most-frequented sector on the headland is the Fisherman's Steps area. As with the Apiary Wall sector, this circuit is lavishly furnished with many fine boulders, offering good rock, flat landings and another picture-perfect setting.

If approaching from Apiary Wall, go up the short chained/roped gully near the foot of the crag and follow the platform for 200m to where another short incline with chipped steps leads to the main sector.

Note: At high tide the base of the short incline described above is one of the few places that can become submerged. This is usually only by 20 to 50cm and the platform here is fairly flat with good grip, thus it can be easily waded if required, providing conditions are reasonably clement.

BLOCK A

Before reaching the main sector the clean vertical wall immediately left of the short roped incline offers two excellent, if slightly reachy, problems.

64 Out of the Blue *7c+* ★★★
The left side of the wall offers a truly splendid wall climb requiring strong fingers and precision timing. From a slot pull on and use good low or poor high footholds to spring for a thin edge on the face. Match this and continue to a high but straightforward finish.

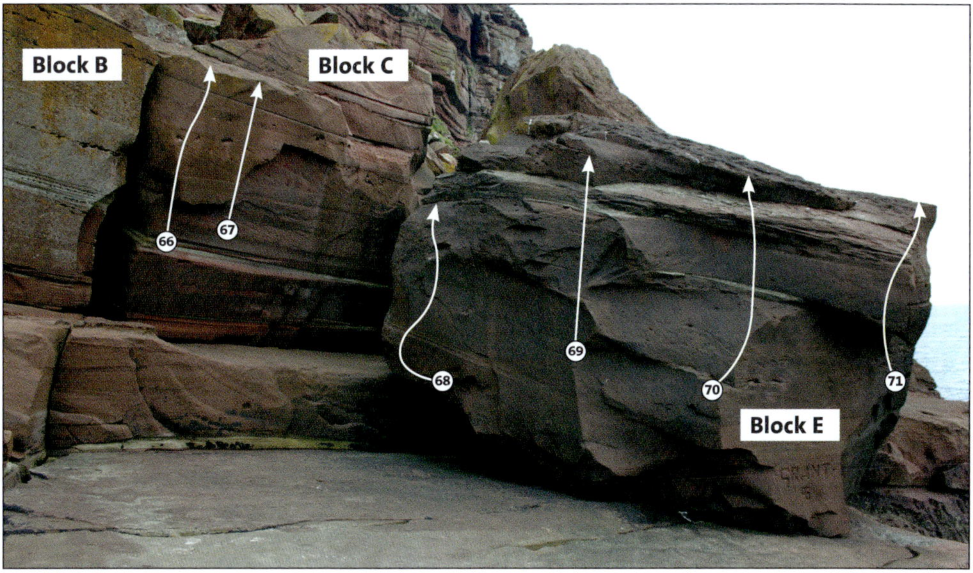

65 Rascal's Wall *7b* ★
The slightly shorter wall on the right side of the face is easier but requires similar skills. Paste your right foot on the wall and using a sloping LH sidepull for stability spring off the deck to a small but positive crimp above. Match in and pull through to a good jug and easier ground. Stacking pads reduces the grade greatly.

BLOCKS B & C

The block/wall on the left side of a rock tunnel entrance, just above the rock step. Due to the style of climbing and drop directly behind, a strong spot is advised on the following two problems.

66 Step Two Three *7a+* ★
From two slots climb the arête direct to a committing finish.

67 Sick Double Drop *7b+* ★
From two low pockets (one above the other) launch up to a LH pocket and subsequent RH crimp, before making another committing move to a sloper on the lip.

EPIGRAPH WALL (BLOCK E: NORTH FACE)

The north end of Block E and right side of the rock tunnel above a perfect landing. Often damp in winter.

68 Solitary Refinement *7b+* ★
SS. Use a tilted edge on the arête and an undercut to the right to gain holds above. Now make a long stretch rightwards to an open pocket, get in balance and flick up to a sloping edge above. Continue direct via another small pocket to a good flatty just below the top.

69 Epigraph *5*
Starting at a pocket and a pinch, climb straight up.

70 The Shelves *5+*
The tilted shelves to a sloping top-out.

71 Grant's Nose *6c* ★
A fine climb up the nose on the seaward side of the block. Start below the nose and make a couple of tricky moves to the lip; bear right to finish.

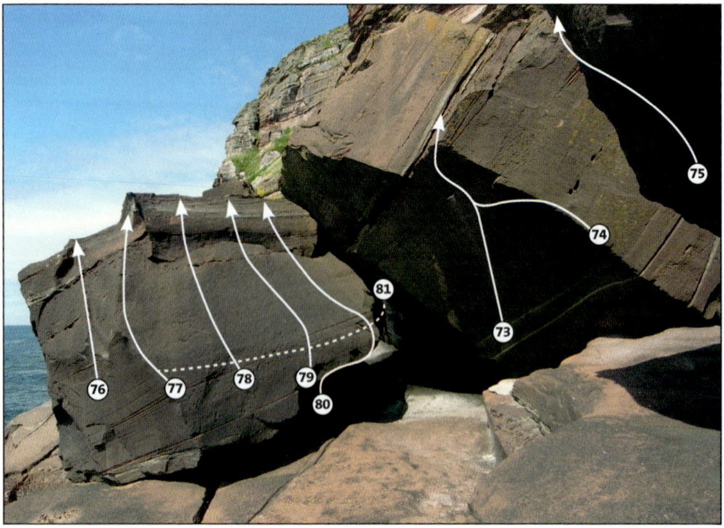

BLOCK D

The obvious prow on the left as you enter the rock tunnel. The other problems on this block are on the south side of the tunnel.

72 Bow Wow Prow *7b*
SS. The fantastic leaning prow is climbed on the right via some athletic moves. Due to its enclosure this problem can remain damp after poor weather.

BLOCK D: SOUTH FACE

73 Floating Points *7c* ★★
SS. A brilliant problem marred only by a slightly irritating landing. Use undercuts to gain a pocket then make a big hard move to a good edge. Gain the large slot and finish direct.

74 Drop Off *6c+*
Swing in from the right then climb direct.

75 *6b*
The tilted groove climbed direct is a fine problem but has an awkward landing.

Ponyo *7b/c*
SS. Behind this block is a steep sitter facing the cliff up a face of friable pockets and edges. Through hold breakage the grade has altered a number of times and due to its delicate nature it is probably best left alone.

BLOCK E: SOUTH FACE

76 The Whaling Wall *4+* ★
The shallow, seaward-facing groove/wall climbed direct.

77 Bay Rib *6c+* ★
SS. The blunt arête. 5 from standing.

78 Undercut Slab *5+*
A clean, smart slabby wall which is all in your feet.

79 *6b*
SS. Start with your hands on the lip and make some awkward moves to gain the slab.

80 Fisherman's Friend *7b+*
SS. From deep in the pit spring to a good edge, then up.

81 Burnout *7a+* ★
Start at a ledge in the tunnel and traverse the lip to *Bay Rib* and finish up this.

BLOCK F: NORTH FACE

82 Swept Away *7c* ★
SS. A great problem, which is marred only slightly by its dodgy landing. The stand is a quality 7a/+.

83 Parky 93 *7a*
Use a mono to jump off the deck to a pocket; finish direct.

84 The Arête *6c+* ★★
The fantastic clean-cut arête climbed direct. The sitter is 7b.

85 Swinger *7a* ★★
Start up *The Arête* then veer left to pockets and up. The sitter is 7b.

BLOCK F: SOUTH FACE

86 Dropping Anchor *7b* ★
SS. The wall immediately right of the arête. Using the arête for your LH, dyno to a high juggy pocket.

87 *3+* ★
SS. The easy diagonal groove.

88 Crimper's Wall *6c* ★
The thin crimpy wall is a classic of the genre.

89 Crimper's Way *6c+* ★
The next thin wall.

90 *6c+*
SS. The arête on its left side.

91 *6c+*
SS. Up the arête then follow the break (without the top) to the groove and up.

BLOCK G

The boulder just right of problem 90 on Block F.

92 Fruits de Mer *7b* ★
SS. Undercut arête direct/on the right, starting matched on the block. Veering way out to the left of the arête is considered poor form.

BLOCK H
Situated on the incline to the rear of the platform is a small but perfectly formed wall, fronted by a flat landing. This offers two fine climbs on clean solid rock. *Stack 'n' Slap* in particular is not to be missed.

93 T-Bone Crack *5+*
A pleasant outing up the crack system on the left-hand side of the face, starting low in the break.

94 Stack 'n' Slap *6c+* ★
This really cool problem is often overlooked but is well worth a punt. Start matched in the low break and then navigate the blank wall above ... if you can.

BLOCK I
95 *5*
The left side of the wall to the vague lip, then up and right to the top.

96 Alien Flake *4+* ★
The awesome flake feature in the centre of the wall is strangely reminiscent of the fossilised beast encountered in the first *Alien* movie.

97 *4*
The right arête features some good climbing and is quite high.

BLOCK J
98 G Brady *6b*
SS. Traverse the low block from right to left using the consecutive scoop features, and avoiding the top. A nice pumpy warm-up to get you moving.

Scattered along the short crag behind these blocks is one or two sandy problems. The best of which is an obvious high arête approximately 20m left of Block H. This is climbed on the right and finishes at two-thirds height; it goes at around 6c.

BLOCK K (FISHERMAN'S DYNO BOULDER)
Another excellent block splattered with crag classics.

99 Left Crack *6c*
SS. The left-hand crack sometimes has a damp start. In which case do the stand-up, which is 6a+.

100 Hueco Crack *7a* ★★★
SS. The right-hand crack is a crag classic. Start in the small cave, but if this is not possible due to the intermittent pool, a low start is equally good at 6c+.

101 Lateral Mindset *7b+* ★★
So you've done *Chipper's Wall* and you're ready for your next 'Shaq attack'-style conundrum. Well this is it ... with a cherry on top! Sprint at the blank-looking wall and aim for a distant in-cut edge. If this is gained, all that remains is a committing lunge for the top.

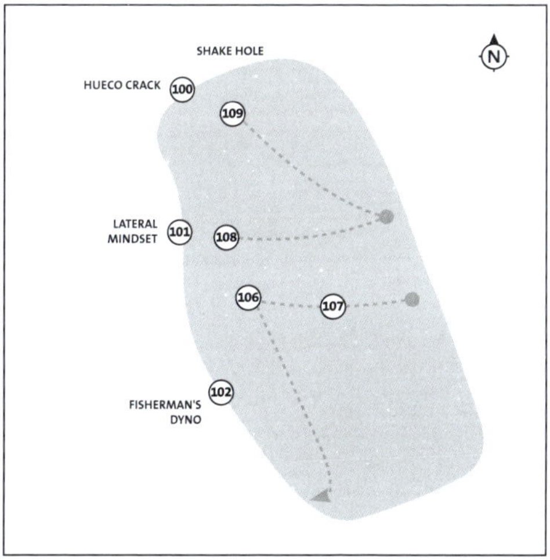

LEAH CRANE ON THE HONEYCOMB PERFECTION OF *FISHERMAN'S DYNO*
PHOTO: KEITH SHARPLES

102 Fisherman's Dyno *6a* ★★★
Gain the funky honeycombed edge (jump if necessary) and rock up into the vague scoop/slab. Another corker.

103 Tender Hooks *7b+* ★
A vague but decent line between *Fisherman's Dyno* and the crack. Thin crimps and poor footholds make the start the crux.

104 Fisherman's Bass *7c+*
From a crouched start down to the right of *Fisherman's Dyno*, pull on using a low LH undercut and RH crimp on the lip. Now campus up with your LH and climb into and up *Fisherman's Dyno* to finish. A true sitter to this line is certainly possible.

105 Wobble Bass *8a*
Start as per the previous problem but this time climb into *Tender Hooks* to finish.

The next four problems are located in the cave (i.e. the underside of the block). Good conditions in here can be fickle, but when in solid nick all these climbs are quality.

106 Tim's Crack *7c* ★★★
SS. From deep in the cave follow the vague crack, traced by numerous oval pockets, towards the light and through to the top of the block. The grade is for premium conditions; 7c+ is often a more accurate reflection of difficulty. When dry it's a brilliant problem. Starting standing (at the entrance to the cave) is 6c.

107 Straight Outta Rowrah *7c+* ★
SS. Start sitting as for *Tim's Crack* but head up, on slopey slots and pockets, at a perpendicular angle to finish matched on jams in the crack approximately one metre left of the finish of *Primate Principals*.

108 Primate Principals *7a+* ★
SS. Begin a few metres back from the start of Tim's Crack, on undercut slots, and make some burly moves to a ramp then follow this to a jug near the back.

109 Cave Route X *7b*
From close to the 'shake hole', start low and follow a line of pockets and a ramp through the cave to finish at the top of *Primate Principals*. Often damp, unfortunately.

BLOCKS L, M & N

The first two of these three blocks are situated to the southern end of Block K, and offer a couple of good easy traverses and a few short straight-ups, the hardest of which is 6a+. Block N is situated 35m south and offers one good high arête problem on the seaward side, going at 5+.

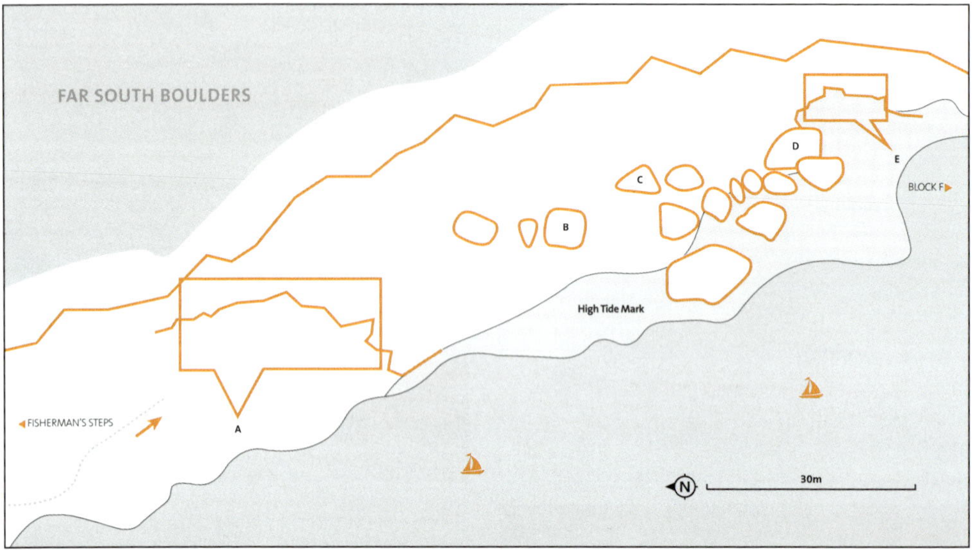

FAR SOUTH BOULDERS

This good if little-frequented sector starts a mere 150m south along the coastline from the *Fisherman's Dyno* boulder and offers a number of excellent problems across the grades.

ACCESS

Please note this area is the only bouldering sector to be covered under the crag's spring/summer bird restrictions. As such, please do not visit this circuit between 1 February and 31 July.

BLOCK A

110 *5+*
The smart solid arête on its right side.

111 The Corner *5*
Clean-cut corner direct.

112 The Tramlines *4+* *
The interesting rock feature is climbed direct.

THE AUTHOR ON *GRANT'S NOSE* (PAGE 419) **PHOTO:** ANDY HEBSON

113 *5+*
The blunt arête.

114 Operation Winkle *7b* ★
SS. The striking arête from sitting is both burly and excellent. Escape left from the ledge. The stand-up is 6b+.

BLOCK B (NEW WAVE)

30m south is a platform hosting a couple of blocks of obvious quality.

115 Face Warp *7a* ★
The attractively warped wall uses some of the best slopers on the coast. Start off the ground not the block.

116 Far Side *5+*
The arête on its left side is good but can be sandy.

117 Water World *7b* ★★
SS. Start on the wall right of the arête, pull up and immediately leave the locality of the arête for the extremely blunt scoop-come-rib, which trends diagonally up and right. Can be grubby after winter, but once clean it's a quality line.

118 *5*
Use a low edge to slap up for the left side of a juggy ledge, then bear left to finish.

BLOCK B: SOUTH FACE

119 South Park *6a*
Start low and follow the rising lip-come-arête to the top.

120 *5+*
Climb the undercut slab direct.

121 New Wave *7b+* ★
SS. From the back of the right side of the roof climb out to the lip and follow it leftwards all the way to finish up *South Park*.

Gravity Wave *7a+* ★
SS. As per *New Wave*, but start at the lip rather than the back of the roof.

122 Corkhill's Arête *6c* ★
SS. From the lip, climb the tilted arête on its right side.

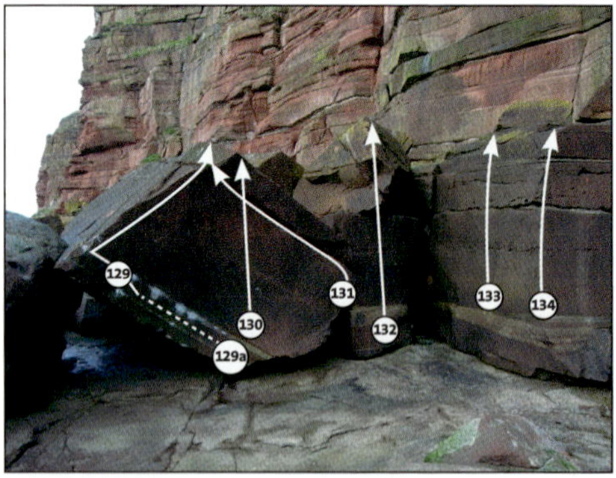

BLOCK C

The large boulder with a white veneer, just a few metres south of Block B.

123 Whiteface Left *6a+*
A technical slab climb up the left side of the face.

124 Whiteface Centre *4+*
Thin climbing direct up the centre of the block.

125 Whiteface Right *5+* *
The delicate slabby arête on its left side is the best of the bunch.

In front of Block C is a small block sporting one good problem – facing the cliff.

126 Slick Shoes *7a*
SS. From two low edges pull on and climb up using the hanging rib and holds to the right.

BLOCK D (NEAPOLITAN BOULDER)

An absolutely wonderful block, whose varied angles and features keep you wondering what else might be possible.

127 The Legend of Old Gregg *7a+* *
SS. Climb the cool little prow via pinches and squeezing.

128 Cage Fighter *8a* *
From low in the pit use two sidepulls to pull on with difficulty and make a big throw to the lip; now follow it diagonally up and left to where it's possible to gain a thin edge and make a beeline for a pocket and the top. At this grade the block to the left is out. Unfortunately, the starting footholds remain damp in all but the best weather and calm seas; instead, avoiding these and using the block to start makes for a good 7b.

CHARLOTTE TELFER ON *HUECO CRACK* (PAGE 422) **PHOTO:** TOM PECKITT

BLOCK D: SOUTH FACE AND ADJACENT WALLS

129 Fire Island *7b+* ★★
Climb the diagonal runnel/seam to the arête then follow this up to the apex of the block.

129a Trailer Trash *7c+* ★★★
SS. The awesome sitter to *Fire Island* is the true line and one of the best on the headland. Due to its low position close to the tideline, this is one to seek out during periods of low tides and clement weather.

130 Blue Touch *7a*
The third in the St Bees running-jump trilogy. For the full tick you must go at the centre of the face.

131 Slanty *6b*
Follow the diagonal break without the top of the block to the apex.

The next three problems are on the walls to the right.

132 *4*
Climb the two stacked blocks as centrally as possible.

133 *4+*
The centre of the wall eases in difficulty the higher you get.

134 *5*
The clean and blunt arête direct.

BLOCK E

This short wall a few metres south of Block D offers three nice easy problems and a few variants.

135 *4+*
Wall and slight bulge.

136 The Crack *4*
A good if easy crack.

137 *4*
Another short wall.

BLOCK F

100m south is a final large block featuring a cool, high blunt arête. *The Knees Bees* climbs the arête from low – 7b.

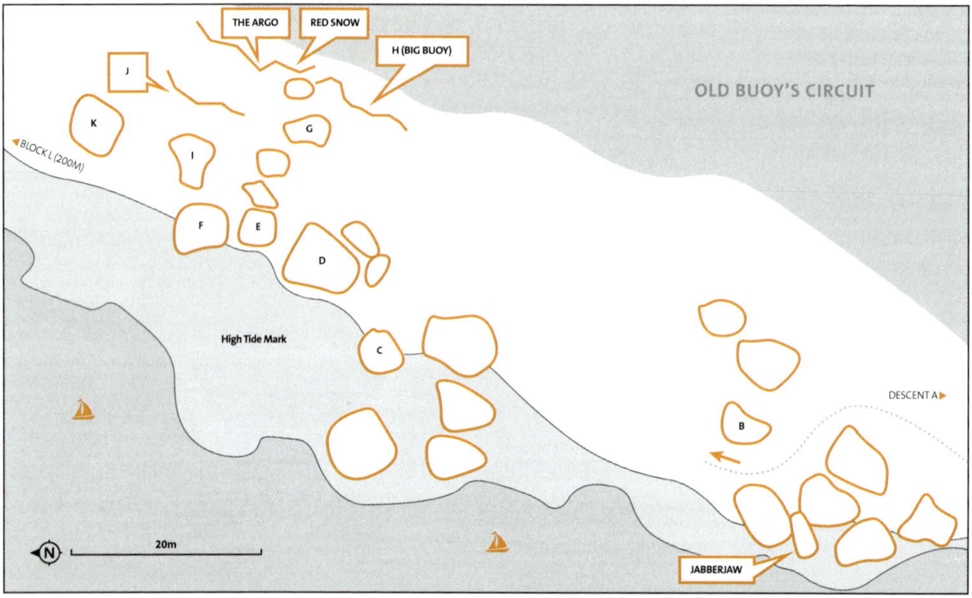

OLD BUOY'S CIRCUIT

This is the most recently documented sector on the North Head and, while not quite as user-friendly or extensive as other sectors, is well worth a visit. Some of the landings can be a little less even than at the other areas, however providing you have a couple of pads there are some outstanding problems to rival any on the headland. Some classics are: *Bee to a Honeypot* (7a+), *Big Buoy* (7b+), *The Argo* (7a) and *Old Buoy's Traverse* (6c+). This sector is easily located from the bottom of descent A, by scrambling along the coastline northwards for approximately 150m. The majority of the blocks and walls centre around a large angular block (Block D) on a flat platform. The platform makes for a user-friendly 'base of operations', but it's worth noting that if the tide is particularly high the platform area can be affected.

BLOCK A

This block is literally at the bottom of descent A, just to the left.

138 Bee to a Honeypot ***7a+*** *

SS. The right-trending arête/rib, the crux being the start. The stand-up is 6b.

There are a few more short easier problems on the small blocks in the near vicinity; most of these have been climbed but are left for you to explore for yourself.

BLOCK B

A fine block in an open jumble at the foot of the hillside. This boulder is 60m before the main platform area and around 40m from the base of the descent.

139 Buoyz in the Hood ***7b*** *

From a crouching start on a pocket and shelf climb straight up via two more pockets to the lip and a mantel finish.

140 Salvage ***7b+*** *

Start as per the previous problem but at the third pocket traverse the breakline rightwards on more pockets to finish up the blunt hanging arête of *Modulator*.

141 Modulator ***7c*** *

An excellent problem up the blunt hanging arête starting with hands as low as possible and veering slightly right at the top.

15m south of Block B is:

142 Jabberjaw ***7b+***

SS. Climb the hanging arête from a sitter via some stern squeezing.

BLOCK C

On the immediate left as you enter the platform area, when approached from Block A. The only problem faces north.

143 Baron Greenback *7a+*
SS. Start with your hands low and poor footholds. Pull on and make a hard snatch to a good hold and then continue up and left. The start is often damp.

There are a few easier lines to the rear of this block but nothing worth documenting.

BLOCK D

The splendid platform block.

144 *6a+* *
The wall just right of a block.

145 Salt 'n' Shake *7a*
The wall one metre left of the arête is climbed direct with poor footholds.

146 Honey Monster *6c* *
SS. The left side of the arête from a tilted edge and pinch. A spotter is useful on this one!

147 *6a+*
From a low start at the left side of the bottom break climb up and right.

148 Fisherman's Fiend *7a+*
From a low start in the centre of the bottom break, pull on with difficulty and pop to a jug in the high break and up.

149 *5*
SS. From the right arête pull on and traverse the top of the boulder leftwards to the left arête.

150 **The Briny** *6a+*
SS. From the right arête pull on and traverse the high break leftwards to the left arête and up. Holds above the break are out.

151 *4+*
SS. Short wall on textured rock, just right of *The Briny*.

BLOCK E
Just north of the platform block.

152 *6a*
SS. The blunt arête on the left.

153 *6c*
SS. Straight up.

BLOCK F
Left (north) of Block E.

154 *6a* *
SS. The undercut arête climbed direct, starting in a bit of pit.

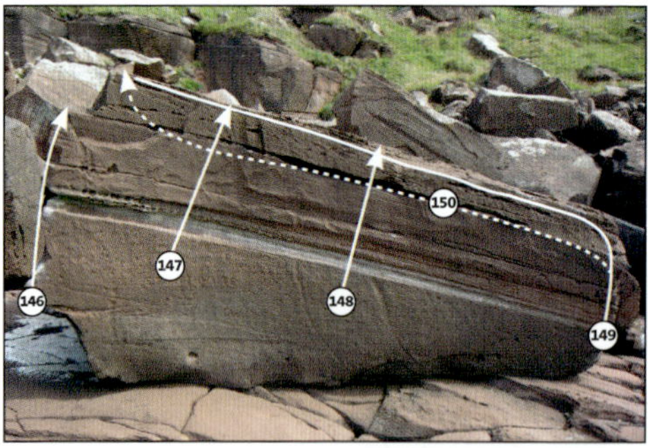

BLOCK G
This boulder is up and left (facing in) of Block D, and just below the obvious arête of *The Argo*.

155 **The Buoy Who Cried Wolf** *7a* *
SS. Starting as low as possible, traverse the lip rightwards and up before manteling it out.

BLOCK H
The wall behind, set into the hillside.

156 *6b*
SS. The left side of the wall direct. Traverse off left to finish.

157 **Hornblower** *7a* *
Climb the wall immediately left of the blunt arête direct to a poor crimp in a horizontal seam. Now rock left to a good sidepull and go for the top. Traverse off left to finish.

158 **Big Buoy** *7b+* ***
SS. The quality blunt arête climbed direct. Once at the top move slightly right on slopers to a hidden good(ish) sidepull jug at the back which should prevent the terrors setting in. The stand-up is 7b.

159 **Rent Buoys** *7a/+* *
The high bulging wall is excellent if a little reachy and unnerving at the top.

160 *5*
The crack on the right side of the wall is a bit sandy.

The next three boulder problems are situated on the same back walls, but up and left of *Hornblower*.

161 Deep Blue Yonder *7c* ★★
The left arête climbed direct on its right side features a stunning position, rock and climbing. The landing is narrow but just sufficient with a spotter. Traversing off right just before the top and finishing up the *The Argo* is *Blue Yonder Right*, a sapping yet slightly easier and less committing 7b+.

162 The Argo *7a* ★
SS. The beautiful weather-worn arête is climbed on the right. A bit reachy.

163 Wide Buoy *6a+*
The centre of the wall direct on undercuts via a springy start.

Between the *Hornblower* and *The Argo* walls is:

164 Red Snow *7c+* ★
Climb the appealing steep right arête from low on undercuts via a dynamic slap for the top. The sit is 8a+.

BLOCK I

A large block in the centre of the sector. The climbing on the seaward side has a poor landing so be careful.

165 *6c*
SS. A blunt prow starting on two tilted edges followed by poor crimps on the left.

166 Infinite Worlds *7a*
The short wall and arête right of the previous problem, starting low in a pit.

167 Bad Buoyz *7b+*
Starting standing up with a good flake for both hands, throw a heel up and begin traversing on crimps to the end of the block and up. Poor landing.

BLOCK J
The small craglet behind Block I hosts one nifty and dynamic arête climb.

168 Beano ***7a***
The left arête of the slight craglet has a dynamic finish. Watch out for the stepped landing.

BLOCK K
This fantastic Utah-desert-shaped block looks almost laser cut.

169 Old Buoy's Traverse ***6c+*** ★★
Start low on the far left of the laser-cut lip and follow it right into the rising arête with sparse footholds. Turning the corner is the crux. Awesome!

170 Old Buoy's Mantel ***6b*** ★
From the centre of the lip mantel straight up the middle of the block.

171 ***5***
SS. The short right-hand arête climbed on the left side.

BLOCK L (SCYLLA BLOCK)
Part way (140m from Old Buoy's) between the Old Buoy's Circuit and the final sector, a large flat-topped boulder gives a neat little problem on its north-west (sea-facing) corner.

172 Scylla ***7b+*** ★
SS. Climbing the cool bulging wall on nice holds, starting off a block.

OUTLANDS
Finally, a small area exits around 230m north, beyond the Old Buoy's Circuit. While small, in *Outlander* and *Highlander* the sector boasts two excellent problems.

OUTLANDER BLOCK
173 Black Bart ***7a+***
SS. Starting one metre left of an obvious jug on the lip, use a pocket and lip hold to gain a sloper and make a big move up right to join the ramp.

174 Depths ***6b+***
SS. Head straight up from a big jug.

175 Outlander ***7b+*** ★★
SS. From matched on good holds at the back of the roof, climb out to the lip and make a stout move to gain a decent edge above. Now thrutch upwards and then top out with relative ease.

176 Queen Anne's Revenge ***7a+***
SS. As for *Outlander* but at the lip follow the left-trending ramp diagonally up to the top.

177 Highlander ***7c*** ★★
SS. As for *Outlander* to the lip, then swing right to the arête and precariously follow the blunt prow to the top. 7b from standing.

178 Lowlander ***7c+*** ★★
SS. Start on the far left of the lip on a LH edge and RH pocket. Traverse the lip into and up *Highlander*. Sustained and excellent.

179 Depth Perception ***8a*** ★
SS. The striking compact arête climbed on its left side, starting matched on a good sloper. Climbing the arête on the right from the same start by veering off to a good pocket is *Insubordination* (7a+). It goes without saying that the pocket is out on the 8a.

PERIPHERAL BLOCKS
BOULDER A

Just north of the Outlander Block (50m).

180 *6b*
SS. Direct up the left arête.

181 Truffle Shuffle *7a*
SS. Start up the arête then swing around on to the front face and into *Limpet* to finish.

182 Barnacle Bill *6c+*
Climb the centre of the wall by dynoing from the pocket to the break.

183 Limpet *6b*
Use the pocket and arête to gain the break.

184 *5+*
SS. Start on the end of the nose, rock up to the shelf and top out.

BOULDER B

185 Factor 50 *7a+*
SS. With a good footlock and undercut power to the top and mantel out.

St Bees Head: Fleswick Bay

ASPECT: **WEST** APPROACH: **30 MINS**
ALTITUDE: **2M** GRID REF: **NX 945 133**
PARKING: **54.515596, -3.626284 (£)** OS MAP: **OL4**

Hidden away in the bosom of the St Bees headland lies a picturesque shingle beach with a glorious setting matched only by its lonesome tranquillity. Perhaps one of the best bouldering venues that never was, Fleswick Bay hosts a wealth of climbing in a near-perfect arena. Dozens of problems and projects on impeccable, bullet-hard rock over excellent landings should make for an unmissable venue. Sadly, however, much of this fabulous location is cursed by incessant and unpredictable seepage.

In spite of this rather unfortunate quirk of the coast's topography there are still good reasons to venture to Fleswick. Since the publication of the original *Lakes Bouldering* guide, sizeable new sectors have been opened on the clusters of (seepage-proof) boulders and walls at either end of the beach – with many of the better harder problems being situated at these sectors. On top of this, in fine summer weather the beach is truly idyllic and offers far more than just climbing. Swimming, sunbathing, birdwatching and fishing are all splendidly catered for, in a family friendly environment.

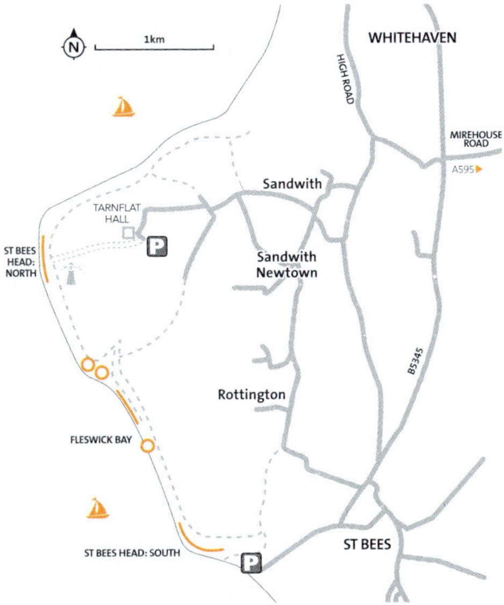

Access and Approach

There are no access issues affecting The Crag and Bega's Boulders, however, the blocks and walls north of the beach are bird banned between 1 February and 31 July. Also, please be aware that the permissive path described in the previous *Lakes Bouldering* guide is no longer open to the public and must not be used.

Park at the farm as for St Bees North (page 409) and again follow the big track out of the farmyard towards the lighthouse. Once here drop down to the clifftop path and follow it south for just over one kilometre to where it is possible to drop down to the beach via an inlet at its northern end.

Conditions

To greater and lesser extents the aforementioned seepage affects almost all of the climbs running along the length of the beach. It does not entirely preclude climbing but be prepared for at least some wet or damp holds, and certainly take a towel. Perhaps the most infuriating facet of the crag is its fickle nature: it is almost impossible to predict the levels of seepage. Obviously periods of prolonged dry weather are your best bet. Equally, extended spells of sub-zero temperatures can lock in the groundwater and allow for drier rock. The boulders and walls at either end of the bay away from the beach are on the whole unaffected by seepage and offer similar settings to those found at the northern and southern sectors of St Bees.

Do be aware that the sectors off the ends of the beach are affected by the tide and can become cut off from the approach during high tide. As with all the areas on the headland, check the tide times and heights before visiting.

Finally, the shingle beach can and does vary in height, sometimes dramatically. Thus the grades offered for the problems on the beach are given based on the shingle being at an 'average' depth. Please bear this in mind if some problems seem impossible or incredibly easy.

◀ TOM NEWBERRY PREPARES TO LAUNCH FOR THE LEDGE ON THE SUPERB *FORBIDDEN ZONE*, BEGA'S BOULDERS (PAGE 440) **PHOTO:** GREG CHAPMAN

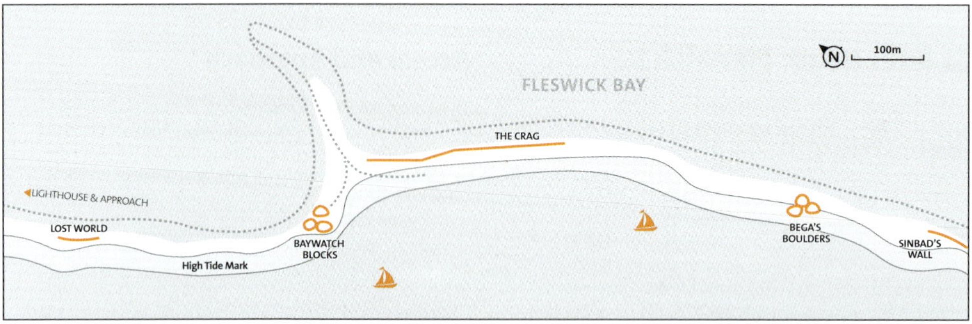

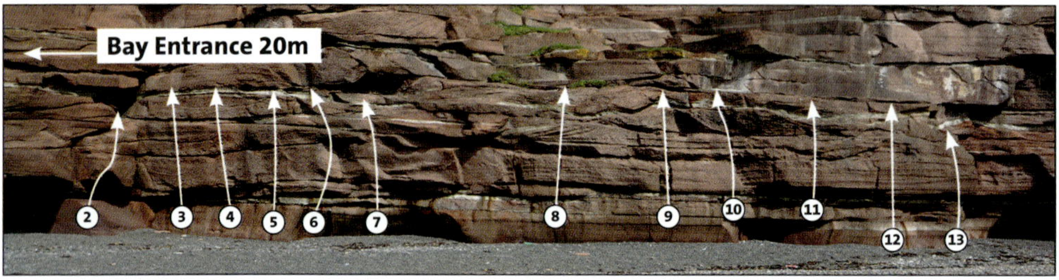

THE CRAG

With the exception of the first problem described, all other lines covered in this initial sector are situated on the long section of crag backing the beach, to your left as you drop down to the seashore.

1 **Inlet Traverse** *6b*
There is an obvious lip traverse on its own to the right where the inlet reaches the beach. Start on the far left and traverse right as far as possible before manteling it out to finish.

LEFT WALL

The problems begin where the rock quality improves, a few metres south of the entrance to the beach.

2 **The Arête** *4*
A good eliminate avoiding holds either side of the arête.

3 **Kesho** *6c* ★
The wall to the right via a number of breaklines.

4 **White Wedge Centre** *6a*
More decent pocket pulling to a break on slightly sandy holds.

5 **White Wedge Right** *4*
The left side of the blunt arête.

6 *5*
A well-featured climb just right of the arête.

7 **The Groove** *6a+*
The scooping groove via a tilted shelf features some lovely moves.

8 **Harrison's Crack** *4*
Short crack.

9 **Double Crack** *3+*
Easy climbing up the twin crack system.

10 *3*
Another easy problem veering slightly left to sandy ledges.

11 **The Hole** *4+*
Use the deep 'hole' to climb straight up on decent rock.

12 **C Slater** *6c+*
SS. Tackles the wall left of *Self Timer* via the shallow twin pocket. The ramp to the left is out.

13 **Self Timer** *6a+* ★
Climb the bulging wall left of the vague arête to a sloping ledge. 6c from sitting.

THE AUTHOR ON *JUMP THE SHARK* (PAGE 440) PHOTO: ANDY HEBSON

14 Corner *3+*
The sandy corner is interesting and can also be used for getting down.

15 Hangman *4+*
The hanging corner is used to gain a sandy ledge.

16 Merman *6c*
SS. Start at the back of the roof on a low flatty and head out direct on decent holds before manteling on to the ledge.

17 Aquaman *7a+* ★
An extremely good problem heading through the roof to the centre right. From a left-slanting sculptured jug, use heels and footlocks to navigate the roof via two edges and gain the lip before manteling out on to the ledge. To preserve the problem try not to use the handholds in the roof for feet when topping out.

18 Texture Band *6a+*
Climb the blunt arête on pleasant pockets to gain the awkward ledge.

19 Dial M for Mermaid *5+*
Use the carved 'M' to attain the narrow ledge and better holds above.

THE CAVE

If this cave was ever permanently dry it would offer some stunningly good and hard sit-start projects. However, as the lower break is seemingly always seeping to some extent, you must be content with a handful of good stand-ups.

20 Cave Left-hand *6c* ★
Use slopers to trend up and right to eventually gain a vertical crack and good hold above.

21 Cave Right-hand *6c* ★
Execute a big move to the slopey lip then head left to converge with the previous line at a large blocky hold. Again use this to reach a vertical crack and holds above.

22 Crack *6b*
Use a thin crack to climb up leftwards to the break.

23 Elegance *6a*
Gracefully sidle upwards via a high step to one break and then another before making a stretch to a hold in the third and final break.

24 Betina Butts *4*
Sweep up rightwards on good holds just right of Betina's carving.

25 Downbeat *6a+*
The fine undercut arête climbed on its left side.

The next two problems are just right of *Betina Butts* in a small cave.

26 The Break *6a*
A traverse of the lowest break makes for a thuggy endeavour and is the same grade in either direction. Often wet.

27 The Flake *5+*
The right-slanting flake climbed to the highest break.

SECTOR ARÊTES

Wonderful features abound this next sector: bulging walls, enticing scoops and, of course, a selection of fine arêtes.

28 Split Fin *5+*
Tricky moves up the dissected fin feature.

29 Capped Groove *4*
The scooping groove below the overhang.

30 Capped Prow *7b+* ★
The vague prow mostly on the left finishing at the break. Tough, even with a cunning kneebar.

31 *6c*
A slightly scrappy groove on abrasive pockets.

32 Beach Brawl *7b+* ★★
Climb the appealing bulge to its left side. The sitter from the break is 8a. Would be one of the best on the head if not for the often-present seepage.

33 Beach Brawl RH *7c+* ★
SS. Climb the bulge direct from holds in the break directly beneath it.

34 Beach Balls *5*
The groove right of the bulge.

35 Slopey Traverse *6c+*
A cool left-to-right lip traverse, finishing on the ledge beneath an overhang.

36 Giganto *7b–7c* ★★
A standout belter of the highest quality. Gain the high, hanging arête via a jump start. Once latched on make a tricky move to get established and finish at the ledge. Be careful getting down. Changes in the beach level make for wide variations in the grade.

IAN & HELEN AREA

The next sector is around 20m right of *Giganto* and incorporates more decent wall climbs, via breaks and pockets.

37 The Runnel *6a+*
Gain a tiled ledge and rock up using the side of a runnel.

38 Narwhal *6b* ★
Climb the jutting arête.

39 Ian & Helen *5*
A decent problem which climbs up immediately right of the carved names 'Ian & Helen'.

40 *6b*
Up the high wall on marginal pockets.

41 Mister Blister *7b*
Use the good break to gain a positive rail just above and make a high step and very long reach (or use tiny intermediates) to gain the sloping top.

42 *6b*
Another high wall starting on positive pockets and finishing up a patch of well-featured low-grade rock with some dubious holds.

43 *6a*
Use pockets to reach a sidepull before rocking right to the top.

44 *5+*
Straight up to a precarious slopey finish.

45 **Sherry Porthole** *7a* ★
A great little problem which starts in the horizontal seam of pockets and makes a big reach for the lip.

THE SCOOP

A brilliant scooping wall of impeccable rock just right of *Sherry Porthole.*

46 **Scoop Left** *6c+* ★
Climb the blunt hanging arête to the left side of the scoop on amazing slopers to positive pockets.

47 **A Saucy Puppet Show** *7c* ★
SS. A sit-start to the previous problem, starting matched in the break down to the left. Good but often wet.

48 **Tokamak** *7b+* ★
The centre of the scoop is climbed via high marginal crimps and even more marginal footholds. If the beach height is too low this line can become unclimbable.

49 **Scoop Right** *6c* ★
A dynamic problem up the right side of the scoop via a positive pocket for the left hand.

50 *5*
The short crack to a ledge.

51 *6a*
Starting on the end of the nose traverse the lip to the top of the *Scoop Right*.

BEGA'S BOULDERS

Situated at the far south end of Fleswick Bay beach – a 200m easy scramble from where the shingle ends – is a compact circuit of quality blocks, all with generally good landings. This small area is well worth a visit for the climber looking for offerings between 6c and 7c.

While the tidal window is open for a decent amount of time during all but the highest tides, please be aware that it is not possible to get to or from the blocks at high tide, so to reiterate: **please be aware of the time of high tide**. The boulders themselves are generally unaffected by the tide. They also dry quickly and do not suffer from seepage.

BOULDER 1

The first decent boulder encountered is 60m before the main circuit and offers a pair of quality problems up its north face.

52 English Mustard ***7b*** *
SS. From the bottom left corner use a RH sidepull and good hold in the cave to the left. Pull on and make a hard move to gain the high edge. Match into the neighbouring crimp and make a beeline to the lip up and right before rocking out the slab.

53 Roast Beef ***7b+*** *
SS. Start as for *English Mustard* but head up direct rather than veering right to the lip.

BOULDER 2

Another inviting block on the outer fringe of the main circuit purveys a single problem left of a cave.

54 Sideswipe ***7b+***
SS. Climb the front face using the platform the block rests on for feet to start. From here, head direct to the apex of the block via some potentially wild moves.

BOULDER 3

55 Jump the Shark ***6c+***
The arête and wall climbed on the right side. Start on a pocket low to the right.

56 The Hebsonator ***6a+*** *
SS. Shallow groove with a tricky start.

57 Turn of the Tide ***6b***
Wall via a big pocket. A jump start reduces the grade to 5.

58 Forbidden Zone ***7a+*** *
Start in front of a pool, with RH in a small pocket immediately left of the step. Climb straight up, via a tricky pull on. No jumping for the break off the ground. Morpho.

59 ***4*** *
The wall immediately right of the step, via two pockets.

60 **Nostromo** *6b*
Centre of the wall via a break and a big stretch to the top.

61 *5*
SS. The arête on the left.

62 *4*
Just left of the scoop.

63 *3*
The scoop.

64 *4+*
Wall left of the arête.

65 *4+*
SS. The arête on the left.

BOULDER 4

66 *6a+*
SS. Start on a pocket and climb the short, overhanging prow.

BOULDER 5

67 **Spongebob Smack Fiend** *7b*
From the lip of the overhang climb direct trending slightly left at the top. A sitter from the blocks at the back is 8a.

CHARLOTTE TELFER ON *PROBLEM 22* (PAGE 437) **PHOTO:** TOM PECKITT

BOULDER 6 BEGA'S BOULDER

68 Tom's Arête *6b+* ★
SS. The brilliant arête on the right. 5 from standing.

69 Soundwave *7c* ★
SS. The centre of the wall climbed direct, starting RH on a slopey break.

70 Captain Scarlet *7a+* ★
SS. Climb the wall 1m right of *Soundwave* via some barn-door moves. Starts on a big sidepull.

71 Bega thy Neighbour *7a* ★
SS. The prow/arête direct, starting matched on a low slopey shelf. The start can be sandy but once brushed up it makes for a real gem.

72 Well Jackson *6c*
SS. The wall just right using the rib for your right hand.

73 Off the Wall *6c+* ★
SS. The excellent diagonal rib. Stick to the rib all the way, before finishing via a stern mantel.

74 Bega's Dyno *7a* ★★
From neighbouring pockets at chest height dyno to the lip and mantel it out with difficulty. Brilliant!

75 Bega's Belief *7b+*
SS. From a low one/two-finger RH pocket and the left end of a slopey shelf, pull on and make a hard move to the neighbouring pockets before finishing as per *Bega's Dyno*.

76 Heave-Ho! *7a* ★
From matched on low pockets pull into the right side of the big undercut and blast for the lip. Mantel finish. The sit-start is a reachy 7a+.

77 JET Fusion *7b+* ★
SS. From a shallow undercut pocket in the roof and a hold on the left wall clamp on and make a hard move up to a reasonable hold above your head. Now veer slightly right to a good pocket and then the top.

78 *5*
Start on a block and use a big pocket to climb the wall.

79 Bega's Traverse *6c+*
Start on the end of the undercut nose and traverse the block leftwards to finish up *Tom's Arête*.

SINBAD'S WALL

Approximately 200m south of Bega's Boulder is another great wall offering some brilliant highballs over a perfect flat landing in a familiar picture-perfect setting. A word of caution: the wall does take a little drainage, so if it's been raining the day before your visit, I wouldn't bother making the effort.

80 *4*
A superb layback crackline.

81 Project
An intimidating direct project line on crimps, pockets and shallow scoops, just right of the crackline.

82 The 7th Voyage *7a* ★
Start as for the project but veer right at half height to a dish and then to the top.

83 Sinbad *6c+*
A direct start to *The 7th Voyage*, starting directly below the high dish.

84 Hector *7a+*
Another high and involved piece of wall climbing. This is not too hard until half height, where some committing moves on small holds lead to the ledge.

85 Triassic Park *7b+* ★★
After another high and involved-looking project we have the line of the wall. This climbs the far right-hand side of the wall by gaining a two-finger pocket via a tough rockover, followed by a stretch to a sumptuous sloper system. Move up this diagonally for a couple of hand moves before making a committing lunge to the top. Holds in the arête/crack to the right are out.

BAYWATCH BLOCKS AND LOST WORLD

The Baywatch Blocks are a collection of large boulders at the north end of the beach; these offer a few problems but the landings minimise potential. The best climbs at this end of the beach are further round the headland at the Lost World, a pair of stunning high walls over excellent landings.

BAYWATCH BLOCKS

86 Beach Babes *6c*
SS. The obvious south-facing lip/arête fronted by a pit. Start sitting on a block to the left side of the pit and follow the lip to the apex and a slightly sketchy top-out.

87 Baywatch *7b+* ★
SS. The striking undercut arête situated above a small platform. Start RH on the arête LH on a low sidepull.

STOOGES WALL

Behind the *Baywatch* block is a lovely pocketed wall featuring a trio of excellent high problems over a good landing.

88 Curly *6a*
The left side of the wall.

89 Larry *5+*
The central line.

90 Moe *5*
The right-hand line.

STRANDED WALL

Continue northwards around the base of the cliff for 80m to a nice section of wall above another platform. There are a few other problems located hereabouts but the following two are the best.

91 Octopus in Boots *6b+* ★
The central line is ever such good fun. Start at the back of the short roof and reach out for the lip, now head up to the big break before using the obvious pocket above to make a big move for the upper slopey break and match before dropping off.

92 Commotion on the Ocean *6c* ★
A really fine right-to-left traverse of the line of holds between two gapping breaks and finishing up the juggy arête. Start on a flatty under the far right end of the roof. Slightly eliminate but well worthwhile.

LOST WORLD

The final sector is one of the best on this part of the headland. Two high neighbouring walls both with decent landings provide superb vertical climbs on impeccable rock. This sector is a further 250m north along the coastline from Stranded Wall.

HIGHER LEARNING

93 Sol *7c+* ★★★
The left side of the wall is climbed from break to break via a curving crescent feature and a high but more amenable finish. A class line!

94 Higher Learning *7c* ★★★
Starting around 2.5m right of *Sol*, again link the two breaks, this time via a seemingly blank section of rock which on closer inspection features some thin but positive holds. From the higher break move slightly left and use a decent sidepull to make a straightforward but precarious stretch for the top.

LEVIATHAN WALL

95 Sandy Cheeks *6a*
SS. The jutting arête/rib feature, using holds on the right face, is good but reachy.

96 Life's a Glitch *7c+* ★
Use two shallow pockets to gain a pair of heinous crimps in the white band, step high and launch for the top break. Drop off from here.

97 White Knuckle Ride *7a*
SS. From a big edge in a depression move up to crimps and use holds in the line of crozzle to gain the break. Drop off or head up for a scary highball finish at the same grade.

98 Sea Bass *6c*
Use two pockets to reach crimps in the white band then up to better holds in the crozzle and the break above. Drop off here or top out as per the previous climb; this increases the grade to 6c+.

99 Leviathan *6c* **
SS. From a huge low pocket gain the rail and follow it leftwards to its termination, where the crux move leads to the break. Drop off here, or top out, bumping the grade up to 6c+.

100 Shrimp Cocktail *6b+*
SS. Again start on the big pocket but this time head straight up to a positive sidepull and crozzley holds above. Drop off at the break or step slightly right and top out via an exciting but easy highball finish.

101 Wrath of Poseidon *7a+* **
Awesome wall climbing on mega holds and rock. From the low break reach up to a shallow slot. Match and continue on tiny crimps to the break. Top out on good holds.

102 Mr Krabs *7a* *
From two pockets dyno for the break. Top out as per the previous line or drop off.

103 Prawn on the Cob *6c+*
From the low break use spaced pockets to gain the break. Drop off from here.

104 Plankton *5+*
Use big horizontal slots in the low break to head left to a rail then a pocket before moving up to the break.

105 Bikini Bottom *7a*
Use the low break to make a big move to a high poor RH edge before popping for the high break. Drop off.

106 Squidward *6c+*
From the low break reach a high slopey RH pocket, bring up your feet and pop LH for the top break. Drop off.

107 Talos *7b* *
SS. Start on the big tilted edge and move up into a LH sidepull before making a tough move to a slopey RH pocket and ultimately udging upwards to the high break. Drop off.

108 Patrick Star *6c+*
From the low break reach to a crescent rail and then the break.

109 Pure Shores *7c* **
A monster traverse starting at the far right end of the wall and following the low break leftwards, via campusing, pocket pulling, crimping and an abundance of forearm-crippling pump, to finish up *Leviathan*. More like a F8a/+ sport route.

deus

St Bees Head: South

ASPECT: **SOUTH-WEST** APPROACH: **15 MINS**
ALTITUDE: **3M** GRID REF: **NX 955 117**
PARKING: **54.491168, -3.605446 (£)** OS MAP: **OL4**

For a long time the poor relation of its renowned northern neighbour, the southern portion of the St Bees headland has in recent times stepped out of the shadows and become a great destination in its own right.

While less extensive than the combined sectors of the North Head, this end of the coastline still provides over a hundred boulder problems and traverses, spread across a number of compact sectors with the central group offering a good concentration on equally good rock.

Accessed from the village of St Bees itself, here the coastline exits the sea at a shallower gradient than further north, and as such a shingle beach and bland rocky plinth at its northern tip are the only coastal features at the parking. However, as you trudge the coastline northwards those familiar block-strewn platforms appear, culminating in the central hub of the venue. The intrepid may trudge on to seek out the outlying climbs; here problem numbers decrease but the quality of the lines holds true. The last boulder featured, a lone monolith, hosts *Ironhide*, one of the best and most atmospheric 8s in the Lakes. Here the grassy hillside becomes a towering vertical cliff face and the coastline is naked to the elements with no quick escape route. This stark isolation combined with the beauty of the line offer up a rare experience indeed.

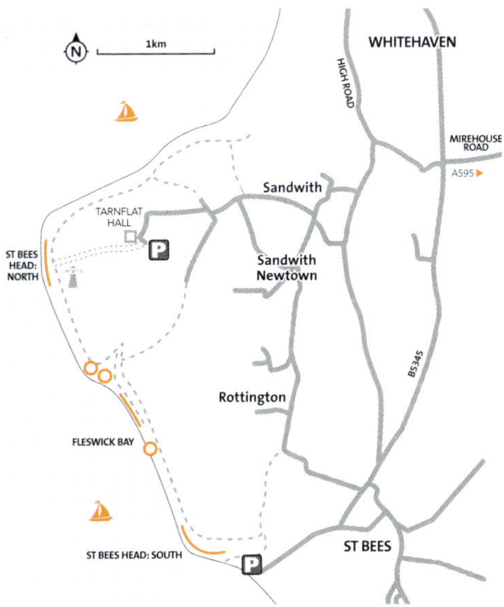

Access and Approach

As with the North Head, the area is managed by the RSPB. The sectors beyond the Cryptozoo wall along with the clifftop descent approach path are subject to a bird ban between 1 February and 31 July and must be avoided between these dates. See page 410.

St Bees village is easily reached via numerous turn-offs from the A595, most of which are signed. Once in the village head for the beach, which is obvious enough and well signed. There is a large pay and display car park on the seafront – this operates throughout the year so don't forget to pay. There are a number of other useful amenities here, including a public bar (at the Seacote Hotel), tea shop (which also sells crisps, chocolate bars, ice creams etc.) and toilets.

From the car park head down to the beach. You now have two alternatives: you can follow the coastline at sea level around the head northwards taking in the sectors consecutively. **Be warned** this can be quite treacherous if the rocks are wet after a high tide or rough seas and is not advised for young children. Alternatively, you can follow the clifftop path, before using a fishermen's rope to help descend the grassy slope into the central areas. **Do not** use this method of approach during nesting periods (see above). I generally recommend taking the coastal approach as it is easier to get your bearings. However, if there is a high tide (7+ metres) it can be awkward reaching the popular central sectors and in this case the clifftop approach is preferable. Locate two tracks which start at the at the base of the hill near a small bridge, to the rear of the caravan park/campsite. These quickly separate to either side of a fence; stick to the seaward side and follow it uphill for around 500 metres, to where the path levels off slightly. The descent is not immediately obvious, but a useful reference point is a three-metre wide sump hole left of the track. The descent path is just before this and snakes out west away from the main track towards the cliff edge, before descending an obvious deep gully and meeting the ropes. If you reach the old coastguard watch point you've missed the turn off by around 50 metres. See map on next page.

◀ CHRIS ARTHUR ENJOYING FINE SUMMER CONDITIONS ON *HONEYCOMB* (PAGE 453) **PHOTO**: GREG CHAPMAN

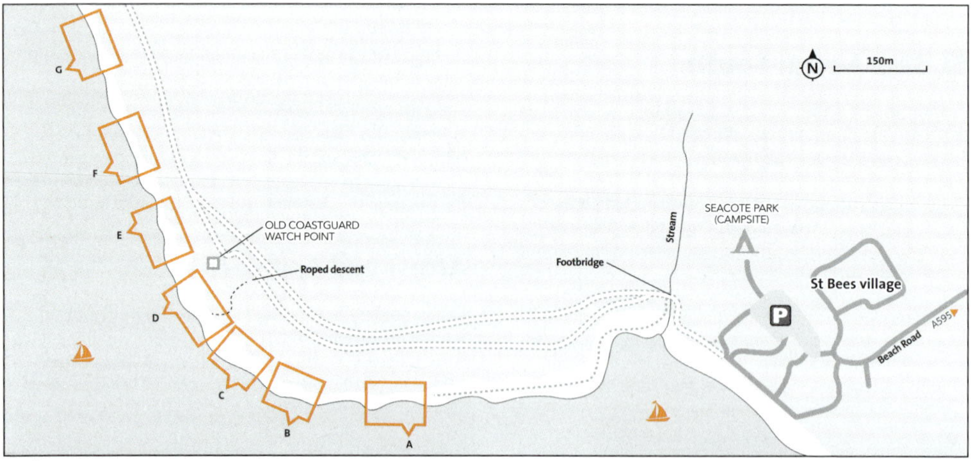

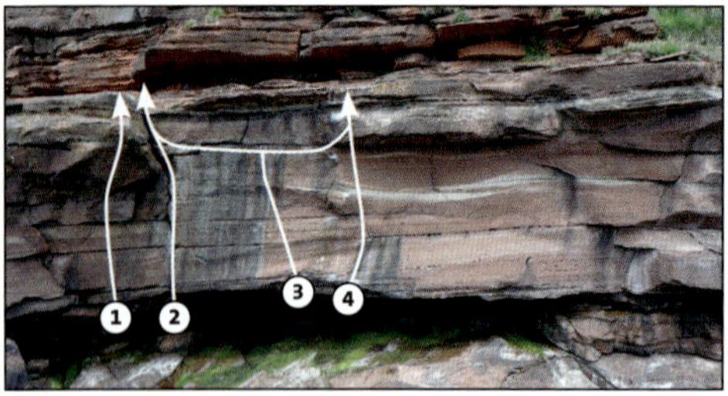

Conditions

Perhaps the South Head's major selling point over its noisy neighbour is its more clement south-west-facing aspect. More often than not the coast here is bathed in sunshine, even throughout the winter months, meaning the rock dries much more quickly after wet spells or rough seas.

Area A

The first sector encountered along the coast offers a decent circuit and a few standout problems, although it does suffer from seepage during wet spells. It begins a mere 320m from the north end of the beach on a clean undercut wall of impeccable rock. This sumptuous swathe of high-quality sandstone provides two of the best problems at the crag and is easily identified by the large inscription *G.E. Smith 1895* on its right-hand side.

WESTERN WALL

1 The Shootist ***6b+***
The high wall-come-prow left of a corner.

2 Rawhide ***4+***
The steep corner has a grubby start but improves greatly with height. Well worthwhile.

3 The Quick & the Dead ***7b+*** **★★**
The left side of the wall, between the steep corner and the next problem. Start matched on a pocket above the lip and campus to a sloper; now head direct to the break via a poor pocket and a sidepull. Once at the break either move left to finish up the corner or right to finish as per *The Hateful Eight* (harder). Excellent climbing which is both delicate and committing.

4 The Hateful Eight ***7b+*** **★★**
The obvious central line. Starting with holds on the lip, make a tough move to conjoined pockets – which make the 'Hateful Eight' hold – then pull up and head direct to the top and over.

5 Shane ***6a+***
Located on the block directly in front of Western Wall. From low, climb the right side of the seaward face. The start features a few barnacles!

THE AUTHOR CLIMBING *CALICO JACK* (PAGE 457)
PHOTO: ANDY HEBSON

HARCOMBE BOULDER

The next problems are approximately 35m further along the coast, with the first offerings on the striking Harcombe Boulder, a large block with its name inscribed on the southern face.

6 **Drunken Sailor** *7a+*
SS. The left arête, climbed to half height before rocking on to the slab and matching a pocket. Jump off from here.

7 **Fit for Porpoise** *7a*
Start from holds in the low vague break and climb the short wall above the hueco.

8 **The Ranger** *6c+* ★
SS. Wall to an 'alien pinch' on the lip. Topping out is scary but can be done

9 **Master at Arms** *7b+*
SS. From the right arête pull on and up before traversing left, via powerful moves, into *The Ranger*.

10 **Harcombe** *6b+*
SS. From the right arête pull on and up then swing right on to the end face. Follow the diagonal seam to the top right corner.

11 **Death Drives a Taxi** *7a+* ★
SS. The rising right-to-left lip traverse on the low block, just down and left (as faced) of the Harcombe Boulder. Mantel finish.

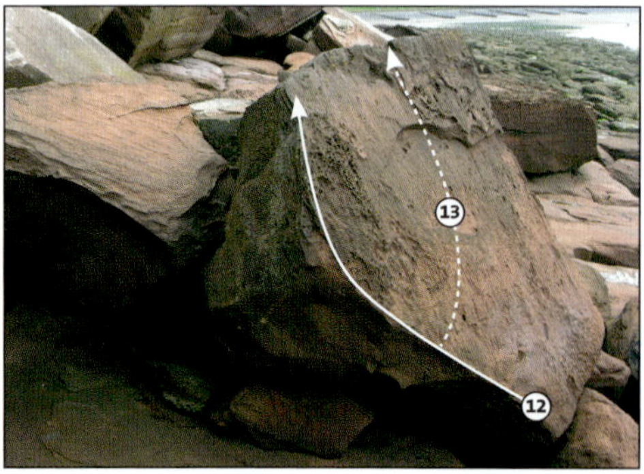
13
12

15
14
16
17

18

19

20

21
22

23

A few metres left (north) of the Harcombe Boulder is a cluster of blocks offering a number of reasonable problems.

12 Toothy *6c+*
SS. Start as low as possible and follow the lip into the arête. All footblocks are out of bounds.

13 Toothy Go Right *6c*
SS. Start as for *Toothy*, but at halfway rock on to and up the slab to finish.

14 Crab Claw *7a+*
SS. The lip of the block climbed from the lowest point then up leftwards before rocking on to the slab near the summit.

15 The Slab *3+*
Climb the centre of the lichenous slab direct.

16 Fowl Play *7c* *
SS. On the adjacent block, straight up from the sidepull and mono crimp. Morpho!

17 Toxic Crusader *7a+* *
SS. From a 'shell-like' sidepull, make a hard move to a big undercut out right. Continue direct. Starting matched on the undercut is 6a+.

18 Periwinkle *4+*
Traverse the lip of the small block in front of *Fowl Play* in either direction.

19 GT Turbo *7b+*
The clean-cut arête is started using the carved 'G' for your right hand. The start foothold is usually wet but it's positive enough to not matter a great deal.

20 Space Bee *6a+*
SS. The honeycomb wedge starting on pockets down low to the left.

21 Hive Mind *7b*
SS. The left side of the pocketed face is climbed from sitting in the pit using the block at the back for feet. Use woeful holds to pull on and tick-tack up ever-improving grips before topping out direct.

22 The Hive *6a+*
The right side of the pocketed face starting in a small pit.

23 UFO *6b*
SS. A funky traverse of the cool undercut disk feature. Start sitting on blocks to the far right-hand side, reach up to the lip and follow it to the far left before manteling out to finish.

THE AUTHOR ON *PANIC ATTACK* (PAGE 452) **PHOTO:** ANDY HEBSON

JESSE REES ON *HARCOMBE* (PAGE 449) PHOTO: KIERAN FALLOWS

Area B: Panic Attack

The next small sector is a further 100m north and hosts one cool highball and a few filler lines.

24 Panic Attack *7b* ★
The centre of the highball wall. The hardest moves are low, getting between the two breaks. However, the top is no pushover and should not be underestimated. Beware: all necessary holds are solid, but there is some dubious rock which is generally obvious.

25 Gooseneck Arête *5*
The high right arête over a less-favourable landing.

26 Goosey Wall *5+*
Wall right of the arête on cracks.

27 Monkey's Fist *6c*
SS. Situated on a small block just right of *Panic Attack*. The short, jutting undercut arête is a reasonable problem.

28 Weathereye Arête *7b*
SS. A small jutting arête a few metres right again of the previous small block. Start left hand on the arête and right hand very low on a sidepull and make a tough move into the arête and up.

Area C

This area combined with the adjacent areas of D to F contain the largest concentration of problems and is located close to the base of the fishermen's descent rope.

29 Sight Beyond Sight *7a+*
SS. Start under the small roof matched on an undercut and climb out the right side and up the short hanging arête via a lunge for the top.

30 Sword of Omens *7a+*
SS. Traverse the lip of the tilted tombstone block from right to left, starting as low as possible, topping out at the apex.

HANGING BLOCK

31 The Last Judgement *7c* ★★
The huge suspended block located where the rocks meet the hillside. Use the right sidewall to help gain two eye-shaped pockets in the centre of the face, then up to either or both sides of the block and on towards the top. Highball but exceedingly good if you have a fair few pads and spotters.

UNDERCUT PROW

32 Tale of the Talbots *7b+* ★
The blunt arête to the left side of the undercut prow. The sit-start from the wedge block bumps it up to 7c.

33 Honeycomb *7b* ★
The blunt right arête. Again, the sit-start from the wedge block is 7c.

WHALE BOULDER

34 Whale Dyno *6c*
Start in a pit on good holds and launch for the top.

35 Shark Attack *7b*
SS. The obvious traverse line on the seaward face. Start at a big pocket and follow the horizontal seam right to the end of the face and up the left side of the nose.

36 Orca *7a+* ★
SS. From a low slopey hold climb the sculptured wall direct via some tough moves. Climbing into this via *Red Whale* is *Free Willy*, a sustained 7b link-up.

37 *6c+*
SS. Start as per *Orca* but slink off right when the going gets tough.

38 The Beluga Waltz *7a+*
SS. Climb the steep prow end of the boulder from a low sitting start direct to the lip and a tough thrutching mantel top-out. A direct line must be kept – veering off left or right reduces the grade significantly.

39 Red Whale *6a+*
SS. The excellent undercut nose from as low as possible. Starting as far right as possible and traversing in is a cool 6b+.

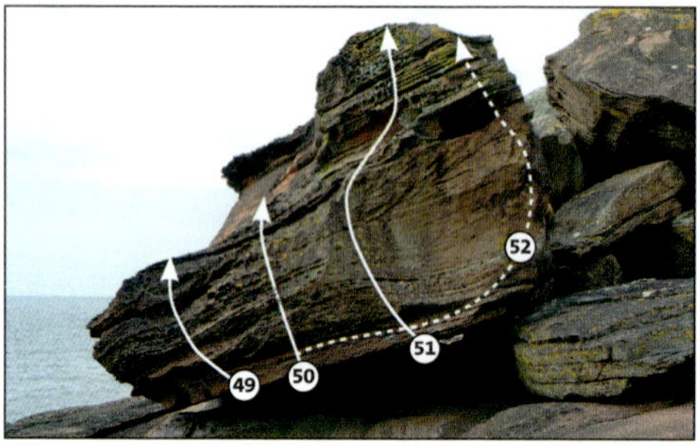

40 **Bilge Rat** *6a*
SS. Straight up from holds on the lip.

41 **Bilge Rat Low** *7b*
Start under the roof on two undercut pockets and make a powerful slap to the lip and into the stand-up.

Area D
CAVE BOULDER 1

42 *6a*
SS. The left arête direct.

43 *6b+*
SS. The seaward face climbed centrally.

44 **Kill Switch** *7a* ⭑
SS. The undercut right arête direct via some tough tick-tacking on hard-to-hit holds.

PLATFORM BLOCK

45 *6a+*
SS. The north end of the block offers an undercut prow; climb this from low.

46 **Seaward Slopes** *6c+* ⭑
SS. A quality problem which starts at a small overhang. With your feet under the roof, pull on and make a tricky move up and right for a sloper; finish direct.

47 **Freebooter** *7a*
SS. The vague blunt arête/prow in the centre of the seaward face.

48 *5*
From the right end of the block traverse the lip as far left as possible before topping out. A good warm-up.

CAVE BOULDER 2

49 *4+*
SS. Straight up the leftmost line on very featured rock.

50 **Urchin** *5*
SS. A slightly harder version of the previous problem, starting just right.

51 **The Scoop** *5+*
SS. The left side of the scoop, veering right at the top.

52 **Hueco Curve** *6c+* ⭑
SS. The best problem on the block. Start at the base of *Urchin* and follow the break right to the arête and make a tough move to the hueco followed by an easy finish.

This block lends itself well to numerous variations, link-ups and eliminates, so knock yourself out.

Area E: The Cove

53 Bumblee Bee *6a+*
From a low start on a big flat edge climb the scooping wall left of *Killer Bee*. Much easier if you start on the higher pocket.

54 Killer Bee *7b+* ★★★
The standout arête climbed on the right. The right-hand corner crack and all holds connected to it are out of bounds. The sit-start is 7c.

55 *4+*
The gaping corner crack is good fun and can be sent by a variety of methods.

56 Shot Hole Wall *4*
SS. The man-made line of drilled pockets.

57 *6a*
The wall above some blocks is tricky and has a poor landing.

58 Vanishing Angle *6a+* ★
The left-hand crack/seam line is technical and excellent.

59 Vang *5+*
SS. The right-hand crack/seam of the obvious V-feature.

60 Crow's Nest Slab *3+*
The exposed slab is easy but has a fluttery situation ... especially when nearing the top.

BACK WALL

The wall left of *Bumblee Bee* offers a few warm-ups, but can be a little sandy. The low, thin diagonal crack on the left side of the wall is a poor 7a+ from a low sit-start.

On the rearmost small block set forwards of the Back Wall are (no topo):

61 *6a*
SS. The central line from a good edge.

62 Bee Catcher *7b*
SS. The right arête on its left side via one hard move for the top.

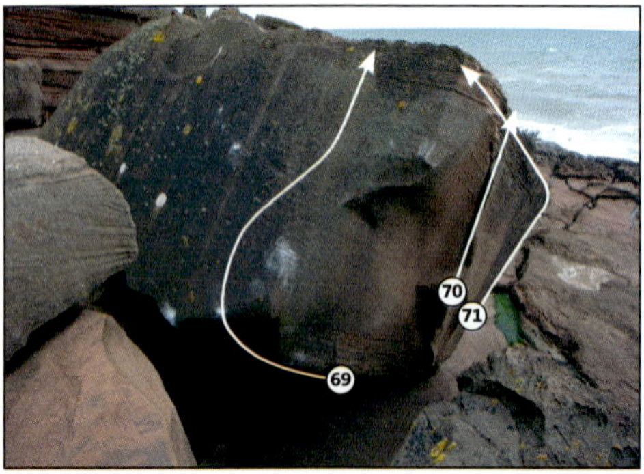

MISSING CORNER BLOCK

63 King Bee ***7b+***
SS. Make a difficult pull to reach slopers before moving right along these to reach *Black Hole*; finish up this.

64 Black Hole ***6b+*** *
The undercut bulge at the northern end of the block, aiming for a suspiciously good pocket. The sit-start is 7b and starts down to the right.

65 Black Dynamite ***7b***
SS. Start as per *Black Hole SS* then traverse right into the lip and ultimately finish up *Bottomless Arête*.

66 Bottomless Arête ***6b***
SS. The pockmarked arête on the right.

67 ***6a+***
SS. Start as per *Bottomless Arête* but then traverse the lip leftwards and into the short arête.

68 Punching Judy ***7c*** *
SS. The niche. Start centrally and climb direct without the arête out left.

KRAKEN BOULDER

69 The Kraken ***7a+*** *
SS. Hidden round the back of the block is a hemmed-in line featuring some great moves. Start as low as possible and climb out to the lip before busting out (via a big move) to a flat hold on the arête; now finish to the left via a tenuous sequence.

70 Monster Slap ***5+***
From the large, appealing flatty, slap up to the lip and rock on to the slab to finish.

71 ***5+***
Up the arête then follow the lip to the top of *The Kraken*.

72 ***6b+***
Straight up the centre-right of the block to a precarious mantel finish.

73 The Hangman ***6b***
SS. The hanging rib is quality but has a few friable holds near the top.

74 Monkey Hustle ***6c***
An uber pumpfest starting from standing at *The Hangman*. Climb to the lip and follow it leftwards (often footless) all the way round the block to finish at the top of *The Kraken*.

Next is a small cluster of boulders a few metres north of *The Kraken* and on the same level.

75 The Fathom *6c*
SS. The tricky but good wall in a cove, starting on crimps as far left as is possible.

76 *6a*
SS. Climb out of the cave on undercuts and veer right. Sandy.

77 Canon *7c?*
SS. The short hanging prow made for a short brutal problem but since losing a hold remains unrepeated and may be defunct.

78 Snowproof *7a+*
SS. 40m to the left, on the same level, is this single short but reasonable problem up a short hanging prow/arête on its right side. (No topo.)

Area F: Cryptozoo

A long and appealing wall of excellent rock a few metres north, set slightly forwards from the previous sector.

79 Kamikaze Caterpillar *6b*
The undercut arête direct. Pretty straightforward, but with the odd snappy hold high up.

80 Supposition Test *7b* ★★
The blunt diagonally right-trending rib is climbed on the right and is hard, highball and very good.

81 The Cryptozoo *6c* ★
The deep highball crack is easy enough to start, but there's a real stopper move at half height.

82 Calico Jack *6b* ★★★
The diagonally right-slanting runnel is truly fantastic and pretty tough. Make sure you do this one!

83 The Scoop *6c+* ★★
The majestic scoop is a lesson in balance and manteling.

84 Dead Calm *7b* ★★
Start on crimps where the wall bulges out immediately right of the scoop. Climb direct to the slopey break and up.

85 Jolly Rogered Rancher *5* ★
The wall past a scooped sloping hold to the break and up.

The following swathe of wall features some easy but fragmented highballs over a poor landing. After a few metres the wall again becomes more sheer and offers a final quartet of decent lines.

86 *6a*
Use the thin crack and holds in the adjacent wall.

87 *6a+*
Above the stepped landing climb parallel seams to the top.

88 *6c*
Just left of where the platform steps down climb the thin wall direct on small holds.

89 *5+*
The wall immediately right is more straightforward.

LEFT WALL

25m left of *Kamikaze Caterpillar.*

90 Flotsam *6a+*
The left side of the wall just before you reach the cliff edge has a reachy finish.

91 Jetsam *6b*
The centre of the wall again has a reachy and also slopey finish.

GODZILLA

Directly below Left Wall sits Godzilla, a huge highball arête over a good landing with a low crux – a problem not to be missed. The two neighbouring problems to the left are almost as good.

92 Godzilla *6c* ★★★
The phenomenal highball arête climbed on the right is a contender for the best problem of its grade on the coast. The difficulty eases with height.

93 Davy Jones' Locker *7b+* ★★
The superb arête climbed out of a pit is high and brilliant, but does require a couple of pads and a spotter for all but the very brave.

94 Crescent Sun *6c+*
SS. The crescent feature on the raised wall 15m left of *Davy Jones' Locker.*

A cluster of small blocks sit in front of *Crescent Sun* and offer a few short, uninspiring lines. These are left for the keen to explore for themselves.

Area G: Outlying Areas

Beyond Godzilla are numerous isolated problems. The most worthwhile are described, as is one good clustered circuit of excellent easier problems.

95 Moby Dick *7c* ★

Situated 200m north along the coastline from the last sector is a low cave around 7m across at the base of the cliff. This problem starts on a good sidepull on the far right (just left of a crack) and traverses leftwards on holds just above head height to a point where it is possible to move up to good finishing holds, approximately 1m right of the left-hand corner.

THE YELLOW STONE

100m north along the coastline from *Moby Dick* is a huge block tinged with yellow lichen.

96 Californium *7b*

SS. Climb the steep seaward-facing wall without the arête until near the top. A bit sandy/snappy.

97 Yellowcake *7c* ★★

SS. The keel-like feature, starting as low as possible in a small cave. Pull on with difficulty and follow the steep hanging arête into the centre of the yellow-tinged, diamond face. The crux is getting a good edge high on the face. All possible footblocks are out of bounds.

CHRIS ARTHUR ON *CRESCENT SUN* **PHOTO:** GREG CHAPMAN

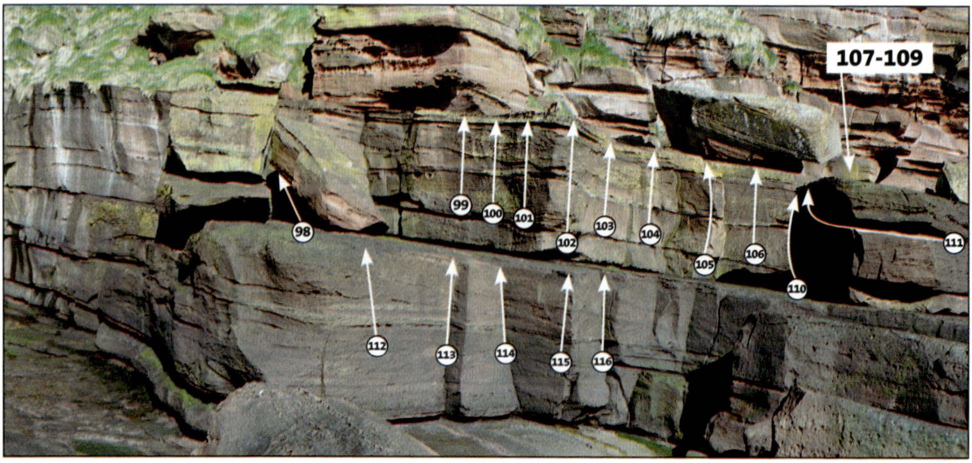

THE MERMAID'S CLUSTER

Around 40m beyond the Yellow Stone is a distinct cluster of blocks and walls on two levels. The problems are generally easy but all are excellent value.

UPPER LEVEL

98 Slide *7a*
SS. The underside of the pinned block. Start on a good hold down to the right and follow holds up into a central position to top out. Sandy but fun.

99 *6a*
Left side of the wall on open pockets.

100 *5+*
Centre of the wall on slopers.

101 *6a+*
Right side of the wall via a long stretch.

102 The Mermaid *6b* *
SS. The blunt arête direct. A quality problem.

103 *5*
Centre of the wall right of the arête.

104 *3+*
Another short easy crack.

105 *6a+*
SS. Undercut prow.

106 *6b+*
Wall just right of the prow via a big move.

107 *5+*
Easier arête just right.

108 *4*
Another little crack.

109 *6a*
Final wall left of a block.

110 *6b*
SS. The arête on the cliff-side face of the small block.

111 *6a+*
From the southern end of the block traverse the three sides of the block (without the top) and finish straight up just right of the arête.

LOWER LEVEL

112 *4*
Left wall.

113 *3+*
Short crack with right arête.

114 *3+*
Diagonal corner crack.

115 *5*
Arête and seam to the right.

116 *3+*
A final short corner crack.

LIBERTY'S END BOULDER

A further 100m along the coast from the Mermaid's Cluster is a lone eye-catching block tilted towards the cliff.

117 Lowe *4* ★
The slabby flake system in the centre of the seaward face.

118 Ironhide *8a* ★★★
SS. A fantastic climb sending the blunt arête on its right.

119 Ironhide Stand *7a* ★
The stand is quality problem in its own right.

120 *5+*
From the left corner of the block, traverse the lip rightwards to the apex of the boulder.

121 Liberty's End *7a+*
SS. On the left side of the back wall of the boulder. Use a sidepull and small edge to pull on (poor feet) and blast direct to a juggy rail just below the lip. The undercut to the right is out.

122 *6a*
SS. The wall just right of centre.

123 *5*
The wall on the right, linking into the lip and following it to the apex of the block.

Various other variations and traverses are possible on the back of the block.

THE AUTHOR ON *IRONHIDE* **PHOTO:** ANDY HEBSON

RANNERDALE ROCK
BUTTERMERE

ASPECT: **NORTH-EAST** APPROACH: **10 MINS**
ALTITUDE: **300M** GRID REF: **NY 168 186**
PARKING: **54.543406, -3.279980** OS MAP: **OL4**

A quality block on the north-east flank of Rannerdale Knotts, a small hillock on the east side of Crummock Water. The block, while limited, features a handful of good mid-grade problems in a pleasant setting. More information can be found on *lakesbloc.com*

Access and Approach

Park in the last car park at the end of Crummock Water (closest to Buttermere) and walk up the path by the wall and go through the gate. Follow the path through the seasonal bluebell area to a stream, 20 metres or so before the bridge. Turn around and head directly up the steep grassy hillside for about 150 metres and you'll see a prow sticking out above you.

HIND CRAG BOULDERS
BORROWDALE

ASPECT: **NORTH-WEST** APPROACH: **20 MINS**
ALTITUDE: **350M** GRID REF: **NY 237 113**
PARKING: **54.500268, -3.181764** OS MAP: **OL4**

High on the opposite side of the valley, a kilometre south-east of the Sour Milk Gill circuit (page 377), is a group of obvious if slightly grubby blocks below the broken escarpments of Hind Crag. These offer half a dozen reasonable problems up to 7b – topo on ***lakesbloc.com*** The same topo also provides info on the Riverface Boulder, another decent if limited block in the base of the valley, south of the Sour Milk boulders.

Approach

Park as for the Sour Milk Gill circuit (page 377) but then head south along the main Sty Head Track. After about 650 metres break off left up the slope, from where the boulders can be clearly seen below the left side of the crag.

HOLLOWS FARM CAMPSITE BOULDERS
BORROWDALE

ASPECT: **WEST** APPROACH: **5 MINS**
ALTITUDE: **110M** GRID REF: **NY 250 170**
PARKING: **54.543528, -3.161181** OS MAP: **OL4**

There are a few small boulders, with a handful of problems from 5 to 7a, located in the woods within the grounds of Hollows Farm Campsite, just west of Grange in central Borrowdale. The bouldering is found in the trees to the right of the entrance to the first camping field. The rock is generally solid but can be mossy and will likely need a brush. Further details can be found in the ***UKClimbing.com*** database (search for 'Grange Campsite').

PERCHED BLOCK BUTTRESS
BORROWDALE

ASPECT: **EAST** APPROACH: **45 MINS**
ALTITUDE: **420M** GRID REF: **NY 245 160**
PARKING: **54.547056, -3.156656** OS MAP: **OL4**

An interesting but esoteric crag, facing east at the southern end of Borrowdale, around 300 metres south of Goat Crag. As the names suggests, the crag hosts a huge, obvious hanging block perched above the screes. This currently offers a single good problem, scope for a few more lines and a superb view.

Approach

The crag is reached via a bridleway leaving the small village of Grange in a southerly direction – signed towards *Seatoller* and *Rosthwaite*. Keeping to the west side of the River Derwent and subsequent Broadslack Gill follow this track for just under a kilometre to below Lobstone Band (see OS map). Head up the left side of the scree slope to the foot of the crag. From here a path leads up rightwards to a short grassy gully leading to the perched block. A map and further approach info is available in the FRCC's *Borrowdale* guide (page 155).

Bookends *7c+* ★
SS. Start at the base of the hanging prow and head up the underside via some very burly undercutting to finally escape leftwards via a big move on to the top arête.

SURPRISE VIEW BOULDERS
BORROWDALE

ASPECT: **NORTH-WEST** APPROACH: **1 MIN**
ALTITUDE: **230M** GRID REF: **NY 268 188**
PARKING: **54.560993, -3.132746** OS MAP: **OL4**

AKA make-out point for the teenagers of Keswick! This roadside micro-venue has some fun moves and good rock for those short on time, early for a hot date or simply after a change of scene. The Mezzanine Boulder offers a handful of steep, fun problems with unusually hard top-outs for the Lakes.

Access to the venue is currently uncertain: please report any developments to the BMC access representative.

Access and Approach

From Keswick's southern edge follow the B5289 south along Derwent Water for 2.7 miles to a left turn signed to Ashness Bridge and Watendlath. Take this and continue for just under a mile to the car park at Surprise View. Crossing the deer fence at the gate just north of the car park is currently the assumed best approach. The Mezzanine Boulder is 50 metres north of the gate. There are a few other small sectors in the early stages of development.

1 **L'Apparramarra** ***7b*** *
Cumbria's answer to the Font classic *L'Apparemment*. From a standing start on the left side of the arete use foot trickery to gain a hard mantel.

2 **L'Apparramarra Assis** ***7c*** *
SS. A sitter follows the arete to a point where you can swing left into the original.

3 **The Shining Night** ***7c*** *
SS. Start as for the previous problem but stay on the right side of the arete and make a big move for the slopey lip. This is followed by more manteling fun.

RANNERDALE ROCK **PHOTO: ASH CLARKE**

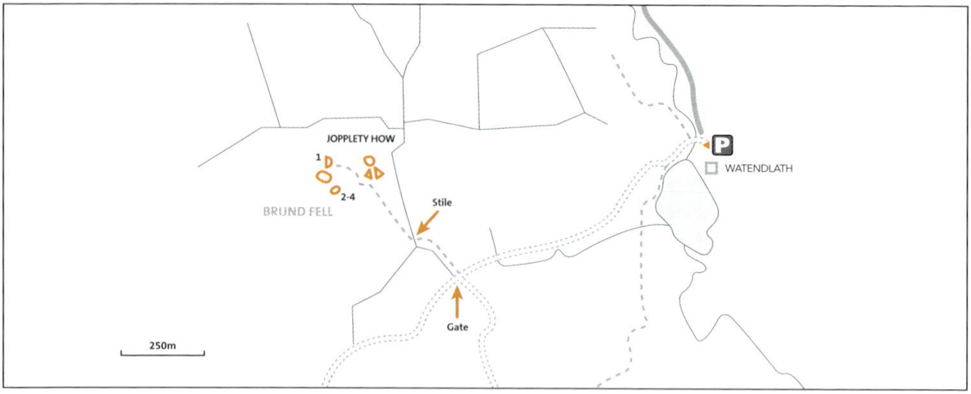

JOPPLETY HOW
BORROWDALE

ASPECT: **SOUTH-WEST** APPROACH: **20 MINS**
ALTITUDE: **400M** GRID REF: **NY 265 163**
PARKING: **54.536787, -3.120413** OS MAP: **OL4**

While limited, the small rocky knoll of Jopplety How hosts *The Secret Garden*, an immaculate highball wall problem and one of the best of its style in the Lakes. Located between Brund Fell and Grange Fell, a kilometre or so west of Watendlath, Jopplety How commands truly magnificent views of the Borrowdale valley and if visited on a fine day provides a quintessential Lakeland bouldering experience.

Access and Approach

From Keswick's southern edge follow the B5289 south along Derwent Water for 2.7 miles to a left turn signed to Ashness Bridge and Watendlath. Follow this road to its end and park at the National Trust car park by Watendlath Tarn. Walk back down the road a short distance to a path on the left (signed *Rosthwaite*) which crosses the beck fronting the tarn via a bridge. Having crossed the beck, turn left and after about 90 metres go through a gate and take the steep RH fork (bridleway to Rosthwaite). Follow the bridleway for 800 metres to a gate, just before the track begins to steeply drop downhill. Turn right and follow a muddy track up the east side of the wall for 200 metres to a stile crossing the wall. Climb over this and continue up the well-trodden track, without deviation, to the top of the hill (350 metres). At the rocky summit the path weaves through the terrain heading west, passing *The Secret Garden* on your right – about 60 metres from where the track reaches the summit. Look out for what looks to be a small block, with a shallow corner facing you: this is the back of *The Secret Garden* boulder.

1 The Secret Garden ***7a*** ★★★
The centre of the impressive highball wall direct on small edges, gastons and shallow pockets. With a perfect flat landing, immaculate rock and superb technical climbing, this is an absolute must for those operating at the grade ... although it's no pushover!

Just over 100m south of *The Secret Garden* are a few more decent problems on a short, steep wall right of an open corner facing south-east.

2 Black Arête ***7a*** ★
SS. Climb the left arête using undercuts for the right hand and the arête for the left.

3 Fisher's Fun ***6c+*** ★
SS. Just right of *Black Arête*. Start on the undercut sidepull and use it to gain the big undercuts then the top. Really rather good!

4 ***6c+***
SS. Just right of *Fisher's Fun*. Start on a poor RH sidepull and a small gaston for the left; gain the sharp in-cut hold and top out.

KRIS HALL ON *THE SECRET GARDEN* **PHOTO**: HALL COLLECTION

NORTH-EAST

Between the verdant farmland of the Eden Valley to the north and the quiet shores of Haweswater to the south, a motley assortment of bouldering areas reside within the bucolic north-eastern segment of the region. From riverside sandstone and hidden worldies to the gabbro jewel of Carrock Fell, the terrain and elements once more collude to serve up a wealth of great climbing, which in many cases is not instantly obvious.

The temptation when in this part of the Lakes is to make a beeline for Carrock Fell, and with good reason: easy access, stunning lines and an eye-watering inventory make for a brilliant crag and one of the best in this guidebook. That being said, for those prepared to delve a little deeper and leave the beaten path there are some hidden gems. Of particular note, the sandstone crags of Armathwaite on the banks of the River Eden offer a limited but quality circuit in a quintessentially English setting. Other treasures include the Atlantean boulders of Thirlmere, the hidden gems of Ullswater and Patterdale, and the beefy blocks of Swindale's Gouther Crag. The last of these has a good selection of overlooked, Bowderstone-style lines which, with relatively easy access from the M6, make for an interesting alternative to The Stone.

Almost all of the areas in this part of the guide are either roadside or an amicable amble from the car. As with much of the Lakes, good conditions are usually found in spring and autumn, although for prime conditions, Carrock Fell is best visited within cold, dry periods of winter, when crisp, bracken-free conditions provide easier access and incredible friction.

- **Haweswater**
- **Patterdale**
- **Thirlmere**
- **Penrith Area**
- **Eden Valley**

DAVE NORTON ON *HOCKSTACK & TWO BROKEN TOOTHBRUSHES*, CARROCK FELL (PAGE 518) **PHOTO**: JOHN COEFIELD ▶

DAN VARIAN ON *IMPAILED*, DOVE CRAG (PAGE 548) **PHOTO:** AL LEE ▼

HAWES-WATER

KIERAN FALLOWS ENJOYING THE SUBLIME MOVES OF *THE CRACK*, GOUTHER CRAG (PAGE 477) **PHOTO**: JOSH JARDINE ▶

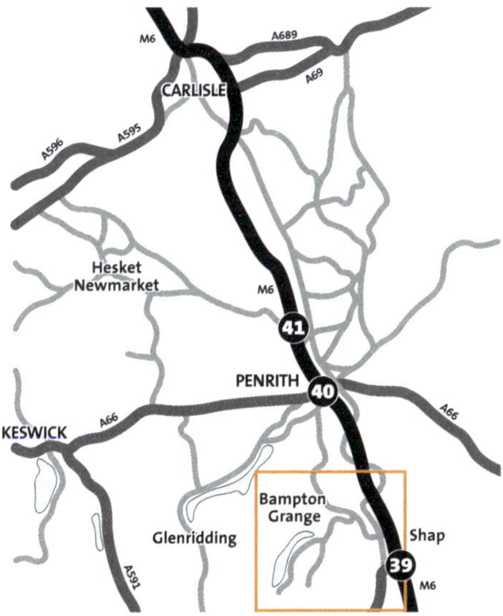
M6
A689
A69
CARLISLE
A596
A595
Hesket Newmarket
M6
41
PENRITH
40
A66
A66
KESWICK
A66
Bampton Grange
Glenridding
Shap
A591
39
M6

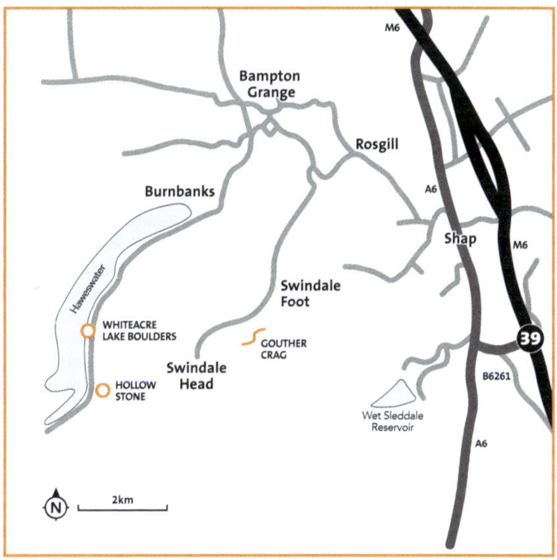
M6
Bampton Grange
Rosgill
Burnbanks
A6
Shap
M6
Haweswater
Swindale Foot
WHITEACRE LAKE BOULDERS
GOUTHER CRAG
Swindale Head
HOLLOW STONE
39
B6261
Wet Sleddale Reservoir
A6
N
2km

Gouther Crag

ASPECT: **NORTH, NORTH-EAST** APPROACH: **20 MINS**
ALTITUDE: **330M** GRID REF: **NY 515 127**
PARKING: **54.520837, -2.740568** OS MAP: **OL5**

Situated in the pastoral surrounds of Swindale on the eastern fringes on the national park, the blocks dotted about the base of Gouther Crag make up a stout circuit of excellent boulder problems. Bar the addition of motorised farming vehicles, this peaceful and undeveloped valley has seen little change since agriculture was first established in the area. For this reason the crag provides a haven away from the masses, yet in contrast to many other such Lakeland areas offers relatively quick and easy access, thanks to the nearby M6.

The majority of the climbing centres on two distinct sectors located either side of the northernmost escarpments. In the fabulous prow line of *J Mascis* (7a+), the Truss Boulders host the crag's King Line and sit on the slope beneath the buttress of the same name. The climbs at this sector are generally more vertical and technical, and thanks to a well-lit and ventilated aspect stay cleaner and dry faster than the other sector. The Peregrine Boulders lie beneath the north end of the crag and give burly, steep and powerful climbing through roofs and bulges. Historically, the blocks here are a little grubbier than those beneath Truss Buttress, however as their popularity has increased over the years the better climbs are now usually in pretty good nick.

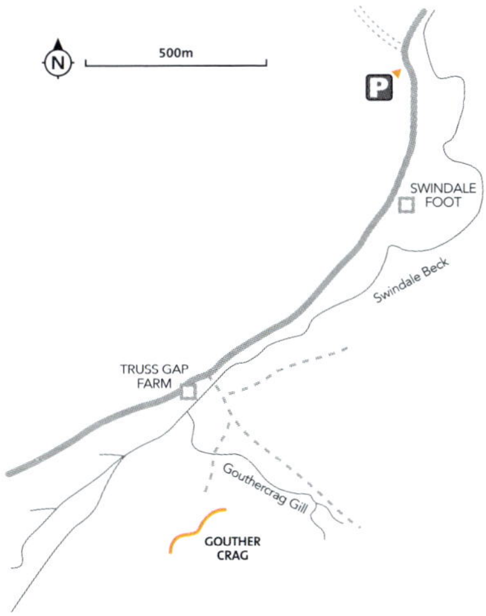

◀ DAVE PARRY ON *KUKRI* (PAGE 476) **PHOTO**: JOHN COEFIELD

Access and Approach

The crag beneath which the Peregrine Boulders lie is occasionally subject to nesting restrictions between 1 March and 30 June. If this is the case there will be a BMC sign on the approach path listing any restrictions. Please adhere to these as required. All other boulders described here are unaffected by such restrictions.

Gouther Crag is best approached from junction 39 of the M6. Drive through Shap and at the northern end of the village take a junction signed to Bampton, Haweswater and Shap Abbey. Follow this road for 1.8 miles to where a left turn is signed to Rosgill. Take this down through the small village and across a bridge, shortly after which a sharp left is taken to Swindale. Park at a grassy pull-in by a sign stating *No parking beyond this point*. Continue on foot along the road to where a bridge crosses the river just before Truss Gap Farm (about 1 kilometre from the parking). The crag can be seen on the hillside above.

Conditions

Due to the north to north-western aspect of the crag, early spring and late autumn provide the best times to visit, although dry spells within the winter months can also be productive if it isn't too cold. Be warned: thanks to copious amounts of bracken and nearby boggy ground, the area can be a midge hotspot throughout the summer months, particularly on still, humid days.

PEREGRINE BOULDERS
BADGER BOULDER

Two easier climbs have been done left of *Black Rose* – a L–R lip traverse (5) and the grubby groove (6a) – however these are very dirty and not especially good.

1 Black Rose ***6c+***
SS. The arête off a rocky platform, climbed on the right.

2 Honey Badger ***6c+***
The wall right of the arête climbed direct via a big move to crimps.

3 Atom Smasher ***7b+*** **★★**
From a LH sloper and RH sidepull edge pull on and make a stern throw for a sloping hold. Now veer right to finish up the middle of the wall. Starting at *Black Rose* and following a diagonal line into *Atom Smasher* is 7c.

4 Atom Smasher SS ***8a+*** **★**
SS. Climb direct through the bulge into *Atom Smasher*. Climbing this to halfway then moving left to finish up *Honey Badger* is also 8a+.

5 Invader Zim ***6c+*** **★**
SS. Starting one metre left of the arête head straight up, making a tough stretch to reach the lip of the overlap. Continue direct on increasingly good holds.

6 Hot off the Press ***6b***
SS. Climb the right arête to the lip, then bear slightly left to top out.

7 Brock Hole ***7a+***
SS. Start at the arête, pull up and move left into *Invader Zim*. Climb this to the lip, then traverse leftwards to eventually finish up *Black Rose*.

VALHALLA BOULDER

A good but often filthy block located between the Badger and Kukri boulders.

8 **Road to Valhalla** *7b*
SS. From a big sidepull haul yourself up and left on reasonable in-cut holds to a tricky move to gain the lip. Continue up on decent edges to a huge jug and easy finish.

9 **Boogie Monster** *7b+*
SS. Again start on the sidepull but this time head up and right to gain a seemingly embossed brick-like hold on the lip. From here execute a big move straight up to gain access to increasingly better edges. Good, but usually dirty.

ANDY HEBSON ON *INVADER ZIM* PHOTO: GREG CHAPMAN

KUKRI BOULDER

10 Renegade NED *6c+*
SS. A good problem up the little sidewall, starting on the lowest holds.

11 Raster Scan *7c*
SS. The steep roof is something of a (tough) one-move wonder. Start in the middle of the roof on edges just above your head. Pull on with difficulty and make a hard snatch for the lip, before topping out up and right.

12 Kukri *7b+* ★★
SS. A brilliant problem up the ramp feature on the right side of the roof. Start low with a poor sidepull for your LH and the ramp for your RH. Now clamp, squeeze and slap your way up to a satisfying throw for a jug on the lip out left. Finish straight up the slight prow.

13 Trev's Traverse *7a+* ★
SS. From two obvious holds, make a tough move to a big flat edge. Now traverse the left-trending line of holds to finish up the slight prow. 7a if started from the big flat edge.

14 Umbongo *7c+*
SS. Sit-start *Trev's Traverse* from down low to the right below *Carlisle Slapper*.

15 Umbukri *8a/+*
SS. Start as for *Umbongo* but keep moving left (staying low) to climb into and up *Kukri*.

16 Matt's Roof *7a*
Excellent but unfortunately usually dirty. From a good hold at the back of the roof reach out to another good hold on the lip. Match into this with difficulty and make a spooky-feeling rockover on to the slab.

17 Carlisle Slapper *7c*
Another good but usually dirty problem which climbs the lip of the block to its apex from a low start down to the right. A lengthy and epic sequence.

TRUSS BOULDERS

18 Four Winds Wall *7a+* ★★★
A mega problem with a soul-destroying or super-satisfying final move. Start on good holds and reach a pair of opposing sidepulls in the middle of the wall. Step up and make a hard throw (usually LH) to a good hold on the lip above.

19 Four Winds Arête *7a* ★
SS. A defined but quality problem which climbs the arête left of the chimney exclusively on its left side all the way to the top. Using holds on the slab in the chimney to the right is *The Rib*, a less-good 6b+.

20 J Mascis *7a+* ★★★
A magnificent problem and must-do tick for any Lakes bouldering aficionado. Climb the clean, striking prow direct to the top.

21 Coconutter Start *7b+* ★★★
SS. Improve on near perfection by monkeying your way into the previous line from sitting.

22 Free, So Free *7a+* ★
From a thin edge gain a sidepull and press left with difficulty to reach reasonable holds just right of the prow. Scuttle across and make another tricky couple of moves to gain the upper section of *J Mascis*.

23 The Crack *6b* ★
The slanting crack with eye-catching appeal is tougher than it looks. Would be a classic if not for the landing.

OUTLYING BLOCKS
THEOLOGY PROW

This impressive feature stands alone at the base of the crag 80m west of the Truss Boulders.

24 Theology *6b*
Climb the narrow prow direct to the top. Getting down can be awkward.

SIMON STONE

At the head of the valley, on a grassy knoll, around two kilometres from Truss Gap Farm, sits Simon Stone (NY 504 117). While this block does offer a nice situation, it is pretty dirty – primarily due to the trees it lies beneath – and is not really worth the walk. There's a topo on ***lakesbloc.com*** for the super keen.

PATTER-
DALE

ADAM YOUNG ON *MICKEY'S PROBLEM*, ROLLING ROCK (PAGE 484) **PHOTO**: STE BARKER ▶

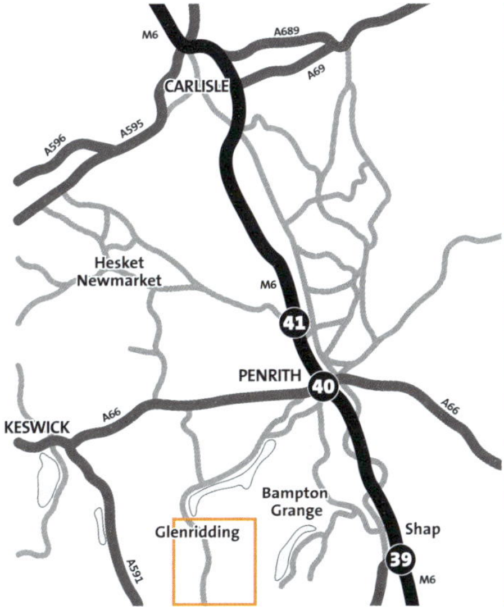
M6
A689
CARLISLE
A69
A596
A595
Hesket
Newmarket
M6
41
PENRITH
40
KESWICK
A66
A66
Bampton
Grange
Glenridding
Shap
39
M6
A591

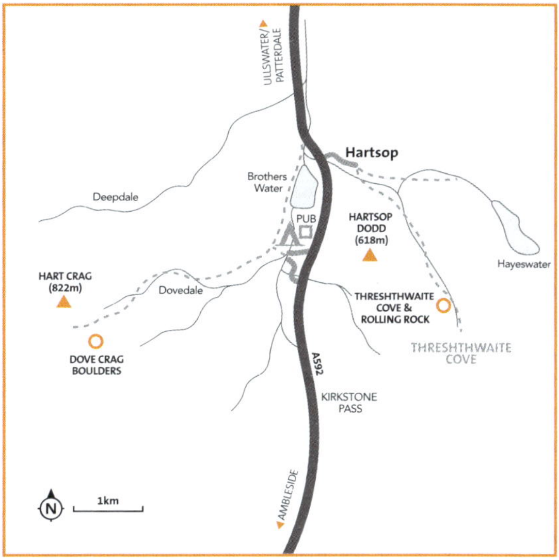
ULLSWATER/
PATTERDALE
Hartsop
Brothers
Water
Deepdale
PUB
HARTSOP
DODD
(618m)
Hayeswater
HART CRAG
(822m)
Dovedale
THRESHTHWAITE
COVE &
ROLLING ROCK
DOVE CRAG
BOULDERS
THRESHTHWAITE
COVE
A592
KIRKSTONE
PASS
AMBLESIDE
N
1km

Threshthwaite Cove & Rolling Rock

ASPECT: **EAST** APPROACH: **15 MINS**
ALTITUDE: **350M** GRID REF: **NY 421 113**
PARKING: **54.508793, -2.912631** OS MAP: **OL5**

A fifteen-minute stroll south of the quaint 17th-century village of Hartsop is Threshthwaite Cove, a quiet corner of fellside hosting the quality trad venue of Raven Crag, and a sizeable boulder field descending from its base.

In spite of much rock, on closer inspection the area boils down to a circuit of half a dozen worthwhile blocks. Of these, the centrepiece is the Rolling Rock, a quality boulder wedged in the hillside directly beneath the track and overlooking the clear, babbling waters of Pasture Beck.

Access and Approach

Turn off the A592 at the northern end of Brothers Water and enter Hartsop. At the far end of the village is a free parking area; please park courteously as this is a popular starting point for many walks in the area. Leave the parking area via a gate and immediately turn right, crossing Pasture Beck via a footbridge. Having crossed the bridge ignore the first left turn and continue up the path to another gate. Go through this and turn left (south-east) along a good track which follows the west side of the beck up the base of the valley. After around fifteen minutes you will reach the head of the valley and pass through a broken wall; the boulders are on the other side of this.

A bird ban is in force on Raven Crag between 1 March and 30 June, however this does not affect the bouldering.

Conditions

Well ventilated and free of foliage, with a good breeze and some sun the area dries quickly after rain and suffers no real issues from seepage. The climbing on the Rolling Rock itself faces north-east, and depending on the time of year loses the sun by late morning to early afternoon. It can be cold in winter due to its aspect and exposed position.

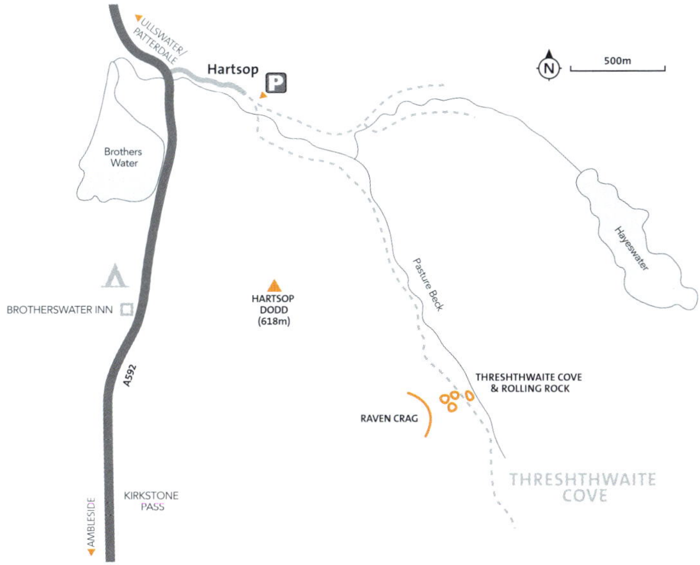

◄ PETE WILKINSON ENJOYING *ROLLING ROCK WALL* (PAGE 484) **PHOTO**: WILKINSON COLLECTION

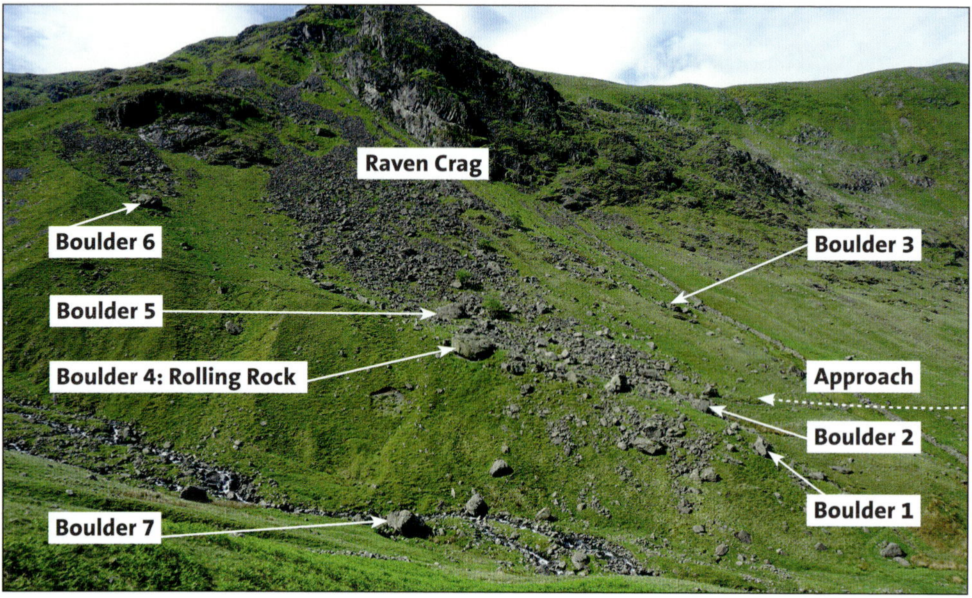

NIA FLETCHER ON *GRAND UNIFICATION* (PAGE 484) **PHOTO:** JONNY SQUIRE

BOULDER 1

Having passed through the wall, the first boulder is over to your left, 35m from the track.

1 *5+*
SS. The short arête on its right side.

2 **Ravenclaw** *7a*
SS. The middle of the face via two edges and a sidepull.

3 **Hufflepuff** *7a*
SS. The blunt undercut arête from holds on the lip.

BOULDER 2

Directly behind Boulder 1 is a small block with an eye-catching left arête.

4 **Raven Eye** *6b+*
SS. Climb the left arête on the downhill face to the apex.

5 **Pasture Bedtime** *6c+*
SS. The right arête is more awkward and not quite as good as its left-hand neighbour.

6 *4*
Starting low on the right side of the uphill face, traverse the lip of the block to its highest point before topping out.

BOULDER 3

Alone, 60m up the slope west of the path, is another small block.

7 *6a*
SS. The arête on its left side.

8 **Snape** *6c+*
SS. A cool but very morpho problem. Start sitting on a block and with feet on the low shelf use two high slopers to pull on and gain the lip via a stretched move. A good spot is useful.

BOULDER 4: ROLLING ROCK

9 *6a*
On the track side of the boulder climb the small roof from a slot at the back.

10 Rubble in the Jungle *4*
The left arête.

11 Rolling Rock Wall *5+* ★★★
The centre of the wall on weird protruding shapes is a classic.

12 Shapeless *7a*
Eliminate but worthwhile. Start as for *Rolling Rock Wall* but follow the parallel cracks and eliminate the protruding square and triangle. Easier for the tall.

13 Mickey's Problem *7b+* ★★
SS. A good and powerful climb which starts matched on a big undercut in the roof. Pull on and make hard moves to the lip before linking into and finishing up *Rolling Rock Wall*.

14 Jungle Hobo *7b* ★★★
The superb arête direct is one of the finest lines around. Start on a big diagonal edge. A left-hand finish trending on to the face at half height is also possible and is slightly easier. The jump start is also fun: *Jungle Jump* (7a). All versions have become easier to a greater or lesser extent since the big diagonal hold was chipped.

15 Grand Unification *7b+* ★★★
SS. The sit-start to *Jungle Hobo* is still excellent despite being made considerably easier by the aforementioned chipping incident (used to be 7c+). Start on a RH edge and LH undercut slot in the roof.

16 Kopparberg Wall *6c+* ★★★
The highball wall to the right is climbed direct from a large edge with a long reach/deadpoint up to a good crimp. Classic.

17 Kopparberg Unification *7c* *
SS. Start as for *Grand Unification* but drop right from the arête to match the big edge on *Kopparberg Wall* and finish up this.

18 Cider House Rules *6a+* *
SS. Crimpy wall, trending left as you go.

19 Vagrant *6b*
SS. Direct from the scooped edge and fin feature.

20 Mangrove Bum *6c*
SS. The short roof is climbed via a stern pull and a slap for the ledge.

BOULDER 5

Directly behind the Rolling Rock and on the opposite side of the track is a clean slab.

21 *3+*
The left side of the slab.

22 *3*
The centre of the slab.

23 *2+*
The right side of the slab.

BOULDER 6

This last block features an obvious low roof overlooking the other blocks, 120m further up the track.

24 The Rabbit's Foot *3+*
The short wall on the back of the boulder.

25 Heavy Rain *5*
The highest section of the back wall direct on thin holds and without recourse to the big flake out right.

26 The Flake *3*
The obvious flakeline with a less-than-perfect landing.

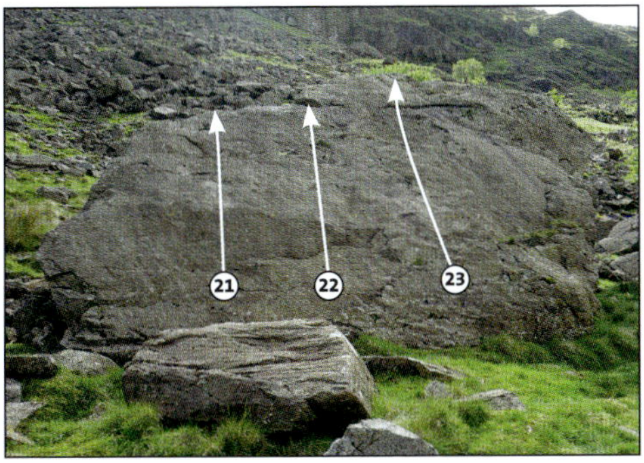

27 Dominator Traverse *6c*
Traverse left from *The Flake* to the end of the block. The hard moves come at the end as the boulder shortens. The top of the block is out.

28 Slippery Nose *6c* *
SS. The slight prow on the left side of the roof. Start with a LH sloper and RH in the break before tackling the nose direct to a mantel finish.

29 Thresher *7a+* *
SS. The centre of the roof is climbed direct, starting matched on the shelf at the back and utilising good footlocks.

30 The Antelope's Ear *7a* *
SS. Pull on at the obvious undercut at the back of the roof. Make a big slap to the lip, followed by tricky moves to an awkward finish.

BOULDER 7

There is a nifty little block by the beck below the Rolling Rock. This hosts two or three reasonable easier problems. However, they're not really worth the slog up and down the slope.

THIRL-
MERE

THIRLMERE BOULDERS **PHOTO**: JON BASSINDALE ▶

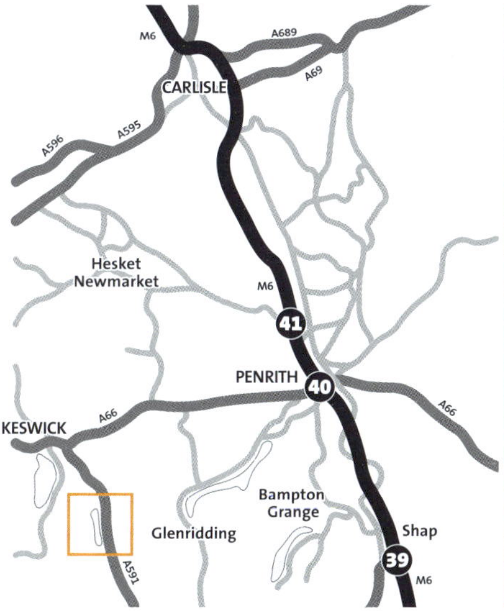
M6
A689
CARLISLE
A69
A596
A595
Hesket
Newmarket
M6
41
PENRITH
40
A66
KESWICK
A66
Bampton
Grange
Glenridding
Shap
39
M6
A591

Legburthwaite
Thirlmere
RAISE
(883m)
THIRLMERE
BOULDERS
Red Tarn
Swindale
Head
A591
HELVELLYN
(950m)
Blea
Tarn
Harrop
Tarn
BINKA
STONE
Wythburn
AMBLESIDE

Thirlmere Boulders

ASPECT: **EAST** APPROACH: **2 MINS**
ALTITUDE: **170M** GRID REF: **NY 307 163**
PARKING: **54.545321, -3.075237** OS MAP: **OL5**

This curious bouldering area is something of an enigma. While offering good, mid-grade climbing across a compact circuit close to the road, for much of the time these boulders see little attention. In fact, years may roll by without a soul touching these near-mythical rocks. The reason for this quirk is the amphibious nature of many of the best blocks, which spend much of their time beyond our reach, partly or entirely submerged beneath the dark waters of Thirlmere. When out of the lake the boulders offer clean, rough rock, some strong lines and a picture-perfect lakeside setting.

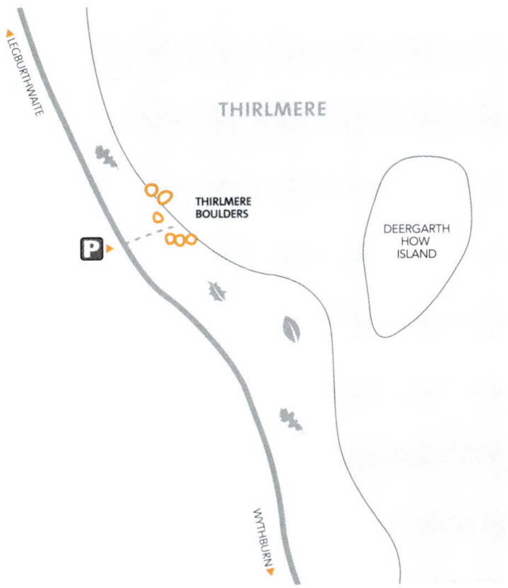

Access and Approach

The blocks are situated approximately halfway along the reservoir and accessed via a minor road running the length of its western shoreline and connecting to the A591 at either end. If coming from the south leave the A591 at Wythburn (signed *Armboth*), or from the north access the minor road via a right turn three quarters of a mile before the northern end of the reservoir. Follow the road for 2.8 miles from the south or 2.6 miles from the north to a lay-by on the west side of the road with room enough for four or five cars. Cross the road through the gate and head down to the water.

There are no issues accessing the shoreline and boulders, however be aware that swimming in Thirlmere is technically banned by United Utilities, custodian of the reservoir.

Conditions

A dry summer combined with a generous siphoning of the reservoir's reserves are required to fully open the area to climbers, and such conditions are unlikely to occur before mid-July. That said, the Marlin and Shark boulders are higher up the beach and do become climbable before the lower blocks. The best way to check if any or all of the blocks are open for business is to post the question on the UKClimbing forums or phone Needle Sports climbing shop in nearby Keswick (01768 772 227). The boulders face east; receiving the morning sun and plenty of shade later in the day – making them ideal for evening sessions on hot midsummer days.

◀ CHRIS PLANT ON *PROBLEM 13* (PAGE 491) **PHOTO**: JON BASSINDALE

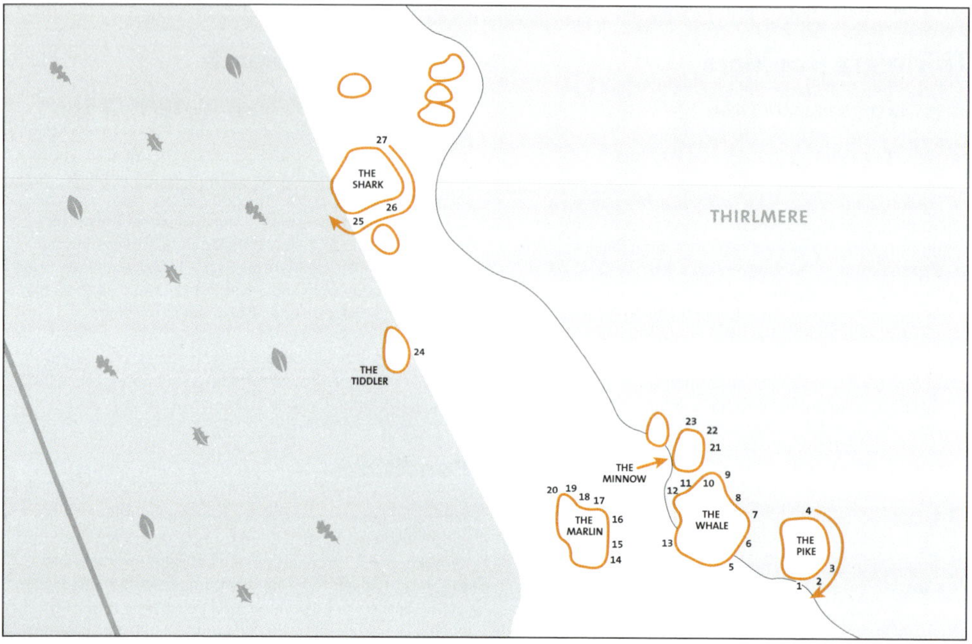
THE SHARK
27
26
25
THE TIDDLER
24
THIRLMERE
23
22
21
THE MINNOW
20
19
18
17
16
15
14
THE MARLIN
12
11
10
9
8
7
6
5
13
THE WHALE
4
3
2
1
THE PIKE

The Tiddler
The Shark
The Minnow
The Whale
The Pike
The Marlin

Note: some boulders are partially submerged in the topo photos.

THE PIKE

The first boulder reached and along with the Whale the last to completely emerge from the lake.

1 The Groove ***6b+***
SS. The short appealing groove on the left from a bunched position.

2 ***5+***
SS. Start sitting right of centre and mantel out the lip.

3 ***6a***
SS. The short groove on the right.

4 Pike Lip Traverse ***6c***
Start on the far right and follow the lip to the far left. 6b in the opposite direction.

THE WHALE

A big block just behind the Pike boulder, featuring some good burly problems.

5 ***4***
SS. The centre of the south face. Numerous similarly graded variants are possible on this wall.

6 High Traverse ***6a***
Start anywhere on the lip and circumnavigate the block.

7 ***6b***
SS. The diagonal arête. 4+ from standing.

8 ***5***
SS. The hanging groove.

9 Whale Arête ***6c+*** ★
SS. The steep arête is tough to start but eases towards the top.

10 ***5***
SS. Another steep groove on good holds right of the arête.

11 ***6c***
A solid and technical proposition up the wall past an overlap, just right of the groove.

12 Belly of the Beasty ***7b***
SS. A super-low, R–L traverse of the north face starting as far right as possible and finishing up *Whale Arête*.

13 ***5+***
SS. The middle of the short uphill face, direct through a small overhang via a crack.

THE MARLIN

An impressive block featuring a clean, high face footed by a sandy mound on its right side.

14 Marlin Slab *5+*
A cool if focused line up the narrow slab avoiding the left arête and better holds to the right.

15 Marlin Wall *3+*
The easy wall to the right.

16 Marlin Arête *4*
SS. Start in the niche then top out via the crack.

17 *6a+*
SS. A crimpy eliminate which takes the line between the cracks, avoiding both.

18 Marlin Crack *5+*
Thin crack from standing. A smart problem.

19 *6a+*
SS. Another tight line with a tricky start. Avoid the cracks and arête.

20 The Arête *5+*
SS. The arête starts well but is over all too quickly.

THE MINNOW

Down by the lake, just north of the Whale. (No photo topo.)

21 Minnow Lip *7a*
SS. Start at the closest point to the Whale boulder at the left end of the most overhanging section and traverse the sloping lip/top to finish up *Minnow Nose*.

22 Minnow Nose *6a*
SS. The vague undercut arête.

23 Minnow Crack *6a+*
SS. The crack to the right.

THE TIDDLER

A small block set back up the beach near the tree line between the Marlin and Shark boulders.

24 Tiddler *5+*
SS. Up the centre of the small face on good holds.

THE SHARK

A large niched block at the north end of the cluster.

25 Shark Wall *4*
Up the wall and on up the slab.

26 Shark Arête *5*
SS. Layaway to the left side of the arête then up the slab.

27 Little Al's Big Effort *6b*
Traverse the three main sides of the block via the lip from right to left.

JIM ARNOLD ON *WHALE ARÊTE* (PAGE 491) **PHOTO:** STEPHEN REID

Binka Stone

ASPECT: **EAST** APPROACH: **7 MINS**
ALTITUDE: **210M** GRID REF: **NY 317 137**
PARKING: **54.516868, -3.058230 (£)** OS MAP: **OL5**

Located at the south end of Thirlmere, by the minor road tracking the western edge of the reservoir, the Binka Stone is a glaciated dome of immaculate rock. Its name originates from an ancient Norse word for 'a raised flat bank of earth', or 'doorstep', due to its obvious stepped appearance.

Two narrow tiers offer up some smart highball face and crack climbs, most featuring thin holds and technical climbing above excellent flat landings. Plenty of skin and a keen eye will aid a successful visit, as the small holds seem to vanish back into the void once doused with the frequent Lakeland rains. A brush stick is well worth bringing to help you chalk up those hard-to-spot holds and clean off any muck left by the winter rains.

Access and Approach

Leave the A591 at the southern end of Thirlmere taking the minor road (signed *Armboth*) heading west. Follow this for just over a mile to Dobgill car park on the left and park here. On foot, head back south along the road for just over 200 metres – the crag can be seen up to your right on the west side of the road. Continue along the road for a further 100 metres to a gate accessing the field below the crag; go through this and track back up the slope to the first climbs.

Conditions

The crag suffers with seepage and run-off after wet weather, so a couple of dry, breezy days are the minimum requirement before it is worth a visit. It faces east, getting the morning sun, so the hard climbs are best attempted during the late afternoon.

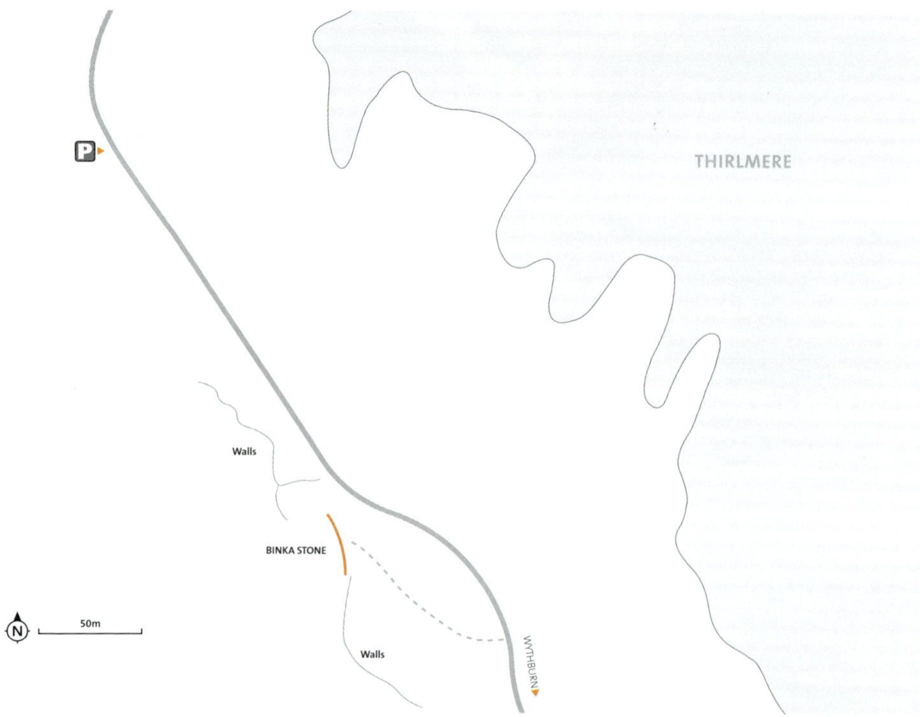

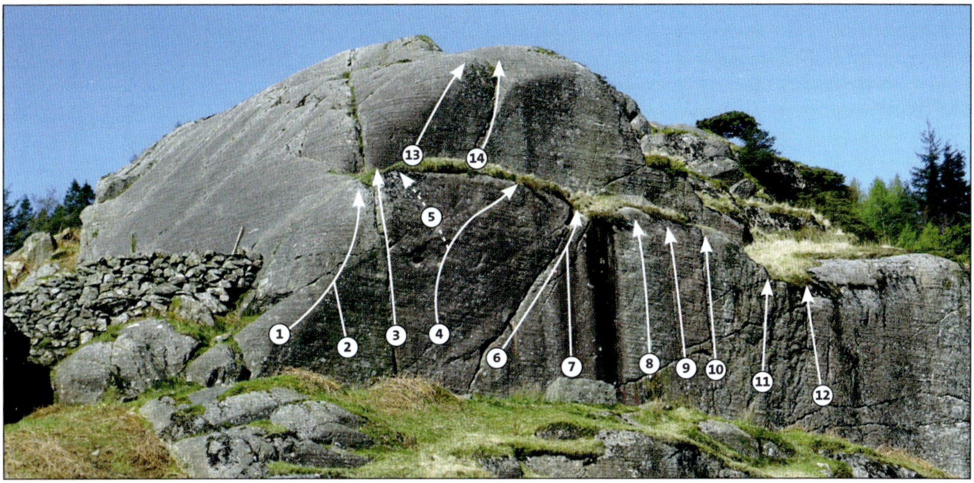

1 **Rounded Arête** *6b+*
SS. The rounded arête to a good flat hold. Mantel this or scuttle off left.

2 **Tinky Winky** *7b+* ★
Stand start on tiny edges immediately right of the arête and move left to join and finish up *Rounded Arête*.

3 **Binka's Crack** *6c* ★★★
The first of the classic cracks. Good climbing from standing or sitting (6c+) up the crack and following it left to join the arête near its top.

4 **Binka** *7c+* ★★★
Right of *Binka's Crack* there are some very poor crimps at chest height; use these to pull on and head straight up to a decent hold, then bear right along a faint seam to a series of hard and high finishing moves.

5 **Binka Direct** *7c*
As per *Binka*, but at the decent hold head up and left.

6 **Diagonal Crack** *7a* ★
The diagonal crack is a nice awkward challenge from standing. The sitter is slightly harder.

7 **Project**
Just left of the wet streak.

8 **Grimfangdangle** *8a* ★★
The incredibly thin wall just right of the wet streak. From standing, head straight up on a series of tiny crimps, eliminating the crack and anything right of it for hands and feet. Bring stiff boots and ibuprofen.

9 **Binka Thin** *6c+*
The thin finger crack, stepping left at the top.

10 *5+*
The easiest crack is good but often a bit dirty.

11 **Letterbox Wall** *5+*
The wall just right on a variety of shallow slots.

12 *6a*
Faint parallel cracks, starting from a triangular flatty low to the right.

There are a few lines to the right, but they are mostly dirtier, higher and with poorer landings.

UPPER TIER

Directly above is a smaller replica of the main wall. Access it from the left side by carefully scrambling up the slab.

13 *6b*
The rounded left arête.

14 *5*
Dirty crack.

The thin wall to the right has probably been climbed but the grade is unconfirmed.

PENRITH AREA

JULIA ENTWISTLE IN PERFECT BALANCE ON *LAKEVIEW ARÊTE*, SWARTHBECK BOULDERS (PAGE 500) **PHOTO**: GREG CHAPMAN ▶

PETZL

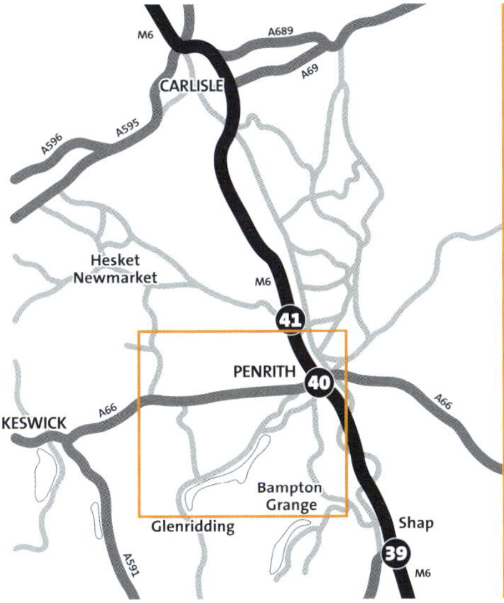
M6
A689
A69
CARLISLE
A595
A596
Hesket
Newmarket
M6
41
PENRITH
40
A66
KESWICK
A66
Bampton
Grange
Glenridding
Shap
39
M6
A591

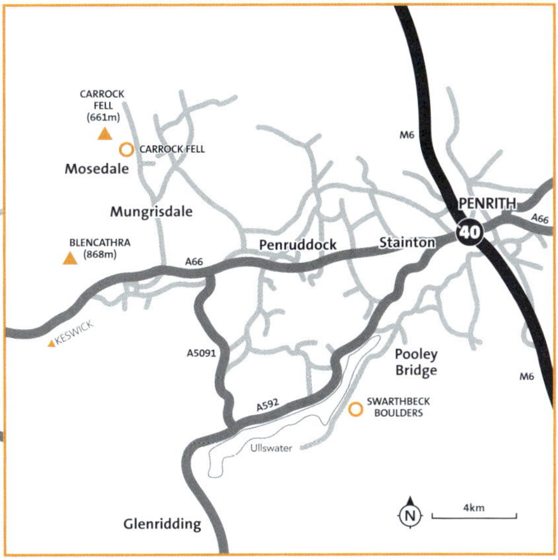
CARROCK
FELL
(661m)
CARROCK FELL
Mosedale
Mungrisdale
BLENCATHRA
(868m)
M6
PENRITH
40
A66
Penruddock
Stainton
A66
KESWICK
A5091
Pooley
Bridge
M6
A592
SWARTHBECK
BOULDERS
Ullswater
Glenridding
N
4km

Swarthbeck Boulders

ASPECT: **NORTH-WEST** APPROACH: **15 MINS**
ALTITUDE: **300M** GRID REF: **NY 453 207**
PARKING: **54.586839, -2.844937** OS MAP: **OL5**

In a quiet corner of the Lakes, the gorse-strewn chasm of Swarthbeck Gill overlooks Ullswater's sleepy eastern shoreline. Scattered across the grassy slope at the foot of the gill lie a number of obvious blocks, accompanied by the Elephant's Foot, a vast boulder hidden in the base of the gill itself. The smaller blocks serve up a pleasant circuit adequately serviced by a single pad, and provide a few peaceful hours bouldering. In contrast, the Elephant's Foot hosts a pair of jumbo classics, requiring honed limbs, a few pads and a spotter. The outlook for all the blocks is superb, and between climbs you can lie back and soak up splendid views of Ullswater and the surrounding hills.

Flanking either side of the gill, the craggy turrets and boulders above those described host a few more climbs. For the most part these are a bit disappointing, due to poor/mucky rock, unfavourable landings or both. For those interested, most are listed in detail within the ***UKClimbing.com*** database.

Access and Approach

From the B5320 at Pooley Bridge, pick up a road running down the east side of Ullswater, signed to *Howtown*. Follow this south along the lake, without deviation, for 2.3 miles to a lay-by on the left next to the lake, just past the Sharrow Bay Hotel.

Head up a path at the north end of the lay-by, up through the woods and bearing right to come out of the trees in a southwesterly direction, around 150 metres from the lay-by. Do not follow the path exiting the woods to the east. Carry on along the path, through fields, for 180 metres to some cottages. Pass in front of these and follow the left fork signed to *Howtown*. After a further 450 metres walking along the path in a southerly direction you will reach a farm. Turn left here, heading up the track, to eventually come out on to open fellside 250 metres from the farm. The first boulders can be seen up the slope to the right of the gill.

The boulders in the gill are affected by seasonal restrictions. A bird ban is in place between 15 February and 31 May.

Conditions

The area faces north-west and is open to the elements, meaning it drys quickly after rain but can feel cold on dull, blustery days.

◀ THE AUTHOR ATTEMPTING DAN VARIAN'S ULTRA CLASSIC *COLONEL HATHI* (PAGE 500) **PHOTO**: JULIA ENTWISTLE

BOULDER 1

The first block above the track. The best problems are the easy lines on the uphill face. There are a few other problems on the downhill side of the block but these are generally poor and pretty lichenous.

1 *2*
The romping arête is a good problem.

2 *3*
Slight rib on lichenous rock.

3 *2+*
The flake/groove left of the arête.

4 *5*
SS. Arête on the right, starting at a distinct pocket.

5 *6b+*
SS. Up the middle of the wall via a hard start and a rickety flake, followed by another tough move to the top.

6 *6a+*
SS. A short grubby line left of the right arête.

BOULDER 2

The next sizeable boulder up the slope is a quality block.

7 **Square Pocket Arête** *6b* *
SS. From a pinch and obvious low edge make a long reach, then up left passing a distinct square-cut pocket.

8 **Roll Up Your Sleeves** *7a* *
SS. Start on a big edge, move left to a smaller edge on the same level and roll right hand to another edge high on the arête and finish up this.

9 **Scooped Wall** *5*
SS. From the big edge go straight up to slopers and finish up the slab above. Starting as for this but finishing along *Slide Traverse* is a tough 6a.

10 **Slide Traverse** *6a+*
SS. Starting as low as possible, traverse the sloping lip left to the arête and once again finish up this.

11 **The Slide** *2*
The easy slab and descent.

12 *6a*
SS. The short curving arête on its right side has a tough start but features some nice slopers.

13 *3*
The short arête above a rock.

14 *6a+*
SS. The smooth wall right of some rocks is tough to start but quickly eases.

15 **Lakeview Arête** *6c* *
SS. Another good arête problem, starting at an in-cut LH finger edge and poor sidepull.

BOULDER 3

The small block embedded in the hill directly above Boulder 2.

16 **Ugly Face** *6a+*
Use an unhelpful LH pocket and RH sidepull to pull up through the centre of the short face and link into the arête.

17 *4*
SS. The left-slanting lip/arête on the right side of the block.

ELEPHANT'S FOOT & MOUSE BOULDERS

Just like Jumbo himself, this colossus of a block is the main attraction and serves up a pair of absolute belters. It is easy to locate, in the gill between Boulders 1 and 2. Don't forget the peanuts! The first three problems are on the smaller Mouse boulder on which the Elephant's Foot rests.

18 **Minnie** *6a*
SS. Start sitting in the middle of the block matched on a big sloper and go straight up, tackling the slab direct.

19 **Micky** *6a*
SS. Same start as *Minnie*, but traverse rightwards and up the arête.

20 **Jerry** *6a*
SS. The short right-hand arête direct.

21 **Colonel Hathi** *8a+* ***
Start low, down to the right, on a pair of joined in-cut side-pulls. Sweep left to a good hold and then tackle a series of crux moves via a tiny crimp to gain a good side-cut hold, which in turn allows you to throw out to the lip and finish as per *Elephantopus*. One of the best of its style in the UK.

22 **Elephantopus** *7a* ***
SS. The hanging arête/lip of the boulder, starting sitting on the adjacent block. Gain a good in-cut LH edge on the face then power up for a sloper and continue up the lip on good holds before rocking on to the slab. Top class, but a few pads and a spotter make for a more enjoyable experience.

SMALL RIVER BOULDER

A small block just downstream from the Elephant's Foot boulder.

23 **Small River** *6b+*
SS. From undercuts make a hard pull to gain the top of the block, followed by a tricky mantel finish.

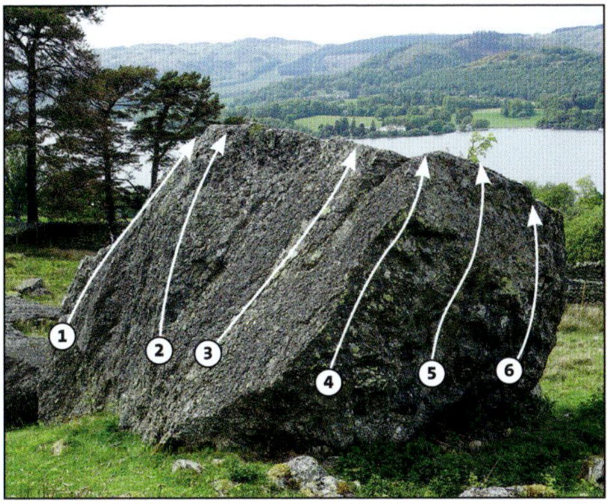
1
2
3
4
5
6

16
17

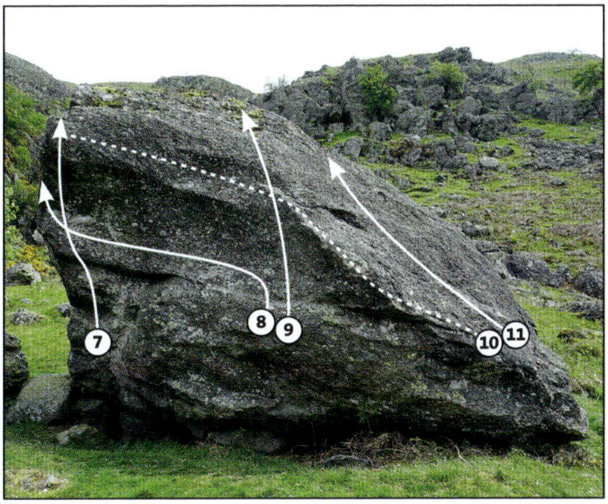
7
8
9
10
11

18
19
20
21
22

12
13
14
15

23

Carrock Fell

ASPECT: **EAST** APPROACH: **1–10 MINS**
ALTITUDE: **220M** GRID REF: **NY 354 330**
PARKING: **54.690910, -3.001479** OS MAP: **OL5**

Quietly nestling on the eastern flank of a remote North Lakes fellside is a truly magical bouldering paradise. Countless huge monoliths stand like the forgotten ruins of some ancient civilisation and they provide problems of such perfection that it is as though they were crafted solely for this purpose. We have Mother Nature to thank for this, but Man did his bit as well by building a road that runs the length of the hillside and reduces many approaches to a matter of seconds and puts the crag 15 minutes from either the M6 or the tourist fleshpot of Keswick.

The main concern of any visiting climber is finding their optimum climbing area – not as easy as it could be due to the fell's labyrinthine layout. The first port of call for any Carrock virgin is surely the Northern Group, with its tried and tested circuit of unimpeachable class. Beyond this are the many and varied delights of the upper hillside. Do not be deterred by the seemingly tricky approaches as some of the best climbing lies high on the upper slopes, and always follow the golden rule for upwards movement: stick to the scree/talus – sticky-rubber approach shoes are a big plus.

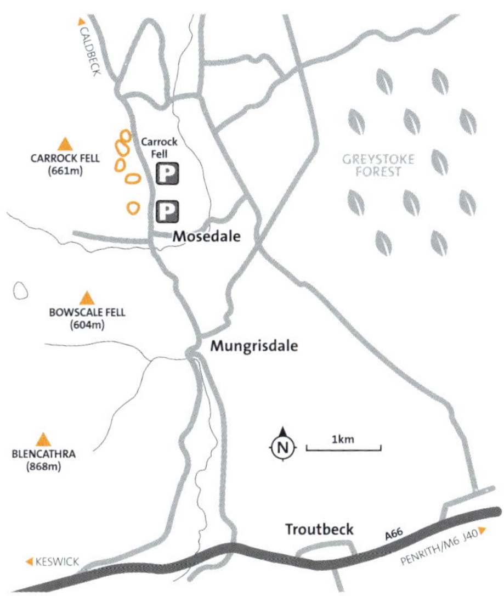

Access and Approach

From J40 of the M6 follow the A66 west towards Keswick. Just after 8 miles turn right at the junction signposted *Mungrisdale Caldbeck*. Follow this minor road to Mungrisdale (2 miles) and on towards Mosedale (3.5 miles), immediately after which the rocky inclines of Carrock Fell loom to the left.

Parking can be found along the length of the road which lies at the foot of the crag. Please be sensible and make sure your vehicle is well off the road as this is a popular little rat run and a bus route. See the map overleaf for an overview of the sectors and the best/preferred parking spots.

Conditions

Autumn, winter and early spring are the best times to visit, as during the summer months the bracken and midges may eat you alive. Good sport can sometimes be found at the Northern Group through the summer months if a stern breeze is afoot and the boulders are in the shade.

The rock is a rough, crystalline gabbro of the highest quality and there are problems of all grades. The boulders face east and as such get the sun until early afternoon. Be warned, in winter the temperature can drop sharply after the morning sun disappears. The boulders all dry very quickly after rain, although the landings of the lower blocks can become saturated after prolonged wet spells. The fastest-drying blocks are the main boulders of the Northern Group, Warm-Up Area, the Undercut Boulder and Kit's Boulder.

◀ PETE WILKINSON OPTS FOR THE DOUBLE-TOE-HOOK SEQUENCE ON THE AWESOME *TOEJAM & EARL* (PAGE 520) **PHOTO**: WILKINSON COLLECTION

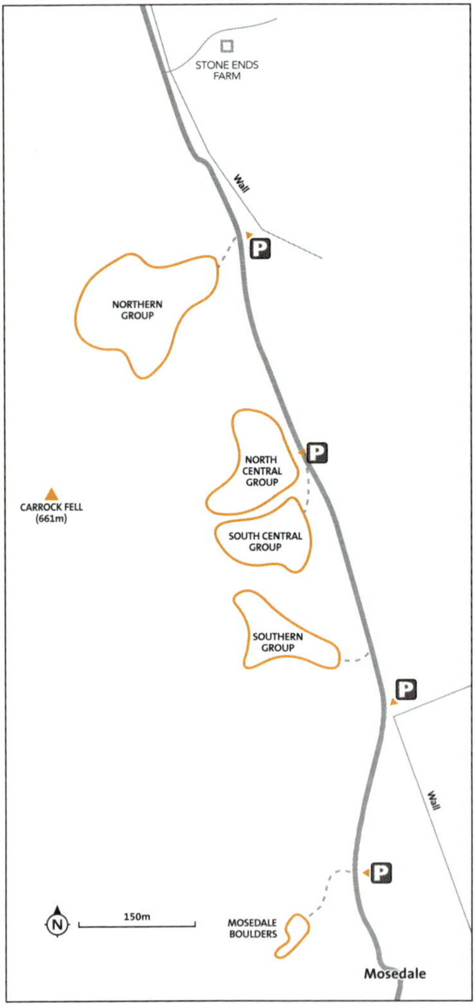

This map is a scale layout guide to the crag, showing accurate distances between sectors and the preferred parking spots. The individual boulders within the main sectors are also annotated on hillside photo-topos at the relevant points in the guide.

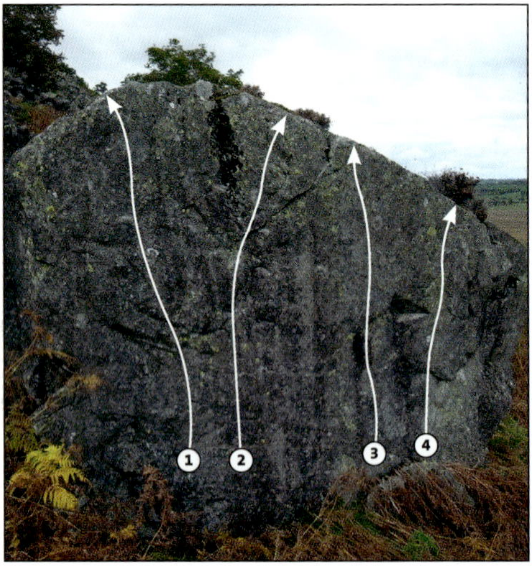

MOSEDALE BOULDERS

This small but worthwhile circuit is situated on the hill directly behind the hamlet of Mosedale and thus is the first area reached as approached. The jutting nose of the Misty Mountain Boulder can be seen from the road.

To reach the blocks park in a large grassy lay-by on the right, almost immediately after passing the last few farm buildings of Mosedale. Continue on foot across the road and veer right around the north end of a craggy outcrop opposite the lay-by. Link into a vague path and follow it diagonally up to the Misty Mountain Boulder.

MISTY MOUNTAIN BOULDER

This cool block features a steep, standout prow on its east side, while the south wall offers a contrastingly thin vertical wall.

1 **Arrowhead** ***6b***
Use small holds and an 'arrowhead' feature to climb the wall on the left.

2 **Misty Mountain Hop** ***6b*** ★
Edges up the centre of the wall; finish via the slight scoop.

3 **Bourneville Boulevard** ***6a+***
The thin wall on sharp crimps. It's all in your feet!

4 **No Block Wall** ***3+***
The wall on the right without the footblock to start.

5 **The Clay Machine-Gun** ***6c+*** ★
SS. The obvious and burly prow climbed direct, starting on the lowest possible handholds on either side.

THE AUTHOR ON *MEXICAN RUMBLE* **PHOTO: CHAPMAN COLLECTION**

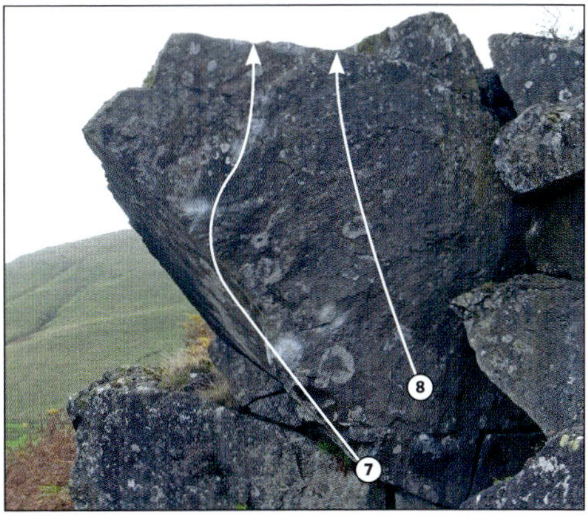

BISHOP RAGE BLOCK

The next block neighbours the Misty Mountain Boulder. The only line is on the uphill side.

6 Bishop Rage *6c*
SS. Start centrally under the roof, pull on with difficulty and climb the steep prow exiting to the right. Good.

TIJUANA BOULDER

The final block is situated 100m up the hillside.

7 Mexican Rumble *7c* *
SS. The jutting prow, starting low. Climb direct to two-thirds height before making some tricky moves to gain crimps on the right face and a committing slap for the top. The left side of the prow is *Mexican Trundle*, 7c+. Footblocks are out on both variations.

8 Tijuana Cha-cha *7a*
The sheer right wall of the block is climbed via a single awkward dynamic move to the top. Watch out for the blocks.

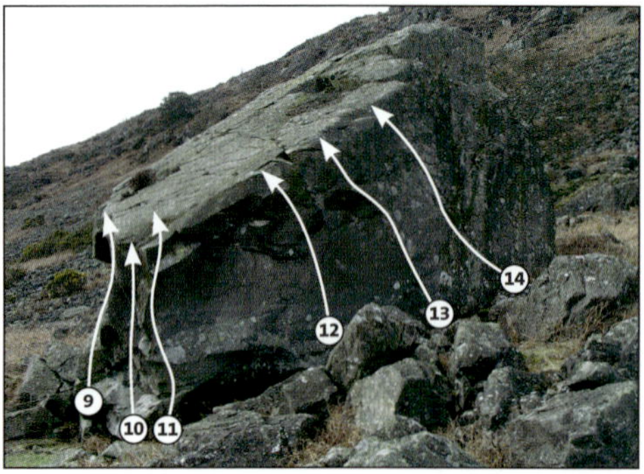

SOUTHERN GROUP

A nice selection of boulders scattered across the southern end of the main circuit. This area offers a good, varied mix of grades and styles.

KIRK STONE

The first major block seen from the road is not quite as good as it looks from a distance. That said, in *Captain Kirk* and *Buck Rogers* it offers a couple of quality problems.

9 *4*
Scooped wall, finish left or right.

10 *4*
Easy wall with a tricky finish.

11 *5*
Arête from low.

12 **Captain Kirk** *6b* ★
Climb the compact wall using a lone sidepull to holds at the lip and a committing finish. The sit-start is 6c+.

13 **Buck Rogers** *7a+* ★
SS. Pull on with a sidepull and good footholds and follow small holds on the vague diagonal rib to the top.

14 **Bucky O'Hare** *6a*
SS. From a flatty climb the diagonal line of decent holds.

LAUREL & HARDY

About 30m up the hill from the Kirk Stone is a pair of contrasting blocks offering a few good problems.

15 The Music Box ***6a*** *
The blunt, leaning arête climbed on its right-hand side.

16 Laughing Gravy ***6c+*** *
Climb the right arête starting on the right then moving into the centre of the narrow face to finish. Can be mucky, but it's well worth a brush. The sit-start is 7a+.

17 The Bohemian Girl ***3+***
Faint groove on the left side of the boulder to an easy finish.

18 Pack Up Your Troubles ***6b*** *
SS. From the little ledge follow the sloping lip up and left to the top.

19 Sons of the Desert ***5*** *
SS. Start as for the previous problem then veer right on sloping holds to the blunt arête and finish up this.

HAWTHORN BLOCK

Directly behind the Laurel & Hardy boulders is another block of a similar style.

20 Hawthorn Arête ***5***
SS. Make a tricky move up the blunt arête then follow the lip to the centre of the face before topping out.

21 ***4+***
SS. The middle of the wall.

22 ***5***
SS. The curving arête from a ledge.

OLD SPICE

This next block is situated up the hill from the Hawthorn Block: head diagonally up the scree slope bearing right, then across some foliage to a perched undercut block.

23 Old Spice ***6c+*** *
SS. A quality problem up the blunt, undercut arête on the downhill face of the boulder. Start matched on a tilted ledge and head up and right for the top using some seriously grippy slopers. Any possible footblocks are not to be used. Finishing by rocking left after the opening moves is a less-good 6b.

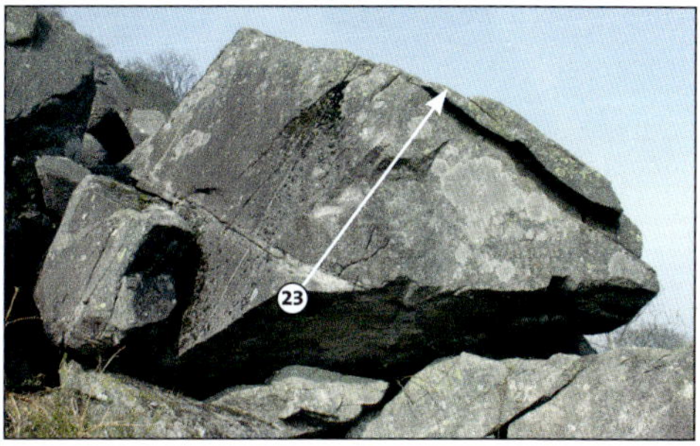

DAVE NORTON ON *BUCK ROGERS* **PHOTO: JOHN COEFIELD**

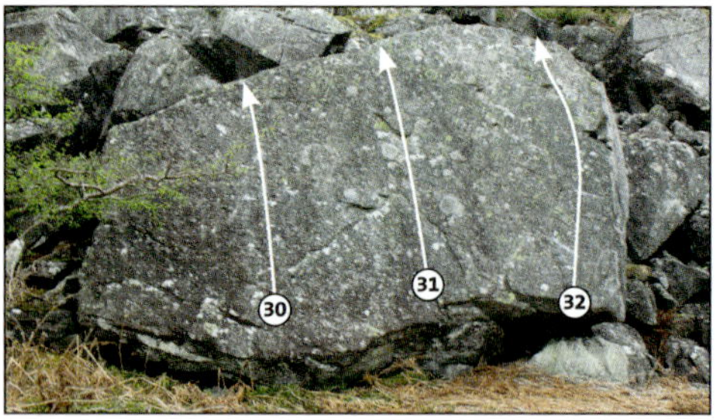

TOM NEWBERRY ON *KNIGHT RIDER* PHOTO: GREG CHAPMAN

WHALE BOULDER

This boulder is situated behind *Old Spice* and hosts a handful of reasonable problems, including the compact classic *Hi Karate*.

24 Humpback Traverse *6a*
Traverse the lip of the block from left to right.

25 Hi Karate *7b* ★
SS. From two low edges, pull on and throw to a sloper out right and then to the lip and up. *Brute* is a variant which goes straight to the lip from the start at 7c.

26 Monstro *7a+*
SS. Climb the scooped wall, bearing left near the top.

27 Whale Tail *3*
SS. Climb the uphill end of the block.

DONKEY BOULDER

Immediately right (as faced) of the Whale Boulder. A small, decent block hosting a good, rising lip climb and variation.

28 Dark Donkey *6c+*
SS. Start at the base of the lip and climb it to the top left-hand corner.

29 Dark Mule *6b+*
SS. Start as per *Dark Donkey* but after a couple of hand moves rock up the centre of the concave slab.

POISON ARROW BLOCK

A decent little wall, just above the Whale Boulder, hosting a trio of reasonable problems.

30 Ledge Left *5*
Thin wall on the left.

31 Poison Arrow *5+*
The centre of the wall passing a hollow arrow-point flake.

32 All There *6c*
SS. From matched on a diagonal edge climb the arête on its left side.

KIT'S BOULDER

This squat lump of quality offers a wealth of fine problems and pound for pound is one of Carrock's best boulders, particularly if you are after some challenges in the mid to harder grades. With its compact layout and helpful terraced landing, Kit's will keep even the best climber entertained for some time. Standout problems include *Kit's Grooved Arête*, *Terrace Wall* and *Knight Rider*.

33 Kit's Slab Left ***6c+*** ★
From a good hold on the lip climb the undercut slab. Hard.

34 Kit's Slab Right ***6c+*** ★
Climb a vague line of quartzy pockets up the right side of the slab. Another tricky undertaking!

35 Ghetto Style ***7b+*** ★
SS. Climb the blunt arête on its left side. The big footblock can be used for feet to get started and you may need to stack a pad, as the landing has lowered since it was originally climbed.

36 Knight Rider ***7c+*** ★★★
SS. A crag classic. Start as per *Ghetto Style*, then follow the lip and finish up the arête/prow on the far left of the block.

37 Hasselhoff Variation ***7c*** ★★
SS. A shortened version of *Knight Rider* which finishes up *Kit's Slab Left*.

38 Railblazer ***7c***
Start matched on the lip at the point where it starts to rise into a prow (marked on the topo). Now climb the lip rightwards, via some weird downhill moves, to the blunt arête of *Ghetto Style* and finish up this.

39 Kit's Grooved Arête ***6b*** ★★★
A quality line which tackles the undercut, grooved arête direct.

40 Losing My Feathers ***7b*** ★
A low start into *Kit's Grooved Arête*. Involves some excellent 'elevator-door-opening' style moves.

41 Come All Ye Faithful ***7b+*** ★
Climb the dark streak starting slightly to the right then moving into a central position once on the wall. A bit sharp.

42 Knight Shifts ***8a*** ★
SS. This superb and crimpy affair starts on the diagonal rail in the centre of the east face before traversing leftwards to finish up *Kit's Grooved Arête*.

43 Terrace Wall ***6a*** ★★
The superb wall on the far right of the block. Was originally harder but holds have since been excavated out right.

44 Terrace Wall SS ***7a+*** ★
SS. A sit-start coming in from down to the right provides some nice moves into the stand.

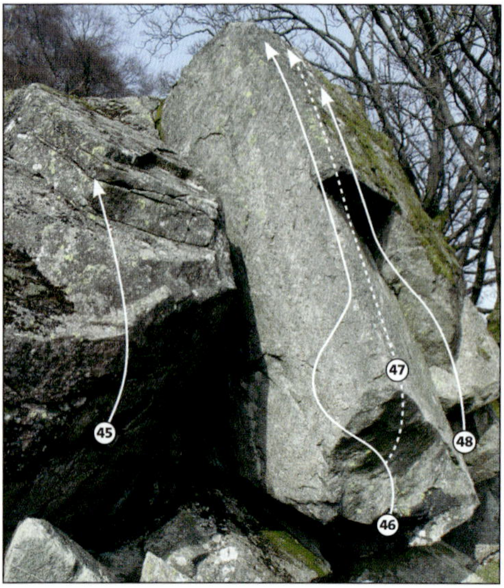

MOAI BOULDER

15m up and left of Kit's Boulder lies a large, high block featuring an eye-catching prow.

45 Hang 10 *7a*
SS. The short, steep wall is climbed via some weird technique.

46 Beebop & Rocksteady *7c* ★★
SS. Climb the imposing prow from down and right. Once established, the line can be finished up the prow/arête itself or the headwall to the right. High, but the hard climbing is low down.

47 Shredder *7b+* ★
SS. Start with your LH on the *Bebop* start hold and 'tech' your way rightwards to finish up the lichenous arête above.

48 Moai Groove *6b*
The left-slanting groove is high and features some good but usually grubby climbing.

THE AUTHOR ON *MONKEY TRUNK* **PHOTO:** ANDY HEBSON

ABSINTH BOULDER

Directly behind the Moai Boulder is a small block featuring a good face climb.

49 Absinth Makes the Heart Glow Longer *6c+*
SS. Start down to the right on edges, pull on and make your way to the middle of the wall before finishing up the centre of the face.

MONKEY TRUNK

30m south across the hillside from the Moai and Absinth boulders are three blocks in a row. The central block hosts a very good problem, while the high right-hand (dirty) slab offers a poor easy line.

50 Monkey Trunk *7b* ★
SS. Enjoyable and burly monkey-up-a-stick climbing tackling the centre of the steep prow. The block to the left is out if you can reach it. The stand-up is 6c.

ROSE BOULDER

This block is technically in the South Central cluster, however it is best reached from Kit's Boulder. From the top of Kit's walk up the hill for a few metres then contour north across the hillside for a further 90m to the block (see South Central overview, next page).

51 Algorhythm *7b* ★
SS. A fine problem up the centre of the short but immaculate undercut wall. Pull on with two good edges and make a couple of hard moves to get established then finish direct. The stand-up is 6b.

52 Rose to the Top *6b+* ★
SS. The right arête is deceptively tricky and very good.

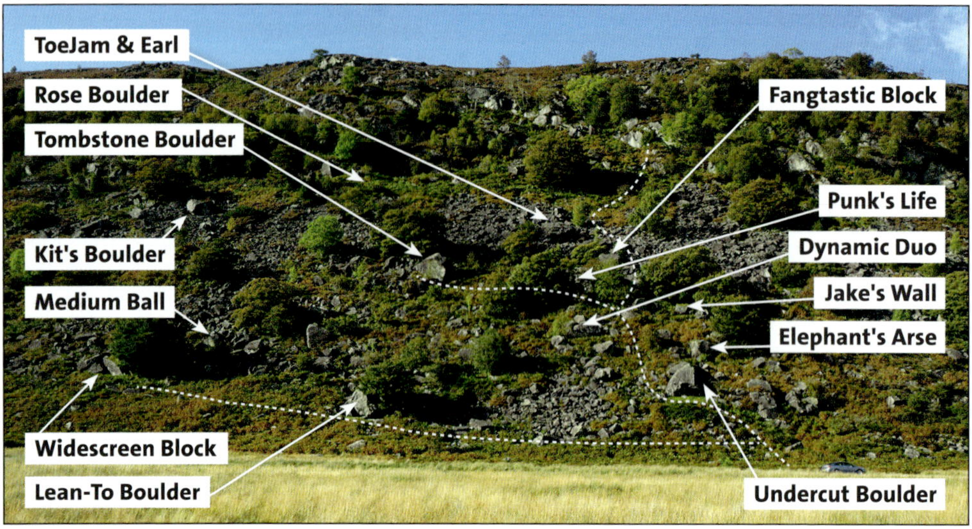

SOUTH CENTRAL GROUP

This extensive area gives a good number of varying challenges. The circuit between the Undercut Boulder and Fangtastic Block offers the best concentration of climbs, with popular classics including *Punk's Life*, *Undercut Arête*, *Hockstack & Two Broken Toothbrushes* and *No Pain, No Gain*. Some of the peripheral boulders also feature a number of the fell's best problems, in particular, *Stratosfear*, *ToeJam & Earl*, *Badger Attack* and *The Prow* are all starred classics and well worth seeking out.

WIDESCREEN BLOCK

An obvious block with a clean-cut front face, currently sporting a single problem.

53 Widescreen Entertainment *6c* ★
From the right, traverse left (without the lip) to a hard move to a sloper at halfway, after which nice moves give access to a top-out aided by a 'pancake flake'.

MEDIUM BALL BOULDER

Situated a few metres up and right (as faced) of the Widescreen Block.

54 The Quartz Streak *5+*
Climb the crystalline streak up the left side of the block.

55 Medium Ball *6a*
A reasonable problem up the crack/groove from an obvious low hold.

LEAN-TO BOULDER

A fabulous feature close to the road hosting *The Prow*, one of the best and most accessible problems on the fell.

56 Cave Route *7b+* ★
From an obvious finger edge in the cave climb out and up the front face avoiding the block to the left. A bit dabby but still very good.

57 Against the Flow *7c+/8a* ★
SS. Start at the back of the cave on LH sidepull and RH sloper. Pull on with difficulty and snatch into the central finger edge; finish up *Cave Route*.

58 The Prow *7c* ★★
SS. Start on opposing sidepulls and climb the right edge of the cave via a series of powerful and satisfying slaps up into the concave wall above and finish direct. The stand from a high LH pinch and RH sidepull is a quality 6c.

59 The Variant *7c+* ★
Starting up *The Prow* but moving left after the first move into *Cave Route* is another quality problem featuring some belting moves.

60 Lean-To *6a* ★
Climb the slabby wall on small edges to an airy finish.

61 Carcinogenic *7a*
From the right side of the block traverse left on poor footholds into the upper half of *The Prow* and finish up this.

UNDERCUT BOULDER

A good and rightly popular boulder with a half dozen quality lines, mainly on slopers and often deceptively burly.

62 **The Niche** *6c+*
SS. The amenable-looking niche is harder than it looks.

63 *6c*
SS. Hard start, easier finish.

64 **Hanging Arête** *7a*
SS. The slight arête is steep and hard to start.

65 *5+*
From a little ledge go straight up.

66 **Undercut Arête** *6c+* ★★
SS. A good hold leads to initially stout moves followed by a more technical sequence. Finishing via the previous problem is also good. Starting at problem 63 and traversing right, keeping to holds below the lip, and finishing up this problem is 7b.

67 **Ground Force** *7b*
SS. Follow the lip right then rock up the slab after 2.5m.

ELEPHANT'S ARSE

Said to be better than it looks, this slabby dome-shaped block is behind the Undercut Boulder.

68 *6a+*
SS. The blunt rib. The stand-up start (5) comes in from the left.

69 *3*
The easy (and dirty) slab.

DYNAMIC DUO: SIDEKICK

Just up and left (as faced) of the Undercut Boulder are two obvious blocks, one in front of the other. These offer a line apiece.

70 **Havoc Box** *6b*
SS. From the ground reach and match a large tilted edge. Pull on with difficulty, gain a good hold and bear left to finish.

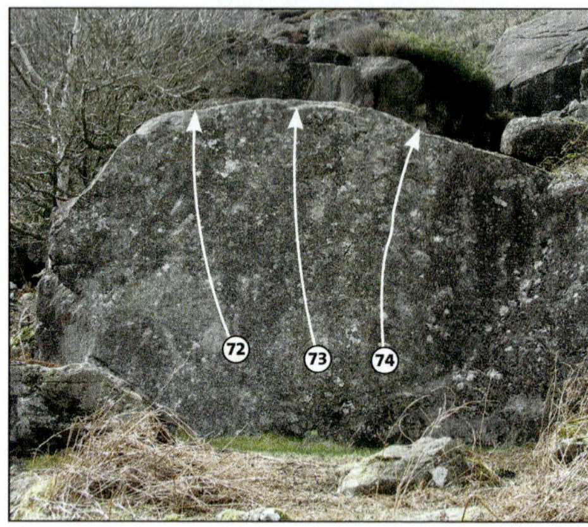

DYNAMIC DUO: SUPERHERO

The upper of the two blocks hosts an excellent problem up the undercut front face, which is both technical and powerful.

71 **The Vex Factor** *7b* ★
From a squat start matched on two sloping holds, pull on and work your way up the left side of the blunt, undercut arête. A cool but awkward problem.

JAKE'S WALL

Another popular little wall with a trio of crimpy face climbs above an excellent grassy landing.

72 **Vesicle Graffiti** *6b* ★
The left side of the wall using a mono near the top.

73 **No Pain, No Gain** *6a* ★
Use a quartz blob and small pockets to climb the central wall.

74 **Via Dolorosa** *6a*
Veer up and right on sharp crystally crimps and edges.

THE AUTHOR ON *GO BOLISTIC* (PAGE 516) **PHOTO:** JULIA ENTWISTLE

PUNK'S LIFE BOULDER

This impressive block is one of the best features at Carrock, offering a compact granite-like rock, an enclosed atmospheric position and some brilliant boulder problems.

75 Punk's Traverse *6c+*
Traverse the thin break left to right, topping out at the ledge.

76 Go Bolistic *8a* ★★
SS. Start sitting at the niche on the far left side of the wall and follows small crimps, spaced edges and poor feet up then rightwards across the face to the start of *Punk's Life*; finish up this.

76a Generation Text *7b+*
An easier alternative to *Go Bolistic*. Start on the two low edges on the left, move up right to a flatty, then gain the break via a heel and the *Punk's Life* sloper (rather than the *Punk's Life* dyno) to finally finish on the ledge up to the right.

77 Punk's Life *7a+* ★★
Step off the block, match a slopey edge and dyno to the jug in the break. Finish rocking on to the big ledge out right. Quality! *Get a Life* is the very highball direct finish heading up then left to the top. Same grade.

The right-hand side of the block hosts a couple more good problems but is prone to seepage.

78 Super Yum Yum *8a+* ★
Adam Hocking's crag testpiece is, pound for pound, one of the hardest in the Lakes. Pull on via two poor chest-height undercuts and dyno for a jug up and right.

79 Da Funk *7a+* ★
Start low on a sidepull and follow the diagonal line of edges to a good hold on the lip, just left of the foliage.

TOMBSTONE BOULDER

A massive monolith just south of Punk's Life offering great rock and good but highball climbing.

80 **Tombstone LH** *6a+* ★
A reasonable line up the left side of the face.

81 **Tombstone RH** *6a*
Right side of the wall to the capped roof, drop off here ... or it's E4.

82 *6b* ★
Traverse left from *Tombstone RH* and finish up *Tombstone LH*.

83 **North Arête** *7a* ★★
The arête on its north/right side is quality. On the left it's *Tombstone Arête* (6c+) and nearer E6 and dirty at the top.

84 **North Wall** *6c+*
Another highball up the north wall. Veer right near the top. A sit-start from the arête is 7a+.

MIKE ADAMS ON *SUPER YUM YUM* PHOTO: DAWID SKOCZYLAS

FANGTASTIC BLOCK

Directly above the Punk's Life Boulder is a large block with an impressive north face, hosting a number of quality problems.

85 Fangtastic *6c* ★★
SS. Start on the block and tackle nice moves to the lip and a tricky top-out.

86 Hockstack & Two Broken Toothbrushes *7b* ★★
SS. Start in the pit and follow easy moves diagonally up right to a big stretch/slap for a sloper, then direct to the lip and an easy but airy top-out.

87 Mr Multiverse *7c* ★
The cool prow from a low squatting start. Pull on and roll LH into a slot in the crack then RH up to a slot/gaston. Make a hard move to the big sloper then veer right around the prow and up on better holds.

87a New Verse Line *8a*
SS. Start below *Hockstack* but then follow the low crack rightwards past *Mr Multiverse* to a jug on the right of this. Then finish easily up to the right. Contrived but good.

88 The Grid *7c* ★
SS. Start as for *Hockstack* but once at the sloper match into this and move rightwards into the upper section of *Mr Multiverse* and finish up this.

89 Off the Grid *8a* ★
SS. An extension into *The Grid*. From the big hold at the base of *Fangtastic* on the bottom end of the block, traverse rightwards via tough low moves which give access to *The Grid*.

GET A GRIP & MECONIUM BOULDERS

Approximately 50m due north of the Fangtastic Block, hidden in the talus, is an open-top cave featuring a barrel-sided block, this is Get a Grip.

90 Get a Grip *8a* ★
From a squatting start, squeeze opposing sidepulls to pull on and climb the bulging right wall via slopey holds and some serious body tension.

90a Pull it Together *7c*
SS. From heinous crimps just above the slight lip head up to the top of *Get a Grip* via a cool sloper.

A few metres down the slope is an obvious roof:

91 Meconium *7c* ★
This delightfully named climb (look it up – yuk!) tackles the niched overhang direct, starting on a double-handed jug at the back. Once at the lip, glorious slopes lead to the top ... maybe wait for winter with this one.

THE AUTHOR ON HIS OWN *TOEJAM & EARL* (PAGE 520) PHOTO: CHAPMAN COLLECTION

88
87
89
86
85

90
90a

91

TOEJAM & EARL BOULDER

This superb large block directly above the Fangtastic Block features an immaculate terraced landing and some of the best and toughest climbs on the fell.

92 Funkotron *7c+/8a*
From matched on a big edge head out leftwards up the crackline. Both hard and awkward.

93 Panic on Funkotron *8b* ★
SS. Starts down in the hollow on a low RH crimp rail and a LH right-angled edge on the arête. Make a series of hard moves on poor edges to the big matchable edge, then out left via some very weird tensiony moves to a hard finish up *Funkotron*. Visually follows the crackline.

94 Lost in Space *7c*
Start LH on the big edge and RH on a sidepull/undercut and head direct up the prow via some powerful moves. Top out direct.

95 Space Bum *7c+* ★
SS. An obvious sitter to *Lost in Space*, starting with a good, high LH edge and RH on a right-angled crimp. Shorties may need doubled-up pads to reach the LH starting edge.

96 Sat in Deep Space *8a+* ★★
SS. Starts down in the hollow on a low RH crimp rail and a LH right-angled edge on the arête. Make a series of hard moves to join *Lost in Space*.

97 ToeJam & Earl *7c* ★★★
A quality, rising line, starting on the left side of the block. From a small LH crimp and RH slot-pinch, pull up and traverse rightwards passing the awesome fin feature to a tensiony finish up the far right side of the block.

98 Space Jam *8a+* ★★★
SS. Link *Space Bum* into *Toejam & Earl.*

99 Lost in Deep Space *8a+* ★
SS. *Space Bum* into *ToeJam & Earl* but finish up *Mission to Earth.*

100 Mission to Earth *6b* ★
The superb fin feature starting with hands at its base.

101 Lone Crusader *7a+* ★
SS. Directly up to the finish of *ToeJam & Earl* from sitting below a large layaway. Low in the grade.

102 Mission Control *6c+*
SS. Start at the base of *Lone Crusader* and move up then left into *Mission to Earth* to finish.

103 Cruzer *7b+*
SS. Again, start at the base of *Lone Crusader* and move up and left to the fin feature, but now traverse left, reversing *ToeJam & Earl*, to summit up *Lost in Space.*

104 Log Jam *7a*
Head up the flakes just right of the big flake, then mantel direct once at the slot on the lip via a tricky undercling.

BADGER ATTACK

Another popular problem and deservedly so. It is directly behind the ToeJam & Earl Boulder.

105 Badger Attack *7a* **
SS. From matched on the block at the back, climb the roof taking as direct a line as is possible.

STRATOSFEAR BOULDER

High on the hill, but easily reached from Badger Attack, is a classic highball with a good landing. This is absolutely brilliant and well worth the effort!

106 Stratosfear *6c* **
Tackle the big prow/arête on its left side. Big initial holds quickly lead to half height where a committing step up on poorer edges leads to some 'thank God!' jugs.

EMBRACE FOR IMPACT

Just below Stratosfear is a green-tinged column on the same level as the Mile High Wall (page 526) with a single good problem.

107 Embrace for Impact *7a+* *
SS. Start centrally but move left to gain the arête at half height and use this to reach the top on the block.

MANTA FORCE

Twenty metres south of Stratosfear, on a similar level, is a pair of neighbouring blocks leaning against one another and featuring two reasonable climbs.

108 Starcom *6c*
SS. Tackle the slopey left arête from two sidepulls, pull on and monkey your way to a large flat hold on the left before moving back right to gain the top via a long reach.

109 Manta Force *7a+*
SS. Start in the cave with a LH undercut and RH on the lip. Pull on and slap up to the LH arête in the cave, moving to the apex of this before slapping up right to a big pinch and again for the jug in the crack. Top out on good holds.

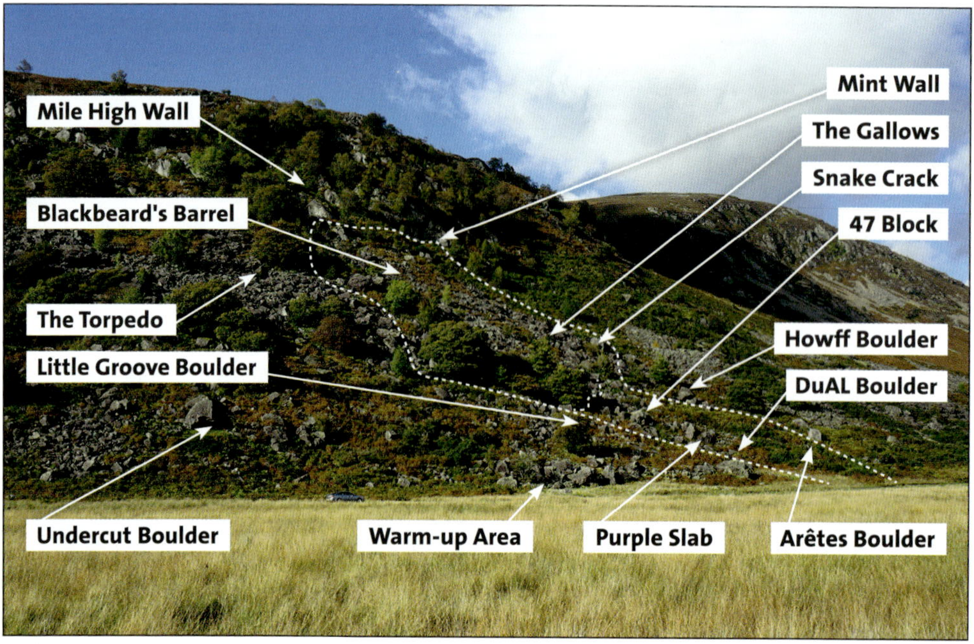

NORTH CENTRAL GROUP

Another varied sector, the North Central Group offers a range of grades and styles of climbing. The lower blocks offer generally easier problems over a more concentrated circuit, while as you move up the hillside the problems become more spread out but generally harder and in many cases better. Sector classics are numerous but the most popular offerings include *Little Groove*, *The Sound of One Al Slapping*, *47*, *Punch Your Weight*, *Sing a Rainbow* and *Peppermint Jam*. The Arêtes Boulder also offers a handful of excellent easier climbs.

WARM-UP AREA

This well-frequented little area is right next to the road, has excellent landings and for the most part the lines are quite short, making it ideal for kids or beginners. The jumble hosts half a dozen decent problems (listed below) as well as a number of smaller lines and variations which you are left to discover for yourself. The landing can be very wet after rain.

110 Needle Arête *4* *
SS. The left arête of the pointy block.

111 Stiff Upper Lip *6b* *
SS. Climb the slopey lip.

112 *5*
Traverse the clean squat block from left to right, keeping at half height all the way.

113 White Streak *6a+*
SS. Climb the white steak left of centre. Tough to start.

114 Frustration Slab *5* *
Technical slab.

115 La'al Cave *6b*
SS. 5m right of *Frustration Slab* is a small cave facing the road. Sit-start and pull through the cave to better holds and top out.

DUAL BOULDER

This appealing little block has good landings and is next to the road. The traverse is a great warm-up and there are also numerous very easy straight-ups on the left side.

116 The Sound of One Al Slapping *6a+* *
Traverse from the far left to right, keeping to the lip of the block all the way. The reverse is 6b.

117 Babalu *7a*
SS. Use an undercut and the crack to climb direct off a flat block.

PURPLE SLAB

The well-brushed slab, near the road, offers good rock and unparalleled friction.

118 Slab Left ***6a***
Up the left side of the slab.

119 Purple Slab ***6c*** *
The centre of the slab is hard to start and good. The sitter is 7a.

120 TC's Arête ***7a*** *
Climb the bulging arête from a squatting start. Hard!

47 BLOCK

A quality little column-like block providing a single, neat problem.

121 47 ***6c+*** *
SS. Climb the centre right of the narrow wall on superb rock. Getting established is the crux. Another toughy.

LITTLE GROOVE BOULDER

A cracking little block above the Warm-up Area, with fine problems, good landings and great rock.

122 Little Groove ***6b*** *
SS. Use the tilted edge to climb the faint grooveline.

123 Groove Right ***6b*** *
SS. Start as for *Little Groove* but rock right then up.

124 Little Arête ***6c+*** *
SS. The short arête into the lip; finish along this.

125 ***6a***
SS. Climb the centre of the right-hand slab.

126 Lip Traverse ***7a*** *
SS. A decent slopey right-to-left lip traverse, starting on the far right.

TOBLERONE BLOCK

The slightly weird jutting block directly above the 47 Block offers a meaty little tussle.

127 Toblerone Tussle ***7b*** *
SS. Start RH on the obvious sidepull at the back of the roof and LH on a hold just below the lip out left; now pull on and tackle the prow direct, heading for the apex of the block. Starting matched on the sidepull makes for a tougher problem (7c) but is very dabby for all but the very short.

ARÊTES BOULDER

Situated just north of the Purple Slab, this is a great block for technical low-grade problems.

128 Left Arête ***6b*** *
SS. The clean-cut arête tackled direct is a technical proposition.

129 Left Wall ***6c*** *
Another technical little number up the crimpy wall just left of centre.

130 Right Arête ***4+***
SS. A bottom-heavy problem, with a hard start and easy finish.

131 Right Wall ***6a***
SS. The middle of the wall on the north end of the block.

THE BASTARD

A nifty block just behind the Arêtes Boulder, featuring one good face with some nice slopes.

132 Bastard Traverse ***6b*** *
SS. Starting on the left, traverse right keeping low and finish up the slab.

133 ***6b***
SS. The left side on slopers.

134 The Bastard *6b*
The right-hand side of the face to the apex of the block via a blunt arête.

HOWFF BOULDER
This easily visible boulder leans against a smaller block making a mini cave feature.

135 Howff Roof *6c+* ★
SS. Span from the big starting hold to a good flake below the lip. Pull straight over from this using advanced mantel technique or brute force. Following the lip rightwards to an easier top-out is 6b.

136 Howff Arête *6c*
SS. Start as for *Howff Roof* but instead climb the vague arête.

SNAKE CRACK BOULDER
This large boulder is located on the hillside directly behind the Howff Boulder.

137 Snake Face *4*
The centre of the big face is a good climb and will improve with traffic.

138 Snake Crack *6a*
A worthwhile eliminate using only holds in the crack.

There is another large block to the rear of Snake Crack, however it has a poor landing.

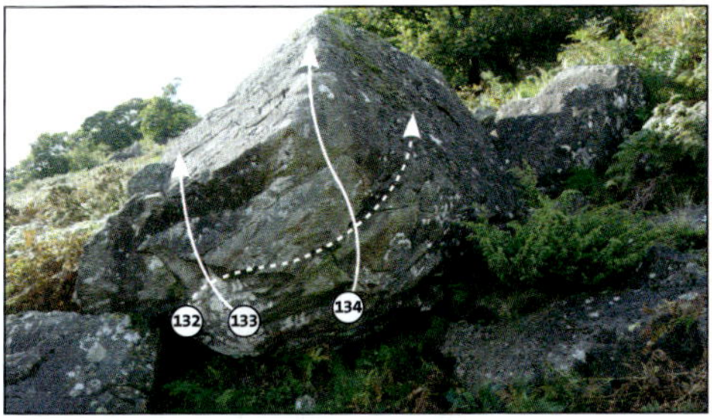

THE GALLOWS
This steep, ominous block gives a single problem through the hanging roof and is not for the faint of heart. Best reached from the Little Groove Boulder.

139 The Man They Couldn't Hang *6c* ★
Relatively easy, yet committing, this infamous features draws the eye. From the slab on the left reach up for a jug just below the lip and commit to a very airy top-out.

MICHAEL KENYON ON *GROOVE RIGHT* **PHOTO:** RON KENYON

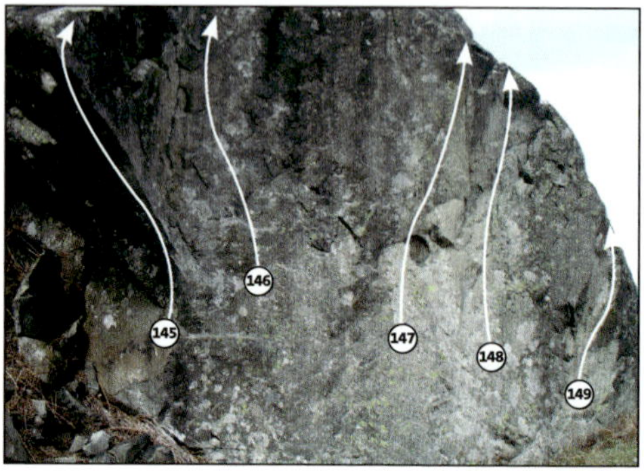

BLACKBEARD'S BARREL

Directly above The Gallows (80m) lies a nice block with a good landing. Both problems are very good.

140 Pull Your Weight ***6c+*** ★
Climb the bulging wall on small holds to the left side of the face. Start from a crimp and sidepull.

141 Punch Your Weight ***7a+*** ★★
SS. From a large, curved edge slap up to a sloper out right and finish direct. A bit spooky at the top.

THE TORPEDO

80m up and left of Blackbeard's Barrel is a small but obvious block jutting out of an open area of scree and fronted by a cleared, flattened area.

142 The Juice ***6c+***
From low, hug the front of the block, throw on a heel and head up the central ridge to the top.

143 Flame On ***7c***
SS. Match a low edge on the right side of the block and gain the sloping ramp above; use this to reach the top.

MILE HIGH WALL

An impressive wall perched aloft the hillside providing a pleasant grassy landing and stunning views. *Sing a Rainbow* is the standout climb.

144 The Golden Man ***7b*** ★★
A superb highball which climbs the proud arête/prow a few metres up and left of *Sing a Rainbow*.

145 Sing a Rainbow ***6c+*** ★★★
SS. Start sitting and work your way out on to the hanging prow, to eventually make a cool move to the nose then up the lip to an airy finish.

146 I Can, I Can't ***6c+*** ★★
The shallow groove is technical and very good.

147 The Mile High Guy ***7a*** ★
No longer climbed direct due to hold breakage. Trending slightly right then up via a dyno is the new method.

148 I Can See For Miles ***6a+*** ★
The shallow groove trending right eases near the top.

149 Slow Children & Animals ***5+***
SS. Climb the right-leaning groove on layaways.

LUCKY CHARMS

A neat little block directly below the Mile High Wall.

150 Lucky Charms ***7a***
SS. From two low holds climb the short arête direct.

FRUIT PASTILLES WALL

Situated between the Mile High Wall and Mint Wall is a quality wall with a not-so-great landing.

151 Sours ***6b***
SS. The left-hand crack direct.

152 Rowantrees Fruit Pastilles ***6c+***
SS. The centre of the wall with a committing last move.

MINT WALL

This excellent green-tinged wall resides within the upper escarpment and, thanks to a capping roof, it rarely gets wet. All climbs finish at a high jug from which you drop off.

153 Orison ***7a*** ★
The centre of the wall from an obvious edge. Finish via a cool rockover to a hidden jug up and left.

154 Peppermint Jam ***7c*** ★★
SS. Up the right side of the fine wall on edges to a tricky deadpoint, now bear left to a final big rockover to gain a pinch and large hidden jug. The stand start (7b) is also good.

155 Mint Royale ***7c+/8a*** ★★
SS. Start per *Peppermint Jam* but traverse left to gain a good edge in the centre of the wall followed by a tricky dyno to a big hold at the top of the vertical crack before finishing at the big jug above.

155a Mint Direct ***7b*** ★
SS. Start left of centre on a good low sidepull and RH crimp. Making a dyanamic move for the central edge and finish as for *Mint Royale*.

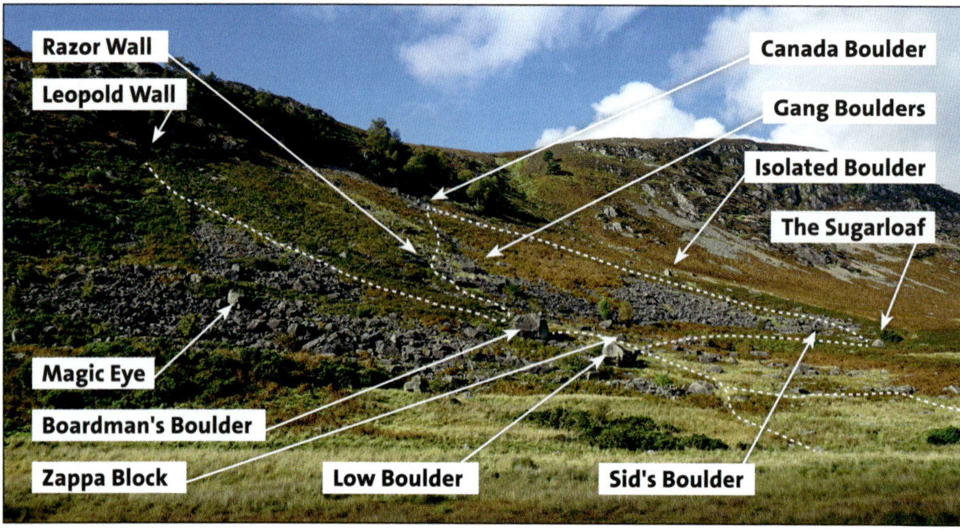

NORTHERN GROUP

The most frequented sector at Carrock, the Northern Group hosts the ever-popular Big Three (Low, Mushroom and Boardman's boulders), a trio of large blocks offering great rock, roadside access and generally good landings. As mentioned in the introduction, if you visit in summer this is probably going to be your best bet as there is little or no bracken and the lower part of the sector catches the most breeze. In spite of the obvious quality of the Big Three, two of the best lines at both this sector, and Carrock as a whole, are situated up on the hillside above Boardman's. Indeed, *Leopold von Buch* and *Nova Scotia Arête* are climbs of such impeccable quality that they would be classics anywhere.

LOW BOULDER: EAST & NORTH FACES

The lowest of the Big Three offers a superb variety of problems having faces which are steep, slabby and vertical. As well as diversity of angle, it also offers a good quantity of challenges.

156 The Nose ***7a+*** ******
SS. From the flat hold in the roof to the lip then left up the slopey arête.

157 The Nose Low ***7b*** *****
SS. A hard low start from holds below the flat edge. Good but dabby.

158 ***6b***
SS. As per *The Nose* to the lip, then direct.

159 ***6b***
SS. As per *The Nose* then traverse into *McHaffie's Crack*.

160 McHaffie's Crack ***7b+*** *****
SS. Make a hard move to a good hold then finish left or direct.

161 High Flyer ***6c+*** *****
SS. The fine, steep prow is tough but not quite as hard as it looks.

162 Ye of Little Faith ***7a*** ******
SS. Start matched on a slopey shelf and climb direct. The stand-up alone is a brilliant rockover at 6a.

163 Gift of the Gabbro ***6c*** *****
SS. A similar but easier version of the previous line, started just left of a block. The stand-up is a good 4+. *Low Flyer* (7c) is a fun eliminate which starts as for *Gift of the Gabbro* and follows the ramp feature and anything below it left into *High Flyer*.

164 ***6c+***
SS. Follow the slopey ramp to the blunt ridge, rock up and finish direct.

165 Lip Traverse ***7b*** *****
Start on the lip above the left side of the small cave and traverse right, trending up, all the way to the apex of the block.

166 The Full Lip Traverse ***7b+*** ******
SS. A wonderful slope-fest linking the previous two problems together for an epic test of open-handed stamina.

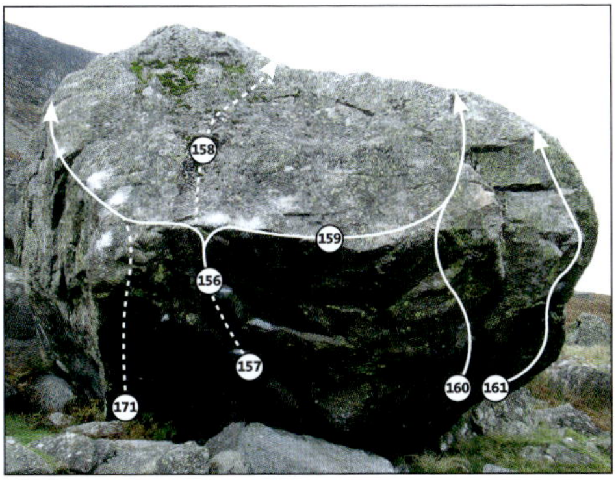

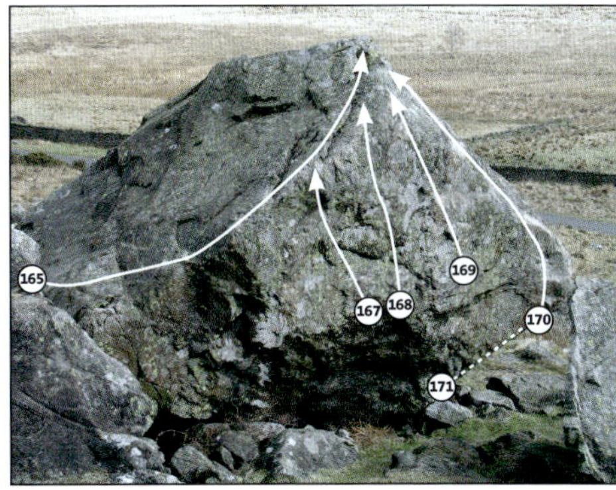

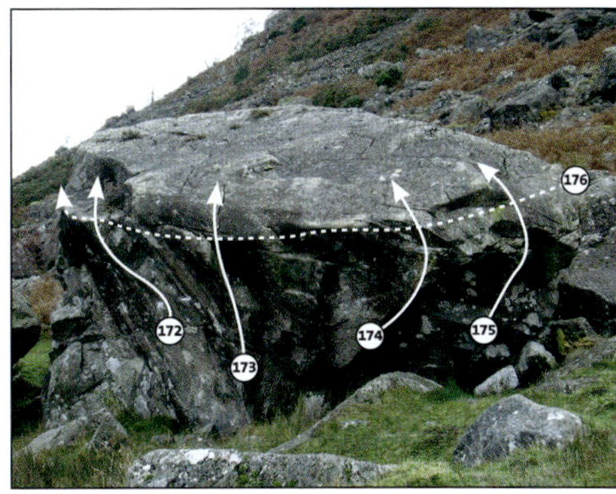

LOW BOULDER: SOUTH FACE

167 *6a+*
Short line left of centre. Starting up this and traversing the wall right is a good 6c.

168 *6a*
The centre of the wall to the apex.

169 *6b*
Up the right side of the wall.

170 Slopey Arête *7a* ★★
SS. Start RH on a small positive hold under the lip to the right and LH on a sloping edge. Pull on and veer up the lip on brilliant slopers. Low in the grade.

171 Slopey Prow *8a* ★
SS. From very low, squeeze your way up the vague prow into the upper section of *Slopey Arête*.

MUSHROOM BOULDER

A stumpy boulder neighbouring the Low Boulder, offering some good little problems and traverses.

172 *6a*
From a squat start climb the short wall on edges direct ... or campus it at 6c+.

173 *6b*
SS. A tricky opening move leads through flakes to a slopey top-out.

174 *6a+*
SS. Blunt arête bearing right.

175 *6a*
SS. The hanging corner.

176 Mushroom *6b* ★
Start on the far right of the block and traverse the lower lip right to left. The reverse is a bit harder.

BOARDMAN'S BOULDER

This big magnificent block is an obvious attraction and is packed to the gunnels with quality boulder problems.

177 *5*
Start up the far left side and traverse right (above the lip) to finish up problem 182.

178 *7a* ★
Again, start on the far left but this time stay low and follow the lip to a good hold on problem 182 then up.

179 *6a*
Into a thin crack then up and left.

180 *7a*
SS. Pocket and side-cut to pull on, bust up to the lip, then direct. The stand is 5+.

181 *7b*
SS. An obvious eliminate: from low, follow the crack only to the lip then up problem 180.

182 *7a*
SS. Slap to a jug then straight up.

183 Boardman's Arête *6c+* ★★★
SS. This eponymous corker climbs the overhanging arête from down to the left. The stand is 6a+. Superb climbing!

184 Boardman's RH *6c+* ★★★
The wall to the right of the arête on well-brushed holds.

185 Rouse's Wall *6c+* ★★★
Gain the hanging crack from undercuts then press on to a high finish.

186 Rouse's RH *7a+* ★
Start 1.5m left of the arête and climb direct to just below the top before veering right to finish.

187 *7a+*
Traverse the low break leftwards into *Boardman's RH*.

BOARDMAN'S BOULDER: BACKSIDE

The rear of the block may not be quite as impressive as the front but it still hosts a trio of class lines.

188 Fast Cars & Camper Vans *7a* ★★
SS. Nick Halbert's classy mid-grade testpiece. From good holds way down to the left, follow the sloping lip up right to a hanging ledge and top out here. Hard, but well worth the effort.

189 Dan's Wall *7b* ★
Climb the centre of the superb rough wall above a terraced landing.

190 Metronome *8a* ★★
SS. An excellent hard sit-start into *Dan's Wall*, starting centrally. The complete line.

NEIL KERSHAW ON *SING A RAINBOW* (PAGE 526). PHOTO: GREG CHAPMAN

SITTING BOULDER

A small satellite block situated 80m due south of the Low Boulder. Clean, and with a good landing, its trio of problems are worth a look.

191 Sitting Block Direct *6a+*
SS. Blast up the front of the block on good rock.

192 Lazy Boy *7b*
SS. Start under the small roof on good edges. From here pull up to a poor sloper and pinch, then climb up via a small finger-crack and improving slopers to the top.

193 Are You Sitting Comfortably? *6a*
SS. From sitting on a block under the right end, follow the lip leftwards and finish sitting on a block at the extreme LH side. The start needs a brush.

THE AUTHOR SAMPLING HIS OWN PROBLEM, *LEOPOLD VON BUCH*
PHOTO: PAUL CRAVEN

MAGIC EYE BOULDER

Above the Sitting Boulder is a smart, sizeable boulder seemingly omitted from previous guides. It offers two decent problems only a stone's throw from the Big Three.

194 Magic Eye *7a* ★
SS. Start matched on an edge to the right, pull on and make some tricky moves into the centre of the wall before heading up to the break and then the top.

195 Up & Over *4+*
SS. A neat little problem; start matched on an edge then straight up on good holds.

LEOPOLD WALL

This deceptively steep wall is located on the hillside directly above Boardman's Boulder. Despite the harshly inclined approach it's well worth the effort. Worth combining with the Canada Boulder (page 536) as they're on about the same level.

196 Leopold von Buch *7c* ★★★
Starting just left of centre, pull on and deadpoint up for a small crimp, sort your feet and make a difficult snatch to an obvious gaston. Gain the ramp and a small spike hold before heading to a jug over the lip. Mega!

196a Leopold Low *8a+*
Start RH on left-hand start hold of *Home* and LH on small low pinch. Move left into the original and finish up this.

197 Home *8b* ★
From matched on two chest-high half-moon opposing crimps head straight up the dark streak for the ramp via hard tick-tacking and one big move. Top out centrally.

WIDOW MAKER

A highball recorded if only for historical reasons. It is the obvious high slab situated 15m up and left (as faced) of Leopold Wall.

198 Widow Maker *6a+*
Climb the centre of the high slab veering slightly right near the top. Would be a classic if not for its shockingly bad landing. Probably more like E4.

DAVE NORTON ON *ROUSE'S WALL* (PAGE 531) | **PHOTO:** JOHN COEFIELD

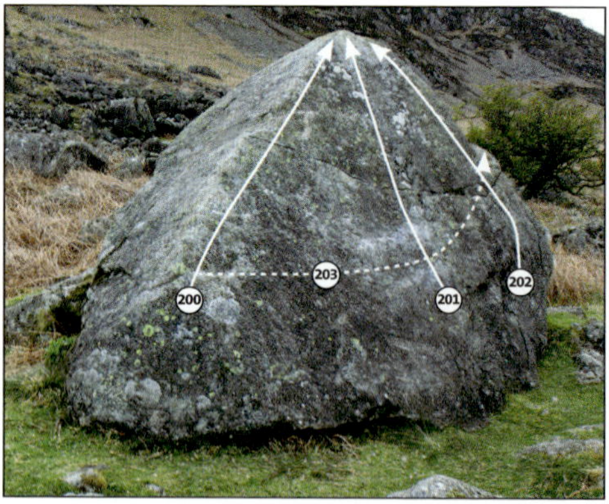

NORTHERN GROUP: FAR NORTH CIRCUIT

Another popular circuit, ideal for beginners, kids or those with no pad. Most of the boulders/problems are short, with the standout exception being the truly brilliant Canada Boulder. See overview topo on page 528.

ZAPPA BLOCK

About 40m from Boardman's Boulder lies a single squared-off block with a notched corner.

199 Crystals Ripped My Flesh *6a*
SS. A splendid little problem through the tiny hanging corner. As you may have guessed, it's quite rough.

THE SUGARLOAF

An immensely popular little boulder featuring great rock and possibly the world's easiest arête!

200 Left Arête *2*
The left arête is something of a path but offers great rock and friction.

201 Slab Central *3+* *
The centre of the slab.

202 Right Arête *3*
The right arête is a bit trickier than the left ... but not much.

203 Sugarloaf *5+*
A good traverse for honing the footwork: start at the left arête and traverse right keeping just off the deck to finish up problem 205.

204 *6a+*
SS. Use the blunt arête then crack to reach the top.

205 *6b* *
SS. Reach a flake with difficulty, then the blunt arête to finish.

SID'S BOULDER

Just up from the Sugarloaf is a very low block.

206 Sid *5*
SS. If Carlsberg made boulder problems they wouldn't be anything like this!

THE CUBE

This is behind Sid's Boulder near a hawthorn tree.

207 *6a* *
SS. The upper end of the block via one pull and a mantel. The stand is 4+.

208 *6a*
The short wall left of the arête.

209 Cube *5+*
Traverse the entirety of the lip, starting at any point.

LITTLE BRO

Above the Cube is another block sporting one good problem at the upper end. This problem is the best offered by this trio of small blocks.

210 Little Bro *6c* *
SS. From the lip climb out of the small cave and up the blunt arête. A short but quality problem.

ISOLATED BOULDER

This block sits in plain view on the hill about 130m above *Little Bro*.

211 Lichen Wall *4+*
The centre of the wall bearing left near the top.

212 Lichen Arête *4+* *
The right arête is good and offers a scenic position.

CANADA BOULDER

One of the best blocks at Carrock. With near-perfect dimensions and landings this block is a must for all visitors to the Northern Group – *Canada Dry* and *Nova Scotia Arête* are absolute classics. It's worth hitting Leopold Wall from here or vice versa as they are on a similar level and this makes the most of walking up the hill.

213 *4+* *

The clean, angular arête is superb. Can also be done from sitting at 5+.

214 Al's Wall *6a+*

The left side of the wall without using holds on the arête.

215 Canada Dry *6c+* **

The central slabby wall. Probably the hardest line on the block.

216 Nova Scotia Arête *6c+* ***

SS. Tackle the striking arête as direct as is possible. Awesome!

GANG ONE BOULDER

150m downhill from the Canada Boulder are four boulders in a vaguely square layout. This is the top right block and the best of the bunch.

217 *4*

Climb the thin rising crackline to the centre of the face then top out.

218 *4+*

The left side of the face climbed direct.

219 *4+*

Climb the centre left of the main face on good holds.

220 Popping with Conviction *6b+* *

Climb the blunt arête on sloping holds, keeping as direct as possible and without the use of the crack out left.

221 *6c* *

Start as for *Popping with Conviction*, then bear right on more sloping holds to finish up the right side of the blunt arête.

GANG TWO: RAZOR WALL

A low wall with a good landing 25m left of the Gang One Boulder.

222 Razor Wall *6a+*

Stay low and traverse the wall left to right on small crimps.

223 *5*

Straight up the left side of the wall via slots and crimps.

GANG THREE & FOUR

The Gang Three and Four boulders are very short and pretty dirty and as such we have omitted the pair of mediocre lines on these two blocks.

PETE WILKINSON MID-FLOW ON THE UNMISSABLE *NOVA SCOTIA ARETE* **PHOTO: WILKINSON COLLECTION**

EDEN VALLEY

SANDY BAY, ARMATHWAITE **PHOTO**: PETE GUNN ▶

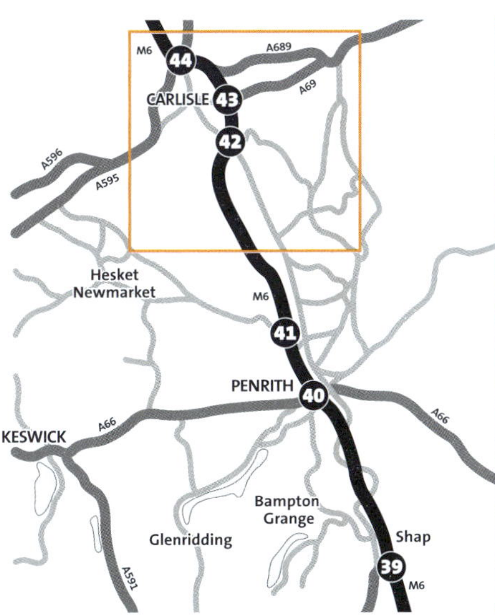
M6
44
A689
CARLISLE
43
A69
42
A596
A595
Hesket
Newmarket
M6
41
PENRITH
40
A66
KESWICK
A66
Bampton
Grange
Glenridding
Shap
39
M6
A591

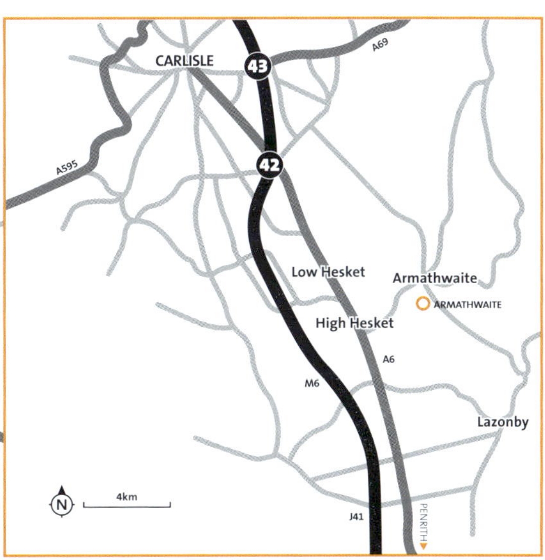
CARLISLE
43
A69
A595
42
Low Hesket
Armathwaite
ARMATHWAITE
High Hesket
A6
M6
Lazonby
N
4km
J41
PENRITH

ALPKIT

Armathwaite

ASPECT: **SOUTH-WEST** APPROACH: **6–12 MINS**
ALTITUDE: **120M** GRID REF: **NY 504 452**
PARKING: **54.806403, -2.767207** OS MAP: **OL5**

Situated in the Eden Valley just north of Penrith and a short hop from the M6, the compact sectors of this serene little sandstone venue pack in plenty and provide a superb, family friendly location in an idyllic setting.

The crags dotted alongside the River Eden, in close proximity to the village of Armathwaite, have historically been a testing ground for some of the Lakes' best climbers. The likes of Lamb, Botterill and Whillance regularly graced this little-known arena, spending hours training at Sandy Bay and goading each other into harder and bolder ascents across these tree-shrouded sandstone canvases. The time they spent here no doubt helped equip them for some of their more renowned and historically important first ascents. More recently Pete Gunn has been the driving force behind further development, freeing lines and plugging gaps.

While a trad-climbing destination for the most part, the bouldering sectors provide excellent sport which is often both butch and technical in nature. The most extensive and popular sector is that of Sandy Bay, a lovely riverside spot which provides easy access, shelter from the elements, evening sun and great landings.

Access and Approach

From the M6 access the A6 at J41 and head north towards High Hesket. After just over six miles and immediately before entering High Hesket a right turn is signed to Armathwaite, which is a little over two miles down this road. Once in the village bear right at the Dukes Head pub and park just over the bridge near the Fox and Pheasant Inn (do not use the pub's car park).

For Sandy Bay (and Hetherington Bay, Split Boulder and The Slab): head down to the riverside path via a swing gate on the north side of the bridge. Follow the main path south without deviation for around 800 metres to a fork, above a section of rapids and a natural weir. Take the left-hand fork and after a further 200 metres drop down a steep rocky path to the beach at Sandy Bay.

For the Coombs Cave parking and approach information, see page 546.

Conditions

The rock on offer at the described sectors is generally superbly solid and dries quickly after rain. As with St Bees Head, this location is often afforded better (or at least varying) weather to that of the more mountainous terrain of the central Lakes. Premium conditions are best found around spring and autumn.

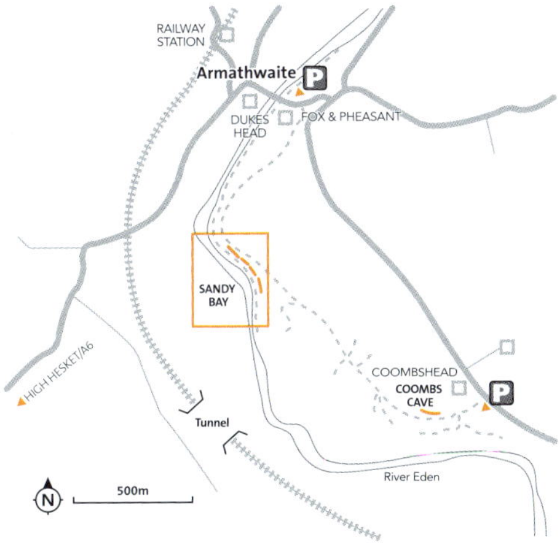

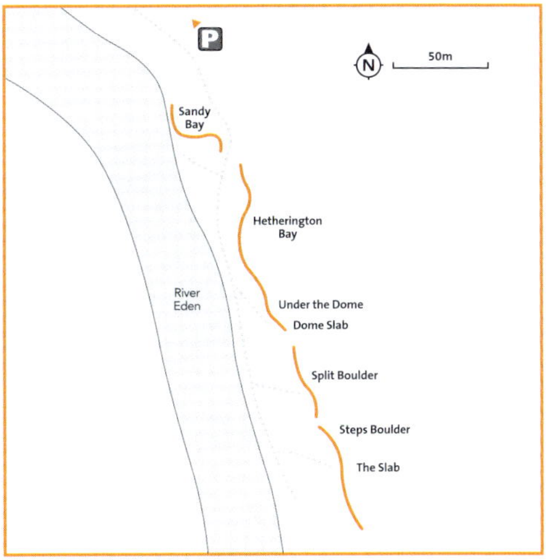

◀ PETE GUNN ON *JEFF'S WALL* (PAGE 543) **PHOTO**: DAVINA MOUAT

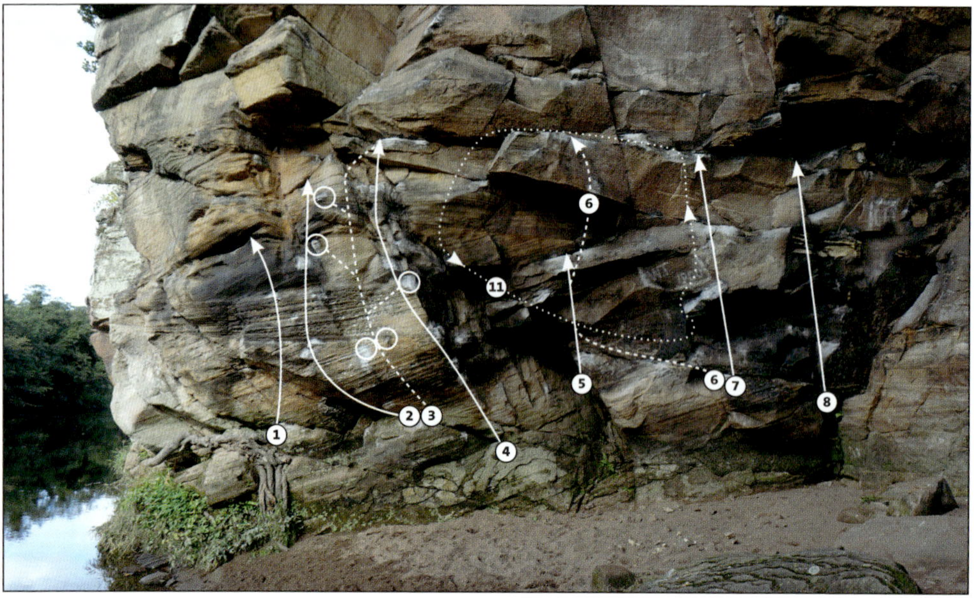

SANDY BAY AREA
SANDY BAY

1 Root Line *6b+*
From good holds just right of a bunch of tree roots head straight up to positive edges with long reaches between them to a finish at a juggy slot. For the approved tick, keep direct – no veering right into *The Runnel*.

2 The Runnel *6b+* ★★
Start in the big slot below the bulge and traverse left for 1m, then head up using holds in or to the left of the runnel.

3 The Great Unclimbed *7a+* ★
A defined yet quality local testpiece which again starts in the big low slot before heading through the bulge using only the circled holds to finish on a good hold up and right of the top of the runnel.

4 The Arête *7a* ★
SS. The steep, jutting arête starts in a good low pocket 50cm below the carved letters 'IV' and sticks to the obvious line of holds to a high jug a couple of metres above where the arête itself peters out.

5 Armathwaite Dyno *6c* ★
Start matched on a good hold on the right side of the niche and dyno to a good edge just below a small ledge. The same dyno but going two-handed is *The Double Dyno* – 7a.

6 The Overlap *6c+* ★
From a deep slot traverse left along the seam to another good hold then head straight up to a small juggy ledge, before executing a final tough move around the capping overlap via a crimp.

7 Blue Lugs Low *6a+* ★
From low, head to a juggy ledge via a diagonal two-handed edge then up again to the next good breakline.

8 The Exorcist Low *6a*
SS. Climb the crack from a sitter using the ramp for feet.

9 Left to Right Traverse *6c*
Start at *Root Line* and follow a gradually rising line to finish at the top of *The Exorcist Low*.

10 Right to Left Traverse *6c*
Start at *The Exorcist Low* and follow a low line to the start of *The Runnel* and finish up this.

11 The Pump Loop *6c*
Starts up *Blue Lugs Low*. See photo topo.

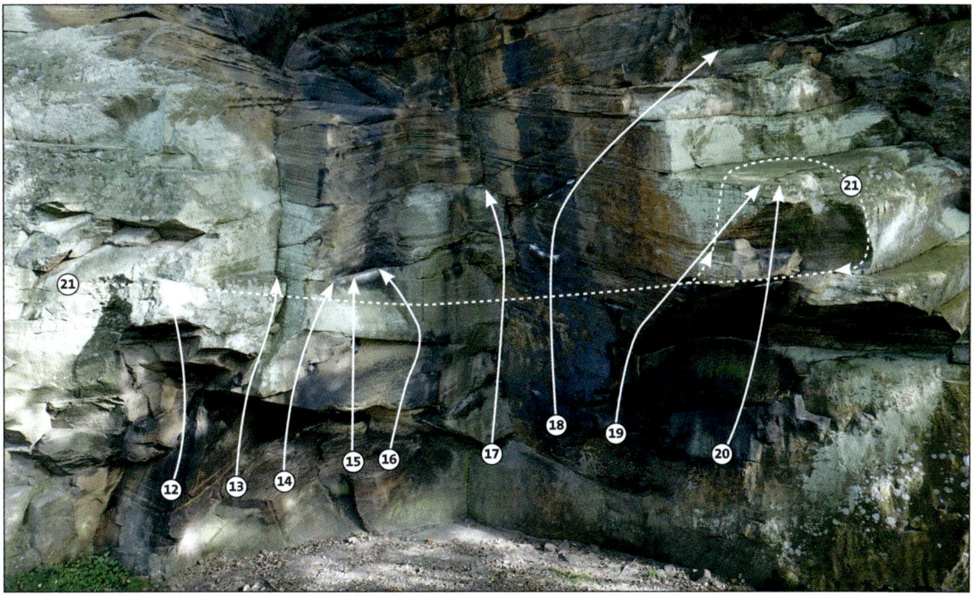

HETHERINGTON BAY

50m south of Sandy Bay lies a well-chalked bay, directly above the path and to the left of the huge complexities of the Central Buttress. This neat little sector hosts some fine traverses, and the starts to many of the routes make great problems in their own right. The standout climb is *Jeff's Wall*, a feisty highball and one of the most sought-after climbs at the crag.

12 Mini Roof *5+*
The slabby rib to the pale overlap.

13 Indian's Revenge Start *5+*
Over the overlap and up to a small, sloping ledge in the hanging groove.

14 Roof Left-Hand *6a+*
From low to the left climb the roof and veer gradually right to a sloping ledge.

15 Roof Middle *6c*
Again from low, climb the central line through the small roof to the sloping ledge.

16 Roof Right-Hand *6a*
The right side of the small roof up to the sloping ledge.

17 Joe Soap's Start *4*
The corner to good holds at a small ledge.

18 Jeff's Wall *6c* ★★★
The superb highball wall, right of the corner. Climb crimps to a diagonal crack and follow this rightwards to a ledge. Escape off to the right.

19 Scary Arête *6b* ★
Climb the hanging arête feature diagonally right to the ledge.

20 Hooked Up Start *6a*
Up the wall and through the overhang to the ledge.

21 Hand Traverse with Overhang Loop *6a*
Start on the far left side of the wall and traverse the breakline of shelves and cracks at one-third height rightwards into *Scary Arête*, then along the ledge to its right side, before down-climbing back to the breakline level and reversing the line back to the starting point.

UNDER THE DOME

From Hetherington Bay follow the path south for 30m. Gain the base of the main crag and follow the path up until under the obvious large capping roof of the Dome Slab. Under the Dome is directly underneath this. Alternatively, from Spilt Boulder take the new path leftwards up a small incline to where it levels out. The wall is beneath the large capping roof on the main crag.

22 Barbie's Army *6c*
SS. Short wall and overlap.

23 Root Canal *6a*
SS. Up then right, finishing right of the tree stump.

24 Criss Cross *6a*
SS. Start right of *Root Canal* but move left crossing it to finish left of the tree stump.

25 Chester's Mill *6b*
SS. Straight up passing two small overlaps.

26 Bengis Khan *6b*
SS. Just right, tackle the consecutive overlaps direct.

27 Benthusiasm *5+*
SS. Start as for *Bengis Khan* but skirt round to the right, avoiding the main difficulties.

28 Staircase Traverse *6b+*
SS. Start on the far right and traverse left level with the lowest overlap.

SPLIT BOULDER

Carry on south along the footpath for around 60m to an obvious pale boulder dissected by a V-crack. This block gives half a dozen good and rather technical problems.

29 *6b*
SS. Start at the far left on the pockets and traverse rightwards along the top slopers to gain and finish up the crack.

30 *6a*
SS. From an undercut/sidepull, pull up to slopers and good holds; finish up the crack.

31 *6b+* ★
SS. From the ledge move up and right to gain the slopers on the lip, traverse leftwards and finish up the crack.

32 *7a+* ★
SS. Follow the previous climb, but this time pull up on to the slab without the aid of the crack or the sidewall for feet. A hard move to gain the slot just right of the crack with your left hand should see you finish.

33 *7b*
SS. From the ledge gain the lip of the boulder and finish direct via a heinous mantel – Font-tastic.

34 *6b* ★
SS. From the ledge traverse rightwards along the pockets to the far right where good slopers enable you to mantel over on to the slab finishing up a slight runnel feature.

THE SLAB

40m south along the riverside path is a highball slab up the slope to your left. The problems here are essentially short, technical routes, however as they feature little or no protection, these days they are generally highballed. We have provided both Font and E grades to help you assess their severity.

35 Scallop ***7a (E7 6b)*** ★★★
A direct line up the slab passing the obvious scallop feature. Start just right of the corner crackline (*Barnacle Bill*, E1). Using an obvious sidepull get stood up in the first break and gain the base of the scallop feature by a superb slab mantel. Leaving the scallop feature is the second crux; a tiny pinch hold and sloping crimp may enable you to stand up and hit the big sloper. Using the flake above, rock up and gain the two shallow pockets and finishing rail. Slabtastic and one of the very best in the area!

36 Lenny Limpet ***6b+ (E7 6a)*** ★★★
Start as for *Andy's Slab* but trend leftwards up to a good hold in the centre of the slab and a small flake via some cool rockovers. Step tenuously left to gain another small flake and rock up on to the big sloper. Finish rightwards via the two shallow pockets and finishing rail, avoiding the corner crack of *Barnacle Bill*.

37 Appointment with Smears ***6c+/7a (E7 6b)*** ★★
Follow *Lenny Limpet* to the good foothold in the centre of the slab. From here stride across rightwards and use the poor slopes above to dyno/pop to the rail feature. Can be climbed statically by slab technicians.

38 Andy's Slab ***6b (E5 6a)*** ★★
Climb the shallow groove using holds in the break to gain a standing position on the sloping ledge. Using tenuous smears climb up and right to gain the bottom of the hanging gangway; finish up this. Remarkable for its time, before 'sticky rubber'!

PETE GUNN ON THE FIRST ASCENT OF *SCALLOP* PHOTO: NICK HALBERT

39 Winkle Picker ***6c (E5 6b)*** ★
The pocketed scoop between *Andy's Slab* and *Codpiece* (the crack). Gain the scoop and move up using the pockets. Pull up into a bridged position before gaining the ramp and holds at the top of *Andy's Slab*; finish up this.

THE STEPS BOULDER

The Steps Boulder is just left of The Slab. Two large chockstones jammed between the boulder and the crag form a small tunnel for access. No photo topo.

40 Look, No Hands! ***2+***
On the opposite side of the block, just left of the steps. Balance your way up the mini slab.

41 Banzai ***5***
SS. Start left on a sidepull and crimp. Traverse right along the lip on good holds and top out by manteling over on the good hold on the right arête.

42 Komono ***6a+***
Mantel the block in the middle, being careful not to damage the tree.

43 Bonsai ***5+***
SS. Start on the right arête at two crimps, slap up to the good holds over the lip and mantel out. If you can't mantel you can get a high left heel and find the hidden pocket to top out.

NICK HALBERT ON *HEIDELBERG* PHOTO: PETE GUNN

COOMBS CAVE

This cool steep roof is best reached from a nearby but different parking location: continue past the Fox and Pheasant pub for a short distance (50m) and take the next right (signed to the Nunnery). Continue up this hill passing a couple of lay-bys until the road levels out and a house is passed on the right – 1.1 miles from the Fox and Pheasant. Park in the lay-by and entrance to Coombs Wood: there's room for several cars, but please do not block the gate.

Follow the track downhill for 300m, the roof becoming visible up the steep slope to the right through the trees.

44 Erectus *6c*
SS. An entertaining mantel problem on the shelf to the left side of the roof.

45 Homo Habilis *6b*
Climb out of the far left side of the roof to a decent lip sloper, before manteling the lip using a positive vein/chickenhead.

46 Kenyan *7a* ★
Use positive holds at the back of the roof and bicycle foot-locks to make the span to the lip and mantel out to finish.

47 Ergaster *7b* ★
From the positive flake in the roof, reach out to gain a solid yet painful LH jam in the crack. Now hold a tricky swing and get the big sloper on the lip, from where a decent chickenhead leads to another ungainly top-out. Holds on *Kenyan* are out.

48 Black Monolith *7c+*
Using the pitifully small crimp to the right of the good flake in the roof, span/pop out to gain the sloper just below the lip and mantel out.

49 Neanderthal *7b+* ★
Climb the line to the left of the distinct prow-like feature, using a footlock and small LH crimp to reach a good hold on the lip. Match and take the swing before topping out direct. The arête/edge of the prow is out on this problem. Morpho.

50 Paran *7b* ★★
SS. The eye-catching prow-like feature on the right side of the roof. Start up the ledges and gain a RH jam in the crack and useful footlock in the roof. Span out to a small LH slot in the roof and use this to gain holds on the lip. Now hold the swing and top out via the customary mantel. Best of the bunch.

51 Sahelan *6b*
SS. Through the large ledges and gain the crack in the roof with your RH, make use of a couple of footlocks and reach out to holds on the sidewall and holds on the opposite wall before topping out.

52 Sapien *6c*
SS. The right-hand prow. Sit-start using the two holes on the shelf, pull up into a V-shaped slot with LH and a good pocket hold with RH. Get a good hand jam in the crack (LH) and span out to the arete using the footlocks on the left. Top out using only the holds on the prow.

53 Austral *6b*
SS. Start on the far right-hand end of the cave on a higher ledge. Now climb out to the hold in the bottom of the hanging corner and veer leftwards around the prow.

54 Heidelberg *7b+* ★★
A superb right to left lip traverse starting as for *Paran* and topping out at *Homo Habilis*. Only holds below the lip are used.

DOVE CRAG & PRIEST'S HOLE
PATTERDALE

ASPECT: **NORTH-EAST** APPROACH: **70–80 MINS**
ALTITUDE: **550M** GRID REF: **NY 375 107**
PARKING: **54.498612, -2.922841 (£)** OS MAP: **OL5**

Beneath the dark and brooding battlements of Dove Crag in upper Dovedale lies a morass of rock. Varying-sized blocks form a chaotic jumble cascading down the slope from the foot of the crag. Up the steep slope to the west is Priest's Hole, an impressive cave commanding a far-reaching vista of the northern fells – this can be reached by continuing up the final approach path described below. These two areas combine to form a minor area in the early stages of development. While the long approach is always likely to deter the masses, amongst the current offering are a few fine climbs. In particular, Phil Wake's classic arête *Impailed* and Dan Varian's *The Rocking Spectre* (featured in Al Lee's *Blocheads* bouldering film) are perfect examples of big, high-fell classics. Further developments will be added to ***lakesbloc.com***

Access and Approach

Park at the Brotherswater Inn or adjacent Sykeside campsite (£2.50 at the time of writing) and head through the campsite and adjacent fields to Hartsop Hall on the opposite side of the valley. From here pick up the track branching right (south-west) up Dovedale and follow this well-trodden path as it leads up the steepening valley all the way to the boulder field at the base of the crag (three kilometres from the campsite). See map on page 479.

1 **Impailed** ***7b*** ★★★
The stunning highball arête at the foot of the crag and directly above the boulder field. Photo on pages 468-469.

2 **Pale Attitude** ***6c*** ★
The ramp feature on the isolated block opposite *Impailed*.

3 **The Rocking Spectre** ***8b*** ★★
Situated on the high and clean downhill face of the largest block on the upper right (as faced) edge of the boulder field. Start on the right side of the wall (above the good landing) from a crouched position on two good crimps. Head straight up via some crimpy and bizarre movement to relieving jugs at the top right side of the block.

COWRAIK QUARRY
PENRITH

ASPECT: **SOUTH** APPROACH: **2 MINS**
ALTITUDE: **160M** GRID REF: **NY 541 309**
PARKING: **54.670095, -2.714602** OS MAP: **OL5**

This slightly grubby quarry lies just outside Penrith on the slopes of Beacon Hill. Locals and mountain rescue groups have long used the crag for a quick hit or training purposes, however the often dank feel and soft sandstone means it certainly isn't a destination venue. The problems are, on the whole, in the lower grades and are comprehensively listed in the ***UKClimbing.com*** database. Top-outs are usually a bit grim so jumping/climbing down is the norm.

Access and Approach

From J40 of the M6 follow the A66 east to a roundabout and take the second exit (A686). After just under two miles take a left turn (Beacon Edge, signed *Golf Course*), with the wooded slope of Gibbet Hill to the right, and follow this for a quarter mile to some buildings on the left. Just beyond these is a gated lane on the right offering a small amount of parking. A stile gives access to the lane which then heads up the hill to the quarry.

THE AUTHOR CLIMBING *THE LATE SHOW* – PHOTO: JULIA ENTWISTLE

HIND CRAG
ULLSWATER

ASPECT: **SOUTH** APPROACH: **12 MINS**
ALTITUDE: **280M** GRID REF: **NY 405 205**
PARKING: **54.576249, -2.933627** OS MAP: **OL5**

Located close to the well-known tourist haunt of Aira Force, Hind Crag is a small cluster of rocks overlooking the northern banks of Ullswater. Recently developed, this minor inclusion features a few unremarkable easier problems and pair of good quality 7s.

Access and Approach

Park at the Aira Force Park Brow parking area on the A5091 and walk down the path (through the throngs of tourists at weekends) and cross over the bridge at the top of the falls. From here, link into the Ullswater Way footpath heading south-east (right) above the lake. The crag is situated 600 metres from the bridge on the slope above the footpath with the Obvious Block being clearly visible well before you reach the crag. The Obvious Block is the first encountered and hosts a few short easy problems and an eye-catching arête.

1 **The Late Show** *7b*
SS. Start LH low on the left arête and RH on an awkwardly angled sloping shelf, then head straight up topping out to the left.

Up the slope is a series of mini craglets, offering a few more easier lines and one steep central prow.

2 **Jake's Prow** *7a+*
SS. From a pair of low opposing sidepulls, move out to both arêtes and head straight up to a slightly airy finish.

SCRATCHMERE SCAR *[BANNED]*
EDEN VALLEY

GRID REF: **NY 516 380**

A natural crag of fine Eden Valley sandstone facing south and situated in a pleasant woodland setting, about a mile east of the small village of Plumpton. Best known for its routes it does also offer some decent, if limited, bouldering. Unfortunately, at the time of writing the crag has been closed to climbers for safety reasons pertaining to the nearby quarry. For this reason a detailed description of the climbing has been omitted.

HOLLOW STONE
HAWESWATER

ASPECT: **NORTH-WEST** APPROACH: **5 MINS**
ALTITUDE: **350M** GRID REF: NY 480 117
PARKING: **54.499932, -2.805205** OS MAP: **OL5**

Worth a minor mention as it has been climbed on over the years and is close to the road, this large but rather unfriendly block lies at the southern end of Haweswater between the road and Low Loup. The limited lines are unremarkable and the rock and landings aren't great.

Access and Approach

Park in a lay-by opposite Wood Howe island, three miles south of the dam at the north end of Haweswater. Continue south along the road for 200 metres to a bridge over a gill. Go through a small gate on the left and follow the south edge of the gill up the slope for 100 metres to the boulder.

SHOULTHWAITE BOULDERS
THIRLMERE

ASPECT: **NORTH-EAST** APPROACH: **5–20 MINS**
ALTITUDE: **160–200M** GRID REF: **NY 299 203**
PARKING: **54.576401, -3.084575** OS MAP: **OL5**

A minor area with some nice problems on generally small or medium-sized blocks just off the A591. The first block (Little People Boulder) is a few minutes from the road, to the rear of Shoulthwaite Farm, while the rest of the circuit is a further 20 minutes' gentle walk through the woods and up on to the open fellside. I've just described the two good problems on the Little People Boulder here as they're worth a quick hit if you're passing. More information on the rest of the circuit is available on *lakesbloc.com*

Access and Approach

Park in the large lay-by/lane on the east side of the A591, just north of the dual carriageway, between Keswick and St John's in the Vale. Cross the road and take the public footpath through Shoulthwaite Farm caravan site to a tall gate into the forest. From the gate take the small track on the right heading uphill. After 50 metres you'll pass a fence post against a tree on the right, and a clean sand-coloured block should be visible through the foliage (easy to miss).

1 **Little People** *6c+* ★
SS. Nice moves on immaculate rock. From the central sidepull and left arête gain the jug and slopey top-out.

2 **Little Hitler** *7b*
SS. A worthwhile eliminate. Starting with both hands on the central sidepull, head up without the left arête or crack.

JOHN KETTLE ON *LITTLE PEOPLE* PHOTO: KETTLE COLLECTION

WHITEACRE LAKE BOULDERS
HAWESWATER

ASPECT: **WEST** APPROACH: **5 MINS**
ALTITUDE: **230M** GRID REF: **NY 478 127**
PARKING: **54.506537, -2.805472** OS MAP: **OL7**

A lovely little cluster of problems on a large lakeside block directly beneath the road on Haweswater's eastern flank. The sunny and well-ventilated setting means the climbs dry quickly and are well worth a look if you're local or in the area. There are a few other easier problems and possibilities dotted around those described, but these are left for you to explore for yourself. It's worth bringing a couple of pads and a spotter.

Access and Approach

From the dam at the north end of Haweswater drive 2.5 miles south along the lake, passing the hotel, to a lay-by on the left (space for one vehicle), opposite a sycamore tree. If there is no room here there are a few more spaces a short distance further south. Cross the road and, being careful not to damage it, hop over the wall on the right side of the sycamore and descend the slope to the left side of some rocks to the lakeshore. The boulder is out of sight, overlooking the lake, directly below the sycamore. See map on page 471.

1 *6c*
SS. Use two poor holds to pull on and slap into the grooved rampline; finish up this.

2 **Ramp Groove** *6b*
SS. The grooved rampline.

3 **Paddleboard Wall** *6c+*
SS. Start as for *Ramp Groove* but after a few moves head up the wall right of a crack to a shelf.

4 **V-Prow** *6c*
SS. The V-shaped prow on its left side.

5 **Gorse Groove** *4+*
Highball groove.

6 **Jolly Postman** *7c* ★★★
Pull on with the arête and a small crimp and hoon into the letterbox slot. What a move! Continue happily upwards.

7 **Stress Relief** *7c+* ★★
SS. Start with LH on the arête and RH tucked away on a low sidepull. Slap up and make a hard move to a slot then gun straight up to the ledge before continuing up the arête's right side.

THE AUTHOR ON *STRESS RELIEF*, WHITEACRE LAKE BOULDERS PHOTO: JULIA ENTWISTLE

▲ LONG CRAG, LONG SCAR, BLACK CRAG BOULDERS AND COLD PIKE APPROACH DETAIL

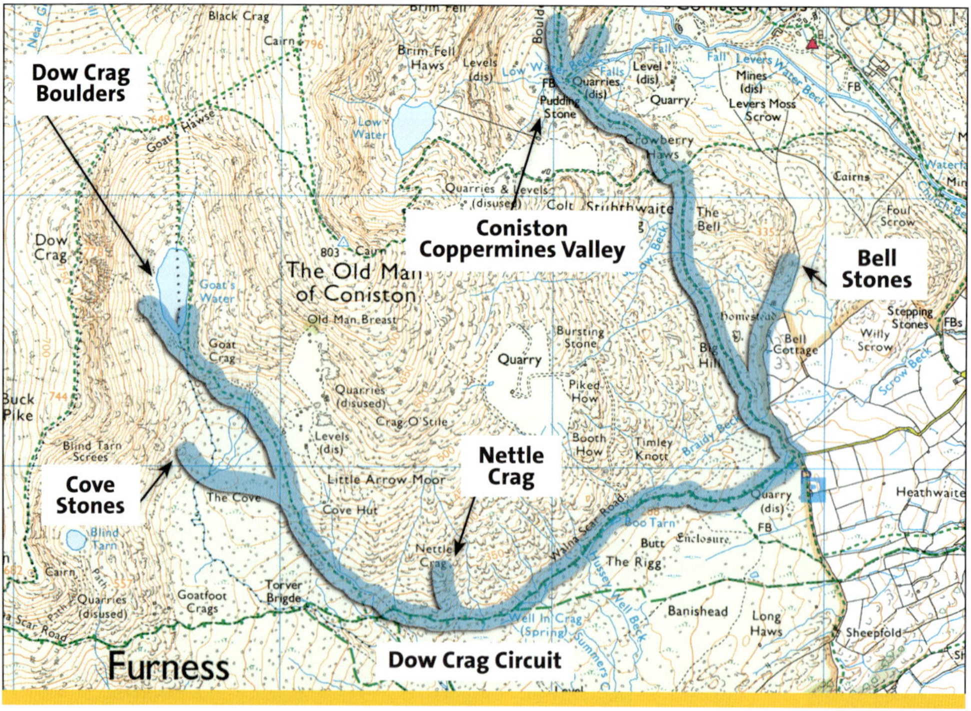

▲ CONISTON COPPERMINES VALLEY AND DOW CRAG CIRCUIT APPROACH DETAIL

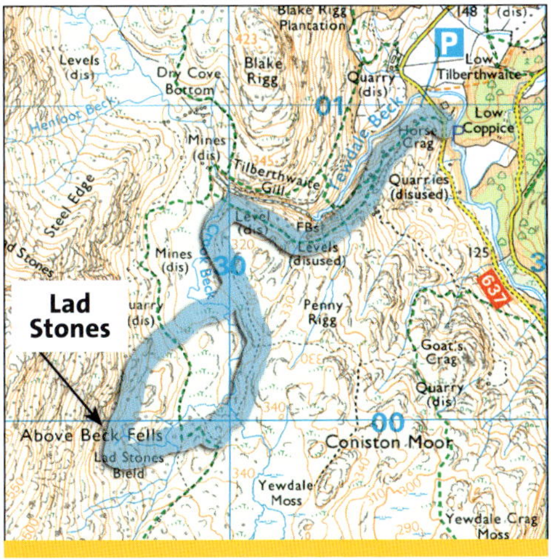

▲ LAD STONES APPROACH DETAIL

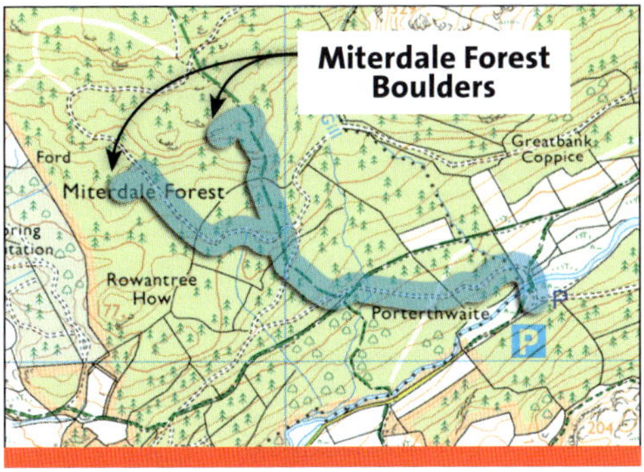

▲ MITERDALE FOREST BOULDERS APPROACH DETAIL

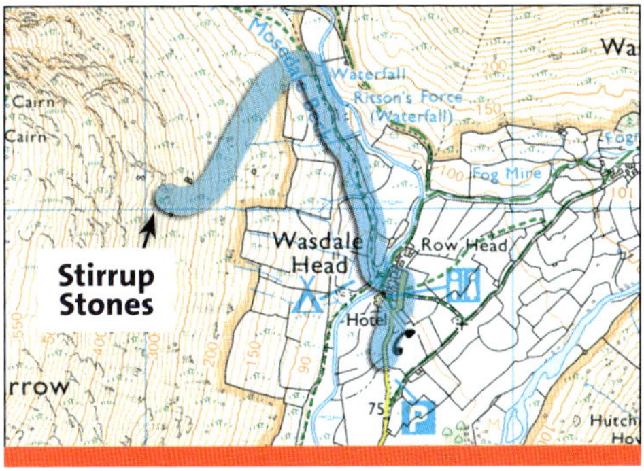

▲ STIRRUP STONES APPROACH DETAIL

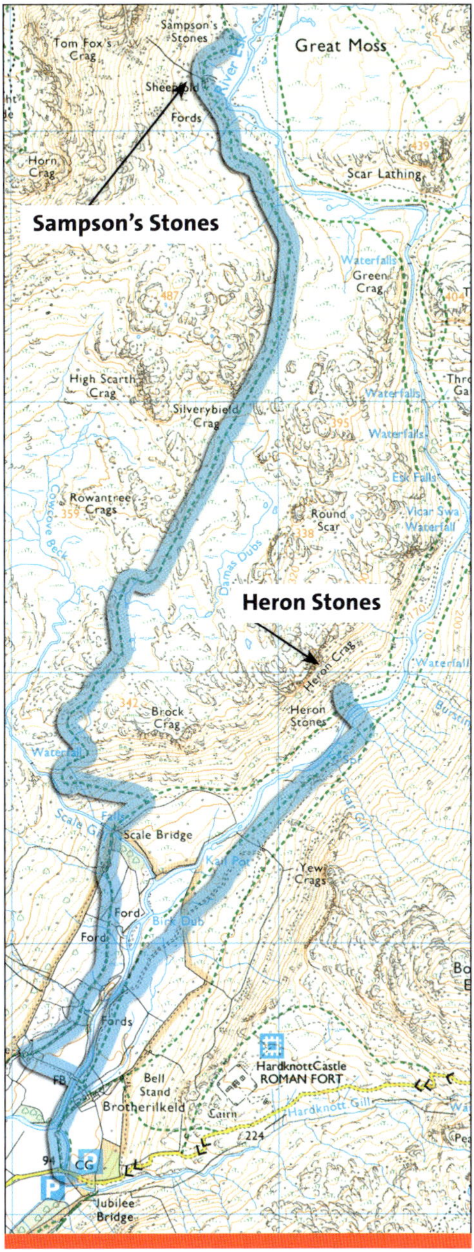

▲ SAMPSON'S STONES AND HERON STONES APPROACH DETAIL

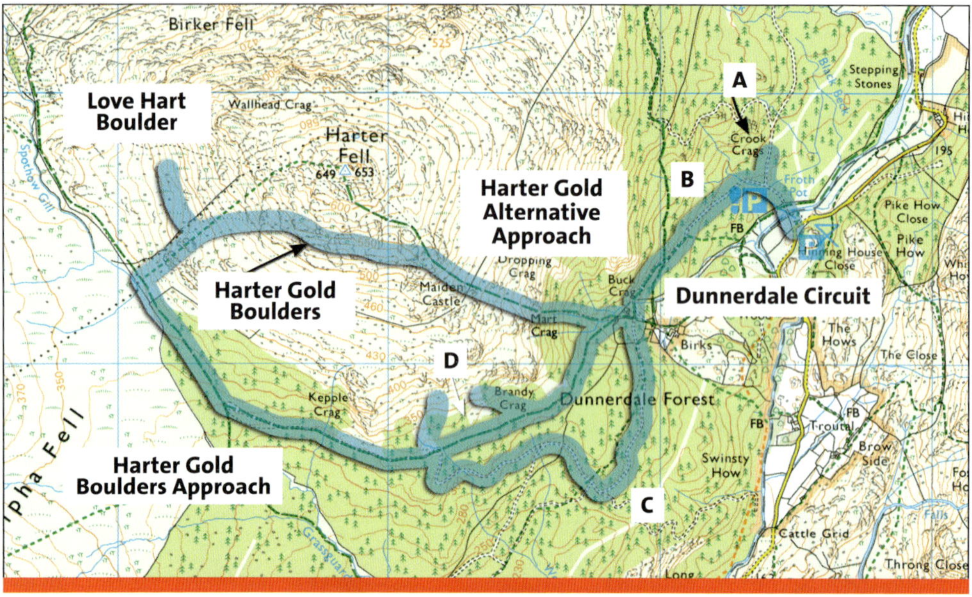

▲ DUNNERDALE CIRCUIT AND HARTER GOLD BOULDERS APPROACH DETAIL

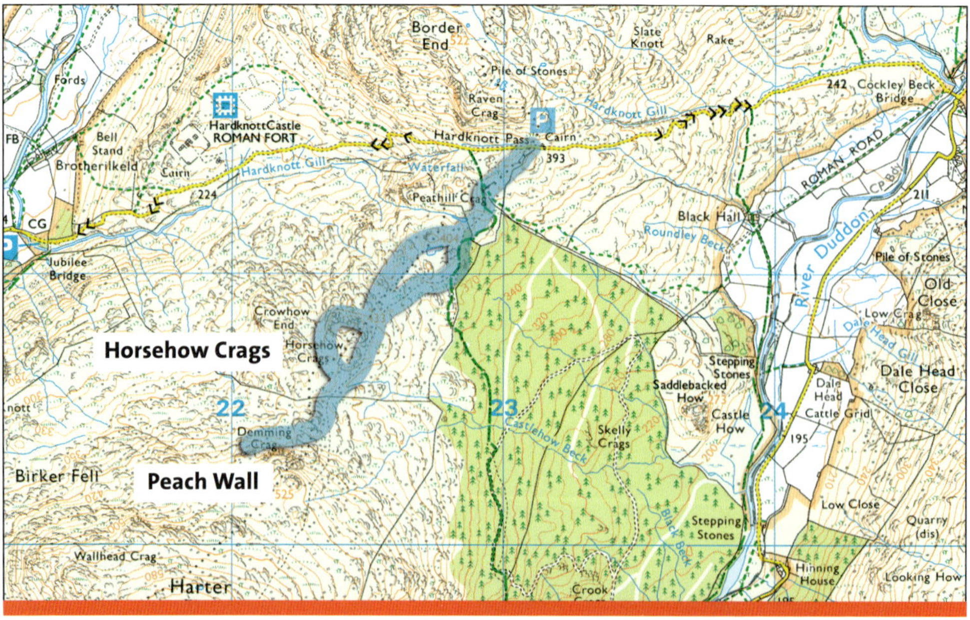

▲ HORSEHOW CRAGS APPROACH DETAIL

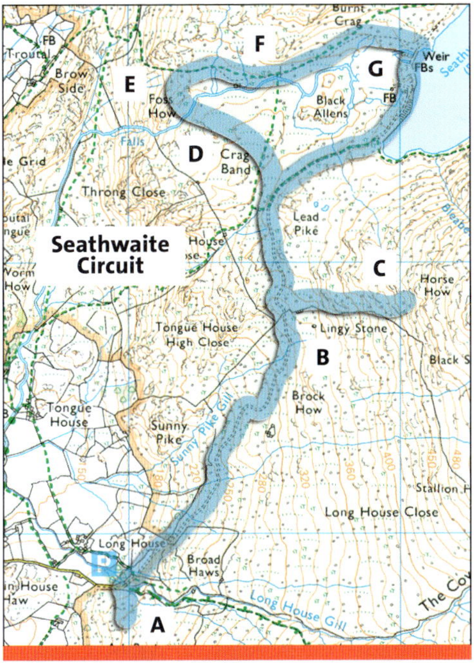

▲ SEATHWAITE CIRCUIT APPROACH DETAIL

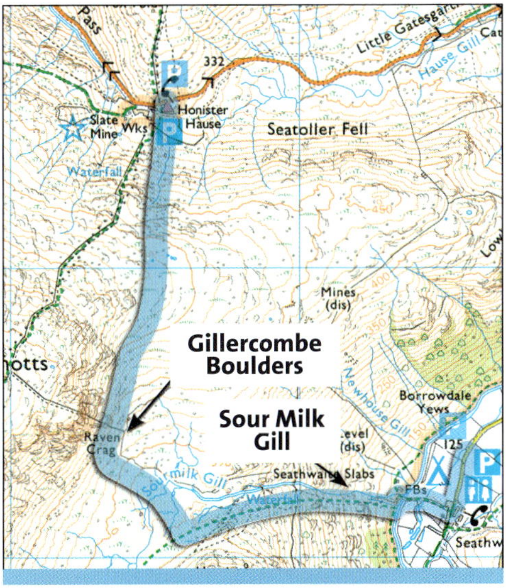

▲ SOUR MILK GILL AND GILLERCOMBE BOULDERS APPROACH DETAIL

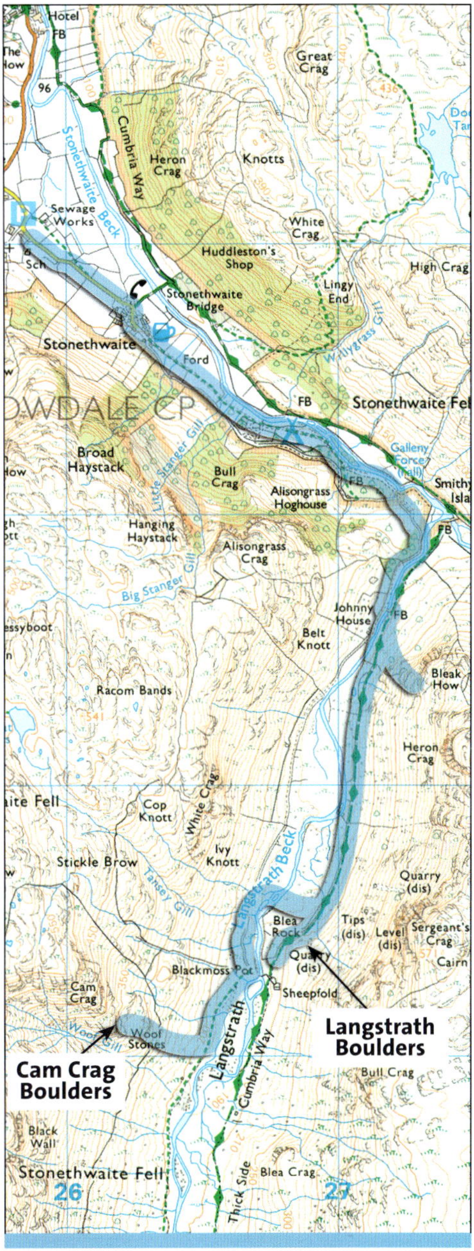

▲ LANGSTRATH BOULDERS AND CAM CRAG APPROACH DETAIL

GRADED LIST

A selection of the better problems at each grade in the Lakes area. In no particular order.

8c

Walk Away SS

8b+

Crescendo
At the Heart of it All
Traci Lords SS

8b

Little Women
Anesthesia
Isla de Encanta
Walk Away
Home
The Rocking Spectre
Shallow Groove

8a+

Big Boy Beaves
Axiom SS
Credo
Stellar Dweller
Sidekick
Clash of the Titans SS
Colonel Hathi
Super Yum Yum
Sat in Deep Space
Space Jam
Land of Mead

8a

Ebenezer Goode
The Original Debaser
Transgenic
Moreau's Island
Curtain Call
Not Bad Nige
Back to the Moonlight
Iron Man
Tourniquet
Asterism
Beast of Burden SS
Supergene
Collision Course
Theia
Hypernova
Superluminal
Special Cases
Shieldmaiden
Lucky Strike
Downstairs Mix-up
Wilson
Cage Fighter
Ironhide
Grimfangdangle
Metronome
Knight Shifts
Go Bolistic
Free Hang
Impropa Opera SS
Fat Lady

7c+

Throne of Zeus
Dogspeed Direct
Poison
Goode Poison
Axiom
Brane World
Pandemonium
Silicon Slave
Groove Armada
Acid House
The Haçienda
Haptic Martyr
The Big Woof
Grand Opera
Final Curtain
The Cashmere Cat
Suns of Temper
Out of the Blue
Trailer Trash
Lowlander
Beach Brawl SS
Sol
Binka
Knight Rider
Mint Royale
Stress Relief
Open Range
Thug Thing

7c

Hell Boy
Voodoo Magic
John's Abomination
Taken by Surprise
Screaming Slave LH
Not Bad Dave
Danny's Lip
Turbulence
Hybrid Moments
Coral Sea Super Direct
Ash Tree Wall
The Karma of Trees
Stefan Grossman
Traci Lords
Axis
Mook Squad
Lancaster Bomber
Stella
Road House
Red Gene
Red Clover SS
Annagramma
Fright Night
Fox Force Five
Bumblee in the Junglee
Laser Quest Low
Fly Life
Super Giant
Stargazing
Tachyonic
Land of Milk & Honey
Starshot
Rob's Wall
Where the Wild Things Are
Quintessence
Occam's Razor
Black Forest Gateau
Yellow Desert Wall
Captain Pugwash
Floating Points
Tim's Crack
Deep Blue Yonder
Highlander
Higher Learning
Pure Shores
The Last Judgement
Hasselhoff Variation
Beebop & Rocksteady
The Prow
ToeJam & Earl
Peppermint Jam
Leopold von Buch
Jolly Postman
Dogspeed

7b+

Vitruvian Man
Sugarfix SS
Ned's Problem
Texas Hold 'Em
The Cappel
New Rose
The Death Clock
Love Box
Warstarter
Manic Miner
Daggermouth
The Cullinan
Deep Green
Casa
Weird Science
Laterality
Once Upon a Time in the West
Club Tropicana
Conamara Chaos
Stargazer
Tachyon
Diamond Reign
Land of Milk & Honey Monsters
Strong Arête Low
The Confabulator
The Cloud Chamber
Do the Lambrini
Triassic Park
The Arête (Gillercombe)
The Grinding Mind
Lateral Mindset
Fire Island
Big Buoy
Outlander
The Quick & the Dead
The Hateful Eight
Killer Bee
Davy Jones' Locker
Atom Smasher
Kukri
Coconutter Start
Mickey's Problem
Grand Unification
Heidelberg
Planet Nine

7b

Voodoo People
Black Light
Trans Fat
The Revenant
Anna
Screaming Slave
H_2O
Aeon Dyno
The Flying Finish
Runs on Weasel
Beast of Burden
Chi Town Beats
Underground Butler
Wilding
Way Out West
Pseudoscience
Son of Kong
The Giant Peach
Peach Cobbler
Steady State
Ears of Perception
The Shield
Lambrini Girl
Water World
Supposition Test
Dead Calm
Jungle Hobo
Greg's Dyno
Hockstack & Two Broken Toothbrushes
The Golden Man
Paran
Impailed
Millenium Falcon

7a+

Yellow Desert Scream
Debaser
White Light
Starfish Prime
White Venom
Weston's Wall
Rigpa
Shallow Grave
The Coil
The Hole
Phantasmagoria
Snatching the Rough
Axions
Strong Arete
Kookookerchoo
Picnic Sarcastic
The Arête Direct (Gillercombe)
Visual Impact
Instinctive Logic

GET INSPIRED
GET OUTSIDE...
PHOTO: RICHARD SMITH
CLIMBER: GILLY MCARTHUR
george
fisher
georgefisher.co.uk

GRADED LIST

Liza Minelli
Pine Heart
Clash of the Titans
Wrath of Poseidon
Four Winds Wall
J Mascis
Punk's Life
The Nose
Badger Traverse
Reverence
Buck Rogers

7a

The Plumbline
Totally Focused
Discohesion
Wareing Thin
Whistler
Angel Deelite
Brockstone Dyno
Badger Arête
Brock Stone Wall
Technobabble
The Gene
Bonsai Calluna
The Babe
Screwball Scramble
Cool Logic
Peach Melba
Quasar
Pulsar
Clash of the Wood Elves
Muncaster Shred
Technical Wall
Rainbow Bridge
Undercooke
Swinger
Hueco Crack
Sherry Porthole
Bega's Dyno
The Secret Garden
Elephantopus
Ye of Little Faith
Slopey Arête
Fast Cars & Camper Vans
Scallop
Superstar DJ Tinpot Todd
Animal Crackers
Tom's Traverse
Badger Attack

6c+

Sugarfix
Master of Prow
Black Hole
Labyrinth
The Paradox
Groove Direct
The Final Frontier
Gwrast the Ragged
The Classic Traverse (Brant Fell)
The Pocket
Curry Club
Hades Lair
Artois
Brave New World
Futureproof
Drone Wall
Event Horizon
Space Curve
Quasar RH
Dry Your Eyes
Overbeck Arête
The Crack & Slab
The Arête (Bowderstone)
Gunner's Wall
Phat Ramp
The Arête (St Bees)
Old Buoy's Traverse
Off the Wall
Seaward Slopes
Hueco Curve
The Scoop (St Bees)
Fisher's Fun
Kopparberg Wall
Whale Arête
Old Spice
Sing a Rainbow
I Can, I Can't
Boardman's Arête
Boardman's RH
Rouse's Wall
Canada Dry
Nova Scotia Arête

6c

The Claw
Release the Pressure
Birdsong
The Overhang
Rope Up
Green Velvet
From the Earth's Cauldron
The Crack (Coniston Coppermines)
Galactic
Millenium Star
Awesome Arête
Phat Arête
Leviathan
Godzilla
Binka's Crack
Lakeview Arete
Purple Slab
Jeff's Wall
Stratosfear

6b+

Hoodoo People
Black Russian
Scree Monster
Dilemma
The World's Hardest
Tom's Arête
Black Hole
The Runnel

6b

Masters at Work
Plum Pudding
Black Magic
The Answer
The Beast of the Brock
Traverse Direct (Overbeck)
Mike's Problem
Narwhal
Calico Jack
Kit's Grooved Arête
Little Groove
The Groove (Brant Fell)
Pillar Face

6a+

Nothing to Say
Elfo
West Face Eliminate
Cove Arête
Tombstone Hug
Fisherman's Groove
Self Timer
The Hebsonator
Vanishing Angle
Feel the Darkness
Eiger Aspirant

6a

The Vine Line
Alfred the Great
Owain the Giant
Book of the Ages
Seathwaite Arête
The Crack (Langdale Boulders)
The Last Star Fighter
White Sprite
Pool Arête
Stream Arête
Fisherman's Dyno
Terrace Wall (Carrock Fell)
Arête & Traverse (Overbeck)
The Crack (Gillercombe)
Apiary Arête

5+

The Pocket Problem (Warton)
The Enigma
Gurt Wall
Best Mate
Anode
The Traverse (Eskdale)
Right Slab
Rolling Rock Wall
Nobody Does it Better
Coel Hen
The Diamond

5

Deryn Groove
Cannon Crack
Whin Crack
Oaken Heart
Oak Right
Captain Koons
The Crystal Method
Billy Badger
Blast Off
Swamp Thing
Left Arête (Ennerdale)
Sons of the Desert
Frustration Slab
Sampson's Arête
High & Dry

4+

Nettle Wall
Prowed & Prejudiced
Slab Central
Pocket Slab Centre
Cold Heart
Mr Todd
North Goes West
The Whaling Wall
The Tramlines
Slab Central

4

Pillar Front
Merlin
Reach of Faith
Black Wryno
High Slab
On the Slab
Middle Slab
Needle Arête
Lowe

3+

Essence
Little Yew
Jacko Slab

3

The Slab (Trowbarrow)
Layback Flake (Kentmere)
Starburst
Oak Crack
Mr Ed

2+

Tarn Face

2

Pocket Traverse

Crash Pads that Care...
SNAP.
100% recycled polyester
.SNAP.
snapclimbing.com

PROBLEM INDEX

PROBLEM INDEX

D

E

F

SCARPA
NO PLACE TOO FAR
CLIMBER:
NATHAN PHILLIPS
PROBLEM:
LANCASTER BOMBER
7C
LOCATION:
LAD STONES

PROBLEM INDEX

WINNER
BEST
GUIDEBOOK
BANFF MOUNTAIN
BOOK
FESTIVAL
PEAK DISTRICT
BOULDERING
Over 3,300 boulder problems at over 70 venues

CHURNET
BOULDERING
Over 600 boulder problems from Font 3 to 8a+

PROBLEM INDEX

M

N

O

P

PROBLEM INDEX